KGR. DÄNEMARK
Kopenhgn.
Odense
Bornholm
LITAUEN
Schleswig
Holstein
Lübeck
Rostock
Kolberg
Pommern
Stettin
Hamburg
Elbe
Thorn
Weichsel
Brandenburg
Berlin
Frankfurt
Oder
Posen
KGR.
Warschau
POLEN
Hannover
Braunschw.
Magdeburg
Wittenberg
Hildesheim
Goslar
Glogau
Schlesien
Breslau
Sandomir
Nordhsn.
Halle
Leipzig
Mühlhsn.
Kassel
Erfurt
Naumburg
Dresden
Wartburg
Sachsen
Zwickau
Krakau
Fulda
Coburg
KGR.
Prag
Bayreuth
BÖHMEN
(1526 österr.)
Mgft.
Brünn
Mähren
(1526 österr.)
Würzburg
Bambg
Ober-
Pfalz
Nürnberg
Heidelberg
Regensburg
Schemnitz
Fsm.
Siebenbürgen
Stuttgart
Ehzm.
Österreich
Passau
Bayern
Wien
Augsburg
Freising
Linz
Ulm
München
Theiß
Ofen
Raab
Salzburg
Konstanz
Lindau
Steiermark
Stuhlweißenburg
Inn
Mur
Graz
Gastein
TÜRKISCH.
Innsbruck
Tirol
Kärnten
Brixen
Villach
Szegedin
Drau
Fünfkirchen
genossen
UNGARN
Udine
KAISERL. UNGARN
Sawe
Agram
Trient
Krain
REPUBLIK VENEDIG
Triest
Esseg
Donau
Mailand
Hzm.
Pavia
Mantua
Venedig
Belgrad
Zengg
Mailand
(1555 span.)
Serbien
Hm.
Modena
Bologna
OSMANISCHES
Genua
Kirchen-
Bosnien
Dalmatien
Florenz
Ancona
(zu Venedig)
REICH
S. Marino
Spalato
Hzm. Florenz
Siena
Staat
Ragusa
Rep. Siena
Montenegro
Orvieto
Chieti
Korsika
(zu Genua)
KGR. NEAPEL
Civitavecchia
Rom
(zu Aragon)
Benevent (päpstl.)
Neapel
SARDINIEN
(zu Aragon)

Richard Friedenthal

Luther - Sein Leben und seine Zeit

Richard Friedenthal

Luther

Sein Leben und seine Zeit

R. Piper & Co. Verlag
München Zürich

Mit 18 Abbildungen auf Tafeln und 38 im Text
Vorsatzkarte: Walter Preiss

ISBN 3-492-02508-0
Neuausgabe 1979
5. Auflage, 72.–79. Tausend 1979

Gesamtherstellung: Kösel, Kempten
Printed in Germany

INHALTSVERZEICHNIS

I. Teil: Werdegang eines Rebellen

II. Teil: Feuersturm

III. Teil: Der Wittenberger Reformator

I. TEIL

Werdegang eines Rebellen

Bauernkind und Bergmannssohn

Das Geburtsjahr ist 1483. Nach den Einteilungen der Schul- und Geschichtsbücher wäre das noch das Mittelalter, und man hat vielfach darüber disputiert, wie weit Luther ein mittelalterlicher Mensch oder schon ein Mann der beginnenden Neuzeit gewesen sei. Diese Trennung nach großen Geschichtsblöcken, die nur zu oft als Monolithe angesehen werden in flüchtiger Rückschau über viele Jahrhunderte, ist immer fragwürdiger geworden. Die Vorstellungen vom Mittelalter haben die mannigfachsten Wandlungen und Wertungen erfahren: Sie reichen von den lange Zeit gültigen Bezeichnungen »dumpf, befangen, dunkel« bis zum Goldglanz der Tafelbilder, den die Romantik entdeckte und von dem sie das ganze Leben jener Zeiten verklärt sah. Da wurde schließlich ein mythischer »mittelalterlicher Mensch« in der Retorte erschaffen, in die man allerhand Ingredienzien hineintat, Farbbrocken von den Heiligenbildern, etwas Moos von den ragenden Kathedralen und ganze Hände voll Mystik. Vieles aus diesem Wunschbild hat sich noch unbestimmt erhalten: die Vorstellung eines unbegrenzt frommen und gläubigen Abendlandes, in schöner Einheit unter Papst und Kaiser zusammengefaßt und großer Taten fähig; eine Zeit, in der jeder Mensch sich an seinem gottgewollten Platz in der ständischen Ordnung sicher und geborgen fühlte, bis die vermessene Unruhe einzelner ihn hinaustrieb ins Ungewisse. In Luther, als dem markantesten dieser Individualisten, hat man den großen Zerstörer und Spalter jener mittelalterlichen Einheit gesehen, die freilich eher in den großen Denk-Kathedralen der Theologen und Philosophen bestand als in der Wirklichkeit. Trennung und Teilung war vielmehr bereits das Erbe der spätrömischen Kaiserzeit; Spaltung der Kirche in Ostkirche und Westkirche die Folge der nächsten Jahrhunderte. Daß die Ostkirche während des größten Teiles des Mittelalter genannten Komplexes ebenbürtig, zeitweilig beträchtlich überlegen der römischen Kirche gegenüberstand, ist von der ausschließlich westeuropäisch bestimmten geschichtlichen Tradition in immer zunehmendem Ausmaß ignoriert und überdeckt worden. Der Verfall des gewaltigen byzantinischen Reiches – des einzigen, das die Bezeichnung »tausendjährig« verdient –, eingeleitet durch die Eroberung und furchtbare Plünderung von Konstantinopel durch »die frommen Kreuzfahrer« von 1204 und endend mit der Zerschlagung dieser großen Bastion der christlichen Welt durch die Türken 1453, hat diesen Prozeß noch beschleunigt. Zu der Geburtszeit Luthers aber war bereits eine Wende eingetreten: Das Großfürstentum Moskau hatte sich von der Tatarenherrschaft freigemacht; Iwan III. heiratete die byzantinische Prinzessin Zoë, nahm den Titel »Zar« und die griechische Bezeichnung autocrator an; die »rechtgläubige Kirche« erlebte noch einmal eine große Wiederauferstehung und vertrat den Gedanken, das »dritte Rom« habe die Sendung, der Welt das Heil zu bringen, übernommen, eine Missionsidee, die sich unter anderem Vorzeichen bis heute erhalten hat. Luther hat bei seinem ersten öffentlichen Auftreten in Leipzig, als er den Anspruch des Papstes auf Oberherrschaft über die Christenheit in Frage stellte, ausdrücklich auf die griechische Kirche hingewiesen und Verwahrung dagegen eingelegt, ihre Anhänger als »Ketzer« oder auch »Ungläubige« zu bezeichnen, zu deren Bekämpfung Kreuzzüge und Ablaßsammlungen unternommen werden dürften.

Aber auch innerhalb des westlichen Abendlandes war es zu schwersten Erschütterungen der Einheit gekommen. Das große Schisma, das Europa in zwei, schließlich drei Lager gespalten hatte, mit zwei, drei auch fünf sich gegenseitig verdammenden Päpsten, war nur mühsam durch das Konzil von Konstanz von 1414–18 geheilt worden; die Verbrennung des tschechischen Reformators Hus hatte zu den fast zwanzigjährigen Hussitenkriegen geführt und das unbesiegte Böhmen als eine »Ketzerkirche« hinterlassen, die von der Kurie widerwillig geduldet werden mußte. Der Gedanke des Konzils als der dem Papst übergeordneten höchsten Instanz, der in Konstanz triumphiert hatte, war nicht mehr zur Ruhe gekommen. Er hat als die große Hoffnung auf eine Reform »an Haupt und Gliedern« die Gemüter und die Politik bestimmt und auch für Luthers Auftreten entscheidende Bedeutung besessen. In seinem Geburtsjahr allerdings regierte in Rom Papst Sixtus IV., der erste aus der Dynastie Rovere und der früheste Vertreter des Renaissance-Papsttums, das ganz vorwiegend zu einem italienischen Territorialfürstentum geworden war und die Stellung eines Schiedsrichters über die Nationen eingebüßt hatte. Diese Nationen gingen ihre eignen Wege, Frankreich an der Spitze, das sich bereits eine eigene »gallikanische« Nationalkirche geschaffen hatte, mit einer Verfügungsgewalt des Herrschers über den Kirchenbesitz und die Ernennung der geistlichen Würdenträger, wie kein anderes Land sie besaß. Die deutschen Kaiser waren bei ähnlichen Bestrebungen gescheitert, und am Ende von den großen Päpsten des Hochmittelalters zerschmettert worden. Die französischen Könige blieben Sieger und erhielten damit eine geschlossene Staatsmacht von überlegener Stärke zu ihrer Verfügung. Im Jahr 1483 trat König Karl VIII. die Regierung an, der die Opposition zur Kurie in Rom noch um einen schicksalsvollen Schritt weiter vorantrieb, mit Heeresmacht in Italien einbrach und das gesamte italienische Staatensystem, das die Päpste zu lenken hofften, zum Einsturz brachte. Das damit beginnende Ringen, unter Teilnahme aller europäischen Mächte, hat während Luthers ganzer Lebenszeit angedauert und sein Schicksal sowie das der Reformation entscheidend bestimmt. Wenn man von einer Spaltung der Einheit des Abendlandes reden kann, was immer ein recht fragwürdiger Begriff ist, so hat sie auf dem politischen Felde Frankreich vorbereitet und verwirklicht, ehe von dem Wittenberger Mönch auch nur die Rede war oder daran gedacht werden konnte, daß Deutschland dabei überhaupt eine Rolle spielen könnte.

In Deutschland regierte Kaiser Friedrich III., als Luther geboren wurde; der untätigste aller Herrscher, der Habsburger, der lediglich durch seine hartnäckig und listig betriebene Hausmacht- und Heiratspolitik eine unverdiente weltgeschichtliche Bedeutung erlangt hat. Im Reich ließ er sich kaum je blicken, und verschiedentlich drohte ihm die Absetzung und selbst in seinen österreichischen Erblanden wurde er stark bedrängt; er war fast mittellos und borgte bei den Bürgern seiner Städte bis hinab zum Torwart von Wien; er war auch politisch einfallslos bis zur äußersten Dürftigkeit. Nur für sein Haus legte er überall mit Erbverträgen und dynastischen Verbindungen große »Zeitminen«, die in ungeahnter Weise aufgehen und das ganze europäische Landschaftsbild grundlegend verändern sollten. Ihm deshalb überlegene Weisheit zuschreiben zu wollen, erscheint etwas aus nachträglicher Übersicht geurteilt. Schwerlich konnte Friedrich ahnen, daß nicht weniger als sechs vorangehende Anwärter hinwegsterben mußten, ehe sein Urenkel Karl den spanischen Königsthron besteigen konnte; noch weniger ließ sich berechnen, daß das mächtige Reich der Jagellonen, das zu seiner Zeit den gesamten Osten beherrschte und von der Ostsee bis zum Schwarzen Meer reichte, so bald zusammenbrechen und daß Ungarn und Böhmen einmal dem anderen seiner Urenkel, Ferdinand, als spätere Grundlage für einen großen Habsburgerbesitz, anheimfallen würden.

In dem von seinen Titularkaisern gänzlich vernachlässigten Deutschland regierten in Wirklichkeit seit langem die Landesfürsten weltlicher und geistlicher Observanz, die Kurfürsten, Erzbischöfe, Herzöge, Fürsten, Grafen und noch kleinere Herren. Im Gebiet eines dieser Miniaturpotentaten, in der Grafschaft Mansfeld am Südrand des Harzes, zu Eisleben kam Martin Luther am 10. November 1483 zur Welt. Der ganze politische deutsche Jammer, der nicht von gestern stammte, sondern aus Jahrhunderten und sich auf Jahrhunderte vererben sollte, tritt uns in diesem Zwerggebilde entgegen, und es ist von höchster Bedeutung für Luther und das Schicksal der Bewegung, die er entfesselte, daß er gerade in so unheilbar verstrickte und zerstückte Verhältnisse gestellt wurde. Ein Staat? Du liebe Güte! Ein Land? Kaum ein Ländlein. Unter einem Herrscher? Auch das nicht einmal. Zwei »Linien« des Grafenhauses stritten sich noch um den Besitz, beide hausten auf der Stammburg Mansfeld zusammen, bitter verfeindet und getrennt, nannten sich die »vorderortische« und die »hinterortische« Linie nach den beiden Teilen des Schlosses; später kam noch eine dritte »mittelortische« dazu, und das Ganze zerfiel durch Erbteilungen und Familienzwist so völlig, daß die Grafschaft, tief verschuldet, einige Jahrzehnte nach Luthers Tode sequestriert wurde und an Magdeburger, Halberstädter und kursächsische feudale Lehensherren fiel. Die letzte Reise des alten Reformators, der in seiner Geburtsstadt auch starb, hatte noch dem Versuch gegolten, die streitenden Grafen zu einer Einigung zu bringen. In seinem letzten Briefe berichtet er seiner Hausfrau Käthe hoffnungsvoll von dem fröhlichen

Schellengeklingel der Schlittenfahrt, mit der die jungen Herrschaften die Versöhnung von Hinter- und Vorderortischen feierten. Sie hielt nicht lange an.

Wie das Flickengewand eines Narrenkostüms mutet die Landkarte des Heiligen Römischen Reiches an, wenn man sie in bunten Farben aufzuzeichnen sucht, wobei die Familienteilungen innerhalb der kleinen Fetzen, die Querverbindungen durch feudale Lehensrechte oder die Überlagerungen durch geistliche Autoritäten gar nicht darstellbar sind. Nicht nur in Thüringen, wo sich dieser Streubesitz bis in unsere Zeit hinein erhielt, sah es so aus, sondern fast überall. Wie in einem Vorspiel zu der apokalyptischen Zeit, die folgte und von der schon dunkle Weissagungen umgingen, war das Ende des 15. Jahrhunderts die Blütezeit der Narrenfestspiele, der Narrenaufzüge, der narrenhaftesten Trachten und einer Narrenliteratur, die mit Sebastian Brants »Narrenschiff« sogar zum ersten Male einem deutschen Poeten europäische Geltung verschaffte und im Volksbuch vom Till Eulenspiegel eine ewige Gestalt schuf. An jedem der kleinen oder winzigen Höfe saß zu Füßen des Herrn der Hofnarr, oft klüger als sein Gebieter, oft ein trübseliger Halbidiot wie sein Fürst; zuweilen stieg der »kurzweilige Rat« zu höchsten Würden auf wie der Hofnarr Kaiser Maximilians, Kunz von der Rosen, der zum geheimen Reichskanzler hinter dem Thron avancierte und sich mit seiner Pritsche ein großes Vermögen zusammenstrich. Die Scherze waren roh und unbarmherzig, aber sie wurden belacht. Mit Behagen erzählte man sich von einem Hauptspektakel Kunzens bei einem der Reichstage: Da hatte er die Blinden der Stadt zusammengeholt, jedem einen Knüttel in die Hand gegeben und ein fettes Schwein an einen Pfahl auf dem Marktplatz gebunden, das dem gehören sollte, der es erlegte. Unendliches Gelächter der hohen Herren und des Volkes erscholl, als die Blinden in wilder Gier sich gegenseitig verprügelten und blutig schlugen. Wir sehen in dieser makabren Szene eine Allegorie jener Epoche, die keiner lehrhaften Ausdeutung bedarf.

In Mansfeld aber wurde gearbeitet, neben den über hundert Feier- und Festtagen, die damals den bunten Heiligenkalender füllten. Die Grafschaft war reich an Bodenschätzen. Der Mansfelder Kupferbergbau, aus dem 12. Jahrhundert stammend, hat noch bis zum Ende des 19. Jahrhunderts geblüht und in der »Mansfelder Kupferschiefer

1 Deutsches Bergwerk im 16. Jahrhundert

bauenden Gewerkschaft« das älteste und größte deutsche Bergbauunternehmen erhalten. Dabei war das weitgestreckte Flöz von sehr geringer Mächtigkeit, kaum einen halben Meter stark, davon nur die unterste Schicht von etwa zehn Zentimetern abbauwürdig, mit einem Kupfergehalt von zwei bis drei Prozent, wozu noch einiges Silber kam. Unendliche Mühe und schon sehr hoch entwickelte Aufbereitung und Hüttentechnik waren notwendig, um das Metall zu gewinnen, das damals überragende Bedeutung besaß. Die Grafen hatten durch ihre Erbteilungen und Streitigkeiten bereits um die Mitte des 15. Jahrhunderts die lukrativen Betriebe stark heruntergewirtschaftet. Damit aber ergab sich die Chance für kleinere Gruppen von Arbeitern, die sich zusammenschlossen und auf eigne Faust schürften oder Schächte übernahmen, finanziert von den Kupferhändlern in Mansfeld und Eisleben. Ein solcher Bergmann war Luthers Vater Hans Luder. Er hat sich vom Häuer emporgearbeitet, bis er schließlich als Gewerke Teilhaber an einer ganzen Reihe der kleinen Schächte in Mansfeld wurde und auch als Pächter an drei Schmelzhütten seine Anteile hatte, alles Zwergunternehmungen höchstwahrscheinlich, die ihm aber ein gutes Einkommen sicherten. Reich ist er dabei nicht geworden; er hat immerhin ein Haus erworben und seinen Sohn Martin studieren lassen können. Sein Nachlaß bei seinem Tode 1534 betrug die bescheidene Summe von 1250 Gulden.

Der deutsche Bergbau stand damals an der Spitze in Europa und brachte auch die ersten großen klassischen Fachwerke von internationaler Geltung darüber hervor; es ist aber merkwürdig, daß Luther, Sohn eines Bergmanns und in einer Industriegegend aufgewachsen, so selten von dem Beruf seines Vaters spricht. Er pflegte in seinen Tischgesprächen zu sagen: »Ich bin eines Bauern Sohn. Vater, Großvater und Ahn sind rechte Bauern gewesen.« Die Vorfahren, die nicht weit verfolgt werden können, waren in der Tat Bauern, eine weitverbreitete Sippe mit dem Stammsitz Möhra im Thüringer Wald. Der Name, abgeleitet vom Vornamen Lothar, wurde Luder oder Lüder geschrieben, er kommt auch als Loder oder Lotter vor; Luther hat erst, als er zu publizieren begann, die Form Luther gewählt. Die Luder waren keine gedrückten und erbuntertänigen Bauern, sondern verhältnismäßig gutgestellte und freie Besitzer, gegen einen bescheidenen Erbzins nur dem sächsischen Kurfürsten als Herrn verpflichtet und in den

Dorfgemeinden, denen sie angehörten, mit einer Selbstverwaltung gesegnet, in die nur selten von oben her eingegriffen wurde. Sie erließen sich ihre eignen Ortsgesetze, verhängten ihre Strafen und Bußen und verwalteten ihre Gemeindekasse. Zu den Ortsgesetzen gehörte auch die streng gehandhabte Bestimmung über den Erbgang: Der jüngste, nicht der älteste Sohn erbte den Hof. Die älteren mußten sich außerhalb ihr Brot suchen. Luthers Vater war der älteste von vier Söhnen, die Groß-Hans, Klein-Hans, Veit und Heinz genannt waren. Er wanderte aus, kurz nachdem er geheiratet hatte, und zog mit seiner jungen Frau Margarethe ins Mansfeldische, zuerst nach Eisleben, wo der Sohn Martin geboren wurde, ein Jahr später nach Mansfeld, wo er bis zu seinem Tode blieb.

Die Luder-Luther waren – nach der Beschreibung ihrer Zeitgenossen – eine »kleine, bräunliche Sippe«. Eine kleine Statur war auch für den Bergmann erwünscht, der in sehr engem Schacht arbeiten mußte, vor Ort oft noch in geduckter Haltung. Die Arbeit war schwer. Schutzmaßnahmen gab es kaum, die Entlüftung war sehr ungenügend, die Gefahr von Gasen und Wassereinbrüchen stand ständig vor Augen. Hans Luder war ein harter Arbeiter und ein harter Mann. Das Bildnis, das Lukas Cranach von ihm und seiner Frau als alten Leuten gemalt hat, zeigt derbe Gesichter mit den tiefen Spuren eines unermüdlich arbeitsamen Lebens; die Frau ähnelt etwas der von vielen Geburten erschöpften Mutter Albrecht Dürers. Neun Kinder kamen in regelmäßiger Folge, vielleicht noch mehr; es ist nicht genau überliefert, wieviele starben. Erst in späteren Jahren, als der Sohn Martin bereits aus dem Hause war, scheint es Hans Luder etwas besser gegangen zu sein; er wird auch als Ratsherr in den Urkunden von Mansfeld genannt. Während der ersten Jugend Luthers dürfte im Hause nicht gerade Armut, aber strengste Sparsamkeit geherrscht haben und unbarmherzige Zucht. Luther hat bei allem Respekt vor seinen Eltern bitter darüber geklagt, wie er gnadenlos geprügelt wurde wegen der geringsten Vergehen; das Mausen einer Nuß genügte, daß die Mutter ihn blutig schlug, der Vater strafte ihn bei ähnlicher Gelegenheit so, daß er ihn »floh und ihm gram ward«. Luther selber hat dann ganz andere Erziehungsprinzipien verfolgt bei seinen Kindern und eher ein recht loses und zuweilen sogar lässiges Regiment in seinem Haushalt geführt, der durch seine Frau Käthe regiert wurde. Jakob Burckhardt hat einmal davon gesprochen, daß eine Weltgeschichte des Prügelns höchst aufschlußreich sein könnte. Es gibt ja auch nicht nur verprügelte Kinder, sondern verprügelte Völker. Daß die Zuchtmethoden, die Vater Luder anwandte, nach dem üblichen Spruch des »wer sein Kind lieb hat, der züchtigt es« ihre Spuren in der Seele des Kindes hinterlassen mußten, dürfte sicher sein. Der Trotz, eine der charakteristischen und oft verhängnisvollen Eigenschaften Luthers, wurde früh geweckt und gestärkt, zumal wenn er ungerecht gestraft wurde. Das Bild eines unbarmherzigen Richters, als welcher auch der Vater im Himmel nach allgemeiner Anschauung vorgestellt wurde, befestigte sich, der Gedanke, auf »Gnade und Ungnade« ausgeliefert zu sein und sich weder auf Wohlverhalten noch Verdienste berufen zu können. Bei schwächeren Naturen führt das zum Sichducken und dumpfem Gehorsam; bei starken zur Entwicklung aller Widerstandskräfte. Es hat lange gebraucht, bis diese bei Martin Luther heranreiften; sie brachen dann mit um so größerer Gewalt hervor.

Ein sonderlicher Tyrann war Hans Luder kaum, eher das Muster eines guten Hausvaters nach damaligem Bilde. Der Sohn erzählt noch, daß der Vater einen guten Trunk liebte, wie alle Bergleute, und zuweilen einen Rausch mit nach Hause brachte; er trat dann aber aufrecht und freundlich-umnebelt herein und »nicht als Wüterich, wie du Schandbube!«, wie es der Reformator später zornig einem seiner Neffen vorhielt, der bei ihm im Hause erzogen wurde. Ein Trinker kann der schwer arbeitende Mann nicht gewesen sein. Hans Luder muß es auch verstanden haben, sich mit seinen Arbeitskameraden gut zu halten, eine entscheidende Vorbedingung für erfolgreiches Arbeiten in den kleinen, auf engstes Zusammenwirken angewiesenen Betrieben und Gewerken; er wurde früh ihr Sprecher und Vertreter beim Magistrat. Eine Eigenschaft hat er auf alle Fälle an den Sohn weitergegeben: den zähen und unermüdlichen Fleiß.

Vom Familienleben im Hause Luder wissen wir nichts. Es kann bei der zahlreichen Kinderschar nicht nur patriarchalisch streng gewesen sein; man wird eher daran denken, daß die Buben und Mädchen mit ihren Spielkameraden sich selber überlassen blieben, während der Vater im Schacht im schwarzen und schweren Mergelschiefer werkte und die Mutter ihre Hausarbeit verrichtete oder das Reisig für die Feuerung auf dem Rücken herbeischleppte, wie Luther erzählt. Sie summte dabei ihr Lieblingslied, das nicht eben fröhlich klingt: »Mir und dir ist keiner hold, das ist unser beider Schuld.« Von Unheil und Unholden war viel die Rede. Das Bergmannsleben war umlagert von den Gedanken an tückische und boshafte Geister, Dämonen, Teufel, die hinter jedem der zahlreichen Unfälle steckten; der Vater kam nach Hause und erzählte von einem Arbeitskameraden, dem die Satansboten den ganzen Rücken zerfleischt hatten, bis er qualvoll sterben mußte. Die Mutter war beim Tod eines der Kinder überzeugt, die Hexe, die Nachbarin, habe das Kind getötet. Von der Kanzel wurde bei jedem Gewitter und Hagel gegen die Hexen geeifert. Die drastischen Abwehrmittel gegen Teufel und Unholde durch Zuwenden der Kehrseite, die Luther sein Leben lang beibehielt, wurden ihm im Elternhaus eingeprägt. Uraltes heidnisches Zaubergut an Kräutern, Segenssprüchen, vermischt mit christlichen Bräuchen der Besprengung von Hausgerät mit Weihwasser oder kreuzweisem Ausbreiten von Palmwedeln über der Feuerstätte, war im Schwange. Die heilige Anna, als Schutzpatronin der Bergleute, wurde als Nothelferin angerufen. Ob sonst gebetet wurde, hat Luther nie erwähnt. Eine Bibel oder auch nur eine der populären Erbauungsschriften waren nicht vorhanden, wahrscheinlich überhaupt kein Buch. Hans Luder hielt wenig von Priestern und Mönchen, wie die meisten seines Standes, und es wurde eine der schwersten Enttäuschungen seines Lebens, daß sein begabter Ältester sich diesem Beruf der unnützen Horensinger und Betbrüder zuwenden wollte, statt ein tüchtiger Jurist zu werden und die aufsteigende Linie der Luder bis in die höchste erreichbare bürgerliche Klasse der Ratgeber von Fürsten oder Magistraten hinaufzuführen.

Das scheint ihm schon früh vorgeschwebt zu haben, und schon früh hat er an den Verstand seines Martin geglaubt. Den Fünfjährigen bereits läßt er auf die Lateinschule in Mansfeld bringen; ein älterer Verwandter muß ihn Huckepack in die Schule schleppen, da die kleinen Beine den Weg noch nicht bewältigen können. Eine neue Prügelzeit beginnt. Luther hat nicht ein einziges freundliches Wort über seine acht Jahre in der Mansfelder Lateinschule gesagt, die er nur als »Eselsstall und Teufelsschule« bezeichnete, geleitet von »Tyrannen und Stockmeistern«, eine »Hölle und ein Fegfeuer«. Fünfzehnmal, so berichtet er, wurde er an einem Morgen vom Schulmeister mit der Rute gestrichen. Das Rutenbündel, so mächtig wie ein Gartenbesen, prangt in der Tat stolz als Szepter jedes Scholarchen auf den Titelblättern jedes pädagogischen Traktates der Zeit. Der Lehrer war meist ein Armseliger, schlecht bezahlt, schlecht vorgebildet, er hatte eine Horde von Kindern vor sich aus allen Altersklassen, von den ABC-Schützen bis zu den Vorgerückteren; seine Aufgabe bestand in nichts anderem, als ihnen an Hand der uralten Schulbücher, des Donat aus der Spätantike, des Alexander de Villa Dei aus dem 12. Jahrhundert, Lesen und Schreiben und vor allem Latein beizubringen. Latein, das mittelalterliche späte Latein als Kirchen-, Amts- und Geschäftssprache war der Schlüssel zu jeder späteren Karriere, ob geistlicher oder weltlicher Art; es wurde rücksichtslos gepaukt. Ein ausgebildetes Spionage- und Denunziantenwesen unterstützte noch den Rutenschwinger auf dem hohen Pult: Mit dem Ruf »Wolf« wurde jeder angezeigt, der ein Wort Deutsch statt Lateinisch sprach, ein eigner »Wolfszettel« führte Buch über die Missetäter; außer den Prügelstrafen gab es noch den hölzernen Eselskragen, der zur Schande umgehängt wurde. Luther hat immerhin dort schreiben gelernt – und übrigens zeitlebens eine bewundernswert feine und deutliche Handschrift kultiviert – und sein Latein, in dem er sich sicher und kraftvoll auszudrücken wußte. Seltsam ist es allerdings, daß der größte deutsche Sprachmeister seines Jahrhunderts so von seinem fünften bis zu seinem dreißigsten Lebensjahr in die Zwangsjacke eines fremden Idioms eingezwängt blieb, ehe er sie wie mit einem Schlage abwarf und seine Muttersprache verwenden konnte, die ihm sogleich auf das großartigste gehorchte.

Weder Deutsch-Unterricht noch überhaupt ein anderer Unterricht wurde durch die Schule vermittelt; die Religion trat nur durch Einpauken des Heiligenkalenders als Sprachstoff oder durch das Paternoster und Ave Maria in Erscheinung. Bedeutsamer als, was er lernte, war für sein späteres Leben, was Luther nicht lernte. Kein Wort über die Geschichte, weder seines Landes noch der übrigen Welt – Luther hat das später sehr bedauert und ist in seiner schönen Schrift an die Ratsherren der großen Städte sehr energisch für den Nutzen der Historie eingetreten, wie überhaupt das neuere Schulwesen, das von ihm und vor allem Melanchthon ausging, einen Wandel schuf, den man sich nicht groß und folgenreich genug vorstellen kann. Kein Wort über Staat oder »Bürgerkunde«, und das hatte seine verhängnisvollen Konsequenzen, als Luther in das politische Leben seiner Zeit geworfen wurde. Was erfuhren die Kinder über das Heilige Römische Reich, in dem sie lebten? Es gab nicht einmal ein zuverlässiges gelehrtes Werk darüber, geschweige ein Schulbuch, und es wäre auch schwer gewesen, diese monströse Vielfalt von dynastischen, geistlichen, weltlich-geistlichen oder exterritorialen Gebilden in einen Band zu sperren. Kein Wort über Geographie oder Naturkunde. Die Erde war flach, eine Scheibe, und ihr Zentrum war Rom oder Jerusalem. Von den großen Entdeckungsreisen, die das Weltbild so ungemein erweitert haben sollten nach unserer Auffassung, war allenfalls bis in einige Gelehrtenstuben eine Nachricht gedrungen. Eine Landkarte hat Luther auch später kaum je zu Gesicht bekommen, der Knabe sicherlich niemals. Nicht einmal rechnen hat Luther gelernt; die berühmten Rechenbücher des Adam Riese erschienen erst Jahrzehnte später. Er hat nie mit Zahlen umzugehen gewußt und selbst sein Geburtsjahr falsch angegeben. Er hat aber auch mit seiner Zeit und Arbeitskraft nie gerechnet. Der Katalog ließe sich noch beliebig erweitern. Einige humanistische Schulen vermittelten etwas mehr Bildung. In Mansfeld wurde ausschließlich Latein gepaukt, zum Takt des Rutenbündels.

Der Vater sandte ihn, immer bedacht, seinen Ältesten zu fördern und jeden Groschen dafür zusammensparend, nach dem großen Magdeburg, wo die »Brüder vom gemeinsamen Leben« eine bessere und weithin angesehene Schule unterhielten. Der Aufenthalt dort dauerte aber nur ein Jahr, und es ist fraglich, ob Luther von der ganz anders als in seinem Vaterhause gearteten Frömmigkeit der Brüdergemeinschaft mehr als flüchtige Eindrücke empfing. In der Erinnerung geblieben ist ihm nur das Bild eines frommen Büßers, der in den Straßen Aufsehen erregte, weil er ein Fürst von Anhalt war und als einfacher Franziskaner mit der Betteltasche umherging, abgemagert zum Skelett durch unablässiges Fasten. Auch der vierzehnjährige Martin mußte betteln und sich als Kurrendesänger einen Teil seines Unterhaltes verdienen, was keineswegs als Schande galt und auch bei bessergestellten Kindern üblich war. Der Bettel, als Mönchspraxis auch von den wohlhabenden Bettelorden geübt, als Armenversorgung, als kirchliche Übung an allen Kirchentüren, der Bettel großer, hochorganisierter Bettlergilden unter ihren malerischen Bettlerkönigen, die häufig schwerbewaffnete Bandenhäuptlinge waren, bildete noch eine geheiligte Institution; Bettel größten Stiles war im Grunde auch das Finanzierungssystem der Kurie durch Ablässe und Gnadenprivilegien. Luther hat immerhin dabei singen gelernt. Die Musik wurde die einzige der Künste, die ihm nahe kam.

Eisenach, wo die Luder Verwandte hatten, wurde die nächste Station, und dort scheint er, schon ein kräftiger junger Bursche, zum ersten Mal ein etwas freundlicheres Heim gefunden zu haben im Hause der Familie Schalbe. Man war fromm dort und stand in engen Beziehungen zum Franziskanerkloster am Fuße der Wartburg. Auch da hatte Luther ein Erlebnis, das ihm im Gedächtnis blieb: Die Brüder hatten einen der ihren lebenslänglich eingemauert wegen seiner gefährlichen Prophezeiungen, dem Propheten Daniel entnommen. Luther ist später oft auf diesen Mann Johannes Hilten zurückgekommen, der unter seinen düsteren Weissagungen von Umsturz und Weltende das Jahr 1516 als das Datum für eine große Wende bezeichnet haben soll und sich dabei nur um wenige Monate irrte.

Die Pfarrschule von St. Georg war gut, und der junge Martin bewegte sich nun sicher in dem mühsam eingepaukten Latein, schrieb rasch und gewandt und verfaßte auch die vorgeschriebenen Verse; bald ließ er die anderen Mitschüler der Oberklasse hinter sich. Im Freundeskreis des Hauses Schalbe fand er Anregung und Gönner, mit denen er auch später in Verbindung blieb. Er spricht später von »seinem lieben Eisenach«, ein Ausdruck, den er sonst auf keinen anderen Aufenthaltsort anwendet. Die Prügelzeit war überstanden. Von den Nöten und Schwierigkeiten der Pubertät pflegten die Menschen jener Zeit kein Wesen zu machen, und wir halten es für reine Spekulation, jede mangelnde Nachricht darüber durch Anwendung heutiger Theorien zu ersetzen. Wir glauben sogar, daß die wenigen Äußerungen Luthers über seine Jugend und sein Vaterhaus, als die einzigen Quellen über seinen Lebensgang bis zu den Jünglingsjahren, nur mit großem Vorbehalt zu verwenden sind, wie alles, was er im Rückblick gesagt hat. Der Siebzehnjährige dürfte ein »hurtiger, fröhlicher Geselle« gewesen sein, wie seine Studiengenossen ihn dann geschildert haben: klein, fest gebaut mit einem harten Kopf und scharfen, tiefliegenden braunen Augen und braunem Schopf. Fröhlich zog er mit den Singgenossen umher, als »Partekenhengst«, wie es hieß, der die kleinen Partikelchen der milden Gaben einsammelte; bei Schlachtefesten fielen sie auch reichlicher aus. Fröhlich betreute er als älterer Schüler den kleinen Heinrich Schalbe beim Schulgang und den Arbeiten. Das Wort fröhlich, das ihm nicht zufällig immer wieder in die Feder floß, auch als er zu seinen entscheidenden Kampfschriften ansetzte oder das Vorwort für seine Bibelübersetzung schrieb, ist keineswegs aus Luthers Wesen zu streichen. Unmittelbar daneben lag freilich das Erbe schwerer Melancholie, der Hang zum Grübeln, Sichquälen, das, was er dann die »Knoten« in seiner Seele nannte, die sich lange nicht lösen wollten. In Eisenach schmerzten sie ihn kaum. Die Welt sah freundlich aus. Auch für den harten Vater Hans Luder waren etwas bessere Tage angebrochen. Er beschloß, die ersten ersparten Beträge, die er nach Abzahlung seiner Schulden an die Kupferhändler beiseite gelegt hatte, dazu zu verwenden, seinen Martin studieren zu lassen. Als Universität wurde das berühmte Erfurt gewählt. Zu Fuß pilgerte der Jüngling dorthin. Ende April 1501 wurde er als Martinus Ludher ex Mansfeldt immatrikuliert.

Erfurter Student

Luther hat vier Jahre lang an der Universität Erfurt studiert, in der »Artistenfakultät« die »freien Künste«, und dann Jura und nicht Theologie. Das war kein geringer Teil seines Lehr- und Lebensgangs, doch seine nachfolgende Bekehrung und sein Leben als Mönch haben diese Studienzeit für ihn selber und für spätere Betrachter völlig überschattet und als fast unwichtig erscheinen lassen. Es waren die Jahre von seinem achtzehnten zum zweiundzwanzigsten Lebensjahr, die man sonst als die entscheidende Entwicklungszeit eines begabten jungen Menschen anzusehen pflegt. Über sie hören wir fast gar nichts, so bereitwillig er sich auch über seine Kämpfe im Kloster ausgesprochen hat; und was Luther im Rückblick gesagt hat, ist immer stark gefärbt. Er verteidigt sich, wenn man ihn wegen ungenügender Kenntnis des Schulwissens angreift: O nein, er habe auch das gründlich kennengelernt; er lobt seine Lehrer, muß aber sogleich betonen, daß sie ihm für das »Eigentliche« nichts beibringen konnten. Dort in Erfurt will er zum ersten Male eine Bibel in die Hand bekommen – was durchaus glaubhaft ist – und auch nur kurz in sie hineingeschaut haben. Sein erster Biograph und Schüler Mathesius schildert ihn als wahren Musterknaben: »Ob er wohl ein hurtiger und fröhlicher junger Geselle war, fing er doch alle Morgen sein Lernen mit herzlichem Gebet und Kirchengehen an, wie denn sein Sprichwort gewesen: Fleißig gebetet ist über die Hälfte studiert; verschlief und versäumt darüber keine Lektion, fragte gern seine Präzeptores und besprach sich in Ehrerbietigkeit mit ihnen, repetieret oftmals mit seinen Gesellen, und wenn man nicht öffentlich las, hielt er sich allwege auf in der Universitätslibrerey.« Keine Allotria also, kein Abweichen vom geraden Wege, der zum großen Reformator führen mußte. Auch die Examina besteht er in der kürzesten erlaubten Zeit: Als dreißigster von siebenundfünfzig Kandidaten wird er schon nach einem Jahre Bakkalaureus, als zweiter von siebzehn nach weiteren zwei Jahren Magister. Der Vater ist überglücklich und redet den zu so hoher Würde aufgestiegenen Sohn hinfort mit »Ihr« statt »du« an und schenkt ihm, eine sehr kostspielige Gabe, eine vollständige Ausgabe des Corpus juris; denn er hofft, seinen Martin als großen Juristen zu sehen, als Rechtsberater von Fürsten oder Magistraten, wie das etwa sein akademischer Lehrer der Professor Henning Goede war.

2 Schulunterricht um 1500

Was sonst über diese Zeit und über Erfurt berichtet wird, hat fast immer nur Bezug auf Luthers Wandlung zum Rebellen und Reformator, und die Suche nach schon »vorreformatorischen« Strömungen und Persönlichkeiten hat dazu geführt, fast jeden, der einmal etwas gegen den Papst oder den Ablaß gesagt hat, in ein weitgespanntes Netz einzubeziehen. Das erscheint uns etwas unhistorisch. Kritik, schärfste Kritik an den Zuständen der Kirche, auch in den als Hoch- und Blütezeit des Papsttums verherrlichten Epochen ist immer geübt worden, oft mit stärkeren Worten, als Luther sie gebraucht hat. Das letzte Jahrhundert war darin eher milder geworden, zum mindesten im Ausdruck, und kaum jemand hatte es mehr gewagt, einen Papst, noch dazu einen so gewaltigen wie Gregor VII., den eigentlichen Begründer der Weltmachtstellung der Kurie, einen »heiligen Satan« zu nennen, einen »Wolf« und »Tiger«, wie das der heilige Petrus Damiani getan hatte, der auch – was später nicht mehr vorkam – seinem Oberherrn sein Bistum Ostia, die höchste Kardinalswürde, vor die Füße warf und sich in sein Eremitenkloster zurückzog, um seine vier Bände über das »Sodom und Gomorrha des Klerus« zu schreiben. Vielmehr war mit der eintretenden Verbürgerlichung des ganzen Lebens – allerdings auch infolge der immer stärkeren Bürokratisierung des Kirchenbetriebes – fast nur noch von Geld und Abgaben oder anderen Beschwerden materieller Art die Rede oder von dem unerlaubten Gebrauch, der von diesen Geldern in Rom gemacht werde. So klagt etwa der Erfurter Chronist, ein sehr kirchentreuer Benediktinermönch Nikolaus im Jahre 1490: Die Leute wollten schon gute Schafe sein, wenn sie nur einen guten Hirten hätten! Der Hirte aber wolle ihnen nicht nur die Wolle scheren und sie vor den Wölfen beschützen: »Er sucht ihnen auch das Fleisch vom Leibe zu reißen und zu verschlingen, Trost aber bietet er wenig oder gar nicht und Frömmigkeit – was für ein Hirte ist das?« Dies Gleichnis kehrt immer wieder; die Bibelstelle vom »Weide meine Herde« war die große Autorität, auf die sich die Kirche berief. Nur war die Haltung der Herde eine andere geworden; das geduldige Sichscherenlassen fand wenig Anklang mehr. Die Erfurter waren darin besonders reizbar geworden und hatten einige Ursache dafür. Ihr Hirte war der Erzbischof von Mainz, nicht nur als geistlicher, sondern auch als weltlicher Herr, wenn man das überhaupt auseinanderhalten kann. Erfurt ist ein sehr charakteristisches

Beispiel für die ungemein verworrenen und überlagerten Zustände im Heiligen Römischen Reich, und daß Luther gerade hier seine entscheidenden Jahre verlebte, rechtfertigt es, wenn wir darauf einen Blick werfen.

Es war eine Stadt, eine Kleinwelt, aber das mittelalterliche Weltbild ging eben von der Stadt, nicht vom Land aus. Augustinus schon, Luthers Ordensheiliger und stetes Vorbild, hatte die Gottesstadt seinen Vorstellungen zugrunde gelegt; auch Thomas von Aquino geht bei seinem Bild der Welt durchaus von der Stadt aus, um die herum er sich allenfalls »Provinzen« denken kann. Eine solche Stadt war auch Erfurt, und es hatte eine ganz erhebliche »Provinz« um sich herum, ein Territorium von 76 Dörfern und Marktflecken, in neun Ämter eingeteilt, an Größe nur hinter Nürnberg zurückstehend, das fast über ein Fürstentum verfügte. Ein wertvoller Besitz also und um so bedeutender, als Erfurt in der Mitte Deutschlands, am Schnittpunkt großer Handelsstraßen lag, wichtig als Stapelplatz und somit reich geworden. Außerdem war es das Zentrum einer damals überaus lukrativen Industrie: Thüringen besaß fast ein Monopol in der Erzeugung von Färberblau, das aus Waid gewonnen wurde, dem heute fast vergessenen Kreuzblütler Isatis; die Blätter wurden gemahlen, mit Wasser zu einem Brei versetzt, durch Gärung und Oxydation mit Luftsauerstoff zu jener ungemein begehrten Farbe zubereitet, für die in dem farbenfreudigen Mittelalter größter Bedarf herrschte. Die stolzen Erfurter, die auch über eine sehr tüchtige Mannschaft verfügten und die thüringischen Raubritter im weiten Umkreis damit niederzwangen, pflegten, wenn sie eines der Raubnester erobert und zerstört hatten, zum Zeichen ihres Sieges Waid-Samen in den umgepflügten Boden der Herren auszustreuen, eine eigentlich produktivere Sitte als das üblicherweise verwendete Symbol Salz. Sie waren stolz, kriegerisch, reich und zerrten deshalb unaufhörlich an dem Joch, das ihnen auferlegt war: der Oberherrschaft des Erzbischofs im weit abgelegenen Mainz. Nie gelang es ihnen, wie andere große Städte das völlig abzuschütteln, nie konnten sie sich zum Rang einer freien Reichsstadt erheben, obwohl sie zu den drei oder vier größten deutschen Städten zählten – die Angaben der Einwohnerzahlen sind alle ungenau – und damals kaum hinter Rom zurückstanden, dessen Bevölkerung auch nur ungefähr bekannt ist und etwa 40 000 Menschen umfaßte. Man hat sich Luther in diesen Jahren nicht als Studenten in einem abgelegenen Provinznest vorzustellen, wie es Wittenberg war, als er dort zehn Jahre später eintraf. Vielmehr studierte er in einer großen Metropole und an einer Universität, die, weit über die Grenzen des Reiches hinaus, zu den bedeutendsten gehörte. Erfurt war die modernste der damaligen deutschen Hochschulen. Die philosophische Richtung, die dort herrschte, war die »via moderna« des Nominalismus. In Erfurt fand auch der Humanismus zuerst eine mächtige Stütze, und in der kurzen Blütezeit, die durch die Ereignisse der Reformation vernichtet wurde, tat die Erfurter Hochschule sogar den unerhörten Schritt, die philosophische Fakultät an die Spitze zu stellen und die sonst überall herrschende theologische zu entthronen: eine Revolution des akademischen Lebens, die bei den Vertretern des Alten kaum weniger Entsetzen hervorrief als die Rebellion des Wittenberger Mönches. In Erfurt wagte es ein junger Dozent, Hermann von dem Busche, noch vor Luthers Verbrennung der Bannbulle, die geheiligten Lehrbücher der Tradition in einem feierlichen Akt der Vernichtung zu überliefern. Und die Studentenschaft, aus vielen Ländern zusammengekommen, gehörte stets zu den unruhigsten in weitestem Umkreis. Nirgendwo sonst hat es so viele Aufstände, Scharmützel, auch blutigster Art, gegeben wie hier; und keine Universität ist dann, als der Kampf begann, so leidenschaftlich für Luther eingetreten wie Erfurt.

Zahm und mittelalterlich genug ging es bei der Aufnahme und Einkleidung zu. Die Erfurter Universität kannte zwar nicht, wie die meisten anderen, nach dem Pariser Vorbild die Einteilung in »Nationen« oder Landsmannschaften, aber jeder eintreffende Student hatte sich streng in eine »Burse« zu begeben und dort unter genauer Aufsicht im Internat zu leben. So eifersüchtig die Studenten ihren Rang gegenüber dem Bürgervolk wahrten, so schülerhaft hatten sie sich in der Burse zu fügen, die fast ein Kloster war; Essen, Gebet, Eingang und Ausgang waren vorgeschrieben und überwacht. Der Lehrplan wurde kontrolliert; wer eine Vorlesung besuchen wollte, die nicht obligatorisch war, mußte dazu Erlaubnis des Rektors einholen. Die Kleidung war Uniform und sollte den Studenten im Stadtbild kenntlich machen; außer den Magistern paßten noch Pedelle auf. Die Benutzung von Büchern war nicht dem Studenten überlassen, und Luther dürfte kaum ein einziges Werk in die Hand bekommen haben, das vom rechten Wege, wie ihn seine Professoren verstanden, im geringsten abwich. So kann man sich den jungen Luther in der Tat als einen gehorsamen Musterschüler denken, der mit dem Glockenzeichen um vier Uhr morgens aufstand und um acht Uhr abends, wie befohlen, zu Bett ging.

Das war natürlich nicht alles. Schon bei der Immatrikulation kam der alte, recht rauh gehandhabte Brauch der »Deposition« zu seinem Rechte: der Absetzung des »tierischen« Nichtstudenten, symbolisiert durch eine Kappe mit Hörnern und Eselsohren, die ihm abgerissen wurde, und eine kalte Dusche im Wasserkübel als »Taufe« für den neugeborenen Akademiker. Luther hat das später zu einer erbaulichen Predigt benutzt, als Anweisung zu Demut und Geduld: Man werde im Leben immer so »abgesetzt« werden, den Beamten werden die Bürger und Bauern, den Verheirateten die Weiber »deponieren und wohl plagen« – es sei ein Sinnbild des menschlichen Daseins überhaupt. Die Uniform ähnelte der Priesterkleidung, und die allermeisten Studenten waren ja auch angehende Geistliche. Aber jeder trug eine Waffe, das kurze Schwert, an der Seite des Talars, und nicht nur zum Schmuck. Raufhändel waren trotz der genauen Tagesordnung häufig; Luthers bester Freund, dessen Namen wir nicht kennen, wurde bei einer solchen Auseinandersetzung erschlagen, und dieser Tod soll bei Luthers Entschluß, ins Kloster zu gehen, seine Rolle gespielt haben. Offiziell gab es zu den Mahlzeiten, die sehr reichlich bemessen waren, Bier, doch begnügten sich damit sicherlich nicht alle. Die Burse, in der Luther wohnte, hieß »die Biertasche«, formell, etwas feierlicher, »zum Sankt Georg«; in der Stadt gab es viele bessere Lokale. Die Professoren, soweit sie nicht der älteren und frömmeren Richtung angehörten wie Luthers Lehrer Usingen, der dann dem Beispiel seines Schülers folgte und, schon ein Fünfziger, als Mönch in das Augustinerkloster eintrat, waren zum Teil sehr fröhliche Herren. Die Humanisten unter ihnen, die sich mit Stolz »die Poeten« nannten und ihre lateinischen Verse schmiedeten, hatten sich aus den antiken Quellen die Vorbilder für ein etwas freieres Leben entnommen. Ihr Haupt wurde der schöne, immer optimistische, begabte Eobanus Hessus, berühmt wegen seiner Verskunst im ovidischen Stile und seiner Trinkfestigkeit, seiner blendenden Rhetorik und seines lebendigen Vortrags im Kolleg; er hat – allerdings erst, als Luther schon in Wittenberg weilte – die Hochschule noch zu einer kurzen Höhezeit geführt, mit mildem Szepter als »König Eoban« regierend und Erasmus als Patron seines Kreises verehrend. Unter ihm bildete sich schon eine Vorstufe des späteren Corps- und Verbindungslebens heraus, mit genauer Trinkordnung und Ämtern und festlichen Gastmählern im »Georgenhof«. Ein Teilnehmer berichtet noch im Rückblick über den Eindruck, den der stattliche Eoban in seinen Kollegs auf die Studenten machte: Die Würde, die Gravität, spielte dabei, im Stil der Zeit, eine große Rolle – »wenn Eobanus nüchtern war, ehe denn er getrank«. Man will über tausend Hörer bei seinen Vorlesungen gezählt haben, was nicht recht mit den Immatrikulationsziffern in Einklang zu bringen ist.

Der Humanistenkreis umfaßte noch andere Naturen. Als Luthers Studienfreund ist der sehr talentierte Crotus Rubianus sicher belegt, der unter streng gewahrtem Geheimnis der Hauptverfasser der »Dunkelmännerbriefe« wurde, von denen noch zu reden sein wird. Ein anderer, Euricius Cordus, galliger, unzufriedener und deshalb sehr geeignet für satirische Epigramme, die noch Lessing schätzte und stillschweigend für seine eignen Stachelverse benutzte, hat die intimsten Zeugnisse über das Erfurt jener Zeit hinterlassen. Ein Gegner – und man zankte sich unaufhörlich – meinte, Cordus habe die »Cavaten« besser gekannt als die Hörsäle; die Cavaten waren die großen Gewölbe unter der am Hang hochaufragenden Domkirche, die Nester der Unzucht, die nach mittelalterlicher Sitte meist ihren Schutz im Schatten der Kirchen fand. Cordus kennt sich da allerdings aus, auch in der Sperlingsgasse, später nach Dr. Faust benannt, der um diese Zeit in Erfurt ein Gastspiel gab. Der Mentor und Mäzen des Erfurter Humanistenkreises, der Kanonikus Mutian in Gotha, der Faust im Gasthof »schwadronieren hörte«, tat ihn kurz als Chiromantiker, Prahlhans und Narr ab; Luther hat Faust in seinen Tischreden erwähnt, und Melanchthon – ärgerlich darüber, daß der Mann auch mit Wittenberg in Verbindung gebracht wurde und dort gar zum Magister oder Doktor promoviert sein wollte – nannte ihn ein »Scheißhaus vieler Teufel«. Die geheimnisvolle Aura, die sich um den Zaubermeister wob und ihn zur mythischen Gestalt machte, war damals erst im Entstehen; er galt eher als einer der vielen Landfahrer und Aufschneider. Immerhin ist es bezeichnend, daß auch diese Gestalt in Luthers Leben hineingespukt hat.

Cordus erwähnt einen sehr viel harmloseren akademischen Gaukler, der aus Italien große Weisheit mitgebracht hatte und im Hof des Gasthofes »Zum goldnen Kreuz« freie Vorträge hielt. Am Brunnen des Hofes hat er ein Katheder aufgebaut, da sitzen dichtgedrängt die Zuhörer auf Bücherstapeln und alten Fässern; er redet »nach italienischer Manier« aus dem Stegreif und erntet rauschenden Beifall mitsamt klingendem Lohn. Als Bote Apolls tritt er auf, der ihm diese nach Öl stinkende Umgebung in eine »duftende Dichterwerkstatt« verwandelt hat, er plaudert über Horaz und Juvenal und lobt sich kräftig als »neuen Propheten«. Nicht alles ist strenge Scholastik in Erfurt. Sogar in den Hörsälen liest ein junger Dozent, später Luthers hartnäckiger Feind, der Schwabe Emser, ein Kolleg über die eben erschienene Komödie »Sergius« des großen Humanistenlehrers Reuchlin, die Verspottung eines mönchischen Scharlatans behandelnd; ein anderer Magister doziert einmal über einen der ersten Dialoge des Ulrich von Hutten.

Luther las neben seinen Lehrbüchern auch einiges von den antiken Klassikern; Vergil, der von der Kirche wegen der vermeintlichen Prophezeihung der Geburt Christi in seiner 4. Ekloge zum christlichen Dichterfürsten erhoben war, stand ihm am nächsten. Aber ein Verhältnis zur Dichtung der Alten hat er nie gefunden, und wenn er einen Griechen zitiert, so nur, weil ihm ein Satz didaktisch als »Spruchweisheit« erscheint; höchstwahrscheinlich hat er solche Stellen aus den üblichen Anthologien entnommen. Äsop, dessen Fabeln ihm »voll feiner guter Lehre, Sitten, Zucht und Erfahrung« sind, galt ihm als Muster; den Terenz hielt er für nützlich im Sprachunterricht. Der ganzen humanistischen Begeisterung stand er fern, schon als Student und erst recht später; er hat nie, wie sonst so ziemlich jeder, lateinische Epigramme gedrechselt oder eine Chloë angesungen, noch sich an den obligaten gegenseitigen Lobgedichten beteiligt, die unweigerlich die bescheidenen Genossen zu einem neuen Horaz, Pindar oder Martial ernannten. Ungesellig war er nicht, aber er schloß sich keinem »Kreise« an.

Ein ganz bestimmter Kreis, der zeitweilig Bedeutung erlangte, scharte sich dort um den Kanonikus Mutian im nahen Gotha, einen Mann, dessen Einfluß und Ruhm nicht leicht erklärlich ist. Mutian, eigentlich Konrad Muth, war einer der Männer, die es lieben, im Verborgenen zu wirken, Fäden zu spannen und an ihnen zu ziehen; er hatte eine fast morbide Furcht vor der Öffentlichkeit und hat nie eine Zeile publiziert. Seine Lust und Liebe war es, junge Leute zu führen, einzuweisen und auch zuweilen aufzustacheln; wenn sie dann »zu weit gingen«, zog er sich erschreckt in seine Studierstube zurück. Aber mit diesen etwas kümmerlichen Gaben gelang es ihm doch, ein wahres Spinnennetz weithin auszuspannen: Von Mutian gelobt oder empfohlen zu werden, galt fast als ebenso wichtig, wie eine Zeile von Erasmus vorweisen zu können; selbst der sonst so übervorsichtige Kurfürst Friedrich von Sachsen hörte auf ihn und suchte ihn für seine neue Universität Wittenberg zu gewinnen. Mutian entzog sich allen Angeboten; die Macht, die er im stillen von seinem behaglichen Kanonikat her ausübte, genügte ihm, und ein paar Jahre lang war sie groß. Es wurde sein Schicksal, daß die Zeit solche Stille nicht duldete; sein Netz zerriß, als der rauhere Wind wehte, und seine letzten Jahre hat Mutian, verarmt, auf milde Gaben seiner Gönner angewiesen und von allen Seiten beargwöhnt, recht jammervoll verbracht. Es ist kein Wunder, daß Luther weder damals in Erfurt noch später zu ihm ein Verhältnis finden konnte.

Dieser mutianische Kreis war aber nur eine Angelegenheit am Rande Erfurts; er hat durch das unablässige Korrespondieren und Sichloben der Teilnehmer einen etwas unverhältnismäßigen Ruf erlangt. In der Mitte der vieltürmigen Stadt ragten der Dom und die Severikirche, ein burgartiger Komplex mit der malerischesten und phantasievollsten Silhouette, die aus dem Mittelalter erhalten geblieben ist. Das waren nicht nur Kirchen und Kapellen, sondern eine kleine Stadt innerhalb der Stadt, mit den hochprivilegierten Stiften und ihren Domherren, einer Aristokratie der hierarchischen Kirche. Sie wurden von den Bürgern als »Fremdkörper« empfunden, und die Domherren rekrutierten sich auch vielfach aus »ausländischem Adel«. Sie lebten behaglich mit ihren reichen Pfründen, die Wohnungen waren so schön ausgestattet wie ihre prachtvoll geschnitzten Chorsitze im Dom, die deutlich unterstrichen, daß diese Herren etwas anderes und besseres sein wollten als der gewöhnliche Plebs auf den Bänken im Kirchenschiff. Sie saßen vor schön eingelegten Tischen, sie tranken gut, und ihre riesigen Weinkeller kamen in ihrem ganzen Umfang erst recht zu Tage, als der Pfaffensturm begann und das ruchlose Volk sich herausnahm, auch von dem guten Malvasier und Frankenwein zu trinken. Sie hatten ihre Konkubinen wie die Domherren meist in allen Landen: »Er hat ein Hur von Würzburg bracht / Er ist vierzehn Jahr ein Domherr gewesen / Und hat noch nie kein Mess gelesen«, dichtete einer der Volkssänger. Man regte sich mehr als über die »Unsittlichkeit« des Treibens darüber auf, daß diese Damen sich nicht still im Haus oder Bett hielten, was allenfalls als menschliche Schwäche hingenommen wurde, sondern »trotz Bürgerin und Edelleut« stolz umherzogen, stark geschminkt, mit Schmuck behängt und nahezu den gleichen Vorrang beanspruchend wie ihre Beschützer. Selbst diese hatten zuweilen unter den gebietenden Freundinnen zu leiden, und Cordus dichtete ganz witzig, als ein scharfes, wie immer vergebliches Mandat von hoher Stelle ergangen war, die Domherren dürften sich hinfort nur »Dienerinnen« halten: Kein Geistlicher hat eine Dienerin, sie ist immer seine Domina, seine Herrin. Statt der Messe lasen die hohen Herren auf das eifrigste die Rentbriefe und Zinsregister – deren Verbrennung dann ebenfalls ein Hauptziel bei den Aufständen wurde – und trieben rücksichtslos die Abgaben ein. Sie waren frei von allen Steuern und Umlagen und deshalb auch beim Magistrat verhaßt. Da sie ihre Privilegien vom Erzbischof in Mainz erhalten hatten, bildeten sie naturgemäß die Zitadelle der Bischofsherrschaft über Erfurt, gegen die stets vergeblich angerannt wurde. Um diese Hochburg herum lagen noch viele kleinere Vorwerke und Bastionen durch die Stadt verstreut, alle wiederum privilegiert und »exemt« von Steuern, alle darauf bedacht, ihre Einkünfte so genau zu kontrollieren wie die Magister die Studien ihres Schülers Martin Luther. Erfurt besaß um diese Zeit über 90 Kirchen und Kapellen sowie 36 Klosteranlagen; das Augustinerkloster, in das Luther eintrat, war nur eines, und eines der kleineren davon; fast alle Orden waren vertreten in allen Schattierungen der Tracht und auch der Lebensführung und Haltung. Es gab strengere, »reformierte«, die in der Minderzahl waren; zuweilen trat auch ein großer Bußprediger auf, der mit Donnerreden die Mißstände rügte und auch einmal gegen die Ablaßverkäufer zu Felde zog, die von außerhalb in die Stadt einbrachen und ihre eignen Privilegien und ihre Gnadenmittel vorzeigten, die sie für besser und wirkungsvoller erklärten als die der ortsansässigen Heiltumsverwalter. Aber das waren nur gelegentliche Ausnahmen. Die Regel der »Regulierten«, der Mönche, war eher das ungebundene Leben. Sie hielten sich meist weder im Kloster auf noch an die Vorschriften und schwärmten überall in der Stadt umher. Bei allen Festlichkeiten und Vergnügungen waren sie zu finden, schmausten fröhlich mit, wenn es etwas zu schmausen gab, und manchen unter ihnen war es auch zu gönnen; denn es gab neben den hochdotierten Stiftsstellen auch ein breites geistliches Proletariat, das in halb zerrissener, schäbiger Kutte umherschlich und bettelte. Die ständische Gliederung der Geistlichkeit, die eigentlich nach der Theorie *einen* Stand darstellen sollte, glich ziemlich genau dem ständischen Aufbau des gesamten Lebens mit Aristokratie, Bürgern und Plebejern, nur daß das hohe Privileg des »character indelebilis«, der unzerstörbaren Würde der Weihe, auf das entschiedenste bei jeder Gelegenheit geltend gemacht wurde, auch wenn es sich darum handelte, daß ein Kleriker stahl, Ehebruch oder selbst einen Mord beging. Der Streit um diese Gerichtsbarkeit bildete einen Beschwerdepunkt, der in der langen Liste der Klagen obenan stand.

Wir wollen uns durch das Lesen von Bußpredigten und Beschwerdeschriften nicht dazu verleiten lassen, alles so düster zu sehen, wie es in den Akten verzeichnet ist. Erfurt feierte seine großen Feste und Prozessionen. An den Kirchen und Kapellen wurde gebaut, mit überreichem Schnitzwerk und kostbaren Grabplatten, die zum Teil, so für Luthers Lehrer, den Juristen Henning, aus der berühmten Gießerei des Peter Vischer in Nürnberg bezogen wurden. Die Goldschmiedekunst lieferte die Unmenge von Monstranzen und Kelchen, von denen im großen Pfaffensturm wenig verblieben ist. Der heilige Severus ruhte in einem herrlichen Sarg aus massivem Silber; der Rat ließ diesen dann einschmelzen und in Münze umprägen, die lange als die »Sargpfennige« umging. In den Klöstern saßen freilich nicht nur Mönche, die es sich wohl sein ließen und auf die Märkte liefen, wenn es etwas zu sehen gab, sondern auch stille Grübler und Beter, wie es Martin Luther wurde. Aber das ändert nichts an dem Gesamtbild. Es erklärt nicht, weshalb diese ganze Buntheit und Pracht, deren Reste uns heute ästhetisch erfreuen, unter den Äxten der Pfaffenstürmer und vor den Broschüren des Mönches aus Wittenberg so zusammenbrach. Das gesamte soziale Gefüge war morsch geworden, hatte es je solide und eichenfest dagestanden; die geistigen Grundlagen waren erst recht erschüttert und erwiesen sich als noch weniger haltbar.

Wir haben keine Nachrichten darüber, was Luther damals von dem Treiben um ihn her begriff, aber daß ein junger Mensch mit seinem scharfen Blick und seiner Auffassungsgabe doch schon sehr viel mehr in sich aufnahm als nur die Lehren seiner Professoren, scheint uns sicher. Am studentischen Leben der ausgelasseneren Art scheint er sich kaum beteiligt zu haben; seine späteren Gegner hätten sonst bestimmt davon etwas mit Behagen verkündet, zumal sie selber, wie die Emser und Eck, auf diesen Gebieten gut Bescheid wußten. Luther hat, eher etwas predigerhaft, gemeint, daß die Studenten doch »zwei Lektionen am fleißigsten hörten, nämlich die bei König Gambrinus und die beim Ritter Tannhäuser«, der vom Venusberg zu erzählen wußte. Aber er war auch ein »hurtiger und fröhlicher Geselle«, und wir glauben nicht, daß er nur seine Präzeptoren in Ehrerbietung danach fragte, welches Kapitel aus der Dialektik er nun vornehmen solle. Mit aller Energie, und er war zeitlebens ein großer Arbeiter, hat er sein Pensum bewältigt und sich in der vorgeschriebenen Methode perfektioniert, die vor allem das Disputieren schätzte. Die hurtige und treffende Antwort auf Einwände, das »Fechten« mit Argumenten, war die scholastische Technik, und es kam viel weniger darauf an, ob ein Argument nun besonders »tief« oder »wahr« sei, als daß es Schärfe hatte und einbiß. Luther hat diese Disputierfreudigkeit beibehalten sein ganzes Leben lang; die Reformationsgeschichte ist eine einzige Folge von großen Disputationen. Er war darin früh ein Meister. Den »Philosophen« nannten ihn seine Mitstudenten, und darunter verstanden sie nicht Neigung zu philosophischen Spekulationen, die Luther nie etwas gesagt haben, sondern gewandte Handhabung von Begriffen, Logik, Dialektik. Die Artistenfakultät, der er angehörte, hatte darin zu schulen; sie war als Vorschule für die höhere und eigentliche Fakultät der Theologie bestimmt. Luthers Ungeduld, an dieses für ihn wichtigste Studium heranzukommen, hat ihn im Rückblick zur Klage veranlaßt: Man habe doch nur leeres Stroh gedroschen. Wenn er später mit der Keule zuschlug, so läßt die häufige Grobheit seiner Diktion leicht übersehen, wie gut er zu treffen wußte und wie viel er dieser Zucht der dialektischen Methode verdankte.

Er war ein guter, gehorsamer Schüler, schärfte seinen Geist, betete fleißig und machte in rascher Folge seine Examina. Seine Kommilitonen nannten ihn aber außer dem Philosophen auch »den Musiker«. Musik war zeitlebens die Kunst, die ihm am nächsten stand. Im Lehrplan war sie auch vorgesehen, aber als mathematische Übung, als Musiktheorie, so scholastisch wie nur andere Lehrsätze und unweigerlich gebunden an die Autoritäten, den Spätlateiner Boëthius und seine Nachfolger. Die Bezeichnungen »Musik«, »Mathematik« und »Astronomie«, die im vorgeschriebenen Lehrkursus vorkommen, haben so gut wie nichts mit unseren Vorstellungen zu tun. Der ganze seit Jahrhunderten feststehende Kanon des Studiums war in Zahlenmystik auf eine Siebenzahl festgelegt, und die Grammatik war die erste und vornehmste der »Sieben Freien Künste«, wobei das, was wir als Künste verstehen, Malerei und Bildhauerei, als Handwerk und mechanische untergeordnete Übung ausgeschlossen blieben und die Musik nur als »mathematisch« aufgenommen wurde. Die Artistenfakultät hatte es unter »Künsten« mit »Lehren« zu tun. Grammatik, Rhetorik, Dialektik waren die erste Dreiheit, das Trivium, dem das mathematische Vierblatt, das Quadrivium Arithmetik, Geometrie, Musik und Astronomie folgte. »Frei«, liberal, hießen sie, weil sie eines freien Mannes würdig seien; gebunden waren sie an die Lehren der Kirche, der sie zu dienen hatten, nicht dem »freien Spiel der Kräfte« oder dem selbstgenügsamen Ziel einer »Kunst als Kunst«, geschweige – woran wir bei Mathematik denken – der »exakten naturwissenschaftlichen Forschung«. Sie sollten vielmehr die gottgewollte Harmonie des Weltalls erklären: Die Dialektik war ausdrücklich dazu berufen, »das Wahre« zu erweisen, und Astronomie deutete auf den Sternenkreis als die unverrückbar feststehenden Himmelszeichen. Die Musik hatte ebenfalls diesen Zusammenklang bis in die Einzelheiten zu deuten. Wenn Luther im Hörsaal mit ihr konfrontiert wurde, so lag die Musiktheorie des Johannes de Muris als Autorität zugrunde, die etwa zweihundert Jahre zuvor geschrieben war und die noch weiter zurückliegende Musik des 12. und 13. Jahrhunderts repräsentierte, im übrigen aber gründlichst mit Intervallenlehre, Kirchentönen und musikalischen Proportionen bekannt machte.

Luther hat auch das bewältigt. Aber er trieb noch andere, praktische Musik. Als Knabe hatte er in der Kurrende gesungen. Er besaß eine gute Stimme. Jetzt spielte er die Laute. Das war nicht die Schrammelgitarre mit sechs Saiten und mechanischen Wirbeln, sondern ein kostbares und schwieriges Instrument. Die Saiten, mit Ausnahme der obersten, der Melodiesaite, waren doppelt bespannt; das Stimmen allein dauerte eine Viertelstunde und erforderte ein feines Gehör, das Luther besaß. Der Ton aus dem bauchigen, gewölbten Lautenkörper klang den noch nicht durch unablässige Berieselung mit Musik verwöhnten und abgestumpften Zeitgenossen ganz gewaltig. Die Laute kam gleich nach der Orgel; als Orchesterinstrument wurde sie noch ein Jahrhundert lang verwandt, ehe die Streichinstrumente ihre Herrschaft antraten. Die Griffe waren nicht leicht, die Noten wurden in eigner Tabulatur mit Buchstabenzeichen geschrieben; Lehrbücher erschienen erst einige Jahre später im Druck. Wir wissen nicht, von wem Luther die Kunst erlernte und was er spielte oder sang. Das sogenannte »Volkslied« erlebte aber damals seine Blüte. Es stützte sich auf einen alten Schatz von Weisen geistlicher wie weltlicher Art. Auf das unbefangenste wechselte man zwischen beiden hin und her; die ersten Liedersammlungen druckten geistliche und weltliche Lieder zusammen; man übernahm ohne Anstand die Weise eines Marienliedes für ein »Buhllied-lein« und umgekehrt. Bach hat das noch ebenso gehandhabt und in seinem Weihnachtsoratorium seine weltlichen Kantaten benutzt und eine musikalische Ergebenheitsadresse für den sächsischen Kronprinzen in eine feierliche Baßarie »Großer Herr und starker König« verwandelt. Bis zum Grausigen geht diese Form der »Parodie«, wenn in den »Marterliedlein« einmal ein unseliger Eingekerkerter und danach Verbrannter noch kurz vor dem Tode seine Not besingt und »Gott im höchsten Thron« anruft »nach der Weise: Schürz dich, Gretlein, schürz dich« oder noch gespenstischer bei einem anderen Opfer des Scheiterhaufens »im Ton: Es wohnet Lieb bei Liebe«. Aber auch die altbeliebten Neckverse auf Handwerke wie die Schneider wurden gesungen. Politisches spielte eine große Rolle, Propaganda der verschiedensten Art; das Lied wurde zum Kampfmittel, zum Zeitungsblatt, das oft mehr über die Zeitereignisse aussagte als die Gesandtschaftsberichte. Tanzlieder wurden zuweilen im Reigen aufgeführt, und auch da fehlte die satirische Note nicht, wenn die »stolzen Nönnlein« den Mönchen gegenübertraten auf grünem Anger und sich mit feierlichem »Herr Domine!« vor ihren Buhlpartnern verbeugten und der »Braut ein gutes Jahr« wünschten. Um den Maibaum wurde getanzt mit dem Lied: »Es ging ein Paterlein längs der Kant, er nahm sein Nönnelein bei der Hand, Hei! es war im Mai, Mai, Mai!« Getanzt wurde im Spätmittelalter zu frommeren Gesängen sogar an einigen Orten in der Kirche, wenn auch nicht in Erfurt. Wir glauben nicht, daß der junge Student

Luther sich an dem Tanz-Gesinge beteiligt hat, aber wir sehen ihn zu dieser Zeit auch nicht als den strengen Reformator, der nur noch das Gesangbuch gelten ließ. Er wollte dann das laute Lachen und Scherzen verbannen: »Musica soll das Seelichen erfreuen; das Maul hat keine Freude davon. Wenn man mit Fleiß singet, so sitzet das Seelichen im Leibe, spielet und hat einen sonderlichen Wohlgefallen daran.« Vor allem aber sah er in der Musik ein Trostmittel bei Traurigkeit und Anfechtung: Satan ist der Geist des Trübsinns, er kann keine Freude dulden und ist daher der Musik ferner als jeder andere. Aber auch in seinen jungen Jahren haben ihm die Freunde seine Laute gebracht, wenn er von einem seiner vielen schweren Trübsinnsanfälle geplagt war; sie finden ihn einmal fast leblos auf dem Boden ausgestreckt und reichen ihm das Instrument, er greift hinein und richtet sich an den Tönen wieder auf.

Beides liegt bei Luther stets zusammen, die Fröhlichkeit und die Düsternis. In einer der Volksliedparodien wird das Liedlein »Es hatt ein Meidlin sein Schuh verlorn« alsbald fromm umgedichtet in »Gottes Huld hab ich verlorn«. Die erste Version mag er zur Laute im Kreise der anderen hurtigen und fröhlichen Gesellen gesungen haben; die zweite wurde jetzt seine Melodie. Er hatte sein Magisterexamen mit Glanz bestanden und war gefeiert worden. Wehmütig denkt er als alter Mann daran zurück, wie farbig die Welt doch damals Feste zu begehen wußte: »Wie war es eine so große Majestät und Herrlichkeit, wenn man Magisters promovierte und ihnen Fackeln vortrug und sie verehrte«, oder auch die Doktorfeiern mit Umritt in der ganzen Stadt, »welches alles dahin ist und gefallen. Aber ich wollte, daß mans noch hielte.« Das Studium der Rechte sollte beginnen, nach dem Wunsch des Vaters. Der Codex juris des Justinian lag vor ihm, ein riesiger Band, gedruckt mit den zahllosen Glossen und Kommentaren, die über die Hälfte der Seiten füllten, begleitet noch von weiteren Bänden der Ausleger, die Luther sich auch beschafft hatte. Der Vater scheute keine Kosten, wenn es um diesen Lieblingsplan seines Lebens ging, den Sohn in der neu aufsteigenden Schicht der Juristen zu sehen. Auch eine wohlhabende Braut hatte er schon parat. Seine Lehrer schätzten ihn; eine sichere Karriere stand bevor.

In Gotha hat Luther nach dem Bericht seines Erfurter Mitstudenten Justus Jonas, auch eines jungen Juristen, die Bücher eingekauft. Zu

Fuß geht er zurück, und auf dem Wege »kommt zu ihm eine erschreckliche Erscheinung vom Himmel, welche er auf die Zeit deutete, er sollte ein Mönch werden. Alsbald er nun gegen Erfurt kam, verkauft er alle die Bücher der Juristerei heimlich, und läßt zurichten eine herrliche Collation, ein Abendessen.., läßt bitten etliche Gelehrten zu ihm, züchtige tugendsame Jungfrauen und Frauen und ist mit ihnen über die Maßen fröhlich. Als sie ihm aber nach verlaufener Zeit freundlich danken, wußten sie nicht, was er im Sinne hatte, gehen sie fröhlich davon. Er aber, Martin Luther, ging alsbald ins Augustinerkloster zu Erfurt in der Nacht. Denn das hatte er also bestellt, und ward ein Mönch.«

Aus einem anderen Bericht hören wir noch, daß er bei dem Abschiedsmahl »nach seiner Gewohnheit eine Musicam hielt, denn er war ein guter Musikus«. Bei diesem Abschied waren viele dabei; niemand als Luther selber hat das furchtbare Gewitter und den Blitzschlag gesehen, der ihn niederwarf und geloben ließ, er wolle Mönch werden. Seine eignen Worte darüber sind, wie alles, was er nach seiner Wandlung im Kloster erzählte, ganz naturgemäß unzuverlässig und eine »Rechtfertigung« seines späteren Verhaltens. Rechtfertigen mußte er sich schon gleich nach dem schicksalsvollen Schritt vor dem Vater, den er nicht verständigt hatte, wohl wissend, wie wenig der Alte damit einverstanden sein würde. Und dies scheint uns ein Hauptpunkt bei dem Ereignis: Luther sagt zum ersten Male in seinem Leben den Gehorsam auf, er tritt als Eigenwilliger der höchsten Autorität gegenüber, die er damals kennt, seinem Vater, und vertraut sich einer höheren Autorität an, der Kirche. Dieser Bruch ist ihm nicht leicht geworden. Die Familie war die Kernzelle seiner Weltanschauung, der Vater der oberste Richter, er hatte ihn gestraft, geprügelt, aber sich auch hilfreich erwiesen und seine Studien großzügig gefördert. Es müssen dem Gewitter bei Stotternheim im Sommer 1505 noch andere Gewitterstürme vorangegangen sein, die Luther zu diesem Entschluß brachten.

Darüber ist viel spekuliert worden. Äußere Erlebnisse sind namhaft gemacht worden: der Tod seines guten Freundes, auch anderes Sterben; die Pest war wieder einmal im Anzuge und raffte zwei Brüder Luthers hinweg in der nächsten Zeit. Von einer früheren Reise ist die Rede, bei der er sich bald hinter Erfurt seinen Degen in den Leib stieß und eine Pulsader traf; nur mit Mühe soll er einer Verblutung entgangen sein, und noch als er wieder in seine Burse gebracht wurde, brach der Verband auf; er fürchtete, sterben zu müssen, und rief die Mutter Gottes um Hilfe an. Der Vorfall ist recht mysteriös, und wir wissen ihn nicht zu deuten; mit dem blanken Degen spielte man eigentlich nicht herum, man ließ ihn in der Scheide und zog ihn nur bei Gefahr, von der nichts berichtet ist. Lautenspiel wird auch bei dieser Gelegenheit erwähnt, das ihn getröstet habe. Schwere Depressionen hat Luther häufig gehabt, wie alle starken Naturen und schöpferischen Geister; er hat sie nur immer viel offener und nachdrücklicher bekannt als andere. Sein Freund Melanchthon hat über Anfälle dieser Art auch aus späterer Zeit berichtet. »Depression« war ein allgemeines Zeichen der Zeit, ein »Tief« hatte sich ausgebreitet und eine Verdüsterung, die in der Malerei und Kunst der Zeit ihren starken Ausdruck gefunden hat. Der Totentanz war zum beliebtesten Symbol für die Vergänglichkeit alles Irdischen geworden und wurde, ehe Holbein ihm eine etwas freundlichere, humanistische Note gab, mit allen Schrecken der entfleischten Gebeine dargestellt. Von Todesfurcht und Agonie, die ihn wie einen »Wall« umgeben habe, spricht Luther selber, als er sich vor dem Vater rechtfertigt. Er erwähnt, als er dann seinen weiteren und entscheidenderen Schritt des Bruchs seiner Mönchsgelübde zu erklären hat, das bekannte Wort: »Verzweiflung macht den Mönch!«

Warum jedoch sollte er so verzweifelt sein? Ins Kloster zu gehen war keine desparate Sache, viele taten das der behaglichen Versorgung halber. Auch das erwähnt Luther seinem Vater gegenüber: er sei nicht des »Bauches halber« Mönch geworden. Ekel und Überdruß an der Welt, von der er noch nicht allzuviel gesehen hatte, konnten kaum der Anlaß sein. Und der Grund, den er später angeführt hat, die überharte Erziehung der Eltern, »ihr ernst und gestreng Leben, das sie mit mir führten, das verursachte mich, daß ich danach in ein Kloster lief«, scheint uns sehr nachträglich betont, zumal nach den letzten so viel freieren Jahren.

Wir glauben, daß Luther auf der Suche nach einer Autorität war, der sich sein unbändiger Wille fügen könnte. Autoritätsgläubig ist er stets gewesen, vielfach bis zum Verhängnis. Der Vater genügte ihm nicht mehr. Die Autorität des Schulwissens war ihm bereits zweifelhaft geworden, besonders als er sich an die juristischen Kommentare machte. Die stellten, wie er nicht müde geworden ist zu kritisieren, immer das

»es kann so sein« neben das »es kann auch anders angesehen werden«. Als sicher begründet erschien ihm in diesem Stadium die Kirche. Das war eine unbezweifelte Autorität. Erst als er in seinem Mönchsleben auch daran irre wurde, wandte er sich direkt an Gott als die oberste, allen Skrupeln entrückte Instanz, wie sie die Bibel verkündet. Die Bibel blieb bis an sein Ende die eine und einzige Autorität, neben der nichts bestehen konnte.

Es gibt keine handfeste Formel für Phänomene von der Art religiöser Bekehrungen, und jeder Versuch, sie mit einem Satz zu deuten, geht an der Tatsache vorbei, daß ein junges Genie ein höchst komplexes Gebilde ist. Man kann sehr wohl auch die schlichten Umstände in Rechnung stellen: Luther hatte ein Gelübde getan, als der Blitz neben ihm niederfuhr, und bei der Unbedingtheit seiner Natur gedachte er es zu halten, so viel seine Freunde ihm davon abredeten und meinten, man brauche das nicht so lebenswichtig zu nehmen. Es ist auch möglich, daß schon damals, trotz Lautenspiel und fröhlicher Gesellen, der Sündengedanke in ihm lebendig war, und gerade, daß er sich nicht besonderer Sünden bewußt war, sondern seine Existenz überhaupt als sündig empfand, mag dabei mitgespielt haben. Das sind Gedanken und Empfindungen, die heute schwer nachzufühlen sind. Das Bewußtsein von Sünde ist so gut wie verschwunden; es tritt nicht einmal zutage, wenn ganz entsetzliche, alle früheren Schandtaten übertreffende Verbrechen zu beurteilen sind. Es war aber damals eine große Macht. Es wurde den Menschen von Kind auf gepredigt, im Falle Luthers buchstäblich eingebleut und weiterhin ständig im Bewußtsein gehalten. Man empfand noch das Leben selbst als »schmutzig«, den Körper, das »Fleisch«, als Bürde, die »fleischlichen Begierden«, nicht nur des Geschlechtes, sondern schon Essen und Trinken, als eine unreine Last. »Je länger wir waschen, desto unreiner werden wir«, hat Luther einmal einem Freunde gesagt beim Händewaschen. Wem das zu altväterisch klingen sollte, der kann fast die gleichen Worte bei Franz Kafka wiederfinden, der auch im Grunde ein religiös bestimmter Mensch war und dessen Sehnsucht nach Reinheit und sein Abscheu vor dem »Schmutz der Welt« auf das genaueste den Stimmungen des Spätmittelalters entsprechen. »Ich bin sündig bis in alle Winkel meines Wesens« heißt es in den Tagebüchern des Dichters; selbst schon das Gespräch mit anderen Menschen »verunreinigt«. Der Wunsch nach »besinnungsloser Einsamkeit« wird leidenschaftlich geäußert und in Parallele zu Luthers Hauptproblem während seiner Mönchszeit übrigens auch: »Ich habe immerfort eine Anrufung im Ohr: Kämest du, unsichtbares Gericht!«

Vor dem Schmutz der Welt gibt es nur die Flucht in die Einsamkeit. Das Kloster war die gegebene Zuflucht. »Da ich jung war«, so erzählte Luther, »rühmte man dies Sprüchwort: Bleibt gerne allein, so bleibet euer Herz rein, und man führte dazu einen Spruch Sankt Bernhards an, der da sagt: So oft er bei Leuten gewesen, so oft habe er sich beschmutzt. Wie man auch liest im Leben der Väter von einem Einsiedler, der keinen Menschen wollt zu sich lassen noch mit jemandem reden und sprach: Wer mit Menschen umgeht, zu dem können die Engel nicht kommen.« Luther wählte das Kloster der Augustiner-Eremiten und hat dort als Einsiedler gelebt, obwohl die Regel anderes vorsah. Er hat dort dem unsichtbaren Gericht gegenübergestanden, dem zornigen Richter, als welchen man ihn gelehrt hatte, Gott zu fürchten. In seiner späteren Deutung seiner Entwicklung wird aus seiner Bekehrung eine Forderung gemacht, die nicht für ihn allein gilt: Gott schlägt uns, damit wir uns bekehren. Wir aber wenden uns nicht ihm zu, sondern flüchten vor ihm; im Papsttum ging man ins Kloster. Man muß sich aber Ihm zuwenden, der uns schlägt, zu Ihm soll man sich bekehren.

In der einfacheren Sprache des Tatsachenberichtes erzählte er im Alter seinen Tischgenossen am Gedenktage seines Eintritts in das Kloster, wie er damals, vierzehn Tage zuvor auf der Reise, vom Blitz erschreckt gerufen habe: »Hilf du, heilige Anna, ich will ein Mönch werden!« Er sagt auch, das Gelübde habe ihn gereut, und viele versuchten ihm abzureden. Er aber sei dabei geblieben, habe sie zum Abschiedsmahl eingeladen und sei von ihnen zum Kloster begleitet worden. Da habe er ihnen erklärt: »Heute sehet ihr mich und nimmermehr!« Weinend hätten sie ihm das Geleit gegeben. Der Vater war zornig. »Ich aber blieb hartnäckig bei meinem Vorsatz. Ich dachte nicht daran, daß ich je das Kloster wieder verlassen würde. Ich war der Welt rein abgestorben, bis daß es Gott Zeit dünkte ...«

Der Mönch

Die entscheidenden Jünglings- und Mannesjahre seines Lebens, seine wahre Kampfzeit, hat Luther im Kloster zugebracht, als Mönch. Die Zeugnisse über diese Jahre sind sehr dürftig. Es ist sogar seltsam, daß seine Klostergenossen, als er berühmt und berüchtigt geworden war, so außerordentlich wenig von ihm berichtet haben, obwohl sie von allen Seiten ausgefragt wurden. Seine eigenen Aussagen über diese Epoche haben naturgemäß meist polemischen Charakter und betonen leidenschaftlich, wie sehr das Papsttum die Menschen marterte und wie sehr er sich gequält habe.

»Im Kloster hatten wir genug zu essen und zu trinken, aber da hatten wir Leiden und Marter am Herzen und Gewissen, und der Seelen Leiden ist das allergrößte. Ich bin oft vor dem Namen Jesu erschrocken, und wenn ich ihn anblickte am Kreuz, so dünkte mich, er war mir wie ein Blitz«, sagte er später. »Im Kloster gedachte ich nicht an Weib, Geld oder Gut, sondern das Herz zitterte und zappelte, wie Gott mir gnädig würde.«

»Wir haben auch nicht allein das zeitlich Gut darangegeben, sondern auch den Leib darangestreckt mit Fasten, Kasteien und mit andern schweren, unerträglichen Bürden, daß auch Etliche oft wahnsinnig darüber wurden und von allen Kräften kommen sind, ja haben auch zuletzt die Seele dazu verloren. Ich bin auch ein solcher gewesen und bin tiefer in der Apotheken gesteckt denn wohl mancher. Ich konnte nicht dahin kommen, daß ich so bald des Papst Gesetz hätte nachgelassen. Es kam mich sauer und hart an, daß ich am Freitag Fleisch aß, und daß des Papst Gesetz und Ordnungen nichts sollten gelten: Hilf Gott mit seiner Gnade verlassen und wolle sein nicht mehr.«

Er spricht auch von der schwersten Anfechtung, die eigentlich den Heiligen vorbehalten ist: »Welche man pflegt zu nennen desertionem gratiae: Da des Menschen Herz nicht anders fühlt, denn als habe ihn Gott mit seiner Gnade verlassen und wolle sein nicht mehr.

Gehorsam, Armut, Keuschheit waren die Mönchsgelübde; Abkehr von der Welt und ausschließliche Hinwendung zum Gebet sollte der vorgeschriebene Weg sein. Die Abschließung von der übrigen Welt war im Kloster verwirklicht, einer isolierten kleinen Insel; der Gehorsam galt den Oberen des Ordens, der Gemeinschaft der Mönche bestimmter Observanz, die sich durch Tracht, Regel und Gebräuche von den anderen Ordensgemeinschaften unterschied. Eine lange Entwicklung lag hinter dem Mönchstum, in das Luther eintrat. Als eine der großen Mächte, die das Abendland bestimmend beeinflußten, hat es mit Luthers Auftreten sein Ende gefunden. Es hat weiterbestanden; die alten Orden haben auch noch später große und bedeutende Gestalten hervorgebracht, aber die weltbewegende Rolle von früher haben sie nicht wieder erlangt.

Unverkennbar war gegen Ende des 15. Jahrhunderts, nach einer über tausendjährigen Geschichte, ein Spät- oder Endstadium erreicht. Diese tausend und mehr Jahre sind dabei wichtig. Für die Zeitgenossen galt diese Zeit als so gut wie ewig oder unendlich. »Seit Menschengedenken« hieß es, und das Denken der Menschen reichte nicht sehr weit zurück. Die Aufhebung der Zeit als einer der wesentlichen Faktoren, die das Menschenleben regulieren, war im Grunde das Urprinzip des Mönchstums schon in seinen allerersten Bildungen gewesen. Fast könnte man sie als die Erfinder der Unendlichkeit, der Ewigkeit bezeichnen, die sie jedenfalls in das Bewußtsein des Abendlandes eingeführt haben. Das Keuschheitsgelübde, die Verneinung der Geschlechtlichkeit, bedeutet nicht nur die Übernahme einer ganz besonders schweren Aufgabe, deren Lösung von allem »Zeitlichen« freimacht und den Weg öffnet zur ausschließlichen Betrachtung des Ewigen. Der Asket scheidet sich damit auch von dem Gang der Generationen, die mit Kindern und Kindeskindern den Ablauf des Werdens im eignen Fleisch und Blut so sinnfällig vor Augen stellen, wie keine Zeitberechnung das je tun könnte. Für Luthers Leben ist es von höchster Auswirkung, daß er seine entscheidenden Entwicklungsjahre in solcher Zeitlosigkeit verbrachte und daß er dann mit einem Male in die Welt geworfen wurde, in der die Entscheidungen Jahr um Jahr, auch Monat um Monat, Tag für Tag, an ihn herantraten und Aktion forderten. Oft hat er sich nach der Stille des Klosters zurückgesehnt, besonders zu Anfang; nur widerwillig hat er sich herauszerren lassen. Deutlich genug und durchaus glaubhaft hat er das gesagt. Das Tageslicht und die Grelle der Tagesereignisse blendeten ihn; wie ein »geblendetes Pferd«, so drückt er es auf seine unnachahmlich drastische Weise aus, sei er davongestürmt.

Der Eremit der ganz frühen Zeit war ein Flüchtling gewesen; der griechische Ausdruck Anachoret bedeutet ursprünglich, ganz weltlich, einen Fellachen, der vor dem unerträglichen Steuerdruck, im sehr modern bürokratisierten Ägypten der späten Kaiserzeit besonders brutal gehandhabt, davonläuft und sich in der Wüste versteckt, wohin niemand ihm nachzufolgen Lust hat. Einfache Leute, Fellachen, waren die ersten Einsiedler, ungebildet und bildungsfeindlich; keine theologische Schrift auch nur leidlicher Bedeutung ist von ihnen bekannt oder überliefert; nur Legenden haben von ihnen berichtet, die allerdings zum Grundbestand des ganzen mittelalterlichen Lebens und Denkens gehörten. Die Zeitlosigkeit ihres Daseins, die sie ausschließlich mit Gebet und Flechten von Binsenmatten zugebracht haben, kommt am schönsten in der Erzählung vom Urvater aller Wüstenmönche, Paul von Theben, zum Ausdruck. Von ihm wußte man nicht einmal, wie alt er geworden sei; 113 Jahre, hieß es schließlich, als der schon neunzigjährige Antonius ihn in einer Höhle, einer verfallenen Falschmünzerwerkstatt, auffand. Matthias Grünewald hat die Begegnung auf dem Isenheimer Altar dargestellt. Da fragte ihn der schon Sterbende: »Sage mir bitte, wie es jetzt um das Geschlecht der Menschen steht. Wenn sie in den alten Städten neue Häuser mit Dächern bedeckt haben: Wem gehört jetzt das Reich der Welt? ... falls noch welche überleben, verstrickt in den Irrtümern der Dämonen ...«

Die Dämonen, der Teufel in vielen Gestalten: das sind die einzigen Gesellschafter. Sie kommen oft, denn die Askese, so scharf und unbarmherzig sie geübt wird, bewahrt keinesfalls vor Versuchung. Auch Luther, wie wir wissen, hat sie immer wieder aufgesucht, auch als er nicht mehr asketisch lebte. Man wollte aber versucht werden in jener ältesten Zeit, man suchte die Bitterkeit, ja das Martyrium, nachdem die Zeit der echten blutigen Martyrien durch römische Staatsgewalt und den Henker vorbei war. In der Legende des Paul von Theben heißt es ausdrücklich: Man betete, durchs Schwert sterben zu dürfen, aber der Teufel, der hinterlistige Feind, erdachte Torturen, bei denen der Tod langsamer kam; er wollte die Seele schlachten, nicht den Leib.

Die Versuchung: das war vor allem das Weib, die Fleischeslust. Erst durch die ägyptischen Mönche ist die rabiate Verachtung des Weibes als Ursprung aller Übel in die Kirche eingedrungen und hat dort Wurzel gefaßt. Die Versuchungen des Antonius waren bis in die Zeit Luthers hinein der beliebteste und oft mit heimlichem Behagen gemalte Gegenstand der Kunst. Viel ernster nahmen das die alten Väter, die keine Kunst kannten oder duldeten: Da trägt ein Eremit seine greise Mutter durch einen Fluß. Sorgsam umwickelt er seine Hände mit seinem Mantel, und als sie ihn fragt, weshalb er das tue, antwortet er: »Der Leib eines Weibes ist Feuer. Und selbst als ich Dich berührte, kam mir der Gedanke an andere Weiber in meine Seele.« Der Antifeminismus hat in der Kirche manche Wandlungen durchgemacht und wurde später durch die allmählich aufkommende Marienverehrung etwas gedämpft. Er bestand jedoch fort, zum mindesten in der Regel und den Anweisungen der Orden. Ein Weib nur anzusehen, galt nach der Augustinerregel als gefährlich; blieb der Blick gar »haften«, so war es bereits Sünde, und die Mitbrüder waren verpflichtet, das zu melden, wie sie überhaupt einander zu überwachen hatten. Wenn tatsächlich eine Fleischessünde begangen wurde, folgte die Strafe: Kerker mit Fußfesseln bei Wasser und Brot. Luther hat erzählt, er habe als Mönch wenig von der Libido, der geschlechtlichen Lust, verspürt. Weiber habe er überhaupt nicht angeschaut, nicht einmal, wenn er ihnen als Priester die Beichte abnehmen mußte: »Ich wollte nicht ihr Gesicht erkennen, während ich sie anhörte. In Erfurt habe ich überhaupt keiner die Beichte abgehört, in Wittenberg dreien im ganzen.« Bei seiner stets bis zur äußersten Ehrlichkeit, ja Brutalität gehenden Art des Selbstbekenntnisses ist ihm das durchaus zu glauben. Er spricht in diesem Zusammenhang auch ganz offen von Pollutionen, die er gehabt habe »aus Notdurft des Leibes«. Dies war übrigens ein Problem, das den Autoritäten zu schaffen machte, und der große Scholastiker Gerson hatte darüber einen eignen Traktat verfaßt. Die Schwierigkeit war, genau zu unterscheiden – und an analytischer Unterscheidungslust übertrafen die Scholastiker noch die Psychoanalytiker unserer Tage –, wo die Grenze zwischen sündhafter Absichtlichkeit und unverschuldeter Aktion des Körpers gegeben sei. Luthers Äußerungen sind aber so resolut und zuweilen derb, daß uns wenig Raum für kompliziertere Deutungen zu bleiben scheint; wir überlassen sie mit Vergnügen den Fachleuten dieses Gebietes, auch die Frage, wieweit er sich wegen Masturbation in der Jugend schuldig gefühlt haben sollte. Wenn er von »Notdurft des Leibes« spricht, so meint er das sehr direkt, wie er überhaupt alle Nöte des Leibes so offen beim Namen genannt hat, daß die zarteren Gemüter späterer Zeiten erschraken. Um dies Thema ein für alle Male abzuschließen: Die Menschen von damals, sehr zum Unterschied von heute, lebten so unbefangen und eng zusammen, schliefen zu mehreren in einem Zimmer, verrichteten ihre Bedürfnisse vor aller Augen oder in allernächster Nähe anderer Menschen, so daß die Tabu-Haltung, die doch jetzt eine so große Rolle spielt, kaum aufkommen konnte. Damit entfällt, glauben wir, auch ein großer Teil der Spekulationen, die ein Tabu erst als Ausgangspunkt nötig haben.

Die Übersexualisierung unseres heutigen Lebens denkt mit Vorliebe beim Mönchsleben an die geschlechtlichen Probleme. Sie waren zweifellos vorhanden, aber sie wurden meist viel einfacher gelöst, wie wir noch sehen werden. Für Luther ist noch ein anderer Umstand wichtig: Er hatte offenbar eine nur sehr geringe Veranlagung für Visionen und Verzückungen. Am deutlichsten kommt das in seinem Verhältnis zur Mystik zum Ausdruck, die von Visionen lebte und darin sehr weit ging; bis zu den Phantasien der mystischen Nonnen, die als »Braut Christi« die Umarmung des Heilands leibhaftig zu verspüren meinten, sich von seinem Blut »überrieseln« ließen und mystische Hochzeiten feierten. All das lehnte Luther rasch und entschieden ab; was ihn an der deutschen Mystik, und auch nur eine ziemlich kurze Zeit lang, fesselte, war der Versuch, direkten Zugang zu Gott zu finden. Das schlug eine verwandte Saite in ihm an.

Wir nehmen also, um es kurz zu sagen, an, daß er der Ordensregel in diesem Punkt im Kloster getreu gelebt hat. Wenn es dafür noch eines Beweises bedürfte, der ja immer nicht leicht zu erbringen wäre, so möge die Tatsache erwähnt sein, daß keine noch so begierigen Nachforschungen seiner Gegner irgend etwas zutage fördern konnten, das leidlich einen »Sündenfall« darstellen würde.

Entscheidend für seine geistige Entwicklung war jedoch, daß er, heutige psychologische Richtungen vorwegnehmend, wirklich davon überzeugt war, daß Libido, fleischliche Begierde, den ganzen Menschen und das gesamte Leben durchdringe. Er hatte dafür noch den scholastischen Begriff der »concupiscentia« zur Hand, der Begierlichkeit schlechthin, die sich nicht nur auf den Sexus beziehen muß. Das führte ihn allerdings zu seiner Auffassung der Sünde, des sündigen Menschen, jener Kardinalsthese der Kirche, die den weltgeschichtlichen Bruch mit den Vorstellungen der Antike herbeigeführt hatte.

Das »Fleisch« ist dabei nicht nur ein Teil des Körpers, der Phallus, den die Antike als göttlich, mit eignem Fruchtbarkeitsgott, verehrt hatte. Das Fleisch war der Mensch als Leib mit allen seinen Eigenschaften, der zu Gott hinstrebenden Seele kraß gegenübergestellt. So zählt Luther denn als Versuchungen, durch die er gegangen, lediglich »Zorn, Ungeduld, Begierde« auf, und er sagt nicht etwa, daß die Libido die größte von ihnen gewesen sei.

Das waren die alten Mönchslaster, von den Wüstenvätern zuerst aufgezählt und als die »sieben Todsünden« in einen Katalog gebracht. Luther betet sie nicht vollständig herunter, und manche von ihnen konnten auch für den Mönch keine sonderliche Bedeutung haben. Was sollte ihm der »Geiz«, die Raffgier oder die »Völlerei«, wenn er die Gebote der Besitzlosigkeit und des Lebens in ständigem Fasten ernst nahm? Der »Neid«, wenn er sich so auf sich selbst gestellt sah mit seinen Problemen? Er hätte eher noch, und mit sehr viel mehr Grund, daran denken können, daß die alten Mönche die Todsünde kannten, die sie »accidia«, »Trägheit des Herzens« nannten. Der Trauer, der Hypochondrie, stehe sie sehr nahe, so meinten schon die frühesten Erläuterer des Sündenkatalogs, und sie könne zu Selbstmordgedanken führen. Melancholie wurde zur Lutherzeit, nach der Temperamentenlehre, zum Modebegriff und, in wörtlicher Übersetzung des Ausdrucks, medizinisch auf »schwarze Galle« zurückgeführt. An melancholischen, hypochondrischen schweren Depressionen hat Luther immer wieder gelitten; er hat sie auf die Überanstrengung im Kloster zurückgeführt und wahrscheinlich die Veranlagung schon dorthin mitgebracht. Daß aber gegen solche Trägheit und Stumpfheit des Herzens anzukämpfen sei, wurde für ihn ein Hauptpunkt seiner Opposition gegen die übliche, behagliche Routine des Glaubens. Nie ist er zorniger, als wenn er von den »Lauen« spricht, die bereits glauben, durch Erfüllung eines Mindestmaßes genug getan zu haben. Sein ganzer Kampf geht darum, daß die Kirche, wie er sie vor sich sah, dieses Minimum schon für ausreichend hält.

Zorn war ebenfalls eine der Todsünden; Luther hat schwer damit zu tun gehabt und ist oft unterlegen. Die Regel seines Ordens sah vor, daß Streitigkeiten unter den Brüdern – bei dem engen Zusammenleben ein ständiges Problem – unverzüglich beigelegt werden müßten; sie erwähnte dabei – und es klingt wie auf Luther gemünzt –, daß derjenige besser sei, der zwar vom Zorn angefochten wird, aber rasch bereit ist wiedergutzumachen, als jener, der langsam in Zorn gerate und schwerer bewogen werden könne, Verzeihung zu gewähren. Luthers wilder, plötzlich aufflammender Zorn und seine bis zur Unbedenklichkeit gehende Umkehr zu Besänftigtung und Begütigung sind zwei seiner charakteristischen Eigenschaften. Sie haben ihn oft in gefährliche Situationen gebracht, andererseits sehr versöhnliche Züge enthüllt: so, wenn er seinem ersten und bittersten Feinde Tetzel einen freundlichen Brief ins Sterbezimmer schickt, mitten unter den Aufregungen der Leipziger Disputation, bei der es für ihn um Kopf und Kragen ging.

Hochmut, Stolz, »superbia«, war eine weitere Todsünde, und sie wurde sogar an die Spitze gestellt als das Laster, aus dem alle anderen hervorgingen. Hochmut war im Grunde schon die Absonderung des Eremiten, der sich damit eine Vorzugsstellung verschaffen wollte vor den »gewöhnlichen«, minderen Brüdern und Schwestern. Die These, daß es nur eine kleine Schar von »Vollkommenen« oder nahezu Vollkommenen geben könne, während die »Schwachen« das Gros bilden müßten, reicht noch weiter, bis in die ersten Anfänge der Kirchenbildung, zurück.

Hochmut war bereits durch die Askese für die Wüstenväter zur Gefahr geworden, die wir nicht ohne Grund ausführlicher erwähnen; denn in der Treibhausatmosphäre der Wüste sind schon alle Grundformen des Mönchstums, oft in wilden Variationen, aufgeschossen. Askese bedeutete ursprünglich das scharfe Training der Berufsathleten der Antike. Als »Athleten Gottes« bezeichneten sich die ersten Eremiten, und sie begannen alsbald einen sportlichen Wettstreit um Höchstleistungen. Die allerersten waren noch sanft und milde. Sie hatten keine Regel und kannten kaum Strafen, auch als sie sich zu Gruppen und Klöstern zusammenzuschließen begannen. Sie wollten nur »anders« sein als die Heiden. Sie trugen dunkle oder schwarze Kittel, um sich vom weißen Philosophenmantel der Griechen zu distanzieren, sie verachteten Körperpflege, die in der Spätantike bis zu Erschlaffung und unaufhörlichem Umhersitzen im geheizten Bade geführt hatte, und aßen nur das unbedingt Notwendigste. Sehr bald aber gewannen die Heroen unter ihnen den Ruf als Wundermänner und Vorbilder, die Rekorde an Askese aufstellten. Anfangs waren das Rekorde der

Einsamkeit; dann wollten die erstaunlich rasch von allen Seiten herbeieilenden Besucher und Bewunderer aus den Städten mehr sehen: Wunder, ständige Wunder, übermenschliche oder unmenschliche Kasteiungen. Es bildete sich der Typus des »Athleten Gottes« heraus, der seinen Leib mit immer schwereren Ketten und Halseisen belud, der in einer tönernen Tonne in der Erde oder einem hoch aufgehängten Käfig aus Latten hauste; einer dieser Fakire ließ sich einen mit Walzen rotierenden Bauer zimmern wie für ein zahmes Eichhörnchen. Den Gipfel erklomm der berühmte Simeon der Stylit, Bauernsohn von offenbar unbeschreiblicher Gesundheit und Zähigkeit, der sich erst zwei Jahre lang eingraben ließ, dann herausstieg auf einen Felsblock, immer neue Blöcke auftürmen ließ, bis er schließlich auf einem Postament von zwanzig Meter Höhe die letzten dreißig Jahre seines Lebens zubrachte, der erste der »Säulenheiligen«. Er stand dort nicht etwa still, sondern betete ständig mit unaufhörlichen rhythmischen Kniefällen. Dem Himmel so näher zu sein, ganz materiell, und sich zu vervollkommnen durch rein zahlenmäßige Wiederholung, das war die Formel für diese Büßer, und sie hatte sich bis zu Luthers Zeit in weniger heroischen Abwandlungen erhalten. Ein Bewunderer des Styliten hat die Übungen des Meisters zu zählen versucht und ist bis 1244 gekommen, hat dann aber das Nachrechnen aufgegeben. Um die »Säule« oder Plattform herum entstand nach dem Tode des Heiligen ein Wallfahrtsort, eine der größten spätantiken Klosteranlagen mit herrlicher Architektur. Simeon war keine Kuriosität, sondern ein großer Ruhm und Stolz der Kirche. Die rein zahlenmäßige Berechnung der Bußübungen blieb und wurde einer der Punkte, an denen Luthers Opposition ansetzte.

In der Wüste entstand aber auch die andere Urform des Mönchstums: das Kloster, mit fester Regel, unter einem abba (Vater), dem Abt, und mit ausgebildetem Wirtschaftsbetrieb. Müßiggang galt schon für die Eremiten als Gefahr; sie flochten unablässig Binsenmatten. Die Klöster jedoch gingen darin weiter. Antonius mit seinen malerischen Versuchungen wurde weltberühmt; der andere Ägypter, Pachom, der diese weltbewegende Organisationsform des Klosters begründete, war bald vergessen. Nichts ist um ihn, was die Phantasie anreizen und zu Legendenbildung führen könnte. Er war ein großer Organisator, ein Mann der Ordnung, und damit einer der bedeutendsten Väter des

Abendlandes, das unaufhörlich von Ordnung sprach und in unbeschreiblicher Unordnung lebte. Da wurden nicht nur Matten und Körbe geflochten, in fabrikmäßigem Betrieb; man hatte Zwischenhändler, die den Absatz in den Städten besorgten, eigne Schiffe auf dem Nil; man kaufte Ländereien an; es gab Bauleute, Schneider, Schuster; das Kloster wurde zu einem wirtschaftlichen Zentrum für die Umgebung, bald auch von den weltlichen Behörden der Landesregierung hochgeachtet. Das Bedeutsamste vielleicht: Es wurde Schluß gemacht mit der bewußten Abkehr von aller Bildung, wie es die Eremiten hielten. Jeder Mönch mußte lesen und schreiben können; die Bibel wurde auswendig gelernt. Feste Regeln für die Brüder und Schwestern – es gab auch Nonnenklöster – wurden aufgestellt. Strenge Disziplin, nicht nach eignem Gutdünken, sondern unter Aufsicht der Oberen, war ein Grundelement dieser Neubildungen. Und dies war die Form des Klosters, in die auch Luther eintrat.

Sie hatte seit Pachom, der in der Mitte des 4. Jahrhunderts starb, mit vielen Wandlungen, und doch in den Grundzügen viel weniger verändert als irgendeine andere Einrichtung der Kirche, über ein Jahrtausend lang bestanden. Auch das erscheint uns wichtig, daß Luther in dieser frühesten Form des kirchlichen Lebens aufwuchs. Er hat immer wieder – und andere Bewegungen der Reformationszeit haben das noch viel stärker betont – die Frühzeit des Christentums angerufen und beschworen, wobei er freilich an die noch vor den ersten Klöstern und Eremiten liegenden »urchristlichen« Zeiten dachte. Die Vorstellung jedoch, daß unablässiger »Verfall» eingetreten sei, beherrschte ihn: der Gedanke der »Spätzeit«, die zu einer völligen Umkehr führen müsse. Das war auch ständig prophezeit worden; es gibt kaum ein Jahrhundert, in dem nicht leidenschaftlich, mit Berufung auf das »Ende der Dinge«, das nun herangerückt sei, protestiert worden ist. Der Abt Joachim de Fiore in Kalabrien, der Schützling des gewaltigen Papstes Gregor IX., hatte das zur Hohenstaufenzeit in ein System der Welthistorie gebracht; davon wird noch zu sprechen sein. Aus jener Kampfzeit zwischen Kaiser und Papst stammte, wie die anderen Bettelorden der Franziskaner und Dominikaner, auch Luthers Augustinerorden.

Eine Neugründung, wiederum nach »Verfall« und Niedergang der anderen großen Mönchsorden, war das gewesen. Die gesamte Geschichte des Mönchstums ist ein solches unaufhörliches Aufsteigen und Absinken. »Reformation« war ein ständiger Begriff der Kirchengeschichte und eine immer wiederkehrende Notwendigkeit. Der Augustinerorden war, als Luther eintrat, gespalten – wie fast alle Orden – in reformwillige und reformverweigernde Parteien. Die Orden kämpften nicht nur gegeneinander, sie fochten auch unter sich die schwersten Fehden aus. Die »Observanten«, die strengen Verfechter der Regel des Ordensgründers Franziskus von Assisi, haben fast zwei Jahrhunderte lang die Kirche bis zu den Grundfesten erschüttert, ehe sie sich fügten oder ehe, wie man auch sagen kann, die »Radikalen« blutig ausgemerzt und unterdrückt wurden.

Gehorsam war eines der Mönchsgelübde. Es wurde den Oberen des eignen Ordens gegenüber ernst genommen; unendlicher Streit und Ungehorsam entstanden jedoch gegenüber den anderen Einrichtungen der Kirche, nicht zuletzt dem Papsttum, und die Franziskaner standen darin nicht allein. Es ist denkwürdig, daß von allen Orden gerade Luthers Augustiner als die treuesten Söhne und Verteidiger der Kurie galten, ja daß sie sich rühmten, sie hätten niemals, wie fast alle anderen, bis zu Luthers Auftreten hin, einen Häretiker hervorgebracht. Armut war das andere Gelübde. Es war schon in den Klostergründungen Ägyptens zu einer Illusion geworden. Der einzelne Mönch war besitzlos, das Kloster wurde reich, und als ein großer Abt galt nicht nur, wer Disziplin hielt unter seinen Brüdern, sondern auch, wer ein großer Verwalter und womöglich »Mehrer des Reiches« war. Die großen Klöster des frühen Mittelalters wurden auch »Mehrer« oder wenigstens Bewahrer der geistigen Schätze, und was sie auf diesem Gebiete geleistet haben, gehört zum wertvollsten Erbe der Jahrhunderte. Sie haben sich ebenso um die wirtschaftliche Hebung ihres Umkreises verdient gemacht, sie haben Wildnisse gerodet, neue Saaten angepflanzt, den Reisenden Herberge gewährt, Krankenpflege betrieben; und all das ist immer wieder geltend gemacht worden, um ihre Existenzberechtigung zu verteidigen. Von Armut aber war keine Rede mehr. Sie waren große Kunstmäzene, und dafür sind wir noch heute dankbar. Sie wurden große Grundherren; einige der Äbte führten mit Recht den Titel Fürstäbte und lebten als Fürsten. Sie wurden reich, und der mächtigste der Ritterorden, die Templer, ging daran zugrunde und wurde im schauderhaftesten Justizmordprozeß des Mittelalters vernichtet; seine Großmeister und viele der Brüder wurden verbrannt und ihr Vermögen – aus umfangreichen Bankgeschäften erworben – eingezogen: die erste Säkularisation des Mittelalters. Die Kunde davon erhielt sich noch zu Luthers Zeiten, wenn auch nur mit scheuem Geflüster davon gesprochen wurde. Das Wissen um den »Armutsstreit« der radikalen Franziskaner, der noch weit mehr Opfer forderte, war ebenfalls nie ganz eingeschlafen; es handelte sich dabei darum, daß der »linke Flügel« des Ordens mit den strengen Armutsgeboten des Stifters Franz von Assisi Ernst machen wollte und jeden Besitz ablehnte, während der »rechte Flügel«, die »Konventualen«, die alsbald in reichem Maße dem Orden zugewandten Güter und Vermächtnisse nutzen wollte. Zu Luthers Zeit waren die Franziskaner längst zum Gehorsam zurückgekehrt. Ihre Thesen lebten weiter und erlebten ihre Auferstehung.

Von Armut war in Luthers Augustinerkloster keine Rede. »Wir hatten genug zu essen und zu trinken«, sagt er selber; die Fasten wurden gemäßigt gehalten. Die Augustiner gehörten nicht zu den reichen Orden wie die Benediktiner, aber sie waren umfangreich begütert, mit unterschiedlichem Besitz der einzelnen Klöster. Manche besaßen viele Vorwerke bis weit hinaus ins Land, mit eignen Verwaltern, Vögten, Einsammlern für die Abgaben. Dieser Besitz war in Jahrhunderten zusammengekommen und hatte sich nie vermindert; was der Kirche einmal zugefallen war, blieb ihr »auf ewig« erhalten, während weltlicher Besitz dem unvermeidlichen Wechsel unterworfen war. In dem Spätstadium des 16. Jahrhunderts hatte sich eine solche Anhäufung von Besitz, Rechten, Abgaben und Privilegien zusammengefunden, daß eine Änderung dieses Zustandes unvermeidlich war. Die »Gier« der weltlichen Mächte, wie es von seiten der Kirche hieß, nach geistlichem Besitz, war durch die Jahrhunderte ein ständiger Streitpunkt gewesen; die Gier der Kirche nach immer größerem Besitz wurde von den Laien dagegengehalten. Selbst im erzkatholischen Spanien flehten die Untertanen ihren König Karl an, doch dem unaufhaltsamen Übergang von Land in die »Tote Hand« Einhalt zu gebieten, da sonst die Gefahr bestünde, daß fast nichts mehr übrig bliebe für die Laien, die alle Abgaben für den Staat aufbringen müßten. Da Kirchenbesitz zum mindesten grundsätzlich nicht herangezogen werden konnte für den immer bedrängten Staatshaushalt, war das ein starkes Argument. Wieviel in den einzelnen Ländern Kirchenbesitz war, ist nie genau ermittelt worden; er wurde in England auf ein Drittel des Gesamtgebietes geschätzt und dürfte in Deutschland mindestens ebensoviel betragen haben. Dabei wäre noch zu berücksichtigen, daß sehr oft die besten und fruchtbarsten Ländereien, und auch die am besten bewirtschafteten, Kirchen- und Klostereigentum waren.

Von diesem Drittel des Heiligen Römischen Reiches besaßen die Augustiner-Eremiten ihren Anteil; sie hatten 102 Klöster in Deutschland, die meisten davon schon aus dem 13. Jahrhundert stammend, einige Neugründungen jüngster Zeit. Luthers Erfurter Kloster bestand seit 1256, dem Jahr, in dem der Orden erst durch päpstliche Verfügungen konsolidiert worden war. Luther trug die schwarze Kutte mit schwarzem Ledergürtel, darüber das weiße Skapulier, als Untergewand ein weißes Wollhemd. Auch in der Nacht hatte er ein Skapulier mit weißer Kapuze anzulegen, während man sonst damals nackt schlief. Er hat die Kutte noch lange beibehalten, als er schon mit der Kirche gebrochen hatte; im Wittenberger Kloster hat er bis zu seinem Tode gewohnt.

Der Gedanke an seine Sündhaftigkeit, »Leiden und Marter am Herzen und Gewissen«, und an das Herz, das »zitterte und zappelte wie mir Gott gnädig würde«: das war, um es mit Goethes Ausdruck zu sagen, Luthers Hauptgeschäft in seiner Mönchszeit. Er ist in der Tat »der Mönch« gewesen, wie man ihn sich dachte, im Sinne der alten Mönchsväter, den Versuchungen der Dämonen ausgesetzt und auch denen der Mönchslaster des Sündenkatalogs: Hochmut, Zorn, Traurigkeit und Unentschiedenheit des Herzens bis zur Verzweiflung. Er hat die Mönchsgelübde gehalten bis auf eines: den Gehorsam. Ein »Athlet Gottes« wollte er nicht sein, auch keine Rekorde der Askese aufstellen. Er wollte auch kein Heiliger werden, wie das einem Mönch durchaus sonst vorschweben konnte und seinem Orden durchaus erwünscht gewesen wäre; einem Orden, der mit einigem Kummer keinen eignen Ordensheiligen zu verzeichnen hatte, während die Franziskaner und Dominikaner mit Stolz ihre Gründer im Heiligenkatalog stehen hatten. Er wollte lediglich etwas ganz Einfaches: sich einen gnädigen Gott gewinnen. Daß er dies auf seine eigne Weise versuchte, war der Ungehorsam. Viele Mönche, viele Eremiten, haben in der Einsamkeit ihre eignen Gedanken gehabt; die Kirche konnte und wollte sich darum nicht kümmern. Daß Luther seinen eignen Weg verkündete und damit andere Menschen beeinflußte oder »in die Irre führte«, war jener Ungehorsam, der als Ketzerei bezeichnet wurde und mit dem Tode zu bestrafen war.

Klosterleben

Das Erfurter Kloster war, getreu der Entwicklung, die das Mönchswesen genommen hatte, eine streng hierarchisch aufgebaute Organisation mit sehr genau unterschiedenen Rängen. An der Spitze stand der Prior, eine Art kleiner Monarch oder Papst des Miniatur-Reiches, umgeben von den »Großen«, dem Subprior, dem Sakristan für gottesdienstliche Angelegenheiten, dem Prokurator für Verwaltung und Finanzen und dem Novizenmeister für die Erziehung der Neuankömmlinge. Die Mönche waren eingeteilt in die Aristokratie der Patres, die die Priesterweihe erhalten hatten und die gelehrt oder wenigstens belesen waren, und die »Gemeinen«, die Fratres, die zwar das Gelübde abgelegt hatten, aber ungebildet waren und sogar überwacht wurden, daß sie nicht lesen und schreiben lernten; sie versahen Dienste als Pförtner, Sänger, in der Krankenpflege, der Kleiderkammer und sonstigen untergeordneten Beschäftigungen. Luthers Erfurter Kloster war nicht arm, aber doch nicht besonders begütert wie andere, die mit ihrem Personal von oft Hunderten oder auch Tausenden von Klosterknechten, Dienstleuten und Verwaltern eine kleine Stadt oder auch ein kleines Fürstentum bildeten. In einigen Ländern gab es noch Kloster-Sklaven, die im hierarchischen Aufbau der Kirche und den großen Denkgebäuden der Kirchenlehrer als durchaus zur göttlichen Weltordnung gehörig angesehen wurden. Der Orden war international und exterritorial, mit dem General in Rom als oberstem Befehlshaber und einem eignen Botschafter beim Papst als der allerhöchsten Spitze; er unterstand also direkt der Kurie und war auch in seiner Gerichtsbarkeit autonom, eine kleine Kirche innerhalb der Kirche. Das deutsche Gebiet war in vier Provinzen eingeteilt, die mit den sonstigen Grenzziehungen keinerlei Zusammenhang hatten und damit die über allen weltlichen Ordnungen stehende Stellung des Ordens betonten.

Luther, bisher ein Mansfelder, wurde ein Augustiner; meist war es noch üblich, den Namen abzulegen und einen neuen Ordensnamen anzunehmen. Luther wurde anfänglich Augustinus genannt, kehrte aber bald zu seinem Martin zurück, worin man, wenn man will, einen kleinen symbolischen Zug entdecken kann. Der Orden hatte seine eigne Verfassung, die sehr viel genauer festgelegt war als die des unbestimmten Heiligen Römischen Reiches; sie wurde mit den Ordensregeln jede Woche beim gemeinsamen Mahl vorgelesen. Der Orden hatte seine eigne Tradition und seine bestimmte Rolle im Gesamtplan der Kirche: Er sollte vor allem durch Predigt wirken. Große Gelehrte und Denker wie bei den beiden anderen Bettelorden, den Dominikanern und Franziskanern, die sich nahezu ein Monopol dafür erworben hatten – fast alle führenden Namen der Scholastik gehörten ihnen an –, waren unter den Augustinern nicht zu finden. Sie wurden aber doch zum akademischen Unterricht als Dozenten herangezogen, und als Dozent hat Luther die Laufbahn begonnen, die ihn aus dem Orden herausführen sollte.

Zunächst war er nichts anderes als ein Neuling, obendrein mit einigem Mißtrauen angesehen von den übrigen Brüdern wegen seines akademischen Grades, hinter dem man Hochmut vermutete. Die Aufnahme wurde nicht hastig durchgeführt. Der Novize sollte Zeit haben, sich endgültig zu entscheiden. Luther wurde erst in die Gastherberge des Klosters zur Beobachtung verwiesen. Den Eltern hatte er als gehorsamer Sohn seinen Entschluß mitgeteilt; der Vater war außer sich über den Ungehorsam des hoffnungsvollen Jünglings, den er eben noch respektvoll »Ihr« genannt hatte nach der Magisterwürde, die zu schönsten Hoffnungen zu berechtigen schien. Er schrieb ihm nun per »Du« und »sagte mir alle Gunst und väterlichen Willen ab«. Die Mutter erklärte, sie wolle nichts mehr von ihm wissen. Erst als ihm in einer der ständig aufflackernden Pestepidemien zwei Söhne fortstarben, beredete man den alten Bergmann und nunmehrigen Hüttenmeister, doch seine Zustimmung zu geben. Widerwillig erklärte er, »es gehe hin, Gott gebe, daß es wohl gerate«. Die Geschichte mit der plötzlichen Bekehrung unter Donner und Blitz gefiel dem hartköpfigen Realisten nicht; er hat noch, als Luther seine erste Messe abhielt, vor allen Leuten mißtrauisch davon gesprochen und gemeint: »Wollte Gott, es wäre nicht womöglich ein teuflisches Gespenst gewesen!«

Luther hat sich über diesen ersten Bruch mit einer von Gott gegebenen Instanz – und die Familie war die Kernzelle der Weltordnung – schwere Gedanken gemacht.

Aus der Buntheit des Studentenlebens trat er in eine Welt von Schwarz und Weiß ein aus der Helle in den Dämmer, aus fröhlicher Gesellschaft mit guten Genossen, mit raschen Bewegungen und lautem Lachen in die strenge Disziplin. Lachen war grundsätzlich untersagt, auch jede ungebührliche Geste. Der Mönch mußte lernen zu schweigen. Einer der Lehrer seines Ordens hatte es niedergelegt: »Es ist Sache der Mönche, zu weinen, zu schweigen und in heilsamem Stillesein zu warten.« Der Blick sollte zu Boden gerichtet sein, die Hände waren in den Ärmeln der Kutte zu halten. Der Becher beim Trinken mußte mit beiden Händen gefaßt werden, nicht leichtfertig mit einer Hand. Bei den gemeinsamen Mahlzeiten wurde nicht geschwatzt; es wurde vorgelesen aus den Legenden des Ordens oder einem frommen Text bewährter Autoritäten. Der Tag – und er begann am frühesten Morgen, noch in der Nacht – war auf das genaueste geregelt; sieben Mal in 24 Stunden wurde im Chor gebetet und im Wechselgesang nach den Psalmen gesungen; es fing an um 2 Uhr morgens und endete mit dem Nachtgebet; die erste Mahlzeit war das Mittagessen. Die Zelle, die kein anderer Bruder betreten durfte, war klein und ungeheizt; bei sehr strenger Kälte konnte eine gemeinsame Wärmstube aufgesucht werden. Die Tür war nicht verschließbar und hatte eine Öffnung zur Beobachtung; kein Schmuck, auch nicht durch ein Heiligenbild, war erlaubt; als Lager diente ein Strohsack mit Wolldecke.

Schweigen also, Stille; auch in seiner Zelle hatte der Mönch kein Wort zu sich selber zu sprechen; mit Zeichen nur sollte er sich mit den Brüdern verständigen. Unter strenger Aufsicht und Kontrolle wurde gemeinsam, im Chor, gebetet, oder von der Schuld gesprochen. Mindestens an jedem Freitag wurde das »Schuldkapitel« abgehalten. Der Prior begann: »Wir wollen von der Schuld handeln!« Die Brüder warfen sich zu Boden. Der Prior fragte: »Was sagt ihr?« Die Antwort lautete: »Unsere Schuld.« Sie durften sich erheben und einzeln ihre Schuld bekennen, die ausschließlich in Übertretungen der Regel und Satzungen zu bestehen hatte; alle sonstigen Sünden waren der Beichte vorbehalten. Die Vergehen bestanden etwa im Zuspätkommen, Einschlafen im Chor oder, schwerer: Lüge, Bruch der Schweigepflicht,

Blick auf ein Weib, noch schwerer: Lästerung, Ungehorsam gegen den Prior, Trunkenheit. Schwerste Sünden waren Fälschung von Briefen oder Urkunden, Bruch des Beichtgeheimnisses, Fleischessünde. Die verhängten Strafen reichen von Schulstrafen – wie das Essen sitzend am Boden einnehmen müssen, Aufsagen von Psalmen – über Rutenpeitschung bis zum Kerker. Das Wesentliche bei diesem Schuldkapitel war die Übung im Gemeinschaftswesen: Jeder Bruder hatte die Pflicht, den andern anzuklagen, zu beobachten, zu kontrollieren und seine Beobachtungen vorzubringen, wenn auch nicht in persönlicher Anklage. Nur in dritter Person sollte er von dem Schuldigen sprechen: Ein Bruder hat dies oder das getan. Es wurde erwartet, daß der Betreffende sich dann meldete und bekannte. Wir kennen diese »Gruppentherapie« aus heutigen Formen der systematischen Erziehung und Schulung und wissen, welche außerordentliche Wirkung sie haben kann.

Die Beichte war noch etwas anderes: persönlich dem Prior oder einem von diesem bestellten Beichtvater abzulegen und als Bußsakrament ein Kernstück der katholischen Lehre. Die Kirche, durch ihren Priester, trat da in unmittelbarster Form an den einzelnen Gläubigen heran und übernahm es, den Sünder wieder mit Gott zu versöhnen. Luther hat die Beichte in seiner persönlichen Übung bis an sein Ende beibehalten, aber in Umwandlung, seinen Auffassungen entsprechend: Nicht der Mittler – der Priester, ein Mensch – war für ihn die notwendige Zwischeninstanz; er wandte sich an Christus direkt. Der absolviert: »Christus sitzt da, Christus hörts, Christus antwortet, nicht ein Mensch.« Er hat die Beichte noch mitten unter dem Sturm des Reichstags zu Worms, in der alten vorgeschriebenen Fassung, dem Erzbischof von Trier gegenüber abgelegt, und es hat nicht an Versuchen gefehlt, diesen zum Bruch des strengen Beichtgeheimnisses zu veranlassen, was der Kirchenfürst ablehnte. Luther hat später die Freunde seiner Umgebung als »Partner« bei seiner Form der Beichte gewählt.

Vehement, wie er alles tat, hat Luther seine Mönchszeit begonnen; von Auflehnung oder auch nur kleinem Ungehorsam ist nie etwas berichtet worden. Er stand als »Anwärter«, Postulant, abseits unter den Brüdern des minderen Ranges bei den Horen. Er ließ sich auf die Dörfer schicken zum Betteln mit dem Bettelsack, der für den Bettelorden mit behaglichem Besitz eigentlich nur noch eine traditionelle Geste war. Wie sehr vieles war auch diese Ordensregel zur Fiktion geworden.

Es scheint, daß die Brüder den »Magister« Martin absichtlich etwas reichlich strapaziert und darauf hingewiesen haben, wie sehr er nun nur noch einer unter anderen sei. Das dauerte nicht lange, etwa zwei Monate, dann wurde er als Novize, nach einem Jahr als Bruder mit dem feierlichen Gelübde aufgenommen. Er leistete den Schwur des Gehorsams, der Eigentumslosigkeit und Keuschheit »nach der Regel des seligen Augustinus bis an den Tod«.

Die Stille und die Disziplin tat dem unbändigen Jüngling gut. Er hat sich, seinen vielfachen späteren Klagen zuwider, in den ersten Jahren wohlgefühlt im Kloster. Zu Grübeln allerdings begann er sehr bald. Der fortwährende Hinweis auf Schuld und Sündhaftigkeit auch in den geringsten Äußerlichkeiten wurde von ihm nicht, wie von den meisten, als Routine hingenommen. Er wollte unaufhörlich bekennen, Sünden an sich feststellen; seine Vorgesetzten kannten diesen Typus und wußten ihn zu behandeln. Luther ist noch spät dankbar für den »feinen alten Mann«, den Novizenmeister gewesen, der ihn mitunter auch energisch anfuhr, wenn er immer wieder mit dem Zorn Gottes kam: »Du bist ein Narr, Gott zürnt nicht dir – du zürnst ihm!« Überhaupt hat man ihn mit großer Schonung und großem Verständnis behandelt, als »schwierigen Bruder«, aus dem vielleicht noch ein großes Licht des Ordens werden könne, wenn er richtig geleitet werde. Dies freilich war gerade der Irrtum: Luther wollte keine Lenkung. Er wollte selber »durchbrechen« zu Gott, zu seinem Gott; der Pietismus hat im 18. Jahrhundert noch eine ganze Bußkampf- und Durchbruchs-Lehre und – Technik entwickelt. Dafür konnte er kein Verständnis finden; es war der Kirchenlehre entgegengesetzt. Rührend erkenntlich ist er aber gewesen für jeden noch so kleinen Zuspruch, und in dem höchsten Vorgesetzten seiner Ordenskongregation, dem Vikar Staupitz, hat er sogar zum ersten Male in seinem Leben einen »Vater« gefunden, der sehr viel väterlicher zu ihm war als sein leiblicher.

Was Luther da an »Sünden«, Verfehlungen, Vergehen an sich entdeckt haben will und in der Beichte vortrug, wissen wir nicht. Wir wissen nur, daß Staupitz ihm einmal resolut entgegnete, als er ihm jammernd vortrug: »O meine Sünde, Sünde, Sünde!«, er habe gar keine rechte Sünde. Eine rechtschaffene Sünde sei: seine Eltern ermorden, öffentlich lästern, Gott verachten, Ehebruch. »Du mußt ein Register haben, darinnen rechtschaffene Sünden stehen, soll Christus Dir helfen;

mußt nicht mit solchem Humpelwerk und Puppensünden umgehen und aus jeglichem Furz eine Sünde machen!« Die Fassung der Worte ist Luthers; der vornehme Staupitz wird sich anders ausgedrückt haben. Aber die verständnisvolle Haltung, der Trost, das Eingehen auf die Gewissensnöte des jungen Bruders, das gehörte dem Vikar an. Der welterfahrene Mann aus alter, adliger Familie, einflußreich bei Hofe, beliebt als geistvoller Prediger in gebildeten Kreisen, viel unterwegs in wichtigen Missionen, mag sich oft gewundert haben über die Skrupel des Bauernsohnes mit den vorstehenden Backenknochen und den tiefliegenden Augen. Ihm selber war solche Intensität sicherlich fremd und ein wenig unheimlich; wahrscheinlich erschien sie ihm auch überflüssig. Aber er hat offenbar vor allen andern den Funken des Genies oder wenigstens einer hohen Begabung in Luther erkannt. Man hat versucht, in seinen Predigten und Schriften schon »Vorformen« der Lehren Luthers festzustellen; das scheint uns etwas übertrieben. Luther selber hat zu dieser Suche beigetragen und Staupitz an den Anfang seiner Wandlung zum Reformator gestellt. Es ist jedenfalls von gar nicht zu überschätzender Bedeutung gewesen, daß er diesen »Vater« und fürsorgenden Freund in jenen Jahren der Verwirrung neben und über sich gehabt hat.

Verwirrung war es, die ihn quälte. Er hat später »das Papsttum«, die Kirche dafür verantwortlich gemacht und daraus einen entscheidenden Teil seiner Lehren gezogen. Er ist nicht müde geworden, den Jüngeren, die davon nur noch vom Hörensagen etwas wußten, zu schildern, wie man im Kloster gemartert wurde. Wie da jedes kleinste Vergehen zur »Sünde« wurde, ein Stottern beim Gebet, ein versehentliches Anfassen der heiligen Geräte; wie von den großen Kirchenlehrern verkündet wurde, daß jeder, der nur eine Silbe im Chor ausließe, dafür beim Jüngsten Gericht Rechenschaft geben müsse. Seine Mitbrüder regten sich darüber nicht auf; sie nahmen es hin und nahmen auch die Strafen hin, wenn sie ertappt wurden. Für Luther war das Jüngste Gericht etwas anderes als Abrechnung über Silbenfehler. Er sah unablässig den zornigen Gott vor sich, den zornigen Christus, die Richter, die das Verdammungsurteil aussprechen konnten.

Man pflegt solche Beängstigungen krankhaft, hysterisch, auf alle Fälle sinnlos übertrieben zu nennen. Luther hat zweifellos, und nicht nur im Kloster, an schweren Anfällen psychopathischer Natur gelitten.

Es würde nicht leicht fallen, irgendeinen genialen Menschen, geschweige denn auf religiösem Gebiet, zu zitieren, der nicht solche Züge aufwiese. Selbst Männer der Macht wie Bismarck litten an Weinkrämpfen; wir brauchen die Beispiele nicht auszuführen. Seine Gegner haben Luther sogar als Epileptiker bezeichnet; es ist durchaus glaubhaft, daß er niedergefallen ist oder sich vielmehr niedergeworfen hat. Eine solche Episode ist überliefert: Es wird bei der Konventsmesse das Evangelium vom Besessenen verlesen nach Markus I, 23, der da schreit: »Was haben wir mit dir zu schaffen, Jesus von Nazareth? Du bist gekommen, uns zu verderben. Ich weiß, wer du bist, du Heiliger Gottes!« Da sei Luther niedergestürzt und habe gestöhnt: Ich bin es nicht, ich nicht! Sein späterer Gegner Cochläus berichtet das und knüpft daran die fromme Betrachtung, die Mitbrüder hätten ihn schon damals als von einem Dämon besessen angesehen. In einem höheren Sinne stimmt das sogar.

Luther selber berichtet, wie er beim Lesen seiner ersten Messe vor Furcht und Schrecken so gezittert habe, weil die Worte des Meßopfers ihn verstörten und er den Gedanken nicht loswurde: »Wer ist der, mit dem du redest?«, daß er vom Altar flüchten wollte. Nur sein Präzeptor habe ihn davon zurückgehalten.

»Wer ist der, mit dem du redest?« Man könnte es nicht einfacher und großartiger ausdrücken. Nur dies wäre vielleicht noch zu sagen, daß Luther damit ja auch die Frage stellte: »Wer bin ich, der da zu Gott spricht?« Das war weit entfernt von der hierarchischen Auffassung der Kirche, die dem Priester eine so hohe und über dem »bloßen Gläubigen« stehende Position vorbehielt. Auch darin trat er schon, noch völlig unbewußt, aus dem Rahmen der traditionellen Anschauungen heraus.

Niemand spürte das. Der Ekstatiker war eine bekannte, ja erwünschte Erscheinung, der »Psychopath«, der von Dämonen geplagte Büßer, durch viele Heiligengeschichten bekannt und legitimiert. Luthers Vorgesetzte, ausgezeichnete Männer und strenge Ordensleute, hatten nicht die geringsten Bedenken, diesen Bruder so rasch wie möglich zu befördern und ihm immer neue und verantwortungsvollere Ämter aufzutragen. Er hat in der Tat überraschend schnell »Karriere« gemacht, und nicht nur der Vikar Staupitz protegierte ihn. Selbst einer der mürrischeren theologischen Vorgesetzten, der Professor Nathin, war von dem jungen Bruder und seinem Eifer so beeindruckt, daß er ihn den

Nonnen im Kloster zu Mühlhausen als einen »zweiten Paulus«, der wie jener wunderbar bekehrt worden sei, erbaulich vorstellte.

Nur Luthers Vater blieb hartköpfig bei seinen Vorbehalten gegen die Bekehrung. Der Sohn war sogleich nach der Aufnahme als Bruder verständigt worden, er habe sich auf die nächste Standeserhöhung zum Priester vorzubereiten; er wurde durch den Erfurter Weihbischof zum Subdiakon, dann zum Diakon und schließlich zum Priester geweiht, alles wichtige Stationen im Leben eines Mönches und im Aufbau der Kirche. Die erste Messe, die Primiz, war eine Feierlichkeit, die nicht nur in der Kirche begangen wurde. Der Mönch hatte sonst kaum noch den Zusammenhang mit seiner Familie oder früheren Freunden zu pflegen; bei seinen studentischen Kameraden war Luther bereits vergessen. Jetzt durfte er einladen. Er schrieb an den Vater, an Freunde, alte Lehrer mit wohlaufgesetzten lateinischen Briefen und Komplimenten. Hans Luder ließ die Gelegenheit nicht vorübergehen, sich als nunmehr wohlhabender Hüttenmeister zu zeigen. Er stiftete der Klosterküche den Betrag von 20 Gulden, eine Summe, für die man fast ein kleines Haus kaufen konnte. Er rückte zu Pferde mit zwanzig Begleitern an, und einer der Mönche sagte: »Ihr müßt einen guten Freund haben, daß ihr ihm so stark kommt.« Ein reichliches Festmahl wurde aufgetragen. Luther trat an den Tisch des Vaters heran; er hatte das Gefühl, er müsse seinen Entschluß, geistlich zu werden, nochmals rechtfertigen. Der Hüttenmeister blieb starr, obwohl er nun wieder das respektvollere »Ihr« verwendete: »Habt Ihr nicht an das vierte Gebot gedacht: Du sollst Vater und Mutter ehren?« Auch das Wort vom Teufelsgespenst fiel, als von dem Blitzschlag die Rede war. Luther, tief getroffen, verteidigte sich: Er könne doch mit Gebet und Andacht seinen Eltern und Freunden besser dienen als im weltlichen Stande. »Wollte Gott, daß dem so wäre«, meinte Hans Luder. »Ob dieses meines Vaters Worten«, sagte Luther, nach dem Bericht seines ältesten Biographen, »erschrak ich dermaßen, als ginge mir ein schneidendes Schwert durchs Herze, daß er mich erst lernete an die zehn Gebote denken; konnte auch derselben Reden hinfort nimmer vergessen.« Der Alte hat sich erst versöhnt, als Luther heiratete und einen Enkel vorweisen konnte, der den Stamm der Luder-Luther weiterführen würde. »Da nahm mich mein Vater zu Gnaden an, und wurde wieder lieber Sohn.«

Nicht alles war strenge Disziplin, Horensingen und Schuldbekenntnis im Kloster; Luthers spätere unablässige Klagen über die »Marter« sind polemisch gefärbt. Parteiisch ist auch sein Bericht über das »Schlemmen der Mönche« bei einem Besuch seines Klosters bei den Brüdern in Zerbst zur Kirmeszeit. Da war erst Prozession, die Straßen mit Blumen bestreut, der Magistrat lud zu einem Gastmahl auf dem offenen Markte ein: »Da gingen wir hin, aßen und zechten und setzten unsern Herrgott ein weil hinter die Tür in die Kammer (daß euch der Ritt schütt!), daß er nicht sauer sähe; da wir voll waren und trunken zechten, nahmen wir ihn wiederum herfür.« Wir wollen nicht sauer sehen; es dürfte harmlos genug gewesen sein, und Luther hat ja auch einen guten Trunk nie verschmäht. Wunderlich ist nur, daß ihm von seinen Gegnern dann jeder Becher so unbarmherzig nachgerechnet wurde, obwohl Gastereien ganz anderer Art in Klöstern und Abteien an der Tagesordnung waren.

Wir müssen noch einen Blick über die streng bewachten Mauern des Schwarzen Klosters in Erfurt hinaus werfen; ein Sündenkatalog soll nicht abgehandelt werden, aber es geht auch nicht an, die verhältnismäßig strenge Kongregation der Augustiner-Observanten als typisch anzusehen. Sie repräsentierte vielmehr eine recht schwache Minorität im eignen Orden und erst recht im Gesamtbild des Klosterlebens der Zeit. Es gab noch strengere Orden, die Kartäuser vor allem, die im weiteren Verlauf der Reformation die energischsten Widerstandsgruppen stellten. Das waren winzige Splitter, und auch die eifrigsten Bemühungen von Verteidigern der alten Ordnung haben nicht mehr als eine Handvoll von »Gerechten« namhaft machen können. Weit ausgestreut aber über alle Lande waren die Klöster und Abteien, in denen sehr weltlich, sehr behaglich gelebt wurde. Die Klosterküchen waren berühmt, die Klosterbiere oder die Klosterliköre – für viele Menschen das einzige, was sie von »Benedictine« oder »Chartreuse« wissen als Ordensnamen – sind es noch heute. Die Bilder des fetten, von gutem Essen strahlenden Mönches bei der Weinprobe, dem der Rosenkranz nur so nebenbei am Gürtel hängt, sind nicht erst eine Erfindung der Genremalerei des 19. Jahrhunderts. Die vielen Brauereien, die Mühlen und andere Wirtschaftszweige, die mit großem Erfolg betrieben wurden, hatten auch ihre soziale Seite: Ein großer Teil des Streites ging nicht um Fragen des Glaubens oder Dogmas, sondern um diese Dinge. Die Mönche waren »exemt«, befreit von Abgaben; ursprünglich allerdings nicht, um mit dieser Freiheit Handel zu treiben und die von Steuern geplagten Bürger durch Konkurrenz zu schädigen. Sie trieben Weinschank und erbitterten damit die Gastwirte. Sie unterhielten Mühlen, und die Müller protestierten. Sie sollten Messen lesen für die Verstorbenen, wozu ihnen Ländereien und Geldbeträge als Versicherungssummen gestiftet worden waren, aber in vielen Klöstern war das gänzlich in Vergessenheit geraten. Sie sollten arm leben und waren reich geworden. Sie hatten das Gelübde der Keuschheit abgelegt, und es gab nicht allzuviele, die das auch nur nach außen hin hielten. Der lüsterne Mönch war eine ständige Figur des Sprichwortes, der Satire und auch der ernsten Bußpredigten; die unbeaufsichtigt umherziehenden Bettelmönche galten so gut wie allgemein als Hurer und Verführer der Weiber. Man kann hier wie immer die Formel anwenden, daß »doch nicht alle ...«. Sicherlich lebten nicht alle so, aber doch eine genügende Anzahl, um das generelle Urteil zu bestätigen, das weit zurückgeht und nicht erst eine Erscheinung der Lutherzeit ist. Sollen wir uns auf die Novellisten berufen wie Boccaccio, auf die Schwankdichter? Es gibt auch Akten zur Genüge. Die Klöster sollten durch Visitationen kontrolliert oder bei Verfall, der immer wieder konstatiert wurde, reformiert werden. Daß sie autonom waren und nicht der Gerichtsbarkeit der Bischöfe und Erzbischöfe ihres Gebietes unterstanden, war einer der ständigen und heftigsten innerkirchlichen Streitpunkte, der nie gelöst wurde. Es ist auch fraglich, ob die hohen Prälaten, die noch sehr viel ungebundener lebten, die moralische Autorität gehabt hätten, einzugreifen und zu bessern. So ließ man die Dinge meist treiben. Nur wenn die weltlichen Instanzen, Landesherren oder Stadtverwaltungen sich bei allzu krassen Fällen einmischten, geschah zuweilen etwas; öfter noch wurde das als Eingriff in die geheiligte Freiheit der Kirche abgelehnt. Die Chroniken erzählen davon, wie Mönche und Nonnen ganz unbehindert zusammenlebten. Kenner der Lande wußten genau, welche Nonnenklöster man auf einer Reise besuchen mußte, um eines guten Empfanges sicher zu sein. Zuweilen ist die Entschuldigung entwaffnend: Das Kloster sei so arm geworden, daß die Nonnen sich nicht anders ernähren könnten, wollten sie nicht Hungers sterben. Von den Visitationsberichten ist der Fall eines Klosters in Württemberg denkwürdig, weil er weit über das Land hinaus Aufsehen erregte, bis an die Kurie ging und ganze Fehden entfesselte. Er ist auch deshalb der Beachtung wert, weil sich unter den Akten die ältesten deutschen Privatbriefe, Liebesbriefe von Mönchen an die Nonnen, erhalten haben. Auch die vorgefundenen Delikte in den Zellen der Schwestern sind verzeichnet: Wappenschilder mit der Aufschrift »Dir allein«, spitze Frauenschuhe, Mieder und »Liedlein in die Welt gehörig«. Von der zahlreichen Nachkommenschaft der Schwestern war die weitere Umgebung unterrichtet. Die Briefe sind rührend, im Volksliedton an das »herzallerliebste suzelin« von dem Guardian, auch treuherzig mit Rezepten für das richtige Einlegen von Lachsen und Warnungen vor den bösen »Neidern«, wie im Minnesang. Die Neider in diesem Falle haben es schwer: Die Äbtissin lehnt eine Visitation und Reformation – einige Jahrzehnte vor der Reformation – energisch ab; die weltliche Macht muß zu Hilfe gerufen werden, nachdem die kirchlichen Behörden vergeblich – und zwar seit fünfzig Jahren, wie es heißt – versucht haben, Besserung zu schaffen. Die Sache wird von den Dominikanern aufgenommen, die auf die Franziskaner als die Schuldigen eifersüchtig sind; man jagt die Hälfte der Nonnen, die schwanger sind, hinaus, und sie finden alsbald Zuflucht über der Grenze beim Bayernherzog, der seinerseits seinem württembergischen Nachbarn etwas am Zeuge flicken will. Ein Teil der Nonnen geht nach Ulm, wo sie ganz offenbar als Huren leben. Ein anderer wird durch adlige Verwandte zurückgeführt, auch Fürsten mischen sich ein, und die frühere Äbtissin kehrt im Triumph wieder in ihr Reich ein. Ein ähnlicher Vorgang, auf den die Briefe Bezug nehmen, hatte sich im Kloster Klingenthal bei Basel abgespielt. Dort waren die Nonnen wegen ihres allzu skandalösen Treibens ausgewiesen, aber von ihren mächtigen Verwandten mit bewaffneter Hand wieder zurückgebracht worden; die Baseler mußten ihnen unter schweren Drohungen noch eine hohe Geldentschädigung für die erlittenen Unbilden zahlen. Auch dieser Fall wurde durch die Dominikaner nach Rom gemeldet; der Briefschreiber sagt in seinem Schreiben an sein Liebchen triumphierend: Die Predigermönche seien so um viele tausend Gulden gekommen, die sie in Rom ausgegeben haben, »haut nüz geholffen«.

Wir erwähnen diese beiden Fälle, weil sie zeigen, wie »nichts half«, wie verwickelt der »Instanzenzug« war und wie stark der Einfluß der weltlichen Mächte, ob diese nun »reformieren« wollten oder schlichthin ihre adligen Verwandten im Kloster schützen, ganz gleich, was die da trieben. Daß viele Klöster überhaupt nur Versorgungsstätten für die allzuvielen Töchter der kinderreichen adligen Familien waren, hat noch Luther und den anderen Reformatoren viel zu schaffen gemacht. Moralisierend ist dieser Zustand, für den sich beliebig viele Beispiele anführen ließen, nicht anzusehen; er wurde hingenommen, oft mit Humor und gutmütiger Gelassenheit, wenn das Treiben nicht allzu skandalös wurde. Das Keuschheitsgebot galt stillschweigend – oder offen – als eine übermenschliche Forderung. Heilige allenfalls oder Auserwählte konnten sie erfüllen; sie wurden besonders verehrt. Und wenn »Schwachheiten des Leibes« nicht zu leugnen waren, so griffen die Heiligen oder die Mutter Gottes wohltätig ein und kehrten alles zum besten. Das am weitesten verbreitete Andachtsbuch, die »Legenda aurea«, erzählt die versöhnliche Geschichte von der Äbtissin, die mit allem Fleiß Zucht und Ordnung in ihrem Kloster hält und streng regiert. »Da verhängte Gott über sie, daß sie eines Kindes schwanger ward.« Die Schwestern, erfreut, ihr nun etwas Schändliches nachsagen zu können, denunzieren sie beim Bischof. Ehe der aber eingreifen kann, betet die Äbtissin zur Mutter Gottes und fleht um Hilfe in ihrer Not. »Und unser Frau sprach zu den Engeln, daß sie die Äbtissin erledigten von dem Kind; das täten sie.« Das Kind wird von den Engeln zu einem Einsiedler gebracht, der es aufzieht; der Bischof erscheint zur Visitation, befindet, daß die Äbtissin frei von Vorwurf sei und bestraft die verleumderischen Nonnen. Es endet aber erbaulicher: Die Äbtissin fällt in der Beichte nieder und bekennt ihre Sünde sowie die Hilfe der Mutter Gottes. Der Bischof, erfreut über das Wunder, sendet zu dem Einsiedler und läßt ihm das Kind abfordern, nimmt es zu sich, und nach seinem Tode »ward es erwählet zu einem Bischof an seiner Statt«.

Niemand nahm Anstoß an einer solchen frommen Legende, die vielmehr der Marienverehrung einen neuen, rührenden Schimmer verlieh. In einer Zeit, da selbst die Päpste ihre unehelichen Sprößlinge ganz offen und mit großem Pomp vorstellten und nicht nur zu Bischöfen machten, sondern in die großen regierenden Häuser verheirateten, konnte auch nicht gut von Kritik die Rede sein.

Nicht nur das Zölibat war zur Fiktion geworden. Der rasche Zusammenbruch vieler Klöster in der Reformationszeit war auch auf andere Weise vorbereitet. Manche Äbte sahen, wie ihre Mönche, den Besitz als ihr Eigentum an, mit dem sie schalten und walten konnten, wie sie wollten. Wenn eine Visitation angedroht wurde, setzten sie sich energisch zur Wehr. Im Kloster Helmershausen wurden die unerwünschten Gäste geknebelt vor die Tür geworfen, einer von ihnen starb an den Mißhandlungen. Die Mönche gaben dann trotzig alle Regel auf, verpfändeten die Kirchenkleinodien und führten ein fröhliches Kneipenleben; der Abt, umsichtiger, verkaufte die Grundstücke und zog mit dem gewonnenen Gelde davon. Am Klostertor erklärte er: »Leb wohl, Helmershusen, auf Nimmerwiedersehen!«

Das war der Hintergrund. Im Vordergrund steht für uns Luther im Kloster, einem der anderen Klöster, als Bruder einer Kongregation von Observanten, die ihre Regel ernst nahmen. Es ist ganz konsequent, daß die große Protestbewegung von einer solchen Stelle ausging und daß sie in Deutschland, dem gehorsamsten und kirchengläubigsten Gebiet der weitgespannten Obödienz des Papsttums, ein so leidenschaftliches Echo fand.

Luther nahm die Regel noch sehr viel ernster als seine Mitbrüder. Er wurde deshalb von seinen Vorgesetzten als ein »zweiter Paulus« gepriesen. Sie ahnten nicht, welcher geheime Sinn gerade in diesem Vergleich lag. Denn Paulus wurde für ihn der Führer, die große Autorität. Die Bekehrungsgeschichte des Apostels hatte bereits den geheimen Bezug auf seine eigne Bekehrung. Nun begann er zu lesen und sich die Theologie des Paulus, des ersten Theologen der Kirche, anzueignen. Die Bibel: Das wurde für ihn vornehmlich die paulinische Verkündigung, überliefert durch die Briefe des großen Missionars.

Man hatte dem jungen Bruder, da er ausersehen war, zu den gelehrten Patres zu gehören, eine in rotes Leder eingebundene, vollständige Bibel in die Hand gegeben, die vorgeschriebene lateinische Übersetzung des Hieronymus. Das war ein Privileg. Die minderen Brüder, wie wir sahen, bekamen die Heilige Schrift gar nicht zu sehen und auch nur in wohlausgewählten Auszügen zu hören. Staupitz hatte überhaupt erst Exemplare der Bibel zum Studium der Patres an die Klöster seiner Kongregation verteilen lassen. Es kann keine Rede davon sein, wie Luther dann behauptete, daß die Heilige Schrift »unbekannt« oder verboten gewesen sei; allerdings war ihr Gebrauch streng kontrolliert und rationiert und auf die kanonische lateinische Fassung oder Auszüge in den Landessprachen beschränkt. Der Kampf um eine Bibelübersetzung bezeichnet ziemlich genau die verschiedenen Ketzerbewegungen, von den Waldensern und Albigensern über Wyclif und Hus bis zu Luther. Daß die Ketzer eine Bibel in der Landessprache besaßen oder herzustellen versuchten, freilich auch, daß sie daraus Lehren schöpften, die mit der offiziellen Kirchenlehre im Widerspruch standen, war ein Hauptpunkt für die Anklagen und Verfolgungen gewesen. Luthers eigne Übertragung ins Deutsche wurde sein größtes Werk, das weitaus wichtigste seiner ganzen Laufbahn, das eigentliche Kernstück der Reformationsbewegung und das am längsten dauernde Zeugnis seines Wirkens.

Jetzt las er zum ersten Male den lateinischen Text der Tradition. Er las und las wieder, memorierte, und er hat das Buch in der Tat so gut wie auswendig gekonnt und immer mühelos zitiert. Wie aber las er? Er übersetzte sogleich in Gedanken, nicht ins Deutsche, aber ins Lutherische. Sein Denken war noch vielfach durch das Lateinische geformt, das im Gebrauch der Mönche obligat war, aber auch wenn er ins Lateinische übertrug, was er las, wurde es Lutherisches Latein. Es wäre voreilig, da schon ein System, eine beginnende Lehre, am Werke zu sehen. Luther war überhaupt kein großer Systematiker, was oft genug bemerkt worden ist. Er las mit Gefühl, mit Leidenschaft, was ihn »ansprach«. Unmöglich konnte der ganze Text in allen Büchern, aus der Literatur eines Jahrtausends zusammengestellt, ihm in jeder Zeile oder jedem Buch etwas sagen. Er war kein Philologe, und »Textkritik«, die seither einige weitere Jahrhunderte betrieben worden ist, war nicht seine Sache, obwohl er auch sie bald in Angriff nahm. Was er damals wollte, war der »helle« Text, die »nackte Wahrheit«. Ranke hat in seiner jugendlich-genialen Frühschrift »Zur Kritik neuerer Geschichtsschreiber« den gleichen Ausdruck verwendet und auf seinem Gebiet ebenfalls eine Reformation eingeleitet: »Nackte Wahrheit ohne allen Schmuck ... das übrige Gott befohlen!« Wir lassen es bekümmert dahingestellt sein, wie weit der Historiker dieses Ziel verwirklichen kann; die Zielsetzung war schon eine große Tat, und die lutherische Tradition ist bei Ranke, der anfänglich Theologe werden wollte, unverkennbar. Für Luther ist vielleicht noch charakteristischer sein immer wiederholter Spruch vom »hellen Gotteswort«, das zur Parole wurde. Es stand im Gegensatz zur »Dunkelheit« der Tradition, die immer wieder betonte, daß der schwierige Originaltext nur vom Gelehrten, dem anerkannten Lehrer der Kirche, begriffen und ausgelegt und nur vorsichtig der Allgemeinheit zugänglich gemacht werden dürfe.

Luthers Bibellektüre fiel denn auch bald auf. Er hat später erzählt, man hätte ihm das Buch im roten Ledereinband fortgenommen, was sicherlich eine Übertreibung ist. Wahrscheinlicher klingt das Wort des Präzeptors Professor Usingen, der ihn bei diesem Studium fand: »Ei, Bruder Martin, was ist die Bibel? Man soll die alten Lehrer lesen, die haben den Saft der Wahrheit aus der Bibel gesogen, die Bibel richtet allen Aufruhr an.« Das war der entschiedene Standpunkt und die Praxis der Kirche. Sie konnte sich dabei darauf berufen, daß durch wilde Bibellektüre in der Tat Aufruhr genug entstanden war; noch größerer Aufruhr sollte folgen. Die Frage ist bis heute nicht endgültig entschieden; die christliche Welt ist noch immer geteilt in die beiden mächtigen Parteien, denen die eigene Bibellektüre die Grundlage oder aber die Tradition mit ihrer Auslegung und Auswahl der Bibel das Entscheidende ist.

Luther ist selber zum Begründer einer Tradition geworden. Hier im Kloster war er ein Anfänger, ein Suchender, und nach Ansicht seiner Oberen für seine Lektüre schlecht gerüstet. Bewährte und anerkannte Kommentare standen zur Verfügung. Es war Pflicht, sie zu kennen; sie waren verbindlicher als die Schrift, deren wahren Sinn zu ergründen sich die größten Geister, angefangen mit den Kirchenvätern, bemüht hatten. Mit deren Autorität und mit den vorgeschriebenen Kommentaren, die das Werk der Kirchenväter auslegten, hatte er sich nun vertraut zu machen.

Er las die Bibel und hatte die Kommentare zu studieren, die für einen Augustiner-Eremiten die vorgeschriebene Lektüre waren. Es sind Namen, die heute nur wenigen etwas sagen, Bände, die selbst die Kenner der Scholastik nur mit erheblicher Mühe, schon rein physisch in ihren mehrpfündigen Folianten, zur Hand nehmen. Meist soll dann durch wiederum »ausgewählte Stellen« – das Verfahren ist unbeschreiblich langlebig – im Sinne heute gültiger Lehren eine These bewiesen werden, etwa die, daß der im Erfurter Kloster gelehrte Nominalismus bereits eine bedenkliche Irrlehre gewesen sei. Oder die Gegenthese, daß gerade Ockham am Anfang des befreienden Denkens der Neuzeit gestanden habe. Wir müssen auch diesen Kampf Luthers in den Umrissen verfolgen. Er wurde für ihn kaum weniger wichtig als der Bußkampf und das Ringen um einen »gnädigen Gott«; denn vor Gott stand für den gehorsamen Mönch das Bild Gottes, das die Lehrer der Kirche gezeichnet hatten.

Kampf mit den Kommentaren

Das Bild, mit dem Luther sich zu beschäftigen hatte, war im Verlauf der Jahrhunderte bereits stark nachgedunkelt. Es war überfirnißt, wieder gereinigt und neu übermalt worden. Die Kirchenväter, deren Reihe mit dem Ende des Römischen Reiches mehr oder weniger ihr Ende gefunden hatte, galten als die frühesten und vornehmsten Autoritäten, und wer sich auf sie berief, stand auf festem Grunde. Sie hatten bereits die Schrift ausgelegt, kommentiert und gedeutet und waren sich dabei keineswegs immer einig gewesen. Schon der früheste und fruchtbarste unter ihnen, Origines, von dem 6000 Schriften aufgezählt wurden, durch sieben Stenographen nach Diktat aufgeschrieben, war bald nach seinem Tode der Ketzerei verdächtig. Der Streit zwischen Arius und Athanasius zerriß das Abendland auf einige Jahrhunderte; Luther erhielt von seinem Novizenmeister im ersten Jahr einen Traktat des Athanasius in die Hand gedrückt, den der »feine alte Mann« eigenhändig aus einem alten Kodex abgeschrieben hatte, denn Bücher waren im Kloster rar. Athanasius war gut orthodoxe Lektüre, nachdem der kriegerische Patriarch auf dem Konzil zu Nicäa seine Lehre, der Sohn sei dem Vater gleich, durchgesetzt hatte. Von den folgenschweren Spaltungen, die sich daraus ergaben, erfuhr Luther erst später, als er sich mit der Kirchengeschichte etwas näher beschäftigte. Augustinus, als letzter und größter der Kirchenväter, war schon als Ordenspatron für ihn die oberste Instanz, an die er immer wieder appelliert hat. Luther hatte dabei den Vorzug, daß er Augustin im Original, dem glanzvollen und sehr persönlich gefärbten Latein des letzten bedeutenden Autors der Weltsprache des Altertums lesen konnte, während er die griechischen Väter nur in Übersetzungen, meist nur aus Zitaten oder Blütenlesen, kennenlernte.

Nach Augustinus war eine lange, kaum vorstellbar lange Zeit der

Brache gefolgt, ein halbes Jahrtausend wahrhaft dunkler Jahrhunderte, in dem nur noch abgeschrieben, kompiliert und paraphrasiert wurde, bis unter dem Einbruch der arabischen und jüdischen Philosophen, ihren Übersetzungen antiker Autoren und eignen Denkens, sich auch das Abendland wieder, in Abwehr und wildem Ringen, neue Schulen der Theologie und Philosophie schaffen konnte. Die Meister der Schulen – jener Kathedralschulen und der daraus entstehenden Universitäten, die man »die Scholastik« nannte – wurden zur nächsten großen Gruppe der Autorität. Er selber bezeichnet sie, als sein Kampf beginnt, meist verächtlich als »die Sophisten«; nicht viel anders wurden sie von den Humanisten angesehen, die sich nicht genug tun konnten, in spöttischer Ablehnung der einstmals im Reiche der Geister weltbeherrschenden Männer. Ihre Namen sogar, wie der des gewaltigen Duns Scotus, wurden zum Beiwort für stumpfe Pedanterie und Beschränktheit. Vergessen war, daß »die Scholastik« keine Einheit gewesen war, sondern eine sehr bunte Vielfalt, daß sie nicht beschränkt, sondern eher durch nahezu unbeschränkte Versuche gefährdet war, nach allen Seiten hin das Reich des Denkens auszudehnen und zu erforschen. Vergessen waren die wilden Kämpfe, die sich dabei abgespielt hatten – in Paris vor allem, »der Universität« des Hochmittelalters – Kämpfe, bei denen es ganz buchstäblich um »Kopf und Kragen« ging, mochte der Kragen auch der des Dominikaner- oder Franziskanermönches sein. Der Scheiterhaufen war diesen Männern noch näher als Luther und seinen Zeitgenossen, und einige wurden denn auch verbrannt oder verkamen im Kerker. Sogar von der Kirche war der größte Teil des Streites vergessen. Man hat neuerdings das zwölfte Jahrhundert das »offene Jahrhundert« genannt, weil es sich so bereitwillig den mächtigen Strömungen vom Orient her aufschloß, so leidenschaftlich und offen diskutierte; doch es hatte viele und gerade die entscheidenden Fragen offen gelassen. Dann schlossen sich wieder die Grenzen. Es wurde nur noch, wie im Falle der Kirchenväter, kommentiert, exzerpiert und die Mühle weitergedreht. Luther und seine Zeitgenossen kannten die Meister der Schulen in Auszügen oder Erläuterungen der »Spätscholastik«; ein Spät- und Endstadium war erreicht.

Die großen Kämpfe waren sogar so weit vergessen, daß die ehemals schärfsten Gegner des Papsttums nun gänzlich entschärft zum »Gegenstand des Unterrichts« geworden waren, so wie es einstigen Revolutionären zu gehen pflegt. Die Lehre des William aus Ockham, des englischen Franziskaners, der als Verbannter und Verfluchter am Hofe seines gleichfalls gebannten Protektors, des Kaisers Ludwig des Bayern, in München eine Zuflucht vor dem Scheiterhaufen gefunden hatte, war so weit durchgesetzt, daß ihr führender Rang zukam. Als die via moderna, die moderne Lehre, beherrschten die Ockhamisten seit einem Jahrhundert die wichtigsten Universitäten, vor allem das immer noch als die größte akademische Autorität geltende Paris, sowie viele deutsche Hochschulen, darunter Erfurt. Luthers Lehrer waren in dieser Richtung großgeworden. Sie waren nicht die einzige Schule. Die Autoritäten hatten sich auf dem Schlachtfeld von ehedem eingerichtet. Es gab Professuren für den verbindlichen großen Lehrer der Dominikaner, Thomas von Aquino, und für die Schule der Scotisten, die den Franziskaner Duns Scotus, den einstigen Gegner des Thomas, zum Haupt erhoben hatten; an manchen Hochschulen wurden die Stellen paritätisch besetzt. Der einstmals verketzerte Ockham hieß nun der Doctor invincibilis, der unbesiegbare, Duns Scotus der Doctor subtilis, der Mann der feinen Unterscheidungen, Thomas Angelicus, der engelgleiche. Sein Lehrer Albert wurde Magnus genannt, weil er das ganze Wissen seiner Zeit als Universalgeist beherrschte. Als die großen Doktoren bildeten sie, nächst und unter den Kirchenvätern, einen eignen Rang.

Neue gleichen Ansehens waren kaum dazugekommen, doch las Luther eifrig den Pariser Ockhamisten Gerson, der auf dem Konzil zu Konstanz eine bedeutsame Rolle gespielt hatte; der Kurie war er trotz seines gewaltigen Ansehens höchst unsympathisch als energischer Vertreter des Konzilgedankens. In Rom hatte man ohnehin die philosophischen Richtungen nur aus der Ferne verfolgt, oft besorgt, zuweilen eingreifend, nie mitwirkend. Keiner der Päpste hat sich als eigner Denker an der Scholastik mit einigem Einfluß beteiligt. Sie waren schon ihrer Herkunft nach zum allergrößten Teil Juristen oder große Verwaltungsmänner. Die Kathedrale, die unter ihrer Führung durch die Universität Bologna aufgebaut wurde, war das kanonische Recht, das Grundbuch des Aufbaus der Kirche, wie sie sich seit dem 12. Jahrhundert herausgebildet hatte. Die Dekrete der Päpste bildeten die Hauptstücke; als die »Dekretalen« wurde das Werk zu Luthers Zeiten zitiert; als den Wurzelstock, auf dem die römische Kirche beruhte, hat Luther die »Dekretalen« in der berühmten Szene vor den Toren von Wittenberg verbrannt, wobei die Bannbulle nur als unwesentlichere Zugabe dem Feuer übergeben wurde.

Im Kloster las er dieses Hauptbuch der Kirche nicht. Er hatte zunächst die vorgeschriebene Lektüre der Kommentare zu bewältigen, die ihrerseits wieder Kommentare zu den Kommentaren der Kirchenväter waren. Petrus Lombardus stand seit über dreihundert Jahren an der Spitze der »Magister der Sentenzen« mit seinem großen Buch der Sentenzen. Die mittelalterliche Lehrtechnik arbeitete nicht mit Systemen, sondern, auf fast mathematische Manier, mit Lehrsätzen. Das System war ohnehin gegeben, und die Grundzüge aller Wahrheiten standen ein für allemal fest; Aufgabe des Lehrers – und auch des Philosophen oder Theologen, was nicht zu trennen ist – war es, diese Wahrheiten zu beweisen. Der Begründer der scholastischen Methode, Abälard, auch er ein Verfolgter, der in der Klosterhaft endete, hatte die Dialektik glanzvoll eingeführt in Satz, Gegensatz und Synthese. Es galt, die oft widerspruchsvollen oder »scheinbar« sich widersprechenden Sätze der Kirchenväter in pro und contra zusammenzustellen und dann den »eigentlichen Sinn« zu destillieren. Die Technik, die damit entwickelt wurde, das Denken in Sentenzen oder Thesen, hat auch Luther in seinen Anfängen beibehalten; seine 95 Thesen waren durchaus in dieser Tradition gehalten. Sentenzen vorzutragen und zu erläutern, wurde sein erstes akademisches Amt; er war »Sententiarius«; Anmerkungen zum »Lombarden« sind die frühesten erhaltenen Zeugnisse seines Wirkens. Für die Bibelerklärung stand ihm eine andere Autorität zur Verfügung: der Franziskaner Nikolaus de Lyra mit seiner fünfbändigen »ewigen Postille« über das Alte und Neue Testament.

Wir müssen einen Augenblick innehalten und Luft schöpfen nach so vielen Namen und Buchtiteln. Wie las man damals? Ganz anders als heute, schon rein äußerlich. Das Buch, immer ein schwerer Foliant, in schwere Holzdeckel gebunden, auf schwerem Papier geschrieben oder gedruckt, lag auf einem Pult; leichte, kleine Bücher gab es nicht im Kloster. Der Mönch faßte mit beiden Händen zu, so wie er auch seinen Trinkbecher zu halten hatte. Man las selten ein Buch im ganzen, was auch bei den Sentenzen kaum nötig war. Man benutzte meist Blütenlesen, Auswahlen, Zitatsammlungen oder jene Vorformen der Enzyklopädien und Lexika, die »alles Wissenswerte« in einem Bande enthielten. Die Ausgaben der großen Scholastiker führten oft die Bezeichnung »Quodlibet« – »Wie es Euch gefällt« und wurden nach Gefallen aufgeschlagen. Man kann sich die Unregelmäßigkeit und Willkür der Lektüre kaum größer vorstellen, und das gilt nicht nur für Luther. Ebensowenig aber kann sich der heutige Leser die Intensität recht gegenwärtig machen, mit der damals das aufgenommen wurde, was »ansprach«, einen Funken weckte. Da wurde dann auch ganz unbekümmert zur Feder gegriffen und am breiten Rande eine Antwort, Frage, ein Zweifel hingeschrieben; die wild bekritzelten Bände Luthers sind zum Teil noch erhalten. Ging es doch bei einer jeden Einzelfrage, so zufällig sie im Reigen der Sentenzen auftauchte, immer »um das Ganze«.

Nicht alle lasen so. Wenn man Bände der alten Drucke jenes Petrus Lombardus oder Nikolaus de Lyra in der Hand gehabt hat, ist man auch nicht selten wohltätig erfreut worden durch die bunten Ranken, spielenden Tiere oder Grotesken, die an den Rand gemalt wurden; die bis zur fröhlichsten Ausgelassenheit gehenden Zeugnisse des Mönchshumors haben noch in den Initialen und Holzschnitten der grimmigsten Traktate und Broschüren der Reformationszeit ihr Nachspiel gehabt. Wir möchten auch glauben, daß Luther, dessen Humor eine seiner versöhnlichsten Eigenschaften ist, hier und da aufgeblickt hat von den Sentenzen und Definitionen; sein späterer Stil wäre sonst unverständlich.

Wichtig aber ist (um zum Ernst der Lektüre zurückzukehren) die Auswahl dessen, was Luther las. Auch hier herrschen ganz übertriebene und unhistorische Vorstellungen. Er saß nicht in einer wohl ausgestatteten Seminarbibliothek mit »vollständigen kritischen Ausgaben« samt gründlicher Sekundärliteratur. Die großen Klassiker der Scholastik sind heute noch nicht alle kritisch und vollständig herausgegeben, wie am Rande vermerkt sei. Wenn man ihm später vorgehalten hat, was er alles nicht gelesen habe und wie verhängnisvoll es war, daß er die besten und für die Lehre der Kirche entscheidenden Autoren nicht kannte, so ist zu bedenken, daß er nicht mehr als eine Handvoll Bücher um sich hatte. Der Bücherschrank auch eines großen Gelehrten der Zeit, wie auf allen Bildern zu sehen, bestand aus einer Nische in der Wand mit zwei oder drei Fächern, und die waren selten ganz gefüllt. In der Klosterbibliothek werden noch etwas mehr Bände und Handschriften gewesen sein, aber auch diesen Bestand darf man sich nicht allzu imposant vorstellen.

Lektüre also, intensivstes Lesen von Sentenzen im engen Kreise, in einem ganz winzigen Raum ausschließlich theologischer Literatur. Luther lebt zeitlos und völlig geschichtslos im Kloster. Auch das ist von entscheidender Bedeutung für seine spätere Laufbahn. Er weiß schlechthin nichts von seinem Lande, weder von dessen Geographie noch Verfassung oder Geschichte; er hat das oft bedauert und gemahnt, man solle die Jugend doch in der Historie unterrichten. Seine Ahnungslosigkeit, als er dann in die Welt geworfen wurde und selber Geschichte machte, hat furchtbare Folgen gehabt. Er ist dafür nicht verantwortlich zu machen.

Aber selbst auf theologischem Gebiete war die bescheidene Führung und Belehrung, die er empfing, äußerst dürftig. Die Theologie seiner Zeit war dürftig; seine Lehrer waren wohlmeinende, brave Männer vom braven Durchschnitt, und der sah nicht nur in Erfurt, sondern sogar im weltberühmten Paris, im großen Oxford kümmerlich genug aus. Es hat auch im 15. Jahrhundert einige sehr einsame große Gestalten gegeben, wie den Nikolaus Cusanus aus Kues an der Mosel, Bauernsohn wie Luther, den man jetzt geneigt ist, an den Beginn des Denkens und Forschens der Neuzeit zu stellen; es ist sehr fraglich, ob von seinen Werken etwas bis in das Schwarze Kloster zu Erfurt gedrungen war – es sei denn auf verschlungenen unterirdischen Wegen, die aufzuspüren die Freude des Entdeckers von Einflüssen ist. Vieles mag so an Luther aus dem Untergrund herangekommen sein; er spricht einmal davon, daß auch der Name des Hus, des großen Ketzers, fiel und daß einer seiner Lehrer vorsichtig gemeint habe, man habe ihn zu Unrecht verdammt. Was vor ihm stand auf dem schweren Lesepult, war das nachgedunkelte und übermalte Gemälde der Spätzeit. In der Kunstgeschichte bezeichnen wir sie als Spätgotik.

Spätgotische Holzschnitte schmückten die braven Traktate seiner Lehrer in Erfurt. Wenn man sie aufschlägt, tritt einem mit einem Male die Welt entgegen, in der Luther als Mönch lebte. Sie ist nicht nur Hunderte von Meilen, sondern um Jahrhunderte entfernt von den luftigen, antikischen Hallen Italiens, dem Rom der Renaissancemeister, der Päpste und der eleganten, skeptischen Autoren, die sie begünstigten und als Sekretäre um sich hatten. Überall rankt noch knorriges

Wurzelwerk, das bis in den Wald zurückreicht; die Gesichter sind derb, oft fratzenhaft, die Allegorien handfest. Ein Holzschnitt aus dem Werk des Paters Johann Paltz, Lehrer in Luthers Augustinerkloster, die »Himmlische Fundgrube« genannt, und eine Fundgrube von Argumenten zugunsten des Ablasses, den Paltz weithin predigte: Da stutzen wir und möchten kaum unseren Augen trauen. Wir sehen die »feste Burg«, hochaufgemauert, bewehrt mit guten Waffen, die Welt voll Teufel darum her, die mit Macht und viel List sie berennen. Wir lassen es offen, ob dieses Bild Luther die erste Anregung zu seinem Kampflied gegeben haben mag. Bei ihm ist alles unendlich einfacher, lapidar, auf ganz wenige, wuchtige Kernsätze zusammengedrängt; Einfachheit ist überhaupt das Geheimnis seiner ganzen Wirkung. Hier beim Pater Paltz herrscht, auch im Text, noch die ganze krause Rankenwelt, die Pedanterie der Argumente mit eins, zwei, drei; die Spruchbänder hängen nach allen Seiten heraus. Mit vier Heeren rücken die Teufel, mit Morgensternen und Spießen bewaffnet, gegen die Burg der Kirche an, die nach dem Traktat den Ablaß verteidigen soll. Auf vier Brüstungen wird die Festung von Engeln geschützt, und sie schießen übrigens mit sehr modernen guten Waffen, mit Bombarden, Kammerbüchsen, Feldschlangen, die die Autorität der Kirche repräsentieren, und mit Handbüchsen, die etwas bescheidener die Vernunftgründe darstellen sollen.

»Gemummel« über den Ablaß war nie ganz zur Ruhe gekommen, und offen war ebenfalls oft genug protestiert worden. Die Burg mit den bombardierenden Engeln war für die einfacheren Gemüter bestimmt, die den lateinischen Text nicht verstanden; der Pater wendet sich auch an die Gelehrten, und seine Argumente sind kaum weniger simpel. Er stößt da mit Luther zusammen, der noch zu seinen Füßen sitzt und sich mit den Fragen quält, die für Paltz so einfach zu lösen sind. Wenn über die Herkunft des Ablasses disputiert wurde, wie der Pater feststellen muß, so ist das seiner Ansicht nach ganz überflüssig: »Die Kirche billigt die Ablässe und teilt sie aus, und somit sind sie da, ergo sunt.« Das ist die Grundthese, die vielfach abgewandelt wird. Die Stellung des Papstes hebt ihn über alle Fragen hinaus; die Rangordnung der Kirche ist durch das Bibelwort »Weide meine Schafe« festgelegt. Ganz treuherzig wird das ausgeführt: Das Weiden bedeutet auch die Wolle der Schafe, den Schafstall und die Schäferhunde. Das sind die

3 Die »Himmlische Fundgrube« des Paltz mit der »Festen Burg«

Orden, und sie erhalten jeder einen Winkel des Stalles zugewiesen, wiederum in vierfacher Anordnung: die schwarzweißen Dominikaner, die grauen Franziskaner, die weißen Karmeliter und als vierte die schwarzen Augustiner, der eigne Orden. Der Hund ist kein Bild des Paters Paltz. Domini canes, die Hunde Gottes nannten sich die Dominikaner mit Stolz; sie führten den Hund im Wappen, nach dem Traum der Legende, den die Mutter des Heiligen gehabt hatte: Sie würde ein Kind gebären, das wie ein Hündlein aussah, und eine feurige Flamme ging ihm aus dem Munde, die die ganze Welt entzündete. Das große Gemälde der streitenden und triumphierenden Kirche von Andrea da Firenze in Santa Maria Novella in Florenz zeigt am unteren Rande die gefleckten Hunde, die Dominikaner, die den Ketzer jagen, und ganz am Ende, in die Ecke gedrückt, den verängstigten Häretiker. In letzter Not versucht er, die bedenklichen Seiten aus seinem Buche zu reißen, ehe das Schicksal ihn ereilt.

Dieses Bild kannte Luther nicht, aber er las den Paltz und andere Werke ähnlicher Faktur. Nicht als ob er damals schon »protestiert« hätte oder sich auch nur abgestoßen fühlte. Aber diese theologische »Trivialliteratur« zeigt deutlich die Welt an, aus der er kam und gegen die er sich dann auflehnte. Der brave Pater Paltz war gut orthodox, zuweilen allzu eifrig in seinen Argumenten, und man hat ihm später, als das Kind in den Brunnen gefallen war, recht »bedenkliche« Sätze nachgewiesen, die keineswegs die »richtige Ansicht« der Kirche wiedergäben. Das sind nachträgliche Bedenken; die »richtigen Ansichten« der Kirche steckten weit ab von der Zeit Luthers in den Werken der großen Klassiker von vor drei- und vierhundert Jahren und wurden zu seiner Zeit weder im Erfurter Kloster noch zu Rom gelesen. Die Praxis der Kirche – und auf die kommt es an – sah anders aus.

Ein anderer Lehrer und ein anderer Holzschnitt: Gabriel Biel, der Tübinger Theologe, eine große Leuchte der Spätscholastik, wie man jetzt sagt, eine der neuesten und gründlichsten Autoritäten, wie es damals hieß, vielgedruckt bis nach Spanien hin. Der stellt auf dem Titelblatt seines Sermons über die Passion ganz unbefangen sein Professorenpult mit der Aufschrift »Gabriel Biel« mitten unter die Kreuzigungsszene; neben ihm würfeln die Kriegsknechte um den Rock, zu seinen Häupten steht die Mutter Gottes. Er hat sein Buch aufgeschlagen – auch er faßt es mit beiden Händen – und doziert. Die »sowohl mystische wie wörtliche Auslegung der Messe«, sein Hauptwerk – 400 Seiten, doppelspaltig, in Folio – hat Luther gelesen und in vielen Partien noch als alter Mann auswendig zitieren können. Mit enormer Arbeitskraft hat er den riesigen Folianten in wenigen Monaten bewältigt; er erschien ihm keineswegs schreckhaft, sondern sehr interessant, neueste Theologie, die »via moderna« des Ockhamismus.

Luther hatte keinerlei Organ für Philosophie, und er hat sehr bald seinen ersten Kampf gegen die Philosophie und das Philosophieren in Glaubensfragen begonnen. Die Scholastik wird heute meist als ein Kapitel in der Geschichte der Philosophie behandelt, was zu vielen Unzuträglichkeiten führt. Philosophie im heutigen Sinne und womöglich als »wertfreies Denken« gab es im Mittelalter nicht. Als »Magd der Theologie« nur war sie zugelassen, als bescheidene Dienerin, die Wasser und Holz herzutragen durfte. Kant hat dazu die hübsche Anmerkung gemacht, man sehe nicht recht, ob die Magd »ihrer gnädigen Frauen die Fackel voranträgt oder die Schleppe nachträgt«. Das war erst die unbescheidene Stimme der Aufklärung und die eines Laien. Kein Laie konnte im Mittelalter in philosophischen Fragen mitreden, ausschließlich Kleriker und vor allem Ordensleute kamen zu Wort; man kann es noch enger fassen: fast nur Dominikaner und Franziskaner. Auch ihnen wurde das nicht leicht gemacht. Wir können ihre Kämpfe hier nicht verfolgen und brauchen das auch nicht zu tun; Luther hat von ihnen kaum Notiz genommen. Der Lärm der Waffengänge – oft waren sie nur geistige Turniere – war zu seiner Zeit verhallt. Nur ein großer Streit, vielleicht der wichtigste von allen, war noch nicht beigelegt. Der sogenannte »Universalienstreit« ist im Rückblick als bloßes Wortgefecht, als ein »Mönchsgezänk«, angesehen worden. Er bedeutete sehr viel mehr. Er entschied darüber, ob der hierarchische Aufbau mit seiner monarchischen Spitze oder der Einzelmensch gelten sollte.

Zwei Parteien – wir müssen vereinfachen, es gibt Zwischenformen – stritten miteinander: die »Realisten« und die »Nominalisten«. Die »Universalien«, um die der Kampf ging, waren die allgemeinen Begriffe. Sie sollten nach den Realisten eine über den Einzeldingen liegende Wesenheit, Realität genannt, bilden; die Nominalisten sahen in ihnen nur Namen, nomina. Das war anfangs nur ein Streit um Namen und Begriffsbezeichnungen gewesen, aber nichts konnte im Mittelalter im »freien Raum des Denkens« behandelt werden. Jedes Problem war unweigerlich eine theologische Gewissensfrage. Der erste Nominalist wandte seine Denkversuche – mehr war es kaum – auf das sehr heikle Problem der Trinität an und kam dazu, sie in drei einzelne Gottheiten aufzulösen. Er verschwand damit, und wir kennen seine Ansichten nur aus Zitaten der Gegner. Man dachte in der Tat »universal«: Alles bezog sich auf die Universalität der Kirche, des Glaubenssystems, dem auch die Philosophie zu dienen hatte. Nach heutigen Auffassungen wären das Probleme der Erkenntnistheorie; aber alle Versuche, mittelalterliches Denken mit den später entwickelten Terminologien zu erklären, sind höchst fragwürdig. Hinter jedem Wort oder Begriff steht damals eine ganze, völlig andere Welt; die Sprache schon ist anders, Latein, ein Mittellatein, das jeder Übersetzung spottet. Hinter jedem Wort steht außerdem die Autorität der Kirche, und von vielen der kühnsten Denker wissen wir nur durch Verdammungen und herausgegriffene verurteilte »Thesen«, die nicht zu stimmen brauchen. Die Vorstellung einer über den Dingen schwebenden »Realität« oder Wesenheit, von der die Dinge der irdischen Welt nur ein Abglanz sind, würde man heute als »Hyper-Idealismus« bezeichnen, und unter »Realismus« verstehen wir etwas anderes als das Mittelalter. Damit sich kein Hochmut einschleicht, sei jedoch daran erinnert, daß kaum ein Begriff so vielfach verwendet werden kann wie der des Realismus; auch in heutiger Terminologie kann etwa als »sozialer Realismus« gedeutet oder gefordert werden, was nicht den Menschen zeigt, wie er ist, sondern wie er nach bestimmter Ideologie sein sollte. Nicht anders verfuhr die Scholastik. Der Mensch sollte in das Universalgebäude der hierarchischen Kirche eingefügt werden, und da waren die Allgemeinbegriffe allerdings eine Realität.

Die Kämpfe gingen lange hin und her, und die Schwierigkeiten, die ein für alle Male feststehenden Wahrheiten des Glaubens in die philosophischen Deutungen einzubeziehen, führten zu den verschiedensten Kompromissen; der bedeutendste davon war der »gemäßigte Realismus« des Thomas von Aquino. Gemäßigt, ebenmäßig, ausgeglichen bis zur Übermenschlichkeit oder auch Unmenschlichkeit war dessen Lehre überhaupt. Nichts Persönliches hat darin Platz, weder des Verfassers noch der Zeitgeschichte, die gänzlich ignoriert ist wie bei keinem andern mittelalterlichen Denker; nicht ein Laut der wüsten Kämpfe zwischen Kaiser und Papst dringt in die stillen Räume hinein, die der Sohn eines großen Herren aus der Umgebung des Ketzerkaisers Friedrich II. entworfen hat. Vernunft ist das große Wort, das er einführt in die Diskussion; er sieht eine seiner Natur gemäße Einheit von Vernunft und Glauben in der gesamten Weltordnung vorgebildet; vernünftig und von Gott gewollt ist die gesellschaftliche, streng hierarchische Ordnung der Welt, der Kirche.

Für die römische Kirche ist Thomas allerdings erst nach Luthers Tod, mit dem Konzil zu Trient, und dann in verschiedenen Abwandlungen des Neu-Thomismus, der verbindliche Lehrer geworden. Daß Luther ihn nicht las oder, wo er ihn las, entschieden ablehnte, war kein Zufall, etwa dadurch bedingt, daß sein Orden den großen Meister der Dominikaner als nicht erwünscht ansah. Er lehnte ihn auch nicht nur ab, weil das Unpersönliche an dem Aquinaten ihn abstieß, obwohl das mitgespielt haben mag. Es gibt Affinitäten der Temperamente: Augustin war schon aus diesem Grunde Luther näher, oder auch Bernhard von Clairvaux, in dem er den großen Prediger und Volksmann schätzte. Auf einzelne Thesen oder dogmatische Sätze kommt es da weniger an, als der vielbetriebene Vergleich von Definitionen wahr haben will. Luther war aber in erster Linie ein Gegner des Philosophierens in Glaubensfragen. Daß Thomas den Aristoteles – den anfangs von der Kirche entschieden abgelehnten – als »den Philosophen«, als »die Autorität« eingeführt und geltend gemacht hatte, war Luthers Haupteinwand. »Er ist dafür verantwortlich, daß Aristoteles jetzt regiert, der Verwüster aller Frömmigkeit.« Die Spekulationen sind ihm verhaßt, die »hundert Fragen«, aus dem heidnischen Philosophen entnommen – »nicht ein Wort, das einem mocht Zuversicht zu Christo machen«. Es wird immerfort geredet, »weil die Metaphysik ihn verführt«; dies Luthers entscheidendes Wort über Thomas.

Metaphysik: Das bedeutet für Luther schlicht das philosophische Schließen, die von der antiken Philosophie erst gelernten Deduktionen und Definitionen. Den »ranzigen Aristoteles« nennt er ihn schließlich unmutig und meinte damit den durch viele Hände gegangenen Meister, aus dem Griechischen ins Arabische, aus dem Arabischen ins Lateinische übersetzt und durch so vieles Umlagern und Umwandeln allerdings nicht mehr ganz frisch erhalten. Aus dem großen Naturforscher, der das ganze Wissen seiner Zeit zu umfassen suchte, war eine Art Kirchenvater honoris causa geworden, auf den man sich getrost berufen durfte. Sein aus physikalischen Gedanken gewonnener Schluß – es müsse aus der Tatsache der Bewegung auf ein erstes und oberstes Prinzip, den unbewegten Beweger, deduziert werden, der Gott zu nennen wäre – war in die logischen Gottesbeweise der Scholastiker übergegangen; ebenso die ganze Reihe der fortschließenden und sich steigernden Beweise. All das war Luther fremd. Er wollte solchen architektonischen Aufbau nicht. Fremd war ihm die ganze Stufenlehre, die den Weg zur »Vollkommenheit« genau einteilte: die oberste überhaupt unerreichbar in diesem irdischen Leben, die zweite vielleicht möglich aber selten, die unterste erst allgemein dem zugänglich, der »aus Gewohnheit« auf Gott vertraut; so hatte Thomas es definiert. Gabriel Biel fing gleich von der untersten Stufe an, dem »gewöhnlichen Menschen«, den die Kirche in weiser Berücksichtigung der Schwachheit ihrer Kinder im Auge hatte. Das waren reine Denkschemata, ohne Beziehung auf das praktische Leben; die oberste Stufe war auf alle Fälle den Heiligen vorbehalten. Luther rebelliert gegen diese hocharistokratische Rangordnung. Er selber will, ohne Treppen und Geländer, direkt als Person zu Person vor Gott treten. Er braucht dazu keine mathematisch-logischen Gottesbeweise; die Existenz Gottes ist für ihn kein Gegenstand von Fragen und Gegenfragen. Er wünscht auch keine Vermittlung durch andere Menschen, und die Kirche ist für ihn eine von Menschen geschaffene Institution. Das wird sein großer Kampfruf. Er wurde weithin gehört.

Aber auch im Reiche des Denkens waren große Wandlungen eingetreten. Luther blieb davon nicht unberührt, so sehr er sich gegen die »Sophisten« wehrte. Das nächste Stadium nach der imponierenden Einheitslehre des Aquinaten war die etwas verkniffene und fragwürdige Aushilfe gewesen, Forschung und Glauben zu trennen und die sogenannte »doppelte Wahrheit« zu proklamieren: Was im Reich der Philosophie »wahr ist«, braucht nicht unbedingt im Reich des Glaubens wahr zu sein; eine Formel, die keineswegs bei den Scholastikern stehen geblieben ist.

Erst der Sieg der Nominalisten brachte eine klare Entscheidung: hier Glauben, dort Wissen und Forschen. Gott als das Unerforschliche ist dem Glauben vorbehalten; Wissen und Forschen den Dingen dieser Welt, dem Einzelmenschen, der sich mit ihnen beschäftigt. Die Universalien sind nicht die »Realien« sondern nur Zeichen, vom Menschen gedacht und auf die Dinge dieser Welt bezogen, die der Erfahrung zugänglich sind. Von da aus geht die gesamte Entwicklung der auf Erfahrung und Forschung gerichteten Wissenschaften. Es war der radikalste Einschnitt, den das mittelalterliche Denken erfuhr. Gott hatte nach Ockham nichts mit den Einrichtungen dieser Welt zu schaffen, er war frei, absolut unabhängig, den Gesetzen unseres Verstandes nicht unterworfen; um das eindringlich zu machen, griff Ockham resolut auch zum Paradox: Gott hätte die Welt auch ganz anders schaffen können, als sie ist; er hätte sich, wenn es ihm beliebte, mit der Natur eines Steines, eines Holzes vereinigen, ja als Esel zur Welt kommen können. Das Paradox, das bei Luther eine große Rolle spielen sollte, die aufreizend zugespitzte Behauptung, feierte Triumphe; niemand nahm daran Anstoß. Wohl aber stieß Ockham ganz naturgemäß mit dem Papsttum zusammen, für das in dieser Form der Weltordnung keine rechte Stelle vorgesehen war.

Ockham bezeichnet den Punkt der Entwicklung, an dem die Meister der Schulen aus dem akademischen Lehrbetrieb heraustreten. Es geht nicht mehr nur um abstrakte Probleme und Definitionen, sondern ganz entschieden um Machtfragen und die Dinge dieser Welt und Zeit. Wenn Gott in so unermeßliche Ferne gerückt wird, dann erscheint der Papst als sein Stellvertreter und der Bewahrer der Schlüssel zum Himmelreich erheblich herabgerückt; man kann über ihn diskutieren. Das geschah denn auch gründlich. Eine ganze Literatur von höchst kritischen, höchst gefährlichen Streitschriften sprang auf; die allem Weltlichen weit übergeordnete Stellung des Papsttums wurde bestritten, und die Thesen eines Marsilius von Padua, der dagegen entschiedene Beschränkung auf rein geistliche Aufgaben forderte, kamen hinfort nicht mehr zur Ruhe; in der Reformationszeit erlebten sie ihre Auferstehung.

Luther kannte den Ockhamismus vornehmlich in der Verdünnung und Spätform; er nennt Ockham zwar als seinen »Meister«, aber es ist nicht recht deutlich, wieviel er von ihm gelesen und verstanden hat. Die Schriften des Meisters waren nur zu einem Teil gedruckt; vieles ist erst im 19. Jahrhundert wieder ans Licht gezogen worden. Er las den Gabriel Biel. Wenn er sich den Jüngern gegenüber später darüber ausließ, so sagte er etwa, auch er sei ein »Terminist« gewesen, ein Nominalist, dem die Terminologie nicht die höhere »Realität«, sondern lediglich von den Menschen als Konvention vereinbarte Zeichen bedeuteten. Terministen hieß man, meinte er, »eine Sekte in der hohen Schulen, unter welchen auch ich gewesen. Dieselbigen haltens wider die Thomisten, Scotisten und Albertisten und hießen auch Occamisten von Occam, ihrem ersten Anfänger, und sein die allerneuesten Sekte, und ist die mächtigste auch zu Paris.« Lutherischer spricht er dann davon, daß man als Terminist von einem Ding mit den richtigen und angemessenen terminis reden müsse »und nicht die Worte fremd und wild deuten ... mit einem Zimmermann muß ich in seinen terminis reden, nämlich Winkeleisen und nicht Krummeisen, Axt und nicht Beil. Also soll man auch die Worte Christi lassen bleiben...«

Deutung, Allegorie: das war die Übermalung, die ihm das Bild verdunkelte. Die Bibel war schon früh allegorisch erklärt worden, nach dem Muster der antiken Philologen, die bereits den Homer, dafür eigentlich das ungeeignetste aller Objekte, so umgedeutet hatten. Als das Christentum mit der antiken Kultur zusammenstieß, in der Zeit der Kirchenväter sich behaupten und verteidigen mußte und sich als überlegen zu beweisen hatte, genügten die einfachen Texte der Schrift nicht. Sie mußten einen »tieferen« Sinn erhalten; man unterschied den »bloßen« wörtlichen, den geistigen und den mystischen Sinn. »Anstößige« Stellen wurden umgedeutet, andere erhielten einen philosophischen Sinn, der sie der oft hämischen Kritik der Heiden entrücken sollte. Das Hohelied Salomonis hat das ganze Mittelalter hindurch allegorisch als die »Brautschaft der Kirche« mit Christus gegolten; von da entnahm man die Bezeichnung der Kirche als der »Braut«. Vierfache Deutung jedes Textes wurde schließlich kanonisch: »historisch«, das heißt dem Wortsinne nach, so weit man ihn verstand; »allegorisch«; »tropologisch«, figürlich; und »anagogisch«, zum tieferen Sinn hinführend. Luther hat sich damit im Kloster geplagt und zornig abgewehrt: »Die Väter haben zu ihrer Zeit eine sonderliche Lust und Liebe zu den Allegoriis gehabt, sind damit umher spazieret und alle Bücher voll geklickt. Origines ist fast ein Fürst und König über die Allegorien und hat die ganze Bibel durchaus voll solcher heimlicher Deutung gemacht, die denn nicht eines Drecks wert sind. Die Ursach ist, daß sie alle ihren Dünkel, Kopf und Meinung, wie sie es recht angesehen, und nicht S. Paulo gefolgt haben, der da will den heiligen Geist drinnen lassen handeln.«

Die Allegorie, als die jüngere und schwächlichere Tochter der Symbolik, war nicht nur in der Bibelerklärung allmächtig geworden. Das ganze Leben wurde in Allegorien ausgedrückt, in der Kunst, der Literatur, den volkstümlichen Darbietungen, bis in die Politik hinein. Die Allegorie hatte den Vorteil, allgemeinverständlich zu sein in einer Zeit, da das Wort noch selten war, das gedruckte Wort ganz selten und von wenigen gelesen. Das Bild war allen zugänglich, und das blieb so bis in die Reformationszeit hinein. Jeder begriff den Tod als Knochenmann, den Totentanz, die beliebteste Allegorie des 15. Jahrhunderts. Jeder wußte, was damit gemeint war, wenn der Papst mit zwei riesigen Schlüsseln abgebildet wurde, die das Himmelreich auftun oder zusperren konnten. Das gesamte Tierreich, die Pflanzenwelt, wurde allegorisch gesehen. Sie zogen siegreich in die Heraldik ein, die als eine der wichtigsten Künste oder Wissenschaften galt und auch größte politische Bedeutung hatte. Da wurden alle Raubtiere zu Tugenden, eine Blume konnte drohenden Anspruch und Krieg bedeuten. Man kann sagen, daß das gesamte Bilderwerk der Kirche allegorisch-heraldisch geworden war, und schließlich führten denn auch Päpste und Kardinäle nicht die alten Symbole ihres Amtes, sondern ihre Familienwappen. Unleugbar war das alles flach geworden, es hatte sich erschöpft. Der Individualismus regte sich. Die Kunst begann zu rebellieren. Luther rebellierte gegen die vierfache allegorische Auslegung, die vierfache Übermalung der Schrift. Er wollte den einfachen Text, das »klare, helle Wort«, nicht die Umschreibung. Das bedeutete Kampf gegen die Tradition eines Jahrtausends, die Kommentare von vor dreihundert Jahren, durch Kommentare der größten Doktoren weiterhin bestätigt und erläutert. Kampf auch gegen »den Philosophen«, die Sophisten. Kampf gegen die gesamte Autorität. »Ich bin ein sonderlich Mann gewest meinen Brüdern«, sagte er im Rückblick, oder bildhafter: »Ich bin unseres Herrgotts Quecksilber gewesen, das er in den Teich, das heißt unter die Mönche hat geworfen.« Er selber war damals sehr bescheiden, oft sogar ängstlich; ein einzelnes Wort des Zuspruchs konnte ihn schon mit fast übertriebener Wirkung aufrichten, ein Wörtlein des Zweifels fällen. Wenn er sich unter den Bänden der Erfurter Bibliothek umsah, so fragte er sich, wie er später bekannte: »Sieh doch an die große Autorität des Papstes und der Kirche: Solltest du allein klug sein? Du könntest irren ...«

Nach Wittenberg

Luther ist rasch aufgestiegen. Er war zum Priester geweiht worden, hatte einige Lehrkurse durchgemacht, die großen Kommentare bearbeitet, sich in der Scholastik ein wenig umgesehen; ein Jahr danach erhielt er bereits von seinen Oberen den Befehl, sich nach Wittenberg zu begeben und dort als Dozent für Moralphilosophie zu lehren. Er ging ungern. Er war noch längst nicht mit seinen Zweifeln und Gewissensfragen fertig, seinem eigentlichen »Hauptgeschäft«, das ihm so viel wichtiger war als das Studium der Sentenzen und ihrer Auslegungen. Die Ruhe des Klosters hatte ihm gut getan; sie hatte ihm auch Zeit gelassen zur Kontemplation. Wenn er sich dabei quälte, so *wollte* er sich quälen; auch die ersten Mönche wünschten das Martyrium, die Anfechtungen und Versuchungen. Seine Vorgesetzten hatten das erkannt; der umsichtige Staupitz fand, er müsse nun etwas zu tun bekommen. Luther war fünfundzwanzig.

Aus dem reichen und berühmten Erfurt mit seiner altetablierten Universität kam er in das arme, winzige Wittenberg, ein Dorf eher als eine Stadt. Die Gegend galt als halbe Wüste, die Bevölkerung als unfreundlich. Er blieb auch als akademischer Lehrer innerhalb seines Ordens und unter dessen Aufsicht. Die erst vor ein paar Jahren gegründete Universität war aus Ersparnisgründen zum Teil mit Augustinern als Lehrkräften besetzt; Luther wohnte im Wittenberger Kloster und ist da auch bis an sein Lebensende geblieben. Wir dürfen uns unter »Universität« nicht allzuviel vorstellen: Es gab 22 Professoren, und sehr wenige davon würden dem entsprechen, was man heute darunter versteht; es gab noch nicht 200 Studenten, und darunter waren manche halbe Kinder; man ging schon mit 12, 14 oder 15 Jahren auf die Hochschule und brachte nicht viel mit. Der Kurfürst hatte Wittenberg vornehmlich geschaffen als Gegengründung: Sein Vetter und Gegner hatte Leipzig als »Landesuniversität« für das herzogliche Sachsen; er mußte nun seine eigne Hochschule für das kurfürstliche Sachsen haben. Dieser Gegensatz hat noch bis weit in Luthers Kampfzeit hineingespielt; zwischen Leipzig und Wittenberg wurden die ersten Fehden ausgetragen, die anfangs eine sehr »akademische« Angelegenheit waren. Leipzig, als eine der ältesten deutschen Universitäten, fühlte sich dabei sehr überlegen, 1409 gegründet, von Prag aus, wo die deutschen Studenten und Lehrer im Streit mit den Böhmen ausgewandert waren; Hus war der Anlaß gewesen, und schon damals ging es um Fragen der Ketzerei, denn die Deutschen waren »rechtgläubig« und beschuldigten die Tschechen der Irrlehren Wyclifs, die Hus vertrat. Der Name des großen Häretikers, der in Konstanz verbrannt worden war, noch mehr die Erinnerung an die verheerenden Kriege, die sich daran geschlossen hatten, blieben in Leipzig lebendiger als irgendwo anders, und man war deshalb besonders bedacht darauf, sich als sehr kirchentreu zu zeigen. Auch der Herzog Georg, als Herrscher über diese Landeshälfte, war streng konservativ, ein Feind aller Neuerungen und dann lebenslänglich ein entschiedener Gegner Luthers; im übrigen ein sehr tüchtiger Verwalter seines weitverstreuten Besitzes, ein »alter deutscher Degenknopf«, wie man das nannte, mit ungeheurem Vollbart, der in weißgrauen Strähnen bis zum Gürtel hinabhing; auch bemüht, allerdings vergeblich, in seinen Klöstern und Abteien etwas Ordnung zu schaffen und bei den Reichstagen einer derer, die immer wieder die alten Beschwerden gegen Rom und die Mißwirtschaft der Kirche vorbrachten.

Sein Vetter, der Kurfürst – Friedrich der Weise in den Historienbüchern der Folgezeit genannt – war ein ganz anderer Typus, weise wohl kaum, eher bedächtig, auch verschlagen, kein »Degenknopf« und allen kriegerischen Abenteuern entschieden abhold, worin man in der Tat Weisheit erblicken kann, die seinen Standesgenossen samt und sonders abging. Er hat keine Kriege und nicht einmal Feldzüge führen wollen; als »Mehrer des Reiches« ist er nie aufgetreten; er war friedlich bis zu dem Punkt, wo man ihn für verschlafen hielt – sehr zu Unrecht, denn er konnte seine Interessen höchst umsichtig wahrnehmen. Sein Gesicht täuscht, wenn man es in den vielen Porträts verfolgt, die sein Hofmaler Lukas Cranach angefertigt hat: es scheint zuweilen weich und schwammig; der Nuntius Aleander mit seiner bösartig spitzen Feder nannte ihn in Worms ein »fettes Murmeltier«. Dann treten in der Physiognomie wieder nahezu bäurische Züge hervor, die bei seinem Bruder und Mitregenten Johann, der »Beständige« genannt, noch gröber markiert sind. Und schließlich hat Dürer ihn in majestätischer Fülle und breiter Pracht festgehalten, mit energisch funkelnden Augen, die begreifen lassen, daß dieser sonst so vorsichtige Herr als die bedeutsamste Gestalt unter den unentschlossenen Standesgenossen galt, die meist nicht mehr als ebenso gewaltige Leibesmacht vorweisen konnten. All das steckte in ihm, und vieles mag noch in ihm geschlummert haben, was nie herauskam. Er war verschlossen bis zur Menschenscheu, ließ die Leute und auch seine Räte warten, bis sie fast verzweifelten. Er hat nie geheiratet; es ist unklar, ob aus Veranlagung – er hatte drei uneheliche Kinder – oder aus Unentschlossenheit und Fettsucht. Er war kirchenfromm und hatte in jüngeren Jahren eine kostspielige Wallfahrt nach dem Heiligen Lande gemacht und sich teure Reliquien mitgebracht, die durch ständige Ankäufe vermehrt wurden. Das war sein größter Schatz, während sein Vetter Georg harte Taler sammelte. In der Wittenberger Schloßkirche, an deren Tür Luther seine Thesen gegen den Ablaß anschlagen sollte, wurden die kostbaren Stücke ausgestellt; sein Hofmaler Lukas Cranach verfaßte dazu einen Führer mit Holzschnitten, der weithin den Segen dieser Stiftung pries. 5005 Reliquien waren da versammelt, es wurde genau gezählt, und genau der Ablaß berechnet bis auf das Jahr: 1443 Jahre Ablaß vom Fegfeuer konnte man gewinnen, wenn man die Sammlung andächtig betrachtete. Winzige »Partikeln« waren da zu sehen, ein Halm vom Stroh der Krippe Christi, ein Haar der Muttergottes, ein Tropfen ihrer Milch neben dem vollständigen Leichnam eines der von Herodes ermordeten Kinder zu Bethlehem. An diese Stiftung eng angeschlossen war die Universität. Friedrich ist bis zu seinem Ende bei seinem Glauben geblieben; er hat Luther nie persönlich empfangen. Aber er war stolz auf seine Universität Wittenberg und erst recht stolz, als sie durch den Mönch so weltweiten Ruf erhielt. Wir glauben nicht, daß dieses der einzige Grund war, weshalb er Luther geschützt hat. Wir glauben ebensowenig, daß er von der neuen Lehre zutiefst ergriffen wurde; dazu war er zu alt und schwer geworden, als sie an ihn herantrat. Eher dürfte er das sehr einfache Gefühl gehabt haben, daß da Unrecht geschah und einem seiner Schutzbefohlenen übel mitgespielt werden sollte, und er war nicht gesonnen, dies hingehen zu lassen. Eine allzu simple Erklärung? Vielleicht; wir möchten aber sagen, daß so schlichte Tugenden ganz außerordentlich selten zu verzeichnen sind. Sie können sogar, wie in diesem Falle, weltgeschichtliche Folgen haben.

Friedrich kaufte nicht nur Reliquien auf. In dem unförmigen Mann, dessen Hauptvergnügen die Jagd bildete, war auch ein erstaunlich feiner Kunstkenner verborgen. Die kleinen Augen unter den Muskel-

und Fettwülsten blickten sicher umher und fanden sich die besten Meister heraus, die Deutschland zu bieten hatte, ehe sie berühmt geworden waren. Er hat Albrecht Dürer, den noch kaum bekannten, beschäftigt, Lukas Cranach herangezogen und festgehalten; dessen bald stark besetzte Werkstatt, fast eine kleine Fabrik, ist für die »Bildpropaganda« der Reformation kaum weniger wichtig geworden als der Buchdruck. Auch Niederländer, sogar Italiener, zog er heran, und mit dem etwas mysteriösen Jacopo de' Barbari aus Venedig kam ein Hauch italienischen Geistes in das wildverschlungene Rankenwerk der deutschen Meister. In der Wittenberger Stiftskirche befanden sich, als Luther dort eintraf, neunzehn Altäre von Dürer, Cranach, Niederländern, Italienern, Franzosen; nichts davon hat den Bildersturm überlebt.

Luther hat keinerlei Verhältnis zur bildenden Kunst gehabt, so bildkräftig seine Sprache war. Er schätzte Gemälde nur, wenn sie didaktischen Zwecken dienten; auch Architektur sagte ihm nichts, die aus Steinen gefügte so wenig wie die luftigen Gebäude der großen Scholastiker. Von allen Künsten stand nur die Musik ihm nahe, und das hat seine Folgen für die Entwicklung des Protestantismus gehabt. Allerdings auch Musik und Kunst der Sprache, in der er einer der größten Meister wurde. Auf dem Weg nach Wittenberg hatte er schon Gelegenheit, sich ein wenig darin zu üben und seinen Wortschatz zu bereichern. Er ging zu Fuß, wie für einen Mönch vorgeschrieben. Es war seine erste längere Reise. Luther ist viel gewandert, lange Zeit zu Fuß, später auch zu Pferd oder im Wagen. Er hat große Teile Deutschlands mit den Fußsohlen und vom Sattel aus kennengelernt, auch die Schweiz, Teile Italiens. Man hat berechnet, daß er etwa 20000 Kilometer auf diese Weise hinter sich gebracht hat im Laufe seines Lebens. Die Straße war damals etwas anderes als heute. Aus der Klosterstille trat er in eine ungeheuer bunte, auch gefährliche, wilde Welt hinaus. Wegelagerei war so üblich wie heute Banküberfälle. Die Raubritter hatten noch in der letzten, besonders verwilderten Zeit den Brauch eingeführt, den Kaufleuten die Hände abzuhacken, um etwas mehr Schrekken zu verbreiten. Eine wehrhafte adlige Dame, Agathe Odheimer, gab ihren Reisigen die entschiedene Weisung: »Wenn euch ein Kaufmann nicht hält, was er euch zugesagt, so haut ihm Hände und Füße ab; laßt ihn liegen.« Entlassene Landsknechte zogen dahin auf der Straße, die nur ein tief ausgefahrener Feldweg war; auch sie plünderten oder stahlen, wo sie konnten; landfahrendes Volk, Gaukler, Bettler, die ebenfalls oft Gaukler waren und mit furchtbaren Verstümmelungen Mitleid erwecken wollten, arme Scholaren, Mönche, die Halb-Mönche und Halb-Nonnen der Begarden und Beginen, den kirchlichen Autoritäten hochverdächtig wegen ihrer freien Anschauungen und ihres freien Lebens: alle unterschieden in Kleidung, Abzeichen und eigener Sprache. Der Mönch hatte, der Regel entsprechend, mit niedergeschlagenen Augen, die Hände in den Ärmeln der Kutte, dahinzupilgern. Seine Blicke sollten nicht schweifen und schon gar nicht an einem Weibe haften bleiben. Luther wird noch so gegangen sein. Aber sein Ohr war sehr scharf. Er hat schon damals begonnen, »dem gemeinen Mann auf das Maul zu sehen«, wie er es später in seinem Sendbrief vom Dolmetschen ausgeführt hat. Von der Straße, vom Markt, hat er sich den Reichtum seiner Sprache aufgelesen, die auch die vielen Berufsausdrücke der Handwerker umfaßte, das stille Gebet der Frommen und die wilden Flüche und massiven Schimpfworte der Fuhrleute. Die ganze Anarchie der Zeit und ihre malerische Vielfalt war auf der Straße ausgebreitet. Auf der Straße wurde gesungen, gebettelt, geboren und gestorben; im Kornfeld daneben lagen die Liebespaare, ein beliebtes Thema der Kunst; am Wegrand, wenn man sich den Städten und der Zivilisation näherte, standen die Zeugen der unbarmherzigen Justiz, dem zornigen Richter im Himmel nacheifernd, der Luther so verstörte, die Galgen mit verfaulenden Leichen, den angenagelten Händen und Füßen und anderen Körperteilen.

Luther erhielt auch bei dieser ersten Ausfahrt einen Anschauungsunterricht über die Vielfalt und Zerrissenheit der deutschen Lande, von der er im Kloster nichts erfahren hatte. Er kam von Erfurt durch Weimar – noch kleiner damals als zu Goethes Zeit, als die Stadt immerhin schon 6000 Einwohner hatte, aber bereits mit einem Schloß versehen und eine Residenz der sächsischen Herzöge. Er passierte Naumburg, einen großen Bischofssitz mit gewaltiger Kirche und großartigen Bildwerken, von denen er nichts sah; auch Goethe hat sie nicht bemerkt. Halle war die nächste Station, wieder ein großer geistlicher Sitz, Residenz des Erzbischofs von Mainz in dessen über halb Deutschland verstreuten Gebieten. Er trat ins »herzogliche Sachsen« ein, das seinem späteren Gegner Herzog Georg gehorchte, und dann ins »kurfürstliche Sachsen« seines künftigen Herrn und Beschützers Friedrich.

Immer weiter nach Norden ging es hinauf, bis in den äußersten Winkel des Landes, wo Wittenberg lag, »an den Grenzen zur Barbarei«, wie man damals in Humanistenkreisen sagte. Jenseits lag die »Streusandbüchse des Heiligen Römischen Reiches«, die Mark Brandenburg, Sand, Moore, Wälder, armer Boden, eine halbslawische Bevölkerung. Auch auf seinem Weg nach Wittenberg kam Luther durch Dörfer, in denen noch durchweg wendisch gesprochen wurde; Runddörfer nach slawischer Bauart statt der langen Straßendörfer, fremde Trachten und Sitten; man trug Weiß statt Schwarz als Trauerkleidung; in Weiß und Schwarz standen die Bauern der übrigen Bevölkerung gegenüber, mißachtet als »mindere Rasse« und daher nicht eben freundlich jedem, der des Weges kam. Kolonialland war dieses Sachsen, ein Randgebiet.

Deutschland hat nie eine Mitte gehabt, keine Hauptstadt, kein beherrschendes Kulturzentrum. Von den Grenzländern her sind seine Bewegungen ausgegangen, geistiger wie politischer Art, und dies Phänomen gilt auch für andere Weltteile. Aus dem Grenzgebiet des Römischen Reiches war das Christentum gekommen, aus dem Kolonialland Nordafrika Augustinus, der vielleicht sogar ein Afrikaner war. In diese Grenzstadt Wittenberg zog Luther nun ein, ein schmutziges Nest an der Elbe, über die eine für unsere Augen sehr wacklig anmutende Holzbrücke führte, mit 2000 Einwohnern, Festungswerken, einem Schloß und der Stiftskirche mit den Reliquienschätzen des Kurfürsten.

Luthers erste Briefe aus dem neuen Aufenthalt sind gedrückt. Die Ausdrücke »Grenze der Zivilisation« und »nahe Barbarei« stammen von ihm. Der Rektor der Universität, der frühere Leibarzt des Kurfürsten, Pollich, ein feingebildeter Humanist, meinte noch schärfer, man sitze in Wittenberg »wie auf einem Schindanger«. Der Prospekt der Hochschule, vom Juristen Scheurl entworfen, machte vergebliche und nicht ganz ehrliche Reklame, denn der Besuch war schon in den ersten Jahren auf die Hälfte gesunken. Das Leben sei wohlfeil in Wittenberg, was stimmen mochte, man benötige nur acht Gulden im Jahr; die Luft sei ausgezeichnet, vor der Pest brauche sich niemand zu fürchten, was bereits voreilig war, denn die Stadt hat dauernd unter Epidemien gelitten, die wohl zum Teil auf die für unsere Begriffe haarsträubenden sanitären Verhältnisse zurückzuführen waren. Die Universität besitze eine größere und bessere Anzahl von Gelehrten als selbst Padua, das Ziel aller deutschen Studenten von höherem Ehrgeiz, oder

Bologna. Davon konnte keine Rede sein. Pollich, der Gründer, war allerdings eine bedeutende Persönlichkeit, Doktor dreier Fakultäten, die noch nicht so streng geschieden waren; er las über Philosophie, Theologie und Medizin zugleich, und wenigstens auf diesem letzten Gebiet hat er ein Lehrbuch hinterlassen, das für zwei Jahrhunderte nachwirkte. Seine Anatomie, nach dem italienischen Text eines alten Meisters des 13. Jahrhunderts, zeigt schon auf dem Titelblatt die alte und die neue Zeit nebeneinander: im gotischen schweren Lehnsessel den Lehrer, das Buch in der Hand, das ohne Frage ein antiker Text des Galen ist, für die Medizin so unbedingte Autorität wie ein Kirchenvater für die Theologie. Vor ihm aber auf dem Seziertisch ausgestreckt liegt eine Leiche, die der Famulus, etwas scheu und ungewiß, geöffnet hat. Das war noch sehr kühn, vielen ein Ärgernis; selbst im viel freieren Italien mußte sich ein Leonardo für seine Studien heimlich einen Gehängten vom Galgen holen. Pollich war ein »moderner« Mann, auch in philosophischen Fragen, in denen er die antiken Dichter und Denker für ersprießlicher hielt als die Scholastiker. Das verwickelte ihn in einen Streit mit einem ebenfalls nach Wittenberg berufenen Konrad Koch, der sich nach Wimpfen, der Stadt seiner Jugend, Wimpina nannte. Das immer beliebte Wort »Ketzerei« fiel; Pollich behielt aber die Oberhand bei seinem Kurfürsten, und Wimpina verzog sich nach Brandenburg an die neugegründete Universität Frankfurt an der Oder. Er ist nur der Erwähnung wert, weil er von dort aus sogleich in den beginnenden Streit mit Luther erneut eingriff und nun gegen ihn mit dem Begriff der Ketzerei operierte, ein wirksames Argument in Auseinandersetzungen unter Universitätslehrern.

Wichtiger als dieser Mann war eine veritable Größe, Jodokus Trutfetter, der »Eisenacher Doktor«, der »Fürst der Aristoteliker« in dieser sächsischen Kleinwelt, schwerlich darüber hinaus bekannt. Er hatte eine Logik geschrieben und galt als großer Dialektiker des scholastischen Stiles; er hatte eine »Summa« der gesamten Physik verfaßt, worunter er alles verstand, was ihm an naturwissenschaftlichen Kenntnissen zugänglich war. Das Buch umreißt etwa, was auch Luther davon kennenlernte und seinen Bildungshorizont darstellte. Sehr summarisch geht es vom Himmel und den Sternen über die Erde her, die Steine, Metalle, Pflanzen, Tiere, den Menschen, von dem immerhin ein aufgeklapptes Schema mit den inneren Organen gezeigt wird, schamhaft mit der

Blase endend. Auch ein wenig Psychologie ist vertreten, Physiognomik, Handlesekunst, Geographie und eine Weltkarte, die Amerika, sehr ungefähr, andeutet. Es ist denkwürdig, wie die allermeisten Zeitgenossen auf lange hinaus wenig Notiz von der Neuen Welt genommen haben; Luther steht damit nicht allein. Die Winde als pausbäckige Engel, wie auch Dürer sie zeichnete, blasen von allen Seiten auf das kümmerliche Kärtlein herunter, dessen Konturen wir nur mühsam entziffern können. Aber selbst Kaiser Karl V., der Herrscher über den neuen Kontinent, hat sich nur flüchtig um diesen ungeheuren Besitz gekümmert.

Der Doktor aus Eisenach und die anderen hohen Herren der Wittenberger Universität empfingen den jungen Mönch aus Erfurt sehr kühl. Luther schreibt vom »kalten, hochmütigen Nordwind der Wittenberger Gelehrtenwelt«. Es ist aber auch nicht recht zu sehen, was er als Dozent zu bieten hatte. Obendrein sollte er über Aristoteles lesen, der ihm verhaßt war, und noch dazu über dessen Physik, das ihm fremdeste aller Gebiete, von dem er schlechthin nichts wußte; dann über die Ethik; nebenbei sollte er selber noch weiter studieren. Immerhin: Er wurde weiter befördert, zum Bakkalaureus, er wird mit allen möglichen Lehraufgaben betraut, ein Zeichen dafür, daß man auf alle Fälle den großen Arbeiter an ihm erkannt hatte. Er rückt auf der akademischen Leiter zum Sententiarius auf und klagt inzwischen einem Freund in Eisenach, er käme bei alledem gar nicht an die Theologie heran, den »Kern der Nuß, das Mark des Knochens«. Ehe er den Knochen aufbrechen kann, wird er obendrein plötzlich wieder nach Erfurt zurückversetzt. Dort empfängt man ihn noch unfreundlicher als in Wittenberg; man will die Examina der ganz neuen und in Erfurt als sehr ungenügend angesehenen Wittenberger Hochschule nicht anerkennen; es setzt Streit über die Gebühren, die Luther nicht bezahlen kann, da er sich an den immer noch murrenden Vater nicht wenden möchte; schließlich erhält er doch Erlaubnis, in seinem alten Kloster vor ein paar Klosterbrüdern, die der Prior dazu abkommandiert hat, die Sentenzen auszulegen. Er rettet sich aus dieser Fron damit, daß er beginnt, Hebräisch zu treiben, um an den Urtext der Bibel heranzukommen, versehen mit ungemein dürftigen Hilfsmitteln, mit Reuchlins »Rudimenta«, die tatsächlich nur Rudimente der Sprache wiedergeben.

Um das stille Kloster tobte aber ein anderer, unakademischer Streit, und Luther machte die erste Bekanntschaft mit Aufruhr und Erhebung. Höchstwahrscheinlich begriff der Pater Luther kaum etwas von dem Streit, der das »tolle Jahr« genannt wurde. Die Lehren der Scholastiker lehnte er ab, aber das streng hierarchisch-ständische Modell der gesellschaftlichen Ordnung, das sie aufgebaut hatten, vom Sklaven auf seinem gottgewollten Platz ganz unten über den Leibeignen, Bauern, Bürger, Adligen bis hinauf zur monarchischen Spitze, war auch das seine. Was wußte er von den durch die Jahrhunderte gehenden wüsten Kämpfen in den Städten zwischen Plebejern und Patriziern, den »Geschlechtern«, die sich nicht weniger adelig fühlten als die Ritter draußen auf dem Lande? Was von den Bauernaufständen? Alle Chroniken waren voll davon, aber sie gehörten nicht zur Lektüre des Mönches, der allenfalls vom Streit zwischen Kaiser und Papst gehört hatte und vorläufig entschieden die Seite des Papstes nahm. In Erfurt waren die Verhältnisse besonders schwierig, weil die Stadt – so selbständig sie sich regierte und immer nach dem begehrten Rang einer Reichsstadt Ausschau hielt, ohne ihn je zu erreichen – zum Gebiet des Kurfürsten von Mainz gehörte. Es ging stets zugleich um »innenpolitische« Angelegenheiten, in die von außen her der Landesherr eingreifen wollte, der von vielen Bürgern als Landesfeind betrachtet wurde und außerdem als geistlicher Herr allen verhaßt war, die über das Regiment der großen Prälaten fluchten. Die Universität und die Klöster nahmen dabei, wie sich versteht, die Partei des Kurfürsten. Sie gehörten zu den Privilegierten und trugen das auch mit beträchtlichem Hochmut zur Schau.

Es begann mit Steuerfragen, stets ein heißes Eisen in Zeiten, in denen die Menschen noch wenig steuerfromm waren. Das Stadtregiment hatte große Schulden aufgenommen und sich damit größtenteils die eignen Taschen gefüllt. Die Bürger wollten wissen, »wann die Steuer ein End hett«, und verlangten Rechnungslegung. Ein Ausschuß trat an die »hochmögenden Herren« heran, ein Schreiber schrieb auf. Widerwillig gab der Rat nur Auskunft; er hatte inzwischen auf alle Fälle den Kurfürsten verständigt, dessen Landsknechte anrückten. Mit dem ganzen Hochmut des Patriziers herrschte der Oberviermeister Kellner den Schreiber an, als ein Posten von hundert Gulden nicht zu belegen war: »Weißt du sonst nit, wofür ichs ausgeben hab, so schreib: ins Hurenhaus!« Da wurden die Waffen gezogen. Die Bürger rotteten sich zusammen, es gab Straßenschlachten mit den Landsknechten des Erzbischofs; die Studenten griffen ein und wurden angegriffen und zogen dabei erheblich den kürzeren. Das Hauptgebäude der Universität wurde verbrannt, die Bibliothek vernichtet, ein neuer Rat eingesetzt, in dem die Plebejer, die kleineren Handwerker und Gesellen, die Oberhand hatten; der verhaßte Oberviermeister Kellner hing nach einem sehr summarischen Prozeß für seine frechen Worte am Galgen. Ein Klassenkampf also, aber mit noch anderen Verwicklungen, die das »klare Bild« heutiger summarischer Betrachtung verwirren: Die Bürger ziehen auch »ausländische« Mächte herein, wenden sich an den Kurfürsten von Sachsen und wollen ihm die Stadt übergeben; noch andere Fürsten und Bischöfe mischen sich ein; es kommt fast zu einem größeren oder kleineren Krieg. Es endet, wie alle Aufstände damals, mit Kompromiß und Waffenstillstand. Der Erzbischof behält die Stadt, die Bürger erhalten das Recht, den Rat zu wählen und Rechenschaft über die Ausgaben zu fordern. Wie alle Waffenstillstände wurde der Vergleich nicht gehalten; wenige Jahre später gab es neuen Aufruhr, bei dem der Ratssyndikus gevierteilt wurde; die übliche und mit schauderhaftem öffentlichen Behagen vollzogene Strafe für »Landesverrat«; im Bauernkrieg sollte Erfurt nochmals Schauplatz wilder Kämpfe werden.

Eine Episode: Die große Geschichtsschreibung pflegt solche Fälle den Lokalchroniken zu überlassen und sich damit zu begnügen, die allgemeine Gärung der Zeit anzuführen. Ganz Deutschland ist damals wie eine vulkanische Schlammlandschaft, in der fortwährend kleine Eruptionen aufsteigen und wieder zusammensinken. Luther hat die Ereignisse ständig in der Erinnerung behalten und von ihnen erzählt. »Es ist keine leichte Sache, ein Regiment zu zerreißen«, meinte er dann, und in zwanzig Jahren habe es in Erfurt keine rechte Regierung gegeben. Es ist fast eine Ironie, daß er sich in diesem Falle auf der Seite des gleichen Erzbischofs von Mainz fand, der wenige Jahre später sein erster großer Gegner und der Anlaß für sein Heraustreten in die Welt wurde. Sebastian Franck, den Luther unter die »Schwarmgeister« rechnete, meint in seiner Deutschen Chronik, er habe kaum von einem Aufstand gelesen, »da der Pöbel weislicher hab gehandelt, denn in dieser schier nötigen Aufruhr«. Luther hat den Erfurtern das Hängen des Oberviermeisters nicht vergessen. Eine erste Abneigung gegen den »Herrn Omnes«, wie er die Menge nannte, wurde ihm eingepflanzt; er hat sie immer für blind und zu blindem Frevel geneigt gesehen.

Ob er damals in Erfurt überhaupt Partei nahm, mag ungewiß bleiben; er sah nur die Kämpfe in den Straßen, die brennende Universität, die zerfetzten Bücher. Die Humanisten waren geflüchtet und kamen erst nach einiger Zeit wieder zurück. Auch von den Herren des alten Rates hatten sich manche rechtzeitig in Sicherheit gebracht, bis die hohen Herren, der Erzbischof und seine bischöflichen Standesgenossen, leidlich Ruhe geschaffen hatten. In dieser trügerischen Zwischenwelt, einem unehrlichen Schwebezustand, bei dem keine Gruppe, keine Partei sich zufrieden gab, noch zufrieden geben konnte, jeder nach einem kleinen augenblicklichen Vorteil spähte und der »Herr Omnes« uneinig und ohne Führung war – bereit einmal zuzuschlagen und sich bald wieder zu ducken –, stand Luther in den Entscheidungsjahren seines Lebens und der deutschen Geschichte.

Im Augenblick stand er noch nicht; er saß vor seinen Kollegheften, die ihm viel Mühe machten. Doch bald wurde er wieder nach Wittenberg zurückberufen durch die Oberen seines Ordens.

Romfahrt

Ehe Luther seine Vorlesungen in Wittenberg wieder aufnahm, wurde ihm ein anderer Auftrag zuteil: Er sollte in Ordensangelegenheiten nach Rom gehen. In der späteren Lutherlegende war das der große Einschnitt, das kardinale Erlebnis: Da »sah er mit eignen Augen die Verderbnis der Kirche und beschloß, dagegen zu kämpfen«. Etwas Richtiges liegt meist auch in Legenden verborgen; die Reise bedeutete viel für den jungen Mönch. Die Stadt Rom aber, das war das Ziel aller frommen Pilger. Eine Romfahrt verbürgte großen Ablaß. Die heiligen Stätten gesehen zu haben, war für viele die Sehnsucht und das größte Erlebnis ihres Lebens. So und nicht viel anders faßte der Pater Luther es auf.

Der Anlaß war eine der vielen Streitigkeiten in seinem Orden, die meist um organisatorische Fragen gingen, zu kleinlich, um hier mitgeteilt zu werden. Reformer stritten mit denen, die nicht reformiert werden wollten, und innerhalb der Parteien gab es, so viel können wir sagen, noch wieder Oppositionsgruppen. Alle versuchten, sich durch

Appell an Rom zu sichern, und eine solche Berufung, in ziemlich aussichtsloser Sache, führte Luther auf die Reise, und zwar als Reisebegleiter eines Delegierten, den das Erfurter Kloster entsandte. Zwei Mönche also pilgerten dahin, zu Fuß, im trüben Novemberwetter 1510. Rein physisch war das eine beträchtliche Strapaze. Die Alpen waren noch kein Gegenstand touristischer Bewunderung der herrlichen Hochgebirgsnatur, sondern ein schweres Hindernis mit düsteren Felswänden, eine gefährliche Landschaft, der man an den wildesten Stellen Höllennamen gab. Niemand fiel es ein, auf einen der Berge zu klettern, die unweigerlich als »drohend« bezeichnet wurden. Nur Leonardo hatte einmal, als einziger seiner Zeit und sehr einsam, eine Spitze bestiegen, den Monte Rosa, und sich von dort aus umgeschaut. Alle andern schritten gebückt dahin und mußten aufmerksam auf den Weg achten. Der Septimerpaß, über den man nach Mailand gelangte, war kein Spaziergang. Kreuze am Wege bezeichneten die Opfer. Luther hat von der Schweiz nur den stämmigen Körperbau der Bevölkerung in der Erinnerung behalten; »robustissimi« nennt er sie im Vergleich zu den so viel weniger robusten Thüringern; Ackerbau können sie nicht treiben, nur Wiesen- und Weidewirtschaft, und müssen sonst ihre Nahrung »anderswo suchen«, das hieß, als Söldner für Frankreich oder für den Papst. Ein andermal, bei einem Vergleich der verschiedenen Stämme, rühmt er sie als die »ersten unter den Deutschen, lebendig und aufrichtig«. Im ganzen aber heißt es: »Es ist doch nicht mehr denn Berg und Thal.« Bewundernd steigt er in die lombardische Ebene hinab, wie alle, die aus Deutschland kommen. Er sieht Reichtum, das Land sorgfältig bebaut, von Kanälen und Wasserrinnen durchzogen, keine meilenweite öde Heide wie um sein Wittenberg herum: »Ein sehr fruchtbar, gut und lustig Land!« Die Leute sind höflich, sie vergessen nie das Herr oder Frau, das messer oder madonna oder das grammerzi, das Dankeschön, sie singen und trillern vor sich hin, der Wein ist gut und feuriger als der deutsche, den er kennt. Die beiden Mönche, nach der Regel hintereinander marschierend, brauchen sich um Herberge nicht zu kümmern; sie ziehen von einem Augustinerkloster zum andern, und in der Lombardei ist ihr Orden besonders stark vertreten, obendrein in freundschaftlichen Beziehungen zu der Observanten-Richtung des Staupitz. In Mailand möchte er, dankbar für die bisher überstandenen Gefahren, eine Messe lesen, aber er erfährt zu seinem

Erstaunen, daß man dort nach anderem Ritus als dem römischen den Dienst abhält, nach dem eifersüchtig gehüteten ambrosianischen, nach dem heiligen Ambrosius. »Ihr könnt hier nicht zelebrieren«, sagte man dem deutschen Pater. Wieder einmal erfuhr er, wie anders und vielfältiger die Welt aussah, als er im Kloster gelernt hatte.

Im Regenwetter und ersten Schneetreiben steigen sie über den Apennin. Luther klagt über die gefährliche italienische Luft, das »tödliche Wasser«, vor dem ihn und seinen Gefährten einmal nur der Genuß von Granatäpfeln gerettet habe; in Florenz wird er krank, wahrscheinlich an den Darmverstimmungen, die alle früheren Italienreisenden ergriffen. Er sieht nichts von der mediceischen Pracht der Stadt, aber er lobt und preist die Hospitäler: »königliche Gebäude, mit bester Küche und Getränken, aufmerksame Diener, sehr gelehrte Ärzte, saubere Betten«, ihm alles bisher unbekannt. Bei der Einlieferung wird vor dem Kranken ein notarielles Protokoll über die mitgebrachten Kleider aufgenommen, »dann zeucht man ihm einen weißen Kittel an, legt ihn in ein schön gemalet Bette«. In reinen Gläsern wird das Getränk gebracht, »rühren die nicht mit einem Fingerlein an«, sondern präsentieren sie auf einem Teller. Zur Überwachung kommen vornehme Damen im Schleier, die sich einen um den anderen Tag ablösen und selbst den unbekannten Armen betreuen. Er bewundert auch die Findelhäuser, wo die Kinder aufs beste erzogen werden, »schmücken sie all in eine Kleidung und Farb und sorgen väterlich für sie«.

Gegen Jahresende etwa trafen sie in Rom ein. Luther warf sich beim ersten Anblick der Stadt zu Boden: »Sei mir gegrüßt, heiliges Rom!« Durch die Porta del Popolo passierten sie ein; gleich links war ihre Herberge, das Augustinerkloster Santa Maria, das der Orden mit ausgesuchten Brüdern besetzt hatte, um beim Papst eine möglichst repräsentative Vertretung der Augustinereremiten vorweisen zu können. Das Kloster ist kaum zwei Jahrzehnte nach Luthers Besuch ein Opfer der Verwüstungen geworden, die im »Sacco di Roma« Kaiser Karls Soldaten anrichteten, aber die Kirche Santa Maria del Popolo, in der er seine Andachten verrichtete, steht noch. Luther hatte aber keine Augen für die Kunstschätze Roms, und übrigens war davon auch viel weniger zu sehen, als die vage Vorstellung vom Rom der Renaissance vermuten läßt. Für ein armes deutsches Mönchlein war der Zugang zu den Palästen mit ihren Sammlungen gänzlich versperrt.

Was er sah, war das mittelalterliche Rom, schon beim Eingang durch die Porta del Popolo. Wenn Luther vom Ponte Molle aus bereits einen Blick auf die Heilige Stadt warf, sah er nicht die Kuppel von St. Peter, die für alle Späteren das Panorama beherrschte; die Fundamente für den Neubau waren erst gelegt, und es wurde dafür noch in der ganzen Christenheit mit Sonderablässen gesammelt, die in Luthers Leben ihre Rolle spielen sollten. Burgtürme der großen römischen Geschlechter starrten überall aus den antiken Ruinen heraus wie Speerspitzen, und als Wehrbauten waren sie gedacht. Wehrbauten waren auch die großen Häuser der Kardinäle, eine Festung der Vatikan mit der Engelsburg als dem gewaltigen und uneinnehmbaren Zentrum, in das die Päpste zu flüchten pflegten und auch zu Luthers Zeiten recht häufig flüchten mußten. Ruinen des Altertums hoben sich auf den Hügeln heraus, beträchtlich höher als später, nachdem sie als Steinbruch für den ungeheuren Palazzo Farnese und für Kirchenbauten verwendet wurden. Das Kolosseum stand noch bis zu den obersten Rängen in einigen Teilen, die Wölbungen der riesigen Thermen waren erhalten in mächtigen Bogen, die dann in die gleichgestimmten großen Konstruktionen des Barock eingingen. Von dem gesamten Areal der antiken Millionenstadt, deren Mauer nun »weit draußen« verlief, war jedoch nur ein fast kläglicher Bruchteil verblieben: wie zum Fluß hinabgerutscht in einigen enggedrängten Stadtteilen mit engen »gotischen« Gäßchen, die etwa 40000 Menschen beherbergten, kaum mehr als deutsche Städte wie Nürnberg oder Augsburg und gar nicht zu vergleichen mit so prachtvollen Großstädten wie Venedig oder Paris, von Konstantinopel ganz zu schweigen. Die Straßen waren schmal und liefen völlig willkürlich mit vielen toten Winkeln und Ecken; erst Papst Julius II., der eben regierende und mit eiserner Faust zupackende Pontifex, fuhr da hinein und ließ eine prunkvolle Marmortafel zum Ruhm seiner Straßendurchbrüche aufstellen. In schönen altrömischen Lettern hieß es da: »Dem Papst Julius II., der die Grenzen des Kirchenstaates erweitert, Italien befreit hat und die zu eng gebaute und regelrechter Wege entbehrende Stadt Rom durch neue Straßen schmückte, wie sie der Majestät des Imperiums würdig sind.« Es unterzeichneten seine »Ädilen« nach altrömischer Titulatur.

Luther kam auf eine Baustelle und eine Schutthalde. Er hat sehr wohl bemerkt, wie tief abgesunken das antike Rom war: »Wo jetzt

4 Petersplatz, Vatikan und Alter St. Peter; um 1520

Häuser stehen, sind zuvor Dächer gewest, so tief liegt der Schutt, wie man bei der Tiber wohl sieht, da sie zween Landsknechtsspieß hoch Schutt hat.« Die Ansichten Roms aus der Zeit, wenn sie nicht idealisierte Rückblicke auf die Herrlichkeiten des Altertums sind, zeigen an allen Stellen die hoch aufgehäuften Schutthalden, die bis zu den ersten Bogengängen des Kolosseums reichen oder die Triumphbogen übermannshoch umgeben, das wilde Gras, die Sträucher auf den Ruinen, die Rinderherden auf dem Forum und das wild auf- und abwogende Gelände, das weder planiert noch gepflastert noch überhaupt als Straße kenntlich war.

Er pilgerte als Bettelmönch zu all den vorgeschriebenen Stationen. Im Kloster hatte man ihm den üblichen gedruckten Führer in die Hand gegeben, nach dem Muster der schon im Mittelalter bekannten »Mirabilia Romae«. Von den neuen Kunstschätzen und Bauten war darin nicht die Rede und konnte nicht die Rede sein. In der Sixtinischen Kapelle stand noch das hohe Holzgerüst, auf dessen obersten Planken unter der Decke Michelangelo lag und malte, »wie eine Katze, die vom Wasser der Lombardei einen Kropf bekommt, den Bauch unters Kinn heraufgepreßt, den Bart himmelan gesträubt«, so beschrieb er es in einem seiner Sonette; »vom Pinsel tropft mir ein buntes Mosaik von Farben aufs Gesicht«. In den Privatgemächern des Vatikans war Raffael an seinem ersten großen Auftrag in Rom tätig: die Zimmer des Papstes zu bemalen, jetzt als die »Stanzen« das große Museumsschaustück des Vatikans, damals nur wenigen Vertrauten zugänglich und bei weitem nicht vollendet. Es ist verlockend, sich zu denken, daß Luther dem Maler hätte begegnen können, der mit ihm fast gleichaltrig war, eben berühmt, verwöhnt vom sonst als geizig verschrienen Papst Julius, der mit Michelangelo um jeden Groschen feilschte. Der Mönch hätte sich nur verwundert über den schön gekleideten Künstler, der nie ohne ein ganzes Gefolge zur Arbeit schritt oder auch eine seiner Geliebten mitnahm in den Vatikan zur Erheiterung; derlei gab es in Deutschland nicht, wo auch die Größten Handwerksmeister blieben. Man hat Luther etwas naiv vorgeworfen, daß er von den neuen Kunstschätzen Roms nichts bemerkte, aber das ging auch Erasmus so und vielen anderen, die keine Bettelmönche waren. Sicherlich hätte Luther der Anblick der »Camera della Signatura« Raffaels, die eben fertig wurde, nur stark befremdet. Das war eine völlig andere Welt als die seine. Was hätten ihm die weiträumigen Hallen der »Schule von Athen« sagen können mit dem ihm verhaßten Aristoteles? Und was erst das größte Bild der Verherrlichung der Kirche, das in diesem Jahr gemalt wurde, die sogenannte »Disputà«, auf der nicht disputiert wird, sondern eine wohlgeordnete Versammlung der Kirchenväter die darüber schwebende Ordnung des Himmels widerspiegelt. Dem Papst in der Person Sixtus' IV., des Onkels des regierenden Julius, wird demonstriert, wie schön und bis ins letzte ausgewogen das Gebäude der Hierarchie dastünde.

Die nachfolgenden Jahrhunderte haben Raffaels Bilder als Muster für Komposition und korrekte Zeichnung bewundert; so waren sie nicht gedacht. Sie sollten nach dem Willen des Papstes, ebenso wie der von ihm geplante Zentralbau der Peterskirche, seiner Zentralidee der herrschenden und streitenden Kirche dienen und wurden bis in alle dogmatischen Einzelheiten von den theologischen Beratern des Malers genau festgelegt. Die rein stilgeschichtliche und ästhetische Betrachtung pflegt darüber hinwegzugehen. Die Zeitgenossen bestaunten den mächtigen Julius, der noch einmal den Cäsarenanspruch früherer Päpste erhob und es gern sah, wenn man das Julius seines Namens auf Cäsar bezog. Er hatte noch einmal mit gepanzerter Faust, und buchstäblich die Waffe in der Hand tragend, die ecclesisa militans als furchtbar gezeigt.

Aber auch bei seinen Pilgerwegen fand Luther Anlaß, das scharfe Regiment des Pontifex zu preisen. Nach Jahren der Unordnung, in denen Rom eine veritable Räuberhöhle gewesen war, hatte Julius energisch durchgegriffen. »Der Bargell«, erzählte Luther, »der Hauptmann und Richter, reitet alle Nacht mit dreihundert Dienern in der Stadt umher, hält die Scharwache stark. Wen er auf der Gasse erwischt, der muß herhalten; hat er eine Wehr bei sich, so wird er entweder gehängt oder ertränkt und in die Tiber geworfen oder ihm eine Wippe gegeben.« Der vorgeschriebene Gang zu den sieben Pilgerkirchen war immer noch ein Wagnis, denn einige lagen weit draußen vor der Stadt. Luthers Führer nannte als erste Station San Paolo fuori le mura, auf dem Wege nach Ostia. Pilgerpfade führten durch struppiges Ödland zu der damals größten Kirche des Abendlandes, die noch aus konstantinischer Zeit stammte mit aller Pracht ihrer antiken Säulenreihen. Der Weg galt als unsicher wegen der Piraten, die vom Fluß her ihre regelmäßigen Raubzüge unternahmen; die ganze Umgebung Roms war berüchtigt und blieb es bis ins 19. Jahrhundert. Große Herren ritten mit Trabanten und bewaffneter Begleitung; die kleinen Pilger taten sich wenigstens zu Scharen zusammen und wurden selbst dann oft gebrandschatzt. Man begann die anstrengende Pilgerfahrt, die an einem Tage zu bewältigen war, dort draußen in San Paolo und wanderte dann nach San Sebastiano an der Via Appia, nahe den Märtyrergräbern in den Katakomben, zum Lateran, zu S. Croce mit den Erinnerungen an das Heilige Kreuz, das Konstantins Mutter Helena in Jerusalem ausgegraben hatte, nach S. Lorenzo, S. Maria Maggiore und schließlich zur Peterskirche. Das war ein guter Tagesmarsch, im Sand und Lehm, auf dünnen Pfaden und schlechten Wegen. »Ich glaubte alles«, sagte Luther später und meinte sogar, er habe fast bedauert, daß seine Eltern noch lebten; er hätte sie sonst durch den »großen Ablaß« im Jenseits selig machen können. Zum großen Ablaß gehörte vor allem der Lateran, als der älteste Sitz des Papstes, nach der Legende dem Papst vom Kaiser Konstantin geschenkt als Zeichen, daß ihm nun das ganze Abendland übergeben sei. Es war nun ein großer, ziemlich wirr zusammengebauter Gebäudekomplex mit antiken und mittelalterlichen Teilen, Türmen und Stützmauern, an denen wiederum der Schutt zu Bergen aufgehäuft lag. Der Pilgerpfad jedoch führte zum höchsten Heiligtum, der Treppe, die Christus zum Palast des Pilatus hinaufgeschritten war; unversehrt war sie durch die Engel nach Rom versetzt worden. Die 28 Stufen kniend zu erklimmen, verbürgte für jede Stufe neun Jahre Ablaß; die mit einem Kreuz bezeichnete Stufe, auf der Christus niedergebrochen war, zählte doppelt. Luther hätte gerne dort im Lateran eine Messe gelesen, aber das Gedränge war zu groß: »Konnte nicht zukommen und aß einen zubereiteten Hering dafür«, wie er nachmals grob spottend sagte. Er aß damals nichts; der Pilger mußte nüchtern als letzte Station die Peterskirche erreichen, um dort das Abendmahl einnehmen zu können.

Über den Petersdom, der eine riesige Baustelle war, hat Luther nur wenig berichtet. Ein Teil der alten konstantinischen Basilika stand noch und war für den Gottesdienst abgetrennt. Stufen führten vom weiten ungepflasterten Platz vor dem Eingang hinauf zu einer Front aus schmalen Säulengängen und kahlen Mauerstücken auf beiden Seiten. Der Mönch verrichtete seine Andacht vor einigen der vielen Altäre; nur Kuriosa sind ihm in der Erinnerung geblieben: der Strick, an dem Judas sich erhängte, ein Stein, in den Petrus eine fingerbreite Rinne geweint hatte, als er Christus verriet.

Luther blieb vier Wochen in Rom. Sein Mitbruder als Delegierter erledigte die Ordensmission, die freundlich beschieden wurde. Luther machte die verschiedenen Gänge, die dazu notwendig waren, mit und erhielt einen Eindruck von dem riesigen Verwaltungsapparat der Kirche. Die Ordnung bewunderte er: »Da werden die Händel und Gerichtssachen fein regelmäßig gehört, erkannt, gerichtet und erörtert.« Er hat allerdings auch die Zahltische in der Erinnerung behalten, die vor jeder Tür auf den langen Korridoren standen, jeder für die Gebühren eines anderen Falles: Aufhebung von Gelübden, Dispens von Ehehindernissen, Legitimierung von Bastardkindern oder all die zahllosen »Ausnahmen«, die bei der Finanzpolitik der Kurie die Regel bildeten. Die Zahl der »Schreiber«, zum Teil große Sekretäre, Humanisten und Autoren witziger Schriften, hat er auf 3000 geschätzt, was etwas übertrieben war, wie alles, was er nachträglich über Rom gesagt hat. Kaum fehl ging er aber, wenn er dann meinte, das Treiben in der Cancelleria sei nicht anders als der große Markt zu Venedig oder Antwerpen.

Er hat seine Messen, an anderen Kirchen als dem Lateran, doch noch lesen können, und das war für einen Mönch als Rombesucher noch wichtiger als die Generalbeichte. Aus allen Ländern drängten sich die geistlichen Pilger zusammen. Es mußte schnell gehen. Nicht selten wurden zwei zur gleichen Zeit abgefertigt, die italienischen Geistlichen riefen ihm »passa, passa, immer weg, komm davon« zu und »haben eine Meß in einem Hui geschmiedet«. Der römische Gottesdienst hat immer den Nordländern als »äußerlich« mißfallen, und auch Goethe, so wenig kirchlich er überhaupt war, hat noch bei seiner italienischen Reise darüber geklagt, er habe den Papst nur vor dem Altar sich hin- und herbewegen gesehen, wie ein gewöhnlicher Priester murmelnd, während er erwartet hatte, er würde »den goldnen Mund auftun und von dem unaussprechlichen Heil der seligen Seelen mit Entzücken sprechen«.

Luther hat von den erhaltenen Denkmälern der Antike nur das Pantheon bemerkt; auch dies war in recht kläglichem Zustand, die große Säulenhalle des Eingangs zur Hälfte mit Backsteinen vermauert, ein krummer viereckiger Turm an den Giebel geklebt. Sehr mönchisch sieht er »alle Götter der Heiden« von der Vorsehung sinnvoll hier an einer Stelle versammelt, damit Christus sie auf einen Schlag »über den Haufen stoßen« könne. Das Kapitol, ein wüster Hügel mit dem mächtigen Block der Kirche Ara coeli, ist für ihn ein Zeichen dafür, daß die Römer nach Gottes Willen zu Fall kommen mußten, obwohl sie doch alle Schätze der Welt besaßen. Nur dieses eine Gebäude ist übrig geblieben, mit so großen Steinen »zusammengegossen, daß mans nicht konnte umreißen«. Die Katakomben hat er als andächtiger Pilger besucht; bei Fackelschein stieg man hinunter, und auch dieser Gang galt als besonderes Verdienst. Gläubig läßt er sich belehren, daß hier 46 Märtyrerpäpste liegen und 176 000 gewöhnliche Märtyrer.

Wir haben uns Luther nicht als Touristen vorzustellen, der alle Sehenswürdigkeiten absolvieren will. Ihm geht es um die Absolution der Generalbeichte, die in Rom die Krönung der Pilgerfahrt darstellt. Viel Zeit wird er in seinem Augustinerkloster im Gebet zugebracht haben. Große Kirchenfeste fanden während seines Aufenthaltes nicht statt; den Papst bekam er nicht zu sehen. Julius war auf einem seiner unaufhörlichen Kriegszüge, bei denen er, wie die Marmortafel pries, die Grenzen seines Imperiums erweiterte. Wenn Luther in den Kapellen von Santa Maria del Popolo seine Andachten verrichtete, so konnte er, falls ein kundiger Bruder ihn belehrte, schon an den Grabmälern die ganze Geschichte des Hauses Rovere ablesen, dem Julius entstammte, nebst einigen Taten der anderen Päpste der letzten Jahrzehnte.

Leider hörte er nur das übliche Mönchsgeschwätz. Man war in Rom damals, ehe das so sicher erscheinende Gebäude der Kirche ernstlich bedroht wurde, sehr offenherzig und unbekümmert. Eine offizielle Zensur gab es nicht; sie wurde erst um die Mitte des Jahrhunderts, mit der Gegenreformation, eingeführt. Gefährlich waren überhaupt, wie für die ganze vorhergehende Zeit, nur Fragen, die an das Dogma rührten oder Institutionen der Kirche grundsätzlich in Frage stellten. Es galt die immer wieder verkündete dogmatische Grundthese, daß das Amt als solches, ob des Papstes, Kardinals oder eines jeden Priesters, erhaben sei über etwaige Unwürdigkeit des jeweiligen Inhabers. Große Heilige hatten, ohne daß ihnen das jemand übelnahm, Rom als ein Bordell bezeichnet, als die Sinkgrube der Christenheit. Große Päpste hatten ihre Vorgänger ungescheut aller möglichen Laster beschuldigt, wenn ihnen das angebracht erschien. Daß man in Rom als die beiden vornehmsten Heiligen Sankt Goldtaler und Sankt Silbergroschen verehre, ohne deren Fürsprache nichts zu erreichen sei, war ein bekanntes Sprichwort. Die Bußprediger der Bettelorden wußten sehr gut, daß sie am ehesten Zulauf hatten, wenn sie recht feurig gegen den Pomp der Prälaten wetterten, mit höchst drastischen, dem Leben entnommenen Details. Und der immer rege römische Volkswitz hatte sich die Urform des Pasquills erschaffen. Am Pasquino, der verstümmelten antiken Statue vor dem Palazzo Braschi, wurden die Gedichte und Streitverse angeheftet, die das Entzücken des Pöbels und der Großen bildeten. Die Sekretäre des Papstes hatten noch ihr eignes »Lügenstübchen«, das »bugiale« inmitten des Zentrums der Kurie und verbreiteten von da aus ihre charmanten Fazetien und bösen Verleumdungen. Man schrieb vorsichtigerweise anonym, und bei tatkräftigeren Päpsten wurde der Tod abgewartet; dann ergoß sich unweigerlich ein Strom von Schmähungen über die Plätze, um bald zu versickern, bis der nächste an die Reihe kam. Man könnte eine Anthologie daraus zusammenstellen, die weit alles übertrifft, was Luther je über Rom und die Päpste gesagt hat. Er hat sich auch fast durchweg in Allgemeinheiten bewegt, während die römische Lästerschule ihr Hauptvergnügen an sehr persönlichen Einzelheiten hatte, mit Anspielungen auf die Liebschaften der Päpste, ihre Bastarde, männlichen Lieblinge und ihre unbarmherzig verhöhnten körperlichen Gebrechen.

Luther hat von diesem Treiben lediglich den allgemeinen Eindruck zurückbehalten, daß in Rom doch ein solches »Gewürm und Geschwürm« umherwimmele wie kaum im alten Babylonien. Seine Mitbrüder im Konvent erzählten ihm die landläufigen Geschichten über die Bestechlichkeit bei der Cancelleria: Ein Cortisan, ein »Höfling«, habe da durch Opfergaben an Sankt Goldtaler 22 Pfarren, 7 Propsteien und noch weitere 42 Pfründen verschrieben bekommen. Man sprach von der Gewissenlosigkeit mancher römischer Kleriker, die sich über das Mysterium der Eucharistie lustig machten und heimlich während der Messe gemurmelt hätten: »Brot bist du, Brot bleibst du.« Solche Dinge hätten ihm weh getan, meinte er später. Die Brüder wiesen ihm das seltsame Relief an einer Straßenecke vor St. Peter, das archäologisch als eine antike Mithrasdarstellung gedeutet worden ist. Ein Weib sei das, so hieß es damals, mit dem Kind auf dem Arm, die bekannte Päpstin Johanna, die während einer Prozession vor allem Volke niedergekommen war. Aus Mainz sollte sie stammen, Jutta geheißen, ihr Liebhaber hätte sie in Mannskleidern nach Rom gebracht, wo sie studierte und ein berühmter Kirchenlehrer wurde, den man wegen seiner Gelehrsamkeit zum Papst wählte. Das ganze Mittelalter hatte die Legende geglaubt, und in Rom war sie im Volk allgemein verbreitet; nur der Heilige Vater, so erzählten die Brüder Luther, vermeide es, die Straße zu benutzen, in der das Bildnis zur Schau stand.

»Ich glaubte alles«, meinte Luther. Er glaubte auch, was ihm, etwas leiser, aus der jüngsten Skandalgeschichte Roms zugeflüstert wurde: daß der vor kurzem an seinem eignen Gift, einem reichen Kardinal zugedacht, verstorbene Borgiapapst Alexander mit seiner Bastardtochter Lucrezia Blutschande getrieben habe. Wir kennen jetzt den Erotiker großen Stiles besser, und zwar aus dem Bericht seines Zeremonienmeisters Burkhard, der die Untaten seines Brotherrn ohne alle Pikanterie kühl aufgezeichnet hat, sowie aus anderen Quellen. Wir überlassen ihn und seine Liebesfeste im Vatikan der Sittengeschichte, in der er eines der dankbarsten Kapitel abgibt. Es ist noch zu bemerken, daß die sittliche Entrüstung über sein Treiben erst im moralisierenden 18. Jahrhundert recht in Gang kam; zu Luthers Zeiten und auch bei Luther selber ist davon nur sehr wenig die Rede. Man empörte sich über Pomp und Pracht, die Zahlungen, das Pfründenwesen und die ständigen Kriege der Päpste; es wurde auch über die in Rom recht ungeniert zur Schau getragene Knabenliebe gesprochen, aber die genaueren Einzelheiten über das Privatleben der Päpste blieben den Italienern und Gesandten vorbehalten, in deren Berichten sehr sachlich von den verschiedenen »Ganymeden«, Mätressen, ihren Einkünften und hohen Würden die Rede ist. Die Regierung Alexanders VI. ist, da sie in Luthers Lebenszeit fiel, als der Tiefpunkt in der Geschichte des Papsttums angesehen worden, der den furchtbaren Sturz erklärlich mache. Damit wird viel zu sehr vereinfacht. Der Borgia bedeutete nur eine für unsere Augen besonders deutliche Steigerung einer Entwicklung, die seit langem eingesetzt hatte, und von ihr müssen wir einiges sagen. Ein einzelner unwürdiger Papst konnte die Institution nicht gefährden; darin hatte die These der Unabhängigkeit des Amtes vom Inhaber durchaus recht. Wie aber, wenn eine ganze Sukzession von Inhabern des Heiligen Stuhles gleicher oder ähnlicher Sünden schuldig war? Wie stand es um die Sicherheit des großen, in Jahrhunderten errichteten Gebäudes der Kirche, das Raffael soeben mit grandios leichtem Pinsel als in schönstem Gleichgewicht schwebend dargestellt hatte?

Die Fachausdrücke, jetzt historisch geworden, damals sehr lebendige Gegenwart, hießen »Simonie«, das heißt Bestechung und Verkauf geistlicher Ämter, und »Nepotismus«, die Neffenwirtschaft der Päpste. Beides war seit langem im Schwange, aber im letzten Jahrhundert hatten sich doch bedeutsame Steigerungen ergeben. Von kaum einer Papstwahl wurde noch behauptet, daß sie ohne Simonie zustande gekommen sei; über die Beträge und Versprechungen von Würden bei der Wahl wurde ganz genau mit Ziffern in den Gesandtschaftsberichten Buch geführt. Der Verkauf der hohen und mittleren geistlichen Ämter war zur anerkannten Praxis geworden; die Kardinäle selbst drängten den Papst bei Geldknappheit, zu dem bewährten Mittel zu greifen. Ein weiterer bekannter und besonders im Ausland erbittert bekämpfter Brauch war der »Pluralismus«, die Vergebung von drei, vier, auch zehn oder fünfzehn hohen Ämtern an einen Begünstigten, im kanonischen Recht verboten, aber ohne Bedenken gehandhabt; von den Kardinälen der Lutherzeit gab es kaum einen, der nicht über vier bis fünf höchst einträgliche Sitze, vielfach im Ausland, verfügte; die

Sitte erlaubte es noch, diese dann Familienmitgliedern abzutreten, und ein Nepotismus innerhalb des großen Nepotismus der Päpste entwickelte sich. Die Neffen- und Vetternwirtschaft der Päpste aber, die seit Jahrhunderten bestand, nahm nun den Zug ins ganz Große: Die Papstfamilien wurden zu großen italienischen Territorialherren. Man beanspruchte für die Sippe Herzogtümer, auch Königreiche. Die mußten irgendwem fortgenommen werden, und dazu waren Kriege und Feldzüge nötig, die mit allen Mitteln der »geistlichen Gewalt«, mit Bann und Interdikt, geführt wurden. Italien wurde zum Schlachtfeld, vor allem, als die ausländischen Mächte, Frankreich, Spanien, Deutschland, hereingezogen wurden. Auf italienischem Boden sind die großen Entscheidungen eines Jahrhunderts ausgetragen worden. Weder die Lutherzeit noch die wichtigsten Wendungen im Schicksal Luthers selber sind ohne diesen Zusammenhang zu verstehen.

Wir möchten es aber nicht bei diesen allgemeinen Betrachtungen belassen, die erst Halt gewinnen, wenn wir sie in den Persönlichkeiten der Epoche verkörpert sehen. Wir treten noch einmal in die stille Kirche Santa Maria del Popolo ein, in der Luther seine Andachten verrichtete. Die edle Marmorpracht sagte ihm nichts, und auch uns lassen die schöngeschwungenen Triumphbogen über den Grabmälern kühl. Die Kunst der Renaissance hat mit schönstem Material und in vornehmen Gestalten auch ausgemachte Schurken oder miserable Intriganten verherrlicht. Sansovino hat einen von ihnen, den Kardinal Ascanio Sforza, belebter gebildet, als bis dahin üblich war: halb aufgestützt, als sei er eben dabei, wieder zu erwachen. Er könnte von einem solchen »Pluralistenleben« und von Simonie bei den Papstwahlen eine Geschichte erzählen, die selbst seine an große Ziffern gewöhnten Landsleute beispiellos fanden. Die Familie Borgia ist durch Giovanni Borgia vertreten, den ältesten Sohn Alexanders VI., ermordet vom jüngeren Sohn Cesare; daneben ruht seine Mutter Vannozza, die berühmteste und reichste der Papstmätressen, auch politisch begabt und tätig; sie hatte ihr Vermögen umsichtig in Hausbesitz angelegt und unterhielt die bekanntesten Gasthöfe der Stadt, in denen die großen Herren und Gesandten abstiegen: sie erhielten Informationen, die anderswo schwer zu erlangen waren. Aber die Kirche war vornehmlich die Familiengruft des Hauses Rovere, der ersten der großen Dynastien der Renaissancezeit; es folgte die Dynastie Borgia und dann die der Medici, die während der ganzen Schicksalszeit der Reformation regierte. Julius II. war als Neffe seines Onkels Sixtus IV. auf den Thron gelangt, und mit Sixtus beginnt die Epoche der nach Nietzsches Ausdruck »moralinfreien« Fürsten, für die der Heilige Stuhl nur die Basis für ihre hemmungslosen Macht- und Familienpläne bedeutete.

Aus ganz kleiner Handwerkerfamilie stammte die Sippe Rovere; als Bettelmönch des einstmaligen Armutsordens der Franziskaner war Sixtus bis zum Ordensgeneral aufgestiegen, ehe er durch Simonie Papst wurde. Der Neffe Julius war einer der ersten, die er sogleich zum Kardinal ernannte; daneben vier andere Neffen und einen seiner unehelichen Söhne, die unter dem Namen Riario in die große Welt Roms einzogen. Die Bezeichnung »Nepote« war wohltätig unbestimmt. Die Skandalchronik der Zeit Sixtus' hält durchaus den Vergleich mit der Borgiaepoche aus; schlimmer aber wurde das Ausgreifen in die Territorialpolitik: Das Söhnlein Girolamo Riario sollte Herzog oder König von Neapel werden; Bannflüche wurden geschleudert und zurückgenommen; Florenz wollte der Roverepapst durch »Mord im Dom« seiner Familie sichern; der älteste Medici wurde in der Kirche umgebracht, auf ein Zeichen, das beim Hochamt der Kardinalneffe gab. Der Anschlag mißglückte, der jüngere Medicibruder entkam schwer verwundet. Sixtus erließ den Bann gegen die »aufsässige« Stadt; eine Synode der toskanischen Bischöfe erwiderte mit einer Denkschrift, die den Papst als »Kuppler seiner Mutter, der Kirche, und Vicar des Teufels« bezeichnete; die Wortgebung ist wert, in der Erinnerung behalten zu werden, wenn von der Terminologie der Lutherzeit die Rede ist. Der Nepote blieb Kardinal; er hat als alter Mann noch zu den Wählern gehört, die den Sohn des Lorenzo, der ermordet werden sollte, als ersten Medici zum Papst Leo X. erhoben.

In der Schule seines Onkels Sixtus war Julius Rovere herangewachsen und stark geworden; unter dem Nachfolger, dem Genuesen Innozenz VIII., galt er bereits als »zweiter Papst« neben dem ängstlichen Träger der Tiara, der vor allem seine Familieninteressen betrieb. Von Innozenz ab datierten die italienischen Chronisten den Brauch der Päpste, ihre Bastardkinder öffentlich und nicht mehr unter der verschämten Bezeichnung als »Neffen« zu präsentieren. Mit Pomp wurde im Vatikan die Hochzeit seines unehelichen Sohnes mit einer Medici gefeiert, und von da ab wurde es auch bei den großen Fürstenhäusern üblich, sich hochgeehrt und politisch gestärkt zu fühlen durch Verbindung mit Papstsöhnen oder -töchtern. Es folgte der Borgiapapst, unter dem Julius nach Frankreich flüchten mußte, und damit kam es zu einer weiteren folgenschweren Entwicklung: dem ersten Zug der Franzosen nach Italien, der vom exilierten Julius Rovere eingeleitet wurde. Aus der Territorialpolitik der Päpste, die außerhalb Italiens noch meist recht kühl lassen konnte, wurde Verstrickung in die Weltpolitik, und aus diesem Netz kamen die Päpste, gleich welcher Dynastie, nicht mehr heraus. Man rief die Franzosen, wollte sie wieder aus Italien vertreiben, als sie zu erfolgreich wurden, verbündete sich mit anderen Mächten gegen sie, zog Schweizer Soldtruppen herein; alle Kräfte der Zeit gerieten in Bewegung. Über ein halbes Jahrhundert ging das hin und her, mit berühmten Schlachten, die heute vergessen sind, mit Niederlagen, die man schon damals bald vergaß, ein großes Spiel der »Frau Welt«. Damals kam das Wort Theater für Kriegsschauplatz auf. Theatralisch waren auch die furchtbaren Bannflüche, die großen Proklamationen zum Kreuzzug, die hohen Worte vom Völkerfrieden, den der Heilige Vater sichern wolle, während er einen Feldzug nach dem andern, meist um winzige Länderfetzen, führte. Diese ständige Kriegführung hat Luthers Zeitgenossen sehr viel mehr erregt als das muntere Treiben hinter den hohen Mauern des Vatikans.

Auf einem dieser Feldzüge befand sich Julius II. zu Anfang des Jahres 1511, als Luther seine Pilgerpflichten absolvierte. Er hatte eine Bündniskombination nach der andern geknüpft und wieder aufgelöst; die Bezeichnung »Heilige Liga« wurde für die jeweilige Konstellation zur Tradition. Venedig sollte zerschmettert werden und wurde gebannt, dann absolviert und gesegnet, als sich die Franzosen zu stark erwiesen; Luther erwähnt die Vorfälle nach seiner Rückkehr im Kolleg. Er nimmt da noch, als guter Augustinermönch, durchaus die Partei des Papstes: Die Venetianer haben sich am Gut der Kirche vergriffen. Aber hätte nicht, meint er, jemand dem Heiligen Vater sagen müssen, er sollte Milde walten lassen: »Gib nach, es ist Gottes Wille!« Julius aber sagt: »Nein, nein, wir verfolgen unser Recht!« Und so kommt es zu schrecklichem Blutvergießen.

Milde war nicht das Zeichen des gewaltigen Julius. Nachdem Venedig gedemütigt war, führte er weiter Krieg: nun gegen den bisherigen Bundesgenossen Frankreich. Er wollte Ferrara erobern, Parma, Piacenza, die Grafschaft Mirandola. Die verwitwete Gräfin Mirandola verteidigte die Burg ihres alten Hauses für ihre Kinder. Rücksichtslos ging der 68jährige Greis in einen Winterfeldzug, den seine Generäle für unmöglich erklärt hatten; er ritt selbst bis in die vordersten Linien; zwei Stallknechte wurden an seiner Seite durch eine Kanonenkugel niedergestreckt, die Julius zur Erinnerung an seine Rettung in der Wallfahrtskirche Loretto an der Decke aufhängen ließ. Er trieb die Soldaten an, drohte die Besatzung bis zum letzten Mann niedermachen zu lassen; die Gräfin kapitulierte, als Bresche geschossen war. Noch ehe die verbarrikadierten Tore geöffnet werden konnten, ließ Julius sich in einer Holzkiste über die zerschossene Mauer hinaufziehen, um als erster die eroberte Burg zu betreten. Mit einer seiner jähen Wendungen von Jähzorn zu Versöhnlichkeit oder listiger Diplomatie behandelte er die tapfere Frau gnädig; er begnügte sich damit, sie aus ihrem Erbe zu verjagen, und begleitete sie persönlich durch das Tor hinaus.

Die Feldzüge gingen weiter. Bologna war genommen worden und ging wieder verloren; die Kolossalstatue des Papstes, die Michelangelo errichtet hatte, zerschellte auf dem Pflaster und wurde zu Kanonen umgegossen; Krieg in Italien blieb die Losung für Jahrzehnte. Die Kardinäle, die es mit Frankreich hielten, versammelten sich in Pisa zu einem Konzil, das den Papst absetzen sollte; Julius berief nach Rom ein Gegenkonzil, das die Kardinäle verfluchte. Der Greis erkrankte an den Überanstrengungen und galt als Sterbender. Damit brach für einen Augenblick das ganze Gebäude seiner imperialen Herrschaft zusammen. Die Römer, unter Führung des Bischofs Pompeo Colonna, stürmten aufs Kapitol und riefen die Republik aus. Der Gewaltige erholte sich jedoch noch einmal, und der Spuk verflog. Die Führer verließen Rom, um bei besserer Gelegenheit zurückzukommen.

Wir haben einen kurzen Querschnitt durch dieses eine Jahr 1511 gegeben. Aber wir wollen uns nicht nur an den einen Hauptakteur Julius II. halten, den seine Landsleute mit scheuer Bewunderung »il Terribile« nannten. Die Papstgeschichte ist allzu oft nur mit dem Blick auf den Inhaber der Tiara betrachtet worden. Nicht weniger wichtig jedoch ist das Personal, das die Bühne bis zum Rande füllt, der Kreis der Kardinäle und anderen hohen Würdenträger. »Rom«, und auch das Rom, gegen das sich die erbitterten Beschwerden richteten: Das sind auch die Kardinäle, die Nepoten, die großen Adelsfamilien der Colonna, Orsini und ihr Anhang; das sind zahllose Einzelaktionen, die erst das Gesamtbild vervollständigen und mit dem kümmerlichen Wort

5 Papst Julius II.

»Korruption« sehr ungenügend bezeichnet sind. Wir greifen nur einen der Träger des roten Hutes heraus: den Kardinal von Pavia, den der Papstneffe Francesco Maria von Urbino kurzerhand auf der Straße ermordete. Mit »gen Himmel erhobenen Händen«, berichtet der Chronist, hätten die Kardinäle gedankt, daß der verhaßte Emporkömmling beseitigt wurde, den der Papst aus dem Staube erhoben hatte und mit Reichtümern überschüttete, gelegentlich aus dem Zimmer jagte und dann wieder hereinholte; es fehlen nicht die üblichen Beschuldigungen wegen »namenloser Laster«, die dann genauer aufgezählt werden. Die Neigung des Greises zu diesem höchstwahrscheinlich sehr miserablen Alidosi läßt sich eher aus Trotz und grenzenloser Menschenverachtung erklären als durch die Vermutungen, die ihn als »Ganymed« des Roverepapstes bezeichneten. Solcher Günstlinge aber gab es nicht nur diesen; ähnliche Gestalten tauchen immer wieder auf, und wenn Kardinäle sich dagegen erhoben, geschah es schwerlich einer Reform halber, sondern weil sie ihrerseits einen größeren Anteil an der ungeheuren Beute erhofften und notfalls mit Waffengewalt sich sichern wollten. Die Schwäche des Papsttums war nicht lediglich eine theologische. Sie war auch schon darin begründet, daß bei Wechsel der Dynastie die neue Familie unweigerlich damit begann, die Nepoten der vorhergehenden ihres Besitzes nach Möglichkeit zu berauben und das eigne Haus auszustatten. Anstelle der Tradition, die der große Hauptbegriff der Kirche war, bildete sich die Tradition heraus, daß mit jeder Papstwahl eine Art Revolution stattfand. Die bestehenden Besitz- und Machtverhältnisse wurden in Frage gestellt und umgestoßen; neue wurden geschaffen, deren Dauer nur vom Lebensalter des jeweils regierenden Papstes abhing.

In der Kirchengeschichte steht das Pontifikat Julius II. kurz verzeichnet als die Zeit der Neubegründung des Kirchenstaates. Auf seiner Marmortafel ließ er sich als Befreier Italiens von der Fremdherrschaft feiern, was nicht viel mehr als eine hoffnungsvolle Tagesphrase war, die sehr bald zuschanden wurde. Die Kunstgeschichte rühmt ihn mit Recht als den großen Förderer Bramantes, Raffaels, Michelangelos. Erasmus hat ihm eine kleine Satire zugedacht, die er zwar immer standhaft verleugnete, die aber doch mit ziemlicher Sicherheit ihm zugeschrieben werden muß: der »Julius exclusus«, der Julius, der vom Himmel ausgeschlossen wird. Der eben Verstorbene erscheint vor der Himmelstür und will sie mit den auf Erden so bewährten Schlüsseln aufschließen, aber sie passen nicht; sie waren nur dazu gemacht, die Geldtruhe zu öffnen. Petrus eilt auf das Lärmen des Ungeduldigen herbei, erkennt ihn aber nicht als seinen Nachfolger an, erst recht nicht, als Julius als seine Verdienste seine gewaltigen Kriegstaten geltend macht. Julius erklärt schließlich auch dem Himmel den Belagerungskrieg; die Seelen der Krieger, die in seinen Feldzügen gefallen sind, würden ihm, sobald sie eintreffen, sehr bald zu Hilfe eilen.

In der Statue des Moses, die Michelangelo schuf und die von einem riesenhaft geplanten Grabdenkmal allein fertig wurde, hat man die Züge des Roverepapstes erkennen wollen; für die großartigeren Seiten seines Wesens, die nicht fehlen, mag das gelten; daß er seinem Volke Gesetzestafeln verkündet habe, wird niemand sagen können, es seien denn die Gesetze der hemmungslosen Machtausübung durch einen cäsarischen Geist. Aus der sicheren Entfernung der Jahrhunderte hat man solche »Renaissancenaturen« bewundert; für die Zeitgenossen war er mehr noch als die anderen Päpste der Epoche der Terribile, der Furchtbare. Die Erschütterungen, die er vorbereitete, haben den Boden unterwühlt, der unter den Füßen seiner Nachfolger zusammenbrach.

Wir wissen nicht, wieweit Luther in Rom davon schon etwas verspürt haben mag. Er wanderte seine Stationen ab und hielt seine Andachten in Santa Maria, wo einige der Papstneffen und -kreaturen in den Kapellen schlummern. Als guter Mönch kehrte er zurück, mit einem reichen Vorrat an Ablässen versehen, zu Fuß, wie er gekommen war, den weiten Weg über Padua pilgernd, den Brenner, Augsburg bis hinauf in das kleine Wittenberg. Den Freunden und Bekannten erzählte er nur von der Größe der ewigen Stadt; eine gute deutsche Meile im Geviert, »so weit als von Wittenberg bis auf den Poltersberg«. Erst als sein großer Kampf begann, hat er von der Verderbnis der Kirche gesprochen, die er »mit eignen Augen gesehen«, und Erlebtes mit dem vermengt, was ihm von anderen erzählt worden war. Wie für viele Pilger, waren das damals auf seiner Reise nur »gewisse Mißstände« und kleine Flecken auf dem strahlenden Schild der Kirche. Sie würden sich leicht beseitigen lassen, wenn endlich ein guter Papst die von allen immer wieder erhoffte Reform an »Haupt und Gliedern« der Kirche in die Hand nähme. Bis dahin mußte jeder im kleinen Wirkungskreise zu bessern versuchen. Und dazu brauchte man den Heimkehrer in Wittenberg und in seinem Orden.

Aufstieg im Orden

Luther ist immer rasch befördert worden. Nach seiner Rückkehr aus Italien stieg er in wenigen Jahren bis in die oberste Leitung seiner Ordenskongregation auf. In Erfurt freilich schätzte man ihn nicht und empfand ihn gar als streitbar und unbequem. In Wittenberg aber brauchte man ihn. Staupitz brauchte ihn, der in seiner konzilianten Natur durch den jahrelangen Streit um Organisationsfragen resigniert hatte und sich von dem jungen, feurigen Pater Luther eine tätige Hilfe versprach.

Staupitz hat Luther nicht nur getröstet und in Gewissensbedenken ermuntert. Er hat ihn getrieben, hinaufgezwungen in seine Berufung, zunächst ganz akademisch und praktisch durch die Berufung in neue Ämter. Luther selber war sehr kleinmütig, bis zur Verzagtheit. Er hat das Klosterleben dafür verantwortlich gemacht; wir glauben eher, daß es die Inkubationspause der Ungewißheit und des Zögerns war, die so oft bei großen Männern einem Durchbruch zu ihrer Bestimmung vorangeht. Er sträubte sich. In Erfurt hatte man ihn ausgesprochen unfreundlich behandelt; in Unfrieden war er geschieden. In Wittenberg wurde er gefördert, ja protegiert. Er stellte sich krank und schwach und erklärte seinem Gönner, er werde nicht lange leben. Nichts da, meinte Staupitz mit Humor: man habe ihn noch nötig, und übrigens könne auch Gott, falls er in den Himmel käme, einen tüchtigen Doktor brauchen. Zum Doktor sollte er jetzt gemacht werden und sollte außerdem predigen: »Da bekommt Ihr etwas zu schaffen.« Luther führte, noch ganz nach scholastischer Methode, fünfzehn Gründe an, weshalb er das nicht leisten könne. Staupitz wurde energischer und berief sich auf die Ordensdisziplin: »Mein Lieber, wollt nicht klüger sein als der ganze Konvent!« »Herr Staupitz«, klagte Luther, »Ihr bringt mich um mein Leben. Ich halte das nicht ein Vierteljahr aus!«

Staupitz ernannte ihn zum Prediger im Wittenberger Kloster, setzte seine Doktorpromotion durch und übergab ihm seinen eignen Lehrstuhl an der Universität, den er wegen seiner vielen Reisen und Missionen kaum recht wahrgenommen hatte. Den sparsamen Kurfürsten bewog er mit einiger Mühe, für den mittellosen Mönch die recht hohen Promotionsgebühren zu bezahlen; er begründete das Ansuchen damit, daß er sicher sei, dem hohen Herrn damit eine höchst brauchbare Kraft für die Hochschule heranzuziehen. Die Briefe, die er mit seinem Kurfürsten wechselte, zeigen die ganze Kleinwirtschaft des damals größten deutschen Landes auf. Es geht um »etliche Ziegelsteine«, die Seine Gnaden doch vom eignen Bau, am Schloß, für den Bau am Augustinerkloster bewilligen möge, das nie fertig wurde. Eine winzige Klosterkapelle aus Fachwerk, windschief und notdürftig mit Balken abgestützt, damit sie nicht zusammenbrach, eine Kanzel aus ungehobelten Brettern, das war der Andachtsraum, nicht viel besser als »die Maler den Stall malen zu Bethlehem«, so beschrieb sie später ein Besucher. Ein kleiner Garten war immerhin vorhanden, ein Birnbaum darin, unter dem Luther seine Gespräche mit Staupitz führte, ein altes Brauhaus. Zwischen dem Schlafhaus der Mönche und dem Brauhaus stand ein Verbindungsbau, der ein turmartiges Obergeschoß hatte, und dort erhielt der junge Professor ein winziges Stübchen zugewiesen. Zum ersten Male in seinem Leben hatte der Dreißigjährige einen eignen Raum, in dem er ungestört und unbeaufsichtigt arbeiten konnte. Dieses Stübchen blieb seine Arbeitsstätte sein ganzes Leben lang. Er war stolz auf den winzigen Raum, noch aus den Überresten des alten Klosters stammend, und als er selber bereits historisch geworden war, hat er besorgt gesehen, daß die neuen Festungsbauten ihm sein »armes Stüblein, daraus er doch das Papsttum gestürmet, weggefressen würden«; es wäre wohl ewigen Gedächtnisses wert. Es ist weggefressen worden, allerdings erst später. Daß Bastionen, große Geschütze und Zinnen aber doch, zum mindesten für die Zeit, stärker sein würden als der kleine Schreibtisch und das »Wort«, dem er allein vertraute, hat er noch erleben müssen.

Das Wort war nun seine Welt; er wurde Dozent für die Bibellektüre in der theologischen Fakultät, die aus fünf Professoren bestand. Der Dekan Karlstadt setzte ihm den Doktorhut auf, den Luther von da ab trug statt der Kapuze, und steckte ihm bei der Promotion den silbernen Doktorring an; auch der war vom Kurfürsten gestiftet. Die Feier wurde umständlich an zwei Tagen begangen, mit Disputation und mehrstündigen gelehrten Ansprachen, Glockengeläut und Aufzügen durch die Stadt. Der Dekan überreichte Luther erst eine geschlossene, dann eine geöffnete Bibel.

Am nächsten Tage begann Luther seine erste Vorlesung, des morgens um sieben; die Mönche standen früh auf. Er schlug die Bibel beim ersten Buch Mosis auf und begann vor schwerlich mehr als einem Dutzend Zuhörern zu dozieren. Seinen Doktortitel, zu dem er sich durch Staupitz nur widerwillig hatte zwingen lassen, hat er immer sehr hoch gehalten als keine bloße akademische Würde, sondern besondere Berufung. Als »Doktor der heiligen Schrift« unterzeichnete er mit Betonung schon in seinem ersten Schreiben an den Erzbischof Albrecht von Mainz, dem Dokument, mit dem der große Streit seines Lebens begann. Vor der Feindschaft von Kaiser und Papst und den Zuflüsterungen des Teufels, der ihm vorhielt: Du bist nicht berufen! habe er sich, so meinte er oft, damit getröstet, daß er ein Doktor sei und durch seinen Eid verpflichtet, die Schrift zu lehren. Er hatte allerdings auch bei der Promotion schwören müssen, keinerlei »fremde«, von der Kirche verurteilte Lehren vorzutragen, und sogar jeden, der etwa dergleichen vorbrächte, unverzüglich der Fakultät anzuzeigen.

Seine Tätigkeit als Doktor und Dozent war nur ein Teil seiner Aufgaben. Er sollte predigen, erst den Klosterbrüdern, bald auch in der Pfarrkirche, und da war noch nichts vom späteren wortgewaltigen Kanzelredner zu spüren. Lateinisch arbeitete er seine Predigten aus; extemporiert wurde nicht, wie überhaupt der Stil der volkstümlichen Kapuzinerpredigt oder auch Augustinerpredigt – im 17. Jahrhundert noch von seinem Ordensbruder Abraham a Santa Clara mit aller Pracht an Worten, Wortspielen und an das allerbreiteste Publikum appellierenden erbaulichen Histörchen glanzvoll vertreten – nie seine Art gewesen ist. Er war streng, wie durchweg in dieser Epoche. Wenn er auf Tagesereignisse Bezug nahm, so aus dem unmittelbaren Umkreis des Dorfes Wittenberg. Die Studenten tranken; nun, das war üblich, sie tranken mächtig, und über die »trunknen Deutschen« hat Luther sich oft genug ereifert. Aber sie tanzten bei ihren Gelagen mit den Bürgerstöchtern, und da kam es zu Szenen, die ihm furchtbar erschienen. Es wurde ihm berichtet, daß die Jungfern sich die Barette der Studenten, die Studenten die Kränzlein der Jungfern aufgesetzt hätten. Das rügte er so scharf, daß die Eltern, dankbar für den Hinweis, ihre mannbaren Töchter im Haus behielten, und so bekam der Augustinerpater »bei den vornehmsten Bürgern Anhang, Zulauf, Ehr und Preis«. Man mochte allerdings bedenken, daß das »Kränzlein« stellvertretend für die Unschuld eines Mägdleins seine Bedeutung hatte, aber selten wurde damals über so harmlose Tanzvergnügungen so streng gepredigt.

Eiserne Disziplin hielt er in seinen Ordenspflichten, sich selber gegenüber und als Aufseher der anderen Brüder. Genau absolvierte er seine sieben Gebetsstunden am Tage, und wenn er durch Missionen nach außerhalb in Rückstand geriet, suchte er die versäumten Horen bis zur Erschöpfung nachzuholen, zur Verwunderung der Klostergenossen, die es selten so genau nahmen. Er wurde zum Subprior gewählt, zum Distriktsvikar, der ein Dutzend anderer Klöster zu visitieren hatte, und seine Besuche müssen gefürchtet gewesen sein. Aufsehen weit über das Kloster hinaus erregte eine Rede in Gotha, bei der er über das Lästern Gericht hielt, über die ewigen Denunziationen der Mönche, die »kleinen Heiligen« mit ihrer Überhebung über die andern Brüder. Bald schreibt er an einen Freund: »Für meine Arbeit brauche ich zwei Schreiber oder Kanzlisten; ich tue fast nichts am Tage als Briefe abfassen ... bin Klosterprediger, Vorsteher bei Tische, werde täglich in die Pfarrkirche gerufen zum Predigen, bin Studienaufseher, Vikar, was so viel heißt wie Prior über elf Klöster, Kontrolleur unserer Fischteiche bei Litzkau, Anwalt in Sachen der Herzberger Mönche zu Torgau, lese über Paulus Kolleg, sammele Material über den Psalter und all das, wie schon gesagt, neben der Arbeit, die den größten Teil der Zeit beansprucht, dem Briefschreiben. Selten bleibt mir Zeit, meine Horen zu verrichten oder Messe zu lesen bei all diesen Versuchungen des Fleisches, der Welt und des Teufels. Da siehst Du, wie müßig ich gehe.« Obendrein ist die Pest, die unaufhörlich droht, wieder einmal im Anrücken. Man hat ihm geraten zu flüchten. »Wohin? Ich hoffe, die Welt wird nicht untergehen, wenn Bruder Martin untergeht. Die Brüder werde ich, wenn die Seuche weiter fortschreitet, über die ganze Erde verteilen; ich bin hierher gestellt und habe meiner Pflicht zu gehorchen.«

Luther ist auch später, fast immer gegen den Rat oder dringendes Bitten seiner Freunde, geblieben, wenn die Pest drohte. Das legendäre »Hier stehe ich« vor dem Reichstag zu Worms war keine vereinzelte Haltung in einem einmaligen geschichtlichen Augenblick. Wir haben uns aber auch die Pest ständig vor Augen zu halten, ob sie nun die echte Beulenpest war oder Typhus, Cholera, Fleckfieber und was sonst umgegangen sein mag. Das Wort »pestilenzialisch«, das so häufig verwandt wurde, hatte nicht übertragene, sondern die sehr nahe und greifbare Bedeutung der unmittelbaren Gefahr von Infektion, mit raschem Tod als fast unweigerlicher Folge. Diese Seuchenatmosphäre ist auch erheblich in Rechnung zu stellen bei den immer wieder aufflakkernden chiliastischen Bewegungen, die das Ende der Zeiten unmittelbar bevorstehen sahen.

Das Klosterleben, wie er es in diesen Jahren führte, war, wie wir sahen, nicht nur der Bußkampf und das Ringen mit Gewissensproblemen. Er hat das später zusammengezogen, und seine Ausleger sind ihm darin gefolgt. Für die Entwicklung seiner Lehre ist es allerdings das Entscheidende, und wir werden davon noch zu sprechen haben. Für die Entwicklung des Menschen Luther, des baldigen großen Hauptes einer mächtigen Bewegung, des unermüdlichen Arbeiters, ist aber diese Vorbereitungszeit in Aufgaben des tätigen Lebens keineswegs zu unterschätzen. Er ist nie ein großer Systematiker geworden, auch kein großer Organisator wie Calvin. Aber er hat sich Menschenkenntnis erworben in diesen Jahren, er hat gesehen, wie nach Goethes Worten »der Ameishauf durcheinanderkollert«, und er hat zeitlebens eine höchst realistische Meinung über die Hilflosigkeit dieser Ameisen beibehalten. Seine Sprache hat sich angereichert, wie bereits bei der ersten Reise von Erfurt nach Wittenberg angedeutet, seine Vorstellung vom Leben und Treiben in den Städten, Dörfern, auf der Straße in all den vielfältigen Schichtungen, die das damalige Deutschland bis zum Bersten mit Unruhe, Hader und Hoffnungen erfüllten. Auf der Straße wurde damals Politik gemacht; in den Städten, wo jeder jeden kannte, hielt man sich meist vorsichtiger zurück. Aus Gesprächen auf der Landstraße, zwischen einem Bauern und einem Edelmann oder einem Bettelmönch und einem Abt hoch zu Roß, einem Hurenwirt und einem hochgelehrten Magister, sind die Brandschriften und Dialoge erwachsen, die den Tumult der Zeit besser widerspiegeln als die lahmen Reichstagsakten und verschlagenen Kundgebungen.

Luther ist diese Straßen gezogen, zu Fuß. Man hat Goethes Reisen und Wanderungen dankenswert genau kartographiert; für Luther würde sich ein noch dichteres Netz ergeben, das man einmal aufzeichnen sollte. Gleich nach der Berufung nach Wittenberg hat er quer durch ganz Deutschland nach Köln zu pilgern, zu einem Ordenskonvent; zwei Monate hin und zurück, auf Sandwegen, in den schlechten Schuhen des Bettelmönchs. Seine Visitationsreisen als Distriktsvikar: auch sie werden per pedes apostolorum erledigt. Wenn Luther sich in Rom über die behaglich hoch über dem gewöhnlichen Volk dahinreitenden Prälaten auf ihren Maultieren ärgert, wenn er dagegen wettert, daß der Papst, »obwohl er stark und gesund ist, sich von Menschen läßt als ein Abgott mit unerhörter Pracht tragen«, so spricht da die persönliche Erinnerung des Bettelmönchs mit. Wir möchten aber auch rein physisch diese unablässigen jahrelangen Fußwanderungen außerordentlich hoch bewerten. Es erscheint uns fraglich, ob Luther je hätte leisten können, was er dann zu bewältigen hatte, wenn er sich in der Tat, wie er angab, fünfzehn Jahre lang nur in Gewissensqualen gewunden hätte. Es ist auch fraglich, ob sein zäher Körper die kommenden Strapazen ausgehalten hätte ohne diese sehr wohltätige und gründliche Bekanntschaft mit der Mutter Natur und der frischen Luft. Aus der Zelle und dem Studium ist ihm die Frische seiner Schriften nicht zugeweht. An Naturerlebnisse und Naturschwärmerei, wie sie erst im 18. Jahrhundert aufkam, ist dabei nicht zu denken. Die Mutter Natur war dafür auch noch eine viel zu unfreundliche, grobe und borstige Erscheinung und kein englischer Garten wie für die Sentimentalen des Rokoko. Luther hat Blumen geliebt, wie schon das ganze Mittelalter, und sich einen kleinen Strauß angesteckt, als er zu seinem lebensbedrohenden Disput in Leipzig vor seine Gegner trat. Er hat die Erinnerung an den Birnbaum im Gedächtnis behalten, unter dem Staupitz ihn überredete; von Landschaftsbildern ist weder bei ihm noch bei andern seiner Zeitgenossen die Rede. Der Bettelmönch war froh, wenn er, eingeregnet oder im Sommer verschwitzt, an der Pforte des nächsten Augustinerklosters angelangt war. In seinen Verordnungen als Distriktsvikar weist er ausdrücklich darauf hin, daß man nicht versäumen dürfe, dem Wanderer mit lauwarmem Wasser die Füße zu waschen. Die Fußwaschung war noch eine heilige Handlung.

Von den vielen Briefen, die er damals geschrieben haben will, sind wenigstens einige erhalten. Sie zeigen den strengen Ordensoberen auch von versöhnlicherer Seite. Ein Mönch ist entsprungen – viele liefen davon; der »verlaufene Mönch« war nicht erst eine Erscheinung der Folgezeit, sondern eine ganz bekannte Gestalt. Zuweilen trat er in Rudeln auf, die gefürchtet waren, oder er mischte sich unter die Wegelagerer. Luther bittet den Prior des Klosters, in das sich der Mönch nach einigem Vagabundieren geflüchtet hatte, ihm das verlorene Schaf zuzusenden, »damit ein Ende werde mit der Schande«. Der Mann solle ruhig kommen, er brauche sich nicht zu fürchten. »Ich weiß, ich weiß, daß Ärgernisse notwendig entstehen. Kein Wunder, daß der Mensch fällt: Es ist nur ein Wunder, daß er sich wieder erhebt. Ist nicht selbst Petrus gefallen, damit er gewahr würde, daß er nur ein Mensch sei? ... oder sogar ein Engel des Himmels (Luzifer), was alle Wunder übertrifft, und Adam im Paradies? Kein Wunder also, daß solch ein schwankendes Rohr vom Winde verstört wird.«

Er sieht nicht nur den engen Umkreis des Ordenslebens. Auf der Straße ziehen die Wallfahrer dahin, und das Pilgern zu irgendeiner neu in Ruf gekommenen Stätte war keineswegs immer eine wohlgeordnete und von den Kirchenbehörden geleitete Prozession. Die Reden aller Bußprediger sind voll von Klagen. Die Hausväter beschwerten sich, daß ihnen die Halbwüchsigen und die Weiber unter frommem Vorwand davonliefen und auf solcher Wallfahrt allerhand »Gefahren« ausgesetzt waren oder sich bereitwillig aussetzten; Dienstboten benutzten die heilige Gelegenheit, um sich ihrer Arbeit zu entziehen, die gewiß kein Vergnügen war und nach patriarchalischer Sitte vom Hahnenkrähen bis zum Dunkelwerden ging. Zu den Rechten des Hausvaters und der Hausmutter gehörte auch noch das Züchtigungsrecht, das übrigens, wie wir uns erinnern wollen, offiziell erst 1919 aus der preußischen »Gesindeordnung« verschwand. Die Verkäufer von Wunderdingen und Reliquien, im Zuge der Wallfahrer mitpilgernd, unautorisiert und mit gefälschten Beglaubigungen, erregen – anders als die durch besiegelte Gutachten verbürgten Sammlungen seines Kurfürsten – seinen Zorn. Es fehlt überall an Aufsicht und Kontrolle. Die Bischöfe sollen sie ausüben, aber sie haben andere Sorgen. Er sieht nur »schnarchende Priester« und »mehr als ägyptische Finsternis«.

Es spricht nicht der Rebell oder Reformator, sondern der besorgte Ordensmann; nur durch die folgenden Ereignisse bekommen die Worte so schweren Klang. Viele ähnliche Stimmen waren damals zu hören. Das Treiben der Bischöfe und hohen Prälaten war allgemeiner Skandal. »Das ist der Bischöfe Werk: mit viel Pferden reiten, große Ehr einnehmen, den Säckel füllen, gute Hühnlein essen und den Huren nachlaufen«, predigte der Straßburger Domprediger Geiler von Kaysersberg. Er sagt zur Sicherung, daß es auch fromme Prälaten gebe und führt für das Heilige Römische Reich drei deutsche Bischöfe an. Die Bezeichnung Bischof war größtenteils nur noch eine Fassade, ein Deck-

6 Pilgerfahrt zur »Schönen Maria« in Regensburg

mantel für eine sehr weltliche und oft sehr mächtige Stellung, die Fürstensöhnen oder Hochadligen zukommen sollte. Die Domkapitel, die ihren Herren wählten, schanzten sich durch strenge Adelsproben gegen das gewöhnliche Volk, den Plebs, ab; wenn hier und da Bürgerliche zugelassen wurden, so wählten sie zum Schutz und Schirm auch lieber einen hohen Herrn aus den Nachbargebieten als etwa einen Nichtadligen, dem die Raubfürsten der Nachbarschaft unweigerlich in sein Gehege brechen würden. Daß Bischöfe im Panzer auf ihre Fehden ritten, wurde kaum noch beachtet; die Erbitterung ging eher davon aus, daß sie außer mit dem Streitkolben auch mit der »geistlichen Waffe« des Banns und Interdiktes fochten und damit eine ganz unzulässige und zusätzliche Waffe führten, der die Laiengegner nichts entgegenzusetzen hatten. Die geistlichen Herren verließen sich nicht nur auf den Bann, der in seiner Wirkung schon recht matt geworden war; sie führten ihre Geschütze ins Feld. Die Bußprediger sind immer eine etwas problematische Quelle, aber die Chroniken und die Zeitgeschichte sind voll davon. Als »Stiftsfehden« sind die Feldzüge da mit einem etwas harmlos klingenden Wort verzeichnet, bei denen es, wie üblich, vor allem über das flache Land herging. Dem Gegner sein Gebiet zu verwüsten, die Dörfer abzubrennen, ihm die Bauern arm zu machen, die ohnehin arm genug waren, das war die Praxis; vor den wohlbewehrten, mit Bastionen versehenen Städten und Bischofssitzen wurde meist Halt gemacht.

»Gewisse Mißstände« nennt man solche Anarchie dann und fragt, weshalb sie nicht rechtzeitig abgestellt wurden. Der Heilige Vater sollte eingreifen, aber der hatte wie die Bischöfe andere Sorgen, wie wir sahen. Ein Konzil war die große Hoffnung; eine recht fadenscheinige, wie sich in Konstanz und Basel gezeigt hatte. Konnte man erwarten, daß die Bischöfe und Prälaten, so wie sie waren, sich selber reformieren würden? Die Fürsten, die alle ihre Verwandtschaft in den Bischofssitzen untergebracht hatten? Der Kleinadel, der seine Töchter in den Klöstern versorgte? Nicht wir stellen diese Fragen; die Zeitgenossen fragten unaufhörlich. Eine leidliche Antwort wußte niemand.

Auch der Pater und Distriktsvikar Luther wußte keine Antwort als die, in seinem kleinen Wirkungskreise tätig zu sein. Er wanderte von einem seiner elf Klöster zum andern, setzte einmal einen Prior kurzerhand ab, der mit seinen unbotmäßigen Brüdern nicht fertig wurde, sprach einem Konfrater zu, der an Melancholie litt, und suchte ihn mit den Worten zu trösten, die er sich selber zurief. Die angebliche »Klugheit« der Sinne ist es nur, die all solche Unruhe schafft, das »Auge«, wie er es nach der Bibel nennt, das böse und trügerisch ist, und »um von mir zu reden: hui! mit welchem Jammer hat es mich geplagt und verstört mich noch von Grund auf«. Das Kreuz Christi ist dafür die einzige Hilfe, dann wandelt sich der Fluch in Segen.

Dieses tätige Leben, das den Lebenslauf eines andern gut und gänzlich ausgefüllt hätte, genügte seiner »Unruhe« nicht, die wie eine Oberstimme seine Gänge begleitete. In seinem summarischen und halb humoristischen Brief an den Freund hatte er nach Predigerämtern, der Aufsicht über die Fischteiche und Mitwirkung bei Händeln eines seiner Klöster, auch am Ende vom Studium des Paulus und des Psalters gesprochen. Darüber begann er nun zu lesen, und das wurde der Ausgang für seine Wandlung zum Rebellen und Reformator.

Erste bedenkliche Kollegs

Luthers Tätigkeit als Dozent sollte nach dem Willen seiner Oberen eine Ordenspflicht sein; man hatte ihn der Universität zur Verfügung gestellt und dem sparsamen Landesherrn damit einen Gefallen erwiesen, denn allzuviel wollte der Kurfürst nicht für seine Neugründung ausgeben. Luther, der noch mit sich rang und sich keineswegs ganz klar über seine »Lehre« war, begann zu lehren und lernte dabei. Er fand die ersten begeisterten Zuhörer, und es dauerte nicht lange, so wurde die bis dahin gänzlich unbekannte Universität Wittenberg weithin berühmt; aus allen Ländern strömten die Scholaren herzu, und mit dem Prinzen Hamlet, der dort studierte, ging ihr Name schließlich in die Weltliteratur ein.

Noch war sie klein, als er das Katheder bestieg. Man schätzte ihn, im Orden und bei Hofe. Staupitz hoffte, er werde einmal eine Leuchte werden des Augustinerordens und der heiligen Kirche, die dringend einiger neuer Lichter bedürftig war, nachdem die alten herabgebrannt schienen. Luther brannte nicht mit der stillen, von geweihtem Wachs gespeisten Flamme der Tradition. Er sprang auf das Katheder und schwang eine Fackel.

So etwa würde man das pathetisch beschreiben. In Wirklichkeit begab er sich gemessenen Schrittes, mit vorschriftsmäßig gesenkten Augen an das Pult; den Ordensbrüdern war jede heftige Bewegung verboten. Er schlug, wie jeder ordentliche Dozent, seine sorgfältig vorbereiteten Hefte auf und dozierte. Er war ein moderner Professor, Anhänger der via moderna des Nominalismus und benutzte den soeben von Erasmus herausgegebenen griechischen Urtext des Neuen Testamentes, den noch sehr wenige Universitätslehrer beachteten und viele auch für überflüssig, ja bedenklich hielten. Er benutzte die erprobten Kommentare, dreihundert Jahre alt oder jüngeren Datums, die bewährten Formen der Auslegung nach dem »vierfachen Sinn«. Er ließ, darin wieder fortschrittlich, für seine Hörer eigens Texte mit großen Buchstaben und ganz weitem Zwischenraum zwischen den Zeilen drucken, in den sie die Erläuterungen des Professors einfügen konnten. Er las über die beiden Hauptstücke der Bibel, die ihm am meisten am Herzen lagen, den Psalter und den Brief des Paulus an die Römer.

Paulus war sein Lehrer und der Römerbrief die Autorität, auf die er sich berief. Rein äußerlich folgte er auch da dem üblichen Schema in der Einteilung seines Kollegs. Aber was er seinen zwölf oder zwanzig Hörern vortrug, war etwas ganz anderes. Es war Rebellion oder, nach anderer Ansicht, krasse Anarchie, wenn auch behängt mit viel gut altkirchlichen Sätzen. Es war wild, düster, radikal mit ständig wiederholten Forderungen nach Unbedingtheit. Er sprach persönlich, rücksichtslos gegen jede Autorität, mochte das die gedruckte oder die lebende der großen Mächte der Kirche sein. Respektlos äußerte sich der junge Professor sogar über die weltlichen Großen. Dem Herzog Georg von Sachsen erteilt er ganz resolut Ratschläge, wie er sich in seiner Fehde mit dem friesischen Grafen Edgar verhalten solle; Sachsen hatte quer über ganz Deutschland hinweg Ansprüche auf das entlegene Friesland und vertrat sie seit vielen Jahrzehnten teils mit Verhandlungen, teils mit Waffengewalt. Das mißfällt Luther entschieden. Er ist sehr für Frieden, so stürmisch es in seinem Innern aussieht. Er rügt auch, noch kühner, den regierenden Papst Julius II. wegen seines blutigen Krieges gegen Venedig. Es ist richtig, daß Venedig sich am Gut der Kirche vergangen hat, und verdienstlich, daß Julius es wieder der Oberhoheit der Kirche unterwarf. Aber er hätte Milde walten lassen sollen und besser den Streit Gott anheimgestellt statt der Entscheidung der Waffen. Und Luther fährt sogleich heraus mit wilden Anklagen: Soll das keine Sünde sein, was da in Rom geschieht? Die furchtbare Korruption der päpstlichen Kurie, die zu Bergen gehäufte Unzucht, der Ehrgeiz, die Habsucht, die Lästerung?

Ein solches Kolleg ist wohl kaum je gehalten worden. Die politischen Ausfälle stehen nur am Rande oder sind eingebaut in ganz andere, rein theologische Gedankengänge. Es geht Luther im Grunde nicht um das, was in Rom geschieht oder sonst in der Welt, sondern um sein eignes Seelenheil. Bin ich verdammt als Sünder, oder kann ich doch das Heil gewinnen? Ist mir das gewiß, oder muß ich bis zu meinem Ende in ständiger Angst schweben? Er plädiert durchaus für Angst, für Furcht und Zittern, immer wiederholte Anfechtung, mit der man ringen muß. Er polemisiert unaufhörlich gegen die Lauen und Selbstgerechten, die »justitiarii«, wie er sie nennt, die glauben, daß sie vor Gott schon gerechtfertigt seien, während sie doch nicht das geringste Anrecht darauf haben, sich so sicher zu fühlen. Er wendet sich immer wieder gegen die Praxis und Lehre der Kirche, die viel zu viel Rücksicht nimmt auf die Schwachen und Mittelmäßigen, denen sie nicht zu viel zumuten will. Er ist für die Starken, die sich auch vor den äußersten Konsequenzen nicht fürchten. Weit über die Köpfe der Hörer hinweg, die fleißig mitschreiben und dabei viele Fehler machen in ihren Heften, ruft er sich selber zu: Bin ich verdammt oder nicht? Man muß so stark sein, daß man auch die Verdammung bejaht, falls Gott sie nach seinem unerforschlichen Ratschluß über einen verhängt hat. Auch dann muß man Gott lieben.

Bei alledem steht er noch mit gutem Glauben auf dem Boden der Kirche. Er spricht, so ungehorsam er bereits ist, ganz unbefangen davon, daß die Autorität, die er ständig bestreitet, doch letzten Endes entscheiden müsse, was gelehrt werden soll. Der Irrlehrer, der Ketzer, auch wenn er sich noch so fromm gebärdet, redet doch nur nach seinem eignen Kopfe und ist womöglich stolz darauf: »Die Verfluchung, das Anathema, ist die sehr starke Waffe, mit der solche zu Boden geschmettert werden!« So ruft er aus oder trägt in gemessener lateinischer Ansprache vor.

Wird nun dieser Irrlehrer und Rebell alsbald ergriffen, verbrannt oder wenigstens auf Lebenszeit eingesperrt in einem der Klosterkerker, in denen schon so viele verschwunden waren? Nicht einmal eine leise Kritik erfolgt. Von der Vorlesung über die Psalmen wünscht der Landesherr sogar, erfreut über die Berichte von einem so begabten Dozenten, eine gedruckte Ausgabe, die aber nicht zustande kommt. Das bedenklichste Kolleg über den Römerbrief verschwindet sang- und klanglos, mitsamt den Nachschriften der Studenten. Es verschwindet so vollständig, daß es weder bei dem bald folgenden Ketzerprozeß gegen Luther zitiert wird, für den es reiches Material hätte liefern können, noch überhaupt während der ganzen Reformationsgeschichte. Luthers gesammelte Werke wurden bereits zu seinen Lebzeiten gedruckt; dann immer wieder, ganze Bibliotheken in Für und Wider entstanden. Erst nach vierhundert Jahren kam dieses entscheidende Dokument ans Licht. Das Erstaunlichste und für die unermüdlich grabende und kommentierende Forschung Beschämendste dabei war, daß die Manuskripte – darunter Luthers eigenhändige schöne und klare Handschrift – nicht irgendwo auf einer entlegenen Burg schlummerten, sondern wohlregistriert in zweien der größten Bibliotheken der Welt: der des Vatikans und zu Berlin. Im Vatikan wurde eine Nachschrift eines Schülers gefunden und vom Bibliothekar der Vaticana, Pater Denifle, ausgiebig in seinem großen Werk gegen Luther benutzt, das eine neue Epoche der Kontroversen einleitete und auch der protestantischen Wissenschaft viele neue Einblicke eröffnete; erst dann zog man auch das Autograph Luthers unversehrt aus den Schätzen der Berliner Staatsbibliothek hervor; seit dem 18. Jahrhundert war es dort treulich und ungelesen aufbewahrt worden. Wir erwähnen das Kuriosum nur, weil es zeigt, daß der mittelalterliche Brauch, nach Sentenzen und Sentenzenkommentaren zu arbeiten, nahezu unsterblich ist und die Forderung der Humanisten »zurück zu den Quellen« ebenso eine ewige Parole.

Ein neues Lutherbild entstand in den Kontroversen für und gegen das große Werk des Dominikanerpaters Denifle, und einzelne Sentenzen spielten dabei weiterhin ihre Rolle, obwohl man sich allerdings bemühte, das Bild etwas weiter zu fassen. Man unternahm es entschieden, die gesamte Theologie des Mittelalters in die Debatte einzuführen; die Scholastik wurde neu untersucht und geradezu entdeckt. Luther erschien damit als recht unwissend und keineswegs genügend informiert über die Werke der großen Meister, die freilich jetzt erst genügend herausgegeben und erforscht wurden, wobei weitere grundlegende, in den Archiven schlummernde Schriften zutage kamen. Vor dem Forum der in Jahrhunderten aufgebauten Gelehrsamkeit des 20. Jahrhunderts mit ihren wohlausgestatteten Bibliotheken, Fachzeitschriften in aller Welt und nicht zuletzt vor den inzwischen geklärten und niedergelegten dogmatischen Anschauungen nahm sich das Kolleg eines jungen Dozenten von 1517 recht kümmerlich aus. Was hatte er alles nicht gelesen, nicht beachtet oder mißverstanden! Wie bedenklich erschienen aber auch nun seine Lehrer, die sich immer als gute Ordensmänner gefühlt und arglos oder im Übereifer so manches gelehrt hatten, was höchst angreifbar war. Wie überaus fragwürdig wurde der gesamte Nominalismus, mochte er auch die am weitesten verbreitete Richtung des ganzen Jahrhunderts vor und um Luther gewesen sein, vertreten von der höchsten wissenschaftlichen Autorität, der Universität Paris. Schließlich zeigte sich die ganze Theologie der Lutherzeit als zum mindesten schwach, ungenügend gerüstet, in einen Kampf einzutreten, selbstgefällig und nahezu »unkatholisch«. Um die Grundthese Luthers von der Rechtfertigung war es noch zu seinen Lebzeiten und unmittelbar danach im Schoße der römischen Kirche zu schweren Auseinandersetzungen gekommen; ein Kardinal sogar hatte sich gegen den nicht unberechtigten Vorwurf verteidigen müssen, er vertrete eine Lehre, die kaum von der Luthers in dieser Frage zu unterscheiden sei. Die Protestanten ihrerseits hatten in dieser veritablen Kardinalfrage viele Wandlungen und Spaltungen durchmachen müssen, und dies bis in die neueste Zeit. Das neugefundene Dokument und noch andere neu entdeckte Frühschriften warfen viele Fragen auf. Es wurde darüber debattiert, wieweit Luther schon sein System oder seine Grundgedanken entwickelt habe, als er auf das Katheder trat. War ihm das Heil bereits gewiß, oder schwankte er noch? Wieweit stand er noch auf dem Boden der Kirche und wieweit schritt er schon hinaus?

Wir müssen diese Fragen den Theologen überlassen. Sie haben es heute nicht leicht; ihre Fakultät ist nicht mehr die Beherrscherin der Universitäten wie zu Luthers Zeit; ihre Ansichten bewegen nicht mehr Könige und Kaiser und die Völker. Sie müssen sich vielmehr verteidigen gegen ganze Völker und gegen die Gleichgültigkeit der breitesten Schichten auch dort, wo sie noch lehren können. Einer der am stärksten wirkenden Männer unter ihnen, Karl Barth, hat die Theologie als eine »ständige Pilgerschaft« bezeichnet. Den natürlichen Bedürfnissen des menschlichen Denkens nach Vollständigkeit und Geschlossenheit könne sie nicht genügen, nicht ein System bilden. Sie sei »gebrochenes« Denken und Reden, das immer nur in einzelnen, von verschiedenen Seiten auf den einen Gegenstand gerichteten Gedanken und Sätzen verläuft. Das scheint uns auf Luther und auch auf diese seine früheste Phase der Entwicklung genauestens zu passen. Man kann ihm mit Leichtigkeit die Brüche in seinen Beweisführungen nachweisen, die Unvollständigkeit, den Mangel an System. Er wandert in der Tat, und diese Pilgerfahrt ist ganz etwas anderes als die oft so fröhlichen Wallfahrten seiner Zeit, die bunt waren bis zur Ausgelassenheit und zum Leichtsinn. Leicht nimmt er gar nichts, sondern alles schwer. Er schreitet nicht unbesorgt dahin, der nun einmal gegebenen Lehre und Verheißung gewiß. Er watet wie in einem Strom aufwärts, der ihn fortwährend hinabzureißen droht. Das Hinab, das Unten ist seine Furcht. Alle Menschen sind Sünder: nun gut, das wußte jeder, und man fand sich damit ganz gut ab, beichtete, bereute, büßte und zahlte Strafe – möglichst mit Maßen – und war damit der Sorge ledig. Luther ist katholischer als die katholische Lehre, mönchischer als seine Ordensbrüder, für die jene sinnvoll der menschlichen Unvollkommenheit angepaßten Vorschriften galten. All das ist ihm zu wenig. Er polemisiert schon erbittert dagegen, daß die Lehrer der Scholastik einräumen wollten, der Mensch könne gewisse »Anzeichen« an sich entdecken, wonach ihm Gottes Gnade zugewandt sei. Schlimmste Pestilenz sei das, so wettert er. An starken Worten fehlt es ihm überhaupt nicht, und an vielen Stellen kündigt sich schon der größte aller Polemiker an. Dann fällt er auch unwillkürlich aus dem streng vorgeschriebenen Latein ins Deutsche, wenn er von denen spricht, die so selbstzufrieden und sicher sind. Der Teufel antwortet einem, der sich auf seine bloßen »guten Absichten« beruft: »Ha, schmieg dich, liebs Kätzlein, wir werden Gäste haben! – in der Hölle.« Oder er winkt denen, die eitel sind: »Sieh, mein Eulchen, wie schön bist du, hast du nun Pfauenfedern?« Er spricht von denen, die sich so wunderschön und blitzsauber fühlen, während sie doch in geistigem Sinne von Schmutz starren, und hält ihnen vor: »Hast du als Kind auf dem Arm deiner Mutter ihr nie etwas auf den Busen gemacht, was schlecht roch? Duftest du so von Wohlgerüchen, daß der Apotheker aus dir einmal einen köstlichen Balsam machen wird? Wenn deine Mutter dich so behandelt hätte, dann wärest du an deinem eignen Dreck krepiert!«

Das ist eher volkstümliche Predigt als ein Kolleg, und es läßt sich denken, daß die Schüler an solchen Stellen ein wenig aufatmeten. Was der Dozent ihnen sonst bot, war schwere Kost. Luther verlangt immer viel, sehr viel von den Menschen, ja das nahezu Unmögliche. Sie sollen sich ändern, von Grund auf. Das war eines der Worte, die er aus dem griechischen Urtext entnommen hatte, und die Philologie wurde für ihn sogleich zur religiösen Lehre und Forderung. Die Erkenntnis, daß das griechische Wort metanoia, das im lateinischen und geltenden Kirchentext mit poenitentia, Buße, übersetzt wurde, noch mehr bedeute: Sinnesänderung, wurde zu einer Offenbarung für ihn und zum Schlüssel für sein ganzes Denken und Glauben. Das schloß ihm das Himmelreich auf; er brauchte dazu nicht die Schlüssel des Papstes, denen das nach kirchlicher Lehre zustand, und auch nicht die gesamte Praxis, die sich an die Lehre von der Schlüsselgewalt angeschlossen hatte. Denn Pönitenz war nicht nur mehr Buße, sondern mit den Bußstrafen und dem Ablaß dafür verbunden worden. Eine ganze gewaltige Apparatur hatte sich dafür entwickelt, gipfelnd in einem der wichtigsten Ämter der Kurie mit dem Kardinal-Großpönitentiar an der Spitze. Dort in Rom wurde über Buße, Strafe und Milderung der Strafe durch Ablaß entschieden. Dort hatte sich im Zuge der Bürokratisierung der ganzen Verwaltung der Kirche und ihrer Zentralisierung, allen anderen Einrichtungen der übrigen Mächte der Welt unvergleichlich überlegen, eine Zentralstelle herausgebildet mit vielen Zimmern, Nebenräumen, Beamten, mit Zahltischen, Abrechnungen und wichtigen Konferenzsälen, in denen über Finanztransaktionen von höchster weltpolitischer Bedeutung verhandelt wurde. Luther hatte bei seinem Besuch in Rom die Ordnung und Promptheit der Institution bewundert. Jetzt aber erschien es ihm unerträglich, daß dort über Gewissensfragen das letzte Wort gesprochen werden sollte, noch dazu in Verbindung mit Geld, mit Zahlungen. Sinnesänderung: das bedeutete für ihn, daß man sich innerlich grundlegend zu bessern habe und sich ganz und gar der Gnade Gottes überlassen müsse.

Von da aus begann sein Kampf, nun nicht mehr gegen den Feind in der eignen Brust, sondern nach außen, gegen die Tradition, die Kirche. Noch war er sich keineswegs dessen bewußt. Er dozierte, er sprach eine »Meinung« aus und glaubte, sie würde auch weithin anerkannt werden, selbst in Rom, wenn man dort nur richtig verständigt würde. Es waren nur die Hindernisse wegzuräumen, die sich in letzter Zeit aufgehäuft hatten, und unter der letzten Zeit begriff er die letzten drei oder vier Jahrhunderte, die in der Tat erst jenen ganzen Ämteraufbau und die dazugehörige Auslegung der Begriffe geschaffen hatten. Daß solches eine Revolution bedeuten würde, da es sich ja eben nicht nur um theologische Begriffe handelte, sondern um unauflöslich mit den Dingen dieser Welt verbundene Machtfragen, um Weltpolitik, Weltfinanz, um soziale Entscheidungen größter Ordnung, konnte dem Mönch nicht klar sein. Er sprach, wie wir gehört haben, seinen Schülern noch unbefangen vom Bannfluch, der den nach seinem eignen Kopfe denkenden Ketzer zerschmettern werde, wenn er sich gegen die Autorität der Kirche auflehnt. Und niemand nahm Anstoß. Im Gegenteil: sogar Luthers Kollegen, an Ruf und Alter ihm weit überlegen, setzten sich in den Hörsaal und lauschten seinen Worten. Der erste Rektor, der feinsinnige Humanist, Anatom und Philosoph Pollich war darunter. Er meinte, es ist ungewiß ob ängstlich oder hoffnungsvoll: »Dieser Mönch wird eine neue Lehre aufbringen.«

Rebell und Reformator

Nichts lag Luther ferner, als ein Rebell zu werden. Er war eine von Grund auf konservative Natur und ist das in vieler Beziehung stets geblieben. Er erkannte die Ordnung der Dinge an, wie sie nach seiner Auffassung von Gott gegeben war. Er fügte sich in die Hierarchie der Kirche ein und war dabei, in dem seit Jahrhunderten entstandenen Gefüge seinen Platz einzunehmen. Er predigte über die Heiligen, er respektierte seine Oberen im Orden und dessen obersten Schutzherrn, den Papst. Er legte seinen Studien die besten bekannten Autoritäten zugrunde, und wenn ihm dabei sein Ordensheiliger Augustinus als die allerbeste Autorität erschien, so befand er sich nur im Einklang mit der weitaus überwiegenden Majorität der Kirchenlehrer, für die der »Augustinismus« in den verschiedensten Formen gegolten hatte.

Aber er lebte in einer rabiaten, rebellischen Zeit und wurde ihr größter Sohn, ein Umstürzler, wie ihn die Welt kaum je gesehen hatte. Von allen Seiten kamen die Strömungen an ihn heran, auch wenn er in seinem Turmstübchen über seine Bibel gebeugt saß und nur den »klaren Text« lesen und erkennen wollte. Bei diesem Lesen wurde er bereits von einer der mächtigsten Bewegungen der Zeit, dem Humanismus, ergriffen. Das ist eine recht unbestimmt gewordene Bezeichnung, noch dazu verwaschen durch den Mißbrauch, der jetzt mit Worten wie Humanist getrieben wird, etwa darunter einen möglichst sanften Menschenfreund zu verstehen, dem Krieg und Totschlag ein Abscheu sind und den man bei unverbindlichen festlichen Gelegenheiten feiert, aber rasch ignoriert, wenn es ernst wird. Die Humanisten zu Luthers Zeit waren von ganz anderem Schlage – den einen, den großen Erasmus von Rotterdam ausgenommen, der allerdings der Vorstellung vom versöhnlichen und um Vermittlung zwischen den Parteien bedachten Geist Würde zu verleihen vermag; im Leben ist er zur tragischen Gestalt geworden. Sonst aber sind die Humanisten von derberer Art und ganz und gar nicht auf Konzilianz gestimmt. Vielmehr sind sie kriegerisch und streitsüchtig, Feder- und Fehdehelden, und das nicht nur auf dem Papier. Viele von ihnen trugen die Waffe an der Seite und zogen sie bei Gelegenheit. Das Leben der meisten war keine Stubengelehrtensache. Sie zogen umher, schon als Scholaren und Studenten, sie bettelten als junge Schüler und bettelten noch, wenn sie berühmt geworden, mit ihren Dedikationen um eine Ehrengabe anstelle des nicht existierenden Honorars. Wenige von ihnen sind dort gestorben, wo sie geboren waren; selten hat einer von ihnen es lange an einem Ort ausgehalten. Sie waren die ersten Bohemiens der neueren Zeit, Nachfolger der mittelalterlichen Vaganten, und Mittelalterliches und Neues geht bei ihnen so unauflöslich Hand in Hand wie bei allen Zeitgenossen jener bequem als »Übergang« bezeichneten Epoche. Das Neue aber ist uns das Wichtigere; wir lassen ihnen ihren Aberglauben und ihr Latein. Beim Latein allerdings begannen sie schon zu rebellieren: Zurück »zu den Quellen«, ad fontes, hieß die Parole. Wiederentdecker von verschollenen Handschriften der Alten waren die ersten Humanisten gewesen; Plautus im Nonnenkloster aufzufinden, war eine der frühesten Heldentaten der Quellensucher. Zurück zu den Quellen: Das hieß zum echten Latein, nicht dem Mönchslatein der Scholastiker. Die hatten ihre eigne Sprache entwickelt, ein sehr lebendiges, eigenwüchsiges Latein, mit ganz anderen Wortformen und vor allem Bedeutungen, als die Antike sie gekannt hatte. Es war Kirchenlatein, von Mönchen geschrieben und gedacht, und auch wo man sich auf Aristoteles zu berufen glaubte, war es nicht der antike Weise, sondern ein zum Kirchenlehrer umgewandelter Meister, dem man einige Grundformen des Denkens, der Dialektik, der Beweisführung entnehmen wollte. In Glaubensfragen konnte der Heide nicht mitsprechen, und das war Luthers Standpunkt der großen Autorität gegenüber. Zum echten Latein war nun noch das Griechische gekommen. In Florenz wurde der Homer gedruckt, von einem der Gelehrten, die aus Konstantinopel vor den Türken geflüchtet waren. Plato trat in aller Majestät hervor, bis dahin fast nur dem Namen nach bekannt und in »Neuplatonischen« oder besser plotinischen Einflüssen unterirdisch wirksam. Raffael stellte ihn in dem Jahr, da Luther in Rom seine Bußfahrten unternahm, neben Aristoteles in die Mitte seines Bildes der »Schule von Athen«, und das war damals ein Programm, die feierliche Dokumentierung eines großen Wandlungsprozesses, der die ganze italienische Humanistenwelt bewegt hatte. Luther hat sich um Plato kaum je gekümmert, und was die Humanisten seiner Zeit aus dem griechischen Dichter-Weisen herauslasen, hatte wiederum wenig mit der Antike zu tun. Aber das Griechische war nun da, die Sprache des Neuen Testamentes. Das »zurück zu den Quellen« bedeutete, daß man nicht mehr die lateinische Übersetzung des Hieronymus, sondern den »Urtext« lesen konnte. Weiter noch: Auch das Hebräische des Alten Testamentes begann bekannt zu werden, unter vielen Schwierigkeiten. Juden mußten dabei helfen, höchst unwillkommen den Autoritäten, aber unentbehrlich. Erbitterte Kämpfe entspannen sich, und in einen davon wurde Luther nach seiner Rückkehr aus Rom hineingezogen.

Das waren anfangs rein akademische Händel; um Sprachfragen, Forschungsziele, wissenschaftlich-philologische Probleme ging es. Es wurde der Kampf der Jugend gegen das Alter. Die Humanisten waren, schon rein dem Lebensalter nach, die junge Generation, manche, wie Melanchthon oder auch Luthers Gegner Eck, schon im halben Knabenalter berühmt, weil sie Griechisch verstanden, eine seltene und kostbare Kenntnis. Sie bildeten einen neuen Stand, eine weltliche Bruderschaft. Die alte Ordnung, in der ausschließlich dem Mönch die Sorge um Wissen, Fragen der Kultur und des Forschens, soweit erlaubt, vorbehalten blieb, wurde durchbrochen. Die Humanisten eroberten die Universitäten. Überall saßen sie oder vielmehr zogen sie umher, oft vertrieben und bedroht und andere bedrohend mit ihren Satiren, Epigrammen, Streitschriften. Der Stand der »Intelligenz« begann sich zu bilden, der stets unruhigen, immer den Behörden verdächtigen Geistigen, die zu allen Zeiten ein »Ferment der Dekomposition« gewesen sind, zersetzend, unbotsam, individualistisch, und wie die Ehrennamen lauten mögen. Die große Zeit, in der sie sich einen gewaltigen Sieg und ungemessenen Ruhm versprachen, war bald vorbei. Sie erhofften sich, der große Erasmus an der Spitze, ein Reich der stillen und klaren Gelehrsamkeit, eine Blüte der Studien, gefördert von einsichtigen und weisen Päpsten, Kaisern und Fürsten; sie jubelten unvorsichtig wie Ulrich von Hutten, es sei eine Lust zu leben, oder vorsichtiger wie Erasmus, der ebenfalls glaubte, ein goldenes Zeitalter sei angebrochen mit dem besseren Verständnis der Antike. Die Alten hatten das Goldene Zeitalter in die mythische Vorzeit verlegt und ihm das silberne und schließlich eherne folgen lassen. In eherner Zeit lebten die Humanisten, ohne es zu ahnen; es wurde ihnen nur zu bald mit der ehernen Zunge von Geschützen und Handbüchsen klargemacht.

Noch waren sie sehr mutig und hoffnungsfreudig und führten ihre Kampagnen mit den ihnen gegebenen Waffen des Witzes und der Satire. Luther wurde als Dozent und bereits angesehener Lehrer der Universität vom Hofkaplan Spalatin um ein Gutachten gebeten in Sachen des »Reuchlin-Streites«, der die gesamte Humanistenwelt bewegte. Diese Welt war nicht so groß, wie sie sich erschien, aber überall saßen ihre Repräsentanten, noch eng verbrüdert, unaufhörlich miteinander korrespondierend und auch unablässig die Druckerpressen beschäftigend, die nun sehr mächtig zu werden begannen. Die großen Streitfragen des Mittelalters, nicht weniger erbittert umkämpft, waren noch auf dem Pergament, in wenigen Abschriften, ausgefochten worden, im engsten Kreise der Hochschulen, meist überhaupt nur in Paris. Jetzt waren allenthalben, oft in den entlegensten Orten, die Pressen aufgestellt, die auf Papier, in dünnen Heften und Broschüren, mit satirischen Holzschnitten geschmückt, die Schriften der Streitenden, pro und contra, in die Welt schickten. Alles wurde gedruckt, sofort nachgedruckt und verbreitet, jedes Lobgedicht auf einen Freund und Gesinnungsgenossen, jede ganz persönliche Bosheit oder Rache, jede Bettelei und jede Verteidigung auch der dunkelsten Sache. Als die »Briefe der Dunkelmänner« ist aus dem Wust nur eine kleine Broschüre lebendig geblieben, die in dem ganz abgelegenen elsässischen Reichsstädtchen Hagenau 1515 erschien. Die Zersplitterung und Uneinigkeit des Heiligen Römischen Reiches hatte wenigstens das eine Gute, daß fast völlige Pressefreiheit herrschte, nicht weil keine Zensur geübt wurde, aber weil jede Stadt sich ihre eigne Zensur vorbehielt. Was an einem Ort verboten war, wurde alsbald an anderem publiziert; die Drucker und Verleger, vielfach einflußreiche Bürger, sprachen dabei auch ihr Wort mit und verdienten gut beim Streit der Parteien, zumal sie grundsätzlich keine Honorare zu bezahlen hatten. Die beiden Parteien, die in dieser Broschüre gegenüberstanden, waren die »Dunkelmänner«, die Dominikaner in Köln, und die jungen Humanisten als Kämpfer für »mehr Licht«. Die Machtverhältnisse waren sehr ungleich: Die Kölner Theologen konnten sich noch auf die ganze Autorität der Kirche stützen und ihren Machtapparat mitsamt der Befugnis, Bücher und Menschen zu verbrennen, denn sie hatten das Amt der Ketzerrichter. Die Angreifer waren junge Literaten, eben aus einem Kloster entlaufen oder noch mit einem Fuß hinter den Mauern steckend, die »Poeten« wurden sie höhnisch genannt von ihren Gegnern. Sie blieben anonym, denn die Sache war lebensgefährlich; die Autoren sind nie ganz genügend auseinandergehalten worden, und vieles war einfach fröhliche Gemeinschaftsarbeit oder ging aus Gesprächen im kleinen Kreise hervor. Aus Erfurt kamen sie zweifellos; Crotus Rubanus war einer von ihnen, der junge Hutten ein anderer. Eine Geographie der Hauptorte, die sich gegenüberstanden, zeichnet sich bereits ab, die für die ganze Lutherzeit maßgebend blieb: Erfurt galt seit langem als eine Art »neues Prag«, das heißt mit ketzerischen Gedanken befleckt, Köln und das nahe Löwen wurden die Hochburgen des alten Geistes, der Scholastik und Orthodoxie. In Köln waren die Theologen stolz auf den alten Ruf ihrer Universität, die Albert den Großen und Duns Scotus zu ihren Ahnen zählte; in Erfurt war man auf dem Weg der »via moderna« des Nominalismus fortgeschritten, und schon beträchtlich darüber hinaus. In Köln hatten die Inquisitoren Institoris und Sprenger den berühmten »Hexenhammer« 1489 veröffentlicht, das erste umfassende und gründliche Handbuch zur Verfolgung von Hexen und

Zaubermeistern, das eine neue Epoche der bis dahin ziemlich unsystematisch betriebenen Verfolgungen der »Unholden« einleitete und durch Innozenz VIII. die päpstliche Zustimmung erhielt. Das war so ziemlich die größte Leistung der »Kölner Schule« gewesen, die sonst bei den bewährten Kommentaren und ihrem alten Latein verblieb. In Erfurt sprach und schrieb man im Kreise der Jungen das neue Latein, das man für das echte alte der Klassiker hielt, und man schrieb es mit Witz, Schwung und im aggressiven Geist. Die freche Satire nahm den »Fall Reuchlin« nur zum Anlaß: Die Scholastik sollte lächerlich gemacht werden; die Mönche und das Mönchsleben, dem die jungen Autoren eben entronnen waren, und das Reliquienwesen wurden verhöhnt. Die Form der Satire war die unbewußte Selbstentlarvung: Die Dunkelmänner unterhalten sich brieflich ganz ungezwungen und bringen dabei ihre Unbildung und Torheit zutage. Das Essen und Trinken schmeckt ihnen gut, sie schlafen gern und lieben gern, und für alles finden sich die Beispiele in der Bibel. Sie zitieren den Prediger Salomo: Nutze das Leben mit deinem Weibe, das du liebhast, solange das eitle Leben währet! oder: Wenn zwei beieinander liegen, so wärmen sie sich – wie kann ein einzelner warm werden? Das wird mit den bekannten alten Mönchsanekdoten ausgeführt, ein Dominikaner springt in der Not nackt aus dem Fenster eines Liebchens, einem andern nimmt die Freundin an Zahlungs Statt seine Kutte ab und schneidet sie daheim in brauchbare Stücke, damit das Wort erfüllet werde: Sie haben meine Kleider unter sich zerteilet. Der Ablaß wird verhöhnt, die Mönche berichten sich, was für lästerliche Reden sie überall haben anhören müssen über das Pfründenwesen, das Abwandern der deutschen Gelder nach Rom; es waren alles die seit langem üblichen Beschwerden, nur hier etwas witziger vorgetragen. Durch das Ganze aber zieht sich in dunkler Spur der Prozeß gegen den verehrten Reuchlin, den die Dunkelmänner durchaus zur Strecke bringen wollen, und da riecht es brenzlig, denn der Scheiterhaufen, zunächst für die Bücher, dann für die Autoren, steht nahe dabei. Der übermütige Ton des Werkleins kann leicht darüber täuschen, daß es doch immer um Leib und Leben ging. Das Kampfmittel, die Dunkelmänner »barbarisches Mönchslatein« sprechen zu lassen, hat seinen Reiz verloren, seit Latein in der fortschreitenden Barbarisierung seine Geltung als Weltsprache verlor, und auch damals wirkte es mehr auf jugendliche Gemüter, wenn

Reuchlin »unum brillum« aufsetzt oder die Brüder »servitutem incredibilem«, unwahrscheinlich knechtische Ergebenheit, als Grußformel verwenden. Auch »Magister Mistladerius« oder »Schlauraff« als Namen scheinen uns etwas simpel. Aber die jungen Poeten fochten für eine große Sache. Die zornigen Propheten des Alten Testamentes sind das Arsenal, aus dem die Neuerer und Kritiker des Bestehenden ihre Waffen holen. Hier in den Dunkelmännerbriefen zitieren sie gegen die Mönche, die Salomos behagliche Lebensweisheit bevorzugen, das Strafgericht des Propheten Zephanja und den Tag des Zornes, den er ankündigt: Er will Jerusalem »mit Laternen durchleuchten« und alle heimsuchen, die »auf ihren Hefen liegen« und befriedigt meinen, »der Herr wird weder Gutes noch Böses tun«. Die Hefe ist die alte, matt und stumpf gewordene Theologie, auf der die Dunkelmänner liegen – die Laterne das Licht, das Erasmus und Reuchlin angezündet haben, die wahre und neue Lehre, die auf Kenntnis der alten Sprachen zurückgeht.

Darum ging es. Sollte es den Kölner Dominikanern erlaubt sein, alle Forschung zu verbieten, auch wenn sie zum Ziel hatte, das echte Wort Gottes aufzudecken? Sollte es schon Ketzerei sein, den hebräischen Urtext zu lesen anstelle der »geheiligten« lateinischen Übersetzung des Hieronymus? War es bereits ein Verbrechen, darauf hinzuweisen, daß der große Kirchenvater vielleicht bei all seinen erheblichen Verdiensten das eine oder andere Wort mißverstanden oder womöglich falsch übertragen hatte? Niemand kann das heute aufregen; die Philologie hat sich längst ihr Lebensrecht erkämpft, aber es wird vergessen, daß sie darum erbittert zu kämpfen hatte. Der überlieferte lateinische Text: Das war die Autorität der Kirche, die ihn geheiligt hatte. Wer ihn angriff, bezeugte, daß er ein Rebell war.

Reuchlin, der den ganzen Streit entfesselte, war kein Rebell. Er war ein guter Sohn der Kirche und ist im alten Glauben gestorben, obwohl man ihn verurteilt hatte. Er war auch von Haus aus kein Gelehrter und Sprachforscher, sondern Jurist, weitgereist in Frankreich und Italien, in diplomatischen Missionen und hohen Richterämtern lange tätig; erst als gereifter Mann wandte er sich seinen Sprachstudien zu; »zur Erholung, nach vielen Geschäften und dem Tumult an den Höfen«, wie er sagte. Auf einem kleinen Gütchen züchtete er weiße Pfauen und gedachte sich stillen Forschungen zu widmen, die ihn in den lautesten Streit seines Lebens führten und in größere Gefahr brachten als alles, was er in der Politik erfahren hatte. Er war ein Laie, ein Dilettant, und wurde die größte Autorität seiner Zeit für das Hebräische, das er in einer ersten Sprachlehre in Deutschland vorlegte. Damit geriet er in seinen »Kampf mit dem Fachmann«, der dadurch eine fast groteske Note erhielt, daß die Fachleute, die Dominikaner-Theologen, die ihn vernichten wollten, eben vom Hebräischen kein Wort verstanden. Es erschien ihnen als etwas Hochverdächtiges, das man besser den verfluchten Juden überließ; man hatte das bewährte Latein des Hieronymus, und das genügte. Reuchlin hatte sich unendliche Mühe gegeben, sein Hebräisch zu erlernen; er ließ keinen Rabbiner vorbeiziehen, den er nicht einlud, um von ihm einige Worte erklärt zu bekommen. In Italien hatte er sich seine Hauptkenntnisse angeeignet; da waren in dem kleinen Orte Soncino durch eine jüdische reiche Familie bereits ein halbes Hundert hebräischer Schriften publiziert worden, die italienischen Humanisten hatten in dem Grafen Pico de Mirandola einen großen Kenner der alten Sprache hervorgebracht, der zugleich Platonist war und an eine Universalreligion aus Griechentum, Judentum und Christentum dachte. Selbst an den Talmud wagte Pico sich schon und, noch gefährlicher, an die Kabbala, die als Zauberbuch angesehen und Mittel zum Schatzgraben wurde. Reuchlin wollte ganz andere Schätze sammeln und heben, als er diese Geheimwissenschaften aus der freieren Atmosphäre Italiens – selbst am Papsthof besaß man Verständnis für hebräische Studien – in die erheblich dumpfere deutsche Luft zurückbrachte. Er glaubte in ihnen den Schlüssel für eine universelle Erklärung des Weltalls zu finden. Auf den Fußstapfen der Kabbala könne man von Symbol zu Symbol fortschreiten bis zur letzten reinsten Form des Geistes. Er war Sprachmystiker und in manchem ein Vorläufer Johann Georg Hamanns und Herders. In der Sprache der alten jüdischen Patriarchen, glaubte er, habe sich die Ursprache der Menschheit erhalten, aus der Zeit, da Gott noch unter den Menschen wandelte, und von ihnen habe sie sich den späteren Völkern mitgeteilt. Aber auch Zahlenmystik spielte in seine Betrachtungen hinein. Er war da, ohne es zu wissen, auf einer richtigen Spur; auch die neueste Forschung hat sich mit den ungemein schwierigen Problemen der Wort- und Zeichendeutung der Kabbala, die an kosmische Zahlen- und Verhältniswerte gebunden zu sein scheint, beschäftigt. Für Reuchlin war das Buch etwas anderes: eine Prophetie des Neuen Testamentes und damit Christi, sehr willkommen als Ergänzung zu den auf den Messias bezogenen Prophetien des Alten Testamentes. Die Schriftzeichen für Gott deutete er durch Hinzunahme eines weiteren Buchstabens in Jesus um, an anderer Stelle fand er in den Zeichen schon die Trinität vorgeahnt. Vor allem war das Wort für ihn der Geist, das Geheimnis göttlichen Wesens. Gott, der sich des Umgangs mit der Seele erfreut, will sich in sie verwandeln: »Gott ist Geist, das Wort ist sein Hauch, der Mensch atmet, Gott ist das Wort.« Unschuldig genug für unsere Augen; frevelhafte Vermessenheit und Ketzerei eines Laien für die Kölner Theologen. Sie verstanden zwar weder die Kabbala noch den Talmud, aber sie waren überzeugt, daß dahinter nur Teufelswerk stecken könne. Sie haben darin bis in unsere Tage Nachfolger gehabt, mit ebenso ungenügender Kenntnis, aber noch größeren Machtmitteln der Verfolgung.

Was die Dominikaner überhaupt wußten, verdankten sie einem getauften Juden, Johann Pfefferkorn, der zum traurigen Mittelpunkt des ganzen Streites wurde. Mit dem fanatischen Eifer des Konvertiten und dem nicht seltenen jüdischen Selbsthaß wollte Pfefferkorn seine früheren Glaubensgenossen bekehren. Dazu mußten zunächst ihre Schriften vernichtet werden, aus denen er Auszüge in höchst parteiischer und fragwürdiger Form zum Beweis vorlegte, daß sie nur »Lästerungen« enthielten. Blieben sie dann noch verstockt, so sollten sie vertrieben werden. In Spanien war das bereits durch die dort so mächtige Inquisition im engen Zusammenwirken mit dem Königspaar Isabella und Ferdinand im größten Maßstab durchgeführt worden. Die »wissenschaftliche« Grundlage dafür hatte ebenfalls ein jüdischer Konvertit geliefert, der bis zum Erzbischof von Burgos aufgestiegen war und dessen Schriften auch in Deutschland unter seinem neuen Namen Paulus de Sancta Maria zirkulierten. Die Kölner Dominikaner glaubten eine gleiche große Aktion durchführen zu können. Sie ermunterten ihren Schützling, und Pfefferkorn erlangte vom umherziehenden Kaiser Maximilian im Feldlager vor Padua ein Mandat, wonach alle jüdischen Schriften abgeliefert und Pfefferkorn zur Durchsicht und Vernichtung übergeben werden sollten. Der Zelot suchte Reuchlin auf und bat ihn um Teilnahme bei dem wohlgefälligen Werk. Reuchlin lehnte ab, und damit begann der Streit, bei dem sich die Humanisten zum ersten Male als große Partei zusammenfanden. Es wurde das Vorspiel zum »Fall Luther«; bis in Einzelheiten verlief der Prozeß auch ähnlich: Anklagen, Vorladungen, Verzögerungen aus politischen Gründen und am Ende doch Verurteilung.

Um die jüdische Frage handelte es sich dabei nur in zweiter Linie; die Humanisten bedienten sich unbedenklich der beliebten judenfeindlichen Angriffe, wenn es um Pfefferkorn ging; sie zogen auch dessen hübsche Frau mit Vergnügen in die Debatte. Es ging ihnen um die Freiheit der Wissenschaft; die schien ihnen bedroht, und sie war es auch. Reuchlin erstattete ein Gutachten gegen das Vorgehen Pfefferkorns. Er unterschied darin sorgfältig zwischen den hebräischen Schriften, verteidigte energisch seine geliebte Kabbala und fand nur zwei kleinere, von den Juden selber abgelehnte Schriften verdammenswert. Was die Bekehrung der Juden anbelange, so sollten sie durch »vernünftige Disputationen sanftmütig und gütlich« bekehrt werden, und dazu wären hebräische Lehrstühle zu schaffen.

Reuchlin hatte kein Toleranzedikt im Auge. Der Gedanke der Toleranz war seinem ganzen Jahrhundert fremd und brauchte noch lange, ehe er sich, auch das nur für eine kurze Epoche, durchsetzen konnte. Aber es war eine erste, noch zaghafte Stimme der Vernunft und Versöhnlichkeit. Sie stieß sogleich auf unversöhnliche Ablehnung. Pfefferkorn veröffentlichte einen »Handspiegel« mit groben Verleumdungen: Reuchlin verstünde kein Hebräisch, er sei von den Juden bestochen; ein stets bewährter Vorwurf, der dann auch Lessing gemacht wurde, als er seinen »Nathan« schrieb. Reuchlin antwortete mit einem »Augenspiegel«, das heißt einer Brille, die auf dem Titel als Symbol abgebildet ist, und verteidigte sich ebenfalls nicht sanft. Nun griffen die Dominikaner ein. Der Ketzermeister Jakob von Hochstraten aus dem Brabanter Städtchen Hoegstraaten wurde zum Vorkämpfer der Orthodoxie und für die Humanisten zum schwarzen Mann auf lange hinaus. Zu seiner Verteidigung ist später gesagt worden, er habe keineswegs so schlechtes Latein geschrieben, wie es ihm in den »Dunkelmännerbriefen« vorgeworfen wurde, und habe auch eine recht brauchbare Abhandlung zur Moralphilosophie verfaßt. Uns will der feinsinnige Ketzerbrenner und Denunziant eher noch unsympathischer erscheinen als der grobe Eiferer. Hochstraten hat sich ständig als unermüdlicher Mahner und Rufer zu schärfstem Vorgehen betätigt, sehr bald auch gegen

Luther, den er schon in seiner Schrift gegen Reuchlins Kabbala dem Papst dringend ans Herz legte: »Erhebe Dich, Leo, mit dem Löwenmut Deines Namens« zum Kampf gegen die Füchse, die den Weinberg Gottes verheeren; mit Worten übrigens, die dann in der Bannbulle gegen Luther wiederkehrten.

Der Prozeß gegen Reuchlin ging dem gegen Luther unmittelbar voran und überschnitt sich mit ihm. Hochstraten als Ketzerrichter lud den alten Gelehrten vor nach Mainz; er hatte bereits einen Scheiterhaufen aufgerichtet, um Reuchlins »Augenspiegel« zu verbrennen, als ein Befehl des Erzbischofs die Exekution untersagte; die Sache müsse dem Papst vorgelegt werden. Leo X. übertrug den Fall dem Bischof von Speyer; dessen Räte wiesen Hochstraten ab und verurteilten ihn sogar zu Schadenersatz von 111 Gulden sowie zu künftigem Schweigen. Hochstraten dachte nicht daran, sich zu fügen, appellierte seinerseits an den Papst und verschaffte sich Gutachten der theologischen Fakultäten von Löwen und Paris. In Rom entschied eine Kommission von 18 Prälaten auf Freispruch Reuchlins; nur eine Gegenstimme erhob sich, die des päpstlichen Hoftheologen Silvester Mazzolini, der dann wenige Jahre später der erste Ankläger Luthers wurde. Die Humanisten jubelten verfrüht mit einem in Bild und Schrift verbreiteten »Triumphzug« ihres Helden Reuchlin, der wie ein römischer Imperator einzieht, begleitet von den Besiegten, Hochstraten und Genossen, die nur noch ohnmächtig »ins Feuer! ins Feuer!« stöhnen. »Reuchlinist« wird zum Parteiabzeichen, man redet sich im Briefe als Reuchlinist an und unterschreibt auch so, ein halbes hundert Schriften werden gewechselt, Hutten veranlaßt seinen großen Freund, den Kondottiere Sickingen, einzugreifen, der die Kölner bedroht und zwingt, das Speyrer Urteil anzuerkennen und Reuchlin seine Kosten zu bezahlen, ja sogar Hochstraten vorübergehend als Ketzermeister abzuberufen. Erst in der größeren Aufregung über Luther wird der Fall Reuchlin nochmals vorgenommen und 1520 endgültig vom Papst entschieden: Sein Buch ist unerlaubt, es begünstigt die Juden und wird verurteilt; er hat die Prozeßkosten zu tragen, die durch die Berufung nach Rom ganz erheblich geworden waren. Reuchlin hat sich gefügt, auch dem Schweigegebot der Kirche, und ist bald darauf gestorben. Er hat selbst seinem geliebten Großneffen Melanchthon, den er mit dem Segen Abrahams als blutjungen Dozenten nach Wittenberg geschickt hatte, keine Zeile mehr geschrieben, nachdem er gehört hatte, daß der Jüngling sich Luther angeschlossen habe.

Reuchlin war kein Rebell, auch kein Kämpfer, aber eine würdige Erscheinung, schon äußerlich eindrucksvoll mit seiner hochgewachsenen Gestalt, seinem sicheren Benehmen, das ihn wie einen »Senator« des alten Rom erscheinen ließ. Sein Ruhm als Gelehrter war international; sein Lebenswandel unbestritten. Seine Gläubigkeit konnte nur von Eiferern in Frage gestellt werden. Daß die Verteidiger der Orthodoxie sich gerade diesen Mann als Opfer aussuchten, zeigte, wie hoffnungslos erstarrt ihre Front geworden war; es erwies sich auch, wie sehr sie ihren Einfluß überschätzten. Aber die ganze Szene kurz vor dem Auftreten Luthers wird durch diesen Streit beleuchtet: der immer fahrige Kaiser, der ständig zögernde und unsichere Papst Leo, die bereits stark gewordene Humanistenpartei, die hier ihre erste Kraftprobe bestand. Allerdings bewies sie auch sogleich ihre Schwäche: Schon beim ersten drohenderen Gewitterzeichen begannen viele ängstlich zu flüstern und abzuraten oder sich beiseite zu stellen, Erasmus an der Spitze, der anfangs gelächelt hatte und dann unmutig den Mund verzog, als sein Name von den jungen Stürmern und Drängern zu oft und zu lobend genannt wurde. Sie sollten sehr bald auseinanderlaufen, als es um mehr ging als einen Gelehrtenstreit und die Frage der hebräischen Studien.

Für Pater Luther – noch unbescholten, als er sein Gutachten für Kurfürst Friedrich abzustatten hatte, während der Prozeß gegen Reuchlin in Rom schwebte – schien die Sache einfach. Er nahm entschieden die Partei Reuchlins, den er hoch schätzte und dessen hebräische Sprachlehre ihm unentbehrlich war für seine Bibellektüre. Reuchlin habe überhaupt, so erklärte er, doch nur eine »Ansicht« vorgetragen, nämlich, daß die jüdischen Schriften wertvoll seien, keine »Glaubenssätze«. Sollte das bereits Ketzerei sein? Wenn das überhandnimmt, dann werden die Kölner bald »Mücken im Sieb fangen und dabei Kamele verschlucken«, wie es in der Bibel heißt. Er wendet sich energisch gegen solche Splitterrichterei und meint, die Kölner Zensoren sollten sich um dringendere Dinge kümmern, hundertfach wichtigere: den »inneren Feind«, die Abgötterei; da könnten die Inquisitoren ihre Weisheit, ihren Eifer und auch ihre »Liebe« betätigen, statt sich mit so abgelegenen Fragen zu befassen.

Was aber nun die Juden anbelangt, so findet er, daß die Kölner mit ihrer Bekehrungssucht gegen den ausdrücklichen Wortlaut der Bibel verstoßen, deren Sinn es sei, daß es Gott vorbehalten bleiben müsse, das verstockte Gemüt der Juden zu ändern. Gott allein müsse dies Werk volbringen, von innen her; den Menschen komme das nicht zu. Luther glaubt damals noch an eine solche Bekehrung; im Alter hat er ganz anders gesprochen und die Sache nicht Gott überlassen wollen, sondern seinem Landesherrn, den er mit einigen der wüstesten und unbarmherzigsten seiner Streitschriften zur Vertreibung der Juden aufforderte.

Jetzt war er noch gelassen, jedenfalls nach außen hin. Es geht ihm um das »Innen«, wie er auch in diesem Gutachten betont, im Grunde um sein eignes Innere, das noch ganz verstört ist bei aller Tätigkeit in seinen verschiedenen Ämtern. Da muß der Kampf erst ausgefochten werden; die satirischen Pamphlete der Humanistenbruderschaft erscheinen ihm belanglos und oberflächlich. Wenn sich von ihnen einige an ihn wenden, da er im kleineren Kreise bereits bekannt wird, mit den üblichen Schmeicheleien, die auf Gegendienste rechnen, so wehrt er das ab. Er hat nie so recht »dazugehört« und ist weder als Parteigenosse noch in seinen Studien noch auch in dem übertragenen heutigen Sinne ein Humanist gewesen.

Die Schrift, die Bibel, in ihrem klaren Text, das war sein Studium. Dafür brauchte er auch die hebräische Sprachlehre Reuchlins, dafür die griechische Ausgabe des Neuen Testaments, die Erasmus nun zuerst erscheinen ließ. Luther war darin durchaus wissenschaftlicher Forscher, der die neuesten, ungeahnte Erkenntnisse versprechenden Hilfsmittel benutzte, und selbst einzelne Worte, die er aus dem Urtext her erst begriff, gewannen höchste Bedeutung und wurden entscheidend für seine Auffassung. Aber all das war doch auch wieder nur »außen«, ein Hilfsmittel, eine Anregung, wie die tröstlichen Worte, die Staupitz ihm zukommen ließ. Seine eignen, höchst persönlichen Zweifel und Anfechtungen sind der Ausgangspunkt, vom Teufel eingegeben, wie er das nannte, und der Teufel sei der »Vater seiner Theologie« geworden, so sagte er in seiner immer gefährlich die schärfsten Paradoxe verwendenden Ausdrucksweise. Ohne dessen Versuchungen hätte er nie die Gnade kennengelernt. Und diese Gnade, die keine freundliche und ohne weiteres sanft ausstrahlende Huld für ihn bedeutet, sondern eine schwer errungene und immer wieder zu erkämpfende Erlösung aus den Qualen, wird zum Zentralbegriff seiner Lehre. Nur durch den Glauben kann man sie erlangen.

Er sagt bezeichnend, wie er sich mit der Bibel habe »würgen« müssen, nachdem ihm alle bisherigen Auslegungen nichts sagen konnten. »Es ist viel besser mit eigenen Augen sehen denn mit fremden.« Das ist der Rebell. Das ganze Lehrsystem der Kirche beruhte darauf, daß der Einzelne sich einzufügen hatte in die Gesamtheit, daß es ihm nicht überlassen werden könne, mit eignen Augen zu sehen. Bis in die offiziellen Akte der Verurteilung vor dem Reichstag zu Worms hinein ist diese Rebellion als Luthers entscheidende Tat, sein Wagnis verstanden worden. »Es ist gewiß, daß ein einzelner Klosterbruder irrt, wenn er seine Meinung gegen die der gesamten tausendjährigen Christenheit setzt – nach solcher Meinung hätte sich die Christenheit jederzeit im Irrtum befunden.« So drückte es der junge Kaiser in seiner ersten selbständigen Willensäußerung aus, als er Luther verdammte. Auch das war eine persönliche Meinung, aber sie stimmte genau überein mit den Ansichten der Kirche. Die katholische Kirche hat diesen Standpunkt bis heute vertreten. Auch in der für Luthers Wesen und seine Bedeutung sehr aufgeschlossenen Darstellung von Joseph Lortz wird herausgestellt, daß Luthers Entwicklung ein persönlicher Vorgang sei, »er sieht und vernimmt nur sich, alles andere schiebt er fort, oder er liest seine Gedanken in die Texte hinein«. Eine große Möglichkeit der Kritik, so heißt es dort, eröffne sich damit anstelle der bisher meist geübten kleinlichen. Die Offenbarung Gottes, wie sie im Alten und Neuen Testament vorliegt, sei eine umfassende Verkündigung, die alle Lagerungen des Menschlichen berücksichtige. »Solche umfassende Verkündigung kann aber kein einzelner Mensch rein bewahren. Auf sich allein gestellt, wird er einseitig auswählen. Nur ein Organismus, der ebenso Werk Gottes ist wie die Offenbarung des Wortes, kann jenen umfassenden Besitz bewahren: die Kirche. Auf diesen Träger aber hat Luther wesentlich keine Rücksicht genommen. Er hat denn auch nicht den gesamten Umkreis der Offenbarung gleichmäßig bewahrt, sondern häretisch singulär reagiert.«

Wir zitieren eine Autorität unserer Zeit und halten es nicht für nötig, alles aufzuzählen, was sich dagegen anführen ließe. Luther empfand sich keineswegs als Ketzer, damals nicht und überhaupt nicht: Er wollte reformieren. Er ging gewiß von seinem persönlichen Erlebnis aus – wie sollte er auch anders, noch dazu in einer Zeit, da Führung und Weisung ungemein fraglich geworden waren oder ganz fehlten. Ein einzelner Klosterbruder, wie Kaiser Karl abschätzig meinte, hat immer wieder einmal die Fragen aufgreifen und neu erfassen müssen; aus solchen Klosterbrüdern setzt sich die Kirchengeschichte zusammen und aus anderen einzelnen Geistern außerhalb des Klosters die Geistesgeschichte, aus verschiedenen Organismen die Menschheit.

Die Schwierigkeit einer Deutung des Kampfes Luthers liegt darin, daß die Zeugnisse über seine Entwicklung von so verschiedener Art sind. Nebeneinander geht das Ringen des Theologen, sich von den überkommenen, ihm ungenügend erscheinenden Kategorien und Auslegungen zu befreien, und die Praxis, das Bedürfnis des Seelsorgers, der die Mißstände der Zeit vor sich sieht und Besserung schaffen will. Wenn er vom Glauben spricht, so hatte er das Gefühl, daß weithin Unglauben herrschte; wenn er sich leidenschaftlich gegen den Irrglauben an die »bloßen Werke« wendet, durch die der Mensch selig werden könne, so konsultierte er nicht die subtilen Definitionen früherer Lehrer, sondern die Praxis seiner Gegenwart. Daß die Kirche und die Welt von Zeit zu Zeit dringend einer Erneuerung in Glaubensdingen bedürfe, war keine bloße vermessene These des Klosterbruders Martin; aus Verfall und Reform in unablässigem Wechsel bestand die ganze Geschichte, und kaum jemand wagte es zu behaupten, daß die Entwicklung der letzten Jahrhunderte einen Zustand herbeigeführt hätte, der erfreulich oder nur erträglich war.

Der Pater und Dozent Luther wollte noch nicht reformieren und gar nicht rebellieren. Er wollte sich klar werden, und als er Klarheit erlangt zu haben glaubte, wollte er missionieren, seine Auffassung verkünden. Er sah sie nur als eine »Meinung« an, so wie er Reuchlins Ansicht von der Nützlichkeit der jüdischen Schriften als eine Meinung beurteilt hatte, die nicht als Glaubenssatz betrachtet werden könne. Sein Missionarsgeist führte ihn ganz konsequent zu Paulus, dem ersten Missionar und auch ersten Theologen, und zu Augustinus, dem Missionar der römischen Heidenwelt und ersten Theologen der abendländisch-westlichen Kirche. Das »zurück zu den Quellen« bedeutete für Luther diese Frühzeit, nicht, wie für die Humanisten, die Antike. Er hielt sich damit im Einklang mit den »besten Autoritäten«; was später gekommen war, sah er nur als zusätzliche Erweiterung, Verwirrung und unnötige Verkomplizierung an. Insofern war er in der Tat ein Schüler des Meisters Ockham, dessen berühmter Satz, das »Rasiermesser« genannt, lautete: Man soll die wesentlichen Dinge nicht unnötig vervielfachen. In seiner eignen Sprache meinte Luther: »Doktoren der Schrift sind nicht solche, die im Himmel anheben und erst das Dach bauen und machen. Solche Leute werden zu Gemsensteigern, die den Hals brechen.«

Mit dem Dach fing die mittelalterliche Scholastik grundsätzlich an: Sie dachte von oben nach unten. Der Himmel war zunächst und auf alle Fälle gegeben, und wenn man auch in Bescheidenheit damit anhob, daß Gott unbegreiflich sei und der Mensch ihn nicht wissen könne, so wurde dann doch unverzüglich zugegriffen und bis in die Einzelheiten genau die Hierarchie des Himmels beschrieben, definiert und in den Rängen unterschieden. Von da ab ging es erst hinunter auf die Erde und zu den Menschen und ihrer Rangordnung, wobei wiederum von oben, dem Heiligen, in Stufen zum niedersten, dem gewöhnlichen sündhaften Menschen herabgeschritten wurde.

Luther kennt solche Rangordnung und überhaupt die »Ordnung« nicht, den Lieblingsbegriff der mittelalterlichen Denker, von dem begeistert romantische Nachfahren auch eine entsprechende Ordnung im mittelalterlichen Leben der gewöhnlichen sündhaften Menschen haben erkennen wollen. Er ist »undiszipliniert«, trotz seiner Mönchserziehung. Er will direkt vor seinen Gott treten, nur mit seiner Bibel in der Hand, in der alles gesagt ist.

Er braucht keine Gottesbeweise, logisch-mathematischer oder metaphysischer Art. Die Existenz Gottes ist für ihn so klar wie das Amen in der Kirche oder beim Gebet. Er spricht zu ihm von Person zu Person, obwohl er sich des ungeheuren Abstandes sehr wohl bewußt ist. Er fühlt sich als ganz erbärmlich und winzig, der Erbsünde unterworfen wie alle, ständiger Sünde ausgesetzt und einem furchtbaren Richter gegenübergestellt, der ihm nur Gnade gewähren kann. Nur Gnade, nicht Recht; auf etwaige Verdienste kann er nicht pochen, und mögen die noch so tadelfreies Leben sein. Nur dadurch, daß Gott in Christus seinen eignen Sohn gesandt und am Kreuz hat leiden lassen, ist den Menschen sein Erbarmen und seine Gnade angezeigt. Daran zu glauben »rechtfertigt« erst den Menschen. Luther denkt immer »nur« in

Ausschließlichkeiten, und so verkündet er: »nur durch Gnade«, sola gratia, »nur durch Glauben«, sola fide, »nur durch Christus« – das werden dann die drei entscheidenden Aussagen der Reformation. Sie sind einfach und verständlich, eine Dreiheit, die so viel leichter zu begreifen war als das Mysterium der Trinität, dessen Auslegung schon in den ersten Jahrhunderten zu den größten und folgenschwersten Spaltungen geführt hatte. Einfachheit ist das Geheimnis von Luthers Wirkung.

Gar nicht einfach war freilich der Weg, den er zurückzulegen hatte, bis er zu diesen Sätzen kam. Seine eignen Skrupel waren der Ausgangspunkt. Er hatte seine Sünden gebeichtet, von denen wir nicht wissen, was sie waren, und keine Erleichterung gefunden. Als Sünde empfand er schon überhaupt »das Fleisch«, seine gesamte Existenz, seinen unbändigen Willen. Er kommt damit bereits dazu, es schon als Sünde anzusehen, wenn der Mensch durch eigenen Willen, aus eigner Kraft versuchen will, zum Heil zu gelangen, und dazu, den »freien Willen« mit aller Schärfe abzulehnen und den »unfreien«, den geknechteten Willen als eine Grundthese seiner Lehre zu proklamieren. Paulus ist dabei sein Lehrer, wie bei allen Hauptgedanken. Auch da geht Luther sehr persönlich vor: Aus der ganzen Bibel spricht ihn vor allem ein Stück an, zu Beginn sogar ein Satz aus dem Missionsbrief des Paulus an die Gemeinde zu Rom. Die Theologie Luthers ist »Römerbrief-Theologie« und auch die ganze Theologie des Protestantismus bis in die letzte Zeit hinein hat immer wieder von diesem Brief aus Stellung genommen. »Diese Epistel ist das rechte Hauptstück des Neuen Testaments und das allerlauterst Evangelium«, schreibt er zu Beginn seiner Vorrede, als er seine Übersetzung herausgibt. Man soll es auswendig wissen und täglich mit ihm umgehen, und so hat er es gehalten. Man kann seine ganzen grundlegenden Anschauungen, und auch sein Verhalten im Leben, in einem Kommentar zu diesem Brief zusammenfassen, bis zu seiner Einstellung dem Staat gegenüber.

Er sieht Paulus nicht, wie die historische Betrachtung von heute, in einiger Distanz von den Evangelien, als Missionar der frühesten Zeit, der es noch mit einer sehr unsicheren Gemeinde zu tun hat, bedroht von außen und von innen, der Apostel selber unbewußt bedroht von dem Erbe der jüdischen Tradition, aus der er stammt und durch deren theologische Schule er als Rabbiner gegangen ist: Paulus ist für ihn die

Bibel, das »Hauptstück«; die Evangelien bleiben damals für den Begründer der evangelischen Bewegung ziemlich im Hintergrund und werden nur so weit herangezogen, als auch Paulus sie erwähnt oder sie ihn erklären. Darin ist Luther Theologe und Schüler eines Theologen.

Aber noch ein Teil der Bibel ist für ihn ein Hauptstück: der Psalter. Der spricht ihn aus anderen Gründen an, als große Dichtung und Musik, obwohl er das nur fühlt; der Theologe in ihm folgt zunächst der üblichen Auslegung der Tradition und müht sich damit, den Psalter nach der vierfachen Deutung zu erklären und in jeder Zeile auf Jesus zu beziehen, den er da reden oder singen hört, und nicht auf David. Auch hier könnte man sein ganzes späteres Werk von den Psalmen her begreifen, vor allem im Schwung seiner Sprache und dem Reichtum der Gefühle. Die rabbinische Tradition erzählte die Entstehung des Psalters mit einem Gleichnis von der dichterisch-musikalischen Konzeption: David lag und schlief, und über seinem Haupte hing im Dunkel eine Harfe, die begann, im Mitternachtswind zu tönen, bis der König erwachte und seine Worte zu den Klängen fügte, dem Saitenspiel gehorchend. Als der Morgen kam, war sein Werk vollendet. Dem »achtseitigen Psalter«, der die ganze Oktave umfaßt, galt Luthers erste Veröffentlichung, er widmete ihm seine frühesten Vorlesungen und fand die ersten begeisterten Zuhörer; aus dem Psalter ist sein ganzes Liederwerk erwachsen, und die singende Reformation wurde mächtiger als die disputierende und streitende. Für die französischen Protestanten wurden die Psalmen dann überhaupt der einzige zugelassene »Schmuck« des Gottesdienstes, aber auch Kampfgesänge in der Schlacht. Für Luther waren die Buß- und Kampfpsalmen die wichtigsten; sein Liebling war der 2. Psalm, der ihm wie für seine Sache geschrieben schien: »Die Könige der Erden lehnen sich auf, und die Herren ratschlagen miteinander wider den Herrn und seinen Gesalbten: Lasset uns zerreißen ihre Bande und von uns werfen ihre Seile!«

So rebellisch dachte der Dozent noch nicht, oder wenn er so dachte, so trug er das nicht vor. Er stand noch sehr im Bann der Tradition und seiner Erziehung. Man kann jedoch seine Entwicklung nicht nur aus »Schriftstellen« der erhaltenen Dokumente oder seinen nachträglichen Erinnerungen deuten, bei denen er ganz bestimmte Erlebnisse heraushob, die »wie ein Blitz« ihn getroffen und erleuchtet hätten. Ein solcher geistiger Blitzschlag zündet nur, wenn er in bereits aufgehäuftes brennbares Material trifft. Wir sind heute gewöhnt, in Gedanken der Entwicklungslehre zu wandeln, und gehen darin vielleicht oft zu weit. »Einflüsse« werden bis zu den entlegensten Rinnsalen in den Bergen hin verfolgt. Dem früheren Menschen war die urplötzliche Wendung und Wandlung die näherliegende Form, und sie galt auch durch große Beispiele als geheiligt: die Bekehrung des Paulus, des Augustinus. Luther hat im Rückblick von einer bestimmten Erleuchtung bei seinem Studium des Römerbriefes in seinem Turmstübchen gesprochen, die ihm erst das »Tor zum Paradies« geöffnet habe nach tiefster Verdüsterung und Christus im hellsten Lichte erscheinen ließ. Erst damit glaubte er den Schlüssel gefunden zu haben: der Glaube nicht als Tat des Menschen, sondern als Gnade Gottes. Man hat neuerdings versucht, dieses »Turmerlebnis« genauer zu datieren, was nicht gut möglich ist; man hat obendrein noch in reichlich groteskem Eifer, aber in höchstem Ernst darüber gestritten, ob das Lokal der Eingebung die Arbeitsstube oder das »heimliche Gemach«, das heißt der Abtritt der Mönche gewesen sei, was sich aus der Abkürzung in der Handschrift eines Schülers herauslesen läßt. Daß Luther bei seiner bekannten Unverblümtheit auch so etwas gesagt haben könnte, ist durchaus denkbar; im übrigen erscheint es uns gänzlich bedeutungslos, wie auch das Suchen nach einem bestimmten Tag. Luther verwendet immer die leidenschaftlichsten Bilder: das wie »von einer Axt« getroffen werden, er »rast«, die Unruhe jagt ihn hin und her, er fühlt sich durch ein Wort in die Hölle hinabgeschleudert, durch ein anderes emporgerissen, und weit entfernt, es zu beklagen, empfindet er das als notwendig zu seinem Heil; die schlimmste Anfechtung sei, keine Anfechtung zu erfahren, meint er.

Außer dem Humanismus kam eine andere Strömung an ihn heran, die wesentlich für seine Entwicklung verantwortlich gemacht worden ist: die deutsche Mystik. Er hat in diesen Jahren durch Zufall die kleine Schrift eines Unbekannten in die Hand bekommen, die aus Frankfurt stammte, »der Frankfurter« genannt und von ihm in »ein deutsch Theologia« umgetauft wurde. Er hielt sie für ein Werk des Dominikanerpredigers Tauler, von dem er auch einige Sermone las. Die große Zeit der deutschen Mystik lag weit zurück, um anderthalb Jahrhunderte, und nur sehr wenig davon war bekannt, ganz wenig gedruckt,

Eyn geystlich edles Buchleynn.
von rechter vnderscheyd
vnd vorstand. was der
alt vñ new mensche sey. Was Adams
vñ was gottis kind sey. vñ wie Adã
ynn vns sterben vnnd Christus
ersteen sall.

7 Titelblatt der »Theologia deutsch«, 1516

vom größten Geist der Mystik, dem Meister Eckhart, gar nichts. Inzwischen – und erst seit neuestem – ist die deutsche Mystik zu einem ganzen Forschungszweig und zeitweilig auch zum Gegenstand unsinnigsten Mißbrauchs durch politische Dunkelmänner geworden, die einen »echt deutschen Glauben« neben ihren anderen Glaubensartikeln für nützlich hielten. Das ist verflogen. Geblieben ist eine sehr berechtigte Hochschätzung und eingehende Beschäftigung mit den Männern und Frauen des 14. Jahrhunderts, die ihre Visionen, Ekstasen und Gebete in den sehr verschiedenen deutschen Dialekten, im Latein des 14. Jahrhunderts und in einer Geheimsprache niedergelegt hatten, die für die »Mysten«, die Eingeweihten, bestimmt war. Übersetzen kann man diese Schriften nicht, und selbst dem Kenner des Mittelhochdeutschen machen sie die größten Schwierigkeiten. Was heute vom Uneingeweihten als besonders »dichterisch« und packend empfunden wird, ist vielfach streng und formelhaft gemeint; was als kühnstes Paradox erscheint, war damals für die Brüder und Schwestern der Mystikergemeinschaft selbstverständlich.

Luther kannte nichts von Meister Eckhart, von dem jetzt jede Deutung der deutschen Mystik ausgeht. Er wußte überhaupt nichts von »der deutschen Mystik«, die vielfach so etwas geworden ist wie der »gotische Mensch« der Mythenbildung. Die Dialektik, die starke Betonung des Intellekts und der Vernunft bei Eckhart hätte ihn höchstwahrscheinlich nur abgestoßen. Aber damit brauchte er sich gar nicht abzumühen; die Schriften des großen Meisters waren gründlich vernichtet oder verstreut. Was Luther in die Hand fiel, waren nur winzige Reste, einige Blätter einer großen Bewegung, die unterirdisch fortlebte, in ganz kleinen Konventikeln, unter Eingeweihten, welche die Geheimsprache verstanden oder zu verstehen glaubten. Als solche Untergrundbewegung, deren Lehren von Hand zu Hand und vor allem von Mund zu Mund weitergegeben wurden, hat die deutsche Mystik allerdings ihre große Bedeutung. Sie war ein Zeichen dafür, daß die Praxis des kirchlichen Lebens vielen Menschen nicht genügte. Die Anhänger waren, von der kirchlichen Autorität her gesehen, Individualisten, Einzelgänger; sie wollten selber, ohne Mittler, sich ihren Zugang zu Gott schaffen. Darin waren sie, wie Luther, Rebellen, und es war ganz konsequent, daß die Kirche sie verdammte und zu unterdrücken suchte. Die »Stillen im Lande« waren nur schwer zu erfassen; sie lebten eingezogen, meist sehr vorbildlich, und verständigten sich oft lediglich durch Haltung, Winke und Zeichen, die kaum zu zensurieren waren. Die erhaltenen schriftlichen Zeugnisse sind nur ein ganz kleiner Teil dieser weitverzweigten Bewegung, und schon deshalb ist es sehr schwierig, eine Übersicht zu gewinnen und die oft widerspruchsvollen Ansichten zu deuten. Als »Widerstandszellen« jedoch können sie nicht leicht überschätzt werden. Aus solchen geistigen Familien und Sippen rekrutierten sich die »Gottesfreunde«, sie hatten ihre Anhänger in der »Devotio moderna« des Gerrit Groote und brachten in der »Nachfolge Christi«, die unter dem Namen des Thomas von Kempen geht, eines der am weitesten verbreiteten Andachtsbücher hervor, das wegen seiner schwermütigen und allen kühnen Bildern der anderen Mystiker entsagenden Stimmungslyrik sogar als erlaubt angesehen wurde. Die Wiedertäufer und Brüdergemeinden nahmen dann die Gedanken der Mystik auf und führten sie weiter; das Kennzeichen war immer die ganz kleine Gruppe, die sich gegen jede Einbeziehung in eine größere Gemeinschaft, ob Kirche oder Staat, wehrte, viel stärker durch gleiche Gesinnung, Haltung, Lebensführung verbunden als durch bestimmte dogmatische Lehre, und gerade deshalb allen Autoritäten so verhaßt als »ungreifbar«, unbegreiflich und verdächtig.

Ungreifbar sind sie auch für uns zum großen Teil; sie tauchen wie alle als ketzerisch angesehenen Bewegungen nur da auf, wo sie verfolgt werden. Sie müssen sich auch ständig »tarnen«, und es führt leicht irre, was sie sagen, und noch mehr, was ihre Gegner über sie sagen. Die Erfahrungen unserer Zeit haben uns erst den Blick dafür geschärft, wie aufmerksam man solche Zeugnisse beurteilen muß. Wie vieles ist da doppelsinnig gemeint; wie leicht können »lammfromme« Worte der Ergebung täuschen – und Christus als das Lamm war das Kardinalsymbol dieser Frommen. Es kann dahinter eine zähe Abwehr stecken, allen lauten Protesten überlegen. Die Doppelsinnigkeit führte auch zu höchst problematischen Bildern, die immer hart am Rande von Seele und Leib ein Spiel treiben. Die Gottestrunkenheit wird mit einem Gesang von »acht Burschen im geistlichen Wirtshaus« verherrlicht: Die Würfel, mit denen sie spielen, sind die »tiefen scharfen Sinne, die werfen sie in die Gottheit«, »sie legen sich an die Luder, sie trinken volle Fuder, nichts ist genug, Gott ist das höchste Gut«. Das Tändeln mit der Gottesminne wird bis an die äußerste Grenze geführt in den Sprüchen der Elf Jungfrauen, von denen eine sagt: »Ich bin siech von minnen / an hertzen und an sinnen, / Es mag nit länger sin geswiegen: / ich muß sin gar zu bette liegen.«

Es kommt hinzu, daß die Untergrundsgruppen der Mystiker, oft in hochangesehenen Nonnenklöstern vertreten, in vorzüglich geführten Schulen, immer aber sehr eingezogen lebend, noch draußen in der Welt ihre wilderen Genossen als Freischaren hatten. Die Begarden und Beginen wurden durch ihr Umherpilgern, ihre freie Predigt und das »freie Leben«, das ihnen nachgesagt wurde, am weitesten bekannt. Sie lebten von Almosen und machten damit den Bettelmönchen Konkurrenz; sie trugen aufregende Prophezeiungen und düstere Weissagungen umher. Begardensprüche galten als »Lügen« und wurden doch weithin verbreitet; die Beginen wurden oft beschuldigt, Huren zu sein. Wieviel landfahrendes Gesindel sich ihnen anschloß, ist schwer zu unterscheiden; wie weit ihre mystischen Glaubenssätze mit der »echten Mystik« zusammenhängen, kann überhaupt kaum ausgemacht werden. Sie entzogen sich jeder Aufsicht, wurden verjagt, verurteilt, auch durch feierliche Konzilsbeschlüsse, die immer wieder erneuert wurden. Es ist möglich, daß einige von ihnen in der Tat ein sehr freies Leben führten, obwohl die Verurteilungen durch noch viel ungehemmter mit ihren Konkubinen hausende Bischöfe nicht ganz unverdächtig sind. Die These aber, daß völliges Aufgehen in Gott den Menschen völlig frei mache, der damit keinen eignen Willen mehr habe und somit auch nicht sündigen könne, selbst wenn er »Fleischessünde« beginge, hat anscheinend einige ganz wilde Sekten hervorgebracht, die halbnackt umherzogen und blutig verfolgt wurden; die Berichte über wüste Ausschweifungen, zumal wenn sie auf der Folter erpreßt waren, sind nie ganz frei von den Zügen des Sexualneids und vergifteter Sexualphantasien, die auch bei den Hexenprozessen ihre Orgien feierten. Die Mystik hat sehr verschiedene Gesichter gehabt, ganz selbstvergessen hingegebene, scharf gespannte in angestrengtem Denken und fratzenhaft verzerrte. Man kann die Radikalen nicht aus dem Gesamtbild fortlassen, ohne es zu entstellen und zu verniedlichen.

Luther las einen kleinen Text in kräftigem alten Deutsch. Er gab ihn sogleich 1516 heraus als seine erste Veröffentlichung für das weitere Publikum, und nannte es ein »edles Büchlein vom rechten Unterschied, was der alt und der neue Mensch sey«. Er fand darin mehr Weisheit als in »allen Büchern der Lehrer der Hohen Schulen«; deren Gelehrsamkeit sei »eisern und irden« dagegen. Er spricht nicht als Dozent, sondern als Volkserzieher und mahnt, der Leser solle sich nicht übereilen mit geschwindem Urteil, wenn ihm manches darin schwach oder ungewöhnlich erschiene, »oben schwebend wie der Schaum auf dem Wasser. Sondern es ist aus dem Grund des Jordans von einem wahrhaftigen Israeliten erlesen«, dessen Namen man nur nicht wisse. Er hält es für ein Werk Taulers, von dem er auch eine Predigtsammlung in die Hand bekommen hat und den er ebenfalls als allen Schultheologen überlegen preist. Der »rechte Weg im Geist zu wandern durch überschwebenden Sinn« war im Titel der Sermone Taulers angekündigt; Luther hält sich aber nicht an den über den Worten schwebenden mystischen Sinn. Er legt seine eignen Gedanken unter und schreibt sie an den Rand. Er freut sich, diese beiden alten Zeugen entdeckt zu haben und sie andern mitzuteilen, und daß sie so »aus dem Herzensgrunde« sprechen, und in seiner eignen Sprache, bewegt ihn hauptsächlich. Den Grundvorstellungen der Mystik aber war er fern, und diese erste kurze Bekanntschaft lag bald hinter ihm. Für die Visionen und Ekstasen der Mystiker hatte er kein Organ: »Das wird noch lang nicht Gott schauen heißen, wenn du mit deinen Gedanken kommst getrollt und gen Himmel kletterst«, meint er ungeduldig. Man kann Gott nicht mit leiblichen Augen schauen, das ist niemand gegeben, sondern »nur mit dem Glauben«.

Auch hier will er mit eignen Augen auf den Text sehen. Noch andere Strömungen kommen an ihn heran. Wir nannten den Humanismus und die Mystik. Die stärkste Strömung, die soziale und politische Gärung der Zeit, blieb dem Pater Luther noch weitgehend unbekannt; sie kam in keinem der Bücher vor, die er las. Aber sie umspülte ihn mit mächtigen Wellen, er sah auf seinen Wanderungen einige Schaumkronen. Von ihrer Macht wurde er erst erfaßt, fortgetragen und überwältigt, als er heraustrat aus seiner Zelle und dem Ordensleben.

II. TEIL

Feuersturm

Die 95 Thesen

Mit dem Jahre 1517 tritt Luther aus der Zeitlosigkeit seiner Zelle heraus in die Zeit und in die Welt. Am 31. Oktober, mittags gegen 12 Uhr, so lautet die traditionelle Version, schlug er seine 95 Thesen über den Ablaß an die Tür der Schloßkirche zu Wittenberg. Es wird neuestens darüber gestritten, ob das Datum stimmt oder ob er überhaupt seine Thesen angeschlagen habe. Es ist nicht sicher, ob sein Anschlag ein handgeschriebener Zettel war oder gedruckt; beides war üblich, eine Mitteilung »am Schwarzen Brett der Universität«, als welches die Tür diente. Verschiedentlich waren dort schon Thesen angeschlagen worden. Wir besitzen weder Luthers historischen Zettel noch einen »Urdruck«, wenn er überhaupt hergestellt wurde. Aber die Sache machte Aufsehen. Der Text wurde umhergeschickt nach vielen Seiten, abgeschrieben, in kleinem Format und in größerem als Plakat, gedruckt, ins Deutsche übersetzt, gelesen, debattiert, vorgelesen denen, die nicht lesen konnten, in Schlagworten zitiert. Er lief »in vierzehn Tagen schier durch ganz Deutschland«, sagte Luther später, »denn alle Welt klagte über den Ablaß«. Soviel steht in der Tat fest: Alle Welt klagte und alle Welt las diese Thesen oder hörte von ihnen. Auch wenn es vielleicht nicht stimmt, daß Luther mit hallenden Hammerschlägen seinen Protest an die Kirchentüre genagelt haben soll: Es war ein furchtbarer Schlag, der da geführt wurde gegen die bestehende Kirche. Die protestantischen Kirchen feiern den Anschlag an die Wittenberger Tür als ihren Gründungstag.

Luther hatte keinen »Anschlag auf die Kirche« im Sinn. Er wollte im akademischen Kreise zu einer Disputation einladen, in der Gelehrtensprache und über theologische Fachfragen. Das war allgemeiner

Brauch bei strittigen oder schwierigen Problemen, und in Thesen und Diskussionen über Thesen spielte sich das gesamte Leben der Universitäten ab.

»Ich war«, sagte er im Rückblick, »Prediger allhier im Kloster und ein junger Doktor, neulich aus der Esse kommen, hitzig und lüstig in der heiligen Schrift.«

Er sagt auch, er habe gar nicht recht gewußt, was der Ablaß denn eigentlich sei, »wie es denn kein Mensch nicht wußte«. Er hatte angefangen zu predigen, weil ihm allerhand über den Ablaßhandel zu Ohren gekommen war, was ihm ärgerlich und schädlich erschien. Sogar auf dem Wittenberger Schloß habe er darüber gepredigt vor seinem Landesherrn, dem Kurfürsten, und »damit schlechte Gnade verdient«, denn Herzog Friedrich war stolz auf seine große Reliquiensammlung und den Ablaß, den sie verbürgte. Der Herzog war auch darauf bedacht, daß die Gelder, die damit eingingen, im Lande blieben. Erst als ein gewisser Johannes Tetzel auftrat, ein »großer Clamant«, ein Marktschreier, wie Luther ihn nennt, sei er dazu gekommen, das Ablaßproblem ernstlicher zu untersuchen und darüber zu debattieren.

Ehe es dazu kam, hatte der junge und »hitzige« Doktor noch auf rein akademischem Boden eine Art Vorgefecht geführt. Seine Kräfte waren gewachsen, er hatte beim Lehren gelernt und Beifall, Schüler, Anhänger gefunden. Das Selbstbewußtsein eines Dozenten, der sich von so vielen Seiten bestätigt fühlt, soll man gewiß nicht unterschätzen, und auch nicht das des Predigers, der die Wirkung seiner Ansprachen verspürt. Luther war zugleich Dozent und Seelsorger. Aus diesen beiden Ämtern erwuchs seine Aktion.

Als Universitätslehrer begann er zunächst. Seine Lehrrichtung war einflußreich geworden, vor allem sein Kampf gegen die scholastische Theologie und die theologisch-philosophischen Auslegungen, die sich an den Namen des Aristoteles angehängt hatten. Triumphierend schrieb er an seinen Freund Lang in Erfurt, wo die »alte Schule« noch entschieden an der Macht war: »Unsere Theologie und Sankt Augustinus rükken glücklich vor und beherrschen Gottseidank unsere Universität. Aristoteles muß herabsteigen von seinem Thron und geht seinem Ruin entgegen, vielleicht für immer. Ganz erstaunlich unbeliebt sind die Kollegs über die Sentenzen geworden.« Er veranstaltete eine Disputation eines seiner Schüler über 97 Thesen, ließ sie drucken und schickte

8 Die Schloßkirche in Wittenberg

sie umher, auf eine lebhafte Debatte hoffend. Niemand reagierte auf diese 97 »Ur-Thesen«, trotz ihrer sehr aggressiven Kritik an geltenden Lehrmeinungen. Niemand bemerkte, daß Luther bereits wesentliche Punkte zur Debatte gestellt hatte. Es war ein völliger Schlag ins Wasser. Die gelehrte Welt nahm einfach keine Notiz.

Von seiner Tätigkeit als Prediger und Seelsorger ging der nächste Schritt aus, und damit fand Luther sein Publikum. Seine Beichtkinder hatten ihm über die Ablaßpredigten des Dominikaners Tetzel berichtet, mit Einzelheiten, die ihn empörten und aufregten. Luther selber hat den Mann nie angehört. In Wittenberg konnte Tetzel nicht predigen, denn der Kurfürst hatte ihm aus Sorge um seinen eignen Heiltumsablaß und auch aus politischen Gründen sein Land versperrt. Aber im nahen Brandenburg standen Tetzel alle Türen offen, und die Gläubigen eilten über die Grenze, nach Jüterbog, Zerbst und anderen Orten, um sich die begehrten Ablaßbescheinigungen zu sichern. Sie erzählten erstaunliche Dinge über die eindrucksvolle Pracht, mit der Tetzel auftrat, über das Glockenläuten, den Empfang durch die Magistrate, das große rote Kreuz, das in der Kirche aufgerichtet wurde zwischen zwei roten Fahnen mit dem Papstwappen, den mit Ablaßzetteln behängten Wagen, auf dem Tetzel einherfuhr, seine mächtigen Predigten, mit der gewaltigen Stimme eines großen, starken Mannes vorgetragen. Was Tetzel in Wirklichkeit gesagt hat, ist unsicher; niemand schrieb diese Predigten auf. Schon sehr bald sollte großer Streit darüber entbrennen. Luther behauptete, man habe ihm Ungeheuerlichkeiten berichtet: Und wenn Du, so habe Tetzel gerufen, die Mutter Gottes geschwängert hättest, ich habe solche Gnade vom Papst, daß ich es Dir vergeben kann, wenn Du in den Kasten legst, was sich gebührt. Es versteht sich, daß Tetzel das unter Eid ableugnete, als die große Unruhe begann, und die Sache klingt unwahrscheinlich. Robust genug verfuhr der auf vielen Ablaßkampagnen erfahrene Mann sicherlich, und der berühmt gewordene Vers »Sobald das Geld im Kasten klingt, / Die Seele aus dem Fegfeuer springt« entspricht ziemlich genau dem, was aus den erhaltenen Reden und Schriften Tetzels belegt ist. Luther zitiert noch andere wilde Behauptungen des Predigers: Das rote Ablaßkreuz des Papstes sei ebenso kräftig wie das Kreuz Christi. Oder: Wenn Petrus selber da an seiner Stelle stünde, er könne nicht mehr Gnaden spenden als er, Tetzel.

Daß Luther später die Sätze verschärfte und zuspitzte, zumal wenn er eine seiner Kampfschriften verfaßte, in denen sie angeführt sind, dürfte sicher sein. Daß das Verfahren eine marktschreierische Unternehmung gewesen ist, wird ebenso zuverlässig anzunehmen sein. Es ging Luther aber damals nicht so sehr um die einzelnen Worte. Der ganze Handel empörte ihn sehr viel mehr als das Drum und Dran, das auch keineswegs unüblich war. Seit vielen Jahrzehnten zogen die Ablaßverkäufer durch die Lande, zuweilen mit großem Pomp, einen Kardinal an der Spitze, zuweilen bescheidener; überall wurden die schwer mit Eisen beschlagenen Truhen für die Opfergaben aufgestellt; überall waren die Plakate mit den genauen Taxen für die Beträge angeschlagen: Fürstlichkeiten 25 Gulden, Prälaten und Barone 10, bessere Bürger 6, geringere einen Gulden bis zu den kleinen Leuten, die schon mit einem halben oder viertel Gulden den Ablaßbrief erstehen konnten. Frauen, so hieß es ausdrücklich, könnten auch gegen den Willen ihres Mannes den Ablaß erwerben. Sie bildeten das Hauptkontingent der Käufer, sie »rannten wie toll nach Jüterbog«; die Männer waren mißtrauischer. Daß erhebliche Opposition in allen Kreisen gegen das fromme Treiben bestand, hatte Luther schon in den Schriften seines Erfurter Lehrers Paltz lesen können; die Fürsten klagten, das Geld flösse aus dem Lande; gelehrte Leute machten allerhand Einwände gegen dogmatisch verfängliche Sätze und Behauptungen; im Volk wurde vielfach gemurrt, auch gelästert; Fragen wurden gestellt, wohin das ungeheure Geld denn eigentlich ginge und ob es nicht womöglich zu ganz anderen Zwecken verwendet würde als angegeben. Von alledem war einiges auf seinen Wanderungen durchs Land an Luthers Ohr gedrungen.

Aber diese mehr äußerlichen Dinge waren es nicht, die Luther bewegten. Er hatte sich mit dem Problem der Gnade gequält, und nun trat die Frage an ihn heran, ob dieses »Gnadenmittel« der Zugang zum Heil sei oder vielleicht nur ein »gutes Werk«, das dem Menschen das beruhigende Gefühl verlieh, er habe sein Teil getan und mehr sei nicht nötig. Daß die Kirche zu viel Wert auf solche äußeren Mittel legte, hatte ihn schon seit langem beschäftigt; er hatte darüber in seinen Kollegs gesprochen und auch vor der Gemeinde gepredigt. Den Ablaß selbst bestritt er noch keineswegs, ebenso wenig die Autorität des Papstes. Er glaubte nur, darin ein gläubig-gehorsamer Mönch, daß gewisse Mißstände sich breitgemacht hätten. Er brauche nur an die vorgeschriebenen Instanzen zu appellieren, und diese würden wohl einsehen, daß der Unfug abgestellt werden müßte.

Das tat er nun, und das war sein entscheidender Schritt. Er schrieb – in bescheidener und ehrfurchtsvoller Sprache – an die zuständigen kirchlichen Behörden. Der Erzbischof von Mainz hatte den Ablaß ausgeschrieben; Luther wußte noch nicht, welche Bewandtnis es damit hatte, und das war eine trübe Geschichte. Luther schrieb außerdem an den Bischof von Brandenburg, dem Wittenberg kirchlich unterstand; er scheint noch an andere hohe Prälaten Briefe gerichtet zu haben, die nicht erhalten sind. Er konnte schwerlich vorsichtiger und korrekter vorgehen. Er berief sich dabei auch nicht nur auf das, was er von Tetzels Auftreten durch seine Beichtkinder gehört hatte, sondern auf die gedruckte und ausführliche Instruktion für die Ablaßpredigten, die der Mainzer Erzbischof, nach Beratungen mit seinen geistlichen und weltlichen Ratgebern, herausgegeben hatte. Darin glaubte er, auf ganz sicherem Boden zu stehen, was die dogmatische Seite des Problems anbelangte. Ein Ablaßprediger mochte im Eifer volkstümlicher Ansprachen wohl einmal etwas sagen, was nach der Kirchenlehre nicht recht vertretbar oder sogar bedenklich war. Was aber der oberste Kirchenfürst des Reiches aus seiner Kanzlei ausgehen ließ, das mußte doch wohl die Ansicht der Kirche sein. An diesem Punkt ist noch viel herumgedeutet worden, und Luther hat durch seinen späteren Kampf es seinen Gegnern leicht gemacht, diese Seite der Sache zu übersehen. Wir sind aber im Oktober 1517.

Am 31. dieses Monats schrieb er seinen Brief an den Erzbischof, der erst mehrere Instanzen durchlaufen mußte, ehe er den hohen Herrn erreichte. Luther hat, mit Recht, dieses Schreiben als eines der wichtigsten Dokumente seines Lebens aufgefaßt und sich sorgfältig eine Abschrift aufgehoben. Er bittet darin, der Erzbischof möge doch seine Ablaßprediger zurechtweisen und die Instruktion für seine Ablaßkommissare zurückziehen. Das geschieht mit allen vorgeschriebenen Titulaturen und Beteuerungen der Unwürdigkeit des Briefschreibers, der seinen »Herrn und Hirten in Christo zu fürchten hat«. Er habe lange gezögert, aber nun treibe ihn sein Gewissen. Er zählt auf, was ihm zu Ohren gekommen, und sagt ausdrücklich, er selber habe die Ablaßpredigten Tetzels nicht gehört. Es bekümmert ihn aber, daß die unglücklichen Menschen durch solche Reden verführt werden und sich falsche Vorstellungen machen. Barmherziger Gott, ruft er aus, »so werden die armen Seelen unter Deiner Obhut, bester Vater, zum Tode hingeführt mit solcher Unterweisung!« Er wird ganz feurig und geht über die demütige Tonart der Eingangs- und Schlußformeln hinaus. Er droht sogar: Der Erzbischof werde einmal Rechenschaft ablegen müssen für das Unheil, das geschehe. Seine Thesen legt er bei und zitiert außerdem ausdrücklich die Hauptpunkte.

Er fragt ganz naiv: »Was soll ich tun?« und kann den hochwürdigen Herrn und erhabenen Fürsten nur bitten, das »Büchlein«, das heißt die gedruckte Instruktion, »hinwegzutun« und seine Augen in väterlicher Sorge auf diese Sache zu richten. Bescheiden fügt er hinzu, der hohe Herr könne, falls es ihm beliebe, einen Blick auf die beigelegten Thesen werfen. Aus denen werde er ersehen, wie »ungewiß« doch die Ansichten über den Ablaß seien, während die Ablaßprediger sie als so unbedingt »gewiß« verkünden.

Es ist unsicher, ob der hohe Herr einen Blick auf die Thesen geworfen hat. Er verstand jedenfalls, daß die große Ablaßaktion gefährdet war. Er fand das Vorhaben des Mönches »trotzig« und erklärte seinen Räten, ihn persönlich ginge das gar nichts an. Er fürchte aber, daß das »unverständige Volk geärgert und in Irrtum geführt werde« und tat daher die erforderlichen Schritte. Die Thesen wurden der Universität Mainz vorgelegt, und es sollte ein *processus inhibitorius* eingeleitet werden, ein Verbot, sich weiterhin in dieser Frage zu äußern. Der Erzbischof bezeichnet in seinem Schreiben den Handel – wie damals üblich – als das »heilige Geschäft«. Das Gutachten der Theologen seiner Umgebung greift aus den 95 Thesen Luthers nur eine heraus, die eine Beschränkung der Gewalt des Papstes über den Umfang der Ablaßgewährung vertritt: Das widerspräche dem Herkommen. Eine förmliche Verdammung Luthers wird nicht gewünscht. Der Erzbischof schickt auf alle Fälle die unbequeme Sache nach Rom an den Papst, teils um sie loszuwerden, teils um sich gegen Vorwürfe von seiten der Kurie zu sichern.

Wir müssen, ehe wir weitergehen, notwendigerweise erst noch etwas darüber sagen, wie es mit dem »heiligen Geschäft« stand in jenen Jahren, denn darum ging der Streit, der sich alsbald erhob. Luther erklärte, er habe nicht recht gewußt, was der Ablaß denn eigentlich sei –

natürlich nur eine ganz zugespitzte Behauptung; er erkannte den Ablaß ja auch in seinen Thesen als einen Brauch der Kirche durchaus an und bestritt nur den Mißbrauch und die nach seiner Ansicht viel zu weit gehenden Auslegungen. Darüber wollte er disputieren. Der Erzbischof von Mainz kannte auch nur den Brauch, die Praxis; über die theologisch-dogmatischen Probleme hatte er nicht nachgedacht, wie er überhaupt kein Theologe war, sondern ein junger Hohenzollernprinz, der durch höchst problematische politische und finanzielle Schachzüge auf seinen hohen Sitz gelangt war; Luther wußte nichts davon, als er seinen Brief schrieb. Auch die Lehrer Luthers im Kloster wußten nicht viel vom Ablaß und machten, soweit sie sich in ihren Werken äußerten, höchst unbestimmte oder fragwürdige Aussagen. Was der Papst Leo vom Ablaß gewußt haben mag, ist ebenso unklar; auch er war kein Theologe, sondern nach seiner Herkunft ein Mediciprinz und Diplomat. Soweit die Fragen des Ablasses von den Theologen erörtert wurden, bestanden weitere Unklarheiten; eine verbindliche und autoritative Lehrmeinung gab es nicht, nur »Ansichten« und Berufungen auf Sätze in den päpstlichen Bullen. Sowohl der Erzbischof wie Papst Leo gaben die Sache ihren Fachtheologen zur Begutachtung weiter. Luther hielt sich, als Fachtheologe und Professor, für durchaus befugt, seine Ansichten zur Debatte zu stellen. Das war und blieb noch lange seine Auffassung. Doch es kam zu keiner wissenschaftlichen Auseinandersetzung, wie er gehofft hatte. Die Sache ging alsbald ins Politische, in die breite Öffentlichkeit über.

Der Ablaß war ein Politikum geworden, was immer er in früheren Jahrhunderten gewesen sein mag. Als eine Maßnahme, die die erste Kreuzfahrt fördern sollte, war er zuerst in größerem Umfang aufgetreten. Eine ausgebildete »Theorie« war dafür nicht nötig: Es war ein dringender Wunsch der Kreuzfahrer, für die Mühen und Gefahren ihres frommen Vorhabens auch den Segen der Kirche und Vergebung der Sünden zu erlangen, von denen nicht wenige einen reichlichen Vorrat mitbrachten. Ablaß war zwar nicht Sündenvergebung, sondern Nachlaß von Kirchenstrafen, aber schon von Anfang an haben sich die theologischen Begriffe und die robustere Auffassung des Volkes verwirrt. Die Praxis, nicht die Theorie, die stets nachhinkte, hat immer entschieden. Mit den Kreuzzügen wurde der Ablaß, der bisher in den Händen der lokalen Bischöfe gelegen hatte, das Privileg der

Päpste. Die Praxis der Kurie trug dem immer größer werdenden Bedarf nach diesem Gnadenmittel Rechnung: Statt an einer Kreuzfahrt teilzunehmen, konnte man sein Gelübde gegen entsprechenden Betrag ablösen. Der Bedarf wuchs, und immer neue Erweiterungen wurden verfügt. Daß der Ablaß so populär war, beruhte auf der außerordentlich realistischen Auffassung des mittelalterlichen Menschen: Man fürchtete die Strafe für seine Vergehen und war bereit, sie abzugelten, und zwar in Geld. Das war alte germanische Rechtsauffassung, die ja ebenfalls das Wort Buße für Geldentschädigung, selbst bei Mord oder Totschlag, kannte. Im Sinne der Kirche war die Buße etwas anderes, aber das setzte sich nur in den theoretischen Sätzen der Kirchenlehrer durch. Das Volk blieb bei der einfachen Vorstellung, daß durch Zahlung die Schuld getilgt sei. Und in diesem Zwiespalt zwischen populärem Glauben und der höheren theoretischen Ansicht der Dogmatiker blieb die Sache bis zu Luther hängen.

Die Theorie hatte kaum Zeit gehabt, mit dem immer fortschreitenden Massenbetrieb Schritt zu halten. Für den Wunsch nach mehr und immer mehr Ablaß waren die Kreuzzüge sehr bald ungenügend geworden. Als Kreuzfahrt, die Ablaß verbürgte, wurde dann der Krieg gegen die Ketzer sowie gegen Gegner des Papstes erklärt; die Ablaßgeschichte ist zugleich Kriegsgeschichte. Sie ist ferner Wirtschafts- und Finanzgeschichte des Mittelalters, denn keine der vielen Steuern und Abgaben der Kirche brachte derartige Beträge aus aller Welt ein; keine war so unmittelbar Privileg und Einnahmequelle der Kurie, die sich seit der Gefangenschaft der Päpste in Avignon ihre riesige Verwaltungsapparatur geschaffen hatte. Die im Entstehen begriffenen italienischen Banken wurden herangezogen und machten mit den Ablaßüberweisungen ihre frühesten großen Transaktionen; zu Luthers Zeit lag das Ablaßgeschäft, jedenfalls für Mitteldeutschland und Osteuropa sowie Skandinavien, in den Händen des Hauses Fugger in Augsburg. Die Menschen des Mittelalters waren äußerst steuerunwillig, und auch die weltlichen Herrscher konnten nur mit größter Mühe, meist nur kurzfristig und für bestimmte Zwecke, Zahlungen von ihren Untertanen erlangen. Es ist begreiflich, daß sie immer wieder versuchten, einen Anteil an den so reichlich fließenden Ablaßgeldern zu bekommen, den sie auch erhielten, wenn die weltpolitische Konstellation ihnen günstig war; die zähen und erbitterten Verhandlungen darüber füllen weitere Bogen der Geschichte. Zu Luthers Zeit war mit dem ständigen Sinken der politischen Macht des Papsttums bereits der Zustand erreicht, daß sich Könige und Fürsten ganz selbstverständlich als Partner beim Ablaßhandel fühlten; der Papst konnte allenfalls auf ein Drittel oder bestenfalls die Hälfte der Einnahmen rechnen.

Die Theorie, die theologische Auslegung, war davon ausgegangen, daß der Ablaß nur die Ablösung der Kirchenstrafen, also der »Genugtuungen« oder Satisfaktionen für Sünden, durch Fasten, Wallfahrten, Verbannung sei. Sie wurde dann erweitert: Der Papst, hieß es, sei Herr über alle zeitlichen Strafgebiete, und unter »zeitlich« wurde auch das Fegefeuer einbegriffen. Die Hölle blieb außerhalb seines Machtbereiches, denn sie galt als ewig und Gottes Willen vorbehalten. Über das Fegefeuer jedoch, zur Reinigung und Läuterung des sündigen Menschen bestimmt, konnte der Papst verfügen, auch hier auf Erden. Es gehörte gewissermaßen zu seiner Obödienz. Ein Ablaß von sieben Jahren bedeutete, daß sieben Jahre von der Strafe abgezogen würden; wie hoch die Gesamtstrafe sein würde, blieb allerdings immer offen, aber schon ein solcher Straferlaß erschien überaus begehrenswert. Die Menschen des Mittelalters fürchteten das Fegefeuer meist mehr als die Hölle. Die Hölle als etwas Ewiges ging im Grunde über alle Vorstellungen hinaus; das Fegefeuer, gerade durch seine »Zeitlichkeit«, gab Hoffnung, mit der Läuterung doch irgendwann fertig zu werden. Die enorme Macht über die Seelen, die in dieser Verfügungsgewalt lag, wurde von der Scholastik damit gerechtfertigt, daß der Papst über den geheimen Schatz, den Thesaurus der Kirche, gebieten könne, der sich aus den überschüssigen Verdiensten Christi und der Heiligen angesammelt habe. Die Vorstellung, daß jeder Gläubige als Glied des mystischen Leibes der Kirche an diesen Verdiensten teilhaben dürfe, war alt, aber erst im 13. und 14. Jahrhundert wurde die Lehre formuliert, daß dies ein Vorrat sei, der dem Papst anvertraut wäre und der von ihm, gewissermaßen auch in kleiner Münze, jedem Gutwilligen zugewandt werden könne. Es ist kein Zufall, daß Papst Klemens VI., der Avignonpapst, unter dem die neue Steuerpolitik der Kurie und eine bis dahin unbekannte Thesaurierung größter Finanzmittel ihren Höhepunkt erreichte, in seiner Bulle »Unigenitus« 1343 diese Lehre ausdrücklich festlegte. Wir werden noch sehen, wie Luther auf diese Bulle hingewiesen wurde; er hatte im Kloster nichts davon gewußt.

Wohl aber wußte er von den Unterscheidungen, die zwischen »vollständigem« und »teilweisem« Ablaß gemacht worden waren, wobei der vollständige wiederum nur dem Papst zustand. Er wußte von der seit 1300 getroffenen Schöpfung des Jubeljahres, verbunden mit Vollablaß, das zum ersten Male gewaltige Pilgerscharen nach Rom brachte: Der Ablaß war an den Besuch der sieben dortigen Pilgerkirchen geknüpft, die auch Luther absolviert hatte. Die Einrichtung war ein solcher Erfolg gewesen, daß sie nicht nur alle hundert Jahre, wie ursprünglich verfügt, sondern in immer kürzeren Abständen wiederholt wurde: Man setzte die Frist auf 50 Jahre herab, dann auf 33 als die Lebenszeit Christi, schließlich, der menschlichen Gebrechlichkeit zuliebe, auf 25 Jahre, was auch ungefähr der damaligen Lebenserwartung der Menschen entsprochen haben dürfte. Auch da trat alsbald der Brauch des »Ersatzes« in Kraft: Man konnte einen Ersatzmann nach Rom pilgern lassen oder die Kosten für eine solche Reise in bar abgelten. Selbst das genügte nicht; Ablässe wurden im 15. Jahrhundert für alle nur möglichen Zwecke ausgeschrieben: für Kirchenbauten, in Holland für die sehr nützlichen Deichbauten, für Türkenkriege – eine seit den Kreuzzügen ständig beibehaltene und immer zugkräftige Parole – für Kriege der Päpste in Italien gegen zeitweilige Gegner. Der Wunsch der Gläubigen, die Gnade ihren verstorbenen Angehörigen im Fegefeuer zuzuwenden, führte dazu, daß auch diese Erweiterung vorgenommen wurde, allerdings erst spät, denn die Theologen hatten ernste Bedenken. Die Juristen der Kurie setzten sich dagegen durch. Die Neuerung, erst fünfzig Jahre vor Luthers Auftreten eingeführt, fand größten Anklang. Die Inflation an Ablaßgnaden war damit noch nicht abgeschlossen: Es wurde möglich, ganze Bündel von Ablaßzetteln für seine Verstorbenen zu kaufen; Ablaß für Fastengebote, die sogenannten »Butterbriefe«; Ablaß für Gelübde, auch für zweifelhafte Erwerbungen irdischer Güter, falls der rechtmäßige Eigentümer nicht mehr auffindbar; Beichtbriefe gaben Erlaubnis, sich von der oft unangenehmen Beichte vor dem Priester am Ort zu dispensieren und sich von einem beliebigen Geistlichen Ablaß geben zu lassen, ein Vorteil, den auch die Ablaßprediger zum starken Verdruß der Weltpriesterschaft wahrnahmen.

Verdruß, auch Aufruhr, über die Ablaßfrage waren immer entstanden. Wyclif hatte schon im 14. Jahrhundert protestiert, dann Hus, der zwar nicht ausschließlich wegen seiner Opposition gegen den Ablaßhandel, aber auch deswegen verbrannt wurde. Sein Fall ist so besonders denkwürdig, weil er die ganze Verflechtung des Ablaßwesens mit der Politik der Kurie aufzeigt und auch, weil Luther von seinem ersten Auftreten an mit dem gefährlichen Vorwurf, er sei ein »Böhme«, ein »zweiter Hus«, bedroht wurde. Hus predigte gegen einen Ablaß, den ein Papst, der Gegenpapst Johann XXIII., ausgeschrieben hatte für »Kreuzfahrer«, die seinen Gegner, den König Ladislaus von Neapel, bekriegen wollten oder für diesen Feldzug Geld geben würden. Papst Johann XXIII. schleuderte den Ketzerbann gegen Hus, als er gehört hatte, daß dieser gegen seinen Ablaß predigte und auch sonst gefährliche Thesen über die Autorität des Papstes vertrat. Er selber wurde dann bald danach vom Konzil zu Konstanz abgesetzt als ein Unwürdiger, der sich die päpstliche Autorität angemaßt habe; die ausführliche Begründung beschuldigte ihn der Ketzerei, der Simonie, der Unzucht und des Mordes an seinem jäh verstorbenen Vorgänger; nicht all diese Vorwürfe brauchen zu stimmen, aber die Kirche hat seinen Namen aus ihren Listen ausgetilgt und erkennt statt dessen seinen Gegenpapst Gregor an, einen der drei Päpste, die, alle in fragwürdiger Wahl ernannt, ein Jahrhundert vor Luther, das Abendland in drei Teile spalteten. Die Predigten des Magisters Hus gegen den »Kreuzfahrerablaß« Johanns XXIII. hatten in Prag zu wilden Demonstrationen geführt; das Volk verbrannte die Ablaßbriefe, Studenten führten einen Karren mit zwei Huren umher, denen sie Ablaßbriefe um den Hals gehängt hatten, der König Wenzel griff ein, es gab Disputationen unter den Theologen, und am Ende wurde Hus zum Konzil vorgeladen und als Ketzer zum Scheiterhaufen verurteilt. Er fiel als ein Opfer der Einigungspolitik der großen Kirchenversammlung, die zwar die erhoffte »Reform an Haupt und Gliedern« vertagte, aber doch ein eindrucksvolles Beispiel dafür geben wollte, daß die Autorität der Kirche und des Papsttums gewahrt werden müsse. Sie wählte, um der Spaltung ein Ende zu machen, einen neuen vierten Papst, der die seitdem ununterbrochene neuere Liste der Päpste eröffnet; die Spaltung, die sich durch das Vorgehen gegen Hus ergab, blieb bestehen und hatte durch die blutigen Hussitenkriege und das Entstehen einer böhmischen Sonderkirche ihre Nachwirkungen bis unmittelbar zu Luther hin. Die grausige Ironie, daß Hus sich gegen die Autorität eines

Papstes gewandt hatte, den das gleiche Konzil, das Hus verurteilte, als unwürdig jeder Autorität verdammt hatte, wurde von den Mitgliedern des Konzils übersehen oder mißachtet; es siegte der Kompromiß, die Praxis sowie die These, daß das Amt über jeder möglichen Unwürdigkeit des Inhabers stehen müsse.

Die Praxis des Ablasses zu Luthers Zeiten bestand nun darin, daß der Papst nach ausführlichen Verhandlungen für bestimmte Gebiete und Zwecke durch eine Ablaßbulle eine Genehmigung erteilte. Kommissare, zuweilen Kardinäle als Legaten mit diesem besonderen Auftrag, wurden ernannt, Instruktionen, wie die des Erzbischofs von Mainz, erlassen, bewährte Ablaßprediger eingesetzt, die ihrerseits einen großen Stab von Helfern engagierten. Manche dieser Kampagnen erforderten sorgfältigste Vorbereitung und waren tatsächlich Feldzüge mit strategischer und taktischer Führung; diplomatische Schwierigkeiten mußten aus dem Wege geräumt werden. All das war sehr kostspielig, und oft verschlangen die Unkosten den größten Teil der Einnahmen. Die Kommissare, Unterkommissare und andere Funktionäre waren mit gewissen, stark wechselnden Prozentsätzen am Ertrag beteiligt; das oft pomphafte Auftreten nagte weiter an den eingehenden Geldern. Auch im Falle des Ablasses des Erzbischofs von Mainz kamen darüber Beschwerden aus Rom, wo man schon vor Luthers Auftreten über die Berichte von mageren Resultaten beunruhigt war, und der Erzbischof mußte seinem Kommissar Tetzel wegen übergroßer Ausgaben eine Rüge erteilen und ihn ferner ermahnen, für weniger »unschickliches« Benehmen seiner Mannschaft, sowohl in Predigten wie in den Herbergen, wo sie sich offenbar nicht ganz schicklich aufgeführt hatten, Sorge zu tragen. Die mit schweren Eisenbändern beschlagenen Opferkästen durften nur in Gegenwart der Vertreter der Banken, in Deutschland des Hauses Fugger, geöffnet werden, und über die Beträge wurde ein notarielles Protokoll aufgenommen. Unterschleife kamen häufig vor, auch viel falsches oder minderwertiges Geld wurde festgestellt, was bei der allgemeinen Münzverwirrung kaum zu verwundern war. Das Haus Fugger hatte nicht nur für diese Fragen des »Kleinhandels« zu sorgen; es war auch für den Großhandel, die Wechselüberweisungen nach Rom verantwortlich. Die Bank legte, ganz im Stil späterer Staatsanleihen, große neue Ablaßbewilligungen auf und belieh sie im voraus. Das Ganze war ein wesentlicher Teil der päpstlichen Finanzpolitik geworden.

In diesem großen Rahmen, der ganz Europa umspannte, war der unselige Tetzel, dessen Namen so unversehens in die Weltgeschichte geriet, nur ein winziger Farbfleck. Er ist zu Unrecht zum Sündenbock, zum Gegenstand zahlloser Karikaturen, Spottgedichte, und auch Verleumdungen geworden. Im Stil der Zeit, die ohne solche Nachrede nicht auskam, wurde ihm dann nachgesagt, er sei wegen seiner Laster vom Kaiser Maximilian zum Tode verurteilt und nur auf Bitten des sächsischen Kurfürsten begnadigt worden, er habe mehrere uneheliche Kinder gehabt und ein Vermögen zusammengerafft. Luther selber hat das als ungerecht empfunden und sich dagegen aufgelehnt, wenn er auch die Erzählungen über Tetzels Vorleben glaubte. Er hat dem schwer Erkrankten in sein Sterbezimmer einen versöhnlichen Brief geschrieben und ihn beruhigt, »das Kind habe einen ganz anderen Vater« – und zwar der Ablaßstreit, nicht einer der etwaigen Sprößlinge Tetzels.

Trotzdem müssen wir der volkstümlichen Legende über Tetzel einige Berechtigung zubilligen. Er mag ein fleißiger Arbeiter gewesen sein, brauchbarer als viele andere, die das gleiche Geschäft betrieben; es gab viele Tetzels. Es läßt sich denken, daß er in anderer Sache ein tüchtiger Prediger geworden wäre. Er hatte nun aber gerade diesen Zweig erwählt. Nicht alle Namen können genannt und in der Erinnerung bewahrt werden, und so muß er die Last seiner vielen Mitbrüder vor der Geschichte tragen. Robust genug war er dafür. Sein Kennzeichen war nicht so sehr die Marktschreierei, obwohl er sich auch darauf verstand.

Er war ein ganz vorzüglicher Organisator, wußte mit Fürstlichkeiten und Staatsbehörden zu verhandeln und seine zahlreiche Mannschaft zu dirigieren. Er reiste mit einem ganzen Troß von Unterkommissaren, Knechten, auch Bankbeamten, die dabei sein wollten, wenn abgerechnet wurde, vielfach jedoch, was allerdings besonders böses Blut machte, selber als Ablaßverteiler mitwirkten. Tetzel war weit in der Welt herumgekommen bei seinen Ablaßkampagnen, hatte den großen Ablaß von 1504 zugunsten des Deutschen Ordens in Preußen verkündet, der in schwerem Kampf gegen die Russen stand; als die »Ungläubigen« wurden dabei die Anhänger der Ostkirche kurzerhand bezeichnet. Er hatte in Sachsen, in Schlesien gepredigt und energisch alle Hindernisse fortgeräumt, die man ihm in den Weg legte. Einem

Bürgermeister, der ihn darauf aufmerksam machte, daß für seine Stadt bereits ein anderer Ablaß vorgesehen sei, erklärte er schlicht, sein Ablaß sei erheblich besser als der des Konkurrenten und habe somit den Vorrang. Übrigens, meinte er, seiner Sache sicher: »Wo ich gewesen bin, kommt nicht so bald ein anderer nach.« Selbstgewißheit war seine Stärke.

9 Ablaßverkündigung

Tetzel war überzeugt, einer guten Sache zu dienen, und Skrupel über die Mittel suchten ihn schwerlich je heim. Was seine Unterkommissare etwa an übertriebenen und verfänglichen Reden vorbrachten – und auf diese mögen einige der ganz skandalösen Wendungen zurückgehen –, ging ihn nichts an. Er konnte sich dabei darauf berufen, daß wiederum auch seine Vorgesetzten, bis zur höchsten Spitze in Rom hinauf, nach diesem Prinzip handelten. Es ist kein Beispiel bekannt geworden, daß die Auswüchse des Ablaßwesens, so allgemein bekannt und beklagt sie waren, eine Mißbilligung oder Rüge der verantwortlichen hohen Instanzen erfahren hätten. Vielmehr wurden in allen Ablaßbullen schwere Strafen angedroht für jeden, der die Prediger etwa hindern oder ihnen ihre Arbeit erschweren würde. Tetzel, der als Dominikanerprior auch Ketzerrichter war, führte drohend aus, wie es in einer Chronik heißt, »allen, die wider seine Predigt und den Ablaß redeten, will ich die Köpfe abreißen lassen und so blutig in die Hölle stoßen, die Ketzer brennen lassen, daß der Rauch über die Mauern aufschlagen soll«. Ähnlich volkstümlich wird auch seine Predigt gelautet haben; die authentisch erhaltenen Stücke sind keine Stenogramme, sondern Muster für andere Ablaßprediger und naturgemäß vorsichtiger gehalten. Auch da spricht der erfahrene Agitator. Er läßt die armen Seelen im Fegefeuer zu den Hinterbliebenen flehen: Erbarmt euch, wir sind in schwerer Pein, mit wenigen Almosen könnt ihr uns erlösen, seid nicht so grausam, uns in den Flammen schmachten zu lassen. Für einen viertel Gulden ist der Brief zu haben, »kraft dessen ihr die göttliche und unsterbliche Seele sicher und frei zum Vaterland des Paradieses bringen könnt«. Unverzagt wendet Tetzel sich an die »Mörder, Wucherer, Räuber, die Lasterhaften: Jetzt ist es Zeit, Gottes Stimme zu hören, der da nicht will den Tod des Sünders, sondern daß er sich bekehre.«

Der Ablaß war zweifellos ungemein beliebt und nicht nur bei Mördern und Lasterhaften. Er versprach Sicherheit, in sehr unsicherer Zeit. Schon die genauen Taxen hatten etwas Beruhigendes: Jeder fühlte sich an seinem Platz in der ständischen Ordnung der Welt – soweit er damit zufrieden war, was nicht auf alle Schichten zutraf, am wenigsten auf die Bauern und Armen. In den Städten hatte Tetzel denn auch seinen größten Zulauf. Da konnte er den Magistrat, die örtlichen Kirchenbehörden aufbieten, die allerdings oft mißmutig waren, daß er kraft seiner Kommission allen übrigen Gottesdienst während seiner Anwesenheit untersagte. Der Ablaß ging vor. Der Ablaßprediger trat als unmittelbarer Vertreter des Papstes auf. Seine Befugnisse enthielten die Vollmacht – von ganz wenigen schweren Fällen abgesehen –, die gleichen Gnaden zu verteilen wie der Heilige Stuhl. Ein Angriff auf den Ablaß war somit direktes Vorgehen gegen die Autorität des Papstes, und von da aus entstand, dem Professor Luther noch gänzlich unbewußt, der große Streit. Bei seinen Thesen ging es Luther um Gewissensfragen; er hatte keine Ahnung, worauf er sich einließ. Wenn »alle Welt klagte«, wie er sagte, so jammerte man zum allergrößten Teil nicht aus Gewissensnot, sondern um das liebe Geld; man rechnete den Ablaßverkäufern ihre Prozente, ihren großen Aufwand nach; die Fürsten rechneten und feilschten um ihre Anteile; die Kurie tat das gleiche. Um Geld ging es und nichts anderes.

Damit wir nicht in den Predigtstil verfallen und uns wohlgefällig entrüsten: Der Ablaß war eine wohletablierte Institution geworden. Die Geschichte der Volkswirtschaft könnte sich mit ihm beschäftigen. Sie würde feststellen, daß nahezu alle größeren und schwierigeren Bauunternehmungen durch Ablässe finanziert werden mußten, nicht nur Kirchen, auch Brücken und Deichbauten. Noch im 19. Jahrhundert hat es, als die aus der gotischen Zeit stammenden, unvollendeten Kathedralen mit ihren ragenden Türmen versehen wurden, die Einrichtung der Dombaulotterien gegeben. Eine Lotterie aber war der Ablaß nicht, obwohl man ihn damit verglichen hat. Er war eher eine Vorstufe des Versicherungswesens mit Policen, nicht eine Lebensversicherung, aber die viel wichtigere: eine Versicherung für das Jenseits. Das Rechnen spielte dabei eine entscheidende Rolle, wie das nicht nur beim Ablaß, sondern auch bei den Messen für die Verstorbenen und überhaupt in der kirchlichen Praxis der Fall war. Es konnte dabei davon ausgegangen werden, daß die Menschen jener Zeit fast durchweg nicht zu rechnen verstanden und daß Zahlen, wie die Siebenzahl, noch ihre uralte magische Bedeutung hatten. Wenn »sieben Jahre Ablaß« versprochen wurden, galt das mehr als unsere heutige nüchterne Ziffer. Die höheren Ziffern hatten noch mehr etwas Unbestimmt-Gewaltiges, die Tausend etwa, bei der die Vorstellung von etwas Ungeheurem, auch Gedanken an Weltende, mitschwangen. Nur wenige Eingeweihte konnten mit solchen Zahlen hantieren; das gab den Banken, die noch eine Geheimwissenschaft betrieben, ihre unvergleichliche Überlegenheit. Die Fugger waren die ersten, die in Deutschland die Alchimie der doppelten Buchführung aus Italien eingeführt hatten; sie machten auch in ihren Ablaßgeschäften großen Gebrauch davon. Und was die Gläubigen angeht in dieser Rechenwelt: Sie erwarben sich mit den Versicherungsbriefen ein unschätzbares Gefühl der Beruhigung. Sie hatten »ihr

Teil getan«, ihr Schuldkonto beglichen, und dies auf übersehbare und anerkannte Weise. Das Almosengeben war immer als eine der vornehmsten Pflichten des Christenmenschen gepredigt worden; es war aber durchaus dem Gutdünken und der frommen Gesinnung überlassen geblieben. Wer nun Ablaß oder sonstige vorgeschriebene und von höchster geistlicher Autorität gewünschte Messen und andere Gaben stiftete, der konnte überzeugt sein, daß er »fromm« war. Diese Frömmigkeit war meßbar, man konnte sie vorzeigen und wurde durch Ansehen in der Gemeinde auch anerkannt; in allen Chroniken werden diese Stiftungen mit höchster Auszeichnung und ausführlich vermerkt. Selbst ein sonst als unbarmherziger Wucherer verschriener Kaufmann – alle Kaufleute galten als Wucherer und waren es nach den geltenden Zinsverboten der Kirche – konnte sich damit »gerechtfertigt« fühlen. Es war dies der Punkt, wo Luthers ganz anders geartete »Rechtfertigungslehre« am schärfsten mit der Realität zusammenstieß.

Luther konnte nicht rechnen, und dies ist im weitesten Sinne zu verstehen; er konnte übrigens auch buchstäblich nicht rechnen und mit Zahlen umgehen; er hatte das in der Schule nicht gelernt und hat es sein Leben lang nicht verstanden. Er wollte aber auch – und dies tritt in seinen 95 Thesen deutlichst hervor – keine Sicherheit: Er wollte unablässigen Kampf des Menschen mit seinem sündigen Erbgut. »Buße sollt ihr tun, das ganze Leben des Gläubigen muß Buße sein, so hat Christus es gesagt«, lautet die erste seiner Thesen. Er selber hatte diesen Kampf ausgefochten und verkündet ihn nun für alle. Es sollte keine Ruhe geben, keine behagliche Abstimmung der Konten. Niemand konnte dabei helfen, kein Mensch, und auch der Papst war für ihn ein Mensch. Jeder stand allein vor seinem Richter, als Individuum. Niemand kann gewiß sein, daß er genug wahre Reue empfindet, und noch viel weniger, daß ihm völlig vergeben ist, am wenigsten durch einen Ablaßbrief: Nur eigne wahre Reue kann Vergebung herbeiführen, immer wiederholte Reue und Buße: Man soll Christus nachfolgen durch Leiden, Tod und Hölle, so schließt er seine Thesen ab, durch viele Anfechtungen, nicht durch »Frieden«, der gepredigt wird. Und tatsächlich wie mit Hammerschlägen will er verkünden: nicht »Frieden, Frieden – und ist doch kein Frieden«, sondern »das Kreuz, das Kreuz!«

Das war seine Forderung zu Eingang und Ausgang des Plakates. Luther konnte nicht rechnen, und er berechnete nicht, was aus seiner Forderung entstehen würde. Er glaubte noch, daß über solche Sätze oder »Ansichten« disputiert werden könne. Er war aber außerdem, ohne es recht zu wissen, ein gewaltiger Agitator. Zwischen Eingang und Ausgang seiner Thesen steckte politisches Dynamit. Er bestritt den Ablaß nicht prinzipiell, sondern wies ihm eine sehr untergeordnete Stellung ganz am Rande an. Er bestritt die Stellung des Papstes nicht, aber auch ihm schränkte er seine Vollmachten erheblich ein. Er leugnete nicht die Lehre vom »Schatz der Kirche«, aber er predigte entschieden, daß das Evangelium der wahre Schatz der Kirche sei. Und der, so sagte er politisch höchst aufreizend, sei »verhaßt, denn er macht, daß die Ersten die Letzten sind«, während der Ablaßschatz aus den Letzten die Ersten macht; und das ist »angenehm zu hören«. Er ist auch ein großer Mann des Volkes und macht sich zu dessen Anwalt: Er bringt vor, was er auf seinen Wanderungen gehört hat an »spitzen« Reden gegen den Ablaß, und die könne man nicht mit Gewalt unterdrücken, das würde die Kirche und den Papst lächerlich machen. Und so sagen die Leute in ihrer einfältigen Art: Warum schenkt der Papst denn nicht den Ablaß, statt ihn bezahlen zu lassen? Er ist doch so reich, warum baut er die Peterskirche nicht aus seinen eignen Mitteln? Und wenn er Gewalt hat über die Seelen im Fegefeuer, weshalb räumt er nicht mit einem Schlage das ganze Fegefeuer aus, statt die armen Seelen noch weiter harren zu lassen? Oder auch: Es sind von den Frommen Stiftungen für die Seelen der Verstorbenen gemacht worden, warum gibt der Papst die nicht zurück, wenn sie nun wirkungslos geworden sein sollen und durch neue Zahlungen ersetzt werden müssen?

Er will nur referieren, was das Volk sagt, und meint, diese »spitzen Reden« könnten leicht zum Schweigen gebracht werden, wenn der Ablaß so gepredigt würde, wie der Papst es meint und wünscht. Er ist noch durchaus der Ansicht, daß Papst Leo, von dem er nicht mehr weiß als von dem Erzbischof Albrecht von Mainz, ein guter und wohlwollender Heiliger Vater sei, der von gewissenlosen Untergebenen getäuscht werde. Er hat diese Auffassung noch eine ganze Weile vertreten. Er glaubt auch, daß die Bischöfe dafür sorgen könnten, daß die Ablaßprediger »nicht anstatt der Aufträge des Papstes ihre eignen Träume« vorbringen. Er gibt dafür sogleich praktische Anweisungen, wie man ohne »Träume« predigen solle: Nämlich, daß es besser ist, das Geld den Armen und Bedürftigen zu geben, als für den Ablaß, den man für sich selber verwendet, um von seiner Strafe loszukommen. Er verkündet nicht weniger als zehn Thesen seiner praktischen Christenlehre.

Das Ganze ist keine Lehre und kein System und konnte das auch kaum sein. Es ist eine lose Folge von Sätzen, wie durch den Zweck einer Unterlage für eine Disputation gegeben. Manche Thesen sind fast ein Selbstgespräch und handeln von Luthers innerster persönlicher Überzeugung. Andere haben den Hall und Schwung politischer Kampfparolen. Wieder andere sind Predigt für eine noch unsichtbare Gemeinde. Man kann viel in dieses eine Blatt hineinlesen und viel aus ihm herausdeuten, und beides geschah auch sogleich und erst recht noch später. Zusammengehalten wird das Dokument nur durch die eiserne Klammer des Eingangs und Ausgangs, in der Luther seinen Glauben bekennt.

So ging das Blatt in die Welt. Es wirkte, und Luther war am meisten überrascht, welche Wirkung es hatte. Die Adressaten, die Gelehrten, meldeten sich nicht; niemand kam zur Disputation. Das Volk antwortete in allen seinen Schichten, das einfache Volk, die Bürger, die Geistigen, Künstler; Albrecht Dürer sandte aus Nürnberg ein Paket seiner Holzschnitte und Kupferstiche als Gabe für den frommen Mönch; auch die Geistlichen waren bewegt, Fürsten interessierten sich, jeder entnahm sich etwas anderes daraus. Man könnte jede einzelne These verteilen an verschiedene soziale Klassen: Die Armen horchten auf, wenn es da hieß, daß die Ersten die Letzten und die Letzten die Ersten sein sollten. Das Blatt wurde nicht nur gelesen, es hing angeschlagen aus und man »übersetzte« es den Ungebildeten. Schließlich – und keineswegs zuletzt – machte es Eindruck, daß endlich einmal ein Mann auftrat, der furchtlos seine Meinung vertrat. Gemurmelt und »gemummelt« worden war immer; auch die Reichstage hatten ihre lendenlahmen ewigen Beschwerden vorgebracht; satirische versteckte Anspielungen und lateinische Epigramme hatte es genug gegeben. Die Gelehrten hatten zuweilen vorsichtig kritisiert. Hier war nun ein einfacher Mönch, so verstand man die Thesen, der laut sagte, was zu sagen war. Es ist unbeträchtlich, daß man Luther mißverstand oder womöglich ein »Programm« in seine Thesen hineindeutete. Bestimmte, klar umrissene Programme haben selten Weltgeschichte gemacht. Gerade das Allgemeine und die Vielfalt seines Plakates verbürgten die Wirkung. Und allerdings auch das Gefühl – aus keiner Einzelthese zu belegen –, daß eine ungeheure Kraft und Entschlossenheit hinter diesem Blatt stand, Mut und Überzeugung. Das hatte es nicht oft in der deutschen Geschichte gegeben, und in den letzten zweihundert Jahren oder mehr war überhaupt niemand aufgestanden, von dem man das hätte sagen können.

Alle Welt klagte, meinte Luther im Rückblick. »Und weil alle Bischöfe und Doctores still schwiegen, und niemand der Katze die Schelle umbinden wollte – denn die Ketzermeister des Predigerordens hatten alle Welt mit dem Feuer in die Furcht gejagt –, da ward der Luther ein Doctor gerühmet, daß doch einmal einer kommen wäre, der drein griffe.«

Er fügt hinzu, der Ruhm sei ihm nicht lieb gewesen, »das Lied wollte meiner Stimme zu hoch werden«.

Heiliges Römisches Reich

Was war das für eine Welt, in die Luther geworfen wurde? Wir gehen von ihm selber aus: Er war Mönch, Ordensmann und damit Mitglied einer internationalen Organisation, die exterritoriale Rechte besaß oder beanspruchte, mit dem Oberhaupt in Rom, mit der internationalen Sprache des Lateinischen, die er auch in seinen Thesen noch verwandte und für die Hälfte seiner Werke und seiner Korrespondenz beibehielt. Aus einem Mansfelder Untertan war er zum Augustiner geworden, als Augustiner lehrte er an der kursächsischen Universität Wittenberg, die dem Herzog Friedrich dem Weisen gehörte. Es gab zwei Sachsen, soviel wußte Luther, seit der Erbteilung im vorigen Jahrhundert: das kurfürstliche seines Friedrich und das andere des Herzogs Georg, des Vetters; diese Spaltung sollte sich bald für ihn sehr bemerkbar machen. Es gab noch viele andere Spaltungen bei den anderen Fürstentümern; das ganze sogenannte Heilige Römische Reich war ein Flickenteppich von weltlichen und geistlichen Besitzungen, mit einem Kaiser als Titularhaupt an der Spitze. Wie das im einzelnen aussah, war Luther unbekannt. Wir müssen immer wieder seine Unwissenheit in weltlichen Dingen betonen, denn nun traten sie an ihn heran und forderten Tag für Tag, Monat für Monat, Entscheidung, Aktion. Er war zum »Mann des Tages« geworden. Die Nation hörte auf ihn. Es war vorbei mit dem stillen Klosterleben, geregelt durch die Stundengebete, auch vorbei mit der immer noch geordneten Tätigkeit des Ordensmannes und Dozenten, die er übersehen konnte. Unübersehbare Dinge stürmten nun auf ihn ein, Forderungen, Erwartungen, wilde Hoffnungen aller Schichten und Klassen. Er bekam zu tun mit Bischöfen, Erzbischöfen, bald mit Kardinälen, mit dem Papst, dem Kaiser und geriet damit in das Gewirr der Weltpolitik, noch vielfacher verflochten und unübersichtlicher als das Deutsche Reich, das kaum ein Reich zu nennen war. Es ist verständlich, daß er sich zunächst fürchtete und still hielt, ja fast sich duckte. Das überwältigende Echo auf seine Thesen erschreckte ihn und freute ihn gar nicht. »Das Lied wollte mir zu hoch werden.« Luther hatte ein sehr feines Gehör; das war sein am stärksten ausgeprägter Sinn. Er hörte bereits schrille und überhohe Töne, auch wüstes Gezeter, ängstliche Stimmen von Freunden und Wohlmeinenden und als erstes das dünne Gefistel aus Kanzleien vorgesetzter Behörden, die ihn zur Ordnung riefen. »Verbot zu reden und zu schreiben«, hieß es aus Mainz.

Luther war solche Tonart nicht gewöhnt. Er hatte die freiwillig übernommenen Gebote seines Ordens getreulich bis zum Übermaß erfüllt, wie seine Brüder meinten; man hatte ihn gelobt, befördert; er war auch verwöhnt durch seine Erfolge als Universitätslehrer und Prediger. Er hatte Einfluß gewonnen bei Hofe und stand auf bestem Fuß mit allen Autoritäten, die er kannte. Nun stieß er mit einem Male auf eine andere, höhere Autorität, die von dem »vermessenen Mönch« in Wittenberg nichts wissen wollte. Er hatte sich vertrauensvoll und besorgt an den Erzbischof von Mainz gewandt, aber keine Antwort des hohen Herrn erhalten, sondern nur eine Verfügung und Drohungen aus den Schreibstuben.

Wer war dieser Erzbischof, den Luther als »mein bester Vater« und seinen Hirten anredete? Wir fangen mit ihm an, um den Flickenteppich des Heiligen Römischen Reiches zu betrachten. Luther hatte ihn in seinem Brief als Erzbischof von Mainz und von Magdeburg tituliert, als Primas aller deutschen Erzbischöfe und Markgrafen von Brandenburg; das war nicht ganz vollständig: Der junge Herr war auch noch im Besitz des großen Bistums Halberstadt und in seiner Eigenschaft als Kurfürst von Mainz Erzkanzler des Reiches. Das bedeutete eine ungewöhnliche Häufung von Würden, und sie war auf ungewöhnliche Weise erlangt. Albrecht von Mainz war der jüngere Bruder des regierenden Markgrafen von Brandenburg, Joachim, aus dem Hause Hohenzollern, das noch viele Markgrafen aufzuweisen hatte; einige saßen in den fränkischen Stammlanden der Familie. Die Hohenzollern waren keineswegs die spätere dominierende Macht, aber sie strebten auf, waren im Kommen, in scharfem Gegensatz zu älteren Fürstenhäusern, besonders dem sächsischen, das zu Luthers Zeit noch als führend galt. Dynastische Politik beschränkte sich nicht auf weltlichen Besitz, sie richtete ihr Auge ebenso auf die sogenannten geistlichen Positionen, die fast durchweg mit Hochadel oder jüngeren Fürstensöhnen besetzt wurden. So hatten die Brandenburger einen großen Erfolg zu verzeichnen, als sie Mainz erobern konnten. Außerdem wurde noch ein Vetter Großmeister des Deutschen Ordens in Preußen, das zwar stark bedrängt war und außerhalb der Grenzen des Reiches lag, aber immerhin als wichtiger Außenposten gelten konnte. All dies geschah zum großen Kummer Friedrichs des Weisen, der in seiner oft etwas verschlafenen und unbestimmten Politik überspielt wurde. Der Gegensatz blieb bestehen und hatte seine Folgen für Luthers Schicksal; der Brandenburger wurde sein hartnäckigster Gegner auf allen Reichstagen, in dem Mönch sah der Markgraf den Mann seines sächsischen Konkurrenten.

Die Hohenzollern verfügten mit Brandenburg und Mainz nun gleich über zwei Stimmen im siebenköpfigen Kollegium der Kurfürsten, die das Privileg der Kaiserwahl besaßen. Diese Stimmenansammlung war auch der Hauptgrund dafür gewesen, daß der ganz junge, nach kanonischem Recht eigentlich nicht wählbare Albrecht auf den hohen Posten berufen wurde. Das Haus Fugger hatte die Sache in Rom betrieben und durchgeführt. Die Fugger waren im Ablaßgeschäft tätig, in den Finanztransaktionen der Kurie bei Ernennung hoher Prälaten, bei Wahlen, auch der Könige und Kaiser; Jakob Fugger, der Chef des Hauses, hieß nicht nur »der Reiche«, sondern wurde auch der »Königsmacher« genannt. Er verdiente die Bezeichnung. Die Wahl Karls V. wurde durch ihn finanziert, sein Haus brachte dann noch dessen Bruder und Nachfolger Ferdinand auf den Thron. Man könnte ebensogut wie von der Lutherzeit vom Zeitalter der Fugger sprechen.

Eine Häufung von hohen Kirchenämtern war nach kanonischem

Recht verboten. Als dreiundzwanzigjähriger Jüngling war Albrecht bereits Erzbischof von Magdeburg geworden, schon dies ein schwerer Schlag für den Sachsen, dessen Bruder den Sitz vorher innegehabt hatte; das Bistum Halberstadt war dazugekommen. Für die dritte und höchste Ernennung erwartete der Papst, um seine kanonischen Be-

10 Albrecht von Brandenburg, Erzbischof von Mainz

denken zu beschwichtigen, außer den ohnehin ihm zustehenden Geldern eine hohe Kompensation bei Wahlbestätigung. In Mainz, wo kurz hintereinander drei Erzbischöfe gestorben waren, weigerte man sich, diese neuen Kosten aufzubringen. Das Haus Fugger trat in die Bresche und streckte die Beträge vor. Umsichtig sorgte Jakob der Reiche für baldige Amortisierung der Schuld. Er veranlaßte die Ausschreibung des Ablasses, der formell zum Bau der Peterskirche dienen sollte und Mainz übertragen wurde; seine Beamten überwachten die Durchführung und hatten Tetzel zu kontrollieren; sie rechneten mit

Albrecht und mit Rom ab. Die Zahlen sind in den Büchern der Fugger alle genau verzeichnet; die Summen zu nennen hat wenig Zweck, denn es handelt sich um verschiedene Währungen und einen grundsätzlich verschiedenen Geldwert, für den es keinen zuverlässigen Umrechnungsschlüssel gibt. Wir können nur etwa sagen, daß die Sache so viel kostete, wie das deutsche Reichsregiment an jährlichen Einnahmen zu erwarten hatte.

Der junge Prinz Albrecht ist noch einer kurzen Betrachtung wert und, wie Tetzel, muß er nicht als ein Ausnahmefall angesehen werden, sondern als Repräsentant seines Standes. Er war kein kriegerischer Herr wie andere hohe Kirchenfürsten, die gepanzert auf ihre Fehden und Feldzüge ritten, und wenn auf den Medaillen, die er prägen ließ, das Schwert mit dem Bischofsstab gekreuzt war, so hatte das nur heraldische Bedeutung. Es sollte anzeigen, daß er neben seiner Bischofswürde auch die des Herrschers über seine weit ausgreifenden Lande besaß, die außer den Gebieten am Main und Rhein großen Besitz in Mitteldeutschland umfaßten sowie Halle als Residenz dort, dann Erfurt und weitere Stücke Landes in Hessen. In Jahrhunderten war das zusammengekommen und stets erweitert, nie vermindert worden. Die Beständigkeit der geistlichen Fürstentümer war ihr Hauptkennzeichen gegenüber den weltlichen Territorien, die durch Erbgang ständig aufgespalten und zerfasert wurden, bis es zu Luthers Zeit etwa ein halbes Dutzend welfische Herzog- und Fürstentümer gab. Mainz war rein dem Umfang nach das größte und mächtigste der drei geistlichen Kurfürstentümer; Trier und Köln waren die beiden anderen. Gar nichts Mächtiges und Herrscherliches aber war in Albrecht zu erkennen, so gewaltige Vorgänger er gehabt hatte, von denen einer sich auf seiner Grabplatte mit dem ganzen Prälatenstolz des Hochmittelalters hatte abbilden lassen: hochaufragend und nach rechts und links gleich zwei deutsche fast zwergenhafte Königlein mit gnädigspitzen Fingern segnend. So hohe Ambitionen hatte Albrecht nicht; er war sein Leben lang ängstlich, schwankend, auch von unsicherer Gesundheit, wozu seine verschiedenen Liebschaften ihr Teil beitrugen. Er war ehrgeizig und hatte große Pläne, aber er gab sie auch wieder auf; zielbewußtes Verfolgen einer Intrige, wie das andere seiner Standesgenossen verstanden, war nicht seine Sache. Er wollte gerne gut leben und konnte sich dabei auf das Vorbild seines hohen Vorgesetzten, des Papstes Leo, berufen, der bei seinem Amtsantritt entschieden verkündet hatte, er gedächte nun, sein Leben zu genießen. Wie Leo war auch Albrecht ein Freund der Künste und Mäzen; Matthias Grünewald war sein Hofmaler, er korrespondierte mit Dürer, beschäftigte Lukas Cranach, und die Humanisten mit dem jungen Hutten fanden an seinem Hofe ihren Platz. Albrecht ließ sich gern in der Maske des heiligen Hieronymus malen, das Buch in der Hand, den Kardinalshut an der Wand hängend, auch als Heiliger in der Einöde, was weniger zu seinem Leben paßte. Er war vielmehr gesellig und wollte beliebt sein; er hat auch Luther später, so grob dieser ihn immer angriff, im Grunde respektiert und insgeheim geschätzt. Albrecht hat in seinen vielen Schwankungen mit dem Gedanken gespielt, zu heiraten und sein Kurfürstentum in ein weltliches Herzogtum umzuwandeln, wie sein brandenburgischer Vetter, ebenfalls Albrecht geheißen, in Preußen das getan hatte. Das blieb Spiel wie so ziemlich alles, was er tat. Sein großes, fleischiges Gesicht mit der langen, unsicher gebogenen Nase und dem kleinen, verzogenen Mündchen eines Günstlings der Fortuna ist das eines mittelmäßigen Genießers, dessen etwas traurige Augen obendrein noch anzeigen, daß er nicht einmal mit vollen Zügen zu genießen weiß.

Solcher Mittelmäßigkeiten gab es viele im deutschen hohen Klerus; wir werden sie nicht Revue passieren lassen. Alle hielten sie sich ängstlich still, als das große Gewitter kam; viele unter ihnen, wie Albrecht, spähten dann besorgt umher und dachten daran, sich in irgendeiner Form ihre Besitzungen zu sichern, falls der neue Glaube sich als die stärkere Seite zeigen würde. Nichts zeigt deutlicher an, wie fadenscheinig der Begriff eines »geistlichen Fürsten« geworden war. Keiner von ihnen hat sich als Kämpfer für den Glauben, dem er seine Stellung verdankte, hervorgetan. Keiner von ihnen hat überhaupt eine größere Rolle übernommen. Der Vergleich mit so imposanten Kirchenfürsten wie dem Kardinal Wolsey, der England wie ein Diktator regierte und die Bahn erst freimachte für das Vorgehen Heinrichs VIII., oder dem Kardinal d'Amboise in Frankreich, der kaum weniger energisch die Zügel der französischen Politik in der Hand hielt, läßt diese deutschen Prälaten bei allem Pomp, mit dem sie sich ausstaffierten, als recht provinzielle Kleinbürger erscheinen. In England wie in Frankreich gab es einen König, eine Zentralmacht, eine Hauptstadt, eine Nation, einen Staat.

Martin Gregor-Dellin
Richard Wagner

Sein Leben, sein Werk, sein Jahrhundert
1980. 930 Seiten mit einer Bibliographie und Register. Ln. DM 48.–

Die erste umfassende deutsche Wagner-Biographie seit 80 Jahren! Richard Wagner ist noch hundert Jahre nach seinem Tod das umstrittenste Genie der Deutschen. Aus der unübersehbaren Flut der Wagner-Literatur, einer Unzahl von Schriften musikhistorischer Forschung, politischer sowie ästhetischer Kritik und anekdotischer Lebensverklärung, ragen nur selten Werke epochaler Bedeutung und einer souveränen Zusammenschau hervor. Zu diesen Werken gehört für uns heute Martin Gregor-Dellins monumentale Wagner-Biographie.

Gregor-Dellin versteht Richard Wagner aus seiner Zeit. Anders als frühere Biographen deutet er Wagner nicht vom wilhelminischen Ende her, sondern von den revolutionären Anfängen. Er begreift seine Entwicklung, beginnend mit der frühkindlichen Phase, insbesondere unter dem Aspekt psychologischer, familiärer und gesellschaftlicher Zwänge. Diese paradigmatische Künstlernatur ist zugleich Frucht und Widerpart ihres Jahrhunderts, dessen gewaltsame Veränderungen von den Freiheitskriegen über die 48er Revolution bis zur Reichsgründung den Charakter und Weg Wagners entscheidend prägten und ein Werk mitformten, das sich uns mit dem Ziel des »Gesamtkunstwerks« als höchste künstlerische Leistung und Anmaßung in einem darbietet. Die Einheit von Leben und Werk wird als das Ergebnis eines Dramas erschlossen, das zugleich das Drama des Jahrhunderts ist. Dank der kritischen Durchleuchtung der Zeitumstände und der Verwertung nicht benutzter und neuester Quellen, insbesondere der von ihm mitherausgegebenen Tagebücher Cosimas, erhellt Gregor-Dellin den Hintergrund zahlreicher, mystifizierender Legenden der überlieferten Wagner-Literatur; vor allem erscheinen seine Beziehungen zu den Zeitgenossen und Frauengestalten die Wagners Lebensweg kreuzten oder begleiteten, wie Meyerbeer, Heine, Nietzsche, Herwegh, Ludwig II, Bakunin, Liszt, Hans von Bülow, Minna Planer – seine erste Frau –, Mathilde Wesendonck, Cosima von Bülow, in einem neuen Licht.

In zusammenfassenden Essays, in denen Gregor-Dellin die Stationen des Wagnerschen Schaffens deutet, entsteht neben dem Lebens- und Zeitbild ein musikhistorisch gesicherter Überblick über das musikdramatische Werk. Diese Biographie, spannend auf jeder Seite, faszinierend durch völlig neue Erkenntnisse, verdankt ihre außerordentliche Lesbarkeit der erzählerischen Kraft des Autors, sie ist ein genuines literarisches Werk.

»Belehrt und begeistert habe ich diese Lebensbeschreibung Richard Wagners gelesen, die für mich mehr ist als eine Biographie: ein roman vrai, ja eine faszinierende comédie humaine.«

Walter Jens

Ein deutsches Genie und sein Jahrhundert. Eine Biographie von erzählerischer Kraft und Fülle, »unterhaltsamer und spannender als viele Romane unserer Zeit«.

Frankfurter Allgemeine Zeitung

»Seit Richard Friedenthals ›Goethe‹ ist keinem Künstler in deutscher Sprache eine ähnlich fesselnde wie unterrichtende (und unterrichtete) Biographie gewidmet worden.«

Die Welt

In Deutschland existierte die Fiktion des Heiligen Römischen Reiches, das im Laufe des letzten Jahrhunderts nach den Zusatz »Deutscher Nation« angenommen hatte, was kein stolzes Beiwort war, sondern ein Verzicht auf die einstmals weltbeherrschende Idee eines Kaisertums des ganzen Abendlandes. Auch das war fast immer nur eine Idee gewesen, die sich auf Karl den Großen berief, den einzigen, von dem tatsächlich gesagt werden könnte, er habe diesem Titel Mark und Inhalt gegeben. Was immer die deutschen Kaiser des Mittelalters gewesen waren – und es gibt große Gestalten unter ihnen –, sie waren unterlegen im Kampf mit dem Papsttum; die größte ihrer Dynastien, die Hohenstaufen, war zerschmettert und in ihrem letzten Sproß, dem halben Kind Konradin, sogar auf dem Schafott ausgetilgt worden. Die Erinnerung an eine große Zeit, lange schlummernd oder allenfalls in dunklen Sagen von einem großen Kaiser weiterlebend, der wiederkommen und des Reiches Herrlichkeit erneuern würde, wurde erst von den Humanisten wieder neu belebt. Sie schufen die Anfänge eines Geschichtsbildes oder wenigstens Geschichtsbewußtseins und damit eines bis dahin noch höchst unbestimmten Nationalgefühls. Sie entdeckten aus dem eben aufgefundenen Tacitus und seiner »Germania« den Arminius als Nationalhelden. Sein Sieg im Teutoburger Wald über die römischen Kohorten wurde zum Beispiel für einen neuen Kampf gegen Rom; die Tugenden, die Tacitus den alten Germanen zuschrieb, pries man, genau wie er, als Vorbild für ein verweichlichtes Geschlecht. Eine ganze Literatur des Rühmens und Preisens begann zu entstehen, und sie war hochnötig, denn mit dem Selbstbewußtsein der Deutschen stand es seit langem schlecht, und man mußte weit zurückgreifen, um sich stolz zu fühlen.

Keine ragende Gestalt war aus zwei Jahrhunderten zu nennen. Was auch die heutige, behutsamer urteilende Geschichtsschreibung an den Herrschern des 14. und 15. Jahrhunderts mit einiger Mühe an besseren Zügen hat finden wollen: Für Luthers Zeitgenossen galt Karl IV., der in Prag residierte, als der »Erzstiefvater« des Reiches, der endlos lange regierende Friedrich III. als »Geizkragen« und unfürstlicher halber Bürger. Nun hatte man schon den nächsten Habsburger auf dem Thron: Maximilian, den »letzten Ritter«. Der entsprach wenigstens äußerlich mit seiner gewaltigen Adlernase, den blitzenden Augen, seiner Lust am Waidwerk und Kriegswesen, dem erwünschten Kaiserbild. Er fand Beifall bei den Humanisten und Schreibern, den Künstlern, und kein Herrscher hat je über eine solche Bild- und Buchpropaganda der eben aufkommenden Druckerpressen verfügen können wie er. Dürer hat ihm in einem wandgroßen Holzschnitt einen riesigen Triumphbogen errichtet mit der Inschrift: »Die Pforte der Ehren und Macht«. Die Macht stand auf dem Papier. Maximilian hat die größten und umfassendsten Pläne gehabt für Reichsreform, Landfrieden, Reichsregiment; er hat unablässig Krieg geführt und so gut wie nichts erreicht, außer der Stärkung seines Hauses durch Heiraten, das Hausrezept der Habsburger, das sich denn auch in ungeahnten weltpolitischen Konstellationen bewährte. Auch er, wie schon die Vorgänger, behandelte das Reich als Nebensache, so viel er mit volltönenden Worten davon sprach, wie er es mächtig machen wolle. Auch er ließ sich nur bei festlichen Aufzügen sehen; seine Interessen lagen in Österreich oder vor allem in Burgund, das er erheiratet hatte. Er betonte sein deutsches Rittertum, ließ jedoch seine Kinder und Enkel strikt auf Französisch erziehen und schrieb nie anders an sie als in der feineren Sprache. Seine Unzuverlässigkeit, ob im Zahlen oder in politischen Fragen, war allgemein bekannt; nach wenigen Jahren hatte er jeden Kredit, finanzieller wie diplomatischer Art, verloren. Seine Geldnot wurde zum Gespött, zumal sie mit immer grandioseren Projekten, immer am Rande des Reiches oder weit darüber hinaus, einherging. Skandinavien, Ungarn, sogar Portugal wollte er zum Reich »ziehen«, nach uralten Erbansprüchen vagester Legitimation. Er hat allen Ernstes daran gedacht, Papst zu werden, was hauptsächlich am Einspruch seiner Geldgeber scheiterte. Es ist aber fraglich, wie ernst er seine Projekte überhaupt je gemeint hat. Sein wichtigster Ratgeber, der bei Hofe fast allmächtig wurde, war sein »kurzweiliger Rat« und Hofnarr Kunz von der Rosen. Kunz ist eine Hauptfigur und eine historische dazu in dem großen Narrenvorspiel, das die große Tragödie einleitete. Maximilians Regierungszeit war ein Turnier und ein Narrenspiel.

Luther erzählt einmal von Fastnachtsspielen, von denen er auf seiner Romreise gehört hat. Da spottet man über des Kaisers Armut. Der Doge tritt auf mit einem prallen Beutel und spendet nach allen Seiten die runden Golddukaten; ihm folgt Maximilian, im schlichten grauen Jägerrock und Hütlein; auch er hat eine Tasche um und möchte etwas verteilen, aber er greift vergeblich hinein und sucht, die Finger kommen unten durch die Löcher heraus ins Leere. Luther deutet das patriotisch auf den Hochmut der Italiener, der denn auch durch Gottes Willen schwer gestraft worden sei. Aber das Greifen ins Leere ist ein Symbol für Maximilians Wesen; er hat nie etwas zu packen und zu halten gewußt.

Der Hohn über die Armut des Kaisers war berechtigt, denn es war keine ehrliche Dürftigkeit, sondern die mit Pracht und Pomp auftretende Zahlungsunfähigkeit des »ritterlichen« Schuldenmachers. Maximilian borgte von allen Seiten, auch kleinste Beträge, er verschmähte nicht Gaben in Tuch oder anderen Naturalien; er verpfändete, was seine Erblande nur an Bodenschätzen besaßen, und leitete damit die Herrschaft der Fugger und anderer Großbanken über Deutschland ein. Die Gelder dienten seinen Kriegen und Herrschaftsprojekten, die immer auf Erhöhung des Hauses Habsburg zielten. Es war nicht nur die Eifersucht und der Eigennutz der Fürsten, wenn man ihm nach Möglichkeit jede Folge und Zahlung verweigerte, und diese Hausmachtspolitik, von seinem Enkel und Nachfolger Karl im größten Maßstab betrieben, hat die gesamte deutsche Politik der Zeit bestimmt. Der Eigennutz der Fürsten und anderen Stände war gewiß groß genug. Man wollte einen Kaiser haben, eine möglichst repräsentative Figur, möglichst nicht zu mächtig, aber man gedachte keineswegs dafür etwas auszugeben. Der »Krämergeist«, den man andern gerne vorwarf, feierte in Deutschland Triumphe, und die Fürsten waren sich darin einig mit den Städten, nur nicht im Verteilungsschlüssel: Da sollten die Städte die Hauptlast tragen. Was man aber überhaupt bewilligte in jammervoll kleinlichem Handeln, war nur ein Almosen verglichen mit dem, was andere Nationen bereitwillig spendeten. Ein deutscher Kaiser, so ehrwürdig der Titel klang, konnte selten auch nur die Rechnungen für seine Reisen und die Gasthöfe bezahlen. Kaiser Sigismund, für ein Jahrhundert gefeiert als der Herrscher, der endlich das große Schisma beendet und das Konzil zu Konstanz zusammengebracht hatte, mußte auf dem Wege dorthin schon seine aus England mitgebrachten Geschenke an Silbersachen in Holland verpfänden, um bis zum Bodensee zu gelangen; dort blieb er seine Zeche schuldig, stahl sich heimlich aus der Stadt und überließ ihr sein Tafellinnen. Es lag dort noch nach vielen Jahren, wie der Chronist des Konzils jammert; »niemand wollte es kaufen«, denn es war mit den riesigen Wappenadlern bemalt.

Auch Maximilian verschwand nicht selten, wenn er von Gläubigern zu stark bedrängt wurde, und ging auf die Jagd oder wies die Städte an, die er beehrte, seine Rechnungen zu begleichen. Die deutschen Kaiser hatten keine Hauptstadt, das Land hatte keine Mitte; nur ein sehr weitgespanntes Netz von traditionellen Beziehungen verknüpfte lose das Heilige Römische Reich. In Aachen wurde der König gekrönt, in Frankfurt gewählt, in Nürnberg lagen die Reichskleinodien auf der Burg, ohne die eine Wahl ungültig war. In Augsburg aber war die Hauptstadt des Handels und der Finanz; dort saßen die großen Finanzleute, die über die Wahl entschieden. Ein dünner Verbindungsfaden lief nach Rom, um den Namen Römisches Reich zu rechtfertigen: Erst die Krönung durch den Papst in Rom verlieh nach der Tradition dem deutschen König die Kaiserwürde.

Deutschland hatte keine Mitte und keine Grenzen. Vergeblich würden wir versuchen, die ganz unwahrscheinliche Verwirrung der Grenzlande zu beschreiben; wir können nur einige markante und für die Geschichte der Lutherzeit bedeutsame Kanten des Teppichs anheben. Burgund, das heißt die Niederlande, gehörte staatsrechtlich zum Reich, allerdings nur zur Hälfte; die an Frankreich angrenzenden Gebiete waren französisches Lehen. Die Unklarheit war so groß, daß selbst die Regentin der Niederlande, Margarete, sich nicht recht auskannte und ihren Neffen, den Kaiser, fragte, wie es denn damit zu halten sei. Die Schweiz gehörte ebenfalls nur halb und praktisch gar nicht mehr zum Reich, seit Maximilian seinen törichten und verlustreichen Krieg mit der Eidgenossenschaft geführt hatte. Im Nordosten bestand eine weitere Halbheit: Preußen, das Land des Deutschen Ordens, formell ein »geistlicher« Besitz ehemals frommer Ordensritter, mit Keuschheitsgelübde und Gehorsamsgebot; in die Reichsgrenze war Preußen nicht einbezogen, und seit der furchtbaren Niederlage bei Tannenberg hatte sich der Orden zunehmend dem Schutz des Königs von Polen unterstellen müssen statt des Kaisers; am Ende wurde ein Lehensverhältnis daraus. In Italien wurden, je nach der Kriegslage, aus der Feudalzeit stammende Lehensansprüche erhoben und wieder fallengelassen; während der ganzen Lebenszeit Luthers wurde darum gekämpft. Savoyen, die Provence, waren Lehen des Reiches, die formelle Grenze gegen Frankreich lief westlich von Verdun und Toul über die Argonnen. Um alle diese Gebiete entstanden Feldzüge, Kriege, Streit für Jahrzehnte;

obendrein gab es allenthalben noch kleinere selbständige oder halbselbständige Gebilde wie jenes Herzogtum Bouillon, das der fromme Kreuzfahrer Gottfried dem Bischof von Lüttich hatte verpfänden müssen für die Kosten seiner Kreuzfahrt; der Streit um diesen Besitz ging vom 11. Jahrhundert bis ins 16. weiter und wurde erst durch die Französische Revolution endgültig erledigt.

Eine Karte dieses monströsen Gebildes läßt sich nicht zeichnen; die zeitgenössischen Karten übrigens verzichten gleich auf Grenzlinien, die auch in der Realität nicht vorhanden waren; es gab weder Grenzpfeiler noch Grenzpfosten, geschweige wie heute Gräben, Zäune, Mauern. Es gab keine Reichssteuern, obwohl Maximilian eine Reichsabgabe einzuführen versucht hatte, die nicht gezahlt wurde, keine Reichszölle, an die auch theoretisch gedacht wurde; es gab keine Armee, Polizei und kein Reichsrecht, nur ein Reichskammergericht, das notdürftig Frieden schaffen sollte und aus Mangel an Beiträgen und Gehorsam für seine Weisungen ein Schattendasein fristete. Die Rechtsunsicherheit war, wiederum in krassem Gegensatz zu anderen Ländern wie England, wo das common law galt, vielleicht das größte Übel, verschärft noch dadurch, daß kanonisches Kirchenrecht den Vorrang beanspruchte und allenthalben auch in weltliche Verhältnisse eingriff. Im übrigen hatte man altes sächsisches Recht, niedergelegt im »Sachsenspiegel«, neu eindringendes römisches Recht, Fehderecht und Feme.

Wir haben uns nicht zu entsetzen; an staatsrechtlichen Monstrositäten ist auch unsere Zeit nicht arm. Deutschland hatte keine Mitte, aber es war ein Land der Mitte, an Umfang und Volkszahl das größte Europas, mit blühenden Städten, dem besten Bergbau der damaligen Zeit, den kunstreichsten Gewerben. In Mainz war der Buchdruck erfunden, und deutsche Drucker hatten die neue Kunst nach Italien und Spanien gebracht. Die Nürnberger Kunsthandwerker stellten Uhren und Meßinstrumente, die ersten Weltgloben und Sternkarten her, in Nürnberg wurde noch zu Luthers Lebzeiten das Werk des Kopernikus gedruckt, von einem protestantischen Geistlichen eingeleitet, Luther zum Verdruß. Die deutschen Geographen verarbeiteten die Nachrichten von der Neuen Welt und gaben ihr aus Versehen den Namen Amerika. Die Städte waren der Glanz und die Stärke des Reiches und griffen weit über seine unbestimmten Grenzen hinaus. Die Hanse, obwohl bereits sehr reduziert als politische Macht, hatte noch ihre

Außenposten in London, Skandinavien, Rußland, wohlbefestigte Enklaven mit eignen Rechtsbefugnissen. Die Fugger besaßen ihre Kontore in Rom, Krakau, Antwerpen, Rom, Madrid; ihnen gehörten die ungarischen Kupferbergwerke, die Salzminen in Siebenbürgen, die Quecksilbergruben von Almadén. Das Augsburger Haus der Welser gründete eine Kolonie in Venezuela und hatte seine Vertreter in Lissabon und in Indien. Die Höchstetter, Paumgartner, in Nürnberg die Tucher waren kaum geringer. Keiner der deutschen Potentaten hatte einen etwas größeren Zug; sie klaubten an ihren Grenzen herum oder wollten, wie es die fürstlich-dynastische Politik als höchste Weisheit vorschrieb, irgend ein Stück Land erheiraten. Diese Handelsmänner jedoch waren »königliche Kaufleute«. Sie wollten erwerben. Sie hatten ihre eignen Gesandten, und sie wurden mit mehr Aufmerksamkeit angehört als die irgendeines Kurfürsten. Sie verfügten über ihre eigne Kurierpost, die sehr viel schneller funktionierte als die Boten der Könige. Ihre Nachrichten waren die ersten Zeitungen und wurden im Auszug als solche gedruckt; es versteht sich, daß die geschäftlich wichtigen Informationen dem Kontor vorbehalten blieben.

Über die verworrene Landkarte Europas müßte man ein Deckblatt legen mit den Stützpunkten, Filialen, Posten dieser Häuser, ihren Straßen und Verbindungswegen, die quer durch alle Hindernisse der Städte, Länder und Rechtsverhältnisse an Stapel- und Durchgangszoll sowie Brückenabgaben ein sicheres Netz zogen. Nur auf diesem Deckblatt herrschte Ordnung. Nur da gab es Disziplin. Es wurde gerechnet und peinlichst abgerechnet in regelmäßigen Bilanzen, die Soll und Haben gegenüberstellten, eine allen Fürsten und auch dem Kaiser unbekannte Geheimwissenschaft. Nur da kannte man sich in den Mysterien der fünfhundert verschiedenen Währungen, Silbergehalte, der zweitausend örtlichen Maße und Gewichte aus. Die Überlegenheit dieser Männer über ihre Zeitgenossen läßt sich nicht leicht überschätzen; die großen Finanzmächte unserer Tage, die wir gewiß nicht unterschätzen wollen, können damit nicht verglichen werden.

Als die großen »Monopole« waren sie auch Luther und seinen Mitlebenden wohlbekannt; das Wort brauchte nicht auf das 19. Jahrhundert zu warten. Es wurde nicht weniger über sie geklagt als über das räuberische Rom und die unerträglichen Lasten der Kirche. Gänzlich hilflos stand man ihnen gegenüber. Auf den Reichstagen jammerten die Stände; Verfügungen wurden erlassen und blieben unbeachtet. Der Kaiser griff sogleich ein. Er benutzte die Reichsbeschlüsse nur ein wenig als Druckmittel den Banken gegenüber, um sie zu neuen und höheren Anleihen zu bestimmen, und befreite sie dann durch eine der üblichen »Ausnahmen«, die auch in der Praxis der Kurie die Regel bildeten, von allen unangenehmen Weiterungen.

Die eigentliche Macht des Reiches saß in den Städten: Sie waren souverän, als Reichsstädte nur dem Kaiser untertan, aber nicht verantwortlich; sie schlossen ihre eignen Bündnisse, führten ihre Feldzüge, besaßen ihre Söldnertruppen und ihre oft vorzügliche Artillerie; nicht wenige, wie Nürnberg, verfügten über ein erhebliches Territorium. Sie standen sich denkbar schlecht mit dem immer stärker aufstrebenden Landesfürstentum und noch schlechter mit den geistlichen Fürsten. Kämpfe mit den Bischöfen und Erzbischöfen füllen die Bände der Ortschroniken, und meist waren die Städte siegreich. Nicht viele der hohen geistlichen Potentaten, die den Titel einer Stadt führten, wie Köln, Augsburg, Mainz, Bremen, konnten dort residieren oder hatten da irgend etwas zu sagen; sie saßen in Bonn, in Aschaffenburg oder Halle, also »außerhalb«, und verfügten von dort aus über die weiten Lande ihres Amtsbereiches. Die Magistrate wachten eifersüchtig darüber, daß ihre städtischen Freiheiten gewahrt blieben, notfalls mit den Waffen in der Hand. Freiheit der Städte, Libertät der Fürsten, das waren die Parolen; von der Freiheit der übrigen Bevölkerung des Heiligen Römischen Reiches war nicht die Rede. Die Bauern bildeten davon noch immer fast neunzig Prozent.

Aber auch innerhalb der Städte mit ihren sehr mächtigen Magistraten, ihrer wohlbewaffneten Polizei, ihren genau geordneten Verfassungen, gab es die schwersten Spannungen. Kampf der Patrizier und Plebejer, der »Geschlechter« der privilegierten Ratsfamilien mit den Vertretern der Zünfte, hatte die Jahrhunderte hindurch getobt und meist mit einem Sieg oder halben Sieg der Zünfte geendet. Darunter gärte es weiter: Auch die Gesellen wollten an die Macht kommen, die Lohnarbeiter, das »Proletariat« nach späterer Bezeichnung. Und noch weiter darunter hatte sich angesammelt, was in der Terminologie von Karl Marx das »Lumpenproletariat« heißen könnte, höchst unruhige Elemente, oft durch landfahrendes Volk oder entlassene Landsknechte verstärkt, bereit bei jeder Gelegenheit sich zusammenzurotten, zu stürmen, zu plündern und auch sehr rasch wieder zu verschwinden. Waffen trugen sie alle. Parolen gab es immer, und das waren nicht lediglich die Parolen des Klassenkampfes, wie überhaupt die heutigen sauber gezogenen Klassen- und Schichtenlinien sich nur sehr willkürlich in das Bild jener alten Unordnung einzeichnen lassen. Religiöse oder pseudoreligiöse Parolen konnten ebenso stark wirken wie wirtschaftliche und materielle Anlässe. Eine Synagoge zu stürmen und die Juden zu verjagen, wie in Regensburg oder Nürnberg, war nicht weniger beliebt als der Ruf, die Pfaffen auszutreiben.

Gärung, Unruhe, Fehde, Krieg, höchste Wirtschaftsblüte, weltweite Beziehungen und Projekte, dumpfe Armut allerbreitester Menschenmassen – man könnte die Kontraste bis ins Endlose weiterführen. In diese Unruhe fiel Luthers Plakat, ein einzelnes Blatt Papier. Die geschichtlichen Voraussetzungen erklären erst seine Wirkung, und die geschichtlichen Gegebenheiten seiner Zeit bestimmen den weiteren Verlauf. Rebellion war überall. Die Fürsten und Stände waren rebellisch und meuterisch dem Oberhaupt gegenüber, das sie gewählt hatten. Das ganze Land rebellierte gegen die »römische Tyrannei«, wie die Oberherrschaft der Kirche genannt wurde. Die Städte gegen die Landesfürsten und Bischöfe, in den Städten die Plebejer im Kampf mit den Patriziern; die Bauern bereit zum Aufstand: In allen Berichten, in allen Reichstagsverhandlungen der Zeit findet die Furcht vor ungeahnten Ereignissen ihren Ausdruck. Meist ist es eine unbestimmte Angst. Im Volk gehen noch düstere alte Prophezeiungen um vom nahen Weltende oder vom Anbruch eines neuen, gerechteren Zeitalters, in dem die Letzten die Ersten sein werden, wie Luther in seinen Thesen angeführt hatte. Von Reform war seit Konstanz immer wieder gesprochen und geschrieben worden, und eine anonyme, vielverbreitete Schrift mit stark sozialem Einschlag behauptete sogar treuherzig, Kaiser Sigismund habe ein Programm dafür gehabt, der unzuverlässigsten einer unter den deutschen Königen. Das war aber schon lange her; »vor einem Jahrhundert« bedeutete damals so gut wie »seit Menschengedenken«; Sigismund war zu einer schönen Kaisergestalt geworden, und so hat Dürer ihn dem gewaltigen Karl an die Seite gestellt, beide mit dem prachtvollen Bart, der als Zeichen des wahren Herrschers und Mannes galt.

Beides steht nebeneinander: Rebellion und Tradition, der Wunsch nach Reform und der Glaube an einen mythisch-mystischen Kaiser, der mit einem Schlage Ordnung und Besserung schaffen würde. Wie das geschehen sollte, blieb gänzlich offen. Keinerlei Zusammenschluß größeren Stiles konnte erreicht werden, während England, Frankreich, Spanien sich ganz entschieden zum Staat und zur Nation konsolidierten. Die Hanse als größte Macht vorhergehender Zeit war durch den Egoismus der einzelnen städtischen Mitglieder bereits zerfallen. Die Eidgenossenschaft, der stärkste Sonderbund, war aus dem Reich ausgeschieden oder ausgetrieben worden. Als einzige einigermaßen potente größere Kombination hatte sich der Schwäbische Bund in Süddeutschland bewährt, eine häufig wechselnde Bündnisgemeinschaft von Fürsten und Städten mit wechselnden Zielen; sie sollte nur noch im Bauernkrieg eine gefährliche Rolle spielen und löste sich dann auch auf. Der Kleinadel träumte davon, sich zu einem Ritterbund zusammenzutun, und war, als Stand, ohne es zu wissen, bereits in völligem Verfall begriffen. Die Bauern hatten die Parole des »Bundschuhs« auf ihre Banner geschrieben. Von nichts war so viel die Rede als von Bünden, während jede Bindung, außer im engsten Kreis, abgelehnt wurde; jedes Bündnis zerfiel, ehe noch die Tinte trocken war auf dem Vertrag. Deutschland war offen nach allen Seiten. Die Unruhe begann lange vor Luthers Auftreten und dauerte das ganze Jahrhundert hindurch an.

Man kann ein anderes Bild malen und hat es gemalt: das eines frommen, fleißigen Volkes, das nach dem reichlich bestellten Heiligenkalender lebte, seine Feste feierte, seine Kirchen prachtvoll schmückte, und all das stimmt. Es stimmt auch, daß in der Tradition – mochte sie noch so fragwürdig geworden sein – auf religiösem wie praktischem und sozialem Gebiet eine dumpfe, ungeheure Macht lag, ein Schwergewicht, das sich im Fortgang der Dinge entscheidend fühlbar machen sollte. Weite Strecken, ganze Landschaften und Länder blieben neutral, fast unberührt, oder verhielten sich abwartend, als der Streit begann. Es waren vorwiegend bestimmte »Herde« der Unruhe, die als Brennpunkte hervortraten, oft ganz kleine Flecken auf der Landkarte. Die Städte spielten auch da die Hauptrolle. Ohne die Städte wäre die Reformationsbewegung sehr bald versandet. Sie waren die Kulturträger gewesen seit dem Hochmittelalter; sie hatten ihre Münster und Kathedralen gebaut, die ebenso Wahrzeichen ihres Bürgerstolzes wie der frommen Gesinnung waren. Man könnte ein hohes Lied auf diese Städte singen; es hat einen traurigen Ton im Abgesang. Keine von ihnen konnte die Führung übernehmen, sie waren gleich stark, sie waren alle gleichmäßig eifersüchtig aufeinander, alle eingesperrt in ihren hohen Mauern, sorgfältig abgeschlossen nach außen, alle gleich blind gegenüber den Gefahren, die ihnen drohten. Eine nach der andern fielen sie dann in die Hände des Landesfürstentums. Sie waren schon von innen her aufgeweicht. Ihre stärksten und bedeutendsten Familien, die Fugger und Welser an der Spitze mit ihren harten Köpfen und scharfen Augen, die nach Südamerika, Afrika und Ostasien ausspähten, schauten sich schon früh nach nichts Besserem um, als sich Güter, aristokratische Titel und kleine Herrschaften auf dem flachen Lande zu sichern. Ihre weltweiten Firmen wurden liquidiert, als der Bankrott des von ihnen so übermäßig finanzierten Kaisers Karl herannahte. Die Liquidierung des Heiligen Römischen Reiches zog sich in verschiedenen Stadien noch länger hin; sie wurde endgültig unter den Augen von Kommissaren der Französischen Revolution durchgeführt. Neben der reichsstädtischen Herrlichkeit und einem runden Tausend reichsunmittelbarer Herrschaften verschwanden da auch die geistlichen Kurfüstentümer, als letztes, das bis zum Schluß noch gehofft hatte, erhalten zu bleiben: Mainz.

Wir kehren zurück zum Jahre 1517 und Albrecht von Mainz. Er hatte Luthers Thesen und einen Bericht über ihn nach Rom gesandt. Der Papst, darin ganz korrekt denkend, hielt es für richtig, daß Luthers Ordensgeneral als Oberhaupt der Augustinereremiten sich damit beschäftigen solle. Tetzel jedoch war Dominikanermönch und Ketzermeister. Er erklärte sogleich, als ihm Luthers Blatt vor die Augen kam: »Der Ketzer soll mir in drei Wochen ins Feuer geworfen werden und in einem Badehute gen Himmel fahren«, und er bekam alsbald Zuzug von seinen Ordensbrüdern. Als ein »Mönchsgezänk« zwischen zwei rivalisierenden Orden wurde der Streit, der sich erhob, zunächst aufgefaßt und sogar begrüßt von solchen, die den Orden nicht wohlwollten. Man lachte, spottete und wartete gespannt auf den Ausgang. Auch von hier aus fällt noch ein schräges und unheiliges Licht auf die Zustände in dem großen Land der Mitte, das die Bezeichnung Heiliges Römisches Reich Deutscher Nation führte.

Augustiner und Dominikaner

Ulrich von Hutten, am Hofe des Erzbischofs von Mainz lebend, wo man die Bettelorden wenig schätzte, ob sie nun Dominikaner, Franziskaner oder Augustiner waren, schrieb Anfang des Jahres 1518 an einen Freund: »Vielleicht weißt Du noch nichts davon? In Wittenberg in Sachsen will sich eine Partei gegen die Autorität des Papstes auflehnen; eine andere verteidigt die päpstlichen Ablässe. Mönche führen die beiden Lager zum Kampf. Diese unerschütterlichen Generäle, hitzig, heftig, leichtsinnig, heulen, brüllen, vergießen Tränen, klagen zum Himmel, und dann sind da noch welche, die sich hinsetzen zum Schreiben und in die Bibliotheken laufen; man verkauft Thesen, Gegenthesen, Schlußfolgerungen, tödliche Artikel... Ich hoffe, sie werden sich gegenseitig umbringen...«

Auch Lessing hat noch dreihundert Jahre später in einer seiner jugendlich feurigen und respektlosen frühen Publikationen die Sache als ein Mönchsgezänk angesehen und dazu einen Bericht aus Luthers Zeiten ans Licht gezogen. Da heißt es im Brief eines Humanisten aus Antwerpen an einen andern in Spanien – über alle Länder hinweg korrespondierten sie und hatten wie die Fugger ihr eignes Netz von Posten und Stationen in ganz Europa –, der Handel sei höchstwahrscheinlich aus Neid und Mißgunst entstanden. »Der Augustiner ist neidisch auf den Dominikaner, der Dominikaner auf den Augustiner und beide auf die Franziskaner – was kann man sich anders als die allerheftigsten Uneinigkeiten versprechen?«

Lessing zitiert dann noch den Ausspruch des Papstes Leo X., ganz unbeglaubigt, aber ihm durchaus plausibel: »Der Bruder Martin hat einen guten Kopf; es ist nur eine Mönchszänkerei.«

So ungefähr aber sahen viele Zeitgenossen tatsächlich zu Beginn den Streit an. Nur die Dominikaner nahmen ihn gleich sehr ernst. Sie hatten schon den »Fall Reuchlin« ganz entschieden als ihre Sache betrieben, und er war noch nicht erledigt; nun kam der Fall Luther dazu, der bald das ganze Vorspiel vergessen machte. Tetzel hatte bereits mit dem Scheiterhaufen gedroht. Seine Ordensbrüder nahmen die Parole auf. Es wurde wirklich eine Auseinandersetzung der beiden Orden. Die Dominikaner sammelten ihre Mannschaft und hielten eine große Tagung in der Universität Frankfurt an der Oder ab.

Ganz verzagt aber waren die Augustiner. Luthers Prior beschwor ihn, doch still zu sein. Die Dominikaner, so meinte er, »hüpfen schon vor Freude«, daß nun auch die Augustiner einmal in den Geruch der Ketzerei kämen, nachdem ihre eigne Liste nicht frei war von üblen Flecken. Er dachte dabei nicht an Meister Eckhart, der vergessen war, vielleicht an Savonarola, an den man sich sehr wohl noch erinnerte, und vor allem an die vier Dominikanermönche, die einige Jahre zuvor in Bern verbrannt worden waren, weil es hieß, daß sie ein Wunder vorgetäuscht und am Körper eines ihrer Novizen die Stigmata Christi künstlich fabriziert haben sollten. Die Sache hatte viel Aufsehen gemacht und war in einer ganzen Reihe von Publikationen, auch in Gedichtform, durch die Lande gegangen. Und nun, so hörte der Prior, waren von dem großen Dominikanerkonvent in Frankfurt an der Oder 106 Gegenthesen aufgestellt worden gegen Luther. Man ließ es nicht bei diesem akademischen Wink bewenden: Der Konvent beschloß, Luther in aller Form in Rom als Ketzer anzuzeigen, und das war ein sehr viel gefährlicherer Schritt als der des Mainzer Erzbischofs. Von der Kanzel, was auch wiederum etwas mehr bedeutete als Tetzels private Aussprüche, verkündeten sie in Frankfurt, Luther werde in wenigen Wochen den Scheiterhaufen besteigen. Woche um Woche rückte die Angelegenheit nun vor, und Luther mußte sich mit ihr auseinandersetzen.

Er war nicht ängstlich, aber, nach seinem späteren Ausspruch, noch wie »geblendet«. Viel Hilfe im näheren Umkreis erhielt er nicht. Die Professoren der Universität rückten vorsichtig von ihm ab und bedauerten, daß auch ihre Hochschule in den Streit hineingezogen wurde. Ein Geistlicher in Hamburg, so vernahm man, hatte gesagt: »Du sprichst die Wahrheit, guter Bruder Martin, aber du wirst nichts ausrichten. Geh in deine Zelle und sprich: Gott erbarme dich meiner!« Freundliches oder begeistertes Echo kam erst aus weiter Ferne. Luther, zumal er sich vielfach mißverstanden fühlte, setzte Erläuterungen seiner 95 Thesen auf. Auch da verhielt er sich sehr korrekt; er sandte sie seinem kirchlichen Vorgesetzten zu, dem Bischof von Brandenburg, mit der Bitte, zu korrigieren und auszumerzen, was ihm bedenklich erschiene, oder das Ganze zu kassieren. »Nichts ist so schwierig«, erklärte er, »wie die richtige Lehre der Kirche zu ermitteln«, und fügte hinzu, er wisse, ein wie schwerer Sünder er sei. Er betonte in seiner

Schrift nochmals seine Ergebenheit dem Papst gegenüber. Aber auch Luther schritt nun von Woche zu Woche weiter vor. Er ging über die Ansichten seiner Thesen hinaus; der Ablaß wurde ihm immer zweifelhafter, die Regierungsgewalt des Papstes ebenso. Die mittelalterliche Lehre von den »zwei Schwertern«, dem des Papstes und des Kaisers, aus der die Kurie dann den Anspruch entwickelt hatte, der Papst hätte auch die Oberherrschaft über alle Reiche und Länder zu beanspruchen, bezeichnete er schon kühn als eine »höllische Erfindung«, und zwar erst späteren Datums; in der früheren Zeit habe es sie nicht gegeben, und die griechische Kirche – ein Punkt, den er bald aufnehmen und verteidigen sollte – hätte sich dieser Lehre nie gefügt. Auch vom Ketzerbrennen spricht er. In seiner Bibel kann er darüber nichts finden, weder bei Paulus noch im Evangelium.

Luthers frühe Schriften sind immer vulkanisch. Sie haben eine sanfte Kruste mit grün bewachsenen Abhängen der sicherlich ehrlich gemeinten Beteuerungen seiner Treue zur Kirche; darunter glüht die Lava, jeden Augenblick bereit, auszubrechen. Ahnungslos liefert er den Dominikanern Holz für ihren Scheiterhaufen, der vorläufig noch recht wenig und ziemlich nasses Reisig enthielt. Bisher hatte er sich auf lateinisch geäußert, in »Ansichten«, über die debattiert werden sollte. Jetzt schrieb er mit einem Male deutsch, einen Sermon »über Ablaß und Gnade«. Dieses Heftlein hat eigentlich erst die ganz weite Wirkung erzielt. Über zwanzig verschiedene Ausgaben sind gezählt worden, eine völlig unwahrscheinliche Auflagenhöhe, wenn man bedenkt, wie wenig Menschen lesen konnten, wie mühsam der Buchhandel noch in hölzernen Tonnen zu Pferd oder auf Rollwagen seine Produkte von Ort zu Ort transportieren mußte, obendrein ständig bedroht von örtlicher Zensur oder Steuer- und Stapelrechten. Luther hat übrigens weder für diese Schrift noch je für ein anderes seiner Werke ein Honorar erhalten. Er bekam als Mönch auch kein Gehalt als Professor; der Orden hatte ihn dem Kurfürsten geliehen. Und bescheiden mußte er sogar verschiedene Male darum bitten, die ihm versprochene neue Kutte doch zu gewähren; der kurfürstliche Rat Pfeffinger verhinderte diese überflüssige Ausgabe immer wieder, bis Luthers Gönner bei Hofe sich ins Zeug legten und ihm den schwarzen Rock zusenden ließen. Ein armseliges Mönchlein in der Tat, das da antrat zum Kampf gegen eine Weltmacht mit unbegrenzten Mitteln.

Luther wendet sich in diesem Heftlein nicht an die Gelehrten, sondern ans Volk. Er spricht knapp, einprägsam, in zwanzig Artikeln, »zum ersten, zum zweiten«, und wie mit einem Schlage gehorcht ihm die Sprache. Man will ihn einen Ketzer schelten? Nun gut, so »acht ich doch solch Geplerre nicht groß«. Das sind nur »finstre Gehirne, die die Bibel nie gerochen, die christliche Lehre nie gelesen, ihre eignen Lehrer nie verstanden haben«. Sie zeigen nur ihre eigne »löcherige und zerrissene Meinung« vor. Sie sind »neue Lehrer« und haben neue Lehren aufgebracht, und die sind falsch. Der Ablaß ist vom Übel, wer will, mag ihn sich nehmen, aber das sind nur die »faulen und schläfrigen Christen«. Viel besser tut, wer einem Bedürftigen gibt, in seinem nahen Umkreis für seine Mitmenschen sorgt, und wenn er dann noch etwas übrig behält, was nach Gottes Willen geschehen mag, dann kann er allenfalls auch für den Papst weitab in Rom etwas spenden zum Bau der neuen Peterskirche oder »anderswo«. Jeder verstand das, auch das »anderswo«, denn es wurde ja nun sehr vielfach bezweifelt, ob das Geld wirklich zum Bau der Peterskirche verwendet würde. »Wer dir etwas anderes sagt, der verführt dich oder sucht deine Seele in deinem Beutel, und findet er einen Pfennig darin, das wär ihm lieber denn alle Seelen.« Das war die Tonart, die das Volk hören wollte. Mit diesem Heft wurde Luther zum Sprecher der Nation, in einer Sprache, wie man sie bis dahin nicht gekannt hatte. Daß es ihm noch um andere Dinge ging als den Pfennig im Beutel, wurde überhört.

Der Bischof von Brandenburg übersah seinerseits die recht gefährlichen Wendungen in Luthers Erläuterungen zu seinen Thesen. Wir haben Luthers Unwissenheit in allen weltlichen Fragen betonen müssen; wir blicken auch mit Verwunderung immer wieder auf die erstaunliche Ignoranz der hohen Kirchenfürsten in Sachen ihres Amtes und der Theologie. Der Mainzer Hohenzollernprinz hatte kaum von den Thesen des unverschämten Mönches Kenntnis genommen; der Brandenburger Bischof, Schulze mit Namen, las überhaupt nicht, was Luther ihm mit der Bitte um Korrektur zusandte. Ahnungslos-freundlich erklärte er zunächst, er habe keine Zeit, sich mit dem Schriftstück zu beschäftigen; dann schickte er einen Abt vom Kloster Lehnin zu Luther mit gnädigem Handschreiben: Nichts Unkatholisches sei in Luthers Arbeit zu finden, und das Treiben der Ablaßprediger erscheine auch ihm »unbescheiden«. Das beste wäre jetzt, zu schweigen. Offenbar glaubte er, der Sturm werde sich bald legen. Bischof Schulze, Jurist und Verwaltungsmann, wollte wohl auch die Spannung zwischen Brandenburg und Sachsen nicht unnötig verschärfen. Er gab sogar nach einigen Wochen Luther die Erlaubnis, seine beiden Schriften, den deutschen Sermon und die lateinische Erläuterung der Thesen, in Druck zu geben, und das geschah. Luther meinte, damit sein Schlußwort gesagt zu haben, und wollte sich in Ruhe seinen weiteren Studien widmen. Er hatte angefangen, sich auch mit Kirchenrecht und Kirchengeschichte etwas mehr zu beschäftigen und dem Stammbaum der Ablaßtheorien nachzugehen.

Dazu blieb keine Zeit. Das »Geplerre«, das er so leichthin abzutun gemeint hatte, ging weiter. Auch die Gegenthesen der Gegner erschienen nun im Druck und wurden in einem dicken Ballen nach Wittenberg expediert. Die Studenten verbrannten sie auf dem Marktplatz als einen anmaßlichen Anschlag auf die Ehre der Universität Wittenberg. Luther war das gar nicht lieb, er mißbilligte das Vorgehen und predigte darüber. Er wollte schweigen, wie er dem Bischof zugesagt hatte.

Keineswegs schweigen wollten die Dominikaner. Sie erhielten Zuzug durch eine wissenschaftliche Größe, den berühmten Dr. Eck, Professor in Ingolstadt, der Luthers Hauptgegner wurde. Als ein Streit zwischen Eck und Luther wurde die Sache nun aufgefaßt statt einer Auseinandersetzung zwischen den beiden Orden. Es hat etwas Kleinliches und widerspricht entschieden unseren Vorstellungen von großen geschichtlichen Ereignissen oder dem Kampf gewaltiger geistiger Bewegungen, aber so sah man es an, und so war es auch bis in die Einzelheiten des Prozesses gegen Luther hinein. Eck war es, der das Verfahren mit aller Energie betrieb, wenn es lahmen wollte, der es durchsetzte und weiter fortführte durch Jahre und Jahrzehnte. Er war eine Kampfnatur wie Luther und hat ebenso grob zugeschlagen wie dieser; daß leidenschaftliches Ringen um Gewissensfragen ihn bewegt hätte, wird sich schwerlich sagen lassen. Erst am Ende seines Lebens, resigniert, enttäuscht auch von der Kirche, der er so eifrig gedient hatte mit endlosen Federfehden und Missionen, zog er sich zurück und wirkte als Seelsorger seiner Pfarrkinder in Ingolstadt. Und das war eigentlich nicht so weit ab von dem, was Luther gemeint hatte, wenn er davon sprach, daß man im nächsten Umkreis Gutes tun solle.

Bis dahin war es ein weiter Weg. Eck stammte, wie Luther, aus einer Bauernfamilie. Er war groß, stark, vierschrötig, mit lauter Stimme und vorzüglichem Gedächtnis gesegnet, das bei Disputationen alle Gegner mit Zitaten der entlegensten Autoritäten niederschlug. Sein Wissen ist immer das der Schulbücher, der vorgeschriebenen Lektüre, und was will er nicht schon als Knabe alles gelesen haben, ehe er, ein Wunderkind wie Melanchthon, mit zwölf Jahren »fertig« ist und die Universität bezieht! Mit Cato, dem strengen Zensor, fängt er seine Liste an in seinem Rückblick; er will Seneca gelesen haben, Isidors fünf Bücher über Dialektik, auch das kanonische Recht, die größte aller Autoritäten mitsamt den Kommentaren; er hat die Dekretalen »auswendig gelernt in alphabetischer Reihenfolge« und immer wieder zitiert, zum Kummer derer, die das nicht parat hatten; er will sogar das Werk des Augustiners Trionfo über die Macht des Papstes studiert haben, das phantastischste aller Bücher dieser Art mit Behauptungen über eine nicht nur gottähnliche, sondern gottgleiche Stellung des Heiligen Vaters. All dies mit zehn oder elf; mit fünfzehn ist Eck Magister, er hat nun auch bereits die gesamte Scholastik im Leibe. Er ist früh fertig und wächst nie weiter. Er schlägt sich eine Weile zu den Humanisten, die im Kommen sind, und dann entschieden auf die Seite der Autorität. Da wird sein eminenter Ehrgeiz befriedigt, er kann als Vertrauter von Kardinälen auftreten, er gilt als der große Eck, der brauchbare Eck, es heißt Eck und immer wieder Eck auch bei den späteren Reichstagsverhandlungen, er wird unentbehrlich. Er wird der einzige, der in unermüdlicher Schriftstellerei mit Luther einigermaßen Schritt hält. Aber er schreibt trocken, lehrhaft; nie gelingt ihm ein zündendes Wort, seine meist dicken Scharteken bleiben ungelesen und unverkauft liegen. Er ist auch bei der eignen Partei wenig beliebt wegen seiner Schroffheit; die Kardinäle fühlen sich belästigt durch sein hartnäckiges Betteln um Benefizien und speisen ihn mit ein paar recht bescheidenen Pfründen ab. Die Gegner verlästern ihn, ein unentbehrliches Kampfmittel der Zeit, als Hurenjäger und Trunkenbold; einer seiner früheren Humanistengenossen publiziert bösartig ein lateinisches Trauer-Carmen auf den Tod der »besten aller Konkubinen« des Doktors Eck; aus Nürnberg wird er mit einem viel belachten Pamphlet als »Eckius Dedolatus«, der Eck, dem man die Kanten abgehobelt hat, verspottet. All das ficht ihn wenig an. Er trinkt fröhlich weiter, und die Magistrate schicken ihm den Ehrenwein dazu. Er erklärt später, er habe seine Jugendsünden nun bereut, und damit gut. Sein Rezept im Angriff ist einfach: »Die Füchse fangen, solange sie jung sind«, jede Anwandlung von Ketzerei auf der Stelle ausrotten, »und dieser Teufel wird nur ausgetrieben durch Pein und Folter«. Er ist der furchtbarste aller Zeloten: der ewige Schulmeister. Stolz hat er von sich selber gesagt: »Ich will mein Lebtag ein Schulmeister bleiben.« Sein großer Kummer ist nur, daß man nicht genug auf ihn hört, weder in der Heimat noch in Rom. Vergeblich macht er seine Vorschläge, wie eine wirkungsvolle Abwehr gegen die immer zunehmende Ketzerei organisiert werden sollte. Er sieht ganz richtig, daß die Argumente zu schwach sind, die theologischen Begründungen zu dürftig. Der Papst sollte tatkräftige Nuntien ernennen und diesen energische Leute von großem Wissen beigeben, und zwar solche, die in deutschen Landen Bescheid wissen. Wir tun ihm wohl kaum Unrecht, wenn wir annehmen, daß er dabei auch an sich dachte. Freilich, so gesteht er bekümmert, solche Männer sind seltene Vögel. In seiner ganzen bayrischen Heimat wüßte er allenfalls drei, und auch da dürfte er sich eingerechnet haben. Seine Memoranden an die Kurie sind eine unfreiwillige und vernichtende Enthüllung der Zustände, wie sie kaum in gleicher Schärfe von den Reformatoren kritisiert worden sind.

Der unsympathische Mann erscheint da als beschränkter, aber aufrechter Kämpe, der nach rechts und links seine Hiebe austeilt. Die Bischöfe haben es ihm besonders angetan. Luther hatte gemeint, sie schliefen. Eck geht in die Einzelheiten: Warum dulden sie das Konkubinat ihrer Priester? Warum lassen sie sich diese Duldung sogar noch bezahlen? Weshalb üben sie ihre Funktionen nicht aus, sondern überlassen sie armseligen, schlecht bezahlten Vertretern? Und die verkaufen dann die Gnadenmittel an die armen Leute, auch das auf Anordnung der Oberen: Vier Gulden kostet Ehebruch, sechs unter Verheirateten, zehn Unzucht mit einer Nonne, und damit dürfte für den Zahlenden die Sache erledigt sein. Er holt noch weiter aus und wettert auch über Rom: das Unwesen mit den Pfründen, das rücksichtslose Eingreifen in die weltliche Gerichtsbarkeit. Spricht Luther da? Es spricht Dr. Eck: Die geistlichen Bußwerke sind schandbar in Geldleistungen umgewandelt worden, und das geht bis auf das 8. Jahrhundert zurück, wie der in der Kirchengeschichte gut beschlagene Doktor weiß; die alte Kirche kannte das nicht, es ist »Menschenwerk«, und so blieben in der päpstlichen Pönitentiarie statt Heilmittel für die Seelen nur Gold und Silber übrig. Die geistlichen Ämter werden verkauft an Leute, die so viel von Bibel oder Theologie wissen wie der Esel vom Singen. Die großen Verbrecher, die Wucherer und Sodomiten gehen straflos aus, aber kleine arme Teufel, die ihren Zins nicht zahlen können, werden mit dem Bann belegt. Und wie wird in Rom der Gottesdienst abgehalten? Die Beichtväter warten nur auf die Gebühr und tun die Sache rasch ab, damit recht viele abgefertigt werden können. Nicht anders hatte Luther es auf seiner Pilgerfahrt erlebt und beschrieben. Wer erhält die großen Vergünstigungen? Landfremde, unreife Knäblein. »Der Boden müßte sich auftun und diese Händlerseelen verschlingen.« Es hat etwas Gespenstisches, wie Eck fast wörtlich Thesen vorbringt, wegen derer er Luther und seine Anhänger ohne jeden Skrupel verbrannt wissen will.

Rechtgläubig ist er nur darin, daß er sich, abgesehen vom raschen Zupacken mit Pein und Folter oder strengster Zensur unter einem erleuchteten Professorenkollegium, alles Heil vom Papst erwartet. So wie die Deutschen einen guten Kaiser erhoffen, hofft er auf einen guten, strengen, weisen Papst. Der müßte mit eisernem Besen dreinfahren. Eck kennt, in der Schule der Dekretalen aufgewachsen seit seinem zehnten Lebensjahre, nichts anderes als Dekrete, Bullen, Verbote. Im Grunde müßte der Papst zunächst einmal die so farbig geschilderten Bischöfe fortjagen, die Orden reformieren oder auflösen, die Kurie gründlich reinigen, die unwissende Klerisei durch eine bessere ersetzen; Eck ist ein Schulmeister, der mit den Jahrhunderten verfährt, als blätterte er in seinem Schulbuch. Und seine innere Trockenheit und Dürftigkeit kommt entwaffnend zutage, wenn er in seinen Memoranden an den Heiligen Stuhl empfiehlt: Es sollte doch auch in den päpstlichen Breven »etwas« Göttliches enthalten sein, »etwas« von der Heiligen Schrift – mit dem Zusatz »soweit es sich machen läßt«.

Es versteht sich, daß diese Reformvorschläge in Rom zu den Akten gelegt wurden. Der alte Kämpfer war lästig und überflüssig geworden. Es ehrt ihn, daß er sich nicht verbitterte, sondern an die Arbeit ging für seine kleine Gemeinde. Von dem verhaßten Gegner hat er sogar gelernt, daß die Predigt nicht vernachlässigt werden darf, und so predigt er unermüdlich wie nur wenige andere und führt darüber sein genaues Pfarrbuch, das noch erhalten ist. Wir fürchten, daß seine Predigten so nüchtern waren, wie seine Schriften es sind.

Die waren gefährlich genug für Luther, als der Streit anhob. Aber Luther hat sich später fast behaglich über Eck geäußert: »Der hat mich munter gemacht!« Ketzer sind nützlich, so zitierte er, und berief sich auf seine Bibel. Der Eck müßte im Grunde Papst werden, »sie haben sonst keinen«.

Luther war breit und schwer geworden, als er so spaßte. Die ersten Pfeile, die Eck auf ihn abschoß, trafen den noch grübelnden und keineswegs sicheren Mönch, und es waren sehr scharfe Geschosse darunter. Mit sicherem Blick hatte Eck erkannt, daß eine Diskussion über die höchst unbeliebte Ablaßfrage und ihre noch ungeklärten dogmatischen Voraussetzungen keine rechten Aussichten haben würde. Er schob sie auf das Gebiet der päpstlichen Autorität hinüber, die durch Luther angegriffen würde. Mit seinem vorzüglichen Gedächtnis und seiner Luther weit überlegenen Kenntnis der päpstlichen Dekretalen führte er die Bulle »Unigenitus« ins Feld, von der wir schon sprachen, und Luther mußte zugeben, daß er sie nicht kannte. Luther vertraute auf den Glauben, der eine Gnade sei und vor allen Sakramenten kommen müsse; Eck zitierte die päpstliche Autorität Klemens VI. aus Avignon. Damit wurde Luther sogleich in eine problematische Abwehrstellung gedrängt; eine päpstliche Bulle zu bestreiten, war sehr viel schlimmer, als Auswüchse des Ablaßwesens zu kritisieren; es hieß nahezu, an den Grundfesten der Kirche rütteln. Und Eck, auch darin entschieden wirkungsvoll manövrierend, zog noch ein weiteres Gebiet in die Debatte: Er nannte Luthers Ansichten »böhmische Ketzerei«. Das appellierte an den allgemeinen Abscheu vor dem Ketzer Hus, Erinnerung an die keineswegs vergessenen Greuel der Hussitenkriege, in denen besonders Sachsen sehr gelitten hatte. Es rührte politische Ressentiments auf, denn in jenen zwanzigjährigen Kriegen waren die Deutschen immer wieder geschlagen worden. Sie waren geflohen vor den Scharen der Böhmen unter ihrem gewaltigen Feldherrn Ziska und dem nicht weniger bedeutenden Prokop. Sie waren – und nur sehr ungern dachte man daran zurück – schon geflüchtet, wenn die Böhmen mit ihrem furchtbaren Kampflied anrückten, das mit »Die wir Gottes Streiter sind« begann und mit dem Ruf »Schlagt sie tot, schlagt sie alle tot!« endete. Die Kinder und Kindeskinder erzählten die Mären vom blinden Ziska, der mit geschlossenen Augen seine Leute von Sieg zu Sieg führte und sterbend noch befahl, seine Haut über eine Trommel zu spannen, die weiter vorangehen sollte. Tief bis nach Deutschland hinein waren die Hussiten vorgestoßen, hatten Magdeburg belagert, und eine Schar streifte bis nach Bremen; sie hatten gedroht, sie würden das ganze Rheinland brandschatzen, und viele Städte hatten sich nur durch schwere Zahlungen freigekauft, an manchen Stellen im Sächsischen lagen noch Dörfer öde, die sie verbrannt hatten. Vergessen war, wie diese Kriege entstanden waren, vergessen der Treubruch des Kaisers, der Hus freies Geleit zugesagt hatte, die Prahlerei der Kreuzfahrer, die mit ihren Bannern unter dem Bilde der Mutter Gottes nach Böhmen eingerückt waren und gelobt hatten, die Ketzer mit Stumpf und Stiel auszurotten, während sie die Hussitengegner und Ketzerfeinde ebenso erbarmungslos ausplünderten und erschlugen wie ihre Gegner. Vergessen war auch fast völlig, daß die Krone Böhmens als einer der glänzendsten Edelsteine des Heiligen Römischen Reiches gegolten hatte, daß sie noch immer eine ausschlaggebende Stimme bei der Kaiserwahl im Kurfürstenkollegium besaß; »der Böhme« war zum »Landesfeind« geworden, der bloße Name schon zum Kinderschreck und für die Erwachsenen zum Schreckgespenst.

Kein Vorwurf war so gefährlich wie dieser, den Eck zuerst vorbrachte. Keiner hat Luther so geschadet und ihm zu schaffen gemacht, bis er schließlich durch Eck dazu getrieben wurde, sich trotzig aufzulehnen und zu Hus zu bekennen. Schritt um Schritt wurde er so vorwärtsgedrängt, gestoßen, aus der Kirche herausmanövriert, wie man wohl sagen kann, und Eck bewies sich dabei als geschickterer Taktiker als die Dominikaner, die sich auch bei den Humanisten und in weitesten Kreisen bis zu den einflußreichsten geistlichen Fürsten eine Gegenfront geschaffen hatten. In kleinlichem Geplänkel begann Eck seine Kampagne gegen den Böhmen Luther; unter dem Titel »Spießchen«, wie man in den Handschriften fragwürdige Stellen am Rande für seine Anmerkungen bezeichnete, brachte er seine scharf gespitzten Winke zu Papier; mit »Sternchen«, einem andern Symbol für Zusätze in den Glossen, antwortete Luther nach langem Zögern. Er wollte eigentlich diesen »Hundefraß« stillschweigend hinunterschlingen und verdauen und an seine Lektüre des Kirchenrechtes gehen, das ihm, wie sich gezeigt hatte, noch so weitgehend unbekannt war. Aber seine Freunde drängten ihn: Zur Ehre Wittenbergs und Sachsens mußte unbedingt etwas geschehen. Noch immer war es ein Streit der Orden und eine akademische Auseinandersetzung.

Die Augustiner hielten ebenfalls einen großen Konvent ab, in Heidelberg, und Luther sollte dabei herausgestellt werden. Staupitz übertrug ihm ausdrücklich die Leitung bei den wissenschaftlichen Disputationen, ohne die es bei solchen Gelegenheiten nicht abging. Luther machte sich wieder einmal zu Fuß auf die Reise. Sie war nicht ungefährlich, denn das Ketzergeschrei hatte schon weite Gegenden aufgeregt. Man warnte Luther, seine Gegner könnten ihn fangen und nach Rom abliefern; der Kurfürst war bedenklich und gab ihm ausführliche Empfehlungsschreiben mit. Die Reise wurde Luthers erster Triumph in der weiteren Öffentlichkeit. Sie tat ihm auch rein körperlich gut, und er kam stärker und kräftiger aussehend zurück. In Heidelberg scharten sich die ersten Anhänger aus dem weiteren Deutschland um Luther, nicht wenige darunter, die später bedeutsam hervortraten. Auch Angehörige anderer Orden, sogar der Dominikaner waren darunter. Er galt als der Mann der Jugend; die älteren Professoren, darunter seine früheren Erfurter Lehrer, waren wenig angetan von seinen Ausführungen, die noch einmal und zum letzten Male seinem Kampf gegen die philosophische Lehrmeinung und dem »ranzigen« Aristoteles galten. Vom Tagesstreit um den Ablaß wurde in den Verhandlungen nicht gesprochen, wohl aber im kleineren Kreise. Solche Konvente waren auch gesellige Zusammenkünfte, und Luther schrieb nach Hause an Spalatin, der Weinjahrgang 1518 sei besonders gut geraten. Seine Gabe, sich im Tischgespräch drastisch und packend zu äußern, kam zur Geltung. Begeisterte Briefe junger Hörer über »köstlichen Gedankenaustausch« flatterten aus Heidelberg in die Runde. Der harte, fast abgezehrte Kopf imponierte, Luthers Leidenschaft und Feuer, aber auch seine Eindringlichkeit und Schlagfertigkeit, die Sicherheit, mit der er die Bibel zitierte, was noch keineswegs üblich war. Und mehr noch vielleicht seine Herzlichkeit im Umgang, die dabei deutlich machte, daß er keinerlei Gegendienste erwartete, wie unter den Humanisten üblich, sondern auch bereit war, auf gute Freunde herzlich einzuschlagen, wenn ihm das nötig schien. Luther hat es immer verstanden, sich begeisterte Freunde und Anhänger zu gewinnen; er hat viele auch wieder verloren und sie gröblichst verdammt. Noch war das alles unbestimmt und »undogmatisch«, rein vom persönlichen Eindruck abhängig. Der war stark. Die ersten Anfänge einer Luther-Partei formierten sich in Heidelberg. Luther war berüchtigt gewesen; er wurde berühmt.

Der Kampf ging weiter, und nun war es Luther, der einen neuen kühnen Schritt nach vorwärts tat. Vom Bann gegen ihn war bereits die Rede, ehe noch in Rom eine Entscheidung gefallen sein konnte. Luther war so gestärkt und fast übermütig aus Heidelberg zurückgekommen, daß er spottend an einen Freund schrieb, als ob er bereits verurteilt sei: »Je mehr diese Leute mich bedrohen, um so größer ist meine Zuversicht. Für Weib und Kind habe ich gesorgt, Äcker, Haus und Besitz bereits verteilt, mein Ruf und Ansehen ist schon zerpflückt. Es bleibt nur noch eines übrig: mein elender und gebrechlicher Leib. Mögen sie den nehmen, das macht mich höchstens um ein oder zwei Stunden Leben ärmer, die Seele können sie mir nicht rauben.« Wer das Wort verkünden will, müsse immer mit Verfolgung und Tod rechnen. Er fügt hinzu: »Ich habe neulich zum Volk eine Predigt über den Bann gehalten und dessen Tugenden. Da habe ich die Tyrannei und Unwissenheit all des schmutzigen Packs von Funktionären, Kommissaren und Vikaren abgekanzelt. Alle Welt wundert sich, sie haben nie so etwas gehört, und alle warten nun, was für Übel mir daraus erwachsen mögen. Ich habe ein neues Feuer angezündet, aber so geschieht es mit dem Wort der Wahrheit.«

Ein neues Feuer und ein neues brennendes Problem. Luther ging nicht überlegt, aber mit unfehlbarem Instinkt vor: Neben dem Ablaß war der Bann eines der am meisten beklagten Ärgernisse. Er wurde noch sehr viel mehr gefürchtet als das Fegefeuer, mit dem viele glaubten, schon irgendwie fertig zu werden; denn er griff unmittelbar ins Leben ein. Die einstmals großen und gewichtigen Fällen vorbehaltene Waffe der Kirche war zu einem Instrument geworden, das jeden bedrohte, den Ärmsten wie den Reichsten, die Armen noch viel mehr als die Großen. Der Bann: Das war nicht der feierliche Bannstrahl von höchster Stelle, der gegen Kaiser und Könige oder große Ketzer geschleudert wurde, sondern im Zuge der immer stärkeren Bürokratisierung der kirchlichen Finanzverwaltung ein einfaches und im größten Umfang angewandtes Mittel der Steuereintreibung. Gebannt wurden die einfachen Leute, die ihren Zehnten nicht pünktlich entrichteten; gebannt wurden Äbte, Bischöfe, Erzbischöfe, die mit den Zahlungen für ihre Amtsbestätigung durch die Kurie im Rückstand blieben; man hat schon gegen Ende des 14. Jahrhunderts einige hundert solcher hohen Stellen gezählt. Inzwischen war die Inflation dieses Strafmittels fortgeschritten; die Äbte und Bischöfe sowie alle geistlichen Korporationen bannten ihrerseits, oft bei den weltlichsten Gelegenheiten. Die Klagen der Lutherzeit betreffen immer die gleichen wirtschaftlichen Streitpunkte: Die Stifte oder Klöster betreiben Handel mit zollfrei eingeführten Waren, Wein- und Bierschank, die Nonnenklöster verkaufen ihre Webereien, und wenn ein Magistrat dagegen einschreitet oder Abgaben verfügen will, wird er gebannt, wenn er dann nicht gehorcht, wird die Stadt mit dem Interdikt belegt, das alle kirchlichen Handlungen verbietet. Der Bann ist eingeteilt in die erste Instanz, für den einzelnen geltend, die zweite bei weiterer Zahlungsverweigerung oder Nichterfüllung, wobei auch die Familie eingeschlossen ist, die dritte und letzte, die auch die Mitbürger erfaßt. Aus der ursprünglichen Kirchenstrafe des Ausschlusses aus der Gemeinde durch Verweigerung der Sakramente war mit der Entwicklung des kanonischen Rechtes, das in viele Fragen des täglichen Lebens eingriff, auch Verbot jedes Geschäftsverkehrs mit einem Gebannten geworden, neben Ausschluß von Heirat oder Begräbnis. Die Sache hatte einen solchen Umfang angenommen, daß man zur Zahlungszeit im Herbst ganze Bann-Termine kannte. Scharen von Gebannten, die um Haus und Hof gekommen waren, zogen dann umher und bettelten. Die Rücksichtslosigkeit, mit der eingetrieben wurde, führte vielfach zu Mord und Totschlag, wie Luther in seiner Predigt ausführt. Er lobt auch die weltlichen Obrigkeiten, die solchen Mißbrauch des Banns nicht dulden in ihrem Amtsbereich; es wurde diese Frage eifrig diskutiert. Die Ansprüche beider Seiten stießen ständig aufeinander und wurden von beiden Seiten unablässig höher gestellt. Der Bann war, wie der Ablaß, eine soziale, wirtschaftliche, politische Frage geworden. Luther hatte ein zweites heißes Eisen angepackt.

Auch da spricht er wie immer nicht nur von Mißständen und Wirtschaftsproblemen, sondern geht aus von seinen neugewonnenen Glaubenssätzen. Aus der Gemeinde kann durch Verweigerung der Kommunion ein Mensch ausgeschlossen werden, nicht aber aus der innerlichen Gemeinschaft mit Gott: »Diese Gemeinschaft mag weder geben noch nehmen irgendein Mensch, er sei Bischof, Papst, ja auch Engel.« Bis dahin reicht kein Bann. Erst dann kommt er auf den »leiblichen« äußerlichen Bann. Der sei schon vorzeiten in Brauch gewesen, aber nun ist er so erweitert worden, daß er auch »Begräbnis, Kaufen, Verkaufen, Handel, Wandel und allerlei Gemeinschaft der Menschen, zuletzt auch, wie sie sagen, Wasser und Feuer« verbietet. Daran haben sie nicht genug, sie spannen auch die weltliche Gewalt ein mit Schwert, Feuer und Krieg gegen die Gebannten, alles gegen den Sinn der Schrift und dem geistlichen Stand nicht gebührend. Und gar »um Geld oder zeitlich ander Ding willen bannen ist eine neue Erfindung«. Davon haben die Apostel und Christus nichts gewußt. Es ist dies Luthers »Fund« und die Stärke seiner frühen Schriften, daß er immer wieder auf die so einfachen Sätze der Bibel verweist und das ganze komplizierte Gebäude, das darüber errichtet worden war, völlig ignoriert. Jeder verstand das; jeder entnahm seinen Sätzen natürlich etwas anderes. Obrigkeiten begrüßten es, wenn er ihnen das Recht zusprach, einzugreifen. Der arme Mann horchte auf, wenn Luther davon sprach, daß die großen »Hansen«, die Wucherer, in Ruhe gelassen werden und nur die Kleinen zu leiden haben um Geldschulden, oft so gering, »daß die Briefe und Kosten weit mehr betreffen als die Hauptschuld«. Die kirchlichen Instanzen verstanden es auch sehr gut, wenn er drohend erklärte, der Bann sei »niemand schädlicher und gefährlicher als denen, die ihn fällen«. Können sie nicht vor Gott schuldiger sein als hundert von ihnen Gebannte?

Es begann nun, ehe er selber gebannt wurde, noch ein höchst unerfreuliches und trübseliges Zwischenspiel mit Spitzelei, Horcherei an den Türen und dem ganzen üblichen Apparat des Denunziantentums. Schon bei dieser Predigt saßen »gräuliche Späher«, wie er bald erfuhr, unter den Zuhörern, schrieben auf und berichteten, nicht notwendigerweise sehr wörtlich, über diese neuen gefährlichen Thesen. Bei einer anderen Predigt, die Luther in Dresden halten sollte, wurde er vom Hofkaplan Emser am Abend eingeladen. Ein Ordensbruder Tetzels stand hinter der Tür und ein Leipziger Magister suchte Luther in eine angeregte Diskussion zu verwickeln über das, was er in Wittenberg gesagt haben sollte. Berichte gingen an den päpstlichen Legaten Cajetan, der in Augsburg beim Reichstag weilte, von diesem mit einem kaiserlichen Begleitschreiben nach Rom. Darin ersuchte Maximilian, schleunigst den Bann über Luther auszusprechen. Ob der Kaiser, schon kränkelnd, nervös durch das Mißlingen seiner letzten großen Pläne, die so fahrig angelegt waren wie seine früheren, und mitten unter den schwierigen Verhandlungen mit seinen widerspenstigen Ständen, überhaupt irgend etwas Authentisches von Luther gelesen hat, ist sehr fraglich. Er dürfte hauptsächlich diesen Schritt getan haben, um seine neue, ziemlich überraschend eingeleitete Politik eines innigen Zusammengehens mit der Kurie zu unterstreichen. Das Schreiben machte aber großen Eindruck. Der päpstliche Auditor erklärte nun den Fall für eröffnet. Luther sei ein notorischer Ketzer. Der Papst Leo X. sandte ein Breve an den Kardinal: Luther sei zu verhaften und bis auf weiteren Befehl sorgfältig zu verwahren. Ein zweites Schreiben ging an den sächsischen Kurfürsten und forderte Luthers Auslieferung, ein drittes an Luthers Ordensgeneral, der durch Entsendung eines Delegierten dafür sorgen sollte, daß der Ketzer auch ergriffen und ordnungsgemäß an Händen und Füßen gefesselt würde. Die gesamte, etwas umständliche Maschinerie des Ketzerprozesses, unter sorgfältiger Wahrung des Instanzenweges, wurde in Bewegung gesetzt.

Bis dahin hatte nur eine Anzeige vorgelegen und war eine Voruntersuchung eingeleitet worden. Ein Gutachten sollte erstattet werden, wieweit Luthers Lehren verdächtig seien. Damit war der Sachverständige der Kurie für Glaubensfragen beauftragt worden: der »Magister des heiligen Palastes«, Silvester Mazzolini, nach seinem Geburtsort Prierias genannt, auch er ein Dominikaner. Er war ein alter Herr von fast siebzig Jahren, Verfasser einer »Summa summarum« über die Lehren der Scholastik und eines Handbuches über Gewissensfragen. Ihm lagen immerhin Luthers 95 Thesen vor und nicht nur die Spionagezettel, die dem Kaiser genügt hatten bei seinem Vorgehen. Er war aber rasch fertig mit seiner Arbeit, nach drei Tagen, wie er stolz in seinem Heftlein erklärte, das er sogleich drucken ließ, denn er hatte auch literarischen Ehrgeiz. Als feierliches Dokument in einem großen historischen Augenblick war sein Opus nicht angelegt: Als »Dialog über die vermessenen Behauptungen Martin Luthers über das Papsttum« hatte Mazzolini den Streitfall stilisiert. Er betonte, daß er als alter Herr das »Fechten« nicht mehr recht gewöhnt sei, und mit dem Florett griff er auch nicht an. Er schimpfte vielmehr, wie es nur immer Luther vorgeworfen ist, der das nur sehr viel besser konnte: Hund, bissiger Hund, Aussätziger mit Flecken auf der Haut, Eisennase, Erzmagen heißt es, und es fehlt auch nicht an handfesten Winken: Wenn der Heilige Vater dir, Martin, ein Bistum verliehen hätte, dann hättest du wohl alles in der Ordnung gefunden, nicht wahr? Wie in der Schulstube wird Luther vorgerufen: Steh auf! und dann sagt er eine seiner Thesen auf nach der anderen und jede wird alsbald von Mazzolini widerlegt. Von einiger Bedeutung war eigentlich nur der Eingang. Da wurde von oben herab, und auch nach oben ausschauend, kurz und bündig die Stellung des Papstes und seiner Autorität klargestellt: Die allgemeine Kirche ist ihrem Wesen nach in der römischen Kirche repräsentiert, diese in ihren Kardinälen und schließlich im Papst, der so wenig irren kann wie die Kirche. Wer nun in Sachen des Ablasses behauptet, die Kirche könne nicht tun, was sie tatsächlich tut, ist ein Ketzer. Mehr wäre eigentlich gar nicht zu sagen, und das Schulverhör sollte nur eine Art Zugabe sein. Selten ist wohl in einer Sache, die sich als so bedeutsam für die Kirche herausstellen sollte, der Papst so flüchtig und schlecht bedient worden. Den einsichtsvolleren Herren der Kurie wurde das auch bald klar; »ein Tölpel«, hieß es dann, und auch Leo X., der zum mindesten in Fragen des Stils Geschmack hatte, soll gesagt haben, »er hätte besser drei Monate daran gearbeitet statt nur drei Tage«.

Als Luther das Heftlein erhielt, seufzte er nur: »Soll die Sache jetzt vor den Papst kommen?« Er verfaßte eine Antwort und meinte, für seine unbändige Natur sehr milde: »Ich will nicht mit Schimpfworten mit Euch reden, mein Vater.« Nur am Rande ging er auf Mazzolinis Wink mit dem Bistum ein: »Richtet Ihr mich da nicht etwas nach Euren Auffassungen, ehrwürdiger Vater?« Er wisse ganz gut, auf welchen Wegen man in Rom zu einem Bistum oder anderen Pfründen gelangen könne. Im übrigen glaubt Luther, es nur mit einem Schwätzer und Wichtigtuer zu tun zu haben. Der Papst sei offenbar gar nicht informiert; er erklärt sogar: »Ich weiß, daß wir den besten Papst an Leo X. haben«, und nennt ihn einen »Daniel in der Löwengrube«, der in Lebensgefahr schwebe, eine Anspielung auf den kurz vorher stattgefundenen Prozeß gegen Kardinäle, die sich verschworen hatten, Leo zu ermorden. Bann oder Scheiterhaufen könnten ihn nicht schrecken, wenn die Verfluchung von »Euch und Euresgleichen« komme. »Sucht Euch jemand anders, den Ihr schrecken könnt!« Und wie Mazzolini betont auch Luther, er habe die Geschichte nicht allzu wichtig genommen: »Seht, ehrwürdiger Vater, ich habe Euch in Eile, in zwei Tagen, meine Antwort gegeben.«

Luther fand sogar dessen Schriftlein nützlich: Es könne den Deutschen zeigen, wie man in Rom mit ihnen umginge, und so ließ er den Dialog Mazzolinis selber in Leipzig nachdrucken. Noch war sein Vertrauen in den Papst unerschüttert. Er hatte ihm selber seine Erläuterungen zu den Thesen mit einem denkbar demütigen Schreiben zugesandt und dabei gesagt, er lasse diese Schrift zu seiner größeren Sicherheit unter dem Namen des Papstes ausgehen, »damit alle gutwilligen Leser sehen, in wie reiner Gesinnung ich das Wesen der kirchlichen Gewalten zu ergründen suche und wie ehrfurchtsvoll ich die päpstliche Autorität respektiere«. Er nahm an, daß der Heilige Vater, wie der Erzbischof von Mainz oder der Bischof von Brandenburg, wohl noch nicht Zeit gefunden habe, sich mit der Angelegenheit genauer zu befassen.

Bisher hatte er lediglich eine Aufforderung der Kurie zugestellt erhalten, er habe sich persönlich in Rom zu melden und dort zu verantworten. Das erschien ihm allerdings bedenklich. Seine rechtskundigen Freunde in Wittenberg rieten ihm, dagegen zu appellieren und eine Vernehmung in Deutschland zu verlangen, wie das auch Reuchlin in seinem Falle beantragt hatte. Es war dies eine Forderung, die auch in den politischen Verhandlungen der Reichstage vielfach erhoben wurde, gegen den Anspruch auf Oberhoheit Roms in Rechtsstreitigkeiten: Ein Deutscher dürfe nur auf deutschem Boden vor Gericht gestellt werden. Dies alles jedoch, das Gutachten Mazzolinis wie die Vorladung, waren nur Vorverhandlungen gewesen. Erst mit dem Eingreifen des Kaisers erfolgte die offizielle Eröffnung des Prozesses. Der »letzte Ritter« Maximilian hat Luthers Verurteilung herbeigeführt.

Der Fall Luther war ein Streit der Dominikaner gegen die Augustiner gewesen in seinen Anfängen, so sahen es die Zeitgenossen an; eine akademische Frage zwischen feindlichen Universitäten; für Luther ein brennendes Gewissensproblem. Er wurde jetzt vor die Kurie gebracht und geriet in das Getriebe der Weltpolitik.

Verhör vor dem Kardinal zu Augsburg

Beim Reichstag zu Augsburg 1518 trat Maximilian zum letzten Male auf. Er war alt und hielt seine berühmte Rüstigkeit in allen Körperübungen, dem Armbrustschießen, dem Turnier, der Jagd, nur mit Mühe aufrecht; er trank sogar jetzt klares Wasser, wie mit Staunen berichtet wurde, als sehr ungewöhnlich für einen Ritter in der Zeit maßloser Trunkenheit, die auch bei Reichstagen die Verhandlungen oft auf Tage hinaus unterbrach. Seine großen Reformpläne waren alle gescheitert und versandet; wenn gute Absichten ein Zeichen der Größe wären, so müßte er zu den großen Herrschern gezählt werden. Ein alter Adelsmann sagte recht bündig nach seinem Tode: »Potz Welt, Herr! Sobald mein Herr, der Kaiser, sich vornahm, die Regierung zu reformieren, und zu genau wollte aufsehen, da war sein Sach aus und konnt nit lang mehr leben, fuhr zum alten Haufen.« Nur eine Sache behielt der Kaiser noch mit sonst ungewohnter Hartnäckigkeit im Auge: die Zukunft seines Hauses, der Dynastie Habsburg-Burgund. Sein Enkel Karl, König von Spanien, Herzog von Burgund, sollte die Linie der Habsburger-Kaiser weiterführen. Zwar hatte Maximilian auch diese Krone noch kurz vorher gegen hohe Zahlungen angeboten, an den Jagellonen-König von Ungarn, den Engländer Heinrich VIII., und er selber war mit dem Gedanken umgegangen, sich nach Neapel zurückzuziehen mit dem Titel eines dortigen Königs, aber das war nun aufgegeben, wie viele andere Projekte. Am Geldmangel waren sie gescheitert, und auch diese Wahl würde sehr viel Geld kosten. Die deutsche Kaiserwahl war eine Auktion, und der Meistbietende würde siegen. Die Kassen des Hauses Habsburg waren leer. Das Haus Fugger sollte es übernehmen, die Sache zu finanzieren. Selbst diese reichste aller Bankfirmen konnte das nicht allein durchführen; ein ganzes Konsortium war dazu nötig. Man veranschlagte die Bestechungsgelder an die Fürsten, ihre Räte und andere einflußreiche Persönlichkeiten auf rund eine Million Goldgulden.

Im Palazzo Fugger, dem prachtvollsten Gebäude im neuen Stil von jenseits der Alpen, stieg der Kaiser ab, der über keine Residenz von nur ähnlichem Glanz verfügte. Dort fanden die Besprechungen statt, die über die Zukunft des Landes entschieden. Dort trat auch der »vermessene Mönch« vor eine der Hauptpersonen des Reichstages, den Kardinal und Legaten Cajetan. Das war allerdings nur ein Nachspiel, eine kleine und lästige Nebensache für die hohen Herren, die ihre hohe Politik mit den üblichen Listen betrieben.

Sehr große Politik war vorgesehen, und sehr viel List war dazu nötig: Die Einigkeit von Papst und Kaiser, wie im allerhöchsten Mittelalter, sollte noch einmal demonstriert werden. Die schon fast vergessene Lehre von den »zwei Schwertern«, dem weltlichen des Imperators und dem geistlichen des Heiligen Vaters, wurde noch einmal beschworen, so viel Uneinigkeit aus dieser Theorie auch entstanden war. Noch jüngst hatte Maximilian in einer seiner vielen Schwankungen sich dem Gegenkonzil der Kardinäle in Pisa zugeneigt, die unter französischem Einfluß den Papst Julius absetzen wollten; er war dann bedenklich geworden und hatte sich dem neuen Papst Leo, dem Mediciprinzen, zugewandt, der seinerseits damit umging, eine weitere Nachfolge des Hauses Habsburg zu verhindern, und darüber mit Frankreich verhandelte. Im Augenblick waren diese Kombinationen zurückgestellt. Kardinal Cajetan sollte das neue Zusammengehen von Kaiser und Kurie verkünden, und Maximilian gedachte unter diesem glorreichen Zeichen eine große Reichssteuer auszuschreiben, ein alter Plan, der bisher immer vereitelt worden war. Als zugkräftige Parole dafür war ein Kreuzzug gegen den »Türkenhund« ins Auge gefaßt, auch dies ein mittelalterliches Schlagwort, mit dem man Eindruck zu machen hoffte.

Mit großem Pomp trat der Kardinal auf. Nach römischer Auffassung sollte ein Kardinal-Legat Vorrang sogar vor »irgendwelchen Königen« haben. Cajetan beanspruchte Einzug auf einem weißen Zelter mit purpurrotem Zaumzeug; er verlangte, daß die ihm zugewiesenen Räume mit purpurrotem Atlas ausgeschlagen würden, und stellte noch weitere Forderungen, bis der Zeremonienmeister des Kaisers, an viele Vorrangsfragen gewohnt, verzweifelte. Cajetan hielt im Dom ein feierliches Hochamt ab vor den weltlichen und geistlichen Fürsten. Er setzte dem Erzbischof Albrecht von Mainz, der von der Kurie als wichtige Wahlstimme gewonnen werden sollte, den Kardinalshut auf und überreichte dem Kaiser einen geweihten Degen als Zeichen der Zwei-Schwerter-Lehre. Er predigte feinsinnig, denn er war ein großer Gelehrter, berühmt durch seine Kommentare zum Thomas von Aquino. Er galt auch als großer Politiker, und seine Schrift »Über die Gewalt des Papstes« hatte ihm neben seiner Stellung als General des Dominikanerordens bei der letzten Schaffung eines neuen Kardinalskollegiums den roten Hut eingetragen. Auf die recht heiklen Probleme des Tages ging er nicht ein. Statt dessen erinnerte er mit historischem, weitausgreifenden Rückblick daran, daß dieser Tag, der 1. August, doch das Datum sei, an dem einstmals Augustus bei Aktium die Herrschaft der Welt errang. So müsse auch jetzt, wie im alten Rom, sowohl das Reich als auch das Reich der Kirche wieder bis an die Grenzen der Welt vorgetragen werden. Der Ungläubige, der Türke als Feind der Christenheit sollte nun endlich geschlagen werden. Maximilian müsse Konstantinopel und Jerusalem zurückerobern.

Wohlgefällig hörte der Kaiser das an. Die Fürsten und Ständevertreter senkten ehrfürchtig das Haupt. Sie gedachten sich durch solche hohen Aussichten nicht verwirren zu lassen. Eine neue Türkensteuer? Würden die Gelder auch für diesen Zweck verwendet werden? Die alte Parole überzeugte nicht mehr; allzu oft war sie benutzt worden, um ganz andersgeartete Pläne zu fördern, bei der Kurie wie beim Hause Habsburg. Man wußte, daß dieses auf Ungarn und Böhmen aspirierte; Spanien und Neapel hatte es bereits an sich gebracht und die Niederlande, das Reich blieb in der Mitte hängen. Und die Kurie? Hatte sie je etwas zu den Türkenkriegen beigesteuert? Sie wollte vielmehr ihren Anteil haben von den neuen Beiträgen, falls man sie bewilligte, und dies zusätzlich zu den ständigen Abgaben, die nach Rom flossen, als Servitien, Annaten, neuerdings sogar nicht nur bei Bischofsernennungen, sondern auch von Abteien, Propsteien bis hinab zu einzelnen Pfarren zu zahlen, unter Androhung des Banns und des Interdikts. Davon war jetzt zu sprechen, ehe man an die Eroberung von Konstantinopel ging oder Jerusalem, gewiß jedem Christen teuer.

Es wurde davon gesprochen, und gründlich. Einer der hohen deutschen Kirchenfürsten nahm als Hauptredner das Wort, der Bischof von Lüttich, Erhard von der Mark, aus hohem Adelshaus wie sein gesamtes Domkapitel und Herr über einen großen und alten Besitz, der mitten zwischen die beiden Landesteile des Hauses Burgund, die Niederlande und die Freigrafschaft Burgund, eingesprengt war, deshalb ständig begehrt von den burgundischen Herzögen. Er hatte allerhand gegen dieses Haus auf dem Herzen und auch gegen Rom, das ihm hartnäckig den begehrten roten Hut vorenthielt. Er stieß nun vor, bewaffnet mit einem ausführlichen schriftlichen Register aller Sünden der Kurie. So deutlich hatte man das noch kaum je vernommen. Das waren nicht die etwas vagen Anklagen des armseligen Mönchleins aus Wittenberg, das auch kaum über diese Fragen genauer Bescheid wußte. Es war aus intimster Fachkenntnis eines hohen Kirchenmannes zusammengestellt, der sich auskannte in den ständig erhöhten Sätzen für Bestätigungen kirchlicher Ämter, den Kanzleigebühren und Sporteln in der römischen

Cancelleria, den Eingriffen in Patronatsrechte; er sprach auch von der unaufhörlichen Verletzung des Konkordats, das ungünstig genug mit dem Reiche abgeschlossen worden war, während Frankreich, wie man wohl wußte, sich durch die Pragmatische Sanktion eine sehr selbständige Stellung der Kurie gegenüber gesichert hatte, die man in Deutschland nur mit Neid und Kummer betrachten konnte. Hocherfreut nahmen die Fürsten und Stände diese Denkschrift zur Kenntnis. Der Bischof ließ es nicht bei dürren Details bewenden. Von den römischen Nimrodssöhnen, den großen Jägern war die Rede, die ständig auf die Pfründenjagd gingen. Tag und Nacht dachten sie nur daran, das kanonische Recht zu mißachten! Das deutsche Geld, so schwer wie der Atlas, flog über die Alpen!

Die Türkensteuer genannte Reichsabgabe war damit erledigt, von ganz unbestimmt gehaltenen Vorschlägen abgesehen, über die sich die Fürsten noch mit ihren Untertanen verständigen müßten, zu solchem Zwecke auch einmal wert, zitiert zu werden. Man stieß vielmehr weiter vor und klagte bewegt über Unrecht, Fehden, Teuerung im Reich, über das Reichskammergericht, das die Verwirrung steuern sollte und machtlos war, denn die Kurfürsten beanspruchten, von seinen Entscheidungen ausgenommen zu sein. Andere Fürsten kehrten sich nicht an den »Landfrieden«; der Herzog von Geldern führte gerade Krieg im benachbarten Holland, ein gutes halbes Dutzend großer Fehden war im Gange, bei denen jeweils ein paar hundert Dörfer in Flammen aufgingen. Beschwerden liefen von allen Seiten ein, und jeder der Fürsten hatte seine eignen Beschwerden dem Hause Habsburg gegenüber. Der Plan, nun ein weiteres Mitglied dieser Dynastie auf den Thron zu setzen, traf auf erbitterten Widerstand. Die Räte des Kaisers, der die vielverschlungenen Fäden kaum noch recht in seinen Händen halten konnte, hatten es schwer. Sie liefen von einem Fürsten zum andern, zwischendurch zu den Bankherren, Kapitulationen für die kommende Wahl wurden abgesprochen und versiegelt, Versprechungen gemacht und Sicherheiten dafür gefordert, Heiraten, ein Hauptmittel der dynastischen Politik, in Aussicht gestellt.

Auch der Kardinal Cajetan hatte es schwer. Er hatte sich, noch in den Vorstellungen vom frommen, gutwilligen und nur vielleicht etwas schwierigen Volk der Deutschen befangen, einen raschen Triumph versprochen. Nun fühlte er sich sehr unbehaglich trotz der ausgesuchten

Gastfreundschaft seiner Gastgeber. Das Klima gefiel ihm schon gar nicht, er war klein, zart, ein Gelehrter im Grunde, der auch in Augsburg an seinen Thomas-Studien weiterarbeitete; er hatte gerade den »zweiten Teil zum zweiten Bande« fertiggestellt. Er fror und sehnte sich nach der Sonne wie Dürer bei der Rückkehr aus Venedig. Hutten, der auf dem Reichstag zugegen war und eine seiner Denkschriften zu Gehör bringen wollte, hat ihn dann verspottet: Cajetan habe selbst die Sonne mit dem Bann bedroht, wenn sie nicht für etwas Wärme im kalten Deutschland sorge. Hutten hat auch – nach Mitteilungen, die ihm von den Domestiken des Palazzo Fugger zukamen – die üppige Lebensweise des Kardinals verhöhnt, der in seinem Purpurhabit hinter reichem Vorhang sitze, nur von silbernen Tellern speisen wolle und dem kein deutsches Gericht fein genug sei, das Brot zu grob, die Feldhühner zu zäh, der Wein zu sauer. Wir wollen den Kardinal nicht nach solchen Kampfschriften beurteilen, auch nicht nach Rabelais, dessen Pantagruel unter den Schwarten der Scholastiker in der Pariser Bibliothek auch das »Gewieher« Cajetans hört. Aber der Gegensatz des Italieners zum Deutschen, auch wenn wir ganz von den nationalen Vorurteilen absehen, die damals gegenseitig bestanden, ist unverkennbar und hatte seine Folgen für das Gespräch mit Luther. Cajetan war der erste Mann der Kirche von großem Format, der dem Mönch gegenübertrat; es kann kein Zweifel daran sein, daß er Luther nur als einen armseligen Bettelbruder betrachtete, ein »Brüderlein«, wie er selber dann sagte, mit dem Unterton des »schäbigen«. Daß er selber einem Orden angehörte, der formell zu den Bettelorden gehörte, wenn das in der Praxis auch längst vergessen war, hat ihn nie bekümmert. Er war nun Kardinal, gehörte zu den Großen der Kurie und war sicherlich gereizt, daß der Vorrang, den er beanspruchte, von den groben Deutschen nicht genügend honoriert wurde. Nicht nur die Hühner schienen ihm zu zäh, auch diese verschlagenen, hartnäckigen Fürsten, die ewig gegen Rom maulten, sich dann wieder duckten und nie zu einem Entschluß kommen konnten als dem, jede Maßnahme zu verhindern. Ihr wüstes Brüllen, Saufen, Fressen stieß ihn ab; sie waren tatsächlich für ihn die Barbaren, die Goten. Er hatte seine Karriere in steilem Aufstieg gemacht, aber in eleganten Auseinandersetzungen mit den italienischen Humanisten; er hatte ein theologisches Turnier mit dem berühmten Platonisten und Hebraisten Pico de Mirandola geführt, den gefährlichen anderen Pseudo-Philosophen Pomponazzi besiegt, den seine Spekulationen soweit trieben, daß er die Unsterblichkeit der Seele leugnen wollte. Auf dem Laterankonzil war er es gewesen, der solche Lehren als »arabischen Einfluß« des Averroes verdammen ließ. Im gleichen Jahre, in dem sein Orden den Thomas von Aquino zum verbindlichen Lehrer erhob, war er als Jakob de Vio in Gaeta geboren; als der »Mann aus Gaeta«, als Cajetanus, hatte er seine Ordenslaufbahn begonnen und den Thomismus, der lange zurückgetreten war, mit seinen großen Kommentaren neu belebt. Ganz im Sinne des Thomas war er ein entschiedener Vertreter des streng hierarchischen Gedankens und der Oberhoheit des Papstes, und dieser Frage hatte auch die Schrift gegolten, die ihn bei der Kurie als willkommensten Helfer empfahl. Er war sich der Mängel des Systems durchaus bewußt und keineswegs unkritisch; er stellte durchaus die Möglichkeit in Rechnung, daß es auch einmal einen schlechten Papst geben könne. Dann aber bliebe, so meinte er, der Kirche, die sklavisch zu gehorchen habe, nichts anderes übrig, als gläubig um Besserung zu beten. Er hat später warnende Worte gesprochen über die Kirche, die »von allen guten Geistern verlassen sei«, im Dunkel der Unwissenheit versunken, durch Sittenlosigkeit selbst den Türken ein Ärgernis. Nach der großen Katastrophe der Plünderung Roms durch die Truppen Karls V. 1527, die vielen das Ende der Welt oder jedenfalls des Papsttums anzukündigen schien, hat er aufrichtig bekannt: »Wir hatten das Salz der Erde sein sollen, aber wir waren so heruntergekommen, daß wir uns um nichts kümmerten als um äußerliche Zeremonien und äußeres Wohlergehen.« Man kann vergebens darüber phantasieren, was gekommen wäre, wenn er mit dieser Einsicht zu Luther gesprochen oder wenn ein anderer hoher Kirchenfürst von noch besserem Verständnis die Verhandlungen geführt hätte. Die Geschichte kennt nur den »richtigen Augenblick«.

Daß Luther den Auftrag erhielt, sich vor Cajetan in Augsburg zu verantworten, hatte aber ganz andere Gründe als die Reformbedürftigkeit der Kirche. Die Stimme seines Kurfürsten von Sachsen war bei der kommenden Kaiserwahl für die Kurie plötzlich von ganz eminenter Wichtigkeit geworden. Man wollte in Rom entschieden die Wahl des Habsburg-Kandidaten Karl verhindern. Man dachte sogar daran, falls die Kandidatur des französischen Königs Franz – den der Papst in erster Linie ins Auge gefaßt hatte – nicht durchginge, den Kurfürsten

Friedrich selber vorzuschlagen. Auf alle Fälle durfte Sachsen nicht verärgert werden. Das schon so hastig in Gang gesetzte Ketzerverfahren wurde daher zunächst in der Schwebe gelassen. Auch der immer lavierende Maximilian, der seinerseits auf die Stimme Sachsens für seine Pläne rechnete, fand plötzlich, der Mönch könne doch noch nützlich sein, um ihn gegen Rom auszuspielen. Er schrieb an seinen lieben Vetter von Sachsen, er solle den Mann doch sorgfältig vor Fährlichkeiten bewahren; »vielleicht brauchen wir ihn noch einmal«.

Die Gefahren, die der Kaiser durch sein anderes Schreiben nach Rom, den Ketzerprozeß energisch zu eröffnen, soeben selber heraufbeschworen hatte, waren nicht klein. Einen Ketzer, auch wenn der offizielle Bann noch nicht ausgesprochen war, zu ergreifen, war wohlgetan, gottesfürchtig und eigentlich Pflicht; Luther war schon vorgeladen, in Rom zu erscheinen, und hatte nicht Folge geleistet. Ob er in Wittenberg bleiben könne, war ihm noch sehr zweifelhaft; denn auch sein Kurfürst lavierte und hielt sich auf das vorsichtigste zurück. Nur sein Hofkaplan und Sekretär Spalatin bemühte sich, für Luther kaiserliches Geleit zur Reise nach Augsburg zu erwirken; Maximilian, abermals unzuverlässig, lehnte das ab. Erst als der Kardinal selber als Legat sich für bevollmächtigt erklärte, die Angelegenheit an des Papstes Stelle in die Hand zu nehmen, hielt man sich für genügend gesichert, Luther in Marsch zu setzen.

Diesmal wanderte Luther, nur von einem Ordensbruder begleitet, nicht fröhlich dahin wie nach Heidelberg. Sein Kurfürst war bereits vom Reichstag abgereist, und ihre Wege kreuzten sich; Friedrich der Weise hielt es jedoch für weise, seinen Professor nicht zu sehen, und ließ ihm nur zwanzig Gulden als Wegzehrung beim Aufenthalt in Weimar überreichen. Die Brüder in den Augustinerklöstern, in denen Luther einkehrte, warnten: »Sie werden dich verbrennen, kehr um!« Sein Freund Link, jetzt Prior des Nürnberger Klosters des Ordens, war erschreckt, wie abgerissen Luther vor ihm erschien. Er gab ihm eine bessere Kutte, damit er wenigstens vor dem Kardinal leidlich anständig auftreten könne, und begleitete ihn nach Augsburg. Luther hatte Magenkrämpfe, einige Meilen vor der Stadt mußten sie ihn auf einen Wagen setzen. Er grübelte weiter. Keine seiner vielen Reisen hat er in so düsterer Stimmung zurückgelegt; kein Gang ist ihm so schwer gefallen. Die Krankheitssymptome waren nur die Folge seines Seelen-

11 Friedrich der Weise von Sachsen und sein Bruder Johann

zustandes. Er spürte, daß er nun vor der Entscheidung stand, ob er sich von der Kirche losreißen sollte oder bleiben könne. Von den hohen Intrigen, die über seinem Kopf in den Regionen der großen Politik gesponnen wurden, ahnte er nichts.

Er wußte auch nicht, daß seine Lage noch sehr viel bedenklicher war, als sie ihm in Wittenberg geschildert worden war. Der Kardinal hatte inzwischen – die Weisungen der Kurie überschnitten sich ständig – einen neuen Befehl aus Rom erhalten: Der Ketzer sei vorzuführen und habe zu widerrufen. Weigere er sich, so sei er festzunehmen und nach Rom abzuliefern. Etwaige Beschützer oder Gönner sind mit Bann und Interdikt zu bedrohen, alle Behörden haben ihn unverzüglich zu verhaften, falls er nicht erscheinen sollte. Cajetan konnte nur den Kopf schütteln über die widerspruchsvollen Verfügungen aus Rom. Man war dort offenbar über die Stimmung in Deutschland ganz ungenügend informiert. Drohungen mit Bann und Interdikt gegen ganze Städte waren nicht angetan, sie zu verbessern.

Cajetan gedachte, die heikle Frage diplomatisch zu erledigen. Er war aber auch ein gewissenhafter Gelehrter und bereitete sich vor. Er entwarf einige kleine Studien zur Ablaßfrage, die er als bedeutender Theologe noch als der Klärung bedürftig ansah und in einem Traktat vom Jahre zuvor bereits behandelt hatte. An verschiedenen Stellen kamen seine Formulierungen denen Luthers nahe; ausschlaggebend aber war für ihn die Autorität: Clemens VI. hatte in der Bulle «Unigenitus« gesprochen. Das war keine »Ansicht« irgendeines Theologen, sondern Lehrmeinung, der jeder sich fügen müsse.

Luther wohnte im Karmeliterkloster und erhielt viel Besuch, auch von den in Augsburg noch zurückgebliebenen Räten seines Kurfürsten; auf der Straße durfte er sich nicht zeigen. Die Räte erwirkten ihm schließlich Zusicherung des Geleits; Maximilian hatte sich bereits vor dieser wie anderen unangenehmen Fragen verzogen und war auf die Jagd gegangen. Ehe der Kardinal sich auf das Verhör einließ, sandte er dem Mönch einen italienischen Diplomaten, Gesandten eines der vielen italienischen Fürsten, die auch auf den Reichstagen ihre Geschäfte betrieben, einen Herrn de Serralonga.

Serralonga machte, nach seiner Auffassung, »sehr gesunde« Vorschläge, wie Luther gleich am Abend noch an Spalatin berichtete. Einfach dem Legaten zustimmen; der Kirche gehorchen, widerrufen! Das Wörtlein revoco hat nur sechs Buchstaben, leicht auszusprechen. Luther: Er müsse doch seine Behauptungen rechtfertigen! – Serralonga: Wollt Ihr mit dem Kardinal ein Lanzenturnier aufführen? Er gab ein historisches Beispiel: den Abt Joachim de Fiore, der den Franziskanerorden vor einigen Jahrhunderten aufgerührt hatte mit seinen wilden Weissagungen, die noch umgingen; er war sicherlich ein Ketzer, aber er habe widerrufen, und damit war die Sache beigelegt. Der Ablaß schließlich: Es sei doch unbeträchtlich, ob die Prediger da etwas sagten, was vielleicht nicht stimmte und den Kasten füllte; einer guten Sache zuliebe könne das wohl geschehen. Luther: Nein. Serralonga: Wollt Ihr gegen die Autorität des Papstes disputieren, »hei, hei, ein Lanzenturnier«? Und glaube er etwa, sein Kurfürst werde um seinetwillen zu den Waffen greifen? Luther: Kaum. Serralonga: Und wohin dann? Luther: Irgendwohin unter dem Himmel...

Der Diplomat verabschiedete sich. Luther schrieb, er habe den Verführer hinausgewiesen. Er fügt aber hinzu: »So hänge ich zwischen Hoffnung und Furcht.«

Am 12. Oktober begab sich Luther in den Palazzo Fugger, begleitet von seinem Freunde Link, seinem Gastgeber, dem Prior des Karmeliterklosters und einigen anderen Mönchen. Man hatte ihn genau instruiert, wie er sich vor einem so hohen Herren wie dem Kardinal-Legaten zu verhalten habe. Vorschriftsmäßig warf er sich der Länge nach zu Boden. Der Kardinal winkte, er solle aufstehen. Luther erhob sich bis zu den Knien und stand erst auf nochmaligen Wink auf. Er entschuldigte sich, daß er habe warten lassen, da das Geleit noch nicht ausgestellt gewesen sei. Er sei überzeugt, daß er vom Kardinal nur die Wahrheit hören werde.

Cajetan, von einem ganzen Kreis seiner italienischen Hofleute umgeben, war verbindlich und nannte Luther seinen »lieben Sohn«. Er war fest entschlossen, die Sache in guter Form zu Ende zu bringen und sich als väterlicher Vorgesetzter zu zeigen. Er machte sogar Komplimente über Luthers gelehrtes Wissen, seine erfreuliche Tätigkeit als Dozent in Wittenberg. Dann kam er zur Sache. Er müsse drei Dinge fordern: erstens Widerruf der Irrtümer, zweitens die Zusicherung, dergleichen nicht weiter zu lehren, und drittens müsse Luther sich verpflichten, den Frieden der Kirche nicht mehr zu stören. So sei das in dem Breve des Papstes befohlen. Luther bat, ihm dies Schreiben doch zur Kenntnis zu geben. Cajetan schlug das ab; es lautete ja auch ganz anders und hätte die Verhandlung nur sehr unerwünscht erschwert. Luther fragte nun, welche seiner Irrtümer er denn widerrufen solle? Cajetan, der sich sorgsam mit Luthers Thesen vertraut gemacht hatte, zitierte zwei daraus, vom Schatz der Kirche, schon genügend durch die Bulle »Unigenitus« widerlegt, und die viel gewichtigere These, für Luther jedenfalls entscheidend: daß nicht das Sakrament, sondern der Glaube den Menschen rechtfertige. Das sei eine neue Lehre, mein Sohn, erklärte er, und deshalb falsch.

Der Gegensatz zwischen »neuer« und »alter« Lehre war schon in Luthers bisherigen Schriften ein Kardinalpunkt gewesen, den er nun hier vor dem Legaten zu verteidigen hatte. Er seinerseits hatte als »neue Lehre« das bezeichnet, was er nicht in der Bibel fand und als Menschenwerk, als Zutat späterer Zeiten, auffaßte. Und darum ging es dann bei der weiteren Auseinandersetzung: »Ich ziehe die Stellen der Schrift vor, die ich in meinen Thesen anführe«, erklärte Luther. Cajetan belehrte ihn väterlich: Der Papst ist die Autorität, an die man sich zu halten hat. Der Papst steht über der Schrift und auch über den Konzilien. Dazu ist Papst Nikolaus V. mit der Verdammung des Konzils zu Basel zu zitieren. Cajetan witterte nicht zu Unrecht in Luther den Nominalisten und Anhänger der Konziliartheorie, die noch immer gefährlich umging und die Stellung des Papstes bedrohte. Der große Pariser Theologe Jean Gerson hatte sie beim Konzil zu Konstanz zum Siege geführt und besaß noch immer hohes Ansehen. Cajetan sagte Luther auf den Kopf zu: »Du bist auch ein Gersonist, mein Sohn, alle Anhänger Gersons sind ebenso verdammt wie er.« Das stimmte zwar nicht ganz, denn die Kirche hatte sich gehütet, ein solches Urteil auszusprechen. Cajetan sprach da als Thomist, als Vorkämpfer einer Lehre, die er erst wieder neu begründet hatte und durchzusetzen hoffte. Wohin geriet das Verhör? Der Gelehrte in Cajetan ließ sich fortreißen. Auch Luther wurde nun zum akademischen Gegner und wagte es, den hohen Herrn darauf hinzuweisen, daß Gersons alte Universität Paris doch erst jüngst die Forderungen nach einer allgemeinen Kirchenversammlung entschieden erhoben hatte. »Dafür werden die Pariser noch zur Verantwortung gezogen!« erwiderte Cajetan unmutig. Er wurde offenbar ungeduldig. Zu einer Disputation hatte er das Mönchlein nicht vorgeladen. Luther wollte bemerken, daß die Italiener aus der Umgebung des Kardinals jedesmal höhnisch kicherten, wenn er sich mit seinen Zitaten auf die Bibel berief; freundlich werden sie den Mönch nicht betrachtet haben, der da so unverhoffte Schwierigkeiten machte und sich immer höher aufreckte, immer lauter sprach und ohne jede Demut. Der Diplomat de Serralonga wollte sich noch einmal in die Debatte einmischen; der Kardinal wies ihn beiseite. Es lag ihm daran, den Fall nicht nur diplomatisch zu erledigen, sondern auch als ein großer Gelehrter, der dem eben erst bekannt gewordenen Wittenberger Dozenten überlegen war. Außerdem sprach er entschieden aus seiner innersten Überzeugung. Überzeugung stand gegen Überzeugung. Luther berief sich auf den Glauben, der allein selig machen könne, nicht das Sakrament. Cajetan hingegen: Weiß denn der Kommunikant, der das Abendmahl nimmt, ob er den rechten und vollen Glauben hat? Muß er nicht unsicher sein und zweifeln, ob er die Gnade erlangt oder nicht? Aus solchen Zweifeln kann nur die Kirche ihn retten; in ihrer objektiven Vollmacht, im Sakrament repräsentiert, liegt das Heil, nicht in der immer irrenden Seele des Individuums. Darüber gab es keine Verständigung; Luther hatte eben diese Zweifel hinter sich gebracht.

Er hatte aber auch bisher ausdrücklich in seinen Schriften erklärt, er sei bereit, sich der päpstlichen Autorität bedingungslos zu unterwerfen. Der Kardinal, darin ganz sicher vorgehend, konfrontierte ihn immer wieder mit päpstlichen Dekretalen, die Luther nicht bestreiten konnte. Cajetan betonte, väterlich, energisch und schließlich streng: »Glaubst Du, oder glaubst Du nicht? Widerrufe, erkenne Deine Irrtümer, das und nichts anderes ist der Wille des Papstes!« Luther erwiderte, er glaube allerdings, vorbehaltlich dessen, was die Bibel sage. Cajetan gab ihm das »vorbehaltlich« zurück: Der Papst legt die Bibel aus.

Die Debatte, oft in recht erregten Wortwechsel ausartend und deshalb auch kaum sehr korrekt wiedergegeben in den Berichten der Teilnehmer, hatte zu nichts geführt. Luther hörte nur den Befehl, zu widerrufen. Er bat um Bedenkzeit. Cajetan gewährte sie großzügig. Er hörte aus den Worten des Mönches Unsicherheit heraus und die Bereitschaft, sich doch zu fügen. Zugleich war dem scharfsinnigen Theologen und erfahrenen Kanonisten bei dem Gespräch ein höchst unangenehmer Punkt aufgefallen, in Rom offenbar nicht beachtet, wo man flüchtig und erratisch vorging: Der Ablaß war bisher gar nicht in autoritativer Fassung von höchster Stelle her als Dogma festgelegt worden; das mußte nun schleunigst geschehen. Der Mönch stand eigentlich auf ganz gutem Boden, wenn er immer wieder erklärte, darüber könnten doch »Ansichten« disputiert werden; dieser Grund sollte ihm nun unter den Füßen fortgezogen werden. Im Augenblick kam es darauf an, die Autorität des Papstes zu betonen. Die leugnete der Mönch gar nicht. Er würde nachgeben, wie das schon viele getan hatten.

Die Verhandlungen gingen noch mehrere Tage weiter. Luther hatte sich mit den Räten seines Kurfürsten zu besprechen, mit seinen Freunden, und zu seiner großen Erleichterung traf auch sein Vater und Ordensoberer Staupitz unversehens in Augsburg ein; einflußreiche Persönlichkeiten der Stadt nahmen sich seiner Sache an. Der Reichstag war schon so gut wie zu Ende, aber die Verhandlungen hatten doch ihre Wirkung hinterlassen. Wenn selbst hohe Kirchenfürsten wie der Bischof von Lüttich so offen gegen Rom sprachen, wenn die sämtlichen Stände protestierten gegen das ständige Eingreifen der Kirche in die Gerichtsbarkeit, gegen Bann und Interdikt, dann konnte der »Fall Luther« nicht mehr als ein bloßes Mönchsgezänk gelten. Die Theologen mochten sich über die dogmatischen Einzelheiten streiten: Hier ging es darum, ob Rom das Recht hätte vorzuladen, zu verdammen, womöglich zu verbrennen, und zwar in einer Frage, die alle Welt aufregte und empörte. Luther fühlte sich nicht mehr allein, er spürte nun ganz leibhaftig und nicht nur aus Briefen und Berichten die große Strömung, die ihn emportragen sollte.

Er hatte Zuspruch sehr nötig. Seine Zweifel waren geblieben. Er wollte keinen Bruch. Er glaubte noch immer, der Papst sei nur ungenügend informiert und müßte bei besserer Einsicht ihm recht geben und die Ablaßkrämer zur Ordnung rufen. Er hat dann oft erklärt: Wenn das geschehen wäre, hätte er sich beruhigt in seine Zelle zurückgezogen. Niemand wird das entscheiden können. Daß aber die endgültige Entscheidung in Augsburg vor Cajetan erfolgt ist, dürfte sicher sein. Hier, und nicht drei Jahre später, in Worms, wo Luther seiner Sache bereits ganz gewiß war und wo keine Möglichkeit eines Rückzuges mehr für ihn blieb.

Man beriet ihn ausführlich und mit großer Vorsicht. Auch Staupitz, als Mann der Konzilianz und erfahren in vielen Missionen, suchte nach einem Ausweg. Er liebte und bewunderte seinen Sohn Martin wegen seines Wagemutes, der ihm selber abging. Auf alle Fälle entband er ihn von seinen Gehorsamspflichten gegen seine Ordensvorgesetzten. Es mag sein, daß er sich damit den Weg freihalten wollte, um von »außen her« wirkungsvoller zu Luthers Schutz intervenieren zu können; wir wählen die wohlwollendste Deutung. Luther setzte eine schriftliche Protestation auf und erschien, diesmal mit größerer Begleitung, darunter auch Staupitz sowie ein Notar, nochmals vor dem Kardinal. Vor seinen Zeugen verlas Luther die Erklärung: Er könne nicht widerrufen, ehe er widerlegt sei. Weder gegen die Heilige Schrift noch die Kirchenväter oder die Dekretalen habe er etwas gesagt. Er sei dem Irrtum unterworfen und beuge sich dem Urteil der Kirche. Soweit war alles gut, und Cajetan konnte befriedigt zustimmen. Es kam nun aber der bedenkliche Haken: Luther wünschte eine öffentliche Disputation, in Augsburg oder an anderem Orte, jedenfalls auf deutschem Boden. Falls das nicht genehmigt würde, schriftliche Vorlegung seiner Ansichten zur Beurteilung durch Universitäten; er nannte Basel, Freiburg, Löwen, schließlich Paris. Wir können über die etwas ermüdende Sucht jener Zeit nach Disputationen, die uns noch eine ganze Weile begleiten wird, leicht in Ungeduld geraten. Die öffentliche Aussprache war aber die einzige Möglichkeit, in weiterem Kreise gehört zu werden; sie war »das Wort«, das jetzt ganz andere Möglichkeiten der Verbreitung hat; sie bedeutete ein Publikum, Publizität mit unserem recht abgegriffenen Ausdruck. Sie war auch das ganz übliche Mittel und Verfahren im akademischen Kreise, und Luthers Hinweis auf die Universitäten zeigte, wie sehr er noch als Dozent dachte.

Der Kardinal begnügte sich, nochmals von der Bulle »Unigenitus« zu sprechen, die ihm das Kernstück zu sein schien. Luther meinte etwas unvorsichtig, er wolle nicht nochmals darüber streiten. Cajetan belehrte ihn: »Ich habe nicht mit Dir gestritten, mein Sohn.« Von Wortgefechten könne zwischen ihnen nicht die Rede sein. Nur aus Rücksicht auf den Kurfürsten wolle er ihn verhören und versuchen, ihn mit dem Papst zu versöhnen. Staupitz intervenierte nun, und Cajetan, abermals sehr nachgiebig, gab Erlaubnis, daß Luther eine weitere schriftliche Antwort erteilen dürfe. Der Kardinal meinte verbindlich zum Abschied, er wolle alles väterlich und nicht als Richter behandeln.

Luther nahm wieder die Feder in die Hand, und es ist charakteristisch für ihn, den man sich gern als donnernden Redner vorstellt, wieviel stärker ihm doch die Worte gehorchen, wenn er sie, mit sich allein in seinem Stübchen, zu Papier bringt. Er ist auf eine sehr faszinierende Weise der Mann der Einsamkeit und zugleich der Öffentlichkeit und breitesten Wirkung. Das »allein mit seinem Gott« ist schon die innerste Zitadelle seines Glaubens; nur da fühlt er sich ganz sicher, wenn er auch ständig seine Anfechtungen bestehen muß. Sobald er heraustritt vor die Welt, um zu verkünden, was auch für ihn eine unbedingte Forderung bedeutet, wird er unsicher und laut; er schreit oft, bereut dann seine Übereilung und Heftigkeit, gar nicht selten bis zum Extrem, widerruft unbedenklich kühn Gesagtes und das macht seine Schriften so widerspruchsvoll und auch anfällig für die verschiedensten Auslegungen. Einheit ist nur in seinem Leben und in dem, was er als seine innerste Überzeugung ansah. Da allerdings kannte er weder Schwanken noch Widerruf.

Widerruf aber, nichts anderes wünschte Cajetan. Nur damit konnte er den Fall erledigen. Als Luther daher erneut erschien mit seinem eng beschriebenen Bogen, schlug er einen sehr viel schärferen Ton an: Widerrufe! Widerrufe! Er führte nochmals die Bulle »Unigenitus« ins Treffen, als Hauptstütze päpstlicher Autorität, er dozierte, explizierte, und Luther, nun auch erregt, versuchte, ihn zu unterbrechen; das Gespräch wurde immer ungehöriger und unziemlicher, sie stritten über Textstellen zur Frage des Kirchenschatzes, über Wortauslegungen, es wurde zu den Büchern gegriffen, die parat lagen, und Luther meinte: »Eure Väterlichkeit wollen doch nicht glauben, daß wir Deutschen nichts von der Grammatik verstehen!« Der Kardinal, fortgerissen vom Gelehrtenehrgeiz, ließ sich verführen, auch die Bibel als nicht frei von Irrtümern zu erklären, um damit zu beweisen, wie notwendig Auslegung durch die Autorität der Kirche sei. Erst dann besann er sich auf seinen Auftrag. Beschämt darüber, daß er sich mit dem Mönch auf solche Wortwechsel eingelassen hatte, zitierte er nun das päpstliche Schreiben, dessen Wortlaut er bis dahin zurückgehalten hatte: »Ich bin bevollmächtigt, den Bann auszusprechen, über Dich und alle, die es mit Dir halten, sowie über alle Orte, die Dich beherbergen, das Interdikt zu verhängen! Widerrufe!«

Luther blieb starr. Die längst erwartete Drohung machte ihm kaum Eindruck. Cajetan, nun jede Verbindlichkeit aufgebend, rief: »Geh! Komm mir nicht wieder vor die Augen, es sei denn zum Widerruf!« »Widerrufe!« rief er nochmals, als Luther sich schon mit seinen Begleitern zum Gehen wandte. Und dieser Augenblick, allen Beteiligten damals noch unbewußt, war der Bruch Luthers mit der Kirche, der Kirche mit Luther.

Der Kardinal muß aber in den Gesichtern der Begleiter den Schrekken und das Entsetzen gesehen haben; Luthers hageren Kopf mit den tiefliegenden Augen konnte er wohl kaum anders deuten als den eines Fanatikers mit etwas unheimlichen Zügen. Der vornehme Staupitz, ein Herr von altem Adel und an Höfen erfahren, schien ihm am ehesten geeignet für weitere Verhandlungen. Er bestellte ihn zu sich, auch Luthers Freund, den Prior Link. Er sprach ungemein höflich, Luther habe keinen besseren Freund als ihn, es handele sich lediglich um den Widerruf. Staupitz wich aus: Er habe schon immer versucht, auf Luther einzuwirken, aber er sei ihm nicht gewachsen, weder an Wissen noch an Geist. Er, Staupitz, füge sich in Demut der Kirche. Aber, so fuhr er mit einer gewissen Ironie fort: Der Kardinal sei doch als Vertreter der Kurie hier der einzige, der berufen sei, den Fall zu schlichten. Cajetan lehnte ein neues Gespräch ab; er war nur bereit, eine Liste der Artikel zu übergeben, die widerrufen werden sollten. In seiner Audienz mit dem Prior Link ging Cajetan noch weiter: Luther solle nur seine Äußerungen über den Schatz der Kirche widerrufen. Link, offenbar sehr erleichtert, stimmte zu. Die Sache schien noch einmal unmittelbar vor einer Einigung zu stehen, und dieser Vorgang eines Wandelns bis an den Rand eines äußersten Konfliktes sollte sich noch an anderen Wendepunkten im Schicksal Luthers wiederholen. Immer fehlt da das letzte, erlösende Wort, die kleine versöhnliche Geste, die winzige Nachgiebigkeit, die »alles verändert hätte«. Wir haben die Geschichte nicht zu korrigieren. Sie besteht aus Versäumnissen und Unnachgiebigkeiten.

Cajetan glaubte in der Tat nun die Sache erledigt zu haben; spöttisch meinte er zu seiner Umgebung: »Dieser Bruder Martin hätte etwas frischere Eier zu Markt bringen müssen.« Die Frage des Kirchenschatzes war für ihn der Kernpunkt, von da war der höchst lästige Ablaßstreit ausgegangen; wenn der Mönch darin widerrief, konnte die ganze, die Kirche empfindlich schädigende Kampagne viel leichter diskreditiert werden.

Ganz andere Mächte griffen ein. Die Maschinerie, die in Bewegung gesetzt worden war mit sich überschneidenden Weisungen der Kurie, trat in Kraft. Staupitz, so vorsichtig und diplomatisch er mit dem Kardinal gesprochen hatte, geriet in Aufregung: Er hatte plötzlich erfahren, daß durch den Augustinergeneral, seinen höchsten Vorgesetzten, bereits die Gefangennahme Luthers befohlen sei, und dazu sollte auch er, Staupitz, verhaftet werden. Unverzüglich schrieb er an seinen Kurfürsten, dem Cajetan milde und versöhnliche Haltung versprochen hatte. Er klagte über des Kardinals Vorgehen: hübsche, aber leere Worte, wie sie in Rom gegeben werden; im Grunde sucht er nur, wie er das »unschuldige Blut«, Luther, vertilgen kann. Das Wichtigste: Befehl ist ergangen, Luther und auch ihn in den Kerker zu werfen.

Staupitz fand, Luther müsse flüchten, er werde auch in Wittenberg nicht sicher sein. Er schlug ihm vor, nach Paris zu gehen, dem Hauptsitz der »Gersonisten«, der nominalistischen Schule, da werde er als nun berühmt gewordener Dozent Anklang finden und auch Verständnis für seine Ideen, das Konzil als übergeordnete Instanz anzurufen, wenn der Papst ihn verdammte. Vergeblich bemühte Staupitz sich bei den Augsburgern, das Reisegeld für seinen Schützling aufzubringen;

man sympathisierte mit dem kühnen Mönch, man fand sein Auftreten wirksam und erfreulich, aber man scheute sich doch, so offen für ihn Partei zu nehmen. Staupitz selber hielt es für besser, nun aus der Stadt zu verschwinden, ebenso Prior Link. Luther blieb allein. Er setzte mit den sächsischen Räten vor einem Notar eine Berufung auf »von dem ungenügend informierten Papst an den besser zu unterrichtenden Papst«. Darin lehnte er die bisher ernannten päpstlichen Kommissare wegen Befangenheit ab. In Rom, wo sogar Papst Leo selber nicht seines Lebens sicher sei, könne er sich nicht vernehmen lassen, wohl an anderem Orte. An Cajetan richtet er einen ausführlichen Brief mit einem letzten und äußersten Angebot. Er bekennt, zu heftig gewesen zu sein, zu unehrerbietig dem Papst gegenüber. Er ist bereit, den Ablaß nicht mehr zu diskutieren, falls seine Gegner still sind. Er will das von der Kanzel verkünden. Er unterwirft sich jeder Bedingung, auch der, sich künftig in keiner Weise hierzu mehr zu äußern, weder in Reden noch in Schriften, die ihn »in diese Tragödie geführt haben«. Er will gern widerrufen – »falls mir mein Gewissen das irgend erlaubt«. Dabei kann ihm allerdings niemand raten, so wohlwollend er sein mag. Luther, wie immer im Schreiben etwas aggressiver werdend, erlaubt sich auch einen Hieb gegen Cajetans Thomismus: Die Lehren des heiligen Thomas oder »der andern« Meister der Scholastik können ihm nicht genügen, er müsse durch bessere Gründe überzeugt werden. Der Thomist steht dem Ockhamisten gegenüber, so hat man die Begegnung auch aufgefaßt. Man würde solche akademisch klingenden Gegensätze sehr unterschätzen, wenn man nicht daran dächte, wie mörderisch sie sein können durch Berufung an eine Autorität, die den Tod verhängen darf. Auch Hus war in Konstanz nicht zuletzt verurteilt worden, weil seine Richter Nominalisten waren, er aber »Realist« der anderen Schule; in ironischer Umkehrung war es nun Luther als Nominalist und Anhänger Gersons, der einem »gemäßigten Realisten« in der Person Cajetans gegenüberstand auf Tod und Leben.

Cajetan antwortete nicht. Luther verabschiedete sich förmlich, er habe in Augsburg nun nichts mehr zu tun. »Ich gehe jetzt und werde nach irgendeinem andern Ort meinen Stab setzen.«

Der Kardinal schwieg. Luthers Freunde wurden besorgt: Er müsse nun auch unbedingt flüchten wie Staupitz und Link. Es wurde allgemein angenommen, daß Cajetan ihn verhaften lassen würde. Aber der Kardinal war viel zu erfahren und vorsichtig; er wollte das Odium eines solchen Schrittes keineswegs auf den päpstlichen Legaten laden. Der Kurfürst sollte den Befehl ausführen, und an den schrieb er, scharf und dringend: Er müsse das »Brüderlein« als offenkundigen Ketzer nach Rom ausliefern oder zum mindesten aus seinem Herzogtum verweisen. Daneben ging Cajetan unverzüglich daran, den Entwurf einer offiziellen Lehrmeinung über den Ablaß herzustellen und mit der Bitte um sofortige Veröffentlichung durch den Papst nach Rom zu expedieren.

Die Mauern und Tore der Reichsstadt Augsburg waren streng bewacht. Luthers Gönner, ein Domherr darunter, ließen ihm eine kleine Pforte in der Stadtmauer öffnen, sie sorgten für zwei Pferde und einen städtischen Reitknecht; in seiner Kutte schwang Luther sich auf den Gaul und ritt acht Stunden, ohne zu halten; er fiel, als Rast gemacht wurde, ohne einen Bissen oder Trunk zu sich zu nehmen, todmüde in das Stroh des Stalles. Erst in Nürnberg machte er etwas halt und fühlte sich einigermaßen sicher. Er ritt weiter; auf dem Wege von Leipzig nach Wittenberg verirrte er sich. Als er endlich wieder in seiner Zelle im Schwarzen Kloster angelangt war, schrieb er an den Hofkaplan Spalatin, er sei gesund zurück. Er wisse aber nicht, wie lange seines Bleibens in Wittenberg sein werde. »Mir ist fröhlich und friedlich zumute. Ich wundere mich, daß meine Fährnisse so vielen und bedeutenden Leuten als eine große Sache erscheinen.« Er setzte sich an seinen Schreibtisch und verfaßte für den Druck einen ausführlichen Bericht über das Verhör vor dem Kardinal, er bereitete einen neuen Appell vor, diesmal an ein künftiges Konzil, über den Kopf des Papstes hinweg, er wollte lediglich diese Arbeiten erledigen und sich dann nach Frankreich begeben. Ermuntert hatte ihn dazu die Nachricht, daß die Pariser Universität soeben einen gleichen Schritt getan hatte, als erbitterten Protest gegen die Aufhebung des als »Pragmatische Sanktion« bezeichneten Konkordats, das als kostbare Errungenschaft im Sinne der »gallikanischen Freiheiten« gegolten hatte.

Luther war jetzt gänzlich allein. Kaum je hat er sich so großartig gezeigt wie in diesen Wochen. Wir hören nichts mehr von Magenkrämpfen oder dem Trübsinn, der ihn meist heimsuchte, wenn er Muße hatte, sich seinen schweren Gedanken hinzugeben. Im Kampf war er gespannt, gesund, sogar fröhlich. Wir hören in diesen Wochen nicht einmal etwas vom Teufel, der ihm sonst stets so nahe ist. Vielmehr zeigt Luther sich besonnen, klar, voll von einer umsichtigen Energie.

Sein Kurfürst konnte sich nie recht entscheiden und hatte deshalb auch seine einstmals führende Stellung im Reiche Stück um Stück eingebüßt. Nun sollte er beschließen, was mit seinem Professor Luther geschehen müsse. Der Kardinal hatte ihm geschrieben und dabei versteckt gedroht, es könne auch einem Reichsfürsten mit Bann und Interdikt an den Kragen gehen. Friedrich drehte das Schreiben hin und her, wie es seine Gewohnheit war; am liebsten hätte er es abgelegt, in der Hoffnung, die Sache würde sich von selber erledigen; das war im Grunde seine einzige Stärke, mit dieser Taktik hatte er seine besten Erfolge erzielt. Noch lieber hätte er es gesehen, wenn Luther gar nicht erst aus Augsburg zurückgekehrt wäre. Er ließ ihm das Schreiben des Kardinals zuschicken und bat um Rückäußerung.

Luther verstand, was von ihm erwartet wurde: »Ich erkläre hiermit, daß ich Euer Land verlasse, um mich dahin zu begeben, wo der barmherzige Gott mich haben will.« Aber das war nur einer der Sätze seines ausführlichen Schreibens, das zugleich eine meisterhafte Kundgebung wurde, ein glänzendes Plädoyer, das unter anderem zeigt, wie sein Vater gar nicht ganz unrecht hatte, wenn er ihn als großen Juristen zu sehen wünschte. Mit sicherem Griff hob er den Punkt heraus, der beim Vorgehen seiner Gegner die schwächste Stelle bildete: Eine offizielle, bindende Lehrmeinung der Kirche zur Ablaßfrage war bisher noch gar nicht verkündet worden; er war daher durchaus berechtigt, dies Problem zu diskutieren, und es bedeutete schiere Willkür, ihn deshalb als Ketzer zu verurteilen. Wenn Cajetan daher die Forderung stellte, ihn nach Rom auszuliefern, so war das einfach Mord, zumal der Papst selber dort seines Lebens nicht sicher war, wie der soeben unter Teilnahme ganz Europas gegen die Kardinäle mit ihrem Mordanschlag geführte Prozeß bewiesen hatte. Luthers Schreiben war noch viel mehr, er hatte es auch für den Druck bestimmt, für die weitere und weiteste Öffentlichkeit. Er gab Rechenschaft über seine Verhandlungen mit dem Kardinal; er setzte dabei seine Ansichten über den Ablaß so deutlich und eindringlich auseinander wie in keiner seiner bisherigen Schriften, die recht vorläufig und tastend gewesen waren. Seine eignen Gewissensfragen sind keineswegs vergessen, aber sie werden eingefügt in ein großes Ganzes. Er spricht nochmals zu Cajetan, er spricht gleichzeitig zur wissenschaftlich-theologischen Welt und zur Welt überhaupt. Er wendet sich mühelos von den Theologen zum Laien, und in Gestalt des Adressaten, seines Fürsten, macht er auch dem einfachsten Gemüt klar, worum es geht. Wo steht denn, daß die Verdienste Christi der Kirche als Ablaßschatz anvertraut sind? In der Schrift steht das nicht. Und wenn es in den päpstlichen Dekretalen steht, wie alt sind die denn, wann sind sie erlassen worden? Für zwölfhundert Jahre der Christenheit hat das Wort der Schrift gegolten, erst dann kam jenes Dekret zutage in den Extravaganzen des kanonischen Rechtes. Man belehre ihn aus der Schrift! Man möge ihn verdammen, für einen Irrenden erklären, verfolgen, ausweisen lassen, Himmel und Erde in Bewegung setzen: Er wird nicht widerrufen, ehe man ihn eines Besseren belehrt. Er selber beschwört Himmel und Erde und versteigt sich bis zu den kühnsten Paradoxen, die wie Blasphemien klingen, wenn man sie aus dem Zusammenhang zerrt; auch er ruft die Menschen wie die Gottheit an, ihn zu verdammen, wenn er unrecht hätte: »Ich werde reden aus gewisser Kenntnis und nicht aus bloßer Meinung.« Luther zieht alle Register seiner Orgel, auch die scharf und ironisch tönenden, und in einem kurzen Satz stellt er die ganze apostolische Nachfolge in Frage: Er wiederholt, er könne irren, auch »Petrus hat geirrt, sogar nachdem er den Heiligen Geist aufgenommen – könnte nicht selbst ein Kardinal irren, so gelehrt er sein mag?« Das Schreiben ist eine wirkungsvolle Verteidigung, ein Bekenntnis, ein politisch umsichtiger Gegenangriff, eine theologisch wirkungsvolle Auseinandersetzung, es ist leidenschaftlich, kühl und nahezu berechnend und vor allem mutig. Er schließt ironisch-respektvoll: Seinem hohen Herrn werden die vielen Worte wohl schon zu schwer geworden sein. Er empfiehlt sich dem Kurfürsten, aber besser der Gnade seines Herrn im Himmel und unterzeichnet ohne seine akademischen Titel als einfacher »Bruder Martin Luther, Augustiner«.

Der Kurfürst ließ nichts von sich hören. Luther rüstete sich zur Abreise; viel Vorbereitungen dazu waren nicht zu treffen. Ende November ging ein Schreiben Friedrichs ein: Ja, er sei durchaus einverstanden, wenn Luther fortginge. Luther lud seine Freunde zu einem Abschiedsessen in das Kloster. In der Nacht wollte er nach Frankreich aufbrechen.

Miltitz-Intermezzo

Gegen Ende des Abschiedsmahles traf ein neuer Brief des Kurfürsten ein: Luther solle bleiben. Was war geschehen? Ein weiterer Sonderbotschafter aus Rom hatte sich gemeldet mit ganz neuen Weisungen, und es schien dem Kurfürsten nun nicht nötig, seinen Professor ziehen zu lassen, »irgendwohin unter dem Himmel«. Die große Tragödie hatte ihr Narrenvorspiel gehabt; sie wird auch zuweilen unterbrochen durch ein Intermezzo im halb komischen, halb ernsten Stile. Ein Herr von Miltitz ließ sich als Nuntius mit wichtigen Botschaften des Papstes ankündigen. Man war in Rom mit Kardinal Cajetan unzufrieden, und nach seiner Rückkehr wurde er sehr kühl empfangen; vielleicht war es aber auch eine der vielen blinden Maßnahmen im politischen Würfelspiel der Kurie, mit denen man sein Glück versuchen wollte. Papst Leo war ein großer Spieler, auch am behaglichen Spieltisch; seine Schulden für dies Vergnügen bildeten einen erheblichen Posten im uferlosen Finanzbedarf des Hofes und unter den enormen Passiven seines Nachlasses; Trennung von persönlichen und offiziellen Ausgaben erwartete niemand. Die Augen des Papstes waren auf diesen achtundzwanzigjährigen Miltitz gefallen, seit einigen Jahren mit dem Titel Kammerjunker Seiner Heiligkeit beschenkt, einen angenehmen Unterhalter mit flinkem Maulwerk. Leo liebte es sehr, sich zu entspannen, bei Komödien von Ariost und kleineren Schreibern, mit Dekorationen von Raffael; auch gab es dabei Tänzer, Seilspringer, einen Mönch, dem die Hosen herunterfielen und der Prügel auf den nackten Hintern bekam, weil er sich ungeschickt angestellt hatte – der Mediciprinz war nicht wählerisch. Ein Mönch war Miltitz nicht, aber er hatte seinen geistlichen Rang, was ebensowenig besagte wie die höheren Ränge für die jungen Kardinäle, mit denen er in Rom seine fröhlichen Zech- und Lustfahrten unternahm. Miltitz war arm, aus kleinem Adel; er hatte gehofft, in Rom durch Protektion seines Onkels, des Vertrauten des Staatssekretärs Medici, sein Glück zu machen. Bisher war er nicht weiter gekommen als bis zu dem recht untergeordneten Titel. Er lebte von kleinen Kommissionen. Für Luthers Kurfürsten und dessen große Heiltümersammlung in Wittenberg hatte er Reliquien angekauft und andere Aufträge erledigt, darunter Verhandlungen über die von Friedrich sehr begehrte Goldene Rose, als höchste Auszeichnung des Papstes für besondere Tugend und Verdienste um die Kurie an hohe Potentaten verliehen. Der Kurfürst hatte sich, mit Hinweis auf seinen frommen Lebenswandel, seit langem darum beworben. Miltitz sollte sie jetzt überbringen. Er führte noch ein weiteres Geschenk mit, das nicht unmittelbar in Zusammenhang mit dem frommen Lebenswandel stand: zwei Dispense des Papstes, die vom Makel unehelicher Geburt befreiten. Sie waren für Friedrichs beide Sprößlinge von Anna Weller bestimmt und sollten sie damit für einen höheren geistlichen Posten qualifizieren, eine Abtei oder andere Pfründe. Es war bei der Kurie bekannt, daß Friedrich diese Versorgung seiner Kinder nicht weniger wichtig nahm als andere Fürsten, deren Bastarde auf hohen Prälatensitzen oder als Bischöfe untergebracht waren.

Er hatte in seinem Kuriersack noch weitere Patente, durch deren Verkauf er seine Reisespesen decken und sich eine kleine »Ergötzung« verschaffen sollte, wie das damals genannt wurde: Ernennungen zum päpstlichen Notar, Hausprälaten, Poeten oder Doktor, ein ganzes Bündel von dreißig Titeln. Schließlich aber enthielt der große Lederbeutel auch scharfe Bannbullen und Bannbriefe des Papstes – siebzig an der Zahl, wie Miltitz renommierte –, zum Anschlag in allen Orten bestimmt für den Fall, daß der Kurfürst sich in der Sache Luthers als widerspenstig erweisen würde.

Miltitz war formell dem Kardinal Cajetan unterstellt und sollte ihm auch über seine Schritte berichten. Er hatte Glück: Cajetan war aus Augsburg abgereist, um dem Kaiser nach Österreich zu folgen. Der Kammerjunker deponierte die Goldene Rose vorsorglich bei den Fuggern und reiste wohlgemut weiter. Er gedachte auf eigne Faust eine große Mission durchzuführen und womöglich den ganzen unangenehmen Handel mit Luther aus der Welt zu schaffen. Überall wurde er wohlaufgenommen, als Mann, der aus Rom kam und von der Quelle aller Würden und großen Ereignisse, mit intimsten Einzelheiten, zu plaudern wußte. Er sprach als Landsmann, nicht als Italiener, er knöpfte das Wams auf, und der Klatsch, den er verbreitete, ging sogleich nach allen Seiten aus und später in die protestantischen Geschichtsbücher und Chroniken über. Der Papst, so erzählte Miltitz, habe sich sehr ungnädig über Tetzel geäußert: porcaccio, ein Schweinehund! Die Dominikaner mit ihrer Hetze seien bei ihm gar nicht beliebt, dem törichten Mazzolini mit seinem flüchtigen Gutachten habe er eine kräftige Abreibung gegeben. Der Kardinal Cajetan sei als Choleriker bekannt, er habe die Sache offenbar nicht richtig angefaßt, kaum zu verwundern bei einem Italiener. Wenn man die Sache dem Papst richtig vorstellte, würde er milde verfahren; Leo sei gutmütig, großzügig und stets bereit, seine Meinung zu ändern, was alles auch ungefähr stimmte. Daneben verfehlte Miltitz nicht, mit den siebzig Bannbullen und -briefen zu drohen, die er in seinem Ledersack hatte.

Der Kammerjunker, der sich stolz als Nuntius bezeichnete, als Geheimen Rat Seiner Heiligkeit, reiste, ohne seinen Vorgesetzten Cajetan zu informieren, nach Sachsen und trat vor den Kurfürsten. Auch da schien es ihm richtig, beide Mittel, die er in Vorrat hatte, anzukündigen: die Goldene Rose und die Bannflüche. Friedrich müsse Luther wenigstens ausweisen. Wohin denn, meinte der immer schläfrige alte Herr; solle er etwa nach Böhmen gehen, das schon ketzerisch genug sei? Auch Versöhnung mit dem Papst wäre möglich, erklärte Miltitz, er werde das übernehmen, er habe die besten Verbindungen. Friedrich meinte, das könne versucht werden. Er schickte einen Kurier zu Luther mit dem Auftrag, sich in Altenburg zu einem Gespräch mit Miltitz einzufinden.

Der Kammerjunker, nicht ohne Einsicht in die unteren Regionen der Diplomatie, beschloß nun, an Tetzel ein Exempel zu statuieren. Der hatte, wie man ihm allgemein versicherte, den ganzen Handel angezettelt. Wenn man Tetzel ausschaltete, würde die ganze Aufregung in sich zusammensinken. Das bewährte Mittel dafür war, ihn moralisch gründlich zu diskreditieren, und die bewährten Vorwürfe lauteten: liederlicher Lebenswandel und Unterschlagung. So setzte Miltitz die Nachrichten in Umlauf, wonach Tetzel schon in seiner Jugend nur mit Mühe dem Tod durch Ersäufen wegen seiner Laster entgangen sei. Er fügte rasch hinzu, daß nur der gute Kurfürst Friedrich ihn gerettet habe. Noch jetzt solle er zwei uneheliche Kinder haben. Wegen der Unterschleife müsse ein Strafverfahren eröffnet werden. Miltitz lud Tetzel vor, sich zu verantworten. Der alte Mann, jetzt sehr verschreckt, schrieb aus Leipzig, er könne nicht kommen, man habe ihn überall in Verruf gebracht bis nach Böhmen und Polen hin, er sei in Gefahr, durch Luthers Anhänger umgebracht zu werden, und wage sich nicht aus dem Hause. Der Kammerjunker und Nuntius begab sich nach Leipzig, rief den Ordensprovinzial der Dominikaner herbei, den Faktor der Fugger, und konfrontierte Tetzel mit den Abrechnungen der Bank; siehe da:

achtzig Gulden im Monat, nach anderen Berichten 130, in die eigene Tasche! Für die Diener zehn dazu, drei Pferde, Futter, freie Verpflegung und womöglich noch andere Gelder gestohlen! Tetzel brach völlig zusammen. Er hätte sich verteidigen können: Solche Prozente waren keineswegs unüblich, bei andern vielleicht noch höher, aber die Sprache versagte dem Redegewaltigen. Er erklärte, er habe ohnehin daran gedacht, aus Leipzig fortzugehen. Fluchtgefahr also! entschied Miltitz, daher Klosterhaft. Der Provinzial, auch ganz kleinlaut, stimmte zu. Miltitz erklärte, er werde an den Papst berichten. Tetzel, selbst von seinem Orden verlassen, verschwand in seiner Zelle, wurde gemütskrank und starb bald darauf; selbst der Brief, den Luther ihm sandte, er möge sich nicht allzusehr bekümmern, »das Kind habe ganz einen andern Vater«, konnte ihn nicht trösten.

Miltitz begab sich zu den Besprechungen mit Luther nach Altenburg fröhlich und mit hohen Hoffnungen. Luther war erschienen, auch die sächsischen Räte, die sehr hofften, noch eine Lösung zu finden. Eine Art Stillhalteabkommen wurde vereinbart: Luther sollte schweigen, falls seine Gegner schwiegen, wie er zur Bedingung machte. Er war bereit, durch Anschlag die Öffentlichkeit zu verständigen, auch bereit, an den Papst persönlich zu schreiben. Es blieb ein Entwurf; Miltitz sah sofort, daß er mit diesem Brief in Rom nicht auftreten könnte. Denn Luther versicherte zwar in ehrerbietigsten Formen seine Demut, aber vom Widerruf war keine Rede. Würde das etwas bessern? fragt er den Papst; im Gegenteil, die Sache würde dadurch nur noch schlimmer. Seine Schriften sind weiter verbreitet, als er je gehofft, sie haben überall die Menschen aufgeregt. »Auch unser Deutschland verfügt heute über eine wahre Blüte von gelehrten und urteilsfähigen Geistern«, und die würden sich nicht beruhigen. Nicht er, Luther, habe die Schuld: »Jene, jene, mein Vater, denen ich mich entgegengestellt habe! Sie sind es, die bei uns die römische Kirche schädigen und schänden«, jene Leute, die unter des Papstes Namen nur der Habsucht dienen mit ihren Ablaßpredigten. Trotzdem bereut er, daß er gegen diese Schwätzer vielleicht zu scharf gewesen sei.

Luther war bereit, noch einen Versuch zu machen. Der Überbringer des Angebots war fragwürdig. Mißtrauisch folgte er Miltitz zu einem Abendessen mit den Räten auf das Schloß. »Ich hatte geglaubt, Martin, Ihr wäret ein greiser Theologe«, begann der Kammerjunker, »der hinter dem Ofen mit sich selber diskutiert. Jetzt steht Ihr vor mir als jugendfrischer, kräftiger Mann! Ich würde mich nicht getrauen, Euch nach Rom fortzuschleppen, und wenn ich 25000 Bewaffnete hinter mir hätte!« Luther blieb unbewegt. Miltitz schmeichelte: Auf seiner Reise habe er überall die Leute nach ihrer Meinung über Luther gefragt: »Wenn einer für den Papst war, so drei für Euch und gegen den Papst!« Er scherzte: Auch die Weiber in den Gasthöfen habe er ausgeforscht, was sie denn über den Heiligen Stuhl dächten; sie konnten sich darunter nichts Rechtes vorstellen und hätten geantwortet: »Wie sollen wir wissen, was ihr in Rom für Sessel habt, hölzerne oder aus Stein?« Luther wollte von solchem Plauderton nichts wissen. Er sprach ernst: Um die Ablaßhändel sei es ihm nicht gegangen, auch nicht um den alten Tetzel. Nicht einmal um Albrecht von Mainz: Der Papst, der Papst sei der wahre Schuldige. Der habe durch seine Geldforderungen erst den Mainzer in den Handel hineingetrieben.

Miltitz schlug andere Töne an. Er sprach bewegt von den furchtbaren Folgen einer Kirchenspaltung. Er weinte sogar, wie Luther behauptete. Er erinnerte an die Hussitenkriege. Noch jeder Streit über Kirchenfragen habe endloses Unheil über die Welt gebracht. Luther werde das zu verantworten haben. Das machte auf Luther Eindruck; es traf genau mit seinen eignen Bedenken zusammen. Die Räte redeten auf ihn ein. Luther gab nach und stimmte dem Abkommen über die Schweigepflicht zu. Er hat dann auch die gedruckte Ankündigung in denkbar konzilianter Form publiziert; er geht da so weit, daß seine Anhänger später dies Dokument nur mit Kummer betrachteten als ein Abweichen vom geraden Wege, den sie in steilem Aufstieg zum Gipfel aufgezeichnet sehen wollten.

Miltitz umarmte ihn gerührt beim Abschluß der Gespräche und gab ihm einen Kuß. Er hatte einen neuen Vorschlag, Luthers Forderungen nach Verhör auf deutschem Boden entsprechend: Der Erzbischof von Trier, Freund des sächsischen Hauses, könne dafür gewonnen werden. Er hat diese Sache noch eine ganze Weile betrieben, aber Cajetan, sein Vorgesetzter, bestand darauf, dabei zu sein, und damit wurde nichts daraus; Luther lehnte unmutig ab. Miltitz reiste unablässig umher, berichtete nach Rom, und seine Memoranden müssen so wirkungsvoll gewesen sein, daß Papst Leo sich entschloß, höchstselbst an Luther zu schreiben, wohl das erstaunlichste Dokument des ganzen Streites.

Da heißt es, in sehr flüssigem Latein, vom großen Latinisten Sadoleto aufgesetzt, adressiert an den »lieben Sohn Martin Luther«, Professor der Theologie: Mit großer Freude habe der Papst aus dem Schreiben seines Miltitz ersehen, daß Luther einlenken wolle. Vielleicht sei Luther bei dem Verhör durch den anderen lieben Sohn, den Kardinal Cajetan, unnötigerweise eingeschüchtert worden, dieser sei auch wohl etwas zu streng gewesen. »Der Geist ist willig, aber das Fleisch ist schwach.« In der Hitze könne manches geschehen, was sich bei vernünftigerer Betrachtung bessern lasse. »Der Herr spricht: Ich habe kein Gefallen am Tode des Sünders, sondern, daß er sich bekehre und lebe.« Luther solle nach Rom kommen und sich vor dem Papst selber verantworten, der ihm ein milder Vater sein werde.

Luther hat das Schreiben gar nicht gesehen. Es wurde über den Kurfürsten gesandt, der es zurückhielt, weil er zweifelte, ob Luther dieser Aufforderung folgen würde. Aber noch seltsamere Vorschläge kamen aus Rom. Kaiser Maximilian war gestorben, die neue Kaiserwahl stand nun unmittelbar bevor. Der Papst hatte lange vergeblich versucht, Franz I. von Frankreich als Kandidaten durchzusetzen. Seine Legaten berichteten, daß dieser Vorschlag nicht zu verwirklichen wäre; Leo setzte nun alle Hoffnungen auf Kurfürst Friedrich, auf gar keinen Fall wollte er den Habsburger Karl. Seine Angebote überstürzten und überstiegerten sich: Er ließ den Sachsen wissen, er werde ihn selbst dann anerkennen, wenn ihn nur eine Minderheit der Kurfürsten wählen würde. Er jagte Order um Order nach Deutschland, nach Frankfurt, wo die Kurfürsten sich versammelt hatten zu Vorbesprechungen. Und dort hatte Miltitz noch einmal einen großen Tag: Im Auftrag des Legaten Orsini begab er sich zu Kurfürst Friedrich und suchte ihn zu bestimmen, die Wahl nach den Wünschen des Papstes anzunehmen. Für diesen Fall wurde ihm unter anderem die Ernennung eines Kardinals aus seinem Umkreis und nach seinen Wünschen zugesagt. Es versteht sich, daß man vorsichtig genug war, Luther nicht bei Namen zu nennen, und die Sache ist dann auch als Phantasterei hingestellt worden. Sie erscheint uns gar nicht so unwahrscheinlich, wenn wir das fast von Woche zu Woche wechselnde Spiel betrachten, das die Kurie betrieb. Mit roten Hüten und anderen hohen Würdenzeichen ist bei den Wahlverhandlungen jongliert worden wie bei einer Akrobatenvorstellung.

Kaum eine Woche später hatte die Szene gewechselt. Papst Leo entnahm den letzten Informationen seiner Legaten, daß Opposition gegen den Habsburger aussichtslos geworden sei. Er beeilte sich, Weisung zu geben, man solle Karl seiner besonderen Zuneigung versichern. Miltitz fuhr noch eine Weile umher; in Rom hatte man ihn vergessen wie das Angebot des roten Hutes. Man erinnerte sich schließlich, daß die Goldene Rose nicht bei den Fuggern liegen bleiben konnte; der Kurfürst war immer noch eine wichtige Persönlichkeit. Miltitz überbrachte sie. Friedrich, so lange hingehalten, empfing ihn gar nicht. Das kostbare Geschenk, mit heiligem Öl geweiht, mit seltenen Essenzen parfümiert und besondere Ablaßgnaden bewirkend, wurde nur von seinen Räten übernommen. Miltitz, der auf eine hohe Belohnung gespitzt hatte, erhielt ein Trinkgeld, wie es ihm schien, und petitionierte noch lange vergeblich bei dem sächsischen Hofe um einen Ersatz seiner Spesen. Er hat es noch an andern Höfen in kleinen Rollen versucht und entschwindet uns dann; bei einer Bootsfahrt soll er über Bord gefallen und ertrunken sein.

Ein kleiner Figurant, der seinen Spruch aufzusagen und dann abzutreten hatte. Wie Tetzel, ist er nur wichtig als Repräsentant einer ganzen Schicht; es gab viele Miltitze in Diensten der Kurie. Der Kurfürst war weise genug, eine Kandidatur abzulehnen, obwohl er sie ausführlich mit Freunden und Ratgebern diskutierte. Die Kaiserwahl aber ist noch einer kurzen Betrachtung wert, denn sie bestimmte das Schicksal Deutschlands und ganz Europas für die Lebenszeit Luthers. Niemand konnte das damals voraussehen. Der Kandidat, Karl von Burgund und Spanien, war ein ganz junger Mann von achtzehn Jahren, seine Gesundheit allen Berichten nach fragwürdig; ein völlig unbeschriebenes Blatt. Viele sahen die Wahl lediglich als ein Intermezzo an, und sie wurde denn auch wie eine halbe Farce gespielt. Die Besetzung war zunächst ganz offen gewesen. Wer hatte sich nicht alles für die Rolle gemeldet! Heinrich VIII., der junge Jagellone Ludwig. Franz I., als zeitweilig aussichtsreichster Bewerber, hatte fast eine halbe Million Dukaten an die Kurfürsten verteilen lassen und verfügte über mächtige Parteigänger im Reich. Er beging nur die Unklugheit, seine Vorzüge als Kriegsmann, der glänzende Siege in Italien erfochten hatte, seine Energie und Tatkraft zu sehr herauszustreichen; gerade einen so machtvollen Herrscher wollten die deutschen Kurfürsten nicht. Daß der Papst ihn so offen protegierte und bis zur Taktlosigkeit durch-

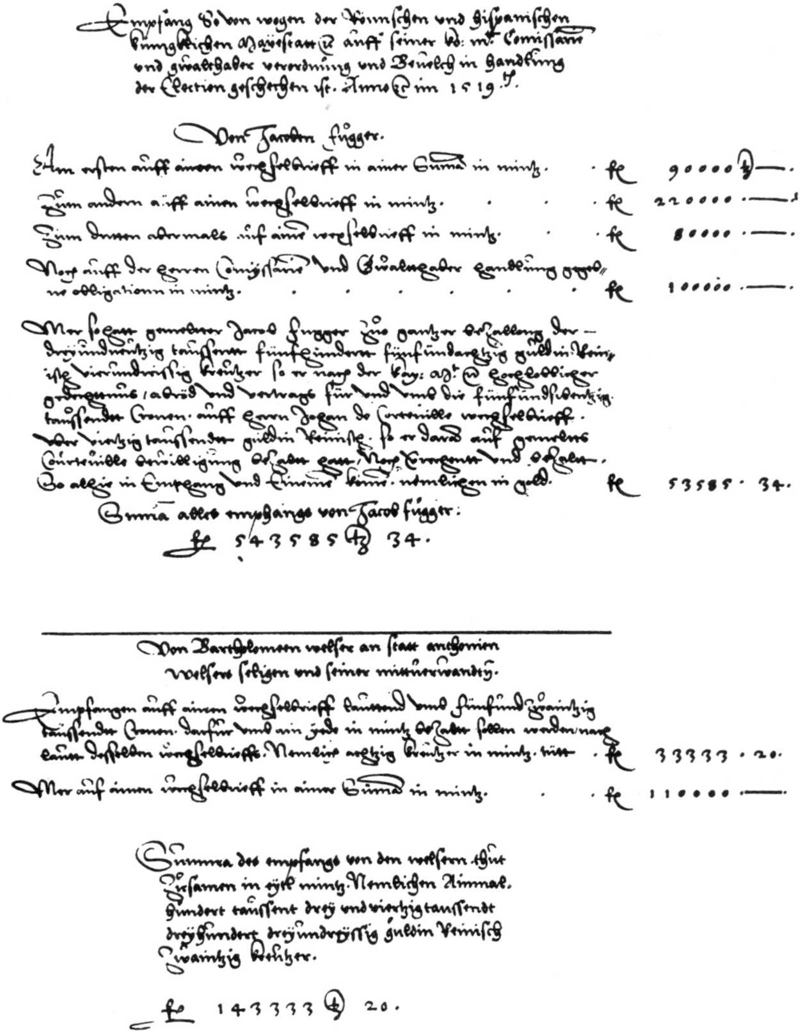

Empfang so von wegen der Römischen und Hispanischen Kunigklichen Majestat etc. auff seiner kö: mt. Comissari und gwalthaber verordnung und Beuelch in handlung der Election geschehen ist. Anno etc. im 1519.

Von Jacoben Fugger.

Am ersten auff ainen verschreibbrieff in ainer Suma in müntz. · fl 90000 —

Zum andern auff ainen verschreibbrieff in müntz. · fl 220000 —

Zum dritten abermals auf ainen verschreibbrieff in müntz. · fl 80000 —

Noch auff der herren Comissarie und Gwalthaber handlung one obligationen in müntz. · fl 100000 —

Mer so hat gemelter Jacob Fugger zu gantzer bezallung der dreyundfünfftzig tausent fünfhundert fünfundachtzig gulden Reinisch vierunddreissig kreutzer so er nach der kay: mt. etc. hochlöblicher gedechtnus abred und vertrags für und umb die fünfundsibentzig tausent Cronen auff herrn Johan de Carondilet verschreibbrieff der viertzig tausent gulden Reinisch. so er darauf auf gemelts Carondilet bewilligung bezalt hat. Noch verfallen und bezalen. So alhie in Empfang und Einnam kum: nemlichen in gelt. fl 53585 · 34.

Summa alles empfangs von Jacob Fugger: fl 543585 kr 34.

Von Bartholomeen welser an stat anthonien welsers seligen und seiner mitverwandten.

Empfangen auff ainen verschreibbrieff lautend umb fünfundzwaintzig tausent Cronen. darfür und ain jede in müntz bezalt sollen werden nach laut desselben verschreibbrieffs. Nemlich achtzig kreutzer in müntz. tut · fl 33333 · 20.

Mer auf ainen verschreibbrieff in ainer Suma in müntz. · fl 110000 —

Summa des empfangs von den welsern thut zusamen in gut müntz. Nemlichen Ainmal hundert tausent drey und viertzig tausent dreyhundert dreyunddreissig gulden Reinisch zwaintzig kreitzer.

fl 143333 kr 20.

12 Wahlkostenrechnung der Fugger

zusetzen wünschte, schadete ihm noch mehr; die Stimmung gegen Rom war allgemein sehr gereizt.

Der blutjunge Karl schien zunächst einmal ungefährlich; es hieß, daß er völlig unter dem Einfluß seiner Räte stünde, und man machte sich Hoffnungen, diesen Zustand mit anderer Rollenverteilung noch lange zu erhalten. Die Propaganda für ihn stellte ihn als »edles junges Blut aus altem deutschen Stamm« heraus, obwohl seine Mutter eine Spanierin war, Johanna die Wahnsinnige, seine Großmutter eine Portugiesin; immerhin genoß er als Enkel Maximilians dessen Ansehen.

Entscheidend jedoch war ganz schlicht das Geld. Das Haus Fugger brachte sein Konsortium zusammen, in dem neben den Welsern auch italienische Banken vertreten waren, und überbot die Franzosen um fast das Doppelte. Vergebens offerierte Papst Leo seinen Segen, vergebens den roten Hut für die Kurfürsten von Köln und Trier, dem Kurfürsten Albrecht von Mainz, den er schon zum Kardinal gemacht hatte, die Würde eines ständigen Legaten. Die Fronten wurden von manchen Teilnehmern mehrmals vertauscht, jedesmal mit neuen Einnahmen. Auch Friedrich von Sachsen beteiligte sich, sehr vorsichtig nach seiner Art; er verkündete nach außen hin – und auch der große Erasmus ließ sich verleiten, das in seiner weitausgespannten Korrespondenz zu verbreiten –, daß er völlig unbestechlich sei und sogar seinen Räten strengstens verboten habe, Geschenke anzunehmen. Sie stehen aber in den Abrechnungen des Hauses Fugger verzeichnet: Friedrich wurde für seinen Neffen, den Kurprinzen, die Hand einer Infantin des spanischen Hauses versprochen und außerdem Bezahlung alter Schulden aus der Zeit Maximilians her. Die Räte Karls sorgten auch für eine keineswegs unwichtige Maßnahme: Sie nahmen den bekannten und schlagkräftigen Kondottiere Franz von Sickingen in Dienst, der kurz vorher dem französischen König verpflichtet gewesen war; Sikkingens Heer bezog nahe dem Wahlort Frankfurt Stellungen, und auch das hat seinen Einfluß gehabt.

Das trübselige Maskenspiel fand seinen Abschluß in der kleinen Kapelle am Chor des Frankfurter Doms, einem symbolisch halbdunklen Raum. Karl wurde einstimmig gewählt. Bereitwillig hatte er alle Kapitulationsbedingungen unterzeichnen lassen, in denen viel von Freiheit die Rede war, auch davon, daß alle Ämter nur mit Deutschen besetzt werden dürften, nur die deutsche Sprache, die er gar nicht verstand, für Verhandlungen und Reichstage gelten sollte. Es braucht kaum gesagt zu werden, daß die Interessen der Kurfürsten, von ihnen die »fürstliche Libertät« genannt, auf das nachdrücklichste betont und erweitert wurden: Mitregierung, Mitentscheidung über Krieg, Bündnisse, Steuern, alles alte Forderungen, die schon Maximilian vorgelegt, von ihm beschworen und nicht gehalten worden waren.

Karl war gar nicht anwesend, in Frankfurt erschienen nur seine Räte und die Vertreter der Fugger. Der Gewählte weilte in Barcelona und veranstaltete eine Woche lang große Festlichkeiten mit allegorischen Aufzügen und Maskenspielen. Seine Regierungszeit hat sich dann über fast vierzig Jahre erstreckt, eine der längsten und schicksalsreichsten der deutschen Geschichte. Er ist davon nur acht Jahre im ganzen in Deutschland gewesen, auch diese zersplittert in verschiedene, oft kurze Aufenthalte. Auf Reisen, an wechselnden Orten, ohne ständige Residenz und nicht zuletzt auf Feldzügen gegen die Hälfte der Fürsten, die ihn gewählt hatten, sind diese Jahre hingegangen. Im Harnisch, als Sieger nach der Schlacht von Mühlberg, hat Tizian ihn gemalt, die Lanze in der Hand, durch eine einsame Landschaft reitend, in der kein Mensch sich blicken läßt, das Sachsen Luthers.

Streitgespräch von 17 Tagen

Luther hielt den Schweigepakt für zwei Monate, und das muß ihm schwer genug gefallen sein. Es brodelte in ihm; noch einmal hatte er, den dringenden Bitten der Räte seines Kurfürsten folgend, nachgegeben, was ihn sehr bald reute, denn seine Gegner dachten nicht daran zu schweigen. Die Ablaßfrage hatte Luther bereits hinter sich gelassen. Er schritt weiter. Die Frage der päpstlichen Autorität war ihm von Cajetan als das entscheidende Problem vorgehalten worden. Er begann ernstlich, den Bullen und Dekretalen nachzugehen. Seine Kenntnisse der Kirchen- und Papstgeschichte waren noch ziemlich gering; nun studierte er, was er darüber finden konnte. Das war zwar nicht viel, denn man hatte dieses überaus heikle Gebiet sehr vernachlässigt; wer wollte sich auch daran wagen, die Taten und Untaten der Päpste zu schildern? Die Ketzerklage lag da sehr nahe bei der Hand. Wer hätte den Mut gehabt, die hochpolitischen Hintergründe aufzudecken, die stets hinter dem Erlaß großer, verbindlicher Bullen steckten? Noch galt, so gut wie universell, die große Sammlung des kanonischen Rechtes als das Hauptbuch der Kirche, als die scharfe Waffe in jedem Streit; wer daraus zitierte, schlug jeden Einwand zu Boden. Sie war Verfassung, Glaubenslehre, Autorität auch in den Fragen des täglichen Lebens, mit dem Anspruch, allem weltlichen Recht überlegen zu sein. Luther studierte sie, und von hier aus, nicht so sehr aufgrund seiner persönlichen Erlebnisse, begann eigentlich erst sein Kampf gegen das Papsttum.

Er glaubte vielmehr noch immer an einen guten, freundlichen Papst Leo, der nur recht belehrt werden müsse, um einzusehen, daß Besserung notwendig wäre. Er sah ihn umgeben von tückischen und ehrgeizigen Kreaturen, die ihm womöglich nach dem Leben trachteten, wie man genugsam gehört hatte. Er wußte nichts von Leo, dem großen Kunstmäzen, was ihm auch gleichgültig gewesen wäre. Wohl aber war seit Jahrhunderten genug vom sündhaften Treiben in Rom die Rede gewesen. Man hatte sich daran gewöhnt, darüber zu predigen und zu klagen und auf einen »Engelspapst« zu hoffen, der es einmal bessern würde. Luther begann nun an der ganzen Institution zu zweifeln; der Engelspapst war nie erschienen. Statt dessen hatten sich in Rom eher Gestalten auf dem Heiligen Stuhl gezeigt, die den alten Sprüchen und Weissagungen recht zu geben schienen, daß der Antichrist kommen würde, ja kommen müsse, ehe ein Wandel eintreten könne.

So taucht um diese Zeit bei Luther, zuerst in seinen Briefen an Freunde, das Wort Antichrist für den Papst auf. Es klingt unerhört blasphemisch im Munde eines Mönchs gegen seinen höchsten Herrn, aber Luther war zu der Überzeugung gekommen, daß sein höchster Herr Christus sei und nicht ein Mensch, mochte er noch so mächtig sein, ein Mensch, der in dem Sündenpfuhl Rom lebte. Die Vorstellung vom Antichrist war eine sehr alte, sehr dunkle Märe gewesen; sie hatte aber auch noch die Schlagkraft einer unerbittlichen Geschichtsauffassung bekommen. Der Abt Joachim de Fiore zur Hohenstaufenzeit hatte die Lehre vom Ablauf der »Monarchien« verkündet, der großen Zeitepochen in von Gott bestimmter Reihenfolge; durch das Kommen des Antichrists würde erst der Weg freigemacht für die neue und letzte »Monarchie«, das Zeitalter des Geistes, der Freiheit und Liebe unter den Menschen. Die radikalen Franziskaner hatten die Lehre weitergeführt und waren deshalb vom Papst verdammt worden. Alle apokalyptischen Bewegungen beriefen sich immer wieder darauf; das Kommen des Antichrists hing untrennbar mit allen Vorstellungen von Endzeit zusammen, und das Ende der Welt wurde bei jeder großen Katastrophe erwartet. Wie bei unseren neueren Geschichtsdeutungen hatte Joachim in theologischer Sprache – eine andere gab es nicht – eine »wissenschaftliche Grundlage« gesucht: Ein unweigerlich und folgerichtig sich vollziehender Ablauf des Weltgeschehens wird vorgezeichnet, in bestimmten und leicht faßlichen Stadien. Es ist kein Zufall, daß die Lehren des Abtes Joachim auch in der neuesten marxistischen Literatur so starke Beachtung gefunden haben; sie waren lange als eine etwas seltsame Nebenerscheinung der stürmischen Zeit Friedrichs II. angesehen worden, in der viele prophetische Bewegungen auftauchten im Streit zwischen Kaiser und Papst, die sich gegenseitig als den Antichrist bezeichneten.

Aus der Apokalypse des Johannes hatte Joachim den Gedanken der neuen Zeit entnommen: »Und ich sah einen Engel fliegen mitten durch den Himmel, der hatte ein ewiges Evangelium, zu verkündigen denen, die auf Erden wohnen, und allen Heiden und Geschlechtern und Sprachen und Völkern.« Das Revolutionäre in Joachims Deutung ist nicht leicht zu überschätzen: Es war eine völlige Umkehrung des bis dahin geltenden Geschichtsbildes. Nicht zurück sollte geblickt werden, sondern vorwärts. Die Menschen hatten sich damit abgefunden, daß die Welt immer schlechter würde, das »Goldne Zeitalter« lag hinter ihnen. Jetzt wurde es ihnen als hier auf Erden, nicht erst im Himmel erreichbar, ja sogar als unmittelbar bevorstehend, mehr noch: als genau errechenbar verheißen. Zahlenmystik spielte hinein, und die genauen Jahresdaten für das Kommen des Antichrists und den Beginn einer neuen Zeit, die von den Joachimiten verkündet wurden, haben ungeheure Tumulte und furchtbare Enttäuschungen verursacht. Zahlenmystik bestimmte schon für Joachim die Ordnung der Zeitalter: Die Dreizahl der Reiche war durch die heilige Dreieinigkeit gegeben. Von einem dritten Reich haben wir noch in der Zahlenmystik unserer Tage gehört. Für Joachim war das erste Zeitalter das des Alten Testamentes, des Vaters, das zweite das des Neuen Testamentes, des Sohnes; das dritte, kommende, sollte das Reich des Heiligen Geistes sein. Das klang harmlos genug und wurde nicht beanstandet. Erst die Auslegung war revolutionär und gefährlich für die Kirche: Im zweiten Zeitalter herrsche die bestehende Kirche, der Klerus, es habe noch nicht die Fülle des Geistes und der Freiheit erreicht. Aus dem Kreis der Mönche werde der Mann kommen, der den Weg zum dritten Reich freimachen würde. Die Heilsgeschichte, dies der Kernpunkt, schreitet fort. Sie bleibt nicht stehen. Sie geht vorwärts und über die Kirche und den Klerus hinweg.

Joachim hat nie als der »Führer« gegolten, er war nur der »Johannes« der neuen Lehre. Die Suche nach dem begnadeten Mönch ging weiter. Sie hat die verschiedensten Formen angenommen: Franziskus wurde als der Erhoffte angesehen; seine Anhänger teilten sich sogleich, es gab friedliche, weltabgewandte Joachimiten und wild weltliche, die gewaltsamen Umsturz predigten. Sie alle waren der Kirche hochverdächtig und wurden, oft blutig, unterdrückt. Immer aber hielt sich die Weissagung vom Mönch, der kommen würde mit großer Botschaft. Kurz vor Luthers Auftreten, 1515, wurden Joachims Prophezeiungen in Bologna von einem Dominikaner herausgegeben, dem Kardinal-Staatssekretär Medici gewidmet in aller Ahnungslosigkeit. Zehn Jahre später gab ein Schüler Luthers eine deutsche Ausgabe in Nürnberg an den Tag, als Beweis dafür, daß Luther der geweissagte Erwartete sei. Als Mönch ist er da abgebildet mit der Sichel des Saturn in der Hand, er schneidet das unwürdige Papsttum mit ihr ab, durch einen Beinstumpf zur Seite versinnbildlicht. Hans Sachs schrieb dazu die Verse:

Das tat der Held Martin Luther,
Der macht das Evangeli lauter,
All Menschen-Werk er ganz abhaut,
Und selig spricht, der Gott vertraut.

Das Neue Reich konnte nur herbeigeführt werden durch eine Katastrophe, die Endzeit. Bis zu Joachim hin hatte das Jüngste Gericht als das Ende gegolten; er ersetzte es durch das Ende der zweiten Monarchie. Der Antichrist würde das bewirken; er erhielt damit eine nahezu von aller Verteufelung befreite »historische« Mission zugewiesen, er war in Gottes Weltenplan vorgesehen. Die Katastrophenlehre, auch sonst nicht unbekannt im Denken aller Zeitalter, verlangte den ungeheuersten Aufruhr, »damit die Zeit erfüllet werde«, und diese Idee hatte schon die urchristliche Vorstellung, die Apokalypse des Johannes, beherrscht. Luther wird nicht müde in seiner Frühzeit, von Aufruhr zu sprechen, von Kampf, Krieg, vom Schwert; sogar vor dem Reichstag zu Worms: Gott will den Streit, nicht die Ruhe. Er meinte es geistig; es wurde weltlich verstanden.

Wieviel Luther von den Antichrist-Legenden gewußt haben mag, ist schwer zu entscheiden; Mären und Sagen gehen vor allem mündlich um. In Erfurt war noch 1516 ein kleines Schriftlein von des Endchrists Leben und Regierung, und »wie er die Welt tut verkehren mit seiner falschen Lehre«, gedruckt worden; die zwei Propheten Enoch und Elias bekehren erst wieder die Christenheit zum wahren Glauben. Er kann das gelesen haben. Aber unverkennbar bildete sich jetzt in ihm die Vorstellung aus, daß der Sitz des Antichrists Rom sei. Alle alten raunenden Zeichen schienen damit übereinzustimmen: Der Antichrist wird sich vermessen mit Gott selber vergleichen! Er wird seine Boten nach allen Seiten aussenden! Das Volk betören, Verwirrung überall stiften! Ehe er aber beseitigt werden kann, muß ein furchtbares Strafgericht über die verweltlichte Kirche ergehen, bei dem die Letzten die Ersten sein werden. So hieß es schon durch die Jahrhunderte.

Und so schreibt Luther an Spalatin im März 1519: »Ich sage Dirs ins Ohr: Ich weiß nicht, ob der Papst der Antichrist ist oder ein Apostel des Antichrist.« Noch meint er im gleichen Atem, er habe nie daran gedacht, vom Papst abzufallen: »Ich bin ganz zufrieden damit, daß er der Herr der Welt genannt wird und auch ist.« Das hatte aber seinen Unterton: Dominus mundi, der Herr dieser Welt, wurde auch Satan genannt, den Luther dann in seinem berühmten Kampflied den Fürst dieser Welt heißt. Mag der Papst also diese Welt beherrschen, aber »er lasse nur mit seinen Dekreten das Evangelium unangetastet, dann werde ich mich mit keinem Härlein rühren, und wenn er mir sonst alles wegnimmt«. Dann will Luther auch das vereinbarte Schweigegebot »steif« halten.

Dazu kam es nicht; die Ereignisse griffen ineinander und überkreuzten sich. Cajetan hatte dafür gesorgt, daß in Rom das von ihm entworfene Dekret über den Ablaß veröffentlicht wurde, damit alle Ausreden, es gäbe dafür keine verbindliche Lehrmeinung, erledigt würden. Schon das mußte Luther aufregen: ein neues Dekret! Der Bann war in Vorbereitung, auch davon hörte er. Mazzolini publizierte eine neue Schrift. Er parodierte förmlich in seiner Broschüre »Über die Gewalt des Papstes« die Epochenlehre Joachims: Er zählt fünf »Monarchien«

statt drei, und die fünfte und größte ist bereits verwirklicht in der bestehenden streitenden Kirche. Auch das Evangelium ist schon gegeben, es wird noch weitere Völker bekehren, der Papst wird über sie herrschen, er ist alleiniger Richter über das monarchische und hierarchische Königreich der Kirche, selbst über die Ungläubigen erstreckt sich seine Jurisdiktion, die Heiden, die Juden. Gehorsam den Gesetzen, die er erläßt, und seinen Befehlen schuldet ihm jeder, bei Verlust seiner Seligkeit. Und polemisch gegen die Ansprüche der weltlichen Herrscher, die sich ebenfalls »von Gottes Gnaden« nannten, heißt es: »Er allein hat seine Macht und Autorität von Gott. Niemand kann ihn absetzen, weder ein Konzil noch sonst eine Gewalt, oder verurteilen, auch wenn er Ärgernis verursachen sollte.«

Das war Tagespolitik; die Frage der Absetzung des Papstes durch ein Konzil wurde dauernd diskutiert, auch im Kreis der Kardinäle, und sie war Julius II. beim Konzil zu Pisa nahe genug gewesen. Aber für Luther wirkten diese Thesen wie ein rotes Tuch. Ihm schien nun ernstlich die alte Weissagung erfüllt, daß der Antichrist als letzte Verwirrung gekommen sei, ob als fünfte oder zweite Monarchie; für Zahlenmystik hat er nie viel Sinn gehabt. Und nun griff ihn auch Eck wieder an, der sich nach seinem ersten Vorgefecht mit den »Spießchen« ihm sogar, schwerlich ganz aufrichtig, genähert hatte. Luther fand, es sei Zeit, wieder hervorzutreten. Kampf war sein Element. Er hatte geschwiegen, seine Gegner kehrten sich nicht daran. Jetzt wollte er zuschlagen.

Seine ganze Natur ist in der Formel ausgedrückt, die er schon bei Ecks ersten Attacken an einen Freund geschrieben hatte: »Je mehr sie toben, um so weiter schreite ich aus. Ich gebe meine erste Position auf, sie kläffen hinterher, ich stoße weiter vor, zur nächsten, damit sie mich auch da ankläffen.« Die erste Position war der Ablaßstreit gewesen, die nächste war die Frage nach der Autorität des Papstes. Es ist in Luther eine instinktive Gewalt und Ordnung des Vorgehens, die erst seine Wirkung erklärt: Er schreitet tatsächlich von Position zu Position in nahezu logischer Folge vorwärts und kommt so bis zu einem Gipfel, den vorher niemand erreicht hatte, weder die Kaiser noch die zahlreichen Denker und literarischen Gegner des Papsttums. Man kann allerdings auch sagen, daß die Zeit »erfüllet war«, oder, bescheidener, »reif«, aber immer braucht eine solche Zeit auch den Mann, der das auslösende Wort spricht, formuliert, und der stark genug ist, die Widerstände zu überwinden.

Sie waren noch immer groß genug für Luther und konnten jedem andern den Mut nehmen. Was war er? Ein eben beinahe verjagter Dozent, ein schäbiger Bettelmönch in den Augen der römischen Autorität, die gerade in diesen Wochen daranging, den Bann gegen ihn durch ein ausführliches und endgültiges Verfahren in aller Form zu erlassen, wobei auch Mazzolini und Cajetan zugezogen wurden. Der Kurfürst konnte nur als eine ziemlich unbestimmte Größe von Luther in Rechnung gestellt werden. Lediglich die Universität Wittenberg erwies sich als ein Halt. Sie war stolz auf den überraschenden Zuzug, den Luther ihr in den letzten beiden Jahren gebracht hatte. Die Hörerzahl hatte sich verdoppelt, und es waren Studenten aus allen Ländern darunter; das anfangs so unbekannte Wittenberg konnte bereits mit den alten großen Hochschulen wetteifern. Professor Karlstadt galt als wissenschaftliche Leuchte neben Luther; ganz vor kurzem war auf Empfehlung Reuchlins dessen Großneffe als Dozent für Griechisch dazugekommen: Philipp Melanchthon, ein noch fast wie ein Knabe aussehender, zarter und unscheinbarer Jüngling, der mit der Zunge etwas anstieß und anfangs als eine recht mäßige Neuerwerbung angesehen wurde; seine Reden, in glänzendem Humanistenlatein, hatten rasch die Ansichten geändert; eine fulminante Ansprache, in der er ein umfassendes pädagogisches Programm für eine Reform der Studien vorlegte, machte ihn berühmt und ließ eine künftige Größe vermuten. Sein Kolleg hatte bald ein paar hundert Hörer, und die älteren Hochschulen beneideten Wittenberg um den zweiundzwanzigjährigen Professor, der bescheiden nur den Titel Magister führte und auch sein Leben lang beibehielt, als er der weltberühmte Melanchthon geworden war.

In Leipzig, das ohnehin eifersüchtig war auf die Konkurrenz des kursächsischen Wittenberg, sollte eine große Disputation stattfinden, und sie war dazu bestimmt, den Ruhm Wittenbergs erheblich zu reduzieren. Karlstadt, der sich mit sehr kühnen Thesen und Publikationen hervorgewagt und für seinen Doktorsohn Luther eingesetzt hatte, war als Hauptopfer in Aussicht genommen. Eck wollte gegen ihn antreten. Er versprach sich davon einen vernichtenden Schlag gegen die ganze »Wittenberger« Richtung, und Karlstadt galt damals als eine ihrer bedeutendsten Gestalten und nicht nur als Anhänger Luthers. In Thesen und Gegenthesen war ein schon sehr gereiztes Vorgefecht geführt worden, und Luther hatte daraus ersehen, daß die Aktion gegen ihn gerichtet sein sollte. Er bemühte sich, seine Teilnahme durchzusetzen. Das war nicht ganz leicht, denn er galt nun zwar noch nicht als offiziell Gebannter, aber doch der Ketzerei für hochverdächtig und als ein nach Rom Vorgeladener. Die theologische Fakultät in Leipzig erhob Bedenken, auch der Herzog Georg von Sachsen als Landesherr war Luther gar nicht gewogen und wurde bald einer seiner schärfsten Feinde. Es verdroß ihn aber der Kleinmut seiner Professoren, von denen er überhaupt nicht viel hielt, »ängstliche Leute«, meinte er, die bei jedem Schrotschuß zusammenfahren. Es verdroß ihn noch mehr, daß Wittenberg gegen sein Leipzig so emporkam, und das sollte nun ausgeglichen werden. Der berühmte Eck würde dazu beitragen. Schließlich versprach er sich ein großes Turnier in theologischen Fragen; er war selber ein eifriger Laientheologe und hat später mit Luther Streitschriften gewechselt, die an Schärfe denen seines Standesgenossen Heinrich VIII. von England nichts nachgaben.

Die Freude und Teilnahme an theologischen Disputationen vor großem Publikum ist uns heute abhanden gekommen, aber sie war damals allgemein, und schließlich ging es dabei auch immer um die brennendsten Fragen des Tages und der Politik. Festliche geistliche Turniere waren seit dem hohen Mittelalter beliebt, auch in der Welt des Islam; die Höfe schätzten sie als Unterhaltung, die Damen waren dabei, besonders in Spanien hatte man solche Wettkämpfe aufgeführt. Es wurde über die Unsterblichkeit der Seele gefochten, über neue und gefährliche alte Lehren, ein Jude durfte oder mußte seinen Glauben verteidigen gegen einen Christen, und dabei konnte es, wenigstens für die eine Seite, auch ums Leben gehen, was die Spannung nur erhöhte. Auch hier in Leipzig war die Sache recht lebensgefährlich, und das dürfte Herzog Georg nicht zuletzt gereizt haben. Er war mutig, zum Unterschied zu seinem Vetter Friedrich, er liebte ein offnes Wort, eine energische Geste.

Als Streit zwischen Wittenberg und Leipzig, als eine sehr lokale Angelegenheit begann es. Herzog Georg hatte den Festsaal, die große Hofstube seiner Pleißenburg, prunkvoll herrichten lassen. Wandteppiche wurden aufgehängt, die Kanzel für den Favoriten Eck wurde mit dem Bild des Drachentöters St. Georg geschmückt, die Kanzel für die Wittenberger immerhin höflich mit Luthers Namensheiligen St. Martin. Mit Festgottesdienst begannen die Verhandlungen. Der Thomanerchor, noch heute berühmt, sang eine eigens für den Zweck kompo-

13 Gelehrtendisputation im 16. Jahrhundert

nierte, überaus kunstvolle Messe mit zwölf Stimmen, vom Kantor Georg Rhau gesetzt, der später nach Wittenberg ging und sich dort um die Schulmusik verdient machte. Der Professor der Poetik hielt eine zweistündige Rede über die rechte Methode des Disputierens. Die Bürgerwehr zog im Harnisch und mit Pfeiferkorps jeden Tag auf, um für Ordnung zu sorgen, denn man befürchtete Unruhen. Die Wittenberger waren in zwei Wagen angerückt, begleitet von 200 Studenten, alle stark bewaffnet; die Leipziger Studenten trugen Dolch und Schwert am Gürtel; blutige Raufereien gehörten noch zum Alltag des akademischen Lebens, und die Stimmung war gegenseitig sehr gereizt.

Zur Einleitung hatte es auch noch Debatten über die »Tagesordnung« und das Verfahren gegeben: Eck, der auf seine mächtige Stimme und seine Begabung im freien Reden vertraute, wollte durchaus »auf italienische Manier« disputieren und lehnte auch die Veröffentlichung eines Protokolls ab. Karlstadt war vorsichtiger und bestand darauf, daß der Wortlaut mitgeschrieben und notariell festgelegt würde. Das Protokoll war wichtig, denn es sollte den Universitäten Paris und Erfurt als obersten Schiedsrichtern vorgelegt werden. Eck wünschte dazu noch den Papst als allerobersten Richter, aber Luther lehnte das ab. Schon über dieses Protokoll des Protokolls wurde ein Notariatsakt aufgenommen. Die ganze Umständlichkeit der bürokratischen Apparatur wurde beibehalten für die Disputation, und die dauerte siebzehn Tage.

Wenn es nach Eck gegangen wäre – er sagte das selber mit Stolz –, hätte sie auch sechs Wochen dauern können. Er hatte einen großen Vorrat von Sentenzen und Stellen aus den Dekretalen in seinem vorzüglichen Gedächtnis. Des Morgens ritt er zur Erfrischung auf einem Pferd aus, das ihm der Magistrat bereitwilligst stellte, begleitet von einem städtischen Reitknecht; mit der Reitpeitsche in der Hand trat er in den Saal, lässig und als großer Künstler im freien Disput wandelte er auf und ab und ließ die Kanzel mit dem Drachentöter hinter sich. Er machte sich lustig über den etwas klein geratenen Karlstadt, der ängstlich an seinem Pult und seinen Notizen klebte, unaufhörlich in seinen Büchern nachschlug, die er um sich her aufgebaut hatte, und ständig bedacht war, daß die Notare keines seiner Worte ausließen oder womöglich verfälschten. Dabei waren seine Thesen fast noch weiter ausgreifend als die Luthers; sie behandelten das unermeßliche Problem des freien oder unfreien Willens des Menschen. Das hatte die Kirche schon in der frühesten Zeit bis fast zur Spaltung aufgeregt. Der heilige Augustinus nur war es gewesen, der mit seiner gewaltigen altrömischen Sprache und seiner nicht weniger starken Überzeugungskraft, von Luther stets als Vorbild verehrt, den Erzketzer und Verführer ein für allemal niedergerungen hatte: Pelagius, dessen Name durch die ganze Kirchengeschichte fortlebt und der noch heute von der anglikanischen Kirche feierlich verdammt wird. Als pelagianische Ketzerei galt es, sich auf den freien Willen des Menschen zu berufen, als »semi-pelagianisch« schon, dem menschlichen Willen einige Mitwirkung bei der Erlangung des Heils einzuräumen. Zwei Jahrhunderte lang war, mit Augustinus beginnend, darüber gestritten worden; der Kampf ging weiter und ist keineswegs beendet, er wird sich stets erneuern. Kein Werk des weltbewegenden Mannes blieb erhalten, von dem man nur weiß, daß er von den britischen Inseln stammte und ein sehr bescheidenes, gottesfürchtiges Leben führte, vom römischen Bischof Innozenz I. verdammt, von dessen Nachfolger Zosimus begünstigt. Durch kaiserliche Verfügung verbannt und für vogelfrei erklärt, verschwand er aus Rom ins Dunkel. Seine Lehre, soweit sie sich ermitteln läßt, war klar und einfach, vielleicht sogar nüchtern, aber entsetzlich: Der Mensch ist mit der Kraft zum Guten geschaffen worden von Gott; die Sünde ist nicht vererbt, sondern von jedem einzelnen in freier Tat begangen. Adams Fall soll nur als ein Beispiel dienen, wirkt aber nicht in ewiger Folge für alle Menschen nach. Der Tod ist ein natürliches Ereignis, Christus, der ohne Sünde gelebt hat, sein Überwinder. Die Anfechtungen, denen der Mensch unterliegt, sind nur Hindernisse zur Vollkommenheit; sie können mit Christi Lehre und Beispiel überwunden werden. Wir kennen diese furchtbaren Thesen nur aus den Zitaten seiner Gegner, vor allem des Augustin. Weshalb aber die Empörung? Die entstehende Kirche konnte freien Willen des einzelnen, wenn auch zum frommen Ziel, nicht dulden. Das bloße Wort schon wirkte wie eine Aufforderung zum Ungehorsam und ist immer so verstanden worden. Auch Annäherung an die Lehren des Pelagius, als Semi-Pelagianismus bezeichnet, war bereits verdächtig und wurde unterdrückt. Erhalten blieb der Begriff der pelagianischen Häresie.

In einer der seltsamsten Umkehrungen war aber die Kirche dennoch zu Lehren gekommen, die mindestens dem »Semi-Pelagianismus« eine gewisse Stellung einräumten, wenn man auch leidenschaftlich sich dagegen verwahrt hätte, das so bezeichnet zu sehen. Empört und beleidigt protestierte Eck, daß Karlstadt ihm »pelagianische« Gedanken vorgeworfen habe. Karlstadt dürfte durchaus auf der richtigen Spur gewesen sein, obwohl er ungeschickt disputierte. Und in einer weiteren Drehung der Fronten war Luther es dann später, der den Kampf gegen die Lehre vom »freien Willen« als eine seiner Hauptaufgaben ansah; in seiner großen Abhandlung »Vom unfreien Willen« hat er seine Anschauung gegen Erasmus verteidigt.

Seiner Gnadenlehre widersprach es, daß der Mensch von sich aus auch nur das geringste zu seinem Heil beitragen könne, am wenigsten durch Erfüllung guter Werke. Er sah in Pelagius, wie Augustinus, den »vernünftigen« Menschen, der nicht auf Gott vertraut, sondern auf sich, seine eigne Einsicht. Und nun, hier in Leipzig, führte er seinen ersten großen Kampf gegen das Papsttum, das seiner, Martin Luthers, Einsicht keinen Platz zubilligen wollte, das für sich beanspruchte, als höchste und einzige Autorität zu gelten. Dagegen empörte sich sein »freier Wille«.

Wir haben Pelagius erwähnt, nicht nur weil er auch bei dieser Disputation hereingezogen wurde, sondern weil er ein großer, ja der erstaunlichste Fall der Verketzerung ist, den die Geistesgeschichte kennt, beispiellos schon darin, daß er sich nicht verteidigen kann gegen die Vorwürfe und Mißdeutungen aller Jahrhunderte: Es ist dafür gesorgt worden, daß seine Werke gänzlich verschwanden. Nur sein Name blieb sorgfältig erhalten, als der eines der ersten und gefährlichsten Ketzer. Und um die Frage, wieweit Luther ein Ketzer sei, ging es bei dem Leipziger Streitgespräch. Ihm das nachzuweisen, war Ecks Plan und Ehrgeiz; er hat ihn kühl, geschickt, überlegen durchgeführt. Eck ging als der Sieger bei dieser Disputation hervor, und nicht nur von den Leipzigern, die von vornherein seine Partei nahmen, wurde er als solcher gefeiert.

Schon taktisch war er sehr umsichtig vorgegangen, indem er Karlstadt an die Spitze stellte, den er mit Recht als den sehr viel schwächeren Gegner ansah; der wochenlange Disput mit dem schon physisch so viel kleineren Opponenten mußte die Zuhörer und Zuschauer ermüden. Es wurde nicht immer zugehört, und die Leipziger Theologieprofessoren schliefen zuweilen beruhigt ein. Der äußere Eindruck der Kämpen spielte bei solchen Veranstaltungen eine ganz erhebliche Rolle, und da war Eck, »unser Eck«, entschieden überlegen. Die Sache wäre noch wirkungsvoller vonstatten gegangen, wenn er Luther, wie er beabsichtigt hatte, ganz hätte ausschalten können. Auch so mußte Luther sich begnügen, sich mühsam den Weg zu bahnen zu dem Pult mit dem Bilde St. Martins. Er wurde als der berüchtigte Ketzer bei Schritt und Tritt belauert, beargwöhnt, kein Zug auch nur seiner Kleidung blieb unbeobachtet. Wenn er während der ganzen Woche, die Karlstadt sich abmühte, einen Gang durch die Stadt machte, so verbargen die Dominikaner schleunigst ihre heiligen Geräte mit dem Sakrament in die Sakristei, um sie vor dem nahen Pesthauch des Ketzers zu schützen. Die Abergläubischen wollten gesehen haben, daß Luther einen Zauberring am Finger trug, der zweifellos teuflische Kräfte verbarg, andere wollten seinen satanischen Helfer in einer Kapsel am Ring versteckt wissen. Aufsehen erregte es, als der Mönch es gegen alle Sitte wagte, mit einem kleinen Nelkenstrauß in der Hand auf das Katheder zu steigen und daran zu riechen. Das Sträußchen, das uns einer der liebenswürdigsten Züge bei der ganzen endlosen Affäre erscheinen will, wurde sofort zur Fabel: Es hieß, er sei mit einem ganzen Kranz auf dem Haupte frech durch die Stadt spaziert und so auch am Ende hinausgefahren; die Lokalpoeten bedichteten den unerhörten Vorfall:

Ich stund zu Leipzig einmal auf dem Markt,
Und wollt auf meinen schönen Buhlen wart,
Do kam der Münch dort hergelaufen mit einem Kranz
Ich gedacht: der Münch will jetzund zu dem Tanz.

Nicht das kleinste Versagen oder die geringste Unsicherheit wurde ausgelassen in dem Schwall von Briefen und Publikationen, die schon während der drei Wochen der Disputationen und gleich danach in die Lande gingen. Dreißig Zuhörer wollen mitgeschrieben haben, außer den offiziellen Notaren; die Memoranden und Berichte füllen eine kleine Bibliothek und wurden schon damals zum großen Teil gedruckt.

Wir beschränken uns auf den Hauptpunkt, den Eck im Auge hatte und der denn auch diesem Streit Wittenberg kontra Leipzig seine Bedeutung gab: Er wollte nachweisen, daß Luther nicht nur in der Ablaßfrage, sondern überhaupt seiner Grundhaltung nach ein Ketzer sei. Die Brutalität, mit der er vorging, stieß manche Teilnehmer ab; der junge Humanist Mosellanus, der als Professor der Poetik die Festrede gehalten hatte, beschrieb ihn als einen Mann, der hochgewachsen, stämmig sei, mit mächtigem Brustkasten und voller, »echt germanischer« Stimme, aber in seinem Gehaben doch eher einem Fleischer oder Landsknecht ähnlich als einem Theologen. Luther hingegen »ist nur mittelgroß, hager, von Sorgen und vielen Studien so ausgemergelt, daß man aus der Nähe alle Knochen im Leibe zählen kann. Aber er steht noch im frischen Mannesalter. Seine Stimme klingt hell und klar.«

Luther brauchte alle seine Zuversicht, denn Eck setzte ihm gefährlich zu. Mit sicherem Griff hatte er schon in seinem ersten Geplänkel die Frage der Autorität des Papstes herausgehoben. Er schnitt sie jetzt wieder an und brachte die Vorwürfe ins Spiel, daß Luthers Ansichten »böhmische Ketzerei« seien! Luther, schon sehr erregt, wies das zurück. Eck listig: »Ist der Herr Pater so gegen die Hussiten, wirklich? Warum schreibt er dann nicht gegen sie mit all seinen vorzüglichen Geistesgaben?« Luther, noch mehr gereizt, verbat sich solche Anmutungen. Es kochte in ihm, und gerade das hatte Eck beabsichtigt, der seinen Gegner kannte. Nach der Mittagspause fiel Luther Hals über Kopf in Ecks Falle. Besinnungslos fuhr er heraus: »Jawohl: Unter den Artikeln des Hus und der Hussiten sind sehr viele wahrhaft christliche und evangelische Sätze!« Noch unbesonnener: »Es sind Sätze darunter, die die Kirche gar nicht verdammen kann!« Der Saal geriet in wilde Auf-

14 Johann Hus auf dem Weg zum Scheiterhaufen

regung. Herzog Georg stemmte die Arme in die Seite und fuhr hoch von seinem Sessel: »Das walte die Sucht!« Die Sucht, die Pestilenz, die Ansteckung durch die Erzketzer, die sein Land Sachsen verheert hatten, vor denen die Gründer seiner Universität Leipzig hatten fliehen müssen aus Prag! Er war noch persönlich besonders empfindlich und mit schlechtem Gewissen beladen: Seine Mutter war eine Tochter des böhmischen Ketzerkönigs Georg Podiebrad gewesen, von dem er auch seinen Namen führte, und daß man ihm deshalb geheime Sympathien für das Ketzerland nachsagen könnte, hatte ihn gerade zu möglichst scharfer und schroffer Haltung in seiner ohnehin schroffen Natur befestigt. Das alles schien nun ins Wanken zu geraten. Aufruhr, Rebellion, das bedeutete das Wort Hussit; Aufruhr gegen die Kirche und den Staat. Eck ließ nicht los und manövrierte umsichtig weiter: Die Kirche verdammt nicht, wie? Das Konzil zu Konstanz hatte doch Hus ausdrücklich verurteilt mitsamt seinen Artikeln! Leugnet Pater Luther etwa die Autorität des heiligen Konzils? Luther wurde unsicher: Er habe nichts gegen das Konzil von Konstanz gesagt. Nein, meinte Eck? Das werde er ihm noch nachweisen: Auf alle Fälle sei er ein Patron, ein Beschützer der hussitischen Lehren. Lügen! protestierte Luther, noch verwirrter. Er konnte im Grunde nicht protestieren; was Eck sagte, war hinterhältig vorgebracht, aber es stimmte. Der Tag endete in Aufregung und Tumult. Und dies war Ecks stärkster Erfolg, der lange nachwirkte. Das Wort »böhmischer Ketzer, Hussit!« blieb an Luther wie eine Klette hängen, er konnte es nicht mehr abschütteln, es wurde als Beweis für die Gefährlichkeit seiner Ansichten unablässig wiederholt und galt noch auf dem Reichstag zu Worms als ein Hauptargument für seine Verurteilung.

Dabei wußte Luther ebensowenig etwas Genaueres über Hus und die Hussiten wie Eck. Beide kannten sie nur die Verurteilungen des Konzils, die »Sentenzen« und Artikel, die dort verdammt worden waren. Für Eck war die Sache klar: Die Kirche hatte gesprochen, auf die Einzelheiten kam es nicht an; Luther hatte unter den verdammten Artikeln Sätze gefunden, die mit seinen noch gar nicht fest formulierten Anschauungen übereinstimmten. Es war noch immer ein mittelalterlicher Sentenzenstreit, es ging um einzelne Sätze, Punkte, Striche. Und wie im Falle des Pelagius erwies sich die möglichst unbestimmte Anklage »Ketzerei« als die wirksamste. Es war unbeträchtlich, daß »die Hussiten« keine Einheit gewesen waren, sondern sich sehr bald in zwei erbittert verfeindete Richtungen gespalten hatten, die radikalen Taboriten und die mehr »gemäßigten«, die sich nach der Lehre von der Gewährung des Abendmahls in beiderlei Gestalt, durch Brot und Wein, die Utraquisten nannten. Unbeträchtlich, daß die Utraquisten die Taboriten blutig geschlagen hatten in selbstmörderischer Schlacht, der verhängnisvollsten in der ganzen Geschichte des Landes. Weder Luther noch Eck hatten eine Ahnung von tschechischer Geschichte oder von Geschichte überhaupt. Herzog Georg wußte davon etwas mehr, und gerade das bestärkte ihn in seiner Abneigung gegen den Mönch, der da Dinge aufrührte, die begraben sein sollten. Seine fromme Mutter hatte ihn immer angehalten zu beten, rechtgläubig zu beten; sie hatte Angst und war stolz zugleich. Stolz, denn ihr Vater war ein mächtiger König gewesen und hatte sogar daran gedacht, die deutsche Krone zu erringen neben der böhmischen, von seinen tschechischen Adligen ihm verliehen als Dank für seinen Sieg über das radikale Pack der Taboriten; Angst, denn er war noch immer ein Ketzer geblieben und nahm den Kelch, den die Kirche verbot, und bekannte sich nur insgeheim, da seine Untertanen davon nichts wissen durften, zur alten Kirche. In dieser Unehrlichkeit war sie groß geworden, in der Atmosphäre eines unehrlichen Friedens der Kirche mit dem Volke ihrer Herkunft, denn auch die Kirche hatte nur mit geheimen Vorbehalten ihren Pakt mit Böhmen abgeschlossen und dem Lande eine Sonderstellung eingeräumt, wie sie kein anderes besaß, mit widerwilliger Gewährung der beiden Sakramente. So war Georg aufgewachsen. So war Böhmen geblieben, als »Ansteckungsherd«, von dem immer wieder einmal die furchtbarsten Gefahren ausgehen konnten, uralte Gefahren, zurückgehend bis auf die Waldenser, die Pikarden, *das* Ketzerland Europas, das mit seinen unkirchlichen Lehren auch die gottgewollte soziale und politische Ordnung der Welt bedrohte.

Georg war in der Tat erschrocken, und da er ein Mann der Ordnung sein wollte, ließ er durch seine Kommissare als Verhandlungsleiter verbieten, die heikle Frage weiter zu behandeln. Es genügte, daß Eck so ausführlich zu Wort gekommen war. Im übrigen sollten persönliche Vorwürfe unterbleiben.

Luther war weiterhin aufgeregt, aber er blieb nun ganz folgerichtig bei der Sache und kam zu dem entscheidenden Punkt, für den er sich vorbereitet hatte: Wie steht es um den Primat des Papstes? Ist er durch göttliches Recht eingesetzt oder nur durch menschliches? Das war die »zweite Position« in seinem Vorgehen, der Ablaß war die erste gewesen und eigentlich nur untergeordnet und abhängig. Der Papst erließ ihn. Woher aber hatte er die Autorität dafür? Woher stammte überhaupt die alles überragende Stellung, die er beanspruchte? War sie in der Bibel begründet oder erst im Laufe der Jahrhunderte durch »Menschenwerk« geschaffen worden? In welchen Jahrhunderten? Luther stieß nun mit großer Gewalt vor gegen einen Felsen, an den noch kaum jemand gerührt hatte. Die Lehre vom »Felsen«, auf den die Kirche gegründet sei, war so gut wie unangetastet geblieben, sie stand »felsenfest«, und es erschien ungeheuerlich, daß der Mönch sie zu bestreiten wagte. Um Schriftworte ging es dabei, die Kirche berief sich auf die Stelle der Bibel, in der Christus zu seinem Jünger sagt: Du bist Petrus, und auf diesen Felsen will ich bauen meine Kirche. Petrus war damit der erwählte oberste Apostel; er kam nach Rom, von ihm stammten die Päpste ab in ununterbrochener Reihenfolge; durch Christus war das Papsttum eingesetzt und somit als einzige Autorität ganz unmittelbar und unzweifelhaft »von Gottes Gnaden«. Eine Auslegung oder Deutung von Schriftstellen konnte nur erfolgen, wenn der Papst sie guthieß. Anerkannt waren nur die Ansichten der Kirchenväter der frühen Jahrhunderte, die als Heilige galten. Wenn jetzt ein einzelner kam, ein »Neuerer«, und sich nach seinem Gutdünken auf seine Auffassung dieser Bibelstelle stützen wollte, war er ein Ketzer. So ging Eck denn auch vor: Cyprianus, rief er, Origines, Augustinus, Hilarius, Chrysostomus und noch viele mehr, das achte Konzil, das Konzil zu Chalzedon! Sie alle haben gesprochen, »den Heiligen will ich mehr glauben als einem jungen Doktor«. Petrus ist der Fels, der Papst sein Vikar. Luther steht auf dem Standpunkt, »daß man aller Lehrer Schriften, wie heilig, wie gelehrt sie sind, soll vor probieren und nach dem Text der Bibel richten, wie denn auch Christus, Paulus, Johannes uns geboten haben«.

Es war kein bloßer Streit um Worte – obwohl auch das – und von beiden Seiten mit unvollkommenen Mitteln. Luthers Griechisch war noch viel zu schwach, als daß er hätte erkennen können, was im Bibeltext mit »Felsen« gemeint war, eine wörtliche Anspielung auf den Namen, Petrus heißt Stein, Felsen; Eck ging auf solche Dinge überhaupt nicht ein. Luther deutete nach Augustin den Felsen auf Christus, und Eck wagte das nicht einmal zu bestreiten als allzu gefährlich, er behauptete lediglich, der Felsen sei »Petrus auch«, und was der Mißverständnisse und Auseinandersetzungen mehr sind. Unmißverständlich aber standen sich zwei Grundanschauungen gegenüber: der Einzelne und die Autorität. Darin ist dieses ermüdende Leipziger Gespräch ein Paradigma für Konflikte, die sich immer wieder erneuern.

Luther blieb nicht bei der Wortauslegung stehen. Er bestritt, daß Petrus der Oberste der Apostel gewesen sei. Damit entfielen für ihn die Ansprüche der Nachfolger, es entfiel der Anspruch, daß das Papsttum »göttlichen Rechtes« sei, der Papst sei ein Mensch, »und vor Gott gilt gleich Herr, Knecht, Groß, Klein, Arm, Reich«, wie von Paulus ausdrücklich gesagt, auch in bezug auf die Apostel. Wenn Eck sich auf das göttliche Recht des Papstes berufe, so bezieht er sich auf das Konzil zu Konstanz, aber auch das ist Menschenrecht, nicht göttliches. Er führt gegen die These vom göttlichen Recht an, daß die griechische Kirche seit 1400 Jahren den Papst nicht anerkannt habe. Sollten alle griechischen Christen verdammt sein, auch die allgemein verehrten heiligen Väter Basilius der Große, Gregor von Nazianz und so viele andere? Luther zitiert das Konzil von Nizäa als das heiligste von allen, das erst die Grundlagen des Bekenntnisses geschaffen habe: Solle auch das als ketzerisch verdammt werden, weil es vom Primat des römischen Papstes nichts gewußt habe?

Er hatte, wieder nur mit dem Instinkt, eine brennende Frage der Zeit angeschnitten und ein historisches Problem, das bis heute die Gemüter erhitzt hat: Wie stand es mit der größten aller Spaltungen der Christenheit? Ließ sie sich heilen, wie verschiedentlich versucht worden war, oder mußte sie ständig fortbestehen? Wann war der Bruch überhaupt eingetreten? Es wird darüber noch immer gestritten, und noch bitterer über die kaum lösbare Frage, welche Stellung denn der Bischof von Rom eingenommen habe in den früheren Jahrhunderten und von wann ab er als »Papst« im späteren Sinne angesehen werden kann. Darüber konnte Luther sich zu seiner Zeit nur höchst ungenügend informieren; ihm stand kaum mehr zur Verfügung als die Papstgeschichte des päpstlichen Bibliothekars Platina aus der Mitte des vorigen Jahrhunderts, der zwar in der riesigen Vaticana viel Material gefunden, aber es reichlich flüchtig bearbeitet hatte. Platina war ein ehrgeiziger und gewandter Humanist, kein Historiker, und übrigens im engeren Kreise berühmt als Feinschmecker; neben seiner Papstgeschichte, die in allen Ländern nachgedruckt wurde, verfaßte er ein ebenso berühmtes Kochbuch, das in Deutschland unter dem verführerischen Titel »Von der erlaubten Wollust des Leibes als Essen, Trinken und allerlei Kurzweil« seine Leser fand.

Noch weiter stieß er vor: Nicht nur die Autorität des Papstes war fragwürdig als »göttlichen Rechtes«, auch die Konzilien seien Irrtümern unterworfen. Sie hatten geirrt, sich gegenseitig widerlegt; die Beschlüsse der beiden letzten großen Kirchenversammlungen in Konstanz – die Eck gerade gegen ihn angeführt hatte – und in Basel waren vom Papst in wesentlichen Punkten bestritten worden. Luther, so rein theologisch-kirchlich die ganze Disputation anmutet, war bereits dabei, die gesamte Hierarchie der Kirche in Frage zu stellen. Eck verteidigte sie. Es war noch ein Streit von zwei Doktoren und zwei Universitäten. Er enthielt die Keime zu einem Weltkonflikt.

Fast drei Wochen hatte sich die Sache hingezogen. Es ging nicht immer gesittet zu. Es wurde gehöhnt, gebrüllt, auch Luther wurde grob, und Mosellanus, der ihn sonst lobt in seinem Augenzeugenbericht wegen seiner erstaunlichen Bibelkenntnis und seines Wissens, fand ihn zu »bissig« und einen Mann, »der eigne Wege geht«, seine Ansichten zu »riskant« für einen Theologen, der bescheidener auftreten müsse. Immerhin bemühte man sich, die Formen zu wahren und sich mit den gebührenden Titeln anzureden.

Die Veranstaltung wurde beendet, als fürstlicher Besuch aus Brandenburg herannahte, der Herzog Georg noch wichtiger war als das Turnier der Doktoren. Die Wittenberger fuhren zurück, Luther keineswegs sehr befriedigt von dem Ergebnis; die Studenten hatten sich schon vorher auf die Heimreise gemacht, nach vielen Karambolagen mit den Leipziger Kommilitonen; drei Wochen Aufenthalt in einer anderen und beträchtlich teureren Stadt waren den meisten armen Scholaren zu viel geworden. Eck blieb als Sieger am Platz und ließ sich feiern; Herzog Georg sandte ihm einen fetten Hirsch, der Rat den Ehrenwein. Das Protokoll ging an die Universitäten Erfurt und Paris zum Urteil. Erfurt lehnte ein Gutachten über so bedeutende Wissenschaftler ab. Die Sorbonne verlangte ein Honorar von 30 Goldkronen für jedes Mitglied ihrer vierundzwanzigköpfigen Kommission, und damit entfiel die Angelegenheit; Herzog Georg gedachte so viel dafür nicht anzulegen.

Memoranden gingen hin und her, Karlstadt und Luther verantworteten sich vor ihrem Kurfürsten, Eck suchte Friedrich durch einen scharfen Bericht über seinen Doktor Luther aufzuhetzen: Er müsse eingreifen, »ehe das Ungeziefer überhand nehme«. In Ingolstadt wieder eingetroffen wurde er von seiner Universität weiter gefeiert und beschenkt. Er setzte sich nicht zur Ruhe. In Leipzig hatte er schon mit dem Brandenburger gesprochen, und es war ihm leicht geworden, den Hohenzollern gegen Wittenberg und den Wettiner Friedrich zu beeinflussen; Eck schrieb nach Köln an den Ketzermeister von Hochstraten, er verfaßte Flugschriften, er war unermüdlich.

Wie um seinen Verdacht zu bestätigen, schrieben nun zwei Geistliche aus Prag an Luther. Die Briefe waren erbrochen worden und mußten auch Herzog Georg in seinen Ansichten befestigen, daß von Böhmen her Ansteckung zu befürchten sei. Sie wurden sogleich vom Hofkaplan Georg Emser, einem neuen Luthergegner, benutzt, gingen aber doch weiter und kamen in Luthers Hände. Die beiden Tschechen versichern Luther, er werde viel gelesen in Prag, er sei nicht ohne Freunde in den Anfechtungen seiner vielen Feinde, und sie schicken ihm als kostbare Gabe die Schrift »Über die Kirche« von Hus, »dem Apostel der Böhmen, damit Du daraus erkennst, was für ein Mann er war«, und zwar aus seinen eignen Worten, nicht dem allgemeinen Gerede oder den Verurteilungen des Konzils zu Konstanz. Luther war mißtrauisch und vermutete eine neue Falle Ecks; er ließ die Schrift einige Wochen liegen. Als er sie aber dann las, war er überwältigt und schrieb an seinen Freund Spalatin, offenbar sei er schon lange auf gleichem Wege gewesen wie der Böhme: »Wir alle sind Hussiten, ohne es zu wissen, und schließlich auch Paulus und Augustin. Ich weiß vor Erstaunen nicht, was ich denken soll, wenn ich das schreckliche Gericht Gottes an den Menschen betrachte: Da wurde das ganz klare und wahre Evangelium schon vor hundert Jahren öffentlich verbrannt, es wird auch heute verdammt, und niemand darf sich zu ihm bekennen.«

Die Redegefechte waren nicht nach seinem Sinn gewesen; er hatte dabei auch nicht besonders gut abgeschnitten; das ganze akademische Disputierwesen schien ihm überholt. An der Flut von Broschüren und Flugschriften, die auf Leipzig folgte, konnte er kaum rechte Freude haben, selbst wenn man ihn weithin lobte oder von weither angriff, grob, giftig, feinsinnig stichelnd. Er wollte jetzt vor ein ganz anderes Publikum treten. Bei den Verhandlungen über das Protokoll hatte er schon – vergeblich – gewünscht, daß nicht die theologischen Fakultäten urteilen sollten, sondern die »ganzen Universitäten«. Deutlich hatte er das Herzog Georg vorgelegt: »Daß von Gottes Gnaden durch Mehrung viel guter Bücher die *Jungen Leute* besser geschickt sein als die alten«, auch daß »alles was da gleißt und scheint, *in allen Ständen* verdächtig ist«. An die jungen Leute, nicht die alten Theologen, wollte er sich jetzt wenden, und an »alle Stände«. Es begann die größte und folgenreichste Epoche seines Lebens. Er schrieb und publizierte.

1 Martin Luthers Geburtshaus in Eisleben

2 Die Lutherstube auf der Wartburg

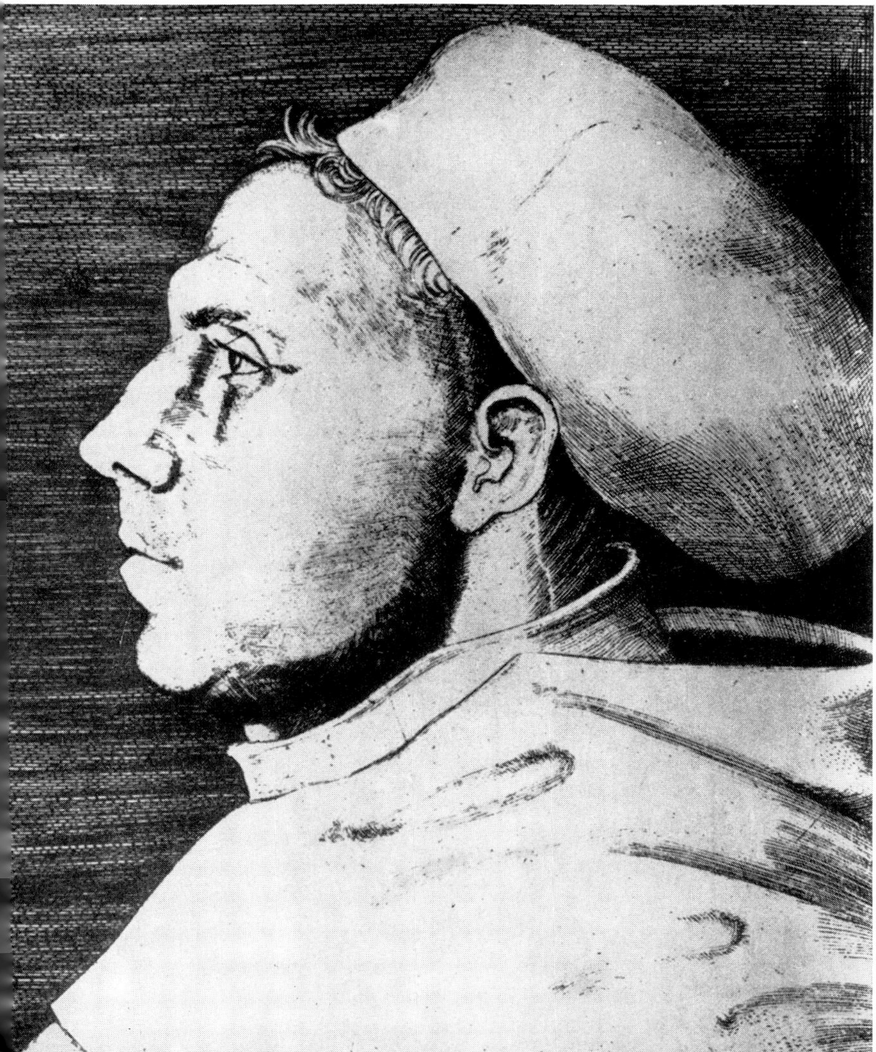

3 Martin Luther im Jahre 1521

4 »Die triumphierende Kirche«: Thomas von Aquino widerlegt die Ketzer

5 Papst Leo X.

6 Papst Klemens VII.

7 Der Vater:
Hans Luther, 1527

8 Die Mutter:
Margarethe Luther, 1527

9 Katharina von Bora, um 1526

10 Martin Luther im Kreis der Reformatoren

11 Luther bei der Predigt

12 Martin Luther im Jahre 1529

13 Kardinal Albrecht von Brandenburg vor dem Gekreuzigten kniend

14 Martin Luther, um 1533

15 Die Versuchung des Heiligen Antonius

16 Kaiser Karl V. im Jahre 1556

17 Der siebenköpfige Martin Luther

18 Luther auf dem Totenbett

Drei große Schriften

Luther schrieb immer rasch, mit einer feinen, zarten Handschrift, die gar nichts Klobig-Wuchtiges hatte, auch wenn er mit den gröbsten Blöcken um sich warf. Seine Arbeitskraft ist auch von seinen Feinden bewundert worden; in seiner ersten Kampfzeit schon hat er zwanzig, dreißig Publikationen im Jahr in die Welt geschleudert – meist kleine Hefte – aber auch diese wurden noch mitten im Druck erweitert, verbessert oder verschlechtert; Bogen mußten umgesetzt oder ausgetauscht werden, Zusätze wurden angefügt; zuweilen hat er drei Drucker zu gleicher Zeit in Atem gehalten. Die Lehrbuben mit den Fahnen warteten vor seiner Tür, liefen hurtig davon und kamen am nächsten Tage wieder. All dies vollbrachte Luther allein, in seinem kleinen Stübchen über dem Verbindungsgang zwischen Kloster und Brauhaus, ohne Sekretär und sonstige Hilfe. In Wittenberg entstand eine ganze Druckindustrie, nach damaligen Begriffen, und die Drucker-Verleger wurden reich. Luther bekam kein Honorar. Nachgedruckt, oft in zehn oder mehr Ausgaben, wurde das meiste außerhalb Wittenbergs, und ein weites Netz von Druckorten und literarischen Stützpunkten spannte sich aus, vor allem in Süddeutschland. Die mächtigen Reichsstädte waren die Verlagsburgen, aber auch winzige abgelegene Orte besaßen ihre Pressen und konnten eingreifen, wenn die Zensur der Magistrate in den großen Städten lästig wurde. Basel wurde zur Hochburg; da saßen die großen Druckherren und Verleger, die berühmte Humanisten als Korrektoren und Lektoren beschäftigten. Da erschienen die ersten epochemachenden Ausgaben der Bibel und des Neuen Testamentes im Urtext, die Kirchenväter in riesigen Bänden, die antiken Klassiker, die Werke des Erasmus. Die besten Künstler, Holbein und andere, zeichneten den Buchschmuck, und es wurde in alle Länder exportiert. In Basel erschien schon 1519 eine Gesamtausgabe der bis dahin veröffentlichten Schriften Luthers, mit dem Vorwort eines jungen Humanisten Capito, der ausrief – vom Hofe Albrechts von Mainz her, wo er wie Hutten noch eine Zeitlang leben konnte –, daß jetzt das Gewissen des Laien aufgewacht sei: es wehre sich gegen die Vormundschaft der Fachtheologen. Der Verleger Froben schrieb an Luther sachlicher: Allein nach Frankreich und Spanien seien 600 Exemplare versandt, »in Paris werden sie gekauft, an der Sorbonne mit Beifall gelesen«, ein anderer Posten sei nach Italien gegangen, nach den Niederlanden und England weitere, »ich habe nur noch zehn Exemplare auf Lager. Noch nie habe ich mit einem Buche so viel Glück gehabt.«

Alles von Luther ist gedruckt worden, was ihm nur in die Feder kam, auch die flüchtigste und belangloseste Streitschrift; jeder »Zeddel«, wie er die plakatartigen Ankündigungen nannte. Um seine Werke erhob sich ein Gestöber von Streitschriften, Pamphleten, Thesen, Gegenthesen, gewichtigen Widerlegungen und Verteidigungen. Die Klage, daß die Papierflut ins Unermeßliche wachse, ist in jedem Jahrhundert angestimmt worden; die Reformationszeit hat mit der Überschwemmung begonnen. Mit Mühe nur watet man durch diese Flut, die viel Schlamm enthält. Da wird entsetzlich gepöbelt und verleumdet, mit meist sehr stumpfen Federspitzen gestichelt. Das Spiel mit den Namen der Gegner ist ein Hauptvergnügen; die beliebten Vorwürfe der Trunksucht oder des liederlichen Lebenswandels feiern Triumphe, und dem Feinde einen grammatischen Schnitzer nachzuweisen ist ein Sieg, den man schmatzend genießt. Luther hat weidlich an diesem Treiben teilgenommen, und wenn es um Grobheit ging, so war er allen anderen überlegen. Mit der philologischen Silbenstecherei hat er sich jedoch kaum jemals abgegeben. Auch er kämpft um Worte und Auslegungen; es geht ihm dabei immer um »*das* Wort«, das für ihn entscheidende. Seine Kampflust bricht freilich häufig durch, und er hat sein Behagen daran: »Ein guter starker Zorn erfrischt das Geblüt«, meinte er, und seine zornigsten Hefte feuerte er sogleich in die Druckerei, ohne sie auch nur noch einmal durchzulesen.

Luthers Sprachgewalt ist ohne Vergleich und kaum je wieder erreicht worden. Woher er diesen Reichtum bezog, läßt sich schwer begreifen; ein Mönch mit strikt lateinischem Wortschatz war er fünfzehn Jahre lang gewesen. Lateinisch schrieb er auch weiterhin, wenn er sich an die Gelehrtenwelt und das Ausland wandte. Er versteht sich ebenso gut auf den Humanistenbrief mit viel Schmeichelei und Werben um Bundesgenossenschaft wie auf die derbe Abfertigung eines untergeordneten Gegners. Aber erst im Deutschen, das er auf seinen Wanderungen von der Landstraße aufgehascht haben mochte, entfaltete er alle seine Kräfte. Man sprach kräftig damals; er konnte aus einer Vielfalt schöpfen, die für jedes Ding ein Dutzend Bezeichnungen kannte, für jedes Handwerk eine eigne, reich gegliederte Berufssprache. Die theologische Diskussion vollzog sich in Sentenzen, die Aussprache unter Laien in Sprichwörtern, und Luther hatte seinen Vorrat davon. »Hier ist Vieh und Stall, sprach der Teufel und trieb seiner Mutter eine Fliegen in den Hintern« – lautete eine der noch dezenteren Wendungen. Es war jedoch nicht nur der Wortreichtum, sondern vor allem der Tonfall, der Rhythmus seiner Sprache, der sie so eindringlich machte, und da bewährte sich seine musikalische Begabung. Für den heutigen Leser geht viel von diesem Tonfall verloren, denn nichts ist so starken Veränderungen unterworfen wie das Gehör für das Zeitmaß. Die Musik der Lutherzeit erscheint uns, auch in Liebesliedern und kecken Reitergesängen, »getragen«, fast choralhaft, in schweren halben oder ganzen Noten geschrieben. Das gleiche gilt für die Sätze; wir haben auch kaum noch Geduld und Verständnis für den Wortschwall mit dutzendfachen Wiederholungen und Worthäufungen oder den Predigtstil, den Luther oft verwendet. Ganz anders wirkte das damals: wuchtiger, hinreißender, schlagender. Wir müssen es uns, musikalisch gesprochen, erst transponieren in ein Allegro, Presto oder »Furioso«, um den Eindruck zu verstehen, den es damals machte.

Aber Luther kennt auch, darin allen seinen Zeitgenossen weit überlegen, die ganz kurze, zupackende Zeile: »Wohlan, wollen sie nicht, so müssen sie!« Er hat die bildkräftigen Worte zur Hand, die Verben, die mit Aktion geladen sind; er spielt mit Lautmalerei, er spielt überhaupt gern mit den Worten, verliebt in sein Instrument. Er präludiert ganz bewußt und nennt sogar seine entscheidende Kampfschrift über die »babylonische Gefangenschaft der Kirche«, die erst den endgültigen Bruch mit Rom bedeutete, ein »Praeludium«; er sagt selber, er werde demnächst noch ein »anderes Liedlein« anstimmen in noch höherem Ton, als handele es sich um nichts anderes als ein munteres Wettsingen. Er scherzt mit grimmigem Humor, oft sehr gelassen und überlegen und zuweilen mit Selbstironie. Dann freilich wieder fährt er maßlos aus mit jenen rabiaten Ausbrüchen, die dem zarten Erasmus, und nicht nur ihm, unerträglich schienen. Da kennt er keine Grenzen, und sein Furor, den man schon damals als furor teutonicus empfand, treibt ihn zu den gefährlichsten Formulierungen, die mißverstanden werden mußten und von denen auch schwer zu sagen ist, ob sie nicht wirklich als Aufforderung zum Totschlag gemeint waren. »Wenn wir die Diebe mit dem Galgen, die Räuber mit dem Schwert, die Ketzer mit dem Feuer strafen, warum wenden wir uns dann nicht mit Waffengewalt auch gegen diese Lehrer des Unrechts, die Kardinäle, Päpste und das ganze römische Sodom, das die Kirche Gottes unablässig verwüstet, und waschen unsere Hände in ihrem Blute?« Vergeblich hat er dann protestiert, daß dies keine Mordaufforderung sein sollte; vergeblich berief er sich auf seine Bibel, in der David im 58. Psalm mit fast gleichen Worten seine Verse gegen die Gottlosen geschleudert hatte, die Zauberer und Lügner. Nicht jeder hatte die Psalmen so gegenwärtig wie er, und übrigens war es auch nicht ausgemacht, wieweit die Worte des Psalmisten nur in »übertragenem Sinne« zu verstehen sein sollten. Solche Sätze haben furchtbar gewirkt; sie sind Luther nachgefolgt wie blutige Schatten.

Ausgerüstet mit dieser Sprachmacht, begann Luther nun, das Papsttum zu stürzen. Es ist ein einzigartiger Vorgang, denn er hatte sonst keine Macht hinter sich, und vor ihm lag nur das sehr verworrene Deutschland, aus dem ihm von da und dort Zurufe kamen – oft von Leuten, denen er mißtraute. Nicht einmal auf seinen Kurfürsten konnte er sich verlassen, und es war noch keineswegs sicher, ob seines Bleibens in Wittenberg sein würde. Der Bann war unterwegs, und er konnte auch den Kurfürsten treffen, das ganze Land, das ohnehin nur das halbe Sachsen darstellte; die andere Hälfte unter Herzog Georg war Luther bereits feindlich und wurde mit jeder Woche feindseliger. Er verfügte weder über eine Partei noch eine festgefügte Parteilehre oder überhaupt ein sicheres Programm, wie dieser Umsturz einer seit Jahrhunderten etablierten Weltordnung zu bewerkstelligen wäre. Und am allerwenigsten wußte er genauer, was dann an die Stelle der Ordnung, die er angriff, gesetzt werden sollte. Er hatte nur seine Bibel und die Überzeugung, daß sie ihm sagte, was zu tun wäre. Gott hatte ihn berufen; Er würde es wohl machen, wenn das Sein Wille wäre, oder ihn fallen lassen, wenn Er es anders beschlossen haben sollte.

Das Erstaunlichste aber ist vielleicht die Stimmung und Haltung, in der das »armselige Brüderlein«, der »vermessene Mönch«, ans Werk ging: Fröhlich begann er die Institutionen abzutragen, die wie »Felsen« gestanden und den größten und mächtigsten Herrschern Widerpart geleistet hatten. Seine Kampfschriften sind zu historischen Dokumenten geworden und haben in der Tat die Welt verändert; so lesen wir sie jetzt. Er schrieb sie rasch, für den Augenblick, und scherzte dabei auch, jedenfalls zum Eingang, als sei es nur ein Stimmen der Saiten seiner Laute. »Von des christlichen Standes Besserung« nannte er die erste der drei Schriften und richtete sie »an den christlichen Adel deutscher Nation«. Darunter verstand er nicht so sehr die Ritter, die ihm durch Hutten und andere Adlige Hilfe und Schutz angeboten hatten, sondern die Fürsten und den Kaiser, das »edle junge Blut«. Die Laien sollten jetzt angesprochen werden und die Sache in die Hand nehmen, nachdem er sich vergeblich an die Theologen und kirchlichen Instanzen gewandt hatte; »denn der geistliche Stand, dem es billiger gebührte, ist ganz unachtsam geworden«. Er macht die bescheidensten Vorbehalte: er wisse sehr gut, daß es vermessen erscheine, wenn ein verachteter und armer Mönch, der eigentlich der Welt entsagt habe, so hohe und große Stände anrede »als wäre sonst niemand in der Welt als Doktor Luther, der sich des christlichen Standes annähme«. Soll ihn tadeln, wer da will: »Ich bin vielleicht meinem Gott und der Welt eine Torheit schuldig, die hab ich mir jetzt vorgenommen.« Und noch gelassener, wie mit richtiger Voraussicht dessen, was er zu erwarten hat, meint er, man solle ihn bei den »mäßig Verständigen« entschuldigen – »denn der Überhochverständigen Gunst und Gnade weiß mich nicht zu verdienen, welche ich so oft mit großer Mühe versucht, nun hinfort auch nicht mehr haben noch achten will. Gott helfe uns, daß wir nicht unser, sondern allein seine Ehre suchen, Amen.« Und in der Mitte seiner Broschüre, ehe er daran geht, seine Reformvorschläge zu entwickeln, wiederholt er noch einmal: »So will ich doch das Narrenspiel hinaussingen und sagen, soviel mein Verstand vermag, was wohl geschehen möchte und sollte von weltlicher Gewalt oder allgemeinem Konzil.« Man kann wohl fragen, ob je »in solcher Laun'« ein Revolutionär seine Aufgabe angefaßt hat.

Zum Teil ist das die übliche Demutsformel des Mönchsstils, die Luther auch sonst bis dahin in seinen Schreiben benutzt hatte, aber sie wird doch sogleich in den neuen und unverkennbaren Luther-Ton verwandelt. Der wurde eben von den »mäßig Verständigen« begriffen; die »Überhochverständigen« blieben jedoch beiseite. Mit jäher Wendung aber ändert Luther die sanfte Weise: »Nun helf uns Gott und geb uns der Posaunen eine«, mit denen schon die Mauern von Jericho niedergeworfen wurden. Drei Mauern hat das Papsttum um sich gezogen. Es sind nur stroherne und papierne Mauern. Er wird sie umblasen.

Die erste Mauer: der »erfundene« Unterschied zwischen geistlichem und weltlichen Stand – hier Papst, Priester, Klostervolk, dort Fürsten, Herren, Handwerker und Ackersleute. Niemand soll sich durch solche Unterscheidung »einschüchtern« lassen: denn »alle Christen sind wahrhaftig geistlichen Standes und ist unter ihnen kein Unterschied«. So sagt Paulus. Wir sind »allesamt ein Körper«, nur hat jedes Glied sein eigenes Werk, damit es den andern dient. Der Geistliche hat nur auch ein Werk, sein »Amt«. Durch die Taufe sind wir alle geistlich und zum Priestertum berufen und geweiht. »Denn was aus der Taufe gekrochen ist, das mag sich rühmen, daß es schon Priester, Bischof und Papst geweiht sei, obwohl nicht einem jeden ziemt, solch Amt zu üben.« Der Priester ist ein »Amtmann«, solange er sein Amt verwaltet. Wenn er abgesetzt wird, ist er ein Bauer oder Bürger wie die andern. Der unzerstörbare Charakter, der Character indelebilis des Priesters ist erdichtet und erfunden. Auch »ein Schuster, ein Schmied, ein Bauer, ein jeglicher seines Handwerks hat sein Amt und Werk« und soll in diesem den andern dienen. Daraus setzt sich das Gemeinwesen zusammen wie die Glieder eines Körpers. Damit fällt die erste papierne Mauer.

Die zweite Mauer ist die These, daß nur der Papst im Glauben nicht irren kann, »er sei böse oder fromm«; nur er darf die Schrift auslegen. In der Bibel steht das nicht. Da steht vielmehr: »Wir haben alle einen Geist des Glaubens.« So sollen wir »mutig und frei werden und den Geist der Freiheit (wie Paulus ihn nennt) nicht mit erdichteten Worten der Päpste abschrecken lassen, sondern frisch hindurch: alles, was sie tun oder lassen, nach unserm gläubigen Verstand der Schrift richten und sie zwingen, zu folgen dem besseren und nicht ihrem eignen Verstand«.

Frisch hindurch auch durch die dritte Mauer, die das Papsttum aufgerichtet hat: nur der Papst sei befugt, ein Konzil zu berufen. Auch dafür ist in der Bibel nichts zu finden. Und wäre das nicht unnatürlich, so ein Feuer ausbräche »und jeder sollte stille stehen und lassen für und für brennen, was da brennen mag, allein darum, daß sie nicht die Macht des Bürgermeisters hätten oder das Feuer vielleicht an des Bürgermeisters Haus anhöbe«? Ist nicht jeder Bürger »schuldig, die andern zu bewegen und berufen«? Wieviel mehr gilt das für die geistliche Stadt, wenn ein Feuer des Ärgernisses sich erhebt. Die Kirche hat nur Gewalt zu bessern; wenn ein Papst diese Gewalt benutzt, um ein Konzil zu verhindern, das die Besserung der Kirche zum Ziel hat, so soll man das nicht achten noch sein Bannen und Donnern fürchten.

Die drei Mauern sind weggeräumt mit zehn Seiten dieser Broschüre. Luther hat, wenn wir seine Sätze in unsere Sprache und Terminologie übersetzen, den Menschen mündig gesprochen und verantwortlich gemacht. Das hat weitergewirkt über das Religiöse hinaus, das ihm allein wichtig war. Es hat auch unendliche Wirren verursacht und furchtbaren Streit, für den einzelnen, den er so aufbot, schwerste Konflikte, Gewissensqualen, geistige Nöte. Aber die Entwicklung ist ihm für einige Jahrhunderte, die wir die Neuzeit nennen, wieder unter schweren Kämpfen gefolgt. Die neueste Zeit, in der wir leben, ringt noch weiter und hat den einzelnen zurückgerufen in großen Teilen der Welt und unter verbindliche Lehren der Autorität gestellt, mit neualten Formen des Bannes, der Strafen und der Ketzerprozesse. Sie hat, zuweilen ganz buchstäblich, ihre eignen Mauern aufgestellt. Und auch in der sogenannten »freien Welt« ist das Individuum zunehmend dem Zwang der Massenbewegungen unterworfen und kann nur noch im »stillen Kämmerlein« sich aussprechen mit seinem Gott oder im unverbindlichen Narrenkostüm eine satirische Pritsche schwingen. Man kann Luther für diese Entwicklung verantwortlich machen, und er hat seinen Teil daran. Aber er war der Sprecher, die Stimme seines Jahrhunderts, und das erst brachte ihm die weltweite Wirkung.

Seine Broschüre geht weiter: Er macht seine praktischen Vorschläge, was ein Konzil, wenn es zustandekäme – die große Hoffnung aller Länder –, beschließen solle. Auch da hat er mit seinen Anregungen, so rasch er sie aufs Papier wirft, die größten Folgen herbeigeführt. Der Papst, so meint er, mag bleiben; er will ihn nicht abschaffen. Er soll nur den Anspruch aufgeben, unter der dreifachen Krone über alle anderen Kronen zu herrschen. Er soll sich dem Gebet widmen, der geistlichen Fürsorge. Sein Hofstaat mit allem Prunk und Pomp, und vor allem dem unzähligen »Gewürm und Geschwürm« der Funktionäre, Beamten, Geldeintreiber und Juristen, soll auf ein bescheidenes Maß reduziert werden. Das Kardinalskollegium ist zu reformieren. Die ewigen Zahlungen nach Rom, »dieweil wir dann hier in das rechte Spiel kommen«, sind kurzerhand aufzuheben. In volkstümlicher Sprache bringt er vor, was auf allen Reichstagen als die »Gravamina« der deutschen Nation umständlich und ergebenst immer wieder empfohlen und verhandelt worden war, ohne je den geringsten Eindruck zu machen. »Dieberei und Räuberei« oder »Praktiken« nennt er das schlicht und gibt Beispiele wie das seines ersten Gegenspielers, des Erzbischofs Albrecht zu Mainz. All das ist »alt und gewöhnlich geworden zu Rom«; man hat nur immer neue Praktiken erdacht; da ist ein »Kaufen, Verkaufen, Wechseln, Tauschen, Rauschen, Lügen, Trügen, Rauben, Stehlen, Prachten, Hurerei, Büberei«; der Jahrmarkt zu Antwerpen oder Venedig ist nichts dagegen. Er vergißt nicht, die mächtigen Fugger zu erwähnen, die an diesem Handel so kräftig teilnehmen. Und wo sind die Bischöfe, Priester und Doktoren, die dafür besoldet sind, daß sie ihre Stimme erheben sollten gegen diese Schande? »Ja wend das Blatt um, so findest du es.«

Er macht noch mehr Vorschläge, und jedesmal trifft er eine der wunden Stellen, die schon lange schmerzten und juckten: Reform des Bestätigungswesens der Bischöfe, das nicht Rom überlassen werden darf; Reform der Klöster, des Gerichtswesens, des Bettelunfugs, der durch Armenfürsorge zu ersetzen wäre. Er wendet sich gegen das Zölibat, wieder mit drastischen Hinweisen auf die tatsächlichen Zustände: Ohnehin leben die Priester mit Weibern zusammen, der Papst läßt es zu, er verbietet nur die Ehe; Dispens wird gegeben für Geld, aber nicht die Erlaubnis zur Heirat. So müssen die armen Pfaffen »in Schanden und schwerem Gewissen sitzen«. Die Weiber nennt man Pfaffenhuren, die Kinder Pfaffenkinder. Ganz sachlich meint er: »Es kann nicht jeder Pfarrer ein Weib entbehren, nicht allein der Gebrechlichkeit halber, sondern vielmehr des Haushaltens halber. Soll er denn ein Weib halten« – Gottes Gebot ist, daß Mann und Weib niemand scheiden soll.

Luther rührte da an ein besonders brennendes Problem, und die Frage des Zölibats und der Aufhebung des Eheverbots hat auch die streng altgläubigen Mächte noch lange beschäftigt; selbst Karl V. konnte in Spanien, dem allerstrengsten seiner Länder, nicht auf die Einnahmen verzichten, die sich aus Dispensen für »Pfaffenkinder« ergaben. Noch bis über Luthers Tod hinaus hat er bei den verschiedenen Unionsversuchen die Freigabe der Priesterheirat als einen der Punkte verhandeln lassen, über die eine Einigung erzielt werden sollte.

Noch viele Reformideen bringt er vor: Der Bann soll fallen, das Interdikt; die allzuvielen Festtage sind zu vermindern, die zu wüstem

Jahrmarktstreiben entartet sind, die Wallfahrten, das Aufrichten von »neuen Heiligen«, die nur ein »Zusammenlaufen und Geldeinbringen« bedeuten und die Tavernen und die Hurerei vermehren. Vom Geld, das aus dem Lande gezogen wird, ist immer wieder die Rede, und das ist das wirksamste Argument, das Luther nicht allein oder zum ersten Male verwendet. Aber Luther greift bis in Fragen der Weltpolitik hinein: Man soll endlich Schluß machen mit dem Kirchenstreit den Böhmen gegenüber: »Es ist hohe Zeit, daß wir auch einmal ernstlich und mit Wahrheit der Böhmen Sache vornehmen, sie mit uns und uns mit ihnen zu vereinigen.« Auch da sollen die weltlichen Mächte eingreifen; »beileibe keinen Kardinal oder Ketzermeister« entsenden, sondern vernünftig Frieden stiften; man möge den Böhmen ihren Kelch lassen, der weder unchristlich noch ketzerisch ist. Die Universitäten sind sehr reformbedürftig. Luther wettert gegen den Kleiderluxus, die Trunksucht der Deutschen, die »Samt- und Seidenkrämer«, die unnötigen Luxus befördern, er kommt auf den Wucher und Zinskauf zu sprechen: »Hier muß man wahrlich auch den Fuggern und dergleichen Gesellschaften einen Zaum ins Maul legen. Wie ists möglich, daß bei eines Menschen Leben sollten auf einen Haufen so große königliche Güter gebracht werden? Ich weiß die Rechnung nicht.«

Die Broschüre läßt fast nichts aus, was die Menschen gerade bewegte und aufregte. Eine Frage aber von ganz überragender Bedeutung schneidet Luther noch an: Woher nimmt das Papsttum denn überhaupt das Recht, in alle Lebensgebiete Deutschlands einzugreifen und Gehorsam auch in weltlichen Dingen zu fordern? Das Mittelalter hatte der Legende geglaubt, daß der Papst erst dem Kaiser das Reich verliehen habe. Es hatte dafür die Sage von der Schenkung Kaiser Konstantins geschaffen. Der sollte, als er das Christentum zur Staatsreligion machte, dem Papst Silvester Italien und das ganze Abendland übergeben, sich selbst aber in den Osten und seine neue Hauptstadt Konstantinopel zurückgezogen haben. Das war nicht nur eine Sage gewesen, sondern eine Urkunde, von Kaiser Konstantin unterzeichnet und mit Datum versehen. Das gesamte Mittelalter hatte an diese Rechtsgrundlage des Papsttums geglaubt, die den Anspruch auf Vorrang des Papstes über den Kaiser begründete und äußerlich darin ihren Ausdruck fand, daß der Kaiser dem Papst den »Steigbügel zu halten habe« als Zeichen, daß der Herrscher nur der »Mann«, der Vasall des Heiligen Vaters sei. Die

Urkunde war eine Fälschung des 8. Jahrhunderts, vom Papst Stefan II. dem Frankenkönig Pippin vorgelegt, der nicht lesen und schreiben konnte. Angezweifelt wurde sie nicht, nur angefochten von den Kaisern, die sich den immer höher gestellten Ansprüchen der Päpste nicht fügen wollten. Geklagt wurde auch. Dante hat in seinem Inferno an der Stelle, an der er die Päpste seiner Zeit wegen ihres simonistischen Treibens samt und sonders in die Hölle schickt, ausgerufen: Wehe Konstantin, welche Übel sind doch aus dem Geschenk entstanden, das du dem ersten Papst gemacht hast, der damit ein »reicher Papst« wurde! Auf diese Bindung an den Reichtum, das Geld, führte er den ganzen Verfall der Kirche zurück. Aber erst das 15. Jahrhundert war im Lesen und Schreiben, bis dahin das Privileg der Kleriker, so weit vorgeschritten, daß es ernstlich an dieser Gründungsurkunde zu zweifeln begann, die auch in das kanonische Recht eingegangen war. Der Kardinal Nikolaus Cusanus hatte bereits Kritik an der Glaubhaftigkeit des Schreibens geäußert; im Humanistenkreis um Papst Nikolaus V. wurde vom päpstlichen Sekretär und eleganten Latinisten Lorenzo Valla eine rhetorisch gehaltene Studie verfaßt, die bereits ganz entschieden dieses für die Stellung des Papsttums entscheidende Dokument als gefälscht aufdeckte. Papst Nikolaus ließ das Produkt als eine gelungene Humanistenarbeit passieren; andere Päpste waren vorsichtiger und suchten es zu unterdrücken. In Deutschland erfuhr man lange nichts davon; nur Eingeweihte reichten sich eine Abschrift verstohlen weiter. Erst Hutten hatte ein solches Manuskript in die Hand bekommen und publizierte es nun mit einer kecken Widmung an den regierenden Papst Leo X., der als Freund der Wahrheit und der Wissenschaften es begrüßen müsse, wenn diese aufrichtige Schrift ans Licht käme. Luther hatte diese Ausgabe in die Hände bekommen, als er seine Broschüre begann. Er fühlte sich erneut in seiner Überzeugung bestätigt, daß der Antichrist in Rom herrsche. Lügen, Verwirrung, Streit waren sein Kennzeichen, und hatte je eine Lüge so viel Unheil angerichtet wie diese von der »Schenkung« des Abendlandes an den Papst?

Das führte er nun in einem geschichtlichen Rückblick über das »erdachte Fündlein« aus. Seine geschichtlichen Kenntnisse waren gering, aber sein Instinkt hatte, wie so oft, eine richtige Fährte im Wirrwarr der mittelalterlichen Geschichte aufgespürt: Endlose Kriege und Streitigkeiten waren entstanden, »unzähliges Blutvergießen«, wie er sagt,

15 Der Papst am Zahltisch

war herbeigeführt worden, und all dies unter falschem Vorzeichen. Verblieben war nur eine Fiktion: »Wir haben des Reiches Namen, aber der Papst hat unser Gut, Ehre, Leib, Leben, Seele und alles, was wir haben.« Oder knapper: »So frißt der Papst den Kern, so spielen wir mit den ledigen Schalen.«

Wieder fast übermütig wie zum Eingang schließt Luther sein Heftlein ab: »Wohlan, ich weiß noch ein Liedlein von Rom und von ihnen, juckt sie das Ohr, ich wills ihnen auch singen und die Noten aufs höchste stimmen, verstehst mich wohl, liebes Rom, was ich meine.«

Der leichte Ton der Einkleidung, der grobe der Ausfälle, die Vielfalt der Fragen, die oft nur eben gestreift werden, all das kann irreführen: Es war der schwerste Schlag, der bis dahin gegen Rom geführt worden ist. Gerade durch die Leichtigkeit, mit der Luther die »drei Mauern« mit seiner Posaune umblies, wurde der seit langem bestehende Eindruck bestätigt, sie seien wohl doch nur »aus Papier und Stroh«. Das wichtigste Papier, mit dem Kaiser und Könige geschreckt worden waren, eine Fälschung und nichtig! Der patriotische Appell an die Deutschen, die sich so lange hätten »äffen und narren lassen«, zündete. Die praktischen Vorschläge imponierten: Da wurde nicht nur geklagt und gewettert und auf unbestimmte Verhandlungen gehofft. Jeder entnahm sich, wie stets bei Luthers Aufrufen, aus der Broschüre, was ihm am Herzen lag oder ihn am Geldbeutel drückte. Er hatte sich in der Tat »an alle Stände« gerichtet. Die Schrift war kein Programm, auch kein entwickeltes System, aber sie paßte in jedes Programm, oder besser – denn niemand hatte ein Programm in Deutschland –, sie entsprach all den dumpfen Wünschen und Hoffnungen, die umgingen. »Ho, ho, er ist gekommen!« hatte einer bei Luthers erstem Auftreten ausgerufen. Dieses ungeschlachte »Ho, ho!« war das Echo, und es tönte ihm von allen Seiten entgegen. Selbst in kirchlichen und hochkirchlichen Kreisen, bei Fürsten und Bürgern fand er seine Leser; die Bauern hörten davon, auch wenn sie wie die fränkischen Könige nicht lesen konnten.

Viertausend Exemplare waren in wenigen Wochen vergriffen, eine Ziffer, die man sich mindestens verzehnfacht vorstellen muß, wenn man den »Auflagenwert« damaliger Drucke in heutige Verlagswährung umrechnen will. Nachdrucke erschienen sogleich. Luthers engere Freunde wurden ängstlich; hatte man ihm doch geraten, die Broschüre besser zurückzuhalten. Gelassen schrieb er an seinen Freund Link, man müsse doch eigentlich wissen, daß es ihm nicht darum ginge, Lob und Ruhm zu erringen. Alle verdammten seine Schärfe und Bissigkeit. Aber nur mit starken Worten kann man fechten. »Ich sehe nämlich«, sagt er mit einem Satz, der ständig für Revolutionäre aller Arten gilt, »daß diejenigen, die in unserer Zeit ruhige Traktate schreiben, sehr bald vergessen werden; niemand kümmert sich um sie.«

»Ruhig« war sein Traktat sicherlich nicht. Die »Überhochverständigen«, die Luther schon zu Beginn mit einer Handbewegung beiseite geschoben hatte, blieben bedenklich, und sie haben durch die Zeiten ihre Nachfolge gehabt. Es läßt sich viel sagen gegen das Werklein von kaum mehr als sechzig Seiten, und alles ist gesagt worden, was sich einwenden läßt. Reformvorschläge sollten in geziemendem und bescheidenem Ton vorgebracht werden; so schrieben schon einige hohe Kirchenfürsten an Luther, darunter Albrecht von Mainz, der auch fand, so schwierige Probleme wie der Primat des Papstes oder der freie Wille des Menschen seien doch im Grunde »Hirngespinste« und gingen den Christenmenschen nichts an; sie könnten allenfalls im kleinen Gelehrtenkreis unter Ausschluß der Öffentlichkeit einmal erörtert werden. Diese Anschauung, vom Erzbischof mit der ganzen Ahnungslosigkeit des hohen Prälaten vorgebracht, war die herrschende bei den Machthabern der Kirche. In vieler Beziehung ist sie es geblieben. Luthers Tat war es, sich an den Laien zu wenden, ihn, so faßte er es auf, in Glaubensfragen mündig zu sprechen; das Volk verstand es auch noch anders, und daraus entsprang die Tragik seines Lebens. Die Menschen konnten nun lesen, jetzt sollten sie die Bibel lesen, dort stand alles und nicht in den Dekretalen der Päpste oder anderen Dokumenten der Tradition. Daß die »Konstantinische Schenkung« lediglich von den Juristen der Kurie gelesen werden konnte, hatte jahrhundertelang deren Macht bedeutet, als Könige und Kaiser nur vom Schwert und der Jagd etwas wußten und das Geschriebene ihren Klerikern überließen; wir merken nur am Rande an, daß diese einstmals weltbewegende Frage auch heute noch nach mancher Ansicht nur einem kleinen erleuchteten Kreis von Wissenschaftlern vorbehalten sein sollte. Sie ist kein bloßes historisches Kuriosum, und für Luthers Zeit war sie noch eine brennende, schmerzende Realität. Sie war im Grunde die Schlüsselfrage für die Theorie von der »Schlüsselgewalt« des Papstes, wie sie in der Praxis geübt wurde.

Noch mehr läßt sich gegen Luthers Schrift vorbringen. Die soziale Frage, für uns das Kardinalproblem, hatte er nur flüchtig angerührt; sie mußte noch lange warten, ehe sie ernstlich in Angriff genommen wurde. Naiv und treuherzig war sein Zutrauen zu den Fürsten und seine Hoffnung auf den jungen Kaiser; er selber mußte noch erleben, wie sehr er sich darin irrte. Luthers Broschüre hat zunächst nur als politisches Manifest gewirkt. Das »frisch hindurch!«, das »wohlan!« war es, das den Haupteindruck machte. Eine Art Frühlings- und Aufbruchsstimmung herrschte in deutschen Landen, wenn auch oft vermischt und vermengt mit apokalyptischen Strömungen. Die Katastrophenlehre sollte nur zu bald recht behalten.

Nach dieser ersten »Durchbruchsschrift« ging Luther unverzüglich an die nächste, an das »neue Liedlein«. Er trug es im Kirchenton, in lateinischer Sprache, vor. Aber auch das sollte nur ein »Präludium« sein; noch weiteres hatte er auf Vorrat. Mit der unheimlichen Konsequenz, ja fast Methodik seines Fortschreitens von Position zu Position, die so stark absticht von dem leichten Hinwerfen seiner Vorschläge, griff er jetzt nicht die Außenwerke der Institution der römischen Kirche an, sondern legte seine Leiter an die Zitadelle. Sein Buch, umfangreicher als die erste Schrift, war für die gelehrte Welt, die Theologen, bestimmt. Er nannte es »Von der babylonischen Gefangenschaft der Kirche«, und dieses Werk erst hat seinen Bruch mit der Kirche endgültig besiegelt. Die Schrift an den Adel haben ihm selbst viele der kirchlichen Würdenträger verziehen oder gar begrüßt; an Klagen und Vorwürfe gegen Rom war man gewöhnt, und in einer populären Broschüre konnte man auch einmal über das Ziel hinausschießen. Dieses Buch jedoch war unverzeihlich, und man hat Luther, noch während der Versuche, den Streit beizulegen, nahegelegt, es zu verleugnen und als untergeschoben, als die Arbeit eines anderen zu erklären. Dazu war er nicht zu bewegen. Ein anderer hatte allerdings dabei mitgewirkt, und ihm ist zu einem Teil die systematischere Fassung zuzuschreiben, die dieses Werk auszeichnet. An die Seite Luthers trat jetzt als der zweite Reformator der junge Melanchthon. Der Zweite ist er immer geblieben, aber deshalb wurde er nicht weniger wichtig. Er war Humanist, war begeisterter Schüler des Erasmus, auf den er nie etwas kommen ließ, auch wenn Luther grimmig über den vorsichtigen Alten wetterte; das Griechische, die Kenntnis der Quellen waren seine Stärke, und Luther hat sich ihm mit rührender Bescheidenheit untergeordnet, wenn es um derlei Dinge ging. Luther hat, besonders in der Anfangszeit ihrer Beziehung, sogar davon gesprochen, daß er vielleicht gehen müsse, »irgendwohin unter dem Himmel« oder auch zum Scheiterhaufen, und daß dann Meister Philipp sein Werk weiterführen würde, womöglich besser als er. Melanchthon seinerseits hat nie an solche Möglichkeiten geglaubt. Er war, nach dem Muster seines Meisters Erasmus, ein Mann des Ausgleichs; er wollte vermitteln und hat später noch an Nachgiebigkeiten gedacht, die ihm von den Parteigenossen schwer verdacht wurden. Er wußte sehr wohl, was ihm, im Vergleich zu Luther, abging. Seine Frömmigkeit war die des Reuchlin-Kreises, in dem er aufgewachsen war, eine sanfte, bescheidene, unaufgeregte Haltung, die keine Ekstasen oder leidenschaftlichen Verzückungen kennt. Aus dem gehobenen Handwerkerstand kam die Familie. Der Vater war Rüstmeister und Waffenschmied und starb früh. Der Knabe wuchs bei seiner Großmutter auf, der Schwester Reuchlins, und durch diesen Großonkel wurde er in die humanistische Welt eingeführt. Ein blutjunger, sehr früh begabter Wissenschaftler wurde er, und ein Gelehrter ist er geblieben. Sein zarter, hagerer Kopf mit den fast übergroßen Augen ist schon der schärfste Kontrast zu Luthers hartem Bauernschädel, aber Melanchthon ist deshalb nicht, wie es schon zu seiner Zeit geschah, als »weich« und »ängstlich« anzusehen. Er konnte vielmehr mit der ganzen Schärfe des Gelehrten, der sein System gefährdet sieht, härter und sogar unbarmherziger sein als Luther. Sein Ziel war zunächst, und er verkündete es schon gleich nach seiner Berufung nach Wittenberg, die »Reform der Studien«. Als »praeceptor Germaniae«, als Schöpfer des humanistischen Gymnasiums, als Lehrer und Ausleger ist er dann berühmt geblieben. Aber kaum weniger bedeutsam ist seine Mitwirkung bei der Schaffung einer protestantischen Kirchenlehre und eines neuen Kirchenaufbaus; von ihm wurden die ersten, grundlegenden Zusammenfassungen der neuen Lehre geschrieben und die nicht weniger folgenreichen der Augsburger Konfession. Er hat sich Luther stets unter- oder beigeordnet, aber durchaus seinen eignen Kopf gehabt, der kühler war und besser »denken« konnte. Die philosophischen Errungenschaften des Humanismus wollte er entschieden mit der Theologie vereinigen; Sprachwissenschaft sei nötig, um die Bibel recht zu verstehen; auch das Wissen um historische Gegebenheiten; in alledem war er Luthers Ergänzung, oft sein Widerpart. Luther war Prophet, war Prediger, der seine Prophezeiungen verkündete; Melanchthon bewunderte Luthers »von Natur heftigen, hohen und brennenden Mut«, wie er es in seiner Leichenrede für den Freund ausdrückte. Sein Mut war von anderer Art; er hatte auch die Courage zum Nachgeben; eine allen Unbedingten verhaßte Eigenschaft.

Dieser neue Mitarbeiter hat auch an Luthers Schrift über die »babylonische Gefangenschaft« im stillen mitgewirkt. Gefangen wie die Juden in Babylon sind jetzt die Christen. Diese Gefangenen sind die wahren Christen. Der Antichrist, der die »Hure Babylon« beherrscht, hat sie in Fesseln geschlagen.

Diese Posaunenstöße waren noch nichts sonderlich Neues. Von Rom als der babylonischen Hure hatten viele gesprochen. Das Neue war – und damit griff Luther Grunddogmen der Kirche an –, daß er die Sakramentslehren in Frage stellte. Seine Bibel ist auch hier für ihn die einzige Grundlage und Autorität; was in ihr nicht steht, ist Menschenwerk und späterer Zusatz. Er findet in der Bibel nur ein Sakrament, das Wort Gottes, und nur drei sakramentale »Zeichen«, die Taufe, die Buße und das Abendmahl. Hinzugekommen sind durch die Kirche vier weitere, Konfirmation, Ehe, Priesterweihe, letzte Ölung, all diese der Schrift unbekannt und damit hinfällig für ihn. Aber selbst die ersten drei sind im Laufe der Zeit und durch kanonische Bestimmungen verändert und verwandelt worden und müssen erst ihrem ursprünglichen Sinn wiedergegeben werden. Dieser Sinn ist, daß der Glaube, allein der Glaube, entscheidet und wirkt, nicht allein der sakramentale Vorgang. Man kann auch ohne Sakrament selig werden, wenn man glaubt.

Damit wurde das gesamte Gebäude der Kirche in Frage gestellt, das auf der Verwaltung der Sakramente durch den geweihten Priester beruhte. Luthers gefährlichster Angriff richtete sich auf die Messe, als das Hauptstück des Kultus. Sie sei kein »Opfer«, kein bloßes »Objekt des Glaubens, wie sie sagen«, wobei Christus gewissermaßen zum »Opfertier« gemacht werde, ein Opfer, das der Priester erst vollbringt und allein vollbringen kann: Luther verlangt die unmittelbare Mitwirkung des Kommunikanten, der dem Wort der Verheißung glaubt; erst damit wird es kräftig. Die bloße Anwesenheit ohne solche aktive Mitwirkung genügt nicht; die Messe hat keinen Wert, wenn sie nur »hingenommen« wird oder womöglich in Abwesenheit des Gläubigen vollzogen vom Priester, der gestiftete Messen für die Verstorbenen abhält. Luther lehnt das ganze Zeremonienwesen der Kirche ab und führt das kapitelweise, nach allen sieben Sakramenten geordnet, durch. Seine Darstellung ist »historisch«: Er will das Alte, nicht etwas Neues; das Alte, wie es in der Schrift verkündet ist, nicht das Neue, das durch Dekrete und kirchliche Autoritäten hinzugekommen ist. Das Alte soll in seiner ganzen Ursprünglichkeit wiederhergestellt werden. Die Kirche darf nicht beanspruchen, über die Worte der Schrift hinauszugehen und neue Lehren und Bräuche zu erfinden, die sie dann für verbindlich erklärt. Sie kann nicht neue Sakramente schaffen; sie würde sich damit über das Wort Gottes erheben. Luther will im Grunde Restauration. Er ist Revolutionär.

Seine Auffassung vernichtet den gesamten Kultus, wie er in Jahrhunderten aufgebaut worden war, und als ein solcher Angriff hat das Buch gewirkt, das unvergleichlich mehr Empörung erregte als die erste Schrift. Schon die Reduzierung der sieben Sakramente auf drei, und sie besonders, erschien als ein Sakrileg von unvorstellbarer Ruchlosigkeit. Luther hatte, historisch gründlich, gefragt, wann denn überhaupt von sieben Sakramenten zuerst die Rede gewesen sei? Er hatte als Autorität dafür nur den Dionys gefunden, den von Paulus bekehrten Griechen, dem dann das Mittelalter eine sehr viel später entstandene Schriftenreihe zuschrieb; Luther wußte von diesem Irrtum nichts, aber er mißtraute, ebenso instinktsicher wie scharfsinnig, diesem Hauptvertreter der christlichen Mystik und meinte sogar divinatorisch, er sei eher ein »Platoniker« als ein Christ: »Hören wir lieber auf Paulus!« Das waren Fachfragen für Fachtheologen. Aber die durch so lange Zeit geheiligte Siebenzahl der Sakramente anzutasten, das erregte auch die Laien aufs äußerste. König Heinrich VIII. von England setzte sich alsbald nieder und schrieb seine erste scharfe und schmähende Schrift gegen Luther, die dieser mit höchst unehrerbietigen Worten im gleichen Ton erwiderte; der »König Heinz«, wie Luther ihn nannte, wurde dafür durch den Papst mit dem Ehrentitel Defensor Fidei belohnt, den die englischen Könige selbst beibehielten, als sie als Abtrünnige verflucht und gebannt worden waren. Wichtiger noch ist, daß Heinrich an den sieben Sakramenten auch energisch festhielt, als er mit Rom gebrochen und seine eigne Staatskirche aufgerichtet hatte. Änderungen des Kultus haben noch immer viel stärkere Reaktionen ausgelöst als Wandlungen der Dogmen. Der Kampf um den Laienkelch, das Abendmahl in beiderlei Gestalt, war der Anlaß für den Hussitenstreit gewesen und blieb während der ganzen Reformationszeit ein Hauptpunkt der Auseinandersetzung: Den Kelch zu nehmen war das Zeichen für Abfall von der römischen Kirche, auch wenn der Betreffende sonst »gut gläubig« blieb und sich allen übrigen Bräuchen und Ordnungen fügte. Luther selber hat lange gezögert, ehe er es wagte, die traditionelle Form der Messe abzuändern; schwere Kämpfe haben sich deswegen abgespielt. Das Zeremoniell, der Brauch, hat seine geheimnisvolle Kraft, die um so größer ist, je geheimnisvoller die Mysterien sind, die in ihm ihr Sinnbild finden. Das sollte Luther noch erfahren.

Im Augenblick denkt er nicht daran. Er schreitet kühn zu dieser nächsten Position vor, und auch hier macht er in der Gelehrtensprache, die von internationaler Wirkung ist, die kühnsten Vorschläge: Er lehnt nicht nur die Sakramentsverwaltung der Kirche und die Sonderstellung des Priesters ab; er verwirft das Mönchstum grundsätzlich – wieder aus seiner Grundeinstellung heraus, daß bloße »gute Werke« oder Verdienste nichts bedeuten gegenüber dem Glauben. Mönchsentsagung steht nicht höher »als die Werke eines Bauern bei der Feldarbeit oder einer Frau, die für ihren Haushalt sorgt«; ja, die Tätigkeit einer Magd oder eines Knechtes ist Gott angenehmer »als alles Fasten und Mühen eines Mönches oder Priesters, wenn der Glaube mangelt«. Er verwirft das Zölibat und preist die Ehe; er lehnt die Rechtsprechung der Kirche ab, besonders in Ehestreitigkeiten oder Dispensen, eines der großen, in die hohe und höchste Weltpolitik hineinreichenden Machtmittel der Kurie, das dann auch zu dem historischen Bruch mit England, dem England des Defensor Fidei Heinrich VIII. führte. »Einige Gelehrte und bürgerliche Laien sind in solchen Fragen geschickter als die Päpste, Bischöfe und Konzilien.«

Das Buch ist viel schärfer, ist auch schärfer durchdacht als die erste Kampfschrift; der Beichtvater des Kaisers, der Luthers frühere Publikationen mit gewissem Beifall gelesen hatte, erklärte, er habe bei der Lektüre das Gefühl gehabt, als schlüge ihn jemand vom Kopf bis zu den Füßen mit einer Peitsche mitten hindurch. Wie mit einem Hieb trennte Luther die gesamte Welt- und Lebensanschauung, die bis dahin gegolten hatte, in zwei Teile, den alten und den neuen Glauben.

Noch ein drittes Werk schickte er in diesem, dem eigentlichen Jahr seiner Berufung, nach: »Von der Freiheit eines Christenmenschen«. Es ist das kleinste der drei Werke, fast nur ein Druckbogen und in zwei oder drei Tagen verfaßt, als ein letzter Versuch, doch noch mit der Kirche eine Einigung zu erzielen. Der Titel hat vielfach irregeführt; es ist gar keine Kampfschrift, auch kein »Liedlein«, das in immer höherem Ton gesungen wird, sondern eher eine Rückwendung; im Grunde eine

Utopie. Der erste Satz hat die Irrtümer verursacht: »Ein Christenmensch ist ein freier Herr über alle Dinge und niemand untertan.« Das wurde zur Parole. Unmittelbar daneben steht: »Ein Christenmensch ist ein dienstbarer Knecht aller Dinge und jedermann untertan.« Das wurde überhört, das wollte niemand wissen. Der Revolutionär und Mann der Öffentlichkeit zieht sich ganz zurück in sein Kämmerlein; er stürmt und braust nicht, sondern er meditiert. Zu Luthers Gesamtbild ist das Werklein ein bedeutender Beitrag: Er ist zugleich der Mann der Einsamkeit und der breiten Wirkung, und jeder Versuch, ihn auf eine schlanke Formel festzulegen, bleibt müßiges Unterfangen. Er hatte getobt und, wie Erasmus in seiner unvergleichlich epigrammatischen Art sagte, sich dadurch verhaßt gemacht, daß er »dem Papst an die Krone und den Mönchen an ihren Bauch griff«. Jetzt wendet er sich an das Gemüt. Ein großer Teil seiner Wirkung auf die Menschen beruhte auf dieser Vielfalt seines Wesens, und gerade daß er nicht nur wetterte und drohte, sondern auch so »einfältig« und herzbewegend sprechen konnte, überzeugte viele davon, er müsse der erhoffte Bote sein. Ein Mönch, der nichts für sich wollte, weder Geld noch einen großen Posten in der Kirche noch die Stellung eines einflußreichen Parteimannes und Führers einer Bewegung. So erschien er zu dieser Zeit den Leuten, wenigstens den »Stillen im Lande«. An diese wandte er sich, und auch sie bildeten eine große Kraft, weitverstreut in kleinen, kaum nach außen hin sichtbaren Zirkeln und Zellen. Die deutsche Mystik hatte bereits solche Gruppen hinterlassen, und ganz in ihrem Sinne sprach Luther nun vom inneren und vom äußeren Menschen. Auf den inneren kommt es ihm ausschließlich an; das Außen ist nur eine Zugabe. Der innere Mensch ist frei, der äußere gebunden, gefangen, »krank und matt, hungert, dürstet und leidet«, aber all das reicht nicht bis an die Seele. Im Glauben hat die Seele Ehre und Würde, ein Königreich. Der Glaube ist der »Brautschatz«; Luther verwendet noch das alte Bild von Braut und Bräutigam: »Ist das nun nicht eine fröhliche Wirtschaft, da der reiche, edle, fromme Bräutigam Christus das arme, verachtete böse Hürlein zur Ehe nimmt und sie entledigt von allem Übel, zieret mit allen Gütern?« Die Sünden sind in Christus »verschlungen«, der Mensch ist damit gerechtfertigt. Aber damit ist es nicht genug; er bleibt doch hier im leiblichen Leben »und muß seinen eignen Leib regieren und mit Leuten umgehen«. Luther kehrt sich ganz von der Mystik ab, die nur den Einzelmenschen kannte, der sich, sich allein, vervollkommnen will. Der Mensch soll gute Werke tun; er darf nur nicht glauben, Werke wie Fasten, Kasteiung seien genug: Er soll arbeiten wie Adam und nicht müßig gehen. Die »Arbeitsethik« des Protestantismus wird hier schon angekündigt. Luther warnt: Gute, fromme Werke machen noch keinen guten, frommen Mann, sondern ein guter, frommer Mann macht gute Werke; ein guter Zimmermann baut ein gutes Haus. Man muß »in die Person sehen, wie die fromm werde«; sie wird fromm nicht durch die Werke, sondern durch den Glauben. Die guten Werke sollen nicht nur dem eignen lieben Selbst dienen, sondern den Mitmenschen. Wie Christus »umsonst« alles tat, was er der Menschheit gab, so soll der Mensch wiederum »frei, fröhlich und umsonst« seinem Mitmenschen dienen. Das sei christliches Leben, »das leider nun in aller Welt nicht allein darniederliegt, sondern auch nicht mehr bekannt ist noch gepredigt wird«.

Eine Predigt also, und es ist nicht leicht einzusehen, was an ihr so verfänglich sein sollte, von einigen Bemerkungen gegen die »bloße Werkheiligkeit« abgesehen. Luther geht sogar sehr weit in seiner Nachgiebigkeit (oder Kompromißbereitschaft, wie man es nennen will) gegenüber den Mächten, die er soeben so furchtbar angegriffen hat: Man soll der Obrigkeit untertan sein, so hat Paulus im Römerbrief gesagt, eine Kern- und Leitstelle für Luther in allen Beziehungen des äußeren Lebens. Wer das recht versteht, so meint er, der kann sich auch richten nach den »unzähligen Geboten und Gesetzen des Papstes, der Klöster, der Stifte, der Fürsten und Herren«, die freilich von einigen »tollen Prälaten« so weit getrieben werden, als wären sie notwendig zum Heil. Ein freier Christ kann das alles tun: nicht um dadurch selig zu werden, aber dem Papst, dem Bischof, der Gemeinde oder seinem Mitbruder zum Exempel. Er soll leiden, wie Christus um größerer Dinge willen gelitten hat. »Und ob schon die Tyrannen unrecht tun, solches zu fordern, so schadet mirs doch nicht, so lange es nicht wider Gott ist.« Er stellt nicht zufällig den Papst mit den Fürsten und Herren auf eine Linie: Er ist für ihn nicht mehr als »eine Obrigkeit«, eine von vielen, etwas Äußeres. An die Seele reicht er nicht hinan. Die behält sich Luther entschieden vor; sie ist frei. So ist auch diese stillste seiner drei Schriften eine Kampfansage, bei der wir noch bemerken wollen, wie häufig in ihr das Wort »fröhlich« aufklingt, nicht im übermütigen Ton der Broschüre an den Adel, sondern mehr an das Gemüt appellierend.

Erst in diesem Zusammenklang von Posaunenstößen – hohen und höchsten, auch schrillen Tönen – der Mittellage mit ihren praktischen, ja staatsmännisch klugen Vorschlägen und schließlich dem leiseren cantus firmus einer unerschütterlichen Überzeugung hat die Dreiheit dieser Schriften gewirkt. Manches war darin nur angedeutet; nicht weniges wurde von Luther später zurückgenommen oder auch verschärft; vieles fiel unter den Tisch. Luther ist nie »fertig geworden«, weder mit sich noch mit seiner Aufgabe; nur von mythischen Idealgestalten kann man das sagen oder erdichten. Aber dies war der Durchbruch. Die mittelalterliche Lehre und Grundanschauung von den zwei verschiedenen Völkern, den Geistlichen und den Laien, die erst zusammen eine Einheit bilden sollten, wurde durch ihn zerstört. Es war eine Lehre, eine Theorie gewesen; die Wirklichkeit sah anders aus. Sie bestand in unaufhörlichem Streit und Kampf der beiden »Völker«, in ständiger Feindschaft. Als »der Feind« war das Laienvolk mit aller Entschiedenheit vom Papst Bonifaz VIII. bezeichnet worden; schon der Begründer der Theorie vom unbedingten Vorrang des Papsttums über alle weltlichen Herrscher, der gewaltige Mönch Hildebrand, Gregor VII., hatte die These aufgestellt, daß die Laienwelt nur eine Gemeinde des Teufels darstellt, beherrscht vom Fürsten dieser Welt, dem Satan, und von irdischen Herren, die nur durch »Herrschsucht, Raub, Mord, kurz durch fast alle Verbrechen über Menschen gebieten wollen«; das Wort, das er selber wie einen Wahlspruch führte, war das des Propheten Jeremias: »Verflucht sei der Mensch, der das Schwert aufhält, daß es nicht Blut vergieße.« Das »unendliche Blutvergießen«, das Luther aus nur sehr ungenügender Kenntnis der mittelalterlichen Geschichte zitierte, war keine bloße These oder Theorie. Und was sich immer über vermeintliche Zeiten eines Einklangs sagen ließe, die meist in immer entferntere und unbekanntere Epochen verlegt wurden, zu Luthers Zeit war ganz unzweifelhaft ein Stadium erreicht, da die alten Vorstellungen ihre Kraft verloren hatten. Er wurde der Vollstrecker eines geschichtlichen Prozesses, der lange vor ihm begonnen hatte und nun seinen Höhepunkt erreichte. Man kann ihn nur als den »Auslöser« ansehen, den Katalysator einer Menge verschiedener Kräfte und »Reaktionen«, aber damit wird man ihm nicht gerecht. Er hat die Zeit geprägt. Es ist müßig, darüber zu spekulieren, wie die Entwicklung weitergegangen wäre, wenn man ihn beseitigt hätte.

Dies aber war nun das Ziel der Aktion, die sich in Rom gegen ihn vorbereitete. Und wenn noch ein Zeugnis dafür nötig sein sollte, wie sehr der Einheitsgedanke in seiner mittelalterlichen Fassung überlebt war, so bietet der Ketzerprozeß und das Verfahren, das dabei beobachtet wurde, das schlagendste Beispiel.

Ulrich von Hutten

Mit seinen großen Kampfschriften von 1520 war Luther zum Volkshelden geworden, und ungemessene Hoffnungen wurden auf ihn gesetzt. Bis dahin bedeutete er für viele nicht mehr als ein »interessanter Fall«, eine Art Fortsetzung der Reuchlin-Affäre; so sahen es jedenfalls die Humanistenkreise an. Auch der junge Hutten war der Meinung gewesen, es handele sich nur um ein »Mönchsgezänk« zwischen den Dominikanern und Augustinern. Nun aber, da die Sache weiter um sich griff, entschloß der Ritter sich, an die Seite des Mönches zu treten, der offenbar der »neue Mann«, der Ersehnte, seit langem Prophezeite war. Luthers religiöse Absichten, geschweige denn seine Zweifel und Nöte, hat er kaum je erfaßt. Es genügte ihm, daß Luther eine große nationale Sache vertrat: Kampf gegen Rom, die »römische Fremdherrschaft«. Und da Hutten ein politischer Kopf war oder sein wollte, griff er nun ein mit seiner scharfen Feder: Ein neues, freieres Deutschland sollte entstehen. Die Wissenschaften waren bereits dabei, sich freizumachen von jahrhundertelanger Bevormundung. Jetzt sollte auch das Reich wieder stark werden wie in glorreicher Vorzeit, unter einem mächtigen Kaiser, wie Karl der Große es einstmals gewesen. Und führte nicht der junge, noch unbeschriebene Karl den gleichen verheißungsvollen Namen? Hoffnungsvoll und unvorsichtig jubelte Hutten in einem berühmt gewordenen Brief an den Nürnberger Patrizier Willibald Pirckheimer, den Freund Albrecht Dürers und das Haupt des Nürnberger Humanistenkreises: »O Jahrhundert! O Wissenschaften! Welche Freude, jetzt zu leben – und nicht, mein Willibald, sich zur Ruhe zu setzen! Die Studien blühen, die Geister regen sich! Du aber, Barbarei, magst den Strick nehmen und in die Verbannung gehen...«

Hutten war nicht der einzige, der so jubelte und hoffte. Selbst der stets behutsame Erasmus hatte von einem neuen Goldenen Zeitalter geträumt; Papst Leo X. sah er als den Mäzen, der es heraufführen würde, und in einem seiner hemmungslos schmeichelnden Sendschreiben, die er insgeheim belächelte, hatte er das nach Rom an die höchste Adresse mit weithin wirkenden Worten verkündet. Ein Brief des großen Erasmus war jeweils ein Ereignis; er wurde umhergezeigt, abgeschrieben, gedruckt; er galt als literarischer Ritterschlag, als große geistige Aktion; nie hat ein Mann der Feder je solchen Einfluß gehabt über ganz Europa hin. Auch ein paar Zeilen an den jungen Hutten, die ihn empfahlen, waren für diesen der wertvollste und wichtigste Ausweis, den er erlangen konnte. Schon damit glaubte er, am Hofe der Habsburger in Brüssel alles erreichen zu können und in die Weltpolitik einzugreifen. Die Hoffnungsfreudigkeit dieser Jahre war unbegrenzt; sie hat etwas Rührendes in ihrer Ahnungslosigkeit und ihrem Verkennen aller brutalen Realitäten. Die Enttäuschung folgte bald; sie schlug um in Verzweiflung und schlimmer noch: Bei den meisten kam nur zu rasch das Sichducken, Zukreuzekriechen und Sichbeiseiteschleichen. All das sollte Hutten noch miterleben. Mit 35 Jahren ist er gestorben, einsam, als Verbannter und ziemlich von allen verlassen, auf der kleinen Insel Ufenau im Zürcher See, erschöpft von seinen Mißerfolgen und aufgefressen von der Krankheit, die er seit seinem zwanzigsten Jahre mit sich herumschleppte.

Aber für ein paar kurze Jahre hat er neben Luther im vollen Licht auf der Weltbühne gestanden und gefochten, auch er ein Meister des Wortes, auch er wild und rücksichtslos, einseitig, rabiat. »Ich habs gewagt«, war sein Wahlspruch, und er wagte viel; er war ein einzelner wie Luther, ohne Anhang, ohne Verbindungen, arm dazu, krank obendrein; ein kleiner, unschöner Mensch, das Haupthaar blond, der schüttere Bart unter dem früh zerfurchten Gesicht schwarz. Zusammengesetzt wie diese Farben war sein Wesen, aus edlen und recht fragwürdigen Zügen gemischt. Es ist seinen Gegnern immer leicht geworden, über ihn zu triumphieren: Seht da, unabhängig will er sein und verkauft seine Freiheit an alle möglichen Potentaten, geistliche wie weltliche! Mit seinem alten Adel prunkt er und ist doch nicht mehr als ein armseliger Literat, ein Federfuchser; seine eignen Standesgenossen wollen nichts von ihm wissen! Gesundheit predigt er, weil es mit ihm selber sehr übel steht in diesem Punkte, Wassertrinken, weil ihm der Wein nicht mehr bekommt! Und schließlich beweist sein Ende klärlich, wie wenig an ihm war: Der Kaiser, den er so pries, hat ihn fallen lassen, sein großer Freund Erasmus als Geistesfürst ebenso, und sogar Martin Luther, für den er in die Schranken trat, hat nichts von ihm wissen wollen. Einsam ist er krepiert. Ein Gottesgericht.

Man kann noch mehr gegen ihn anführen als die Zeitgenossen, und es fehlt nicht einmal an Zügen des Grotesken und Komisch-Kläglichen. Der ernsteste Einwand ist vielleicht sein völliges Versagen im Überblicken der politischen und sozialen Gegebenheiten, die er durch seine Tätigkeit an Höfen und bei diplomatischen Missionen besser als der Mönch Luther in seiner Zelle hätte kennen können. Ein ganzer Katalog der Mißverständnisse und Fehlkalkulationen ließe sich aufstellen, und dann bleibt fast nur noch eine Art Don Quichotte übrig, der gegen Windmühlenflügel ficht.

Hutten hat einen anderen Kampf gefochten, und wenn er unterlag, so beweist das nichts; manche guten Sachen sind jammervoll untergegangen. Er war mutig, und diese Eigenschaft ist selten. Man pflegt sie dann in ruhigerer Zeit zu honorieren, und Huttens Schicksal ist im 19. Jahrhundert feierlich beschworen worden, als es wieder einmal um ein neues deutsches Reich ging. Übergangen wurde dabei die Feigheit und Kümmerlichkeit derer, die er vergeblich aufgerufen hatte, nun auch etwas zu wagen.

Ulrich von Hutten stammte aus einem alten fränkischen Adelsgeschlecht, das weit verbreitet war und auf vielen Burgen und auf einflußreichen Posten an den Höfen saß. Der Zweig seiner Familie, dem er angehörte, war arm und besaß nicht viel mehr als die Steckelburg, ein recht trübseliges Raubnest tief im Walde; der Großvater hatte versucht, eine Art »Aktiengesellschaft« von 32 Raubgenossen zusammenzubringen, die gegen bestimmte Einlagen die Steckelburg als Zentrum für ihre Streifzüge gegen das Kaufmannsgesindel benutzen durften, aber diese Spekulation war fehlgeschlagen. Zu stark waren die Städte geworden, zu wohlbewacht ihre Geleitzüge. Der Vater Hutten wollte das kleine und unscheinbare Söhnlein, das zum Kriegsdienst untauglich schien, als Kleriker sehen, aber Ulrich verschwand sehr bald aus dem

Kloster. Er sollte Jurist werden, wie auch Luthers Vater das für seinen Martin geplant hatte, und Ulrich entlief in die Literatur, die »schönen Wissenschaften«, eine durchaus brotlose Kunst, die Bettelei bedeutete. Die Federfehden wurden nicht viel anders geführt als die Raubüberfälle auf den Straßen. Und wie viele Straßen ist Hutten gezogen, quer durch Europa, zu Fuß, zu Pferde, arm immer, abgerissen, zuweilen irgendwo aufgefüttert und am Tische zugelassen; der Typus des armen Tischgenossen, später meist als »Hofmeister«, hat sich bis ins 19. Jahrhundert erhalten, mit allen Erniedrigungen, die damit verbunden waren. Zornige Rachegedichte gegen einen solchen Gastgeber, der ihn hinauswarf und durch seine Knechte verprügeln ließ, waren die ersten Produktionen des jungen Literaten. Weithin berühmt aber, auch im Ausland, wurde er durch ein kleines Heft in Hexametern, das die schwierige Kunst des Versemachens in elegantem Latein lehrte. Die Humanisten nahmen diese Kunst sehr ernst; es galt die Silben zu zählen, ihre Quantität zu kennen, die Versmaße zu beherrschen; Kommentare erschienen noch zu Huttens Büchlein und führten den Adepten bis in die schwierigen Regionen des glykonischen, pherekratischen, phaliskischen Versmaßes hinein. All das ist mit der ganzen neulateinischen Dichtung versunken, die wahrhaft heroische Anstrengungen machte, es den Alten gleich zu tun. Huttens Heftlein wurde ein Schulbuch auf viele Jahre hinaus und würde heute dem Autor mit seinen vielen Auflagen eine angenehme Lebensrente verbürgen; Hutten hatte nur die Ehre davon, selbst in Paris genannt und gedruckt zu werden.

Nun war er aber jemand; man kannte ihn, er machte sich Freunde und stritt sich mit ihnen, nur irgendeinen Posten konnte er nicht erlangen; zeitweilig mußte er während eines Aufenthaltes in Italien Dienste als Kriegsknecht ohne Rang nehmen; als Landsknecht der Feder zog er umher. Mit Gedichten, in denen er Kaiser Maximilians Anschläge auf Venedig als patriotische Tat pries und sich zum ersten Male in der politischen Pamphlet-Literatur versuchte, gewann er sich zwar keine klingende Belohnung, aber die Dichterkrönung durch den Kaiser; von da ab erschien sein Porträt mit dem Lorbeerkranz über dem schmalen, bitter und scharf blickenden Gesicht. Eine ganze Literatur der politischen Kampf- und Hetzliteratur begann damals aufzublühen in allen Landen. Hutten ließ den deutschen Adler seine Schwingen schütteln; in Frankreich stellte Le Maire den gallischen Hahn auf die

Zinnen; uralte Ansprüche wurden hervorgeholt und neu verfochten. Alle Methoden der modernen politischen Publizistik wurden bereits in den ersten Umrissen angelegt und ausprobiert.

Ehe Hutten in diese Arena eintrat, in der er seine größten Erfolge erzielen sollte, mußte er zunächst noch eine heimatliche Familienfehde ausfechten, die allerdings auch sehr bald in die größere Politik hinüberführte. Fast wie eine Ballade fängt das an: die Geschichte von der schönen Frau des Stallmeisters Hans Hutten, den Herzog Ulrich von Württemberg erschlug. Von all den wilden und wüsten deutschen Kleinfürsten war Utz von Württemberg vielleicht die malerischeste Gestalt: als halber Knabe von seinem Onkel Maximilian mündig gesprochen und alsbald so hemmungslos wirtschaftend, daß die Bauern sich erhoben und unter dem Zeichen des »armen Konrad« einen der ersten Bauernaufstände machten, der blutig niedergeschlagen wurde. Blutig endete auch die Liebschaft Utzens zu der schönen Ursula, die er schon als Mädchen im »Frauengemach« ihres Vaters besucht hatte; rasch wurde sie mit dem Stallmeister, einem Vetter Huttens, verheiratet, und unverzüglich hatte der kaiserliche Vormund Maximilian seinen Neffen unter die Obhut einer harten, mannweiblichen Sabine von Bayern als Gemahlin gestellt. Der Herzog ließ nicht von seiner Schönen; er fiel sogar, und da klingt es wahrhaftig wie im alten Volkslied, seinem Stallmeister mit ausgebreiteten Armen zu Füßen und flehte: Laß sie mir, Hans, laß mir die Ursel, ich kanns, wills und mags nicht lassen!

Das wurde zum Anlaß des Trauerspiels: Der stolze Utz konnte diese Demütigung nicht verwinden; er wurde rasend, als die Huttens nach allen Seiten davon erzählten. Auf der Jagd schlug er seinen Stallmeister nieder, von hinten, wie die Hutten behaupteten, von vorn im Zweikampf, wie der Herzog erklärte. Die Hutten gerieten in Bewegung, und sie waren ein großer Clan, Feinde hatte sich der Herzog genug gemacht, und um die Verwirrung ins Weitere zu treiben, flüchtete die strenge Herzogin Sabine zu ihren bayrischen Brüdern. Sie behauptete, ihr Gemahl habe ihr unmenschliche und »ausländische« Zumutungen im Bett gestellt; der schönen Stallmeisterswitwe scheinen sie nicht so schrecklich gewesen zu sein, denn sie blieb bei ihrem Utz und wurde von den Hutten als die »Helena des Schwäbischen Kreises« verflucht. Ulrich Hutten hat in ausführlichen Druckschriften die Sache seiner Familie verteidigt und den »württembergischen Henker« vor aller Welt angeklagt.

Eine Moritat, eine Familienfehde; aber sie wurde bald mehr, ein Prüfstein für die Zustände im Reich. Kaiser Maximilian hielt fest zu seinem wilden Schützling, der noch weitere Taten verübte und mit kühnem Handstreich eine der Reichsstädte überfiel, die ihm geholfen hatten, die Bauern niederzuschlagen. Er wurde vertrieben, kam zurück mit des Kaisers Protektion und tobte mit Hinrichtungen und Torturen; er wurde abermals vertrieben, und dann mischte sich die habsburgische Hauspolitik des neuen Kaisers Karl ein und benutzte die willkommene Gelegenheit, ein großes und schönes Land an sich zu reißen, das der Dynastie als Landbrücke zwischen ihren österreichischen Erblanden und Burgund wichtig war. Die »württembergische Frage« hat Jahrzehnte lang von diesem Winkel des Reiches aus die deutsche Politik vergiftet. Nur zu deutlich zeigte sich schon in den ersten Anfängen der Herrschaft Karls V., daß er nicht der erhoffte deutsche Kaiser sein würde, sondern ein internationaler Imperator, dem die dynastischen Interessen seines Hauses sehr viel wichtiger waren als das Reich, dessen Titel er führte.

Hutten hat noch die ersten großen Enttäuschungen durchmachen müssen und gesehen, wie seine Hoffnung auf ein neues Reich zerflatterte. Maximilian, den er so feurig angedichtet hatte, versagte; der junge Karl würde vielleicht zum Besseren zu lenken sein, so glaubte Hutten. Mit seinen Streitschriften und Dialogen suchte er die Nation aufzurütteln, und kaum je hat es in Deutschland so leidenschaftlich »engagierte« Schriften gegeben. Lateinisch waren sie gehalten zu Anfang, und damit hatten sie ein weites, internationales Publikum; dann sprach und dichtete Hutten unter dem Einfluß Luthers auch deutsch und wandte sich direkt an das Volk. Von seinen eignen höchstpersönlichen Erlebnissen und Leiden ging er immer aus, und seine Leiden waren nicht gering. In einer eignen Schrift behandelte er seine Lues und ein neues Heilmittel dafür, das Holz vom Guajakbaum. Die spätere heuchlerische Schamhaftigkeit der Syphilis gegenüber kannte man damals noch nicht; Hutten widmete seinen Traktat ganz unbefangen seinem Protektor, dem Erzbischof Albrecht von Mainz; in Rom sprach eine frühere Schrift ebenso arglos über die Krankheit zu Papst Alexander und empfahl ihm als Heilmittel ein

Gebet, das freilich nichts half; ein anderer römischer Arzt hat ganz sachlich über die Symptome an seinem Patienten, dem gewaltigen Julius II., berichtet. Es ist selbst heute kaum möglich, mit gleicher Gelassenheit über die große Seuche zu sprechen, die neben der stets allgegenwärtigen Pest als überall eingreifend zu denken ist und ihre Verheerungen anrichtete. Der Leidenszug, den Hutten anführt, ist lang und umfaßt die größten Namen der Geistesgeschichte. Jede Schilderung der Epoche der glänzenden Renaissance ist unvollständig, die den Siegeszug der »Franzosenkrankheit«, wie sie genannt wurde, übergeht.

Die »Franzosen«, »malafrancoss« oder auch »mal de Naples« wurde die Seuche genannt nach dem unheilvollen Feldzug Karls VIII. nach Neapel von 1494, der neben den endlosen Kriegen um Italien als vielleicht noch furchtbarere Folge die neue Krankheit in alle Länder Europas verbreitete. Aus dem neuentdeckten Amerika sollte sie gekommen sein, und in der Tat haben die mexikanischen Indios eine Gottheit der Syphilis gekannt und abgebildet; die Frage des Ursprungs ist noch ungeklärt, aber jedenfalls trat sie um die Jahrhundertwende in äußerst virulenter Form auf. Heilmittel gab es nicht; man verwendete Umschläge, Bäder, Einreibungen mit Quecksilber, das schon im Mittelalter als Mittel gegen Hautkrankheiten bekannt war. Hutten beschreibt mit größter Genauigkeit die elf verschiedenen Kuren, die er durchgemacht hat: Salben mit Salz und Mennige, Rost, Grünspan vermischt, auch gepulverten Würmern, dazu Hungerkur, Einsperrung im glühend überheizten Zimmer für drei Wochen; die Zähne werden ihm locker, und er nimmt ein Stück Alaun in den Mund, um das Zahnfleisch ein wenig zu festigen; maßloser Durst, während der Magen jede Flüssigkeit verweigert.

Er blieb am Leben und schrieb weiter, zwischen seinen elf Kuren. Einmal glaubte er sich sogar geheilt, durch das Guajakholz, das noch bis ins 18. Jahrhundert in den Pharmakopöen gespukt hat, Lignum sanctum genannt mit fast lästerlicher Gewißheit seiner Wirkung, die allenfalls in Milderung der Ausschläge bestand, aber keine Heilung bewirken konnte. Das dunkle, schwere Holz wurde geschabt, die Späne zu Aufgüssen gebrüht, der Schaum zu Umschlägen verwendet; Hutten fühlte sich soweit gebessert, daß er Heiratspläne mit einer wohlhabenden Frankfurter Bürgerstochter betrieb. Das Mädchen nahm – glücklicherweise, wie wir nach heutiger medizinischer Kenntnis sagen müssen – einen andern, einen »Eisenfresser«, wie Hutten ihn beschreibt, »mit Schienbeinen von anderthalb Ellen Höhe und riesenhaftem Leibe«.

Als Recken können wir Hutten nicht vorstellen, und er selber hat in einem seiner Dialoge sich und seinesgleichen beschrieben. Da schildert

16 Ulrich von Hutten

er den Reichstag zu Augsburg, bei dem Luther vor Cajetan stand, und spart nicht mit bitteren Bemerkungen über seine deutschen Landsleute: Beraten sie? Nehmen sie sich das Schicksal des Reiches ernstlich zu Herzen? Sie trinken, saufen unmäßig, der Reichstag ist nur ein einziges großes Gelage. Riesenhafte Gestalten sieht er, in prachtvoll gestickten Wämsern, die Haare schön gekräuselt, goldene Ketten um den Hals, alle trunken. Nur einige Nüchterne kann er dazwischen bemerken, kleine leibesschwache »Männlein« verglichen mit den großen

Kraftprotzen, aber stark an Geist und scharfsinnig: »Möchten die Götter die großen Kleinen behüten!« ruft er aus. Die Rolle der »Intelligenz« unter den Großen dieser Welt bei ihren Versammlungen ist bereits in seinem Bilde denkwürdig vorgezeichnet.

Der große Kleine führt seinen Kampf allein. Das Fieber ist ihm geblieben, und ihm widmet er seine beiden ersten Kampfdialoge: »das erste« und »das zweite Fieber«. Er spricht mit der Krankheit: Das Fieber soll ausziehen, sich einen neuen Gast suchen, er bietet ihm den Kardinal Cajetan an, da könne es sich an einem reichen römischen Prälaten gütlich tun, aber das Fieber lehnt den binsendürren Italiener ab. Wie wäre es mit den fetten Mönchen und wohlgenährten Domherren? Oder den Fuggern, den Kaufleuten, den Ärzten, den gemästeten Schreibern und Sekretären des Kaisers? Gar nicht mehr fieberhaft entwickelt Hutten seine Reformgedanken. Ein festes Programm ist es nicht, es sind Schlagworte, aber sie schlagen zu und treffen die allgemein beklagten Übel der Zeit: Schluß mit den vielen faulen Müßiggängern, den Pfründen, dem faulen Wohlleben! Sollen diese Drohnen doch auch einmal wie andere Menschen den Acker bebauen im Schweiße ihres Angesichtes! Die Deutschen müssen sich endlich aufraffen; es kann nicht so weitergehen. Rom ist die Quelle aller Übel, da muß zugegriffen werden. Und mit seiner nächsten Schrift »Von der römischen Dreifaltigkeit« geht Hutten direkt auf den großen Gegner los, nicht nur auf die kleinere Beute der Mönche und Domherren: Rom und nichts als Rom ist der Feind. Aus den Erfahrungen seiner italienischen Reisen spricht er und trifft damit einen empfindlichen Nerv, von der Verachtung, mit der man die Deutschen in Rom abtut als gutmütige Tröpfe, die nur zahlen und immer wieder zahlen sollen. In Rom steht die riesige Erntescheune und Kornkammer, in die der Raub aus allen Ländern zusammengetragen wird. »Und inmitten sitzt der unersättliche Kornwurm, der ungeheure Haufen Getreide vertilgt, umringt von seinen zahllosen Mitfressern. Die haben uns das Blut ausgesogen, das Fleisch abgenagt und sind bis ans Mark gekommen, sie werden uns noch die Knochen zerbrechen und den ganzen Leib zermalmen.« Das Fieber packt ihn wieder, und er ruft zu den Waffen gegen die Plünderer, die vom Blut und Schweiß des deutschen Volkes leben. Und was tun sie mit dem Gold? Sie halten sich Maultiere, Lustweiber und Lustknaben, bauen Marmorpaläste; man muß ihnen dabei noch schöntun und aufwarten, sonst drohen sie mit Gewalt und Schrecken. Wann werden die Deutschen endlich klug werden und die Schande rächen? »Früher mag uns die Rücksicht auf die Religion und fromme Scheu zurückgehalten haben: Jetzt treibt uns die blanke Not!«

So war noch nicht gegen Rom geschrieben worden; selbst Luthers schärfste Auslassungen verblassen dagegen. In dreifachen Wiederholungen hämmert Hutten seine Schlagworte den Gemütern ein: Dreifach ist alles in Rom, auf Papst, Heiligenkult und Ablaß gründet sich sein Ansehen; verbannt aber sind die drei: Einfachheit, Mäßigkeit, Frömmigkeit. Nur die drei sind zu finden in Überfluß: Huren, Pfaffen und Schreiber; verhaßt ist die Dreiheit: Konzil, Reformation der Geistlichkeit, Erwachen der Deutschen.

Hutten nannte die drei Parolen, die allgemein umgingen. Einstellung der Zahlungen an Rom ist eines seiner Rezepte; der Papst mag bleiben, aber er soll bescheiden leben und die Müßiggänger abschaffen. Das zahllose Volk der Geistlichen in allen Ländern soll reduziert werden; man besetze die Stellen mit guten und wohlunterrichteten Männern anstatt armseliger ungebildeter Substitute. Man lasse sie auch heiraten, damit der Konkubinenunfug aufhört. Man reformiere.

Hutten sieht klar, daß das nicht leicht abgehen wird. Man soll seinen Gegner nicht unterschätzen, meint sein eben aus Rom zurückgekehrter Gesprächspartner. »Ungefährdet wird keine große Tat vollbracht«, erwidert Hutten, »und wenn auch die Sache nicht gelingen sollte: Schon der Versuch ist verdienstlich.« – »Willst Du die Deutschen dazu überreden?« – »Ich will es versuchen.« – »Die Wahrheit auszusprechen?« – »Ich werde sie sagen, auch wenn sie mir mit Waffen und dem Tode drohen.«

Das war keine leere Phrase; auch Hutten kam auf die erste Bannliste, an deren Spitze Luthers Name stand; er hat sich verstecken müssen, eine Zuflucht gefunden bei seinem Freund und Gönner, dem großen Kondottiere Franz von Sickingen auf dessen Ebernburg, die er die »Herberge der Gerechtigkeit« nannte. Er hat weiter geschrieben, dann auf deutsch, in einem noch ungelenken Deutsch, das er erst lernen mußte und nie so scharf geschliffen zu handhaben wußte wie sein Latein:

»Latein ich vor geschrieben hab,
Das war eim Jeden nit bekannt,
Jetzt schrei ich an das Vaterland,
Deutsch Nation in ihrer Sprach,
Zu bringen diesen Dingen Rach.«

Das war eher noch der Meistersingerton und auf dem Leisten zurechtgeschlagene Vers des Hans Sachs, aber es wirkte. Hutten wurde populär, in Balladen, Reiterliedlein und Merkversen kam die Antwort: »Ulrich von Hutten, das edel Blut, / Macht so köstliche Bücher gut«, hieß es.

Hutten selber singt in seinem bekanntesten deutschen Lied, »Ich habs gewagt mit Sinnen«: »Auf Landsknecht gut / Und Reuters Mut / Laßt Hutten nicht verderben!« Die frommen Landsknechte hatten etwas anderes zu tun, als sich von einem einsamen landfahrenden Ritter anwerben zu lassen; sie nahmen Dienste bei den Landesfürsten, und die blieben die Sieger. Hutten glaubte an eine nur noch imaginäre »dritte Kraft«, den Kleinadel, dem er entstammte; er sah ihn in seiner mittelalterlichen Rolle, die längst ausgespielt war. Er kämpfte erbittert gegen die aufkommende Macht der Fürsten, er hat zum Schluß gehofft, sogar die Städte, deren Kaufmannsseelen er verachtet und verspottet hatte, zu einem Bündnis mit dem Adel zu gewinnen; er hat den »Pfaffenkrieg« gepriesen als Mittel, die römische Herrschaft abzuwerfen, und als oberste Hoffnung blieb immer noch die auf den Kaiser, ohne den sich – und das war nicht nur Huttens Vorstellung – damals niemand, nicht einmal der Bauer, eine neue Ordnung denken konnte.

Eine dieser Illusionen nach der andern wurde zunichte. In dem Brief, in dem er Luther sich als Bundesgenossen anbot, hieß es schon in den ersten Zeilen: »Mitleid müßte Dich bewegen, wenn Du sähest, mit welchen Schwierigkeiten ich hier zu kämpfen habe: So unzuverlässig ist die Treue der Menschen. Während ich neue Hilfstruppen anwerbe, fallen die alten ab. Jeder hat seine Befürchtungen und Vorwände. Vor allem schreckt die Leute der Wahn, mit der Muttermilch eingesogen: Es sei ein unsühnbares Verbrechen, sich gegen den Papst aufzulehnen, selbst den unwürdigsten und verbrecherischesten. Ich tue, was ich kann und weiche keinem Mißgeschick.« Das ist ziemlich genau die Formel für seine letzten Jahre wie auch für die Menschen, die er aufgerufen hatte und die ihm zeitweilig zujubelten. Es gab bereits so etwas wie eine öffentliche Meinung, und an sie hatte Hutten appelliert, aber sie war unbestimmt und hatte keine Kristallisationspunkte, keine festen Kader, nicht einmal kleine entschiedene Gruppen; selbst Huttens engere Freunde schwankten ständig. Sein einziger Protektor, der Kondottiere Sickingen war gerade dabei, sich dem Kaiser als Feldhauptmann zur Verfügung zu stellen gegen hohes Gehalt, das er allerdings in der unwahrscheinlichen Verwirrung der Zeit aus seiner eignen Tasche bezahlte, mitsamt der Löhnung für die angeworbenen Kriegsknechte. Vergeblich und kläglich ging die Reise aus, die Hutten nach Brüssel an den Hof machte, wo nicht einmal Karl zugegen war, der noch in Spanien weilte, sondern nur der jüngere Bruder Ferdinand. Hutten wurde von den Räten gar nicht vorgelassen. Er hat immer jammervollere Aktionen unternommen oder angekündigt: Er wollte die päpstlichen Legaten abfangen, und seine Freunde ermunterten ihn dazu; man spottete, als nichts daraus wurde; er hat sich dann noch in wahrhaft groteske Kleinunternehmungen verzettelt: Privatfehden gegen einen Abt, der Huttens weitverbreitetes Porträt »zur Säuberung unreiniger seines Leibes Orten« auf seinem Abtritt benutzt hatte und von dem er eine hohe Geldbuße dafür erzwang; Anschläge auf andere Äbte, bei denen einer der Knechte Huttens ergriffen und gehängt wurde. Der große Pfaffenkrieg entartete zu der hirnlosen Raubritteraktion Sickingens gegen Trier und endete mit dem Tode seines einzigen Beschützers. Hutten muß flüchten; in Basel erhofft er sich von Erasmus Hilfe und Zuspruch, aber der vorsichtige Greis läßt ihn gar nicht über seine Schwelle, der Rat weist den unbequemen Mann aus; die letzte Schrift Huttens ist eine bittere Anklage gegen den Geistesfürsten der Humanisten, dem er Feigheit und Verrat an der guten Sache vorwirft mit den schärfsten Worten, die der verwöhnte Erasmus je gehört hat. Dessen Antwort, scheinbar gelassen ein »Schwamm« genannt, der Huttens »Anspritzungen« abwischen sollte, in Wirklichkeit stachlig, böse und auf Huttens wundeste Stellen zielend, dürfte den schon Sterbenden nicht mehr erreicht haben. Zwingli als einziger hatte sich des Gehetzten angenommen und den Züricher Rat bewogen, ihm eine Zuflucht auf der Insel Ufenau zu gewähren. Dort ist der Ritter wie in einer Isolierbaracke gestorben, gepflegt nur, in letzter Ironie, von ein paar mitleidigen Klosterbrüdern und einem heilkundigen Pfarrer, der ihm freilich nicht helfen konnte. Erasmus aber, der große Vorkämpfer für Milde, Humanität und Ausgleich aller Gegensätze, hatte sich nicht geschämt, den Rat von Zürich noch zur Ausweisung des Verfolgten zu animieren: Hutten werde, so schrieb er, »Eure Gütigkeit mißbrauchen mit seinem geilen und mutwilligen Schreiben«, aus seinem »zügellosen Frevelmut« werde Zürich schwerer Schaden erwachsen, und unbedenklich fügte Erasmus, der längst der Sache der Reformation Valet gesagt hatte, noch hinzu, Huttens Treiben könne »dem evangelischen Handel trefflich schaden« wie auch den guten Künsten und den allgemeinen Sitten. Auch der Humanistentraum mit seinen Hoffnungen auf eine große Brüderschaft freier Geister findet mit dieser lamentablen Denunziation sein Ende wie alle anderen Träume Huttens.

Sein Nachlaß bestand in Schulden, wie sich denken läßt. Wichtig aber für die Zeitgenossen wie für uns wäre die große Sammlung von 2000 Briefen von Fürsten, Geistlichen, Gelehrten aller Länder gewesen, die Hutten ihrer Sympathie versicherten, seinen Kampf bewunderten und sich dann vorsichtig zurückzogen. Sie verschwand sehr rasch, weil sie allzuviel sehr kompromittierendes Material enthielt. Und damit ist das Urteil gesprochen über die Mitlebenden, die nichts »wagen« wollten wie Hutten und nur sein kühnes Vorgehen begrüßten, solange es in ihre Pläne paßte oder sich von sicherer Stelle aus als prächtiges Schauspiel betrachten ließ. Luthers Briefe an den Ritter sind ebenfalls vernichtet worden; sie waren aus anderen Gründen in Distanz gehalten. Der Ritter mag dem Bauernsohn überhaupt nicht recht sympathisch gewesen sein, auch wenn er zeitweilig Huttens Fanfarenstöße willkommen hieß. Vom Pfaffenkrieg aber wollte Luther nichts wissen: »Ich will nicht, daß mit Gewalt und Totschlag für das Evangelium gestritten wird«, so schrieb er nach Empfang eines der Schreiben Huttens, »das Wort hat die Welt überwunden, das Wort die Kirche erhalten, und durch das Wort wird sie auch wiederhergestellt werden.«

Auf dem Titelblatt der deutschen Ausgabe von Huttens Kampfschriften stehen im Holzschnitt des Hans Baldung Grien die beiden nebeneinander: der Mönch, der über die Wahrheit meditiert, wie es in der Unterschrift heißt, und der Ritter Hutten mit seinen zur Parole gewordenen Worten: »Durchbrechen müssen wir endlich, durchbrechen!« Darunter treibt eine kriegerische Schar von Rittern zu Roß und von Landsknechten mit langen Spießen die verängstigte Schar der Päpste, Kardinäle, Äbte und Mönche hinaus und davon. Für eine kurze Zeit hat Hutten seinen Platz an der Seite Luthers eingenommen oder, besser, zur gleichen Zeit mit ihm gefochten, auf seine Weise und mit seinen Mitteln: »Ich tue, was ich kann, und weiche keinem Mißgeschick.« Der Durchbruch gelang nicht; Hutten wurde hinabgespült von Mächten, die stärker waren als die Feder. Die Spieße und Lanzen, die auf dem Titelblatt beschworen waren, sollten sich als mächtiger erweisen, mächtiger auch als das Wort, auf das Luther vertraute, jedenfalls für diese Zeit und auf lange hinaus. Der letzte Brief, den Hutten mit schon unsicherer Hand von seinem Inselchen her an einen Freund schrieb, bat in einer Nachschrift um Bücher, er wollte sich noch einmal den Studien zuwenden; ein »Büchlein, wie man Feuerwerk macht« solle er ihm zusenden unter anderem. Wunderlich, aber doch bezeichnend für den Mann. Nicht viel mehr als Leuchtkugeln waren seine Schriften, die als Brandpfeile und tödliche Geschosse gedacht waren. Sie beleuchteten eine düstere, zerrissene und verworrene Szenerie. Aber Respekt können wir Hutten nicht versagen, der mit dem gleichen versagenden Atem an einen anderen Freund schrieb: »Ich gebe die Hoffnung nicht auf, daß eine Zeit kommen werde, wo Gott die mutigen Männer aus der Zerstreuung wieder sammeln wird; gebt auch Ihr sie nicht auf.«

Die Bannbulle

Luther hatte die Schrift »Von der Freiheit eines Christenmenschen« dem Papst Leo gewidmet und mit einem ausführlichen Sendschreiben an den Heiligen Vater versehen. Sie war noch eine Folge der Besprechungen mit dem unablässig umherfahrenden Miltitz und sollte einen letzten Versöhnungsversuch darstellen. Luther hatte freilich eine seltsame Vorstellung von Nachgiebigkeit, und sein Brief an den Papst liest sich eher als eine ungeheuer trotzige Absage. Er macht sogar den für römische Augen wahrhaft abenteuerlichen Vorschlag: der Papst solle sich doch lieber an eine Pfründe oder sein väterliches Erbe halten, das heißt abdanken und sich zurückziehen, anstatt ein »Schaf unter den Wölfen« zu sein. Denn »es ist aus mit dem römischen Stuhl. Gottes Zorn hat ihn überfallen ohne Aufhören. Er ist feind dem allgemeinen Konzil, er will sich nicht unterweisen noch reformieren lassen.« Reform sollte das Werk der Kardinäle sein, aber auch die versagen, drei oder vier Gutwillige mögen unter ihnen sein, aber sie können sich nicht durchsetzen; »die Krankheit spottet der Arznei, Pferd und Wagen geben nichts auf den Fuhrmann«. Luther sieht den Anstifter des ganzen Verfahrens gegen ihn in seinem Gegner Eck: der habe mit seinen »Lügen, Sendbriefen und heimlichen Praktiken die Sache also verbittert und verwirrt«. Der Papst solle nur Frieden und Ruhe gebieten und damit allen Hader austilgen. »Daß ich aber widerrufen sollte meine Lehre, da wird nichts aus ... dieweil das Wort Gottes, das alle Freiheit lehret, nicht soll noch muß gefangen sein.«

Der Papst hat diesen Brief gar nicht erhalten. Luthers Vermutung, daß Eck dahintersteckte, war richtig. Man hatte Eck, als den Sieger der Leipziger Disputation, nach Rom kommen lassen, und dort begann er eine eifrige Tätigkeit zu entfalten. Alles, was bisher geschehen war, erschien ihm zu lahm und umständlich: die Bannbulle, heraus mit ihr, sofort und ohne Zögern! Der Ketzerprozeß, so lange vertagt, wurde wieder aufgenommen. Die weiteren Stadien sind nicht ganz klar, und die Beteiligten haben auch kaum alles gesagt, geschweige denn zu den Akten gegeben, was verhandelt wurde und welche Gesichtspunkte mitspielten. Denn immer wieder in diesem Prozeß waren große politische Kombinationen im Hintergrund, dem Papst wichtiger als Luther, auch den Kardinälen nicht unbekannt, und selbst für dieses Schachspiel besitzen wir nicht viel mehr als Vermutungen der verschiedenen Gesandten bei der Kurie. Wir brauchen diese Fäden nicht aufzudröseln. Leo hat ständig, und darin war er ein getreuer Nachfolger seiner Vorgänger, versucht, die Mächte gegeneinander auszuspielen; das war die einzige Weisheit, die der Kurie verblieben war. Sie hatte sich oft bewährt, aber es war nun der Zeitpunkt gekommen, wo sie sich verbraucht hatte. Die Staaten und ihre Leiter waren sich der neuen Sachlage wohl bewußt; sie traten mit ganz anderem Selbstbewußtsein auf als früher. In Frankreich bestand bereits eine weitgehend selbständige Landeskirche, in England regierte Kardinal Wolsey als Nebenpapst mit Vollmachten, wie sie bis dahin niemand gekannt hatte, der spanische König verfügte ebenfalls über große Unabhängigkeit und hatte obendrein die Möglichkeit, durch sein Königreich Neapel einen höchst empfindlichen Druck auf Rom auszuüben, eine Gefahr, die von der Kurie jahrhundertelang als die schlimmste »Einkreisung« angesehen und mit allen Mitteln verhindert worden war. Nur Deutschland war verblieben als ein Land, in dem die Kurie noch ihre alte Vormachtstellung aufrechtzuerhalten hoffte; sie hatte da stärkere Stützen als in anderen Nationen, die keine geistlichen Fürsten, geschweige als Kurfürsten und Landesherren kannten. Man glaubte auch in Rom, und darin hatten die bitteren polemischen Schriften der Hutten und vieler anderer durchaus recht, daß man es mit einem schlichten, etwas stumpfen Volk zu tun hätte, das zwar wie alle gelegentlich protestierte, aber sich fügte, wenn man ihm den nötigen Ernst zeigte. Wir geben nicht viel auf Äußerungen nationaler Feindschaften oder Gegensätze, die sich auch manipulieren lassen. Aber daß der »Hochmut«, oder, nennen wir es milder, das Überlegenheitsgefühl der Römer einen sehr wesentlichen Faktor bei der Katastrophe gebildet hat, scheint unverkennbar. Papst Leo hatte einigen Grund, sich stolz zu fühlen; so jämmerlich seine Weltpolitik war, so großartig stand das Rom seiner Regierungszeit vor aller Welt da als Zentrum der Künste, als Schauplatz großer Bauten, Feste, der feinsten Latinität; seine Dichterlinge besangen, mit fürstlichen Honoraren belohnt, diesen Glanz, und auch wahre Poeten, wie Ariost, tauchten unter ihnen einmal auf und brachten eine geistvolle Komödie zur Aufführung. Für Leo war es empfindlich genug gewesen, daß der gewaltige Neubau der Peterskirche, der noch einmal die Zentralidee des Papsttums bis in die Einzelheiten des Bauplans hinein versinnbildlichen sollte, durch das unzeitige Eingreifen eines barbarischen Mönches mit seinem Kampf gegen das Ablaßwesen verzögert wurde. Er hatte einen schweren Schlag hinnehmen müssen bei seinem Eingreifen in die Kaiserwahl, und seine ganze Sorge galt nun dem Problem, die neue habsburgisch-burgundische Macht in Schach zu halten und, wenn möglich, zu schwächen. Er konnte nicht gut dulden, daß sein Ansehen weiter beeinträchtigt wurde, und noch dazu auf einem Gebiete, das als bisher unbestrittene Domäne der Kirche gegolten hatte. Sein Prestige stand auf dem Spiel, wenn ein Mönch aus dem Lande der Goten ihn zurechtweisen und belehren wollte.

Trotzdem hat er immer wieder gezögert, und nicht nur aus politischen Gründen. Es ist, als ob ihn doch eine unbestimmte Ahnung, mitten unter seinen Maskenfesten und Jagdvergnügungen, angeweht hätte, daß eine große Entscheidung bevorstand; vielleicht überschätzen wir ihn damit, aber er war kein Narr, sondern nur ein Spieler, unfähig zu sinnvollen Handlungen. So wurde denn auch diese größte Entscheidung seiner Regierungszeit ein unsicheres Hantieren mit den Würfeln, ein Hin und Her, wie bereits mit der Miltitz-Mission, den verschiedenen Legaten und nun den Kommissionen für den Ketzerprozeß Martin Luthers. Eine erste Sitzung im Januar 1520 beschloß Wiederaufnahme des Prozesses und dazu Ausdehnung des Verfahrens auch auf den Kurfüsten. Dann wurde eine Kommission eingesetzt aus Kardinälen und Ordensgeneralen, die den Text der Bannbulle ausarbeiten sollte. Sie machte sich die Sache leicht und hatte keine Neigung, den Schriften des Dr. Luther weiter nachzugehen; die Dominikaner in Köln und Löwen hatten bereits aus Luthers in Basel erschienener Sammelausgabe Sätze ausgezogen und verdammt, und man stimmte lediglich über diese ab.

Aber nun kam ein weiteres Prestige ins Spiel: das des Kardinals Cajetan als Mitglied der Kommission. Der erfahrene Theologe und Kanonist fand das Verfahren zu flüchtig. Er als einziger scheint eine deutlichere Vorstellung von der Sache gehabt zu haben. Er setzte durch, daß noch zehn Theologen hinzugezogen wurden – Kardinäle sah er kaum als theologisch genügend vorgebildet an –, er wollte umsichtig genauer unterscheiden, welche Sätze Luthers ausgesprochene Ketzerei, welche nur »ärgerlich« oder »anstößig« oder geeignet seien, die Gemüter zu verwirren. Aber Cajetan war krank, er mußte sich in einer Sänfte zu den Beratungen tragen lassen, und der robuste Eck trat in Aktion, dem dies alles zu schwerfällig schien. Er bestimmte den Papst, Cajetans Vorschläge fallenzulassen. Abermals wurde eine neue Kommission ernannt, nur noch aus vier Köpfen bestehend, mit Ecks hartem Bauernschädel als Mittelpunkt; nun ging es rasch vorwärts, nur der Text der Verdammung war noch zu verfassen. Leo unterzeichnete auf seinem Jagdschloß Magliano. Auch er war krank und starb mit 46 Jahren im November des nächsten Jahres; krank war er schon gewesen, als er mit 38, einer der jugendlichsten Päpste, den Heiligen Stuhl bestieg; im Wahlkonsistorium hatte man ihn noch, mitten unter den Beratungen, an einer Darmfistel operieren müssen. Er war stark kurzsichtig, die kleinen Augen in dem schwammigen Gesicht, das selbst Raffael nicht hat veredeln können in seinem berühmten Porträt, konnten nur durch ein Lorgnon die unablässigen

Vergnügungen seiner Amtszeit betrachten. Seine Genußsucht hat etwas Verzweifeltes und Hektisches: Er glaubte durch Heiterkeit sein Leben verlängern zu können, er schenkte immerfort aus vollen Taschen, um die Menschen um sich her heiter und zufrieden zu sehen, und noch bei seinem Tode war sein letztes Wort: »Betet für mich, ich will euch alle glücklich machen!« Für die Sakramente und die letzte Ölung blieb dabei nicht Zeit, jene letzte Ölung, die Luther in seiner »babylonischen Gefangenschaft« von der Liste der durch die Kirche geheiligten Sakramente hatte streichen wollen. Das Volk von Rom sah in diesem Hinscheiden ohne die Segnungen der Kirche ein furchtbares Gericht: »Wie ein Fuchs hast du dich eingeschlichen, wie ein Löwe regiert, wie ein Hund bist du dahingefahren«, hieß es. Eine bessere Würdigung Leos von hoher Warte aus mag man bei Ranke in seiner Geschichte der Päpste nachlesen. Wir begnügen uns mit der rein physiologischen Feststellung, daß die Entscheidung über diesen weltgeschichtlichen Fall in den Händen von zwei kranken Italienern und einem erzgesunden, stämmigen Landsmann Luthers lag.

Eck hat für schleunige Publikation des so lange verzögerten Dokumentes gesorgt, und es ist abermals ein Zeichen für die Flüchtigkeit und Sorglosigkeit des ganzen Vorgehens, daß er, der Hauptakteur, dann, als sich die Folgen zeigten, ganz unverfroren geklagt hat: Manche der verurteilten Sätze könnten selbst hochgelehrte Männer nicht verstehen, und sie erschienen auch ihm ganz unwichtig; man habe gar nicht versucht, Luthers Sätze zu widerlegen, was gründlich hätte geschehen müssen; die Bulle enthalte überhaupt nichts, was aus den Evangelien gezogen sei; man wisse in Rom eigentlich gar nicht, worin die Irrtümer des Ketzers bestünden. Und das war in der Tat das Kennzeichen des ziemlich umfänglichen Erlasses, der unter dem Wappen der Medici gedruckt und nach allen Seiten hin verschickt wurde.

Der Eingang dröhnte feierlich, im ältesten Kurialstil, biblisch anklingend an Psalmenverse, in denen auch schon Gott aufgerufen wurde, aufzustehen gegen seine Widersacher. »Erhebe dich, Herr«, exsurge domine, heißt es, und danach wird die Bulle zitiert. Der Herr soll sein Ohr dem Flehen des Papstes leihen, Füchse haben sich aufgemacht, den Weinberg zu verwüsten, ein wildes Schwein, eine Bestie ist eingebrochen. Aber sogleich wird die traditionelle Bedeutung des Papsttums noch einmal nachdrücklich hervorgehoben: »Als Du aufstiegst zum Vater, Herr, hast Du die Sorge für diesen Weinberg, sein Regiment und seine Verwaltung Petrus befohlen, als dem Oberhaupt und Deinem Stellvertreter, sowie dessen Nachfolgern.« Auch Petrus soll sich daher erheben und Paulus, alle Heiligen mögen aufstehen und schließlich die gesamte Kirche. Denn deren wahre Auslegung der Heiligen Schrift wird von einigen, die Satan verblendet hat, lügenhaft verdreht, wie stets die Ketzer von altersher taten »aus Ehrgeiz, und um das Ohr des Volkes zu erhaschen«. Des deutschen Volkes, dem die Päpste stets so besondere Liebe zugewandt und auch das Kaisertum übertragen haben: der politische Wink fehlt nicht. Das lange Zögern wird durch Langmut und väterliche Liebe erklärt: Man sei milde verfahren mit dem Schuldigen und habe ihm sogar die Reisekosten nach Rom ersetzen wollen, damit er sich dort verantworte. Und auch jetzt noch wird ihm eine letzte Frist von sechzig Tagen gesetzt. Widerruft er dann nicht, so verfällt er der Strafe. Was er widerrufen soll, ist in 41 Sätzen aufgeführt, die unter anderem auch Luthers Behauptung enthalten: »Ketzer verbrennen ist gegen den Heiligen Geist.«

Das ist natürlich nicht alles; es werden Sätze angeführt, die nach geltendem kanonischen Recht in der Tat als häretisch angesehen werden konnten, und wenn die Bulle sorgfältiger ausgearbeitet worden wäre, wie Cajetan es vorschlug, so hätte sich wohl eine eindrucksvolle Liste zusammenstellen lassen. Die Schriften Luthers aber, die seinen Bruch mit der Kirche bedeuteten, waren gar nicht berücksichtigt. Man hatte sich damit begnügt, die Urteile der Kölner und Löwener Dominikaner zu übernehmen, die ihrerseits schon ziemlich willkürlich vorgegangen waren mit aus dem Zusammenhang gerissenen Stellen und Umformulierungen; Luther konnte protestieren, das seien gar nicht seine Lehren.

Der Abschluß der Bulle ist generelle Verdammung aller 41 Sätze, Verbot, sie zu verteidigen oder begünstigen, auch an Kaiser und Fürsten gerichtet, und Befehl, Luthers Schriften zu verbrennen. Wir rekapitulieren kurz den ganzen so vielfach aufgehaltenen Prozeß: Drei Jahre hatte er gedauert, vom Januar 1518 bis zum Januar 1521, als die Bulle erst ausdrücklich in Kraft gesetzt wurde. Begonnen hatte es mit der Denunziation der Dominikaner, auf Betreiben Tetzels; ein Gutachten Mazzolinis wurde daraufhin erstattet und Luther nach

Bulla contra errores
Martini Lutheri
⁊ sequacium.

17 Titelblatt der Bulle Papst Leo X. gegen Luther

Rom vorgeladen; er erschien nicht und verlangte Verhör in Deutschland. Erst Kaiser Maximilians Schreiben veranlaßte dann die Eröffnung eines formellen Ketzerprozesses. Der Papst erließ Verfügungen, Luther gefangenzunehmen und auszuliefern. Daraus wurde aber nichts infolge der politischen Schachzüge während der Verhandlungen über die Kaiserwahl. Erst Anfang 1520, nach zwei Jahren, wurde die Sache im Ernst betrieben, und auch dann zog sie sich noch zwölf Monate hin. Die »juristische« Grundlage für die Bulle war äußerst schwach; daß Luther inzwischen tatsächlich mit der Kirche gebrochen hatte, ist etwas anderes. Die Kurie würde mit diesem schicksalsvollen Dokument sehr viel würdiger dastehen, wenn sie den Vorschlägen Cajetans gefolgt wäre. Auch dann wäre zweifellos eine Verurteilung erfolgt, aber mit sehr viel besserer Begründung.

Wir müssen noch fragen, was es überhaupt mit dem Vorwurf der Ketzerei auf sich hatte. Wer entschied darüber, ob jemand ein Ketzer war oder seine Lehre häretisch? In den frühen Jahrhunderten war das den Konzilien vorbehalten gewesen, und auch im Mittelalter haben vornehmlich die großen Synoden darüber entschieden. In den ersten tausend Jahren der Kirche waren, von den großen Spaltungen im Osten abgesehen, verhältnismäßig wenige Fälle zur Verurteilung gekommen. Erst im 12. Jahrhundert begann die große Zeit der Ketzerverfolgungen, als Maßnahme gegen die Volksbewegungen, die Bogomilen, Waldenser, Albigenser, die sich die »Reinen«, die Katharer nannten, woraus das deutsche Wort Ketzer entstand. Da handelte es sich zum ersten Mal nicht um einzelne oder kleine Gruppen, sondern um ganze Landschaften und die Bildung eigner Kirchenorganisationen. Große organisatorische Gegenmaßnahmen wurden getroffen, und zwar von der Kirche und dem Staat zugleich. Kaiser Friedrich II., von ahnungslosen Romantikern in späterer Zeit als »freisinniger« und »aufgeklärter« Geist gefeiert, verfügte in feierlichem Reichsgesetz, daß das Ketzerverfahren eine Angelegenheit des Staates sei: der Ketzer sei nicht nur ein »Feind Gottes«, sondern auch des Kaisers, ein Staatsfeind, und als solcher auszutilgen. Mit schneidender Ironie hieß es in dem Erlaß: Die nach der Passion sich sehnenden Ketzer »sollen den Tod erleiden, nach dem es sie gelüstet, sie sollen bei lebendigem Leibe vor aller Augen verbrannt werden und dem Gericht der Flammen verfallen, und das schmerzt Uns nicht, denn Wir entsprechen damit nur ihren eignen Wünschen«. Erst mit diesem Erlaß und im Zusammenspiel zwischen einem Kaiser und Papst, die sich gegenseitig als Ketzer verdammten und auszutilgen suchten, wurde das gemeinsame Vorgehen von Staat und Kirche fest begründet: Die Kirche übernahm Untersuchung und Verurteilung, der weltliche Arm die Exekution. In Karls V. Vorstellungen fand die Auffassung Friedrichs II. ihren würdigen Nachfolger; in seinen spanischen Landen war die Inquisition vor allem ein Instrument in der Hand des Staates, erst sehr in zweiter Linie der Kirche; auch er sah in Luther den »Staatsfeind«, den Rebellen und Aufrührer, und behielt es sich durchaus vor, erst durch sein Eingreifen mit der Acht ihn zu bestrafen.

Als Beauftragte des Papstes waren die Dominikaner zu Ketzerrichtern eingesetzt worden; in Deutschland hatten sie sich früh schon verhaßt gemacht und konnten nur mit gewisser Vorsicht auftreten; ein allgemein gefürchtetes »Amt der Heiligen Inquisition« wie in Spanien bestand nicht, auch nicht in Italien, wo es erst in der Mitte des 16. Jahrhundert eingerichtet wurde. Die Dominikaner haben sich immerhin redlich bemüht, nicht zuletzt im Falle Luthers, ihre Aufgabe als »Wächter« zu erfüllen. Was aber galt alles als Ketzerei? Darüber lauteten die Ansichten von Jahrhundert zu Jahrhundert ganz verschieden. Wilde Kämpfe sind geführt worden um Fragen, die dann fast vergessen wurden und deren Bedeutung sich nicht leicht erfassen läßt: so die, ob die Verstorbenen, ja selbst wenn sie Heilige wären, sogleich beim Eintreffen im Himmel Gott von Angesicht zu Angesicht erblicken könnten oder erst beim Jüngsten Gericht? Die Anklagen und Gegenklagen überkreuzten sich: Päpste und Gegenpäpste verfluchten sich gegenseitig als Ketzer. Auch da setzte, wie auf allen Gebieten, eine Inflation ein; mit der immer gründlicheren Ausarbeitung des Rechtssystems der Kirche wurden immer mehr Fälle einbezogen. Für Zauberei und Hexenwesen schufen die Kölner Dominikaner das große Handbuch des »Hexenhammers«, und zur Zeit von Luthers Geburt wurde die erste päpstliche Bulle darüber erlassen. Für Luthers Fall war Hus das große Beispiel, das immer zitiert wurde; Hus und sein Vorgänger Wyclif waren die beiden Namen, die Luthers Zeitgenossen noch in der Erinnerung geblieben waren; die Verbrennung der Jungfrau von Orleans war vergessen. Für die Ketzeranklage gegen Luther ist noch wichtig, daß in immer zunehmendem Maße auch jede

Frage, die nur eine institutionelle Einrichtung der Kirche betraf, als Vergehen angesehen werden konnte. Die Meinungen darüber waren allerdings geteilt. Auch dem Kardinal Cajetan war es zweifelhaft, welche Lehren Luthers ausgesprochen häretisch oder nur bedenklich seien. Erasmus hat darüber gespottet, daß auch schon Sprachstudien oder philosophische Ansichten als Ketzerei denunziert würden. Die Praxis war erst recht ganz willkürlich geworden. Kein Papst hat es seit der Gefangenschaft in Avignon mehr gewagt, einen großen Herrscher, so verhaßt er ihm sein mochte, zu verdammen und zu bannen; mit kleineren Gegnern wurde energischer verfahren.

Luther hatte sich darauf berufen, daß er nur »Ansichten« angriff, keine Dogmen und offiziell verkündeten Lehrmeinungen. Die Unfehlbarkeit des Papstes in Glaubensfragen ist erst 1870 als verbindlich festgelegt worden, auch da unter schweren Erschütterungen der katholischen Kirche. Zu Luthers Zeit war sie Ansicht der Kanonisten; daß ein Papst auch vom Glauben abfallen könnte, war sogar im kanonischen Recht vorgesehen, weniger genau allerdings, was dann geschehen sollte. Über die Päpste, die Ketzer gewesen seien – von einigen behauptete das auch die Kirche –, wurde debattiert; der Fall des Papstes Honorius hat vom 7. bis zum 19. Jahrhundert die Gemüter bewegt. Noch strittiger war die Frage der Oberhoheit des Konzils, das in der Frühzeit alle großen Probleme entschieden hatte. Die Ereignisse der großen Kirchenspaltung, die erst in Konstanz beendigt worden war, hatten gezeigt, daß es unter Umständen ohne eine solche letzte Berufungsinstanz nicht ging. Fast alle Herrscher benutzten die Drohung mit einem Konzil als politisches Druckmittel; die gesamte europäische öffentliche Meinung sah im Konzil die Hoffnung und die Lösung für alle Schwierigkeiten; auch in hochkirchlichen Kreisen und unter den Kardinälen fand die Forderung erhebliche Sympathien. Zur Abwehr hatte die Kurie die These entwickelt, daß nur der Papst ein Konzil einberufen und daß nur er die Beschlüsse durch seine Zustimmung gültig machen könne. Luther traf mit seiner Bestreitung dieser These die empfindlichste Stelle der Hierarchie. Es ging dabei nicht um Glaubensfragen, sondern um die Macht. Es ging auch nicht nur um deutsche Fragen: Diese Sache war eine europäische Angelegenheit. Luthers internationale Wirkung war nicht zum wenigsten dadurch so überraschend weit und rasch in allen Ländern spürbar geworden, weil er dieses heiße Eisen angerührt hatte. Es wurde, rein politisch gesehen, sein verhängnisvollster Fehler, daß er in der Hitze seines Vorgehens und gereizt durch die Vorwürfe, er sei ein zweiter Hus, auch den Konzilien die letzte Hoheit bestritt. Damit fiel jede weitere Berufung auf eine greifbare Instanz fort; für ihn war die Schrift die einzige Autorität. Die erschien jedoch sehr vielen ungreifbar und der Auslegung bedürftig. Die Kirche war da auf sicherer begründetem Boden und konnte auch ihrerseits an die öffentliche Meinung appellieren: Nicht jedem wollte es ohne weiteres einleuchten, daß nur Dr. Martin Luther imstande sei, die Bibel in ihrem wahren Sinn zu erklären. Später sollte dies noch bedeutsamer werden, als neben und hinter ihm immer weitere Menschen aufstanden, die ihre eigene und abweichende Deutung vortrugen. Die Kirche gewann damit ihre stärkste Position zurück: Sie stützte sich auf die Tradition, ein geheimes und unsichtbares »Über-Konzil« gewissermaßen aller großen Kirchenlehrer, das höhere Autorität beanspruchen konnte als eine zeitliche Zusammenkunft großer Prälaten, womöglich unter Mitwirkung von Laien.

Wir haben weiter ausgegriffen, weil die Bannbulle – der letzte »große Bann« von weltgeschichtlicher Bedeutung – sonst etwas allzu zeitbedingt und nahezu fahrlässig erscheinen kann, wie sie das auch in vieler Beziehung war. Es ist klar, daß Luther mit »Rom« gebrochen hatte, bewußt und mit dem Fortschreiten von Position zu Position. Es ist nicht so klar, daß er mit der »Kirche« gebrochen hatte, noch ob er das tun wollte. Es gab Kirchen, die weit von den bei der Kurie herrschenden Ansichten abwichen. Gerade Böhmen, das ihm immer vorgeworfen wurde, war ein Beispiel dafür. Es galt als »Ketzerland«, aber die Kurie hatte ihm das Abendmahl in beiderlei Gestalt belassen müssen, auch Säkularisierung vieler Kirchengüter. Das Ketzerland blieb ein Teil der römischen Kirche, weil man es nicht verlieren wollte, womöglich an die griechische Kirche, mit der die Böhmen verhandelt hatten. Die griechische Kirche wiederum galt ebenfalls als »ketzerisch«; Luther hatte sich in Leipzig entschieden dagegen verwahrt, und Unionsverhandlungen waren ständig, mit wechselndem Erfolg, geführt worden. Luther wollte, als er verurteilt wurde, eine Reform der bestehenden Kirche, eine radikale allerdings, weit unterschieden von den so vielfach erhobenen Forderungen. Die Konzilien waren daran gescheitert, daß hohe Kirchenfürsten nicht daran dachten, ihre eigne Stellung zu reduzieren. Luther traute sich zu, eine Reform womöglich auch ohne Konzil, auch ohne die Kurie durchzuführen. Er appellierte an die Laien. Und das war das unverzeihliche Vergehen, in der Bulle kaum angerührt, die eigentliche Ketzerei.

Die Bulle war ausgefertigt, schlecht und recht, von den Kardinälen gebilligt. Wenn der Text schon flüchtig zusammengestellt worden war, so ging man nun noch fahrlässiger vor. Von den Zuständen und der Stimmung in Deutschland scheint man in Rom nicht die geringste Ahnung gehabt zu haben, und um die Sache so rasch wie möglich zu erledigen, betraute man Eck als den bisher tätigsten Mitarbeiter an dem Geschäft mit der Aufgabe, den Bann zu publizieren und für die Durchführung des Urteils zu sorgen. Er wurde zum Nuntius ernannt. Neben ihm entsandte man den päpstlichen Bibliothekar Aleander als weiteren Nuntius, vor allem für die Niederlande und das Rheinland. Es erwies sich, daß der Bannstrahl, so furchtbar er lautete, nur noch geringe Kraft besaß. Ecks Vollmacht war übrigens weitergehend als die des Aleander; man hatte ihm, in nochmaliger und eigentlich skandalöser Auslegung des Banngedankens eine Art Blankoscheck ausgestellt: Er konnte der ihm übergebenen Bulle nach seinem Ermessen weitere Namen einfügen. Ohne große Skrupel setzte er den Nürnberger Patrizier Pirckheimer hinein, den er als Verfasser des witzigen Pamphlets »Eccius dedolatus« vermutete, einen weiteren angesehenen Nürnberger, den Stadtsyndikus Spengler, und einen Domherrn in Augsburg, alle seine persönlichen Gegner. Das Verfahren war um so ungehöriger, als beim Ketzerverfahren, sogar vor dem Inquisitionsgericht, der Angeklagte das Recht hatte, Richter wegen Befangenheit ablehnen zu dürfen, wenn er nachweisen konnte, daß sie seine persönlichen Feinde seien. Eck hatte immerhin die Genugtuung, daß die Beschuldigten sich ziemlich demütig unterwarfen und eine Reueerklärung abgaben. Ein völliger Mißerfolg aber war seine Reise nach Sachsen. Nur in einigen Orten, wie Meißen und Merseburg, konnte er den öffentlichen Anschlag des Bannes durchsetzen; nicht einmal in Leipzig, das ihn im Vorjahr noch gefeiert hatte, gelang ihm das; seine Reise wurde fast zu einer Flucht; man bedrohte ihn, Spottlieder wurden gesungen; nach Wittenberg wagte er sich gar nicht. Es zeigte sich, daß Luthers Fall zu einer nationalen Sache geworden war.

Das trat auch bei der Mission des anderen Nuntius Aleander zu Tage. Er hatte Erfolg in den niederländischen Gebieten, wo er sich auf die Autorität Karls V. als des Landesherren stützen konnte, aber schon im Rheinland wurde es ihm schwer gemacht. In Köln, das sich als Hauptsitz der Dominikaner im Kampf gegen Ketzerei bisher hervorgetan hatte, wurde er bedroht. In Mainz wurde ein Scheiterhaufen aufgerichtet; die Studenten trugen statt Luthers Werken die seiner Gegner herbei. Sehr bald mußte Aleander, dessen Berichte nach Rom erst so hoffnungsvoll gelautet hatten, sich korrigieren und fassungslos schreiben, daß fast neun Zehntel Deutschlands lutherische Ketzer und Rebellen seien.

Der Erzrebell selber war ganz gelassen. Sein Kurfürst hatte ihm durch Spalatin vorgeschlagen, er solle sich doch in Privatschreiben an die Fürsten wenden und ihnen seine Sache vortragen. Luther wandte sich an die Öffentlichkeit. »Verlaß dich nicht auf Fürsten«, schrieb er an Spalatin. Er ging auf eigne Faust vor und ließ im Druck einen Gegenbann ausgehen: die Bulle, falls überhaupt echt, was man bezweifeln könne, sei eine »sakrilegische Ketzerei«. Außerdem, und wirkungsvoller, verfaßte er ein Plakat in lateinischer und deutscher Fassung und wandte sich damit an »Kaiser und Reich«, den Kaiser, die Fürsten, die Städte und Gemeinden: Sie sollten seinen Appell an ein freies Konzil unterstützen und die Bulle nicht befolgen. Er verlangte Gehör vor unparteiischen Richtern und fand damit weiteste Sympathien. Der ständig schwelende Gegensatz zwischen Rom und den deutschen Ländern entzündete sich an diesem »Fall Martin Luther« und brannte auf mit einer ungeahnten Gewalt.

Die Bücherverbrennungen von Luthers Schriften hatten nur Reisig ins Feuer geworfen. Luther schritt nun zu der Aktion, die deutlicher als jedes gedruckte Wort seinen Bruch mit der Kirche aller Welt vor Augen stellte: Er verbrannte die Bannbulle. Er tat aber mehr, und das war die beispiellose Radikalität seines Vorgehens: Er verbrannte zuerst und vor allem die Dekretalen, das Haupt- und Grundbuch des Papsttums und der Kirche als Institution. Die Zeitgenossen haben das mit Recht als das Unerhörte des Vorganges empfunden; die Bannbulle war nur eine Zugabe, und sie wird in den Berichten gar nicht erwähnt. Aber daß ein Mönch es wagte, nicht eine einzelne Kundgebung, nicht eine Bulle oder eine Liste von Sentenzen, sondern das gesamte in Jahrhunderten aufgebaute Gesetzeswerk zu vernichten, dafür gab es kein Beispiel. Es bedeutete das Ende der mittelalterlichen Machtstellung der Kirche, die sich – soweit das in Gesetzen niedergelegt war – in dieser Sammlung verkörpert sah. Es war auch die Scheidung von Rom, nicht nur der römischen Kurie und dem Papsttum. Aus altrömischem lateinischem Denken, aus der Tradition der römischen Kaiser war das kanonische Recht erwachsen. Es war die Weiterführung des imperialen Rom, dessen Erbe die Kirche übernommen hatte. Juristen hatten das römische Recht geschaffen; Juristen waren die Päpste, die zusammen mit den großen Rechtslehrern der Universität Bologna dieses Werk errichteten, in sorgsam aufgebauten Schichten, Jahresring um Jahresring. Das Wort Corpus juris canonici hat für uns nur einen schwachen Klang, es wirkt entfernt, als eine Angelegenheit für Spezialisten entlegenster Art. Für das Mittelalter und bis zu Luther hin war es »Donner und Blitz«, eine Macht, die in alle Lebensverhältnisse eingriff mit hundert Händen. Wir können die Vermessenheit Luthers nur begreifen, wenn wir uns das vor Augen halten.

Das kanonische Recht hatte die unvergleichliche Überlegenheit gegenüber allen anderen Rechtssammlungen, daß es nicht alte Rechtsbräuche erst kodifizierte: Es schuf ständig neues Recht. Mit jedem, auch für die jeweilige Zeit noch so revolutionären Anspruch des Papsttums wurden neue Dekrete hinzugefügt, die fortan galten. Es war international und hatte damit seine eigne Würde und seinen Wert für das gesamte Abendland. Es ging allem anderen Recht vor. Aus diesem Rechtsbuch fuhren die großen Blitze hervor, die Kaiser und Könige zerschmetterten. In der Gewitteratmosphäre der Hohenstaufenzeit waren die ersten grundlegenden, dann als »amtlich« bezeichneten Bücher der Dekretalen hervorgegangen. Die Namen der cäsarischen Päpste Gregor IX. und Bonifaz VIII. bezeichneten die Hauptteile der Sammlung. Die Avignon-Päpste Klemens V. und Johann XII. hatten die weiteren Bücher des großen Codex hinzugefügt; Nachträge kamen bis zum Anfang des 16. Jahrhunderts hinzu. Luther habe »die Klementinen verbrannt«, hieß es in den aufgeregten Meldungen an den Kaiser. Wenige Menschen zu seiner Zeit wußten etwas von Klemens V., noch was seine Dekrete beabsichtigten, aber jeder wußte, daß »die Klementinen« ein geltendes großes Gesetzbuch darstellten. Auch Luther kannte das Riesenwerk nur sehr unvollkommen, aber er hatte instinktiv die Punkte herausgegriffen, die am empfindlichsten ins Leben und Völkerleben eingriffen. Er empörte sich darüber, daß der Papst das kanonische Recht beanspruchte, jeden Eid, auch den feierlichsten, aufzuheben. Gerade dies war jedoch eines der stärksten Machtmittel gewesen im politischen Kampf: Mit Lösung vom Untertaneneid hatten die Päpste, wirkungsvoller als mit dem Bann, der oft abprallte, im Streit mit den Kaisern ihre Gegner niedergezwungen; nie fehlte es in Deutschland an Fürsten, die nur auf diese »rechtliche« Legitimierung für Abfall und Rebellion warteten. Die Rechtsgewalt über die Ehe war bis in die jüngste Vergangenheit nicht weniger rücksichtslos als Machtinstrument gehandhabt worden. Das kanonische Zinsverbot regulierte das Wirtschaftsleben, soweit man von Regelung sprechen kann; es wurde fortwährend umgangen, am krassesten von der Kurie und ihren Bankiers. Das gesamte Gesetzeswerk war in der Praxis ein Komplex von Ausnahmen geworden, ob es sich um das »kanonische Alter« für Bischöfe, Erzbischöfe und Kardinäle handelte, die schon als Kinder oder Knaben ernannt wurden, oder den Pluralismus, die Simonie. Die weltlichen Mächte hatten begonnen, ihr eigenes Recht zu entwickeln, und das alte römische Recht, das seine Wiederauferstehung erlebte, bot ihnen eine neue, sehr wirkungsvolle Handhabe. Das altrömische Recht siegte über das römische Recht der Kurie, Justinian über Gratian, den ersten Sammler der Dekretalen. Luther vollzog auch hier, ohne es zu ahnen, eine historische Mission, wenn er das kanonische Recht eliminierte. Für ihn freilich war es vor allem eine Gewissensfrage. Daß der Papst sich über die Schrift, das Wort Gottes, erhob und daß er niemand Rechenschaft abzulegen hätte, unfehlbar, unabsetzbar sein sollte auch bei noch so großem »Ärgernis«: das war für ihn der Grund, weshalb er das Buch den Flammen übergab.

Er wählte den Zeitpunkt sehr sorgfältig. Die Frist von sechzig Tagen, die ihm in der Bulle gesetzt wurde, war eben abgelaufen; sie war nach dem Rechtsbrauch, den er hier beachtete, nicht vom Erlaß der Bulle zu berechnen, sondern von dem Tage ab, da sie durch Anschlag ihm »zugestellt« worden war. Am 10. Dezember 1520, bei kaltem Winterwetter, zog er frühmorgens mit einer Schar von Begleitern und Studenten vor das Tor von Wittenberg. Durch einen Anschlag an die Tür der Pfarrkirche hatte er »alle Freunde der evangelischen Wahrheit« aufgefordert, an der Verbrennung der »gottlosen Bücher des päpstlichen Rechtes und der scholastischen Theologie« teilzunehmen. Ein Exemplar der Dekretalen war beschafft, auch ein Lehrbuch für Beichtväter über Gewissensfragen; mit den Klassikern der Scholastik hatte er weniger Glück gehabt; niemand wollte ihm seinen Thomas von Aquino oder Duns Scotus aushändigen. Der Zug ging zum Exekutionsplatz vor den Mauern am Elbeufer, dem Schindanger. Ein Magister zündete den Scheiterhaufen an und warf die drei Bände des Kanonischen Rechtes in die Flammen; sie dürften, wenn man das schwere Papier jener Zeit kennt, nur mühsam gebrannt haben. Erst dann trat Luther heran und tat, von den meisten Teilnehmern kaum bemerkt, das kleine Heft der gedruckten Bannbulle dazu und sprach leise einige lateinische Worte, die gelautet haben sollen: »Weil du die Wahrheit Gottes verstört hast, zerstöre dich dieses Feuer.« Er begab sich rasch nach Hause und setzte einen ganz kurzen Brief an Spalatin über den Vorfall auf, damit dieser dem Kurfürsten berichten könne. Die Studenten aber hatten an diesem stillen Vorgang nicht genug. Sie feierten den großen Tag, dessen Bedeutung sie schwerlich begriffen, mit einem Fastnachtsaufzug, nachdem sie erst gefrühstückt hatten. Sie putzten einen Wagen mit Tafeln und Inschriften gegen das Papsttum auf und fuhren durch die Straßen, um weiteres Brennmaterial und Schriften der Luthergegner einzusammeln. Vorn im Wagen – die beliebten judenfeindlichen Späße durften nicht fehlen – saßen vier verkleidete Knaben, die als Gegenstück zu Rom die besiegte »Synagoge« darstellen sollten und heftig zu lamentieren hatten über das Unglück. Ein Trompeter blies dazu Mißtöne; am Scheiterhaufen wurden die weiteren Schriften verbrannt mit Reden, Rezitationen aus dem Inhalt, Gelächter; nach Absingen eines Requiems ging man auseinander; erst dieser Umzug hatte auch größere Zuschauermengen angelockt.

Luther war über diese Mißtöne zu seiner Aktion keineswegs erbaut. Er sprach am nächsten Tage im Hörsaal zu den Studenten; sein Kolleg war jetzt auf 300 bis 400 Hörer angewachsen. Ganz ungewöhnlicherweise – das Lateinische war sonst streng vorgeschrieben – redete er deutsch. Er machte klar, daß kein Studentenulk gemeint sei: Die Sache sei sehr ernst. Es handele sich um die Alternative: Martyrium oder die Hölle. Martyrium habe eigentlich jeder zu erwarten, der den Kampf mit dem Papsttum aufnehmen wolle; die Hölle, wer beim Antichrist verbliebe. Ihm sei aber keine Wahl gelassen. Er habe sich nicht aus »weltlichen Gründen« zu dem Schritt entschlossen, sondern um seine Mitmenschen vor dem ewigen Verderben zu bewahren. Das Bücherverbrennen sei nicht genug: Der päpstliche Stuhl müsse den Flammen übergeben werden.

Wir wissen wenig darüber, wie diese Ansprache gewirkt hat, wie überhaupt die Berichte aus Luthers nächster Umgebung sehr dürftig sind; vom Verbrennen der Bulle hat niemand etwas erwähnt, wir erfahren davon nur aus Luthers Brief und einer späteren Aussage des Magisters Agricola, der den Holzstoß angezündet hatte. Die Kollegen Luthers an der Universität waren sehr still und erschrocken, nur der Jurist Goede fuhr wütend hoch: »Wessen erfrecht sich der räudige Mönch!« Er sah mit dem kanonischen Recht die Grundlage seiner Studien in Flammen aufgehen. Luther aber setzte sich sogleich an seinen Tisch und schrieb eine populäre Rechtfertigung: »Warum des Papst und seiner Jünger Bücher verbrannt sind« für »alle Liebhaber christlicher Wahrheit«. In fast amtlichem Stil heißt es da, er »füge männiglich zu wissen«, was auf seinen Willen und Rat geschehen sei. Er habe nur einen alten Brauch vollzogen: Schon in der Apostelgeschichte sei davon zu lesen, wie sie »giftige Bücher für fünftausend Pfennige wert verbrannten nach der Lehre S. Pauli«. Er sei »geschworner Doktor der Heiligen Schrift« – eine Beteuerung der Aufgabe seines Amtes, die er jetzt immer wieder betont – und »täglicher Prediger«, der auch als solcher die Pflicht habe, gegen falsche Lehren aufzutreten. Er bezieht sich darauf, daß man zuerst seine Bücher verbrannt habe. Dadurch sei beim Volk viel Verwirrung entstanden und deshalb habe er jetzt die Bücher des Papstes verbrannt. Von der Bannbulle spricht er nicht. Die »Hauptartikel« des kanonischen Rechtes führt er dann in dreißig Punkten auf; der zehnte ist der Hauptpunkt: den Papst dürfe niemand richten, aber er »solle alle Menschen richten auf Erden«. So stehe es in den Dekretalen. »Besteht dieser Artikel, so liegt Christus und sein Wort darnieder – besteht er aber nicht, so liegt das ganze geistliche Recht mit dem Papst und dem römischen Stuhl darnieder.« Abschließend überläßt er es dem Leser, über seine Ausführungen nachzudenken. »Mich bewegt das am meisten, daß der Papst noch nie kein Mal hat mit (Heiliger) Schrift oder Vernunft widerlegt einen, der wider ihn geredet, geschrieben oder getan hat.« Einzig mit Gewalt und Bann, durch Könige, Fürsten oder andere Anhänger hat er »verjagt, verbrannt oder sonst erwürgt«, wie aus allen Historien zu beweisen. Der Papst hat nie ein Gericht oder Urteil zugelassen, sondern nur erklärt, »er sei über alle Schrift, Gericht und Gewalt«.

Den weitesten Anklang fand Luthers Forderung, vor unparteiischen Richtern vernommen zu werden, auf deutschem Boden. Gerade, daß die Kurie glaubte, im Reich so viel rücksichtsloser eingreifen zu können als in anderen Ländern, erbitterte viele. Um Luthers Haupt wob sich ein Glorienschein. In Holzschnitten, Flugblättern, Streitschriften erschien sein Bild mit einem Strahlenkranz umgeben, auch mit der Taube des Heiligen Geistes darüber. Noch war es ungewiß, ob es die Gloriole des Märtyrers oder des erwarteten Helden sein würde. Daß der Spruch des Papstes allein nicht genüge, war offenkundig geworden durch den Empfang, den die Bannbulle gefunden hatte. Luther hatte an Kaiser und Reich appelliert. Der junge Kaiser zog jetzt den Rhein herauf. In seinen Händen lag das Schicksal des Mönches.

Vorladung vor Kaiser und Reich

Kurfürst Friedrich hatte in seiner sehr langsamen und vorsichtigen Art bereits den Gedanken erwogen, seinen Doktor Luther mit auf den nächsten Reichstag zu bringen. Er distanzierte sich noch immer ausdrücklich von dessen Lehren und betonte geflissentlich seine »Neutralität«. Aber die Angelegenheit war nun für ihn eine Ehrensache geworden, und dazu eine Gefahr: Auch ihm selber war der Bann angedroht worden. Schreiben zwischen Sachsen und dem kaiserlichen Hofe gingen hin und her; es wurde zugestimmt und abgelehnt, die kaiserliche Politik hatte sich noch nicht formiert und hing von der Haltung der Kurie ab, die ihrerseits zwischen Frankreich und dem Kaiser lavierte. Unermüdlich aber war der päpstliche Nuntius Aleander tätig. Er war in dem reich bestellten Personal an Nuntien und Legaten, das Leo nach Deutschland in Bewegung gesetzt hatte, eigentlich nur eine Nebenfigur: Neben oder über ihm stand noch ein Legat

Caracciolo für die hochpolitischen Verhandlungen. Aleander jedoch gedachte die Hauptrolle zu spielen und sich dabei unsterblichen Ruhm zu gewinnen. Und für eine kleine Weile steht auch er nun, nach Tetzel und Eck, auf der Bühne der Zeit. Jeder der drei Männer repräsentiert einen ewigen Typus: den einfachen Soldaten oder Kämpfer, den gelehrten Verfechter, der als Hilfstruppe herangezogen wird, den Diplomaten des hohen Generalstabes. Jeder vertritt eine bestimmte Kategorie der damaligen streitenden Kirche, und jeder erhält den ihm zukommenden Lohn: Der »Fußsoldat« Tetzel hat auf seinem Posten zu sterben, der nicht mehr gehalten werden kann und aufgegeben ist; Eck bekommt seine kleine Pfründe, Aleander wird mit dem für höhere Offiziere üblichen Titel und den Einkünften eines Erzbischofs und Kardinals bedacht. Erasmus, sein Jugendfreund und späterer Gegner, schreibt 1533 über ihn: »Er lebt jetzt in Venedig, ganz epikuräisch – indessen mit Anstand.«

Sie kannten sich von den schönen hoffnungsvollen Jahren her, da sie beide angehende Humanisten waren, beide sehr ehrgeizig und begabt und sehr arm. Erasmus hatte sich 1506 nach Italien, in das gelobte Land der neuen schönen Wissenschaften, und an die Quelle, Venedig, begeben. Dort gab es aus der kleinen Schar der aus Konstantinopel geflüchteten Griechen noch Männer, die die alte Sprache beherrschten und weitergeben konnten: die Lascaris und Mousouros; dort war vor allem in Aldus Manutius ein großer Verleger entstanden, vielleicht der größte, den sein Stand je gehabt hat. In kleinen, handlichen »Taschenausgaben« mit der eleganten italienischen Kursivtype druckte er seine Klassiker und sicherte damit der neuen Wissenschaft weiteste Verbreitung in einem Gewand, das schon rein äußerlich den Unterschied zwischen dieser helleren neuen Geisteswelt und den schweren Folianten der alten Schule mit ihren krausen gotischen Buchstaben deutlich machte. Aldus begriff sogleich, was in dem kleinen zarten Männchen aus den Niederlanden steckte. Er druckte das Neue Testament im Urtext, und wir sahen, welche Bedeutung es für Luther gehabt hat; er publizierte die »Adagia« des Erasmus, eine Sammlung ausgewählter lateinischer Prachtstellen, die eine ganze Generation mit Vorbildern und handlichen Formeln versorgte, und dies, wie Erasmus jubelte, in seinen »allerhübschesten Buchstäblein, den ganz winzigen vor allem«. Aldus sorgte auch dafür, daß der junge Scholar mit Kost und Logis bei seinem Schwiegervater unterkam, und dort schlief Erasmus zusammen mit dem ebenso armen jungen Hieronymus Aleander, einem Arztsohn aus Friaul, in einem Bett, wie das für mittellose Leute üblich war. Aldus führte die beiden in den Kreis seiner griechischen Freunde, eine Art Akademie, ein; da wurden Plato und Pindar im Urtext gelesen. Er brachte die Studenten aber auch in seine Druckerei, wo sie mitzuarbeiten hatten als Korrektoren. Erasmus hat zeitlebens die Freude an der Druckerschwärze beibehalten; in der Druckerei, direkt am Tisch vor dem Setzkasten, hat er seine Werke geschrieben, oft aus dem Gedächtnis und in solcher Eile, daß er kaum Muße hatte, »sich die Ohren zu krauen«, wie er sagte. Dann aber gingen die Wege der beiden jungen Freunde auseinander. Für Erasmus blieben die schönen Wissenschaften das Lebensziel, für Aleander waren sie nur ein Sprungbrett. Er avancierte rasch, die Stelle eines wohldotierten Domherrn in Lüttich war die erste Staffel, und da lernte er schon an einem Brennpunkt der listenreichen Politik der hohen Prälatur das vielverschlungene Gewebe von Forderungen, Bestechungen, Drohungen und Gewährungen kennen, das die Praxis des kirchlichen Lebens der höheren Regionen darstellte. Er glaubte, dort auch einen Einblick in die deutschen Verhältnisse gewonnen zu haben, und galt, nach Rom als Bibliothekar der Vaticana berufen, als besonders gut orientiert in Fragen des sonst dort recht unbekannten Reiches. Deshalb wurde er entsandt. Überall tauchte nun sein scharfgeschnittenes Gesicht auf, das ursprünglich die Anlage zu einem feinen Gelehrtenkopf gehabt hatte, aber bald fleischiger wurde mit schweren Augenlidern über der großen Nase, die ihm den Verdacht eintrug, er stamme von Juden ab. Auch Erasmus, der in seiner Korrespondenz solche Winke keinesfalls verschmähte, verbreitete diese Version eifrig: »Er ist ein Mensch, der drei Sprachen kann, aber alle sagen, er sei ein Jude«; gewiß sei er nach aller Zeugnis ein vortrefflicher Mann, fügte er rasch hinzu. Die Jugendfreundschaft war sogleich in die Brüche gegangen, als sie sich wieder trafen. Erasmus fühlte sich bald ebenso bedroht wie Luther und war überzeugt, daß Aleander an allen Stellen gegen ihn intrigiere: »Er zertöpfert gleichsam mein Werk, er ist hochtrabend, frech, reizbar, von unersättlicher Begierde nach Ruhm und Gewinn«; im persönlichen Gespräch beteuert er, nach wie vor der beste Freund zu sein. Aleander habe durch seinen Mittelsmann in Rom Papst Leo eine Liste mit 6000 Ketzereien aus den Werken des Erasmus unterbreitet; wir sehen nochmals, welche Inflation auch bei dem Begriff Ketzerei eingetreten war. In einem Schreiben an Albrecht von Mainz hatte Erasmus das schon ausgeführt: Einstmals habe man den Ketzer achtungsvoll verhört; als Strafe galt nur der Ausschluß von der Kommunion. Jetzt werde das ganz anders behandelt und bei der geringfügigsten Sache Ketzerei! geschrien. Einst galt als Ketzer, wer von den Evangelien, den Glaubensartikeln oder an Autorität Gleichwertigem abfiel. Heute wird, wer irgendwie von Thomas von Aquino abweicht, Ketzer genannt, ja wenn er von irgendwelchem erdichteten Argument abweicht, das »gestern ein Sophist der Schulen ersann«; selbst Griechisch zu verstehen, sich gewählt auszudrücken sei Ketzerei. Erasmus sah seine Wissenschaft bedroht, die stille Elite der Gelehrten. Und Aleander schrieb er es zu, daß er Löwen, die erste Stätte seines Ruhmes, fluchtartig verlassen mußte, um nach Basel zu gehen, der nächsten Station, auf der wieder ein großer Verleger und Drucker, Froben, auf ihn wartete; die Druckerfürsten, nicht die weltlichen Potentaten, sind zeitlebens seine Protektoren gewesen.

18 Erasmus von Rotterdam

Die Worte des Erasmus über Aleander sind parteiisch; der große Meister des Ausgleichs und der Milde konnte auch sehr böse sein und hassen und war außerdem häufig von morbider Verfolgungsangst geplagt. Er vermutete aber mit Recht hinter dem Nuntius ein Vorgehen gegen die »erasmische Richtung«, nicht nur gegen ihn als Person. Aleander brachte das gefährliche Wort in Umlauf, daß Erasmus nur »das Ei gelegt, das Luther dann ausgebrütet« habe, und zeigte darin Einsicht in die Zusammenhänge. Die so viel sanftere und versöhnlichere Lehre des Erasmus war womöglich noch eine größere Gefahr als die wilden Streitschriften des Mönches; sogar in Spanien begann sie Eingang zu finden; an höchsten Stellen saßen »Erasmianer«, auch am Kaiserhof. Die ganze humanistische Bewegung hatte bereits, ehe Luther kam, die Stellung der Hierarchie schwer erschüttert, mit ihrem Ruf »zurück zu den Quellen«, mit der Ablehnung der Scholastik und nicht zuletzt mit Witz und Ironie, worin Erasmus ihr größter Meister wurde. Der alte Humanist Aleander kannte seine früheren Genossen; er selber verwendete Ironie in seinen Geheimschreiben nach Rom und ließ es sich nicht nehmen, den Ovid zu zitieren, auch wenn vom Erzketzer Luther die Rede war. Das war nicht »fürs Volk« oder die Öffentlichkeit; dem Volke aber mußte »die Religion erhalten bleiben«, wie die unsterbliche Formel lautete.

Das Volk trat Aleander jetzt entgegen. Er war fassungslos. Der Papst hatte gesprochen, von höchster Stelle war der Bann ergangen. Die offiziellen weltlichen Instanzen fügten sich, wenigstens in den Niederlanden; der Bischof von Lüttich, sein ehemaliger Vorgesetzter, beeilte sich, die Bücher des Ketzers zu verbrennen, die so vieles enthielten, was er auf dem Reichstag zu Augsburg in seiner Denkschrift vorgetragen hatte. Die Universität Löwen gehorchte; sie wurde zur eifrigsten Vorkämpferin der päpstlichen Autorität. Was aber scholl Aleander aus Deutschland entgegen? Wüstes Geschrei in hemmungslosen Schriften, man bedrohte ihn persönlich, der Pfaffenkrieg wurde ganz offen verkündigt, obendrein vom Hofe des Erzbischofs Albrecht von Mainz her, des Primas und Erzkanzlers des Reiches. Aleander konnte das alles nicht begreifen. Er hat, schärfer und unmißverständlicher als Erasmus, sein Selbstporträt gezeichnet in seinen Briefen und Depeschen. Voll Vertrauen auf die bekannten und bisher stets wirksamen Mittel hatte er sich aufgemacht; sein Gepäck bestand in reichlichen »Expectanzen« auf große, ertragreiche Pfründe, Abteien oder auch Bischofssitze nebst barem Geld oder der Vollmacht, Erwartungen abzulehnen, bestenfalls zu vertrösten bei Wohlverhalten. All das versagte. Wo blieben die großen Kirchenfürsten? Der Mainzer, den man mit Würden überschüttet hatte, zeigte sich am unzuverlässigsten; es war vielleicht unklug gewesen, ihm bei den Vorbesprechungen zur Kaiserwahl allzuviel anzubieten, sogar die Stellung als Haupt einer deutschen Landeskirche mit ständiger Legatur, wie sie in England Wolsey innegehabt hatte. Der Erzbischof von Trier als Freund des sächsischen Kurfürsten schien ausgesprochen wohlwollend dem Ketzer gegenüber; der von Köln war zum mindesten lau. In Würzburg, Bamberg sympathisierte man mit dem Mönch und lud ihn zu Tische; selbst der Beichtvater des Kaisers sollte freundliche Worte für den Rebellen gefunden haben. In diesem Kreise kannte Aleander sich zur Not noch aus und glaubte damit fertig zu werden; es würde allenfalls sehr viel kosten. Was aber war in dieses geduldige, brave Volk gefahren? »Das ist nicht mehr das katholische Deutschland von ehedem«, schrieb er konsterniert nach Rom. Neun Zehntel erheben das Feldgeschrei: »Luther!«, der Rest schreit auch noch: »Tod der römischen Kurie!« Und das schlimmste: Alle zusammen fordern immer wieder ein Konzil, und noch dazu ein Konzil auf deutschem Boden.

Das war die furchtbarste aller Drohungen. Für die Kurie war ein Konzil seit Konstanz der Alptraum: Es konnte Absetzung des Papstes bedeuten, wie damals geschehen und noch vor kurzem unter französischer Führung in Pisa versucht – Oberhoheit über den Papst, eine Parole, die ständig, auch im Kreis der Kardinäle, Anhänger gefunden hatte. Womöglich würde der neue Kaiser sich ihrer bedienen, wenn man ihn zu stark bedrängte. Sehr zur Unzeit war der Mönch aus Wittenberg mit seinem Appell aufgetreten; es bestand die Gefahr, daß der Kaiser ihn als Druckmittel benutzte, so wie der französische König seinerzeit Savonarola gegen die Kurie angesetzt hatte.

Savonarola war verbrannt worden. Der Aufruhr hatte sich erfreulich rasch gelegt. Rasches Vorgehen gegen den Wittenberger Mönch würde das gleiche Resultat haben. Nur Eile war geboten und umsichtige Arbeit im Kleinen. Mit den kleinen Mitteln der Bestechung und Bearbeitung von »wichtigen Persönlichkeiten« hat Aleander gearbeitet, rastlos und zäh. Es würde schwerfallen, aus seinem Depeschenwechsel höhere Gesichtspunkte herauszulesen. Er blieb immer ein Mann des »Taschenformates« des Aldus und seiner hübschen Kursivtypen.

Luther schrieb Fraktur, und das kostete ihn auch sehr bald die Sympathien des Erasmus und eines großen Teiles der Humanisten. Dabei war der große Meister mit seinem unvergleichlich weit reichenden Ruhm für ihn gerade in dieser Entscheidungszeit wichtiger denn je. Als Luthers Bundesgenosse war Erasmus von Aleander und vielen anderen angesehen und deshalb mit in die Verfolgung einbezogen worden. Als Bundesgenossen hatte Luther ihn mit einem wohlstilisierten Schreiben gewinnen wollen. Aber Erasmus, um den alle sich bemühten, Könige und Päpste inbegriffen, war bei aller häufigen Unentschiedenheit in einem Punkt unwandelbar entschlossen: »Ich will ein Weltbürger sein«, meinte er, »allen gemeinsam oder, lieber noch, allen ein Fremdling.« Oder noch deutlicher: »Ich habe immer allein sein wollen und hasse nichts so sehr wie geschworene Parteigänger.« Deshalb hatte er Luther sehr behutsam geantwortet; noch vorsichtiger verfuhr er weiterhin. Immer gereizter wurde er, als grob und dringend von ihm Parteinahme verlangt wurde; immer verhängnisvoller sah er sein Lebensideal gefährdet von allen Seiten: den Gelehrten der stillen Arbeit, den Pädagogen, der erziehen will zu vernünftiger, maßvoller Haltung, zu Versöhnlichkeit und allen Tugenden der Sanftmut, die ihm selber oft abging. Sein Wappenzeichen und Symbol wurde der lateinische Grenzgott Terminus, der zugleich das Maß aller Dinge, den Tod, bedeutete, aber auch das vernünftige, geordnete Abstecken von Grenzen im Leben, auf der Erde. Nichts war ihm unerträglicher als Ungestüm und Wildheit; alles Dionysische war ihm fremd, und aufgeregt wie selten, schrieb er in einem Büchlein »Über die Ehe« von der Musik seiner Zeit, daß sie entartet sei: Leichtsinn! Tollheit! »Die Flöten der Corybanten, der Lärm der Tamburine, alles Wilde entfesselnd! Und zu solcher Musik tanzen die jungen Mädchen; sie gewöhnen sich daran, und wir glauben, es sei dabei nichts zu fürchten für ihre Sitten!« Der nie Verheiratete schrieb über die Ehe, der Kinderlose über die Kindererziehung und hat da seine weisesten Gedanken ausgesprochen. Das unablässige Prügeln seiner Jugendzeit war ihm, wie Luther, in der Erinnerung geblieben; er wollte liebevolles Eingehen auf die »Natur« des Kindes, vorsichtiges Aussäen und

Einpflanzen, das dann zur zweiten Natur werde. Er hatte eine große Trilogie geplant, deren erster Akt sein Satyrspiel vom »Lobe der Torheit«, sein sollte, der zweite Teil ein »Lob der Natur«, der dritte »Über die Gnade«, die er sicherlich ganz anders auffaßte als Luther. Das Werk ist nie vollendet worden. Die Zeit war nicht danach angetan, auf die stilleren Töne des Erasmus zu hören. Sie forderte Trompeten und Posaunen. Und auch die religiösen Reformgedanken, die Erasmus in seinem »Handbuch eines christlichen Streiters« entwickelte, waren ihr viel zu leise: Ein Streiter hatte hervorzureiten und zu kämpfen, dreinzuschlagen mit der Waffe, zu strafen und zu züchtigen. Auch Dürer, der den Erasmus gezeichnet hatte bei einer Begegnung in Brüssel, schrieb in sein Tagebuch bei der Rückkehr aus den Niederlanden, als er von der Verurteilung und dem Verschwinden Luthers nach dem Reichstage zu Worms hörte, die Mahnung an Erasmus: »O, Erasme Roterodame, wo willst du bleiben? Hör, du Ritter Christi, reit hervor neben den Herrn Christum, beschütz die Wahrheit, erlang der Märtyrer Kron; du bist doch sonst ein altes Männiken, ich hab von dir gehört, daß du dir selber nur noch zwei Jahr zugegeben hast, die du noch taugest, etwas zu tun. Dieselben leg wohl an, dem Evangelio und dem wahren christlichen Glauben zu gut ...« Erasmus ist kein Ritter und Reiter; er ist ein Fußgänger. Bedachtsam setzte er seine Schritte, auch als er jetzt sich aufmachte, um in der Sache des schon hoffnungslosen Falles Luther einen letzten Versöhnungsversuch zu unternehmen.

Seine Ideale haben immer wieder die Menschen ähnlicher Art angezogen, ja begeistert: ein Reich des gegenseitigen Verständnisses, des Ausgleichs, der Versöhnung, auch in Fragen des Glaubens. Aber sein Blick war der des Gelehrten, noch dazu dadurch verwirrt, daß er so unermeßlichen Ruhm erlangt hatte, den er mit Einfluß verwechselte. Seine Einsicht in die immer waltende Torheit der Menschen hat sein stärkstes Werk hervorgebracht; es ist kein Zufall, daß die beiden anderen Teile seiner Trilogie nicht geschrieben wurden. Aber er selber unterlag der Göttin Torheit: Von der »Natur« der Macht hatte er keine Vorstellung. Er glaubte daran, daß nur einige Vernünftige oder am Ende auch nur einer, er selber, den großen Gewalthabern gut zureden müßten, damit sie von ihrem frivolen Treiben abließen. Er glaubte an eine kleine Elite, die mit den schönen

Wissenschaften den Stein des Weisen gefunden hätte und damit auch Gewalt über die Großen dieser Welt. Er hoffte wie alle, darin nicht klüger als das Volk, auf einen guten Kaiser, einen guten Papst, eine gute Kirche, gereinigt durch sinnvolle Reformen erleuchteter Männer von allen Auswüchsen. Er glaubte an eine lateinische Einheit im Zeichen der großen Klassiker, die er herausgegeben hatte, des reinen ursprünglichen Textes der Bibel, den er ans Licht gebracht, eine Versöhnung der alten Philosophie mit dem Evangelium.

Aus dem nahen Löwen hatte Erasmus sich aufgemacht, um nach Köln zu gehen, wo die Kurfürsten, auch Luthers Friedrich, sich versammelt hatten zu den Vorbesprechungen über die Krönung des Kaisers, der nun endlich, lange erwartet und lange aufgehalten, aus Spanien eintreffen sollte. Bis an den Rand des Reichstags und der Ereignisse wagte Erasmus sich vor, weiter nicht; er wollte im Hintergrund bleiben, raten, gut zureden und so vielleicht noch die Katastrophe abwenden, die er deutlicher kommen sah als die meisten andern. Noch immer geht es ihm um die »Sprachstudien«, die guten Wissenschaften: »Aus dem Haß gegen diese und aus der Dummheit der Mönche ist die ganze Tragödie zuerst entstanden.« Er will sich nicht einmischen, obwohl, wie er sich nicht enthalten kann zu sagen, ein Bistum für ihn bereitläge, wenn er gegen Luther öffentlich auftreten wollte. Das war keine bloße eitle Flunkerei; man hat ihm später, als er in der Tat gegen Luther geschrieben hatte, den roten Hut angeboten. Erasmus hat all solche Würden abgelehnt; er wollte unabhängig bleiben. Und auch jetzt gedachte er den Schiedsrichter zu spielen zwischen den Parteien. Er ahnte nicht, daß man ihn dazu nicht berief: Sein Name sollte gewonnen werden und weiter nichts.

Trotzdem hat er noch einmal in die Ereignisse eingegriffen, wenn auch nur in bescheidenem Umfang. Kurfürst Friedrich, in seiner ängstlichen Menschenscheu, wollte eigentlich niemand sehen; er war darin noch erasmischer als Erasmus. Vergeblich versuchte Aleander ihn zu sprechen; er wurde abgewiesen. Durch seine Räte ließ er ihm eröffnen, Luther müsse vor unverdächtigen Richtern verhört und dürfe erst verurteilt werden, wenn man ihn des Irrtums überführt hätte.

Das war Luthers eigner Vorschlag gewesen, den er in einem veröffentlichten »Anerbieten« bekanntgemacht hatte. Friedrich schwankte noch, ob er sich mit diesem Angebot identifizieren sollte, aber er hatte darüber mit Erasmus gesprochen, der dringend um eine Audienz bat. Die Begegnung der beiden übervorsichtigen »Neutralisten« kann nur etwas mühsam verlaufen sein, zumal Erasmus kein Wort Deutsch verstand, der Kurfürst nur wenig Latein. Der Hofkaplan Spalatin mußte dolmetschen. Auch wenn Friedrich direkt fragte, was Erasmus denn eigentlich von Luther hielte, war kaum eine deutliche Antwort zu erwarten. Mit einem Scherz suchte der Meister sich zu behelfen: Luther habe zwei Sünden begangen, »er hat dem Papst an die Krone und den Mönchen an den Bauch gegriffen«. Aber dann kam Erasmus vor allem auf sein eignes Problem zu sprechen: die guten Wissenschaften. Die seien gefährdet, aus dem Haß gegen sie sei der ganze Streit entstanden; die Wissenschaft wäre bedroht, wenn jetzt durch überscharfe Maßnahmen die Unwissenden und Herrschsüchtigen die Oberhand bekämen. Die Strafbestimmungen der Bulle hätten nur Empörung verursacht. Verurteilt worden sei Luther übrigens nur durch zwei Universitäten, Köln und Löwen. Er stimme dem »Anerbieten« Luthers zu, von dem er einen Anschlag gesehen hatte. Luther müsse verhört werden, aber vor Sachverständigen und Unparteiischen.

Das Gespräch war schwerlich eine große Tat des Erasmus, aber es dürfte den Kurfürsten durch die große Autorität des weltberühmten Mannes bestärkt haben in seinem Festhalten an Luther und dessen Vorschlag; er brauchte entschieden Zureden und Rat. Erasmus war besorgt, daß seine Worte mißverstanden sein könnten, setzte die Hauptsätze des Interviews schriftlich in 22 Punkten auf und sandte sie dem Kurfürsten zu. Daß sie dann alsbald veröffentlicht wurden, denn jede Zeile von ihm wurde publiziert, war ihm recht ärgerlich, denn er wollte nun einmal in den Handel nicht verwickelt werden.

Nur aus der Entfernung – möglichst anonym oder durch Mittelsmänner und Sprachrohre – gedachte er einzugreifen. Eine andere Schrift erschien noch und fand weite Verbreitung; sie wurde ihm allseitig zugeschrieben, obwohl sie einen angesehenen Dominikanerprior Faber aus Augsburg zum Verfasser hatte. Auch im Dominikanerorden – wie in allen anderen Orden – bestanden Spannungen und scharfe Gegensätze, innerhalb des Ordens und gegen Rom; auch bei den Brüdern, die offiziell die Ketzerrichter waren, gab es »Erasmianer« und Anhänger der neuen »guten Wissenschaften«. Ein solcher war der alte Prior, der obendrein sich und sein Kloster schlecht behandelt fühlte und mit Kardinal Cajetan schwere Auseinandersetzungen gehabt hatte. Es wäre all dies nicht der Erwähnung wert, wenn es nicht doch zeigte, wie wenig einheitlich die Fronten sich bis dahin geschlossen hatten, wie viele Sympathien Luthers Sache auch in sehr »konservativen« Kirchenkreisen hatte. Und so erschien in deutschen und lateinischen Ausgaben dieser »Ratschlag eines, der von Herzen begehrt«, daß die Würde des römischen Stuhles geehrt, aber auch der Friede in der Christenheit gewahrt bleiben möge. Vieles darin stammt offensichtlich von Erasmus, anderes geht auf den Prior zurück. Luther wird sehr wohlwollend beurteilt. Am Streit sind die Feinde der Wissenschaft schuld, am meisten aber jene Leute, die über den Ablaß und die Gewalt des Papstes unerträgliche Ansichten für alle frommen und gelehrten Leute vorgebracht haben. Das Ketzergeschrei wird verurteilt, auch die Strenge der Bannbulle, die nicht der milden Gesinnung des Papstes Leo entspräche. Luther hätte brüderlich vermahnt, dann widerlegt werden müssen. Das Verbrennen seiner Schriften sei wirkungslos, denn es »bleiben seine Meinungen unverrückt in den Herzen vieler Leute, weil sie nicht sehen, daß man ihn widerlegt hat«. Eine letzte Stimme zur Vernunft, wie es scheint. Auch die Idee eines Schiedsgerichtes wird aufgenommen.

Aber längst waren die Ereignisse über Erasmus und seine Anhänger und alle schiedsrichterlichen Gedanken hinweggegangen. Der Kaiser trat nun auf, der größte Gegenspieler Luthers während seines ganzen Lebens. Er hatte die Wahl nur als Abwesender, in Barcelona, zur Kenntnis genommen; die spanischen Angelegenheiten hatten ihn zurückgehalten, und da war viel geschehen, was ihm wohl den Atem benehmen konnte. Fast fluchtartig mußte er das Land verlassen, das von Aufständen zerrissen war; seine Herrschaft dort, von Anfang an unsicher begründet, stand auf ganz schwachen Füßen. Wie schwach die Stellung des neuen Monarchen war, ahnten die deutschen Fürsten kaum; sie erhielten nur geringe und widerspruchsvolle Nachrichten aus der Halbinsel, die lange Zeit recht weit abgelegen gewesen war und erst in jüngster Zeit zur großen Überraschung der altetablierten Mächte sich als ein vollgültiges und sogar gefährlich starkes Mitglied der europäischen Völkergemeinschaft gezeigt hatte. Mit großer Spannung betrachtete man den zwanzigjährigen jungen Herren: Er saß gut zu Pferde, war gewandt beim Lanzenspiel und Turnier trotz seiner nicht gerade imposanten Statur; das Haar fiel in langen blassen Strähnen um ein knabenhaftes, mageres Gesicht; der Mund stand ständig offen, was ihm ein etwas blödes Aussehen verlieh. Er sprach wenig, seine Räte führten das Wort; es hieß, sie beherrschten ihn völlig. An sie hatte man sich zu halten; von Karl selber war kaum ein

19 Kaiser Karl V. als Jüngling (1519)

Blick zu erlangen. Manche bezweifelten, ob er überhaupt einen eignen Willen hätte, und das war vielen der deutschen Fürsten durchaus sympathisch. Noch andere wiesen darauf hin, daß seine Mutter, Johanna die Wahnsinnige, in strenger Haft auf dem Schlosse Tordesillas gefangen saß; es ging allerdings auch die Version um, daß diese Gefangenschaft vielleicht aus politischen Gründen verfügt worden sei, denn eigentlich war Johanna-Juana die rechtmäßige Königin, der ihr Vater Ferdinand der Katholische ausdrücklich das Reich vermacht hatte; Karl war nur Mitregent und konnte, falls die Mutter wieder gesundete, unter Umständen ausgeschaltet werden. Man hatte gehört, daß ein Teil der spanischen Aufständischen mit solchen Plänen umging. Man wußte auch, daß die burgundisch-niederländischen Räte und Herren Karls sich in Spanien durch hemmungslose Habgier grenzenlos verhaßt gemacht hatten und daß auch dadurch Rebellion entstanden war. Im übrigen war alles noch offen; es war noch nicht einmal entschieden, ob dieser junge wenig kräftige Herr lange regieren würde.

Wir sehen Karl V. als den Herrscher, in dessen »Reich die Sonne nicht unterging«, den letzten Imperator einer Weltmonarchie, wie sie kaum je bestanden hat; wir sehen ihn mit den Zügen, die Tizian gemalt hat, dem hoheitsvollen Gesicht eines Menschenverächters und Siegers. Er wird uns noch in verschiedenen Stadien seiner Entwicklung begegnen; wir haben es hier, in Köln, Aachen und Worms, mit dem Zwanzigjährigen zu tun. Als das »edle junge Blut aus altem deutschen Stamme« war er hoffnungsvoll begrüßt und gegen den Franzosen Franz I. ausgespielt worden. So viel man damals von Stammbäumen hielt: Niemand hatte sich die Mühe gemacht, seiner Herkunft etwas näher nachzugehen. Von »deutschem Blut«, wenn wir diesen Begriff gelten lassen wollen, rollte sehr wenig in seinen Adern; genauer gesehen, war es kaum ein Zwanzigstel, man hat 14 spanische oder portugiesische nähere Vorfahren gezählt, 3 französische, 2 Plantagenets, je einen Niederländer, Italiener, Polen, Litauer und einen Deutschen; französisch war er in den Niederlanden erzogen, durch Adrian von Utrecht, den späteren Papst Hadrian; zum Spanier wurde er in Sprache, Tracht und Lebensführung später. Sein Leben ist außerordentlich reich dokumentiert, aber seine Jugend nur sehr unvollkommen. Auch seine Erziehung und Bildung war höchst dürftig; er hat weder Sprachen gelernt noch Geschichte. Sein Geschichtsbild war orientiert an der Sage vom gewaltigen Burgund, das Karl der Kühne fast in den Rang einer europäischen Großmacht erhoben hatte, ehe er von den miserablen Schweizer Bauern vom Pferd gezerrt und erschlagen wurde mitsamt seinen schwergepanzerten Rittern. Ein Ritterroman über die glorreichen Taten dieses Vorfahren von Olivier de la Marche, dem Zeremonienmeister und Festarrangeur des burgundischen Hofes, war Karls liebste Jugendlektüre; er hat das Werk noch in seiner Einsamkeit in Yuste unter seinen wenigen Büchern gehabt. Das Zeremoniell, eine der großen Schöpfungen des burgundischen Hofes, ist für Karl eine Art Religion geworden; als »nouvelle religion« ist es in den Niederlanden tatsächlich schon zu seiner Zeit bezeichnet worden und hat nach der Einführung im spanischen Weltreich als die »spanische Etikette« Europa beherrscht, noch weit über den Geltungsbereich der Habsburger hinaus, die diesen Stil bis 1918 beibehielten. Er war von Adrian von Utrecht streng katholisch erzogen und ist dabei geblieben. Er hat seinen Erzieher dann zum Großinquisitor in Spanien ernannt, und die Inquisition war dort ein staatliches Machtmittel; der Ketzer war für Karl, wie für Kaiser Friedrich II., vor allem ein Staatsfeind, der die gottgewollte Ordnung bedrohte. Pünktliche Erfüllung der vorgeschriebenen Formen des Kultus war für ihn so wichtig wie das Zeremoniell des Hofes. Wie es in seinem Inneren aussah, überlassen wir der Spekulation, die vom Äußeren und der Beachtung strenger Regeln auf die Zustände der Seele zu schließen wagt. Es ist möglich, daß auch »mystische Regungen« bei Karl Eingang gefunden haben, und seine Vorliebe für Hieronymus Bosch führt mit einem etwas dünnen Faden in niederländische Kreise, die mit dem recht summarisch angewandten Begriff Mystik bezeichnet werden. Gar nicht mystisch, sondern sehr real und präzis waren jedoch seine Vorstellungen von der alles überragenden Bedeutung seines Herrscheramtes; der gehorsamste Sohn der Kirche duldete da keine Oberhoheit des Papstes. Es wird auf merkwürdige Weise oft übersehen, daß die sogenannte Reformationszeit, bis über Karls Tod hinaus, das Zeitalter unablässiger Kämpfe der spanischen Herrscher mit Rom ist.

Burgund aber, das alte Kernburgund, das an Frankreich gefallen war, blieb politisch der Traum seines Lebens. Die Bourgogne zurückzugewinnen, ist das bis zur Blindheit verfolgte Ziel seines Lebens gewesen; die reichen, Burgund genannten Niederlande genügten ihm nie, und aus dieser Ungenügsamkeit entstand die ständige Feindschaft zu Frankreich, die andere Konstante der so vielfach wechselnden Zeit. All das war in dem Zwanzigjährigen erst angelegt und vorgebildet, aber er hat sich darin nie geändert. Er war alt schon als Knabe; er ist sehr früh als alter Mann erschienen; von den »Freuden des Lebens« hat er nie etwas gekostet, und die drei Bastarde, die er hinterließ, waren das Ergebnis nur flüchtiger Begegnungen. Von Scherz oder Humor ist nicht die geringste Spur zu entdecken; nur Musik konnte den düsteren Geist ein wenig besänftigen, die vielstimmige, ungemein kunstvolle Musik der großen niederländischen Schule, die in vielem den Wegen der Spätscholastik nahe verwandt ist und auch dem Spiel der zeitgenössischen Diplomatie. Seine Kapelle war eine der besten der Zeit; es war eine hocharistokratische Einrichtung für einen gewählten Kreis. Wir können rekonstruieren, nicht in allen kontrapunktischen Einzelheiten hören, was die großen Meister, ein Josquin de Près vor allem, komponierten; es ist »abstrakte Musik«, und nur in Abstraktionen läßt sich denken, was Karl dabei aufnahm. Wahrscheinlich war es eng verwandt seinem Hang für mechanisches Spielzeug und Uhren, der ihn ebenfalls bis nach Yuste begleitete, wo er in seiner schönen Villa eine ganze große Sammlung von Zeitmessern hatte und seinen eigenen Mechaniker dafür. Daß es ihm nie gelang, Ordnung in die verschieden laufenden »Uhren« zu bringen und sie genau aufeinander abzustimmen, war ein Symbol für die Tragödie seines Lebens.

Ordnung – im Zeremoniell symbolisiert – war sein Ziel. In welcher Unordnung aber hatte er seine Jugend zugebracht! Über den Kopf des Kindes hinweg stritten sich die Großeltern auf das hemmungsloseste; den Wirrwarr der zehn Verlobungen, die schon auf den Namen des Säuglings, dann des Knaben abgeschlossen wurden, kann nur eine Aufzählung aller europäischen Kombinationsmöglichkeiten leidlich auflösen. Heiraten waren das große Machtmittel der Habsburger; Burgund hatte Maximilian erheiratet; sein Sohn Philipp erheiratete Spanien; Heiratspolitik, bis zur äußersten Brutalität geführt, die auch ein zwölfjähriges Mädchen ins Ehebett mit einem als Trunkenbold bekannten Rohling zwang, ist Karls Praxis geblieben. Während seiner ersten Lebensjahre tobte um ihn her der Streit seines so lebenslustigen und amourösen Vaters Philipp mit der nervösen Juana, die geprügelt, eingesperrt und in ihrer fanatischen Eifersucht so gereizt wurde, bis sie wahnsinnig wurde oder für toll erklärt werden konnte. Ein lebenslänglicher, fast ebenso fanatischer Haß auf »das Weib« ist Karl verblieben; er hat lange gezögert, überhaupt zu heiraten, so dringend das immer gewünscht wurde, und als er in Köln eintraf, wurde sogleich im Kreise der Fürsten und Botschafter davon gesprochen, daß der Zwanzigjährige noch völlig unberührt sei. Das war keine Pikanterie, sondern ein höchst wichtiges Politikum angesichts der noch schwebenden Verlobungen, die alle Krieg oder Frieden bedeuten konnten. Unordnung noch gefährlicherer Art war um die Entwicklung des Knaben Karl die Regel geblieben: der Tod des Vaters, den Ferdinand der Katholische vergeblich vom spanischen Thron auszuschließen versuchte, und der Kampf um dieses erheiratete Erbe, der geführt werden mußte. Erst durch das Wegsterben von nicht weniger als sechs Vorgängern wurde die Bahn frei für den Knaben in Brüssel. Karl allerdings mußte darin den Finger Gottes sehen, der deutlich auf ihn gerichtet war. Mit fünfzehn hatte der Großvater Maximilian ihn mündig erklären lassen; auch das war eine Intrige, gerichtet gegen die starke und unbequeme Statthalterin der Niederlande Margarete, die regierende Tante des Knaben, eingefädelt und begünstigt von den burgundischen Großen, die damit das Heft in die Hand bekamen. Im Kreis dieses Hochadels hatte Karl das Erbe in Spanien angetreten, das ihm bestritten wurde. Die Spanier wollten eigentlich seinen jüngeren Bruder Ferdinand als König, der von Geburt auf im Lande erzogen war; die spanischen Granden gedachten ihn so zu beherrschen wie die niederländischen Karl; Ferdinand mußte erst nach Brüssel verbannt werden, ehe Karl die Herrschaft antreten konnte. Wilde Aufstände folgten. Die Comuneros, das heißt die Städte, empörten sich gegen den Hochadel, in Valencia bildete sich eine »Germania« genannte Bürgerregierung; sozialrevolutionäre Erhebungen kamen hinzu, und in vielem war der spanische Bürgerkrieg ein blutiges Vorspiel des deutschen Bauernkrieges von 1525. Wie in Deutschland gingen die zeitweilig sehr erfolgreichen Aufstände am Partikularismus zugrunde, an Uneinigkeit und Disziplinlosigkeit der Rebellen; es siegte der Hochadel. Das war aber noch keineswegs entschieden, als Karl Spanien überhastet verließ, um sich endlich in Deutschland zu zeigen. Er erhielt vielmehr noch die beunruhigendsten Nachrichten während seiner Krönungsreise: Eine »Heilige Junta« hatte sich gebildet, die seine Mutter an die Spitze des Landes stellen wollte; zum Glück konnte die Schwermütige sich nicht entscheiden. Auch geistliche Granden beteiligten sich: Der Bischof von Zamora zog als Führer eines großen Heerhaufens umher, plünderte die Kirchenschätze und Klöster und predigte Aufruhr. Der Papst, in dieser Sache von den kaiserlichen Räten angerufen, griff keineswegs ein; man sprach in Rom zwar von einem »zweiten Luther«, aber man hielt ihn für recht nützlich und dachte nicht daran, ihn zu bannen wie den ersten Luther. Frankreich griff an der Grenze im alten Streit um Navarra ein; es bestand die unübersehbare Gefahr, daß sich die Aufständischen mit ihm verbündeten. Wenn die deutschen Fürsten über die Situation so genau orientiert gewesen wären wie Karl und seine Ratgeber, hätten sie ihre Forderungen gegenüber ihrem neuen Oberhaupt wohl noch höher gespannt.

So also, bedrängt von allen Seiten, in Eile – denn Karl mußte so rasch wie möglich nach Spanien zurückkehren, um dort nicht alles zu verlieren – war er nach Köln und Aachen gekommen. In Hast sollten die deutschen Angelegenheiten erledigt werden, einschließlich des lästigen Falles Luther. Rasch unterschrieb Karl die Wahlkapitulationen, von denen er nicht eine zu halten beabsichtigte. In völliger Unkenntnis der deutschen Zustände wurden einige flüchtige Maßnahmen ergriffen durch die Räte; man sicherte sich vor allem den großen Kondottiere Sickingen als kaiserlichen Feldhauptmann, ganz unbeschadet der Tatsache, daß er seine Ebernburg zur »Herberge der Gerechtigkeit« für lutheranische Rebellen gemacht hatte; über irgendwelche Streitmacht verfügte Karl nicht, außer einigen Reitknechten und Trabanten. Man versuchte, den Ketzer Luther durch private und unverbindliche Besprechungen auszuschalten, und auch Sickingen stellte dafür seine Ebernburg zur Verfügung. Der kaiserliche Beichtvater, der Franziskaner Glapion, trat dabei in Erscheinung, eine der ersten »grauen Eminenzen« in der anhebenden Geschichte großer Beichtväter. Erasmus, der mit ihm korrespondierte, meinte, er sei so undurchsichtig, daß man ihn noch nach zehn Jahren intimen Beisammenseins nicht durchschauen könne. Er galt auf alle Fälle als außerordentlich einflußreich beim jungen Kaiser; viel mehr hat auch die Geschichtsschreibung nicht ermitteln können. Ob er nun als Diplomat sprach oder als ehrlich um einen Ausgleich bemühter Mann: Aus seinem Vermittelungsversuch wurde nichts. Er scheint sehr weit gegangen zu sein und dem kursächsischen Kanzler Brück, der an der Besprechung teilnahm, sehr wohlwollende Worte über Luther gesagt zu haben: Nur die »babylonische Gefangenschaft« sei entsetzlich, die müsse der Mönch widerrufen oder ableugnen; Luther könne doch einfach erklären, dieses Werk sei ihm untergeschoben. Aber auch der Vorschlag eines Schiedsgerichtes fand Glapions Beifall; er hat sich noch während des Reichstags zu Worms und Luthers Anwesenheit dort bemüht, die Sache »unter Ausschluß der Öffentlichkeit« irgendwie beizulegen, und schließlich verzichtet und geseufzt: er habe ehrlich das Seine getan. Es scheint, daß man in Rom fand, er habe zu viel getan; er wurde abberufen vom Hofe und sollte nach Amerika gehen als Kommissar der neuen Ordensprovinz, die man »die Perlen« nannte; auf dem Wege dorthin ist er in Spanien gestorben.

All diese Schritte dienten nur dem Versuch, Luther fernzuhalten und nicht die ohnehin aufgeregte Öffentlichkeit mit ihm zu konfrontieren. Die einzelnen Stadien beim Vorgehen und Zurückweichen des Kaiserhofes wurden bestimmt durch die internationale Politik: Man drohte, Luther kommen zu lassen, wenn die Kurie sich schwierig zeigte, man suchte ihn beiseite zu lassen, wenn Rom nachgab. Und erst als der Papst sich allzu deutlich mit Frankreich einließ und auch in den spanischen Wirren seine Intrigen offenkundig wurden, entschloß man sich, Luther nach Worms vorzuladen. Um die Sache für den Nuntius Aleander, der aufgeregt dagegen protestierte, noch eindrucksvoller zu machen, wurde das Schreiben von den Räten in sehr verbindlicher Form abgefaßt. Der Ketzer wurde in aller Form angeredet: »Ehrsamer, Lieber, Andächtiger!« Als weiteres Zeichen der neuen Haltung bei Hofe wurde der Reichsherold Caspar Sturm mit seinem Knecht persönlich abgesandt, Luther abzuholen und zu begleiten.

Damit aber auch der Nuntius, der schon verzweifelt war, einigen Trost erhielt, wurde rasch noch ein kaiserliches Mandat ausgefertigt, das Beschlagnahme aller Bücher Luthers verfügte und, was bedeutsamer war, feststellte, Luther sei nur zum Widerruf nach Worms zitiert. Der Mönch fand es auf seiner Reise nach Worms an verschiedenen Orten angeschlagen. Luther reiste diesmal in einem »Rollwäglein«, das der Wittenberger Magistrat auf Betreiben von Luthers Gevatter Lukas Cranach zur Verfügung gestellt hatte. Als Begleiter hatte er, der Ordensvorschrift entsprechend, einen Augustinerbruder, dazu noch einen Studenten und Nikolaus Amsdorf, seinen Kollegen an der Universität; auch das Reisegeld hatte die Stadt Wittenberg gestiftet für den mittellosen Mönch. Das neue Mandat machte auch auf Luther Eindruck und erschreckte ihn. Man warnte ihn und verwies auf Hus und Savonarola. Er blieb bei seinem Entschluß; und der Empfang, den er fast überall fand, konnte ihn nur in seiner Haltung bekräftigen.

Der Reichsherold meldete nach Worms, daß überall die Bevölkerung, ohne daß er es verhindern könne, Doktor Luther entgegeneile. Die Magistrate reichten dem Ketzer den üblichen Ehrenwein für angesehene Durchreisende; an manchen Orten wurde er aufgefordert, zu predigen, in Frankfurt, wie dem Nuntius von seinen Gewährsmännern berichtet wurde, kam es zu einem ganz skandalösen Vorgang: Luther wurde in seinem Quartier gesehen »auf heller Laute spielend«. Aber auch schwere Krankheitsanfälle während der Reise werden gemeldet. Von Frankfurt aus kündigte Luther dem Kurfürsten und seinen Räten an, er werde demnächst eintreffen. Friedrich war bestürzt. Er hatte bis zum letzten Augenblick gehofft, daß sein Doktor doch umkehren würde oder wenigstens an irgendeinem Orte außerhalb von Worms warten, was über ihn beschlossen werden sollte. Luther schrieb ein paar kurze Zeilen an Spalatin, berichtete von seinen Krankheitsanfällen und meinte, »wir werden in Worms einziehen allen Pforten der Hölle und Mächten der Luft zum Trotz ... Bereite eine Herberge für mich vor!« Spalatin gehorchte.

Luther war achtunddreißig, ein reifes Alter für damalige Begriffe, wo man einen Vierzigjährigen schon als an der Grenze zum alten Mann stehend ansah und nicht viele die Fünfzig überlebten. Kaiser Karl war einundzwanzig; er sah jünger aus auf den Bildern, die damals von ihm gemalt wurden. Bisher war er mit keiner einzigen selbständigen Handlung oder Willensäußerung hervorgetreten. Nur von den ungemessenen Titeln und Ehren, die ihm zugefallen waren, wußte die Welt etwas. In der fast eine halbe Druckseite umfassenden offiziellen Beschreibung seiner Würden, die nach sorgfältiger Beratung von den Räten festgelegt wurde, hieß er »von Gottes Gnaden erwählter Römischer Kaiser, zu allen Zeiten Mehrer des Reiches; in Germanien, zu Hispanien, beiden Sizilien, Jerusalem, Ungarn, Dalmatien, Kroatien etc. König, Erzherzog zu Österreich und Herzog zu Burgund, Graf zu Habsburg, Flandern und Tirol«. Die Aufzählung geht noch weiter und nennt auch das kleine Schloß Pfirt im Elsaß; sie schließt in kühnem Ausgreifen nach der Weltmacht mit »Herr über Afrika und Asien«. Amerika, das die kühnen spanischen Piraten Cortez und Pizarro eben dabei waren für ihn zu erobern, wird nicht erwähnt. Diese beiden Männer traten sich jetzt gegenüber. Die Devise, die Karl als Wappenspruch gewählt hatte, lautete »Nondum«, noch nicht.

Der Reichstag zu Worms

»Hier stehe ich. Ich kann nicht anders. Gott helfe mir, Amen!« Das sind die berühmten Worte, die Luther vor dem Reichstag zu Worms gesprochen hat oder gesprochen haben soll. Die genaue Fassung ist umstritten. Wahrscheinlich hat er nur gesagt: »Gott helfe mir«, wie das zur Bekräftigung eines Eides üblich war. Aber gleich nach dem Ereignis tauchte schon in den Flugblättern das trotzige »Hier stehe ich« auf und bezeichnete mit der unübertrefflichen Prägnanz, die ein Wort zur Legende machen kann, die Haltung des Mönches. Die genaueren Berichte sind schwankend. Es war Geschrei um Luther her, wildes Gedränge, Aufbruch; der Kaiser hatte sich bereits erhoben, es war heiß in dem niedrigen Saal, spät am Abend, unsicheres Fackellicht beschien die Szene. Kein Zweifel aber kann darüber herrschen, daß Luther da gestanden und sein »Nein« gesagt hat zu dem Befehl, zu widerrufen.

Wir ersparen uns jede Auslassung über die weltgeschichtliche Bedeutung des Augenblickes. Die war damals kaum jemand klar, am wenigsten dem jungen Kaiser, der diesen Fall eines rebellischen Dozenten an einer kleinen, ihm unbekannten Universität im Kurfürstentum Sachsen entscheiden sollte. Er hatte andere Sorgen, spanische Sorgen, italienische Kriegspläne, hochburgundische Träume und auch schwere Geldsorgen, die ihn zeit seines Lebens nicht verlassen haben. Die deutschen Affären, denen er unverzüglich den Rücken zu kehren gedachte, schienen ihm höchst lästig. Sie brachten Unordnung in seine Weltpläne. Der Mönch, dessen Namen er nicht einmal recht kannte – in den Berichten, die ihm vorlagen, hieß er »ein gewisser Bruder Martin –, war ihm schon seiner Erscheinung nach unsympatisch: ein aufsässiger, hagerer, fanatischer Mönch, ein Böhme, ein Hussit, der keine Autorität anerkennen wollte, weder die des Heiligen Stuhles noch die der mindestens ebenso heiligen Majestät des Kaisers. Er hoffte, diese Angelegenheit, die schon viel zuviel Unruhe verursacht hatte, durch ein kurzes, scharfes Edikt zu erledigen.

Die höheren Sorgen standen im Vordergrund, nicht Luther, den man so lange wie möglich überhaupt dem Reichstag hatte fernhalten wollen. Sein Fall war eine »querelle Allemande«, so dachte der Kaiser etwa, auf französisch, der einzigen Sprache, die er beherrschte. Es ging jedoch um ganz andere Dinge für ihn. Die Zusammenkunft in Worms war nicht so sehr ein deutscher Reichstag als eine internationale Gipfelkonferenz. Um den Kaiser standen neben seinen burgundischen Ratgebern spanische Granden, die beiden italienischen Nuntien, Herren aus Savoyen, Venetianer, Dänen, Polen, Ungarn. Ein französischer Gesandter war anwesend, der schon die Kriegserklärung seines Königs in der Tasche hatte; der englische Botschafter hielt ein Bündnis- und Heiratsprojekt bereit. Der Sprachenwirrwarr war groß. Die Deutschen waren auch vertreten, aber sehr in die zweite oder dritte Linie gedrängt. Ein österreichischer Herr aus den Erblanden des Kaisers schrieb nach Hause: »Es ist ein so elend erbärmliches Wesen an dem Hof, daß es keiner, so es nit gesehen, glaubt. Der Kaiser ist ein Kind, handelt selbst nichts, regieren ihn einige Niederländer, die uns Deutschen weder Ehr noch Guts gönnen. Und was deutscher Sachen fürkommen, werden all auf die Commissarii gewiesen, da kann niemand weder Antwort noch Bescheid erlangen, schreit jedermann über sie... Ist alles Buberei...«

Der treuherzige Ton darf nicht darüber täuschen, daß es auch bei den Deutschen meist Büberei war, was da geplant und verhandelt wurde in den vier Monaten, ehe man Luther zuließ. Jeder hatte seine Sonderinteressen und betrieb sie, mit respektvoller Miene vor dem jungen, neuen Herrn, den man gewiß nicht gewählt hatte, damit er sich als Herr zeige. Im Intrigenspiel ergraute Ratgeber Maximilians beeilten sich, noch einige Erfolge zu buchen, ehe sie abtreten mußten. Nicht wenige Fürsten betrieben die Interessen Frankreichs, das mit der Niederlage bei der Kaiserwahl noch keineswegs seine Rolle ausgespielt hatte. Derbe fürstliche Landsknechtsseelen reckten ihre mächtigen Gestalten in den bunten Röcken mit schwer beladenem Wehrgehänge; sie hatten überhaupt keine bestimmte Meinung. Sie wollten auf einem Reichstag fröhlich trinken, huren und beim Turnier ein paar Lanzen brechen. »Man rennt und sticht schier alle Tage«, schrieb Luthers Kurfürst an seinen Bruder, »und gehen sonst alle Sachen langsam von statten.« Die Sachen, mit denen man sich beschäftigen sollte, waren eigentlich sehr dringend: Ein Reichsregiment sollte bestellt werden; der Kaiser wollte nach der Tagung alsbald Deutschland verlassen, es wurden dann fast zehn Jahre daraus. Wer sollte in seiner Abwesenheit die Geschäfte führen? Nach der Wahlkapitulation war dafür eine Art Ständeregierung vorgesehen, mit maßgebendem Einfluß der Kurfürsten. Der Kaiser zeigte sogleich, daß er nicht die Absicht hatte, sich an seine Versprechungen zu halten: Er würde einen Statthalter ernennen, und er hatte dafür seinen Bruder Ferdinand im Auge. Die Fürsten fanden das »hochbeschwerlich«, und es lief am Ende auf einen Kompromiß hinaus, die stete Praxis der Reichstage. Zur Ablenkung der aufgeregten Gemüter brachte der Kaiser den Zug nach Rom aufs Tapet, zur Kaiserkrönung, die ihn als bisher nur »erwählten« Kaiser erst vollgültig legitimieren würde im Sinne der Tradition. Italienfahrt bedeutete aber auch Wiederaufnahme der alten Ansprüche des Reiches auf Lehensoberhoheit über die in Italien verlorengegangenen Gebiete; es hieß zugleich Krieg mit Frankreich, das in Mailand saß. Der führende Mann für diese Politik war der Kanzler des Kaisers, Gattinara, der den schon alt gewordenen Burgunder Chièvres, den Herzog von Croy, als Ratgeber abgelöst hatte. Gattinara, Italiener aus Piemont, Jurist und Mann aus kleiner Familie, war der neue Typus des Beamten-Ministers, Chièvres der des burgundischen Großen von fürstlichem Vermögen, das er während seiner Amtszeit als Erzieher und Gouverneur des jungen Karl verdoppelt oder verdreifacht hatte. Gattinara konnte nicht daran denken, sich wie die Croys eine Hausmacht aufzubauen; er wollte nur Diener, »Minister«, seines Herrn sein, aber er gedachte ihn zu lenken und hatte die ungemessensten imperialen Pläne für ihn. Italien stand da an erster Stelle, und viele hörten das gern von den Fürsten; bei Italienzügen war immer für den einzelnen etwas zu gewinnen gewesen. Zum Kriegführen aber brauchte man Geld im Zeitalter der Mietstruppen und Landsknechtssöldner oder der Schweizer, die auch nicht ohne Bezahlung fochten. Geld jedoch war erschreckend knapp. Der Hauptfinanzier für die Kaiserwahl, das Bankhaus Fugger, hatte sich besorgt bereits die österreichischen Bergwerke als Pfand gesichert. Spanien war erschöpft und in wilden Bürgerkrieg verwickelt; die großen spanischen Herren auf dem Kongreß klagten bitter, daß sie nicht einmal standesgemäß auftreten könnten. Die Deutschen sollten zahlen. Sie beschwerten sich über den zerrütteten Zustand des Reiches, die Teuerung, das Sterben, die Unordnung. Da konnten auch, wenn es um Zahlungen ging, wieder einmal die »Gravamina« gegen Rom vorgebracht werden und die ewigen »geistlichen« Tribute. Auch auf den »gemeinen Mann« konnte man sich bei solcher Gelegenheit berufen, und selbst der Wittenberger Mönch war in diesem Zusammenhang nicht unwillkommen.

Die Räte des Kaisers suchten das Projekt des Romzuges auf alle Weise zu propagieren. Unbedenklich ließen sie den ehrwürdigen Dominikanerprior Faber, den Verfasser des »Ratschlages«, wie im Sinne des Erasmus der Friede gewahrt werden könne, im Dom zu Worms predigen. Faber predigte nicht Frieden, sondern Krieg. Der Anlaß war ein Trauerfall: Der erst dreiundzwanzigjährige Bruder des Herzogs von Croy, eben mit dem reichsten spanischen Erzbischofssitz Toledo beschenkt zu seinen bisherigen Pfründen, war bei einer fröhlichen Hetzjagd vom Pferde gestürzt und qualvoll verstorben. Alle großen Herren versammelten sich zu der Begräbnisfeier. Entsetzt aber lauteten die Berichte über die Predigt nach Rom: Statt frommer Betrachtungen über Tod und Vergänglichkeit war eine politische Brandrede gehalten worden. Von Luther hatte der Dominikaner gesprochen, dessen Umtriebe nicht geduldet werden dürften. Wer aber sollte einschreiten nach Ansicht des Priors? Nicht der Papst, sondern der Kaiser! Schlimmer noch: »Wenn der Papst es an sich hat fehlen lassen, so mußt Du als Kaiser Dich erheben zu seiner Züchtigung!« Italien, Italien! so habe der Mönch geschrien mit »unwahrscheinlicher Frechheit«. An die Fürsten habe er sich gewandt: »Während Ihr untereinander und gegen den Kaiser Krieg führtet, haben der Papst, Venedig, Frankreich und alle andern den Kaiser befeindet. Darum vereinigt Euch nun und geht ihnen zu Leibe!«

Das war nicht unverantwortliche Hetze des Wittenberger Mönches, sondern eine wohlerwogene Maßnahme der kaiserlichen Regierung; die Nuntien hatten noch öfter Gelegenheit, aufgeregte Berichte nach Rom zu senden. Nuntius Aleander, der sich nicht zu Unrecht als wichtigste Persönlichkeit des Reichstags fühlte, hatte nach langem Suchen und vielen Abweisungen in der Stadt kein anderes Quartier gefunden als eine Art Dachkammer, ungeheizt, schmutzig; er zitterte nicht nur vor Kälte, sondern auch vor den Drohungen, die ihm zugestellt wurden. »Ich fühle mich unsicherer in diesen deutschen Städten als in der Campagna«, schrieb er in seinen Depeschen, und das wollte viel besagen für jeden, der die Zustände in der Umgebung Roms kannte. Worms war eng und bis weit über die Stadtmauern hinaus belegt. Der Kaiser selber schlief in einem Zimmer mit dem alten Chièvres, der sich damit noch die Aufsicht über seinen Zögling so lange wie möglich wahren wollte. In den Gasthöfen lagen fünf bis acht Ritter in einer Stube, ein Dutzend Reitknechte auf einer Strohschütte. Prügeleien zwischen den verschiedenen Nationalitäten waren an der Tagesordnung bei den unteren Ständen wie die Zusammenstöße zwischen den hohen Herren, bei denen es auch auf einer Sitzung fast zum Handgemenge gekommen war, als der Brandenburger mit seinem Feind, dem Kurfürsten Friedrich, aneinandergeriet und die Degen bereits gezückt wurden. Beim Kirchgang gab es Streit um die Etikette. Auf den Stufen des Wormser Domes hatten zur Zeit der Nibelungen – jetzt vergessen – die Königinnen gehadert um den Vorrang; nun kämpfte man um den gebührenden Platz bei der Messe, und manche Herren schritten gewichtig hinaus, ehe sie sich an weniger prominenter Stelle placieren ließen. Niemand warf einen Blick auf die Skulpturen des alten Domes und die Statue der »Frau Welt«, von vorne prächtig anzusehen, den Rücken von Würmern zerfressen.

Durch die Stadt wehte ein Sturmwind von Gerüchten. Flugblätter wirbelten herein, trotz aller Verbote. Die Broschüren des Ketzers lagen aus. Die Spanier zerrissen sie und wurden deshalb zur Rede gestellt. Ein spanischer Reiter verfolgte einen Bürger mit gezücktem Degen, der Verfolgte entkam durch eine Tür, der Spanier stürzte mit dem Gaul. »Viele Deutsche standen umher, aber keiner wagte den Spanier nur mit einem Finger anzutasten«, schrieb ein Freund an Hutten. Plakate mit Verordnungen hingen aus, aber auch mit anonymen Drohungen. Bilder des Ketzers waren zu sehen und Karikaturen des Nuntius am Galgen, den Kopf nach unten. Die kaiserliche Politik verschmähte solche Sturmzeichen keineswegs, wenn es angebracht erschien. Chièvres erzählte dem venezianischen Gesandten, daß man gehört habe, der Wittenberger Mönch wolle dem Kaiser 100 000 Mann zuführen, wenn Karl nach Italien ziehen und die Kirche reformieren würde. Er hielt Luther offenbar für einen der Kleriker vom Schlage des vielgewandten Schweizer Bischofs von Sitten, Schiner, der seine waffenfreudigen Landsleute nach den verschiedensten Seiten hin verkaufte, an den Papst, der ihn dafür zum Kardinal erhoben hatte, und vielleicht auch an den Kaiser, falls der dafür das Geld aufbringen könnte. Kriegsgefahr lag in der Luft. Krieg wurde bereits geführt an den Grenzen der Niederlande durch Parteigänger Frankreichs, den Herzog von Geldern und den Bruder des Bischofs von Lüttich, der von Bouillon und Sedan aus angriff und den malerischen Namen »der Eber von den Ardennen« führte. Krieg in Italien war angekündigt. Auf dem Balkan drohte die Einnahme von Belgrad durch die Türken. Zwischen Dänemark und Schweden war blutiger Bürgerkrieg. Hutten hatte zum Pfaffensturm aufgerufen. Auch Bauernkrieg war keine leere Drohung; schwere Aufstände hatten schon stattgefunden...

Vier Monate lang hatte man verhandelt. Am 16. April 1521 fuhr Luther mit seinen Gefährten in Worms ein. Nuntius Aleander hatte erneut Anlaß, sich zu empören: Der Aufzug war gänzlich ungehörig für einen Gebannten. Neugierige waren dem Ketzer schon entgegengeritten, der Reichsherold zog ihm voran, den Mantel mit dem großen Kaiserwappen über den Arm gelegt, jedem zur Kenntnis, daß kaiserliches Geleit zugesichert war. Die Straßen füllten sich mit Menschen; nur mit Mühe konnte der Zug die Unterkunft bei den Johannitern erreichen, in der Nähe des Gasthofes »Zum Schwan«, wo der sächsische Kurfürst wohnte. Mit zehn oder zwölf Herren speiste der Ketzer zu Mittag. Seine Stube wurde nicht leer von Besuchern, die ihn ermuntern, erschrecken oder einfach nur sehen wollten.

Luther war das zwar durch seine Erlebnisse auf der Hinreise gewohnt, aber nun wurde er doch verwirrt. Von allen Seiten redete man auf ihn ein. Der Kurfürst, der sich sorgfältig zurückhielt, entsandte seine Räte. Der Wittenberger Jurist Schurff gab Instruktionen. Luther hatte, wie wir glauben, Angst, wie jeder mutige Mann vor einem großen Kampf. Er fürchtete sich wenig vor dem Scheiterhaufen. Er fürchtete sich, vor seinen Kaiser zu treten, das »edle junge Blut aus deutschem Stamm«. Er hat diesen Respekt zeitlebens, und trotz aller bösen Erfahrungen, nie ganz aufgegeben. Ein Kaiser war von Gott gegeben, mochte er sein, wie er wolle. Luther hatte noch andere und tiefere Ängste. Sehr viel mehr als alle anderen war er sich darüber klar, was es bedeutete, wenn er, ein Einzelner, der gesamten Autorität der Welt gegenübertreten und sich lediglich auf sein Gewissen berufen wollte. Er fürchtete auch den Lärm, die vielen Menschen mit ihren sehr verschiedenen Forderungen, die sie an ihn herantrugen. Er hatte schon seine Bedenken gehabt, als Hutten und Sickingen ihn als Bundesgenossen gewinnen wollten. Es ging ihm um andere Dinge als einen Pfaffenkrieg. Das Wort sollte siegen, nicht die Waffe.

Man redete auf ihn ein, wahrscheinlich bis spät in die Nacht; er schlief mit zweien seiner Begleiter in einem Zimmer. Am nächsten Morgen wurde er vorgeladen. Die Form wurde gewahrt, sehr übertrieben sogar nach Ansicht des Nuntius. Der Reichsmarschall von Pappenheim erschien in der Johanniterherberge und überbrachte den Befehl: Luther habe am Nachmittag um vier Uhr zu erscheinen vor Kaiser und Ständen.

Er wurde abgeholt, wieder in feierlicher Begleitung. Die Straßen waren so überfüllt, daß man ihn vorsichtshalber auf Umwegen durch Gärten und Hinterhöfe führte und durch eine Nebentür in den Sitzungssaal hinaufbrachte. Wildes Geraufe entstand vor dem Haupteingang, als die Neugierigen das bemerkten. Die Trabanten bekamen zu tun, Unbefugte abzuwehren. Viele stiegen auf die Dächer und starrten von da hinüber auf das Dach des Bischofshofes.

Im Saal war keineswegs die feierliche und kahle Ordnung späterer Zeiten. Für den Kaiser und einige der höchsten Herren waren Sitze und Baldachine vorgesehen, an den Längsseiten liefen steinerne Bänke. Die meisten Anwesenden standen und drängten sich vor, um besser zu sehen und zu hören. Luther und seine Begleiter mußten sich den Weg nach vorn bahnen. Der Mönch, ein vertrautes Gesicht erblickend, das seines Augsburger Gastgebers Peutinger, grüßte erfreut: »Doktor, Ihr auch hier?« Der Reichsmarschall wies ihn sogleich zurecht: Er habe kein Wort zu reden, ehe er gefragt sei. Der Nuntius, der beim Verhör des Gebannten nicht zugegen sein konnte, ließ sich berichten, der Ketzer habe sich frech nach allen Seiten umgeschaut: »Er bewegte, und dies in Gegenwart des Kaisers, seinen Kopf hierhin und dorthin, auf und nieder.«

Auf einer Bank lagen Luthers Schriften aufgestapelt. Das Verhör begann. Der Offizial des Erzbischofs von Trier, ein hochgewachsener Mann mit weithin tönender Stimme, gab die mit dem Nuntius vereinbarte Erklärung ab: Luther sei vom Kaiser vorgeladen, weil man zwei Fragen beantwortet wünschte: »Erstens: Bekennst Du Dich hier öffentlich zu den Büchern, die unter Deinem Namen verbreitet worden sind? – Zweitens: Willst du ihren Inhalt aufrechterhalten oder etwas davon widerrufen?«

Luthers Rechtsbeistand schrie: »Man verlese die Titel!« Er befürchtete, es könnten Schriften unter dem Stapel sein, die nicht von

Luther stammten. Die Titel wurden verlesen; Luther erkannte sie an. Er nahm nun das Wort. Er sprach leise und befangen, wie es schien. Seine Anhänger waren enttäuscht, seine Gegner befriedigt, sie hielten ihn für erschrocken und verzagt. Die vornehmen Herren vermißten Würde und Gemessenheit in seinem Auftreten und begriffen nicht recht, wie dieser armselige Kuttenträger solches Aufsehen habe machen können. Einige notierten die sehr weit ausgeschnittene Tonsur, andere wollten »dämonisch glitzernde Augen« in dem knochigen Gesicht bemerkt haben. Die Haltung des Mannes war unsicher; er war instruiert worden, das Knie vor der Majestät zu beugen, und so schob er es unter der schweren schwarzen Kutte vor, nicht recht sicher, ob das einmal oder öfter zu geschehen hätte. Er sprach mit Bibelzitaten, den meisten nicht gerade geläufig. Er berief sich auf das Wort Christi: »Wer mich vor den Menschen verleugnet, den will ich auch verleugnen vor meinem himmlischen Vater.« Dann bat er um Bedenkzeit zu der zweiten Frage. Er müsse seine Antwort genau überlegen.

Der Kaiser, dem man in Stichworten referiert hatte, was der Mönch sagte, war ungeduldig, aber die Räte und Fürsten fanden die Forderung billig. Der Offizial gab ihren Beschluß bekannt: Luther dürfe überlegen, aber nur kurz, am folgenden Tage habe er wieder zu erscheinen. Die Antwort müsse auch frei und mündlich erteilt werden, nicht etwa schriftlich oder vorgelesen. Im Saal war viel Murmeln, Fragen, viele begriffen kaum, was gesagt worden war, der Ketzer wurde abgeführt und in seine Herberge gebracht. Es war kein großer Auftritt, sondern erst die Vorbereitung zu einem solchen; es ist möglich, daß Luther nach den Vorschlägen der Räte seines Kurfürsten so verfuhr, vielleicht war er auch wirklich befangen.

Erneut wurde im Quartier auf ihn eingeredet. Spalatin als Hofkaplan gab Ratschläge, wie er den Kaiser und die Fürsten anzureden habe. Luther setzte sich an den Tisch. Er schrieb. In einem Brief an den Wiener Historiker Cuspinian berichtete er »mitten aus dem Trubel« über die Sitzung und erklärte, er werde nicht ein Wort widerrufen. Er nahm einen weiteren Bogen vor, der noch erhalten ist, und begann seine Rede für den folgenden Tag zu skizzieren. Er zeichnete die untertänigen Gehorsamskeitsfloskeln auf, die man ihm eingeprägt hatte. Bei der zweiten Frage nach dem Widerruf stockte er. In der mündlich geforderten Antwort, so schrieb er, könne vielleicht etwas

»aus Unvorsicht« vorkommen, »zu viel oder zu wenig, mit meines Gewissens Versehrung...« Er brach ab mit einem unvollständigen Satz: »Und wiewohl unter der Rede miteingeflossen ist, als...«

Wahrscheinlich wurde er gestört; sein Zimmer blieb nie leer von Besuchern. Die Handschrift ist ganz gelassen. Es ist möglich, daß er bereits recht genau wußte, was er sagen wollte.

Am nächsten Tage, wiederum erst am späten Nachmittage, denn die hohen Herren mußten noch viel beraten, kam dann sein großer Auftritt. Der Saal war noch stärker gefüllt als zuvor. Manche standen seit dem frühen Vormittag an, um sich einen Platz zu sichern, andere drängten mit Gewalt hinein in den niedrigen Raum. Fackeln mußten bereits angezündet werden. Luther sprach diesmal laut und in wohlgegliederter Rede. Der Offizial hatte nochmals gefragt, ob er widerrufen wolle und einige mahnende Wendungen beigefügt: Die Bedenkzeit sei eigentlich unnötig gewesen, Luther habe doch genau gewußt, wozu man ihn berief. In Glaubenssachen, so meinte er, müßte doch jeder, geschweige ein bedeutender Lehrer der Theologie, zu beliebiger Zeit Rede und Antwort stehen können.

Luther begann sehr korrekt mit den vorgeschriebenen Anreden an Kaiser und Fürsten. Man hatte ihn im Gedränge bis dicht vor die hohen Herren vorgeschoben. Er entschuldigte sich noch ausdrücklich, falls er irgend jemand nicht den gebührenden Titel gegeben habe: »Nicht bei Hofe, sondern in der Mönchszelle habe ich mein Leben zugebracht.« Er wiederholte, daß er die vorgelegten Bücher anerkenne, fügte aber hinzu: Es sei denn, daß in den Drucken – es waren nicht seine eignen Ausgaben, sondern Nachdrucke aus Basel und anderen Orten – im Text etwas geändert sei, was er nicht wisse. Er könne nur verantworten, was er geschrieben habe.

Dann ging er sehr methodisch vor. Wie im Kolleg teilte er seine Schriften in drei Klassen, sie seien nicht alle einer Art. Er habe erstens reine Erbauungsschriften verfaßt; an denen könnten auch seine Gegner nichts Schädliches finden. Diese könne er daher unmöglich widerrufen. Sie enthielten allgemein anerkannte Wahrheiten. Die zweite Gattung seien seine Schriften gegen das Papsttum. Da wurde seine Rede hochpolitisch und gefährlich: »Alle Welt«, so sagte er, »ist Zeuge, daß die Papstgesetze und die von Menschen geschaffenen Lehren das Gewissen der Gläubigen aufs jammervollste verstricken, peinigen und martern.« Er sprach, unter lebhaftem Murren und halbunterdrückter Zustimmung, von römischer Tyrannei, vom Hab und Gut der Deutschen, das verschlungen werde. Auch diese Schriften könne er nicht widerrufen. Das Volk, das dieser zügellosen Bosheit ausgeliefert sei, werde das nicht begreifen, und erst recht nicht, wenn das unter der Autorität des Kaisers geschähe. Drittens: seine Schriften gegen private Gegner. Da müsse er bekennen, oft heftiger gewesen zu sein als schicklich für einen Ordensmann. Auch diese jedoch könne er nicht widerrufen, weil sonst Gefahr bestünde, daß der Gewissenszwang noch schlimmer werde als bisher.

Die dreimalige Ablehnung des Widerrufs war stark genug, denn eigentlich wurde nichts anderes erwartet, als daß er sich dem Befehl fügte. Aber Luther ging weiter und kam jetzt erst auf die Frage, die ihm die wichtigste von allen war, die Autorität der Schrift. »Habe ich übel geredet, so beweise mir, daß es übel sei«, zitierte er aus dem Johannesevangelium. »Wenn Christus selber, der wußte, daß er nicht irren konnte, es nicht verschmähte, selbst des niedersten Knechtes Zeugnis gegen seine Lehre anzuhören – wieviel mehr muß ich Knecht, in allem Tun dem Irrtum unterworfen, darum bitten, daß einer Zeugnis bringt gegen meine Lehre... Bringt Zeugnis, überführt mich des Irrtums, aus den Propheten und Evangelien! Wenn man mich daraus besser belehrt, will ich gerne widerrufen und als erster meine Schriften ins Feuer werfen.«

Das wurde von vielen so verstanden, daß der Mönch doch bereit sei nachzugeben. Nun jedoch sprach er, wieder in biblischen Zitaten, von dem Streit, den seine Lehren erregt hatten. Kühn erklärte er: »Es ist für mich das Erfreulichste von der Welt, wie man um des Gotteswortes willen streitet... Hat Christus doch gesagt: Ich bin nicht erschienen, Frieden zu bringen, sondern das Schwert, ich bin gekommen, den Sohn zu erregen gegen seinen Vater.«

Solche Sätze schlugen ein, auch in den kurzen Stichworten, die dem Kaiser weitergereicht wurden. Luther fuhr fort: »Bedenkt die wunderbaren und furchtbaren Ratschlüsse Gottes! Sollen wir, um diesen Zwist beizulegen, damit anfangen, Sein Wort zu verdammen? Würde das nicht eine Sintflut unerträglicher Übel über uns bringen? Wäre das nicht ein schlimmer Beginn für das Regiment des jungen Kaisers, auf den wir nächst Gott so viel Hoffnung setzen?«

Der junge Kaiser war längst mit seiner Entscheidung fertig. Er konnte sich nur in seiner Ansicht bestätigt fühlen, daß der Mönch ein Rebell und Aufrührer sei: Vom Schwert sprach er, soviel entnahm Karl den Sätzen, die ihm zugeflüstert wurden, vom Aufstand des Sohnes gegen den Vater, von Sintflut und furchtbaren Übeln.

Luther belegte das noch aus der Bibel. Drohend führte er Pharao an, den König von Babylon, die Könige Israels: »Sie alle zeigen, wie sie die Macht ihrer Reiche untergruben, die sie mit überklugen Plänen sichern wollten. Gott fängt die Verschlagenen in ihrer eignen Schlinge! Er versetzt Berge, ehe man es merkt. Deshalb müssen wir ihn fürchten.«

Das war eher eine leidenschaftliche Bußpredigt als eine Verteidigung. Es war nahezu Selbstmord in dieser Situation vor dem jungen Kaiser, der nicht gerade vom Schicksal Nebukadnezars hören wollte noch vom Untergang von Reichen, da er eben erst sein eignes angetreten hatte, oder von überklugen Plänen, mit denen man sich in der eignen Schlinge fangen könne. Der Mönch schloß, wie man ihn belehrt hatte, das Knie unter der Kutte neigend und mit Entschuldigungen: Er wolle keineswegs so hohe Häupter belehren, sondern seinem Vaterland einen Dienst erweisen. »Und damit befehle ich mich Eurer geheiligten Majestät und Euren Herrlichkeiten und bitte in Demut, mich nicht wegen der Umtriebe meiner Widersacher in Ungnade fallen zu lassen. Ich bin zu Ende.«

Es gab Zurufe, freundliche und feindselige. Die vielen Ausländer verlangten Übersetzung ins Lateinische. Ein Edelmann, der neben Luther stand, meinte: »Könnt Ihr nicht mehr, so ist's genug, Herr Doktor!« Er hatte als einziger bemerkt, daß der Mönch erschöpft war. Luther wiederholte seine Ansprache auf lateinisch. Auch da wurde nur ungefähr begriffen, was er wollte. Für uns scheinen seine Worte eindeutig genug; sie waren es keineswegs für die Anwesenden. Sie glaubten Bereitschaft zum Widerruf zu erkennen. Die Fürsten und Räte des Kaisers zogen sich zu einer Beratung im oberen Stock zurück. Es wurde beschlossen, der Offizial solle Luther nun um unzweideutigen Bescheid ersuchen: Widerruf oder nicht!

Sie stiegen wieder herunter. Der Offizial wollte nun auch an diesem großen Tage zu Wort kommen. Er tadelte Luthers Unbescheidenheit, ließ aber auf Wink seines Herren, des Erzbischofs, eine vorsichtig versöhnliche Wendung einfließen: »Wenn in Deinen Schriften Gutes ist, Martin, so besteht dafür keine Gefahr. Der Kaiser wird gnädig damit verfahren, sobald Du Deinen Entschluß änderst.« Zunächst aber Widerruf, in ganz klaren Worten, sonst »Vernichtung und ewiges Vergessen«.

Luther gab Antwort, »ohne Hörner und Zähne«, wie er sagte: »Wenn ich nicht durch Zeugnisse aus der Heiligen Schrift und klare Vernunftgründe überzeugt werde – denn weder dem Papst noch den Konzilien allein kann ich glauben, die offenkundig geirrt und sich widersprochen haben –, so bin ich an mein Gewissen und das Wort Gottes gebunden. Ich kann und will daher nichts widerrufen, weil gegen das Gewissen etwas zu tun weder sicher noch heilsam ist. Gott helfe mir.«

Große Unruhe herrschte im Saale. Der Kaiser begann bereits sich zu erheben, er hatte genug vernommen: Kein Widerruf! Der Mönch bleibt verstockt! Der Offizial, seine Instruktion im Eifer überschreitend, drängte aufgeregt auf Luther ein: »Laß Dein Gewissen fahren, Martin!« Die Ablehnung der Autorität der Konzilien hatte ihn am meisten erregt; er rief: »Daß Konzilien geirrt hätten, wirst Du nie beweisen können! In Fragen der Kirchendisziplin könnte man vielleicht zugeben, daß Irrtümer vorgekommen sind.« Luther gab zurück: »Ich kann es beweisen!« Der Kaiser, schon stehend, machte kurz ein Ende. Keine weiteren Auseinandersetzungen! Abführen den Mann! Er winkte dem Herold und ging eilig hinaus.

Wilde Unordnung und Geschrei entstanden. Viele glaubten, Luther solle ins Gefängnis gebracht werden. Man scharte sich um ihn. Bewaffnet waren fast alle. Der Herold trat herzu, Luther beruhigte: Man sehe doch, daß er Geleit habe! Eiligst drängte man ihn hinaus. Die spanischen Reitknechte des Kaisers vor der Tür schrien dem Zug etwas nach, was zum Glück nicht verstanden wurde: »Al fuego! Al fuego! Ins Feuer mit ihm!« Der Sprachwirrwarr verhütete, daß blutiger Streit entstand, jedenfalls hier und sogleich. Im Quartier warf Luther beide Arme hoch und rief: »Ich bin hindurch, ich bin hindurch!«

Der Ruf nach dem Scheiterhaufen hatte noch ein Nachspiel viele Jahre später. Kaiser Karl hatte abgedankt, nach dem Scheitern seiner größten Pläne, nach einem Leben der Kriege gegen Frankreich, die

Päpste, die Ketzer und die Türken, und seine schöne Villa nahe dem Kloster Yuste bezogen. Er unterhielt sich zuweilen mit den Mönchen. Soeben hatte man mitten im strenggläubigen Spanien, trotz schärfster Aufsicht der Inquisition, dennoch einige Ketzerherde entdeckt. Unbarmherzig müsse dagegen vorgegangen werden, meinte der Kaiser: Verbrennen! Kein Mitleid! Auch Reue der Angeklagten dürfe nicht gelten. »Ich irrte«, meinte er sinnend, »als ich damals den Luther nicht umbrachte. Ich war nicht verpflichtet, mein Wort zu halten.« Denn der Ketzer, so argumentierte er, sündige doch gegen einen größeren Herrn als den Kaiser: gegen Gott. »Ich habe ihn nicht umgebracht, und so wuchs dieser Irrtum ins Ungeheure. Das hätte ich verhindern können...«

Er dachte aber noch weiter nach, vor den Mönchen, die seine Worte überliefert haben. Man dürfe überhaupt mit den Ketzern nicht sprechen, nicht debattieren, sie gar nicht anhören. »Sie haben so lebendige und durchdachte Beweisgründe, daß sie einen leicht verwirren können. Und wie, wenn dann zufällig ein falsches Argument in meinen Gedanken haften bliebe? Wer wäre dann stark genug, es mir wieder aus der Seele zu reißen?«

Die beiden großen Gegner stehen sich, nach Luthers Tode, noch einmal gegenüber wie in Worms. Auch Luther hat seinen Feinden oft den Tod gewünscht; er hat unheilig triumphiert, wenn einer von ihnen kläglich verstorben war oder erschlagen wurde wie Zwingli. Aber er vertraut auf das Wort, und es läßt sich kaum sagen, daß seine Seele nicht stark genug gewesen wäre, den Argumenten seiner Gegner standzuhalten. Der Kaiser als Mann der Autorität vertraut auf die Macht. Die ist sein einziges Beweismittel; sein Glaube, so sicher er sich in ihm fühlte, könnte erschüttert werden. Es war die Tragik Karls, daß er erleben mußte, wie dieses höchste und im Grunde einzige seiner Argumente, der Appell an die Macht, versagte, und die weit größere Tragik, daß die Völker der halben Welt dabei in zwei Teile zerrissen wurden.

Luther war nicht »hindurch«. Sein großer Auftritt vor Kaiser und Reich bedeutete nicht das Ende. Auch Kaiser Karl hatte nun, zum ersten Male in seinem Leben, einen großen Tag, bei dem es sich zeigte, daß er nicht mehr der gehorsame Zögling und unmündige Knabe war, für den er allgemein, nicht zuletzt von Luther, gehalten wurde. Einige Jahre später schrieb Luther über Worms: »Ihr habt da mit mir ein Stücklein getan, das ist in Adamant geschrieben und wird nimmermehr ausgelöscht werden, auch nicht schweigen, bis Ihr alle Staub werdet, den der Wind verstreut. Da saßet Ihr wie die Larven und Götzen um den jüngsten Menschen Kaiser Karl, der sich nicht auf solche Dinge verstand, mußte wohl tun, was Euch gefiel, und habt mich ohne alles Recht, wie Eure Gewissen meine Zeugen sind, unverhört und unerkannt verdammt.«

Er schrieb das an die Adresse der Erzbischöfe und Fürsten. Die saßen allerdings wie die Ölgötzen umher und wußten nicht, was sie tun sollten. Aufschub, Bedenken, Vertagung unangenehmer Dinge, das war seit je ihre Taktik, Mißtrauen ihre stärkste Eigenschaft und Waffe. Auch Luthers Kurfürst war unsicher. Er ließ seinem Doktor bestellen, er sei mit seiner Haltung zufrieden; zu seiner Umgebung meinte er, der Mönch sei doch »viel zu kühne«, was er auf sächsisch »giehne« aussprach. Der Kaiser berief die Fürsten, als die oberste Kurie der Stände, zusammen und befragte sie, was jetzt geschehen solle. Sie murmelten, ehrfürchtig und verschlagen, unbestimmte Antworten. Nicht wenig überrascht waren sie, als der junge Herr einen Zettel hervorzog, den er eigenhändig aufgesetzt hatte, wie er das auch später zu tun pflegte. Er sprach schlecht, sein weit vorstehendes Kinn hinderte ihn, und der immer offene Mund, der wegen der Polypen in der Nase nur mühsam atmen konnte. Gar nicht unsicher war er jedoch sonst. »Eh bien«, erklärte er auf französisch, »dann werde ich Euch meine Meinung kundgeben.« In deutscher Übersetzung wurde die Kundgebung vorgelesen. Sie war zugleich die erste öffentliche Willensmeinung Karls und eine Art Testament; er hat bis zu seinem Ende seine Ansichten und seine Überzeugungen nicht geändert. Er war langsam, einer der größten Zauderer der Weltgeschichte, und zäh; er war ein Melancholiker, mit den plötzlichen Ausbrüchen dieses

Typus. Er dachte fortwährend an den Tod, schon ganz früh, und setzte unablässig ausführliche Letzte Verfügungen auf, bei denen die Grabstätte eine entscheidende Rolle spielte. Er hat dabei nie an Deutschland gedacht: In Burgund wollte er begraben werden, dem echten Altburgund, das er von Frankreich zurückerobern wollte, später in Spanien, als er zum Spanier geworden war. Die Ahnen, der Stammbaum, die Genealogie: das war sein Halt und sein Glaube. Sein Kirchenglaube war dadurch bestimmt. Was die Vorfahren geglaubt hatten, das hatte auch für ihn zu gelten und damit für die gesamte Welt, die ohne solche hierarchische Ordnung nicht bestehen konnte.

So rief er jetzt die langen Reihen seiner Ahnen als Zeugen an, die allerchristlichsten deutschen Kaiser, die spanischen Könige, die Erzherzöge von Österreich und die Herzöge von Burgund. »Sie alle waren bis in den Tod treue Söhne der römischen Kirche, stets verteidigten sie den christlichen Glauben, die geheiligten Zeremonien, die Dekrete, Verordnungen und heiligen Bräuche.« So sah er es jedenfalls; seine geschichtliche Bildung war höchst mangelhaft, mit burgundischen Ritterromanen war er aufgewachsen, in denen nichts von den jahrhundertelangen Kämpfen der Kaiser und Könige um »Dekrete und Verordnungen« der Kirche stand. Aber wir wollen ihn nicht unterbrechen: »Sie hinterließen uns als natürliches Erbe die Erfüllung jener heiligen christlichen Pflichten, und in wahrer Nachfolge dieser Vorfahren haben wir mit Gottes Gnade bisher gelebt. Deshalb bin ich entschlossen, alles aufrechtzuerhalten, was meine Vorfahren und ich bis heute gehalten haben.« Er erwähnte noch ausdrücklich das Konzil zu Konstanz und fuhr dann fort: »Es ist gewiß, daß ein einzelner Klosterbruder irrt, wenn er seine Meinung gegen die der gesamten tausendjährigen Christenheit setzt – nach solcher Meinung hätte sich die Christenheit jederzeit im Irrtum befunden...« Feierlich verpflichtete er sich, Reich und Herrschaft, seine Freunde, Leib und Seele dafür einzusetzen, daß nichts verändert werde. Scharf hieß es dann zur Gegenwart: »Nachdem ich die Antwort Luthers gehört habe, die er gestern in unser aller Anwesenheit gab, erkläre ich, daß ich bereue, so lange das Vorgehen gegen Luther und seine falsche Lehre aufgeschoben zu haben. Ich bin entschlossen, ihn nicht weiter anzuhören. Ich beabsichtige vielmehr, ihn unverzüglich zurückzusenden unter Wahrung des Geleites. Dabei ist jedoch Bedingung, daß er nicht predigt und das

Volk mit seiner schlechten Lehre unterweist oder Aufruhr stiftet. Wie schon gesagt: Ich bin entschlossen, gegen ihn als offenkundigen Ketzer vorzugehen, und fordere Euch auf, in dieser Sache Euch als gute Christen zu beweisen, wie es Eure Pflicht ist und Ihr mir versprochen habt.«

Viele Fürsten wurden totenblaß, wie der Nuntius erfreut und wohl auch wahrheitsgemäß berichtete. Das war eine völlig neue Sprache, klar, unumwunden, höchst persönlich, von den Ratgebern kein Wort, von etwaigen Kompromissen kein Wort. Ein Befehl des Kaisers an seine Untergebenen. Die Worte waren nahezu »markig«, und die Fürsten selber, trotz ihrer Leibesfülle und mächtigen Schultern, ihren breiten Schwertern und langen Dolchen im Wehrgehenk, waren alles andere als markige Männer. Von der fürstlichen Libertät – und die war nun ihr wichtigster Glaubensartikel – hatte man nicht einmal eine Andeutung vernommen. Sie traten zusammen, und in einer gewissen Menge fühlten sie sich noch am ehesten leidlich sicher. Sie berieten.

Der Kurfürst von Sachsen, Luthers Protektor, hatte sich bereits zurückgezogen. Der Kurfürst von der Pfalz schlich sich ebenfalls beiseite. Die Kurfürstenkurie war damit formell nicht beschlußfähig, und das war auch die Absicht der beiden vorsichtigen Herren. Die übrigen waren nicht nur erschreckt durch den Befehl des Kaisers. Der immer besonders ängstliche Kurfürst von Mainz, Kardinal Albrecht, schlotterte geradezu. Nicht als ob es ihn beunruhigt hätte, daß er schließlich mit seiner Wahl- und Ablaßgeschichte der eigentliche Urheber des ganzen Handels gewesen war. Er zitterte vor dem Zorn des Volkes, der ihm persönlich angedroht war. Man hatte ihm Flugblätter übergeben, in denen sein Name ausdrücklich genannt war: Vierhundert Edle hätten sich verschworen, Luther beizustehen. Und dann hieß es noch: »Schlicht schreib ich / ein großen Schaden mein ich / Mit 8000 Mann kriegen will ich« und als Unterschrift die furchtbare Parole der aufständischen Bauern: »Bundschuh! Bundschuh! Bundschuh!« Das war für ihn keine leere Phrase. Mit großer Mühe waren die ersten Aufstände, gerade vor seiner Mainzer Tür, niedergeschlagen worden. Sie konnten jeden Augenblick wieder aufflackern. Wo war da Hilfe? Was für Truppen besaß der Kaiser, der da so streng gesprochen hatte? Hofbeamte, Trabanten, ein paar spanische Reitknechte – »kaum vier Krüppel Mannschaft«, so hatte der Nuntius Aleander geklagt, der sich nicht weniger verfolgt und bedroht fühlte.

In der Nacht hatte man Albrecht die Brandschriften gebracht, noch vor Morgengrauen ließ er sie dem Kaiser überreichen. Der nahm die Sache nicht ernst. War er mutig oder einfach leichtsinnig und unwissend? Albrecht machte seinen Bruder, den Kurfürsten von Brandenburg, mobil. Der schlug dem Kaiser vor, es sollte doch nochmals ein Verhör Luthers, durch Gelehrte, in Gegenwart einiger Fürsten vorgenommen werden. Der Brandenburger war an und für sich schärfster Gegner des Mönches und vor allem seines sächsischen Kurfürsten, aber auch er stand entschieden für die fürstliche Libertät ein und fand die Haltung des Kaisers reichlich bedrohlich. Karl lehnte brüsk ab. Er wolle keinen Buchstaben seiner Erklärung zurücknehmen. Die Kurfürsten, oder vielmehr was von ihnen noch verblieben war, setzten ein Schriftstück auf und überreichten es.

Als gehorsame Untertanen sprachen sie da, als Heiligste Majestät, als »unüberwindlicher Kaiser« wurde Karl angeredet. Mit Freude habe man seine Absichten vernommen; der Gehorsam wird noch mehrfach betont. Dann aber kam man doch mit dem neuen Vorschlag eines abermaligen Verhörs. Luther habe betont, man solle ihn belehren, dann werde er seinen Irrtum zugeben. Es sei gefährlich, wenn das Volk, das den Ereignissen fernstehe, meinen könnte, man habe ihn ungehört verdammt. Es sei besser, wenn man ihn wieder auf den Weg der Wahrheit zurückbrächte. Angesehene Theologen sollten daher berufen werden, ihm die fragwürdigen Punkte seiner Schriften nachweisen und ihn so zum Widerruf veranlassen.

All diese Herren waren Gegner der Neuerungen und Gegner Luthers. Sie waren aber auch Gegner der Neuerungen, die sie in des Kaisers Haltung witterten. In seiner Wahlkapitulation § 24 hatte Karl beschworen, daß kein Deutscher, ob hohen oder niederen Standes, ungehört verurteilt werden dürfe. Karl hatte viel mehr beschworen, und die Fürsten sollten noch Gelegenheit haben zu sehen, wie wertlos solche Wahlversprechen waren, ob mit oder ohne Eid. Noch aber war es dafür zu früh am Tage. Man nahm sich diesen Fall Luther heraus, um auf verhältnismäßig harmlose Weise seine »Rechte zu wahren«. Man trug dabei auch ein wenig der öffentlichen Meinung Rechnung, die ganz offenbar doch nicht ungefährlich werden konnte. Man setzte also einen Ausschuß ein, das ewige Hilfsmittel solcher Gremien. Der Kaiser gab seine Zustimmung zu einem Verhör, das unter Führung eines Juristen, des Kanzlers von Baden, stattfinden sollte. Einige Tage waren darüber vergangen. Luther wurde inzwischen überlaufen von Besuchern und Neugierigen.

Das Verhör verlief überraschend sanft. Man suchte durchaus nach einer Kompromißformel. Der badische Kanzler sprach eindringlich von brüderlicher Einheit, von der Einheit der Kirche. Er erwähnte auch die Konzilien, den Hauptpunkt der Differenz. Denn charakteristischerweise hatte man den Papst und seine Autorität so ziemlich ganz beiseite gelassen. Daß Luther aber auch die Konzilien als die höchste Instanz der Christenheit bestreiten wollte, das war sowohl dem Kaiser wie auch den Fürsten die eigentliche Ketzerei und unmöglich erschienen. Das Konzil: das war die letzte Möglichkeit, eine Einheit in die bereits sehr verfahrene Situation zu bringen. Der Kanzler ging sehr weit in seinem Wunsch nach einem Ausgleich. Gewiß, meinte er: auch Konzilien hätten geirrt, und nichts anderes hatte ja Luther behauptet. Man dürfe aber ihre Gewalt und Autorität nicht verachten. Er machte als Jurist noch recht feinsinnige Unterschiede: Die Konzilien hätten nicht »contraria« beschlossen, sich Widersprechendes, vielmehr »diversa«, voneinander Abweichendes. Schließlich hätten sie aber doch auch viel Gutes bewirkt. Er wandte sich auch an Luthers Gewissen, mit Berufung auf Worte des heiligen Bernhard. Darf man sich eigensinnig allein auf seinen »eignen Sinn« berufen? Der Kanzler lobte manches, das Luther geschrieben. Wenn er sich verständig aufführe, so werde der Kaiser die »guten Bücher« zu erhalten wissen.

Zwei Stunden lang wurde gesprochen. Luther war respektvoll und blieb hartnäckig bei seiner Auffassung: Nur Widerlegung durch die Bibel könne ihn zum Widerruf veranlassen. Der Ausschuß entließ ihn als einen hoffnungslosen Fall. Aber damit endeten die Bemühungen nicht. Der Erzbischof von Trier, mit seinem Offizial, nahm Luther beiseite. Eine ganze Reihe von privaten Besprechungen folgten. Der Erzbischof bot ihm, wenn er widerrufen wolle und deshalb sich nicht getrauen würde, nach Wittenberg zurückzugehen, ein Priorat in seiner Nähe an, einen Platz an seinem Tische. Auch der Stände-Ausschuß hat sich nochmals mit einem neuen Vorschlag gemeldet: Könnte die Entscheidung nicht einem künftigen Konzil überlassen werden? Wir sehen immer wieder, wie versucht wurde, die Sache nicht in die Hände der Kurie gelangen zu lassen. Fast wäre es über diesen

Ausweg zu einer Einigung gekommen: Luther stimmte zu, gut, falls das Konzil bald stattfände und wenn man ihm die Artikel, die da vorgelegt werden sollen, vorher mitteile. Aufgeregt wurde der Erzbischof unterrichtet, der nochmals Luther zu sich rief. Und hier erst, in letzter Stunde, ist die wirkliche Entscheidung gefallen. Luther ließ keine Unklarheit darüber, daß er sich nicht vorbehaltlos einem Konzil unterwerfen werde. Was werde er tun, fragte der Erzbischof, wenn gewisse Sätze seiner Schriften da zur Verhandlung kämen? Luther meinte, er müsse befürchten, das würden gerade die sein, die das Konzil zu Konstanz verdammt hatte. »Ich befürchte, daß es gerade die sein werden«, sagte der Erzbischof. Luther erklärte, dann könne er nicht schweigen, und wenn er darüber Leib und Leben verlieren müsse. In diesen Artikeln sei Gottes Wort verdammt, und von dem könne er nicht abgehen. Er zitierte die Apostelgeschichte: »Ist die Sache aus den Menschen, so wird sie untergehen, ist sie aber aus Gott, so werdet ihr sie nicht dämpfen können.« Wenn Gott seine Haltung nicht billige, so werde es sicherlich in ein paar Jahren mit ihm ganz und gar vorbei sein. Der Erzbischof entließ ihn, nicht unfreundlich, sondern mit der Zusage, beim Kaiser für »gnädigen Abschied«, das heißt Wahrung des versprochenen Geleits zu sorgen.

Luther erhielt den Bescheid, er habe noch 21 Tage Geleit. Er fuhr am 26. April, nach dem Mittagessen mit zwei Wagen aus Worms wieder ab, diesmal ohne Herold. Sein Kurfürst hatte durch seine Räte Luther mitgeteilt, er solle in aller Heimlichkeit in Sicherheit gebracht werden, an einen Ort, den auch der Kurfürst nicht wissen dürfe, damit er mit guter Miene vor Kaiser und dem Reichstag versichern könne, ihm sei nichts bekannt.

Ein kleiner Trupp Reiter schloß sich ihm an vor den Toren. Man fürchtete allgemein einen Überfall oder Anschlag. Der Reichsherold Sturm stieß jedoch in Oppenheim wieder zu dem Zug mit dem kleinen Rollwagen und begleitete ihn eine Weile, bis Luther ihm sagte, er brauche seinen Schutz nun nicht mehr. In den nächsten Quartieren setzte er sich an den Tisch und schrieb. An den Kaiser richtete er ein ausführliches Schreiben, das zur Veröffentlichung bestimmt war und nochmals die Ereignisse rekapitulierte. Luther wiederholte, er sei bereit, sich vor »unverdächtigen, gelehrten, freien Richtern, Geistlichen und Laien, zu stellen und Belehrung anzunehmen ... ohne Ausnahme, es handele sich denn um das offene, klare, freie Wort Gottes«.

Kürzer und lutherischer schrieb er an seinen Gevatter Lukas Cranach: »Ich meinte, kaiserliche Majestät sollt ein Doctor oder funfzig haben versammelt und den Münch redlich überwunden. So ist nichts mehr hie gehandelt denn so viel: Sind die Bücher Dein? Ja. – Willst Du sie widerrufen oder nicht? Nein. – So hab Dich. – O wir blinden Deutschen, wie kindisch handeln wir und lassen uns so jämmerlich durch die Romanisten äffen und narren.« Er teilt aber auch mit, daß er nun für eine Zeitlang »eingetan« und verborgen sein werde, auf Rat guter Leute.

Dem Befehl des Kaisers entgegen predigte er, dem Befehl strikt entgegen wurde er an verschiedenen Orten feierlich begrüßt und eingeholt oder bewirtet, obwohl er befürchtete, daß die Waghalsigen dafür zur Rechenschaft gezogen werden könnten. Vorsichtige ließen notariell zu Protokoll geben, daß sie ihm die Kanzel nur unter Protest überlassen hätten. In der Nähe von Gotha verabschiedete sich sein Rechtsberater Dr. Schurff, und Luther fuhr nur mit zwei Begleitern auf einem Nebenweg weiter. Nur einer dieser beiden war instruiert, der andere, Luthers Klosterbruder Petzensteiner, hatte keine Ahnung, was geplant war, und sollte keine Ahnung haben.

Ein kleiner Trupp bewaffneter Reiter fiel über den Wagen her mit drohend geschwungener Waffe. Bruder Petzensteiner stürzte heraus und rannte durch den Wald davon, der Fuhrmann, als anderer Zeuge, wurde mit gespannter Armbrust gefragt, ob er Luther bei sich habe, was er sogleich bejahte. Luther wurde unter Flüchen herausgezerrt und am Riemen stolpernd neben den Gäulen eine Strecke fortgeschleppt, ehe man ihn auf ein Pferd setzte. Die kleine Kavalkade ritt auf alle Fälle einige Stunden im Walde hin und her und wandte sich dann zur Wartburg. Die Zugbrücke war niedergelassen, der Schloßhauptmann Hans von Berlepsch empfing ihn, aber ohne Feierlichkeit, denn auch die Besatzung sollte nichts von dem neuen Gast wissen. Schließlich handelte es sich nicht um ein fröhliches Reiterstücklein, sondern um Aufruhr gegen Kaiser und Reich und vor allem darum, den Kurfürsten und das Land Sachsen vor vielleicht sehr gefährlichen Maßnahmen zu schützen. Luther wurde in zwei kleine Räume hinaufgeführt; eine bewegliche Stiege, die des Nachts aufgezogen werden konnte, bildete den Zugang. Zwei Zugbrücken also bewachten ihn. Er erhielt Befehl, sogleich seine Kutte abzulegen, sich als Ritter einzukleiden, seine Tonsur überwachsen zu lassen und einen Bart anzulegen, ehe er von den Schloßbewohnern gesehen werden könne. Als »Junker Jörg« und Besucher des Schloßhauptmanns sollte er vorgestellt werden. Als Junker Jörg hat Lukas Cranach ihn gemalt und im Holzschnitt festgehalten: mit breitem Knebelbart und breitem Bartwuchs um das Kinn und vollem Schopf. Unter seiner Kutte hatte Luther eine hebräische Bibel und das griechische Neue Testament mitgebracht, um etwas Lektüre während seiner Gefangenschaft zu haben. Er legte sie auf den kleinen Tisch in der Kammer. Ein Tintenfaß oder vielmehr ein Tintenhörnchen, wie damals meist üblich, an der Seite des Tisches anzubringen, wurde beschafft. Einen weiten Ausblick über die Landschaft hatte Luther nicht. Die Fenster waren klein und mit trüben Butzenscheiben verglast. Er war allein mit seiner Bibel, auf die er sich in Worms berufen hatte. Die Wartburg war ein Gefängnis und eine Freistatt.

Das Edikt

In Worms wußte niemand, wohin Luther verschwunden war, und die Nachrichten von dem so sorgsam geplanten Überfall trafen erst nach Wochen ein; noch lange ist gerätselt worden. Wilde Gerüchte flogen umher: Er sei von den Nuntien umgebracht worden, er sei durchbohrt in einem Bergwerk aufgefunden worden. Andere, der Nuntius Aleander besonders, mutmaßten schon richtiger, er sei irgendwo in Sicherheit gebracht worden. Kurfürst Friedrich erklärte vor dem Reichstag feierlich, er könne jeden Eid abgeben, daß er nichts davon wisse. Das war aber auch seine einzige Handlung bei den Beratungen; er hielt sich sonst weiter, wie schon vorher, peinlich zurück und reiste schließlich ab, als es ernster wurde. Der Kurfürst von der Pfalz, nicht weniger vorsichtig, folgte ihm.

Ernster wurde es nun, denn jetzt sollte in dieser lästigen Angelegenheit ein Mandat erlassen werden, wie der Kaiser es angekündigt hatte. Es eilte ihm damit sehr; unvergleichlich wichtigere Dinge als der Fall des Bruders Martin waren zu bedenken. Der Krieg mit Frankreich hatte bereits begonnen, immer noch »inoffiziell«, durch Vorstoß über die Pyrenäen in Navarra. Die Frage des Zuges nach Italien war noch nicht erledigt. In Spanien tobte noch, soviel der Kaiser wußte, der Krieg der Comuneros unter Führung des Bischofs von Zamora, den Papst Leo einen »zweiten Luther« genannt hatte, wie des Kaisers Botschafter aus Rom berichtete. Es läßt sich begreifen, daß der Kaiser ungeduldig wurde über die schwerfälligen deutschen Herren, die bei jeder Frage um Bedenkzeit baten, untereinander flüsterten, dazwischen auch wieder gewaltig tranken und nie eine klare Antwort geben wollten. Krieg gegen Frankreich, soviel konnte er entnehmen, war nicht unbeliebt, vorausgesetzt, daß der Kaiser ihn führte, möglichst mit seinen eignen Mitteln. Der Papst war sehr unbeliebt. Soeben überreichten die Stände nochmals, in hundert ausführlichen Punkten, ihre ewigen Beschwerden über Rom, die nicht viel anders aussahen, als was der »erste Luther«, der Wittenberger Mönch, in volkstümlicher Sprache gesagt hatte. Und auch der Kaiser selber, der dabei war, dem Papst den größten Dienst zu erweisen, konnte Ursache haben, recht mißgestimmt zu sein gegen Rom. Denn, was berichtete sein Botschafter von der Kurie? Papst Leo verhandelte mit Frankreich, während doch das Bündnis mit ihm gegen Frankreich so eingehend besprochen wurde und der Heilige Vater sich empört gezeigt hatte, daß der junge Kaiser nicht energischer zur Offensive schritt. Das ärgerlichste war, daß er den »Knaben Karl« offenbar nicht recht ernst nahm, von dem »guten Kind, dem Kaiser« hatte er in seiner leichtherzigen Weise gesprochen, von dem braven Kind, das sich doch der bewährten Führung einer so unendlich erfahrenen und überlegenen Führung wie der des Papstes vertrauensvoll zuwenden sollte. Das ging an die Ehre, den kitzlichsten Punkt in Karls Natur.

Die Intrigen, die da noch weiter in bunten Arabesken an den Rand der Weltgeschichte gemalt wurden – auch mit einem Angriff auf Karls zweites Königreich, Neapel, durch rasch gemietete Schweizer Söldner spekulierte die Kurie –, können wir nicht ausbreiten; es ist ein trübes Gewirr. Im Rückblick erscheint es phantastisch, daß der Papst angesichts der furchtbaren Bedrohung durch Luther nichts Besseres zu tun hatte, als seinen ergebensten Schildträger, den Kaiser, zu bedrohen und zu versuchen, ihm den Boden unter den Füßen heiß zu machen.

Es brannte überall genug, und die Aufgabe des Heiligen Vaters wäre es eigentlich gewesen, zu löschen anstatt zu schüren. Solche nachträglichen Überlegungen haben wenig Wirkung auf den Gang der Dinge. Das Papsttum ist nicht durch Luther von seiner Höhe gestürzt worden, die bereits seit langem stark untergraben war. Es hat Selbstmord begangen oder sich selbst verstümmelt.

Diese Politik des doppelten Bodens, auf dem der Medici-Papst so elegant zu jonglieren glaubte, hatte ihren deutlichen Ausdruck in den zwei verschiedenen Nuntien gefunden, die er zum Kaiser entsandt hatte: den ersten, den großen, Caracciolo für die hohe Politik mit all ihren Winkelzügen, den anderen kleinen Aleander für die eine und einfachere Aufgabe, den Ketzer zu beseitigen. Karl war entschlossen, diesen Punkt nun zu erledigen, und Aleander, auch er, der so oft in diesen Wochen und Monaten fast verzweifelt war, hatte seinen großen Tag. Er wurde beauftragt, das Edikt über die Reichsacht gegen Luther aufzusetzen. Nach der Verfassung, wenn man die losen Fäden, die das Reich noch zusammenhielten, wohlwollend so bezeichnen will, hatte der Reichstag mit seinen Ständen das zu beraten und zu genehmigen. Aber Karl war nun entschieden dafür, sich als Kaiser zu zeigen und nicht als das »gute Kind« oder der Knabe. Er hatte bereits mit seiner Ansprache an die Fürsten die Kralle hervorgekehrt. Er streckte sie weiter aus. Nichts da von Ständeregierung, wie in der Wahlkapitulation versprochen: Sein Statthalter würde regieren, und dafür hatte er seinen ebenfalls blutjungen Bruder Ferdinand vorgesehen. Es war unbeträchtlich, daß der seit seiner Geburt zu Alcala in Spanien erzogene Jüngling kein Wort Deutsch verstand oder auch nur genauer wußte, aus welchen Teilen sich dieses Heilige Römische Reich zusammensetzte. Keine weitere Diskussion über das Edikt. Es war vorzulesen, und die Kurfürsten, Fürsten, oder wer noch teilnehmen wollte, hatten ihre Zustimmung zu geben. Und so geschah es.

Der Reichstag war ohnehin erheblich zusammengeschmolzen und formell gar nicht mehr beschlußfähig. Viele Teilnehmer fanden Worms doch sehr teuer auf die Dauer und außerdem sehr ungesund. In der sinnlos überbelegten kleinen Stadt schlich neben den schmutzigen Kabalen in den ebenso unhygienischen Straßen, in denen die Reitknechte, Diener oder Ritter ihr Wasser an allen Ecken abschlugen, eine üble Seuche umher. Bei dem ungewissen Frühjahrswetter flackerte sie wild auf und forderte empfindliche Opfer unter den wichtigsten Persönlichkeiten. Ob es Typhus war oder eine der ständigen Epidemien, die immer Pest genannt wurden, die Leute starben zu Dutzenden oder Hunderten; die Spanier, an das deutsche Klima nicht gewöhnt, litten besonders. Für den Kaiser war der Tod seines alten Gouverneurs und Ratgebers Chièvres, des Herrn von Croy, ein großer Schlag. Er hatte zu Beginn des Reichstags noch mit ihm das Schlafzimmer geteilt. Nun blieb er allein vor den großen Entschlüssen. Er hat noch oft und spät, wenn er aus den ewigen Kriegen mit Frankreich nicht herauskam, bedauert, daß der weise und listige Alte nicht neben ihm stand. »Der hat mich gelenkt, aber er hat mich gut beraten«, sagte er dann kummervoll. Der Wormser Stadtchronist jedoch verzeichnete in seinen Aufzeichnungen über den Reichstag naiv eine andere umlaufende Version: Der Kaiser habe den großen Herrn und dessen Bruder, den vom Pferd gestürzten jungen Kardinal, als abscheuliche Verräter vergiften lassen. In den höheren Kreisen besprach man eher, was aus der ungeheuren Beute werden solle, die der Verstorbene hinterließ. Eine halbe Million Dukaten in Gold habe der Kaiser unverzüglich für sich beschlagnahmt, hieß es in einem Gesandtschaftsbericht.

In dieser Stickluft und Sumpfatmosphäre, um es etwas pathetisch zu sagen, ging der Reichstag zu Ende, wurde das Edikt gegen Luther erlassen, das auf Jahrzehnte hinaus eine Schicksalsurkunde für das Heilige Römische Reich Deutscher Nation werden sollte. Nuntius Aleander errang nun was man einen großen diplomatischen Erfolg nennt. Im Sinne großer Diplomatie war auch sein Edikt abgefaßt, ein langes Sendschreiben, das alsbald im Druck ausging.

Der Kurfürst von Brandenburg übernahm es, als Sprecher des Rumpf-Reichstags aufzutreten, als das Edikt den noch in Worms verbliebenen Ständen vorgelesen wurde. Er erklärte kurz, das sei die Meinung und der Beschluß aller Stände des Reiches, und so solle es nun ohne Änderung eines Buchstabens ausgeführt werden. Er gedachte damit dem Sachsen, seinem Hauptgegner, als Protektor Luthers, einen kräftigen Schlag zu versetzen und seine eigne Rolle als Führer der Kurfürsten kräftig zu betonen.

So ging das Edikt in die Welt. Es wurde nach Predigt und Hochamt in der Kirche unterzeichnet, um die Sache eindrucksvoller zu machen. Der Kaiser, so berichtete der Nuntius, habe dabei zufrieden, ja ganz vergnügt ausgesehen. Lächelnd habe er zu dem Nuntius gesagt: »Jetzt werdet Ihr doch zufrieden sein?« Aleander versicherte, Seine Heiligkeit und die ganze Christenheit müßten noch mehr zufrieden sein, daß Gott ihnen einen so guten, ja geradezu heiligen Kaiser geschenkt habe, und was der Phrasen mehr sind. Weniger feierlich schrieb er an den Kardinal Medici. Unwillkürlich kommt dem alten, feingebildeten Humanisten Ovid in den Sinn, den er als Knabe gelernt und gut behalten hatte, eine Stelle aus der Liebeskunst, wo von einer anderen Jagd die Rede war:

»Jubelt den Siegesgesang mit I–o und I–o, meine Freunde:
Fiel doch das Wild mir ins Netz, das ich als Beute begehrt.«

»Aber ich muß mich besinnen«, fügte er rasch hinzu, »handelt es sich doch um die heilige Sache der Religion! Da lassen wir solche Kindereien beiseite und rufen lieber am heutigen Tage aus: Gelobt sei die heilige, ungeteilte Dreieinigkeit!«

Sein Edikt war keine geschliffene Humanistenarbeit, sondern eher grob, wie es ihm für die groben Deutschen passend schien. Mit derben und handfesten Argumenten mußte man ihnen kommen, auch ihren Fürsten, von denen Aleander keine höhere Meinung hatte. So spricht er nun mit Sätzen, die eigentlich in seinen feingeschnittenen Mund nicht recht passen und zum Teil aus der ältesten Sprache der Kurie stammen. In eine »stinkende Pfütze« hat Luther seine ganze verdammte Lehre versammelt; der »böse Feind in angenommener Mönchsgestalt«. Ein »frei eigenwillig Leben« predigt er, »von allen Gesetzen ausgeschlossen und ganz viehisch«. Die »unzerstörlichen Gesetze der Ehe« werden von ihm »schändlich befleckt«. Mehr an die Adresse der Fürsten gerichtet heißt es, daß die ganze Lehre des satanischen Sendboten der Hölle darauf ausgeht »Aufruhr, Zertrennung, Krieg, Totschlag, Räuberei und Brand« zu predigen. Nicht nur die Decreta und geistlichen Gesetze der Kirche hat er frech dem Feuer übergeben, das Volk aufgereizt, seine Hände »in der Priester Blut zu waschen«. Er hat auch dem »weltlichen Schwert und Recht« noch Böseres getan. Immer wieder, und das war ein sehr wirkungsvolles Argument, wird er als Nachfolger der Böhmen, des Hus dargestellt, als Verächter des hochheiligen Konzils zu Konstanz, das den damaligen Ketzer so rechtzeitig verbrannt hatte und zum Ruhm der deutschen Nation geworden war. Habe Luther sich nicht sogar gerühmt: Wenn Hus ein Ketzer gewesen, so sei er zehnmal ein Ketzer! Dieser zehnmalige Ketzer war nun der Reichsacht verfallen, nachdem der Papst ihn bereits verdammt hatte. So wird allen unter Vermeidung der Strafe der Majestätsbeleidigung befohlen, den besagten Luther weder zu beherbergen, ihm Essen oder Trinken zu geben noch ihm irgendwelche Hilfe zu gewähren. Vielmehr sei er zu fangen und auszuliefern. Für solches heilige Werk wird Entschädigung und Belohnung versprochen, für Zuwiderhandlung der Acht droht der Verlust aller Lehen des Reiches, Gnaden und Freiheiten, was an die Adresse der Fürsten wie der Städte gerichtet war. Auch alle »Mitverwandten, Anhänger, Gönner und Nachfolger« werden entsprechend bedroht mit Verlust ihrer »beweglichen und unbeweglichen Güter«. Wer will oder dazu in der Lage ist, soll sie »niederwerfen und fangen« und ihre Güter einziehen zu seinem eignen Nutzen, eine Aufforderung, die, wenn sie befolgt worden wäre, zum endlosen Bürgerkrieg hätte führen müssen. Schließlich folgen Strafbestimmungen über die Schriften des Ketzers. Damit nicht genug, erließ der Kaiser noch ein allgemeines Zensuredikt. Und da man nun im Verfügen in Schwung gekommen war nach so vielen lahmen Verhandlungen, ging der Kaiser sogleich auf das Ganze: Nicht nur Luthers Schriften, überhaupt alle Bücher, Broschüren, Drucksachen sollten unter strenge Zensur der Bischöfe gestellt werden. Auch »Zettel, Abschriften«, ja auch Holzschnitte, Bilder, die irgend jemand zu nahe treten könnten, ob Papst, Prälat, Fürst, Universität oder sonstigen »ehrsamen Personen«, wurden verboten. Daß keiner mehr »dichte, schreibe, drucke, male, verkaufe, kaufe noch heimlich oder öffentlich behalte« dergleichen Erzeugnisse und, um es ganz umfassend zu machen, »was immer erdacht werden mag«. Es ist das früheste und gründlichste Knebel- und Zensuredikt der anbrechenden Neuzeit und endet mit der bekannten Formel: Danach wisse sich männiglich zu richten.

Es wurde noch weniger befolgt als die Verfügung über die Acht. Das ganze »Gesetzwerk« trug den Stempel der Ungeduld und Flüchtigkeit. Der Kaiser wollte nun endlich dieses unbequeme Reich hinter sich lassen. Er zog ab, den Rhein hinunter. Enttäuschung folgte ihm. So hatten die Fürsten sich den als weich und lenksam geschilderten, auch nicht sehr gesunden Jüngling ihrer Wahl nicht gedacht. So hatte sich das Volk das »edle junge Blut aus deutschem Stamme« nicht vorgestellt. So war auch der Kaiser nicht in die Kalkulationen der Kurie eingestellt, die für den erwiesenen Dienst zwar mit nichtssagenden Lobsprüchen dankte, soleich aber zu verstehen gab, daß diese selbstverständliche Maßnahme nicht mit den großen Fragen der hohen Politik vermengt werden dürfe.

Immerhin fühlte man sich in Rom doch bewogen, das Bündnis nun abzuschließen. Auf der Reise den Rhein hinab folgten Karl nicht nur die Flüche und Wutschreie der »mißvergnügten Deutschen«, wie er und seine Umgebung das etwa ansahen. Unerwartete und unverdiente Glücksfälle regneten auf ihn herab. Aus Spanien kam die Nachricht, daß die aufständischen Comuneros entscheidend besiegt worden seien, der »zweite Luther«, der Bischof von Zamora, gefangen. Die Kurie hatte, für den Augenblick wenigstens, eingelenkt, eine unschätzbare Hilfe für den Krieg in Italien. Der Sickingen mit seinen Mietstruppen war in Dienst genommen und focht bereits an der französischen Grenze für seinen Kaiser, unbeschadet seiner bekannten Sympathien für den Wittenberger Ketzer, die nicht so wichtig zu nehmen waren. Große Heiratspläne waren wieder einmal im Gange, die zehnte Verlobung des seit seiner Geburt so vielfach nach allen Seiten hin versprochenen Weltbeherrschers: diesmal mit der englischen Mary, die einmal den Namen der »blutigen Mary« führen sollte, vorläufig noch ein fünfjähriges Kindlein; die Allianz mit ihrem Vater Henry VIII. sollte damit zementiert werden. Wie weit lag da das Heilige Römische Reich Deutscher Nation hinter ihm, als er in Brüssel all diese Kombinationen überdachte! Er hatte das Reich getrost seinem Bruder Ferdinand überlassen und ihn auch durch Übergabe der österreichischen Erbländer abgefunden. In Brüssel, am reichen und prachtvollen burgundischen Hofe, seiner Heimat, traf noch die Kunde vom Einzug der kaiserlichen Truppen in Mailand ein und vom Abzug der Franzosen. Karl begab sich für einige Wochen ins Feldlager gegen die Franzosen bei Audenarde. Hochgestimmt und sich nun endlich als Mann und Krieger fühlend, brach er nun auch – wie es scheint, zum ersten Male – mit dem bisher vorsichtig beibehaltenen Zölibat, das alle Beobachter einer so ungeheuer bedeutsamen dynastischen Persönlichkeit nicht wenig beunruhigt hatte. In Worms hieß es noch in einem der Berichte der sehr gut informierten Italiener:

»Er ist nicht eben von Natur zur Liebe geneigt, und man glaubt, daß er noch kein Weib erkannt habe; obwohl er dem Anscheine nach vielen Damen in Flandern wie in Spanien den Hof gemacht hat, ist dies die allgemeine Überzeugung.« Wie dem auch sei, er hatte nun im Feldquartier eine ganz flüchtige Beziehung zu einem sonst völlig unbekannten flämischen Mädchen Johanna van der Gheenst, die ihm eine Tochter gebar. Das war aber keine nebensächliche Angelegenheit wie die Mutter: Jeder Tropfen des hohen burgundischen Blutes war kostbar. Die Vorfahren hatten bereits ihre Bastarde überall auf die wichtigsten Bischofssitze Burgunds verteilt. Karls Tochter wurde der Tante Margarete, der Statthalterin der Niederlande, übergeben und erhielt ihren Namen. Sie wurde später noch als halbes Kind dem Alessandro Medici als Papst-Nepoten angetraut, und Florenz mußte dafür in blutigen Kämpfen seine Freiheit einbüßen, um ein Herzogtum für das Paar bereitzustellen. Alessandro wurde ermordet, und das nunmehr fünfzehnjährige Mädchen erhielt alsbald einen neuen Ehemann, Ottavio Farnese, den Enkel Papst Pauls III., mit dem sie schlecht lebte. Der Kaiser hat sie noch als Nachfolgerin ihrer Namenstante zur Statthalterin in den Niederlanden ernannt, und als Margarete von Parma ist sie mit dem Beginn der furchtbaren Kämpfe um die Unabhängigkeit Hollands verknüpft.

Wie völlig der Kaiser Deutschland hinter sich gelassen hatte, sehen wir daraus, wie er auf Nachrichten und Anfragen von dort reagierte. Er antwortete gar nicht. Ein sogenanntes »Reichsregiment« war hinterblieben, und Freunde staatsrechtlicher Kuriositäten mögen sich an den umfangreichen Reichstagsabschieden und Verhandlungsprotokollen erbauen, die viele Bände füllen. Für seinen jungen Bruder als des Kaisers Stellvertreter mußte zunächst ein weiterer Stellvertreter bestallt werden in Gestalt des liebenswürdigen und ziemlich farblosen Kurfürsten von der Pfalz; die Stände bestimmten ihre Delegierten, die mitwirken sollten, aber von einer Regierung in Deutschland, die diesen Namen verdienen würde, kann man auf lange Zeit hinaus nicht sprechen. Das wurde von größter Bedeutung für das Schicksal der Reformation wie der beginnenden Revolution. Es ist nahezu eine Groteske, was sich da unter hochtönenden Phrasen als Führung des Heiligen Römischen Reiches gebärdete. Die Herren konnten sich anfangs nicht einmal darüber klar werden, ob der Kaiser als »abwesend« anzusehen sei und damit das Reichsregiment in Aktion treten könne. Er weilte in den Niederlanden, und die sollten noch nach der Kreisordnung zum »Burgundischen Kreis« und damit zum Reich gehören. Die Frage entschied sich dadurch, daß der Kaiser ihm vorgelegte wichtige Fragen einfach ignorierte, und bald dadurch, daß er auch Brüssel verließ und nach Spanien ging. Als »abwesend« hat er im Grunde überhaupt in Deutschland regiert. Dann konnten die Delegierten sich nicht über die ohnehin ganz kümmerlichen Beiträge zum Unterhalt des »Reichsregiments« einigen, und so wurde auf alle Fälle nichts gezahlt von den meisten Beiträglern. Das Reichskammergericht, das Streitfälle schlichten oder durch Urteil entscheiden sollte, zog nach Nürnberg um und schleppte in schweren Wagenladungen 3500 unerledigte Prozeßakten mit.

Makulatur blieben die beiden Edikte, vor allem das über die Zensur. Keiner sollte »dichten, schreiben, drucken, malen, verkaufen oder kaufen«, was irgend jemand zu nahe treten könnte. Es wurde mehr gedruckt, in Holz geschnitten und verkauft denn je. Die Erzeugnisse der Pressen vervielfachten sich, auf das Doppelte, das Fünffache, Broschüren meist, Flugschriften, Plakate, die angeschlagen und wieder abgerissen wurden, Karikaturen, lose Blätter mit Streitgedichten, Balladen, Bilderreihen, böse, witzige, plumpe, wild aufreizende und sanft ermahnende. Das Bild erwies sich als mindestens ebenso wirksam wie der Traktat oder der nun volkstümlich werdende Dialog, von der Praxis der Humanisten übernommen und in schlagenden Wortwechsel umgestaltet. Das Schlagwort begann seine große Zeit zu haben, die noch nicht abgelaufen ist. Und noch heute können Schlagworte jener Zeit herausgegriffen und mit Nutzen für den jeweiligen Standpunkt verwertet werden. Unverkennbar aber hatten die Streiter für die neuen Lehren die Oberhand. Die Verfechter der Sache der alten Kirche klagten selber beweglich, daß sie doch kaum einen Drucker für ihre Erzeugnisse finden könnten. Die Eck, Cochläus und andere, die sich als Streiter gegen Luther empfahlen, jammerten unablässig, sie müßten ihre Schriften auf eigne Kosten verlegen, wofür sie Ersatz von der Kurie erwarteten, der meist ausblieb. Vor allem aber verstanden sie die Sprache des Volkes nicht. Sie schrieben dicke Traktate mit vielen Zitaten aus bewährten Autoritäten, sie appellierten immer wieder an die Tradition; niemand las das.

Die Gegenseite, und das war nicht Luther allein, sah »dem Mann auf der Straße aufs Maul«. Da wurde grob und sinnfällig geschrieben und gepredigt, denn das gesprochene Wort hatte noch bei weitem das Übergewicht. Da wurde gesungen, und Lieder haben überall den Sturm eingeleitet. Die singende Kirche zum Unterschied von der lateinisch feierlich zelebrierten Messe: das wurde zum Kennzeichen der reformatorischen Bewegung. Das waren nicht die bald auch zur Tradition werdenden Kirchenlieder und Choräle, sondern »Marseillaisen« auf deutsch. Die Verfasser all dieser Erzeugnisse waren kaum jene Männer des Volkes, eher Studenten, Literaten; auch der Ritter Hutten, der so stolz war auf sein elegantes Humanistenlatein, schrieb nun deutsch, etwas unsicher noch, aber mit großer Kraft. Sie sprachen das aus, was das Volk dachte, fühlte, wünschte. Es sollte anders werden, ganz anders. Was alles anders werden sollte, darüber gingen die Meinungen weit auseinander, und wie der Umsturz zu bewerkstelligen wäre, das war erst recht unklar. »Befreiung vom römischen Joch«, hieß es; das bedeutete für die einen Abschaffung der Zahlungen an die Kurie, Reform des Kirchendienstes, Predigt in deutscher Sprache, für andere, wie Hutten, nationale Erhebung und Zerschlagung der geistlichen Fürstentümer unter kräftiger Mitwirkung des Kleinadels. Die Bauern aber dachten noch an ein anderes Joch, das abzuschütteln wäre, die Kleinbürger und Lohnarbeiter in den Städten an ihre Patrizier und hochmögenden »Geschlechter«, mit denen sie seit Jahrhunderten in Fehde lagen. Der Landfrieden, immer wieder verkündet, war nie verwirklicht worden. Nicht nur die Raubritter führten unbehindert ihre Raubzüge, die kleinen und größeren Raubfürsten ihre Expeditionen, die dann etwa als »Hildesheimer Stiftsfehde« in die Chroniken eingingen und ganze Landschaften verwüsteten; noch größere sogenannte Reichsfürsten fochten mit ihren Scharen für Frankreich an der Grenze zu den Niederlanden. Die alte westfälische Feme lebte wieder auf und entsandte ihre geheimen Boten bis weit nach Süddeutschland hinein, wo nach geheimem Urteil gehängt wurde, zuweilen nicht ohne Grund, ebensooft aus höchst persönlicher Rache.

Diese Anarchie spiegelt sich wider in dem wilden Treiben der Druckschriften, »neuen Zeitungen«, Balladen und Streitgespräche. Auch da werden nur zu oft ganz persönliche Fehden ausgetragen, rein lokale Streitigkeiten ungeheuer erbittert verfochten. Gott wird unablässig angerufen, mag es sich auch um die Brauereirechte eines Klosters handeln, das den Brauern einer Stadt Konkurrenz macht. Das nahe Ende der Welt, nach den uralten Prophezeiungen des Abtes Joachim aus der Hohenstaufenzeit, wurde immer wieder prophezeit. Das Edikt des Nuntius Aleander hatte nicht von ungefähr »Aufruhr, Zertrennung, Krieg und Totschlag« angekündigt, die Luther predigen solle. Sie waren nur bereits seit langem auf dem Wege, in den verschiedensten Formen: Aufruhr der Fürsten, Zertrennung der obersten Gewalten des Abendlandes, Kriege oder Kriegshandlungen an allen Enden und Totschlag in unzähligen Einzelaktionen. In Deutschland kam nun noch die mächtige soziale Strömung der Bauernschaft hinzu, die schon ihre Wellen bis an die Stufen der geistlichen und weltlichen Fürstentümer geschlagen hatte.

Der Kaiser saß in Brüssel, Luther als Gefangener seines Kurfürsten auf der Wartburg. Der Kaiser dachte an den beginnenden Krieg mit Frankreich, in Italien, an die spanischen Wirren. Luther wußte von alledem so gut wie nichts, er wußte kaum, was in Deutschland vor sich ging, ja nicht einmal, wie sich sein Protektor, der Kurfürst, auf die Dauer verhalten würde. Das Edikt hatte ihm verboten zu »dichten, schreiben und drucken«. Eine Berufung gegen dieses Urteil gab es nicht. Er appellierte an eine höhere Instanz, das Volk. Auf die Bibel hatte er sich in Worms gestützt als die einzige Autorität, die er anerkennen könne. Er dichtete nun und schrieb. Er übersetzte das Neue Testament ins Deutsche, sein größtes und dauerndstes Werk.

Die deutsche Bibel

Auf der Wartburg hat Luther mit dem Teufel gekämpft und sein Tintenfaß nach ihm geworfen; das ist, in der populären Vorstellung, die Haupterinnerung an jene Zeit. Er hat dort auch die Übertragung der Bibel ins Deutsche begonnen, und das war das weitaus wichtigere Ergebnis dieser Gefangenschaft. Um den Tintenfleck zunächst aus dem Wege zu räumen, sei gesagt, daß er sich ständig vergrößerte, bis er schließlich von Besuchern der Denkstätte stückweise abgekratzt und nach Hause getragen wurde und verschwand oder erneuert wurde. In

Coburg wollte man ebenfalls ein Exemplar an der Wand festgestellt haben, in Eisleben; er gehörte schon früh zur Lutherlegende. Wir möchten übrigens bemerken, daß es überhaupt zweifelhaft ist, ob Luther ein Tintenfaß der späteren Art benutzte; das übliche Gefäß seiner Zeit für den Gelehrten war das »Tintenhörnchen«. Dem gehörnten Teufel mit einem solchen Bocks- oder Ochsenhorn zu begegnen, wäre freilich auch Anlaß zu frommen Betrachtungen gewesen.

Richtig ist aber, daß Luther den Teufel, den »Leibhaftigen«, sehr oft in seiner Nähe verspürt hat. Er beschreibt ihn nur nie nach seiner Leibesbeschaffenheit mit den üblichen Kennzeichen: den Hörnern, dem Hinkefuß, auch verkleidet als Jäger oder Junker; das blieb seinen Gegnern überlassen, die bald die Version aufbrachten, der Satan habe zweifellos Luthers Mutter heimlich in der Maske eines vornehmen Herren besucht und mit ihr diesen Sohn gezeugt. Luther spürt, daß der Teufel ihm überall auf Schritt und Tritt nachfolge, er sucht ihn besonders des Nachts heim. Er ist für ihn der »Geist des Trübsinns«, so wie König Saul vom bösen Geist geplagt wird, den David durch Saitenspiel vertreiben muß. Er verleitet zum Selbstmord; Luther entschuldigt die Selbstmörder, die nach der Sitte der Zeit streng bestraft wurden, wenn sie am Leben blieben, oder deren Leiche wenigstens mißhandelt wurde durch Hinausschleifen über die Schwelle ihres Hauses. Nein, meint er, sie haben den Schritt doch nicht freiwillig getan, sondern vergewaltigt durch die Macht des Teufels, so »wie einer im Wald von einem Räuber ermordet wird«. Auch dem heutigen Menschen wird der Teufel oder »das Teuflische«, wie wir es nennen, in Luthers Erklärung der Kriegsmaschinen und Bombarden nicht ganz abwegig erscheinen, wie vielen seiner Zeitgenossen, die begeistert die neuen Kampfmittel begrüßten und unbedenklich ihren Kanonen fromme Apostelnamen auf den Leib tätowierten: »Ich halte dafür, daß sie die eigenste Erfindung Satans sind«, meinte Luther. »Er ist tot, ehe man ihn siehet«, sagt er vom Krieger, der gegen unsichtbare Kräfte auf unberechenbare Entfernung zu kämpfen hat. Auch das Geld bezeichnet er als das Mittel des Teufels, mit dem er alles bewerkstelligt, während Gott durch sein Wort schafft. Für die Feinheiten der damals beginnenden neuen Wirtschaftslehren und der kapitalistischen Praxis hat er nie etwas übrig gehabt.

Vor allem aber ist der Teufel für ihn der große Widersacher, der nach scholastischer Methode, wie Luther das auf der Universität gelernt hatte, mit ihm disputiert. Er bringt alle Argumente vor, die seine Gegner verwenden, und auch solche, mit denen Luther selber sich plagen muß. »Ich habe ein oder zwei Teufel, die lauern stark auf mich und sind visierliche [sehr zielbewußte] Teufel. Und wenn sie im Herzen nichts konnten gewinnen, so griffen sie den Kopf an und plagen mir ihn.« Das Herz ist sicher vor ihren Angriffen, aber nicht so sehr der Kopf. Luther muß seine ganze neuerworbene Glaubenslehre aufbieten, um mit dem Gegner fertig zu werden. Der hält ihm etwa vor, wer er denn sei, Martin Luther, daß er sich anmaße, gegen den Papst und das ganze Mönchstum vorzugehen? Und die größte Kunst des Teufels ist, daß auch er sich auf das Evangelium berufen kann. Da hilft nur die Unterscheidung, daß man das Wort eben verschieden verstehen kann: Es klingt »dem einen schreckend, dem andern tröstend«. Auf den Trost kommt es an, die Gnade. »Hier opponiert mir Satan: Gott hat aber gesagt, wenn du meinem Gesetz nicht folgst, bist du verdammt! Ich antworte ihm: Gott hat aber auch gesagt, daß ich leben soll!«

Luther hat auch mit der ganzen Drastik seiner Natur seinen Schülern das bewährte Hausmittel empfohlen, dem Teufel einfach den Hintern zuzukehren und Gestank mit Gestank zu begegnen, wenn das Disputieren nicht hilft: »Da hört er auf. Sonst kann man ihn nicht loswerden.« Die Schüler haben das getreulich aufgeschrieben, wie sie jedes Wörtlein des großen Doktors schon bei Tische in ihren Heften notierten; die Analpsychologie hat sich mit Eifer dieser Kehrseite zugewandt.

Seine Erinnerungen an leibhaftiges Treiben des Teufels stammen meist erst aus den späteren Jahren, als Luther, körperlich gequält, schwer geworden durch zu viel und zu hastiges Essen und Trinken, zunehmend dem Dämonenglauben verfiel, den er allerdings schon aus dem Elternhaus mitgebracht hatte. Da wird der Teufel eher zum Poltergeist, der einem Pastor der Umgebung Töpfe und Schüsseln an den Kopf wirft. Man soll ihm sagen: »Troll dich, Satan! Ich bin hier Herr in diesem Haus und du nicht!« Unsichtbar bleibt der Teufel immer. Luther meint, er werde ihn erst am Jüngsten Tage erblicken, ihn und seine »feurigen Pfeile«, die am Schild des Glaubens abprallen, wie Paulus zu den Ephesern gesagt. Unsichtbar und nicht vom Tintenfaß zu erreichen, ist er ihm auch auf der Wartburg geblieben. »Da war ich ferne von allen Leuten«, erzählte er in seinen letzten Lebensjahren, »und konnte niemand zu mir kommen als zwei Edelknaben, die mir des Tags zweimal Essen und Trinken brachten. Nun hatten sie mir einen Sack mit Haselnüssen gekauft, die ich zuzeiten aß, und hatte denselbigen in einem Kasten verschlossen. Als ich des Nachts zu Bette ging, zog ich mich in der Stuben aus, tät das Licht auch aus und ging in die Kammer, legte mich zu Bette. Da kömmt mirs über die Haselnüsse, hebt an und quetscht eine nach der andern an die Balken mächtig hart, rumpelt mir am Bette; aber ich fragte nichts danach. Wie ich nun ein wenig entschlief, da hebts an der Treppe ein solch Gepolter an, als würfe man ein Schock Fässer die Treppe hinab; so ich doch wohl wußte, daß die Treppe mit Kette und Eisen wohl verwahret, daß niemand hinauf konnte; immer noch fielen so viele Fässer hinunter. Ich stehe auf, gehe auf die Treppe, will sehen, was da sei – da war die Treppe zu. Da sprach ich: Bist du es, so sei es! Und befahl mich dem Herrn Christo und legte mich wieder nieder ins Bette.«

Die Erzählung ist uns weniger interessant wegen des recht harmlosen Poltergeistes als der genauen Beschreibung des Aufenthaltes halber: der beiden Wohnräume, Stube und Schlafkammer, und der mit Ketten aufziehbaren Zugbrücke, die Luther vor jedem etwaigen Eindringling schützen sollte. Der Schloßhauptmann Hans von Berlepsch war sehr darauf bedacht, daß man Luthers Aufenthalt nicht erfuhr in der Außenwelt, und es ist tatsächlich gelungen, die Anwesenheit des Geächteten vor seinen Gegnern geheimzuhalten. Das war um so schwieriger, als Luther sich kaum irgendwelchen Zwang auferlegte: Er ging hinunter nach Eisenach und borgte sich bei den Franziskanern Bücher aus, er schrieb und empfing ständig Briefe, auch von weither, schickte unablässig Manuskripte nach Wittenberg. Er ritt aus, aber der Reitknecht, den der Schloßhauptmann ihm beigab, mußte ihn erst darin unterweisen, wie er sich »auf adelig mit Gebärden, Bartstreichen« und Handhalten am Schwert zu benehmen habe, wenn sie Leuten begegneten. »Doch konnt Luther seine Gewohnheit nicht lassen, daß, wo er bisweilen ein Buch fand, da griff er zu und wollte es besehen. Dieses strafte der Reitknechte und sagte ihm, daß er von diesem Brauche abstünde, denn er wäre nicht adelig und reimte sich Reiterei und Schreiben gar übel zusammen.«

Das Schreiben wurde weiter betrieben. Das Tintenhörnchen mußte immer wieder aufgefüllt werden. Luther hat in seinem Gefangenenzimmer auf der Wartburg nicht weniger Schriften verfaßt als in seinem Arbeitsstübchen zu Wittenberg. Das viele Sitzen und die ungewohnte Diät, dazu auch höchstwahrscheinlich die Nachwirkung der Aufregungen während des Reichstags, haben schwere Störungen hervorgerufen; während des ersten halben Jahres in der Klausur ist in seinen Briefen ständig die Rede davon. Er schläft schlecht und findet nur selten Ruhe. Der Schloßhauptmann möchte seinen Junker, den die Besatzung für einen adligen Gefangenen des Kurfürsten hält, aufmuntern und nimmt ihn mit auf die Jagd. Aber auch da zeigt der Mönch sich ganz unstandesgemäß: Er greift einen gejagten Hasen vorsichtig auf und sucht ihn unter seinem Mantel zu verbergen; die Jagdhunde aber wittern die Beute, entreißen sie ihm und zerfetzen das Tier. Das gibt ihm Anlaß, darüber etwas zu »theologisieren« und in den Hunden seine Verfolger zu sehen, was nicht ohne Bezug auf die »Hunde Gottes«, die Dominikaner, gedacht ist. Aus seiner »Einsiedelei« datiert er die Briefe oder auch »über den Vögeln«, und Bilder von Raben, Nachteulen, Fledermäusen tauchen in seinen Schriften als Gleichnisse auf. Von der Begeisterung für die Landschaft wußte man zu Luthers Zeit sehr wenig; der Bauernsohn blickte allenfalls wohlgefällig auf die Wiesen und den Stand des Grases oder das Einbringen des Heus. Er war noch immer oder wieder der Mönch; die Wartburgzeit ist seine letzte Klausur in der Zelle. Und alle Mönchsgedanken, die er gehabt und mit denen er gefochten, müssen erneut durchgekämpft werden. Aber etwas Neues ist dazugekommen durch das Heraustreten in die Welt: der Feind, der Gegner, die vielen Gegner. Sie sind die eigentlichen Satane und Dämonen, die ihn belauern, und es ist kaum zu unterscheiden, wenn er diese Ausdrücke verwendet, ob er den »Leibhaftigen« meint und seine Trabanten oder den Papst und dessen leibliches Gefolge.

Wir wollen nicht unterschätzen, was alles den Flüchtling bedrückte. Seine fast sorglose Unbekümmertheit um sein Schicksal ist ein Zeichen für seinen Mut, der auch mit einem tiefen Hang nach dem Martyrium, der sehr deutschen Todessüchtigkeit, zusammengeht. Der Scheiterhaufen war ihm noch immer sehr nahe. Das Wormser Edikt hatte sich zwar als weitgehend unwirksam erwiesen, aber es bestand. Nach der

Reichsacht konnte jeder den Geächteten ausliefern oder selber umbringen, es war eine gottgefällige und nun auch durch Reichsbeschluß legitimierte Handlung. Wieweit sein Kurfürst ihn schützen würde, war noch gänzlich offen. Der sächsische Hof, einschließlich des Freundes Spalatin, lavierte und mußte vorsichtig sein, denn es war keineswegs entschieden, ob die Acht nicht etwa zur Reichsexekution gegen das ganze Land ausgedehnt würde; die benachbarten Hohenzollern hätten sich ein Vergnügen daraus gemacht, ihrem Rivalen diesen neuen Schlag zu versetzen. So wird Luther unablässig ermahnt, doch besser still oder wenigstens behutsamer zu sein. Er ist bereits eine solche selbständige Macht geworden, daß man ihn respektieren muß. Spalatin hält die ihm durch Boten übersandten Manuskripte mit ihren unbändigen Ausfällen zurück, so gut es geht, aber er wagt nicht, sie ganz zu unterdrücken, wenn Luther drängt und droht, sie müßten nun unter die Presse. Luther kennt da keine Menschenfurcht und keinerlei Demut vor dem Fürsten, der sein einziger Protektor gewesen ist. Er droht auch unverblümt, er könne fortgehen und nicht nach Wittenberg zurückkehren, das durch ihn weltberühmt geworden war in wenigen Jahren. Wohin? Das überließ er seinem Herrgott.

Paris, an das er so ernstlich gedacht hatte, schied bereits aus; die Pariser Theologische Fakultät hatte seine Schriften ebenso verdammt wie Köln und Löwen, und der Freund Melanchthon mußte es übernehmen, eine Antwort darauf zu verfassen. Hutten und Sickingen hatten Luther ihren Schutz angeboten; sie behaupteten, die Reichsritterschaft hinter sich zu haben, aber das war eine fragwürdige Größe, der Luther mit sicherem Instinkt stark mißtraute, und es sollte sich sehr bald zeigen, wie recht er damit hatte. Sein Name war nun in ganz Europa bekannt als der eines »zweiten Hus«; vielfach wurde vermutet, er werde sich nach Böhmen begeben, dem Ketzerland. Aber auch den Böhmen gegenüber hatte Luther seine Vorbehalte, und er war darin wiederum auf der richtigen Fährte; sie hatten die große Zeit des radikalen Volksaufstandes hinter sich, und vergeblich beschwor Hutten in einer seiner Schriften – zum Unmut vieler, die davon gar nichts hören wollten – die Gestalt des gewaltigen Hussitenführers Ziska als Vorbild. Sein Freund Sickingen war kein Ziska; er wollte sich aus Pfaffenbesitz ein kleines oder größeres Fürstentum zimmern. Rebellion war überall im Gange, eine dumpfe Gärung; die Volksmassen waren in Bewegung geraten. Auch ihnen mißtraute Luther, er glaubte nicht, daß der »Herr Omnes«, wie er die Menge nannte, regieren könne, und seine Sympathien für die Bauern, denen er selber entstammte, waren beschränkt. Er war kein Volkstribun. Organisationsgabe besaß er nicht oder nur sehr wenig, und übrigens ist es auch die Frage, wieweit diese Massen fähig waren, organisiert zu werden; das sollte sich mit allen Folgen im Bauernkrieg zeigen. Er hatte kein politisches Programm. Er verfügte nur über zerstreute und untereinander sehr uneinige einzelne Anhänger. Der Streit, der unter ihnen begann, schlug seine ersten Wellen bis hinauf zur Wartburg. Die ersten »Schwarmgeister«, wie Luther sie nannte, rührten sich schon in Zwickau, wo Thomas Müntzer tätig war. In Wittenberg machte sein Kollege Karlstadt ihm Kummer, der seine eigenen Wege gehen wollte. Einzig der junge Melanchthon hielt zu ihm. Luther war im Grunde allein; auch Melanchthon erregte zuweilen seinen Unmut.

Das waren die »vielen und bösen und schlauen Dämonen«, die ihn quälten, wie er an Spalatin schrieb. Selbst den innig geliebten Melanchthon herrscht er einmal an: Deine Briefe mißfallen mir sehr! Du gibst Dich nach Deiner Gewohnheit viel zu sehr Deinen Gefühlen hin, wenn Du mich so erhebst, als ob ich der einzige Kämpfer für die Sache Gottes und der Kirche wäre! Weit gefehlt: Ich sitze hier müßig, seufze nicht um die Kirche. Mein unbändiges Fleisch brennt vielmehr mit großem Feuer. Während ich mich um den Geist sorgen sollte, geht es mir um das Fleisch; er zählt alle alten Mönchslaster und »Todsünden« auf, die Libido, Trägheit, Muße, Schlafsucht. Betet für mich! Zärtlich aber fügt er hinzu: »Du wirst noch meine Stelle einnehmen mit Deinen Fähigkeiten, die gewichtiger und von Gott begnadeter sind als die meinen.« Auf recht törichte Weise hat man aus solchen Selbstanklagen, die durchaus zur Klostertradition gehören, auf mögliche »sinnliche Exzesse« oder Sünden schließen wollen, wozu sich die Zeilen eignen, wenn man sie aus dem Zusammenhang zerrt und an anderer Stelle einordnet. Denn gleich darauf, im selben Brief klagt er, daß er nun ganze acht Tage nichts geschrieben habe, und die Versuchungen des Fleisches werden recht genau durch seine Hartleibigkeit erklärt, die ihn noch zwingen wird, einen Arzt aufzusuchen. Wenn Luther sagt, daß er acht Tage nichts geschrieben habe, so übertreibt er sinnlos. »Ich sitze hier ganz faul und sehr beschäftigt«, so schreibt er ein andermal, oder »ich sitze hier als der müßigste und kläglichste Mensch den ganzen Tag. Ich lese die griechische und hebräische Bibel«, und er beginnt, sie zu übersetzen – ohne rechte Hilfsmittel – und sein größtes Werk zu schaffen.

Ehe er an das große Werk der Bibel geht, braucht er eine Zeit der Vorbereitung, und auch die besteht nicht in Müßiggang. Zehn, zwölf, fünfzehn Traktate und Schriften, lange Briefe, die sich zu Abhandlungen auswachsen, kurze Zettel und umfangreiche Postillen gehen von der Wartburg aus. Spalatin soll sie zum Druck befördern, sofort. Als ein Schriftsteller, wie es nur je einen gegeben hat, kümmert Luther sich sogar um Druck, Papier und Typenwahl. Der Drucker Grunenberg in Wittenberg erhält einen schweren Tadel: »Schmutzig, nachlässig, konfus gedruckt! die schlechten Typen, die verschiedenen Papiersorten! ein ewiger Schlendrian!«; der andere Drucker, Lotter, wird belobt. Luther schreibt nach Straßburg, nach Mainz, wo der Erzbischof Albrecht, sein erster Gegner im Ablaßhandel, ihm keineswegs feindlich gesonnen ist; der ehrgeizige Hohenzoller denkt noch immer daran, sich die Stelle eines deutschen Primas und Kirchenführers zu verschaffen. Er braucht aber ständig Geld bei seiner höchst luxuriösen Hofhaltung, und so hat er einen neuen Ablaß ausschreiben lassen für seine Stadt Halle, mit neuen Heiltümern und Gnaden von kaum je gehörter Kraft. Der Prospekt der Reliquien, gedruckt und noch heute vorhanden, führt das Becken auf, in dem Pilatus seine Hände gewaschen, das Schulterblatt des heiligen Christophorus, ein Stück Erde, woraus Adam geschaffen wurde, Teile des Mannas in der Wüste, Reisig vom brennenden Dornbusch; auch Karl der Große, inzwischen zum Heiligen erhoben, und Thomas Becket sind vertreten; die Sammlung war erheblich umfangreicher als die der Stiftskirche zu Wittenberg, an der Kurfürst Friedrich ein Leben lang mit großen Kosten in allen Ländern gesammelt hatte. Der Katalog verhieß: »Summa Summarum: 8993 Partikel und 42 ganzer heiliger Körper«; der Ablaß wird auf 39 Millionen 245 120 Jahre berechnet und 220 Tage – »selig die, die sich dessen teilhaftig machen«. Luther hat davon gehört und sogleich beschlossen, gegen den »Abgott zu Halle« zu schreiben; in Mainz ist man über Luthers Absicht informiert, und des Erzbischofs Unterhändler Capito legt ihm nahe, doch davon abzustehen. Luther antwortet mit einem Donnerbrief an den Kirchenfürsten selber: Er solle das arme Volk doch unverführt und unberaubt lassen. Er solle eingedenk sein des Anfangs, »welch ein greulich Feuer aus dem kleinen verachteten Fünklein worden ist«. Der Kardinal solle auch die Priester in Ruhe lassen, die sich verheiraten wollen, um Unkeuschheit zu vermeiden; es könne sich sonst ein Geschrei erheben, daß es den Bischöfen eher anstünde, »zuvor ihre Huren von sich zu treiben, ehe sie fromme Eheweiber von ihren Ehemännern scheiden«. Schleunige Antwort in 14 Tagen verlangt der Gebannte und Geächtete.

Sie geht unverzüglich ein: »Lieber Ehren Doctor!«, in Gnaden und im Guten hat der Kardinal seinen Brief empfangen. Er meint, die Ursache sei längst abgestellt, und verspricht demütig, sich so zu halten, wie es einem frommen, geistlichen Fürsten zukomme. »Brüderliche und christliche Strafe kann ich wohl leiden.« Gott möge Geduld verleihen. »Albertus manu propria.«

Wenn Luther über die geringste diplomatische Gabe verfügte, so müßte er nun einlenken und sich den mächtigen Kirchenfürsten gewinnen. Er denkt nicht daran. Er zweifelt – vielleicht nicht ganz zu Unrecht – an der Ehrlichkeit des Schreibens. Den Zwischenhändler Capito kanzelt er scharf ab; das Schreiben wird noch gleich gedruckt. An den sächsischen Hof, der schon hoffnungsvoll nach dem neuen Bundesgenossen in Mainz ausblickt, schreibt er rücksichtslos: »Ich soll nicht gegen den Mainzer schreiben oder sonst etwas, was den öffentlichen Frieden stören könnte? Lieber will ich Dich, Spalatin, oder den Fürsten selber verlieren!« Der öffentliche Frieden? Es handelt sich um den Frieden Gottes, der vom Papst und seiner Kreatur, dem Kardinal, bedroht ist. »So geht es nicht, Spalatin! So nicht, mein Fürst!« Der Kampf muß weitergehen. »Soll fort und fort disputiert, aber nie etwas gehandelt werden?« Ein andermal erklärt er kurz: »Ich will gedruckt haben, was ich schreibe; wenn nicht in Wittenberg, dann anderswo.«

Es wird alles gedruckt, in Wittenberg und an anderen Orten. Die Schrift über den »Abgott zu Halle« nur bleibt zurück; der Erzbischof hat sich tatsächlich bewogen gesehen, diesen Handel einzustellen, um den furchtbaren Mönch, dessen Aufenthalt er nicht einmal weiß, nicht noch mehr zu erzürnen. Sonst geht jede Schrift heraus, auch Briefe längeren Umfangs. Die Bannbulle »Exsurge domine« begann mit einem Zitat aus dem 68. Psalm, Luther schlägt diesen auf und schreibt eine

Paraphrase, und wenn es bei David über die Gegner Gottes heißt: Vertreibe sie, wie der Rauch vertrieben wird, so dichtet Luther um: »Der Rauch geht über sich, macht sich eigenwillig in der Luft, tut als wollte er die Sonne verblenden und den Himmel stürmen. Was ist's aber? Kommt ein kleines Windlein, so verwebt sich und verschwindet der breitprächtige Rauch, daß niemand weiß, wo er geblieben. Also alle Feind der Wahrheit...« Man hat ihm mitgeteilt, daß ein neues Edikt auch den Beichtzwang gegen ihn mobilisieren soll: Die Priester werden angewiesen, ihre Beichtkinder zu fragen, ob sie Schriften des Ketzers besitzen; Luther schreibt über die Beichte, die er nicht ablehnt, aber frei haben will, ohne Zwang. Und so geht er wieder einen Schritt weiter: Von den drei Sakramenten, die er noch belassen hatte, verbleiben nur noch zwei. Er verfaßt, als ob das ein Nebenwerk sein könne, eine umfängliche »Kirchen- und Hauspostille«, in Lieferungen gedruckt, die auf lange hinaus den Predigern ihre wichtigste Handhabe wurde bei der Erklärung der ausgewählten Bibelstellen in der Sonntagsandacht. Ausgewählte Stellen genügen ihm aber nicht: Die ganze Bibel soll nun dem Volk zugänglich gemacht werden. Er schreibt Gelegenheitsschriften und rückt dabei unmerklich seinem Hauptwerk näher.

Ehe es dazu kommt, muß er gleichsam präludieren und seine Laute stimmen. Noch ist er Mönch; die Marienverehrung ist ihm sehr lebendig geblieben. Mitten unter dem Tumult der Vorladung nach Worms hatte er bereits begonnen, das Magnifikat, den Lobgesang der Mutter Gottes, auszulegen. Jetzt vollendet er das Werk. Das ist ein völlig anderer Luther. Er donnert und tobt nicht. Er malt liebevoll, wie die zeitgenössischen Künstler, mit sanften Farben seine Bilder aus. Er sieht Maria in der Tracht und Umgebung seiner Zeit, ein »geringes, armes Dirnlein«, nicht besser als eine Hausmagd, und auch als der Engel ihr die Verkündigung überbracht hat, bleibt sie demütig, »ruft nicht aus, wie sie Gottes Mutter geworden wäre, fordert keine Ehre, geht hin und schafft im Haus wie vorhin, melkt die Kühe, kocht, wäscht Schüssel, kehret, tut wie eine Hausmagd oder Hausmutter tun soll in geringen, verachteten Werken«. Auch Bach, als er sein Magnifikat komponierte für die Leipziger Thomaskirche, malte die Niedrigkeit der Magd durch eine deutliche und anmutige Tonfigur aus; es ist des Nachdenkens wert, daß dieses Hauptstück des katho-

20 Luther als Mönch (1520)

lischen Kultus doch über allen Streit der Konfessionen hinweg bis zu seiner Zeit erhalten blieb, sogar noch mit der ganz mittelalterlichen Übung des »Kindelwiegens« in mimischer Darstellung; bei der Weihnachtsvesper wurde es aufgeführt. Luther hält sich in dieser Schrift noch sehr im alten Glauben, obwohl er die Hinweise auf seine neue Lehre unmöglich lassen kann. Er spricht aber vor allem zu den einfachen Gemütern und sagt ausdrücklich »daß wirs für die Augen bilden um der Einfältigen willen«, wenn er seine Bilder malt. Er erklärt ihnen die lateinischen Worte, die sie so oft gehört und nur ungefähr verstanden haben, und das Werklein ist wie eine Vorübung zu seiner Übersetzungsarbeit. Es geht ihm allerdings um mehr: Gleich zu Anfang betont er, daß Maria »aus eigner Erfahrung redet«, wenn sie Gott lobt. »Denn es mag niemand Gott noch Gottes Wort recht verstehen, er habe es denn unmittelbar von dem Heiligen Geist. Niemand kann's aber von dem Heiligen Geist haben, er erfahre es, versuche es und empfinde es denn.« Der ganze Traktat ist eine Mahnung zur Demut, ein Appell an die Niedrigen und Armen, und wo er stärkere Worte findet, sind sie gegen die Reichen, Stolzen, auch die stolzen Gelehrten gerichtet, die heimlich denken »nur höher und höher«! Nachgiebigkeit, Verständnis predigt er als Haupttugenden und, in stärkstem Kontrast zu seiner späteren Haltung, findet er sogar, daß man die Juden freundlich behandeln soll. Vielleicht sind unter ihnen künftige Christen? Und übrigens haben sie doch die biblische Verheißung für sich, »sie allein und nicht wir Heiden«, vom Samen Abrahams, aus dem auch Maria kam. »Unser Ding steht auf lauter Gnade ohne Zusage Gottes, wer weiß wie und wann; wenn wir christlich lebten und sie mit Güte zu Christo brächten, das wäre wohl die rechte Art.« Er fügt hinzu: »Wer wollte Christ werden, so er siehet Christen so unchristlich mit Menschen umgehen? Nicht also, liebe Christen, man sag ihnen gütlich die Wahrheit, wollen sie nicht, laß sie fahren; wie viel sind Christen, die Christum nicht achten, hören seine Worte auch nicht, ärger denn Heiden und Juden. Allhier lassen wir's diesmal bleiben.« Luther hat es leider nicht bei dieser versöhnlichen Ansicht bleiben lassen.

Seine Auslegungen der Worte des altgeheiligten Textes muten vielfach wie ein Selbstgespräch bei der Übersetzungsarbeit an. Er will »das Wort« nun seinen Landsleuten zugänglich machen und schreibt auch in einem seiner Briefe das berühmt gewordene: »Für meine Deutschen bin ich geboren, ihnen will ich dienen«; auf lateinisch schreibt er es und nicht als feierliche Verkündigung, sondern nebenbei und wie selbstverständlich; er denkt dabei noch nicht an die Bibelübertragung. Aber daß man dem Volk jetzt das Wort in seiner Sprache verkünden und deutlich machen müsse, ist für ihn bereits sein »Hauptgeschäft«. Es genügt nicht, dem Klang der lateinischen Verse zu lauschen. Was heißt das: »Magnificat«? Es heißt: »groß machen, erheben und viel von Gott halten«, es ist gleichsam der Titel eines

Buches, das von großen Taten und Werken Gottes spricht, »zu stärken unsern Glauben, zum Trost allen Geringen und zum Schrecken allen hohen Menschen auf Erden« ... Große Dinge hat Gott getan, wie soll man sich das vorstellen? »Die Worte selbst fließend – nicht erdichtet noch zusammengesetzt – heraus brechend, daß gleichsam der Geist heraus schäumet und die Worte leben, Hände und Füße haben, ja daß zugleich der ganze Leib und alles lebt und alle Glieder gern reden wollen, das heißt recht aus dem Geist und in der Wahrheit Gott loben, da sind die Worte eitel Feuer, Licht und Leben.« Man kann Luthers Übersetzungskunst nicht besser kennzeichnen als mit seinen eignen Worten.

Ganz folgerichtig kommt Luther nun, mitten unter so vielem, was nur Treibholz ist und was er selber später am liebsten von der Zeit wieder weggeschwemmt sehen wollte an Kontroversen, zu seinem Hauptwerk. Auch dies ist eine »Gelegenheitsarbeit«: Er ist heimlich, sehr gegen den Willen seines Fürsten, in Wittenberg gewesen; die Freunde dort, das »kleine Häuflein«, wie er sie in der Dedikation einer seiner Streitschriften anredet, haben ihm zugeredet; in den letzten Monaten seines Wartburgaufenthaltes macht er sich daran, das Neue Testament zu übertragen. Eine übermenschliche Aufgabe für einen einzelnen, der nur ganz dürftige Hilfsmittel zur Hand hatte: den griechischen Urtext, den er nun zum ersten Male zu Grunde legte, seine lateinische Vulgata, in der er groß geworden war im Kloster und die er so ziemlich auswendig kannte, vielleicht auch eine der bereits bestehenden deutschen Übersetzungen, die nach der Vulgata hergestellt waren, in schwerer, befangener, wenn auch nicht unwürdiger Sprache. Keine Wörterbücher oder Kommentare, keine Helfer, die er erst später gründlich heranziehen konnte; auch nur ein noch recht unvollkommenes Griechisch. An das Alte Testament wagte er sich damals nicht; er wußte, daß seine Kenntnis des Hebräischen nicht genügte; das wurde dann das Werk eines ganzen Freundeskreises in Wittenberg und das Ergebnis vieler Jahre mühsamer Arbeit. Für das Neue Testament brauchte er etwa zehn Wochen, eine Zeit, in der es eigentlich einem Abschreiber schon schwer fallen würde, den Text nur eben aus einer Vorlage zu kopieren. Zehn Seiten am Tag waren zu bewältigen. Schon als physische Leistung ist das ohne Vergleich. Wir hören aus diesen Wochen nichts mehr von körperlichen Beschwerden, auch nichts vom Teufel oder den vielen Dämonen. Wir hören allerdings von den Unruhen in Wittenberg und an anderen Orten, und Luther muß sich auch damit beschäftigen, denn er spürt bereits, daß seine Mission bedroht wird, verdunkelt, unterwühlt von noch Radikaleren oder Besserwissern, von Lauen und Unentschiedenen oder auch leicht Verführbaren, unter denen selbst sein Freund und Jünger Melanchthon nicht zu fehlen scheint. Um so dringender ist es ihm, nun das Wort herauszustellen. Auch dieser »Termindruck« spielt noch herein in seine Belastungen; Luther war bereits entschlossen, auszubrechen aus seinem Gefängnis, seiner »Wüste«, und wieder unter die Menschen zu gehen. Vorher, in wenigen Wochen, mußte dieses Werk beendet sein. Es wurde fertig, obwohl er dann in Wittenberg noch daran besserte mit Melanchthons, des großen Gräzisten, Hilfe. Im September 1522 erschien der Band »Das Newe Testament Deutzsch, Vuittemberg«, bei Melchior Lotter gedruckt, der sich Luther durch seine bessere Arbeit empfohlen hatte. Es war in der Tat sehr sorgfältig hergestellt, das Druckfehlerverzeichnis am Ende weist nur acht Korrekturen auf, auch dies eine erstaunliche Leistung, zumal auf drei Pressen zugleich gearbeitet werden mußte. Für die Offenbarung hatte die rührige Werkstatt des Meisters Cranach 21 große Holzschnitte beigesteuert; der übrige Text blieb ohne Bilder. Im Dezember war schon ein Neudruck nötig, Nachdrucke folgten sogleich, auch Plagiate der Gegner, die Luthers Text stillschweigend verwendeten, aber als eigne Leistung ausriefen; Nachdrucke erscheinen noch heute. Die Geschichte der Lutherbibel können wir hier nicht verfolgen.

Die Vorgeschichte seiner Bibelübersetzung aber muß uns beschäftigen. Es kann nicht die Rede davon sein, daß die Bibel »so gut wie unbekannt war«, wie Luthers Anhänger behaupteten. Es gab schon Übertragungen ins Deutsche, die – meist nach der gleichen Version – in über einem Dutzend Ausgaben gedruckt wurden, auch niederdeutsche Fassungen; manche dieser Ausgaben waren sehr schön ausgestattet mit Holzschnittillustrationen, die Lübecker Bibel besonders; die Nürnberger des großen Druckherren Koberger diente mit ihren Darstellungen Dürer als Vorbild für seine »Apokalypse«. Aber das waren »Prachtwerke« für reiche Leute zu hohem Preis; sie sollten die noch prachtvolleren Bibelhandschriften ersetzen, die auch in der berühmten Gutenberg-Bibel, dem ersten Monument der Druckerkunst, so sorgfältig kopiert waren, daß die kostbaren Frühdrucke den Uneingeweihten als »handgeschrieben« verkauft werden konnten. Für das Volk, die »Nichteingeweihten«, hatte man die »Ewangeli und Epistel Deutsch«, die »Perikopenbücher« mit ausgewählten Texten, bei der Messe zu verlesen, mit Glossen und Auslegungen; sie wurden dann durch die Postillen verdrängt, für die Luther soeben auf der Wartburg das Muster aufgestellt hatte. Die ganze Bibel, der volle Text, war auf das entschiedenste den Gelehrten vorbehalten; wir sahen, wie in Luthers Kloster nur die Patres ihn in die Hand bekamen, nicht die gewöhnlichen Brüder, und auch die Patres erhielten nur die lateinische Version zur Lektüre und vor allem zum Studium, wozu die bewährten Kommentare herangezogen werden mußten.

Der Kampf um Zugang zur Laienbibel ging durch die Jahrhunderte. Er folgt der Spur der großen Ketzerbewegungen: Schon die Waldenser und Albigenser hatten ihre Übersetzungen, die gründlich vernichtet wurden mitsamt denen, die sie lasen. Die großen Ketzernamen, die auch zu Luthers Zeit noch mit Abscheu oder geheimer Bewunderung genannt wurden, Wyclif und Hus, bezeichnen die nächsten Stadien, und jedesmal stehen sie auch am Anfang der Entwicklung zu einer neuen Landessprache.

Wyclif hatte Ende des 14. Jahrhunderts mit seinen Schülern bereits eine vollständige englische Bibel geschaffen, in noch harter und trockener Sprache; das Englische war eben erst dabei, das normannische Französisch der Oberschicht zurückzudrängen. Sein Name nur war Luther bekannt als eines Ketzers, den das Konzil zu Konstanz verdammt hatte und dessen Leichnam 44 Jahre nach seinem Tode ausgegraben und vernichtet wurde, nachdem man den Mann zu Lebzeiten nicht hatte erreichen können. Vom Leben dieses Vorgängers, das in vielem dem seinen so ähnlich gewesen war, wußte Luther nichts. Auch Wyclif hatte gegen die Finanzgewalt der Kirche protestiert und den Papst als »Antichrist« bezeichnet; auch er besaß seinen fürstlichen Protektor, der ihn vor dem Äußersten schützte und in Ruhe auf einer kleinen Pfarre sterben ließ, obwohl das erzbischöfliche Gericht ihn verurteilt hatte. Auch Wyclif wandte sich ganz entschieden an die Laien und sandte seine »poor priests« aus, seine Lehren zu verbreiten. Seine Bibelübertragung ging aus diesem Gegensatz zur hierarchischen Kirche hervor: Die einfachen Menschen, so lehrte er, verstehen das Wort Gottes sehr wohl, vielleicht besser als die Großen und die Gelehrten, die sich das vorbehalten wollen: »Christus hat seine Lehren nicht auf Tafeln geschrieben oder auf Tierhäute (Pergament), sondern in die Herzen der Menschen.« Auch er betonte, darin seiner Zeit weit voraus, daß nicht ausgewählte Worte und Sätze genügten, sondern das Ganze der Schrift verkündet werden müsse. Seine Übersetzung konnte nur in Abschriften zirkulieren, aber es sind noch 170 Manuskripte verblieben; sehr viel mehr müssen existiert haben. Sein Wirken fand mit seinem Tode ihr Ende, seine Anhänger wurden blutig unterdrückt, und wiederum, wie in Parallele zu Luthers Schicksal, spielte dabei der Bauernaufstand des Wat Tyler dabei eine entscheidende Rolle. In der Untergrundbewegung der »Lollarden« lebten seine Gedanken weiter, stark erweitert und versetzt mit sozialen Forderungen.

Hus war sein größter Schüler und übersetzte Wyclifs Schriften; nur in dieser Form lernte Luther einiges daraus kennen. Hus hatte wiederum die Volkssprache herangezogen, auch er verfaßte, wie Luther, eine Postille und wurde mit seinen Schriften zum Begründer der neutschechischen Schriftsprache. Aus waldensischen kleinen Gruppen, die sich trotz aller Verfolgungen versteckt in den böhmischen Wäldern gehalten hatten, gingen die tschechischen Bewegungen hervor, die in Hus und den Hussiten ihre ganz Europa erschütternde Auswirkung fanden. Zum ersten Male trat da eine große Volksbewegung in Erscheinung und blieb siegreich, was keinem der zahllosen Aufstände in allen Landen beschieden war. Die Volkssprache, das Lied, der Kampfgesang, die Bibel für alle, auch der Kelch für alle: das war das große Beispiel der Böhmen. Bis in Luthers Zeit hinein wirkte das nach. Die Böhmen und die Schweizer bildeten den Alptraum aller hohen Herren; daß Deutschland »böhmisch oder schweizerisch« werden könne, war die Angst aller Kabinette und Kirchenkanzleien. In Böhmen entstanden auch, im damals noch friedlichen Zusammenleben der dann so leidenschaftlich verfeindeten Volksteile der Tschechen und der deutschen Minorität, die ersten deutschen Bibelübertragungen. Eine Handschrift aus Tepl reicht bis ins 14. Jahrhundert zurück, eine andere wurde für König Wenzel angefertigt. All das ist nicht nur Sprachforschung und Bibelgeschichte. An jeder dieser Übersetzungen hängt der Brandgeruch des Ketzerischen, jede bedeutet politische Geschichte und soziale Umschichtung, wilden Streit, brutales Eingreifen von oben oder auch stillen Einfluß bis in die höchsten Kreise hinein; König Wenzels Schwester, die englische Königin Anna, protegierte Wyclif, so wie ihr Bruder in den oft recht fragwürdigen Wechselzügen seiner Politik als Beschützer des Hus auftrat.

Nach Böhmen führt noch eine andere Spur zu den Sprachunterlagen, die für Luthers Arbeit wichtig wurden. Wenzels Vater, Kaiser Karl IV., hatte Prag zur Hauptstadt des Heiligen Römischen Reiches gemacht und zur damals schönsten Stadt des Kontinents. Er hatte es mit einer Reichsuniversität versehen, an seinem Hofe fand der Frühhumanismus seine erste Stätte. Aus diesem Kreis ging unter der Hand des Kanzlers Johann von Neumarkt der erste Versuch hervor, eine allgemein verbindliche neuhochdeutsche Sprache zu schaffen, zunächst für die kaiserliche Kanzlei, aber auch in Übersetzungen, Gebeten und Übertragungen von Texten der Kirchenväter, an denen der Kanzler sich beteiligte. Im benachbarten Sachsen folgte man dem Beispiel und bildete es weiter. Luther schrieb in dieser, über die Landesdialekte hinausgreifenden Sprache. »Ich rede nach der sächsischen Kanzlei«, verteidigte er sich, als er angegriffen wurde, »welcher nachfolgen alle Fürsten und Könige in Deutschland, alle Reichsstädte ... ich habe keine gewisse, sonderliche, eigne Sprache.« Alle sollen ihn verstehen können, und er wurde verstanden. Das war zur Abwehr gesagt, denn man warf ihm sogleich vor, er wolle seine höchstpersönliche Diktion und Auffassung den Menschen aufdrängen. Kanzleideutsch war es nun sicherlich nicht, was er sprach. Er wendet sich grimmig gegen die »Herren Kanzleien und Lumpen-Prediger und Puppen-Schreiber, die sich lassen dünken, sie haben Macht deutsche Sprach zu ändern und richten uns täglich neue Wörter«. Sein Rezept, in seinem »Sendbrief vom Dolmetschen« lautet anders: »Man muß nicht die Buchstaben in der lateinischen Sprache fragen, wie man soll deutsch reden, wie diese Esel tun, sondern man muß die Mutter im Hause, die Kinder auf der Gassen, den gemeinen Mann auf dem Markt drum fragen und denselbigen auf das Maul sehen, wie sie reden und danach dolmetschen. So verstehen sie es dann und merken, daß man deutsch mit ihnen redet.«

Der Satz ist berühmt geworden. Er läßt leicht übersehen, wie viel Kleinarbeit und Bemühung um jedes einzelne Wort in Luthers übersetzung steckte. Er sah auch keineswegs nur dem gemeinen Mann aufs Maul, der ihm den Reichtum und die Direktheit seiner Sprache verlieh. Luther war kein Humanist im üblichen Sinne, aber doch darin ganz entschieden der Sohn der großen wissenschaftlichen Bewegung, daß er »zu den Quellen« zurückgehen wollte. Er übersetzte aus dem griechischen Urtext und dann aus dem Hebräischen, was bis dahin nur in kleinen Ansätzen versucht worden war. Damit geriet er sogleich wieder in Gegensatz zur Kirche. Die lateinische Vulgata war »kanonisch« geworden; an zahllosen ihrer Zeilen hingen verbindliche kirchliche Auffassungen, Gesetze, auch Machtansprüche. Weit entfernt, eine Bibelübersetzung zu begrüßen, war die Kirche vielmehr entsetzt über solches Unterfangen und suchte ihm mit allen Mitteln zu steuern. Es ist keine Bibelübertragung bekannt, die von der Kurie gefördert oder auch nur begrüßt worden wäre; die Kommentare allein wurden anerkannt, auch diese nur nach gründlicher Auswahl. Wenn doch so viele Übersetzungen versucht wurden, so zeigt das nur, wie stark der Wunsch danach überall war. Eine Landkarte dieser Bemühungen weist alle möglichen Orte auf in Böhmen, England und anderswo, aber Rom bleibt in der Mitte leer; es gibt keine römische Übersetzung. Nicht einmal, dies vielleicht das seltsamste, die geheiligte und allein anerkannte Vulgata war in ihrem Text sichergestellt, obwohl sie »kanonisch« sein sollte. Erst unter dem Einfluß der großen Auseinandersetzungen der Reformationszeit wurde nach dem Konzil zu Trient daran gegangen, eine gründlich revidierte Vulgata zu schaffen; auch das dauerte noch ein halbes Jahrhundert und bedurfte der Arbeit großer Kommissionen. Die Kirche trat nicht nur theologisch schlecht gerüstet in ihren größten Kampf ein. Sie war ebensowenig vorbereitet auf diesem Gebiet. Die Renaissancepäpste waren große Gönner der italienischen Humanisten, sie sammelten die herrlichsten Handschriften, sie ließen sich, wie Leo X., mit einem prachtvoll mit Miniaturen geschmückten Brevier in der Hand malen; vom Bibeltext nahmen sie wenig Notiz, wenn sie überhaupt die Schrift lasen, worüber nicht viel Zeugnisse vorliegen. Die »ausgewählten Stellen« genügten, und es waren immer vornehmlich die gleichen, die sich auf die Beglaubigung ihres Amtes bezogen.

Luther stieß in Neuland vor. Wir können die Größe seiner Leistung nur würdigen, wenn wir ihn als einzelnen den Bemühungen ganzer

Gremien von hochgelehrten Männern gegenüberstellen, die Jahrzehnte brauchten, um nur eine Revision des lateinischen Textes herzustellen. Er ging »mit Gottvertrauen« an die Sache heran, wie man so sagt, und bei ihm hatte das seine tiefere Bedeutung. Er hatte aber auch noch sein persönliches Rezept: »Unser Herrgott tut nichts Großes nisi per impetum« und, noch simpler, meint er an der gleichen Stelle in seinen Tischreden, es müsse alles im Schwung, blindlings, »im Dorsel« geschehen, was nahe verwandt ist dem »Dusel«. So sei er auch ins Lehramt gezogen worden: »Hätte ich gewußt, was ich jetzt weiß, sollten mich zehn Roß nicht gezogen haben.« Auch Hieronymus, sein Vorgänger in der Bibelübertragung, habe so gehandelt, »getäuscht« über die Größe seines Vorhabens.

Kritik flog ihm sogleich entgegen; das »Besprechungswesen« seiner Zeit hielt sich, wie das heutige, mit Vorliebe an die Einzelheiten und suchte ihm da Fehler nachzuweisen. Sie waren unvermeidlich, aber sie hatten damals noch die lebensbedrohende Bedeutung, daß sie als Ketzerei und Angriff auf die geheiligte Ordnung der Kirche denunziert werden konnten. Er übersetzte eine Stelle aus dem Römerbrief des Paulus: »So halten wir's nun, daß der Mensch gerechtfertigt werde ohn Zutun der Werk des Gesetzes, allein durch den Glauben«, eine Kardinalstelle für ihn; das »allein durch den Glauben«, sola fide, wurde eine der Grundthesen seiner Lehre. Darüber entspann sich alsbald ein erbittertes Gezänk. Luther verteidigte sich: Er wisse sehr wohl, daß das Wort sola, allein, nicht im Text stünde, aber er habe nicht lateinisch oder griechisch geredet, sondern deutsch, »als wenn man sagt: Der Bauer bringt allein Korn und kein Geld«. Er beruft sich auch auf die Autoritäten Ambrosius und Augustin; er hätte sich sogar auf Thomas von Aquino stützen können, wenn er ihn aufmerksamer gelesen hätte. Noch mehr solcher Vorwürfe hagelten auf ihn herunter; sie behandelten noch viel weniger wichtige Zeilen. Es ist kein Wunder, daß Luther dann unmutig wurde, besonders, als die Gegner sein Werk so unverfroren nachdruckten: »Nun es verdeutscht und bereit ist, kanns ein jeder lesen und meistern, läuft einer jetzt mit den Augen durch drei, vier Blätter und stößt nicht ein Mal an. Wird aber nicht gewahr, welche Wacken und Klötze da gelegen sind, da er jetzt über hin geht wie über ein gehobelt Brett... Es ist gut pflügen, wenn der Acker gereinigt ist. Aber den Wald und die [Baum-]Stöcke ausroden und den Acker richten, da will niemand dran.« Es ist die ewige Klage des Pioniers, der er auf diesem Felde war. Und wenn man seine wissenschaftliche Qualifikation bezweifelte, antwortete er zornig und selbstbewußt: »Sie sind Doctores? Ich auch ... Sie sind Theologi? Ich auch. Sie schreiben Bücher? Ich auch.« Aber er fährt fort: »Ich kann Psalmen und Propheten auslegen. Das können sie nicht. Ich kann dolmetschen. Das können sie nicht...«

Luther konnte dolmetschen. Er war auf der Höhe seiner Kraft in diesen Jahren. Alles strömte ihm zu, die Worte, die Gedanken; die Menschen scharten sich um ihn in immer weiteren Kreisen. Seine Bibel erfaßte den ganzen deutschen Sprachbereich; sie wirkte noch darüber hinaus. Was an Bibeln in den verschiedensten Sprachen damals geschaffen wurde, beruhte auf seinem Vorbild und oft genug auch auf seinem Text. Für die Deutschen aber schuf er »das Buch«, das für die nächste Zeit von zwei bis drei Jahrhunderten die Sprache formte. Man kann davon Abzüge machen, geographischer, philologisch textkritischer, theologischer Art. Das betrifft nur den Rand. Selbst die Dichtung der deutschen Klassiker ist ohne Luthers Deutsch nicht zu denken. Seine Bibel wirkte auf alle Schichten, die oberste Klasse vielleicht ausgenommen, die entweder überhaupt nicht las oder, wie es damals bereits begann und sich sehr bald zu völliger Fremdsprachigkeit steigerte, das Deutsche nur unvollkommen verstand. Sie ergriff auch die Ungebildeten, die nicht lesen und schreiben konnten, denn sie wurde vorgelesen. Zahllose Wendungen aus seinem Text gingen in die Umgangssprache über und sind noch heute lebendig. Sie stammen aus seiner Bibel. Sie mögen nicht alle von ihm geschaffen sein; er verwahrte sich sogar sehr dagegen, etwas zu »erfinden oder zu erdichten«. Aber sie tragen seinen Stempel, sie sind durch den Rhythmus seiner Rede und Sprache »geflügelt« geworden.

Seiner Rede: Es ist gesprochenes Deutsch, kein Buchdeutsch. Er prüft seine Sätze mit dem Ohr, ehe er sie entläßt, nicht mit dem Auge. Der Tonfall war seine größte Stärke, und keine Revision seines Textes hat ihn antasten können; wo das gewagt wurde, geschah es nur zum Schaden der Wirkung. Er horchte auch sehr aufmerksam auf den Rhythmus der fremden Sprachen; das Lateinische war ihm von Jugend her vertraut, das Griechische, so glaubte er, sei seinem Deutschen am nächsten, aber er war darin nicht voreingenommen; er pries auch

21 Titel der »September-Bibel«, 1522

die Kraft des Hebräischen und bezeichnete deutlich die Stellen, wo es ihm nicht möglich gewesen sei, den Ursprachen völlig nahezukommen. Er war stolz auf seine Arbeit, als Besserwisser sie angriffen; er war ganz außerordentlich bescheiden, wenn es sich darum handelte, sie zu verbessern, und das wurde seine größte Leistung in den kommenden Jahren, wo die Schatten immer dichter über sein übriges Werk fielen. 1534 erschien die vollständige Bibel beider Teile; eine große Revision wurde seit 1539 vorgenommen mit einem ganzen »Sanhedrin« von Mitarbeitern, unter Luther als Präsidenten, mit genauer Führung eines Protokolls. Jeder bringt seine Spezialkenntnisse ein, die gesamte damals zugängliche Literatur wird benutzt, auch die rabbinischen Kommentare, neben der hebräischen die chaldäische Bibel. Luther proponierte einen Text »und ließ die Stimm herumgehen und höret, was ein jeder dazu zu reden hätte nach Eigenschaft der Sprache oder nach der alten Doctoren Auslegung«. Zuweilen verzweifelt Luther daran, eine richtige und genügende Fassung zu finden: »Wir arbeiten jetzt an den Propheten«, heißt es in einem Brief, »ach Gott, wie ein groß und verdrießlich Werk ist es, die hebräischen Schreiber zu zwingen, deutsch zu reden. Wie sträuben sie sich und wollen ihre hebräische Art gar nicht verlassen und dem groben Deutschen nachfolgen; gleich als ob eine Nachtigall soll ihre liebliche Melodie verlassen und dem Kuckuck nachsingen.« Er wird auch gelegentlich müde und unmutig. Beim Tempelbau Salomos meint er: »Wir werden mit dem heillosen Gebäude viel zu tun haben. Ich wollt gern sehen, wo 80- und 70tausend Zimmerleute mit ihren Äxten sollen herkommen sein. Wenn nur das Land so viele Leute gehabt hätt!... Ich wollte, daß ich aus dem Buch wäre. Ich baue ausdermaßen ungern am Tempel Salomos.« Aber er läßt nicht nach. Er sucht Handwerker auf in ihrer Arbeitsstube, um sich ihre Werkzeuge erklären zu lassen, wie Diderot, als er seine Enzyklopädie herausgibt, und eine enzyklopädische Arbeit war ja auch die Bibel. Von einem Fleischer läßt er sich einen Hammel zerlegen, um die Eingeweide genauer kennenzulernen. Vom Hof werden aus der kurfürstlichen Kammer Edelsteine bestellt mit Erläuterungen über ihre Namen, als das »neue Jerusalem« der Apokalypse an die Reihe kommt mit seiner Ausstattung von kostbarsten Juwelen, die Luther alle unbekannt waren. Er hat sich bemüht, »daß ich's rein und klar deutsch geben möchte, und ist uns wohl oft begegnet, daß wir vierzehn Tage, drei bis vier Wochen haben ein einziges Wort gesucht und gefragt, haben's dennoch zuweilen nicht funden...« Im Jahr vor seinem Tode erscheint eine letzte Revision, ein Jahr später noch eine allerletzte nach hinterlassenen Korrekturen.

Die Auflagen des Werkes können nur geschätzt werden; man hat für Luthers Hauptverleger Hans Lufft, der Lotter ablöste, die Zahl von 100000 Exemplaren während seiner Tätigkeit an den verschiedenen Ausgaben angenommen; Lufft wurde neben Lukas Cranach einer der drei reichsten Männer Wittenbergs. Luther nahm nie ein Honorar. Die Gesamtauflage, die zahlreichen Nachdrucke, an anderen Orten eingeschlossen, kann vielleicht eine Million erreicht haben. Das stärkste Zeugnis für die Wirkung des Buches ist jedoch, daß es nicht nur gekauft, sondern gelesen und immer wieder gelesen wurde. Nur ganz wenige Exemplare sind so unversehrt und in vorzüglicher Erhaltung auf uns gekommen wie die prachtvollen Bände der vorhergehenden Übersetzungen. Eine Lutherbibel seiner Zeit, wenn sie sich erhalten hat, ist fast unweigerlich »zerlesen«, bis sie fast in Stücke fiel. Wir halten das für den höchsten Ehrentitel, den man einem Buch geben kann.

Wie wurde die Schrift aber gelesen? Die ganze Bibel lag nun vor, der volle Text, vorgetragen »fließend ... daß gleichsam der Geist herausschäumt und die Worte leben, Hände und Füße haben ... da sind sie eitel Feuer, Licht und Leben«. Prophetische Worte; sie enthielten auch einen ungewollten, unheimlichen Sinn. Der Geist schäumte über. Die Schrift bekam Hände und Füße. Das Wort wurde Feuer. In der Terminologie unserer Zeit: Die Verbreitung der Bibel durch das neue Mittel der Druckerkunst wurde der erste Einbruch eines Massenmediums in die soziale Ordnung der Zeit. Jeder las oder hörte zu, wenn ein anderer las; jeder disputierte, legte aus, zog seine Lehren aus der Bibel. »Das Buch« wurde nicht nur, wie die Kirche es verwaltet hatte, eine entfernte Verkündigung, bei der das größte Gewicht auf das Jenseits gelegt war, sondern Gegenwart. Es sollte nicht nur lehren, wie man sterben müsse, um den Himmel zu gewinnen. Es wurde zur Kampfparole, zur sozialen Forderung; alle Bewegungen der Zeit, auch solche und besonders solche, die man jetzt als sozialistische oder kommunistische Vorläufer ansieht, waren biblisch bestimmte, aus der Schrift inspirierte Strömungen. Das »klare, helle Wort«, das Luther so unzweideutig schien, war auch dunkel oder konnte dunkel gedeutet werden. Die Auswahl dessen, was man aus dem ganzen, so vielfältigen und oft widerspruchsvollen Text entnahm, war willkürlich.

Luther selber war dabei sehr persönlich verfahren, nach bestem Wissen und Gewissen, auch mit theologisch und textkritisch-wissenschaftlicher Überlegung des Gelehrten. Er stellte Teile um, ordnete neu; er hatte seine eigne Ansicht darüber, welches die »rechten und edelsten Bücher des Neuen Testamentes sind«, und sprach in seiner Vorrede ganz unbefangen darüber zu seinen Lesern. Er stellte andere zurück, bezeichnete etwa den Jakobusbrief als eine »recht stroherne Epistel«, aus der kein rechtes Korn zu gewinnen wäre; er sah, scharfsinnig und von der späteren Textforschung bestätigt, den Hebräerbrief als nicht von Paulus verfaßt, sondern als Arbeit eines Schülers; er mißtraute der Apokalypse – die dann das Hauptstück aller wurde, die mit apokalyptischen Prophezeiungen umgingen, und brachte sie mit anderen Stücken als Sonderteil an den Schluß, um jedem freizulassen, was er davon denken wolle. Er hielt nichts von Visionen und meinte, daß »die Apostel nicht mit Gesichten umgehen, sondern mit klaren Worten prophezeien«; es war ihm auch zuviel, daß Johannes da »so hart befiehlt und dräuet«. Gerade der harte Befehl und die Drohung war aber das, was die radikalen Geister in ihrer Unbedingtheit anzog. Luther war unbedingt genug in den wenigen Punkten, die ihm entscheidend schienen für seine Lehre; er behandelte die Bibel sonst mit einer Freiheit und großzügigen Gelassenheit, die seine eignen Nachfolger nie wieder erreicht haben. Er ist darin durchaus naiv. Er denkt nicht an die Folgen; und »Luther und seine Folgen« sind ja nun unweigerlich ein Problem und eine Barriere, über die kein späterer Betrachter hinwegkommt.

Wenn wir versuchen, uns deutlich zu machen, wie er damals an sein Werk ging und es in zehn Wochen durchführte, so tun wir gut, solche historischen Konsequenzen einmal beiseite zu lassen. Er hat die Arbeit, von der er wohl weiß, daß sie »über meine Kräfte geht«, unternommen, weil kein anderer sie anzugreifen wagte. Sie ist notwendig, die Menschen überall sehnen sich danach; die Kirche gibt diesem Wunsch keine Nahrung. »Wohlan denn«, nach seinem Lieblingsausspruch. Und nicht zu vergessen: Er geht fröhlich daran. Das Evangelium ist, wie er in seiner Vorrede betont, »gute Botschaft, gute Märe, gute neue Zeitung ... davon man singet, saget und fröhlich ist«. Die Botschaft ist »teuer und lieblich«, das Herz muß »von Grund lachen und fröhlich darüber werden, wo man's glaubt, daß es wahr sei«. Christus »dringt« nicht, treibt nicht, droht oder straft nicht, sondern »lockt freundlich und spricht: Selig sind die Armen. Und die Apostel brauchen des Wort's: Ich ermahne, flehe, ich bitte, daß man allenthalben sieht, wie das Evangelium nicht ein Gesetzbuch ist, sondern nur eine Predigt von den Wohltaten Christi, uns erzeigt und zu eigen gegeben.« Das Gebot des Glaubens ist, daß der Mensch nicht nur an sich denkt: »Er beweist sich, bricht aus und bekennt und lehrt solch Evangelium vor den Leuten und wagt sein Leben dran. Und alles, was er lebt und tut, das richtet er zu des Nächsten Nutz, ihm zu helfen ... Das meint auch Christus, da er zur Letzt kein ander Gebot gab denn die Liebe.«

Das ist Luthers letzte Auswahl. Es ist kein Dogma, keine festgefügte Lehre; eine Predigt. Luthers Klausur war die letzte Epoche seines Lebens, in der er noch so einfach und hochgemut empfinden konnte. Im unsicheren Märzwetter 1522 ritt er, noch in der Verkleidung des Ritters, von der Wartburg herunter und begab sich, mitten durch das Gebiet seines Feindes Herzog Georg, nach Wittenberg. Er fand eine veränderte Welt vor, in der nicht von Liebe die Rede war, sondern vom Drängen, Treiben, Drohen und den düsteren Prophezeiungen der Apokalypse.

Unruhen in Wittenberg und darüber hinaus

Luthers Ausbrechen aus dem Gefängnis auf der Wartburg hat nicht die dramatische Spannung wie die anderen Höhepunkte seines Lebens, der Thesenanschlag, die Verbrennung der Bannbulle, der große Auftritt zu Worms und seine Gefangennahme; die Legende hat diesen Vorgang beiseite gelassen. Und doch ist es die mutigste Tat seiner Laufbahn, tollkühn, nahezu wahnwitzig. Seine frühen Biographen sind mit wenigen kahlen Worten darüber hinweggegangen; sie haben auch die kurz darauffolgende Zeit, die ihnen unbehaglich war, so obenhin wie möglich abgetan. Allerdings standen ihnen auch nicht die Akten und Briefe zur Verfügung, die wir kennen. Sie wußten nur, daß in Wittenberg Unruhe herrschte; »Schwarmgeister«, wie Luther sie dann nannte, hatten sich erhoben und bedrohten das Werk des Meisters. Er erschien und schaffte Ordnung. So etwa wurde es dargestellt, und so war es auch in den gröbsten Umrissen.

Vorher jedoch mußte Luther sich befreien. Er war in ehrenvoller Schutzhaft seines Fürsten, der ihn nur damit vor den Folgen des Edikts von Worms bewahren konnte. Friedrich, in seiner Verzögerungs- und Ausweichtaktik, hoffte, daß der Sturm sich legen würde und daß er den Fall Luther dann nochmals vor dem Reichstag zur Sprache bringen könne; der Kaiser, der Hauptgegner, weilte in Spanien weit ab und antwortete kaum auf die dringendsten Anfragen des Reichsregimentes. Die deutschen Fürsten waren sich selber überlassen, und mit seinen Standesgenossen gedachte der alte Herr schon irgendwie fertig zu werden. Er war sich darin mit ihnen einig, daß nun die »ständische Regierung«, das heißt das Regiment der Fürsten, entschieden verwirklicht werden sollte; sein Leben lang, schon unter Maximilian, hatte er daran gearbeitet, und auf diesem stillen, hartnäckigen Widerstand gegen eine starke Zentralgewalt beruhte auch sein beträchtliches Ansehen unter den anderen großen Herren, ob weltlicher oder geistlicher Observanz. Dieser »Partikularismus« war nicht von heute und gestern, sondern alte deutsche Eigenart; keiner der Kaiser hatte mit den Stämmen und ihren Herzögen einen dauernden Frieden schließen können. Der Gedanke der Nation, so leidenschaftlich er vorgetragen wurde, hatte keinerlei feste Wurzeln im Boden der weitverstreuten Landschaften, die das Heilige Römische Reich ausmachten. Man war Sachse oder Thüringer, Nürnberger, Kölner, Lübecker; man sprach nicht nur eine andere Mundart, sondern gehörte ganz verschiedenen Einflußbereichen an: Der Westen tendierte nach Westen, der Norden nach Norden, der Osten nach Osten. Gerade in Wittenberg zeigte sich das in der deutlichsten Form. »Böhmische« Gedanken, hussitische Ketzerei wurden Luther immer wieder vorgeworfen. Sie fanden nun auch unter dem kleinen Häuflein seiner Anhänger Aufnahme und verursachten schwere Wirren.

Der »gemeine Mann« in den Städten und auf dem flachen Lande rührte sich, es begannen schon die ersten blutigen Aufstände. Aber auch da fehlte jeder größere Zusammenhang: Den Plebejern in den Städten ging es um den schon seit Jahrhunderten geführten Kampf innerhalb des Bannkreises ihrer Stadt, Gesellen gegen die Meister, Zünfte gegen die Magistrate, auch alle zusammen gegen geistliche Oberherren; die Bauern waren von Landschaft zu Landschaft, oft von Dorf zu Dorf getrennt, vielfach verfeindet, sie spotteten übereinander kaum weniger hämisch, als die Städter aller Schichten sich über die dummen, groben und »verschlagenen« Dörfler lustig machten. Um die Verwirrung noch zu steigern, waren nun die starken Bindungen gefallen oder lösten sich, die durch geistliche Gerichtsbarkeit, Kultus und kirchliche Ordnungen einen gewissen Zusammenhang bedeuteten. Auch hier ist es charakteristisch, wie völlig ungeregelt und völlig verschieden die Revolution vor sich ging. Eine Revolution war es, sie griff weit über das religiöse Gebiet in alle Lebensverhältnisse ein. Mönche verließen ihre Klöster in Massen und bei allen Orden: Was sollte nun aus dem Klosterbesitz werden, den Stiftungen, oft viele Jahrhunderte alt, den Einkünften und Renten? Priester begannen zu heiraten, die ganze privilegierte Stellung des Priesterstandes mitsamt den materiellen Privilegien, die damit verbunden waren, geriet ins Wanken. Die Messe als Hauptstück des Kultus in der früheren Form des »Meßopfers«, das auch für die Abwesenden, die Verstorbenen als »Stillmesse« dargebracht werden konnte, war von Luther als hinfällig erklärt worden; auch daran hingen große Rechte und Vermächtnisse vieler Familien sowie der Unterhalt der Priester. Was sollte mit den zahllosen Pfründen, den Domherrenstellen geschehen? Sie waren die übliche Versorgung für die Söhne des Adels, der immer eines seiner acht oder zehn Kinder dort unterbrachte. Die Wallfahrten wurden unbeliebt, die für die Gnadenorte eine Existenzfrage bedeuteten. Hier und da begann bereits der Bildersturm gegen die »Abgötter« und Heiligenbilder, die prachtvolle Ausstattung der Kirchen mit kostbar geschnitzten Chorsitzen für die Domherren. An jeder Kirchenfrage hing ein soziales Problem. Jede Aufhebung oder Zerstörung alter Formen schuf neue Probleme. Jeder Versuch, das Alte zu bewahren, führte zu Streit, Widerspruch, Aufruhr. Für das Neue lag keinerlei Plan oder auch nur bestimmtere Auffassung vor. Jeder griff zu, an seiner Stelle und nach seinen Gedanken. Die Gegenwehr war ebenso willkürlich: oft scharf und grausam, nach der Sitte der Zeit, die mit einer Gelassenheit köpfte, vierteilte, verbrannte, verjagte, die erst unsere Tage wieder überboten haben. Noch bedeutsamer aber war die Unentschiedenheit: Von ganz wenigen Fürsten, wie dem sehr energischen Georg von Sachsen abgesehen, wußten die Landesherren überhaupt nicht, wie sie sich verhalten sollten. Die geistlichen Fürsten waren darin die ratlosesten; sie hatten ein schlechtes Gewissen, sie gingen häufig, wie der Mainzer, mit eignen revolutionären Plänen um; die religiösen Fragen waren ihnen meist recht gleichgültig, sie wollten nur ihre weltlichen Machtbefugnisse behalten und womöglich erweitern und hofften, daß die allgemeine Verwirrung ihnen dabei helfen würde.

Kurfürst Friedrich, Luthers einziger Protektor, war vielleicht der ratloseste von allen. Er blieb bis zu seinem Tode bei seinem alten Glauben und seinen lieben Heiligen und Stiftungen in Wittenberg; die Messe wurde an seinem Hofe, der überwiegend aus Anhängern Luthers bestand, in der traditionellen Form gelesen. Er schätzte seinen Doktor und wünschte nicht, daß ihm etwas zustoßen sollte; das ließ weder sein menschlicher Anstand zu noch sein Selbstbewußtsein als einer der wichtigsten Reichsfürsten. Er hatte auch, darin noch ganz ein Mann der alten, patriarchalischen Zeit, große Bedenken, zu viel zu regieren, wobei seine sprichwörtliche Menschenscheu und sein Hang, alles zu verschieben, hinzukamen. Langsam, »organisch« sollte sich alles entwickeln; er wäre ein wahres Muster für die Ausleger gewesen, die später ein in Jahrhunderten sinnvoll »gewachsenes« Staatswesen in die Vergangenheit hineindeuteten. Aber auch für ihn wie für Erasmus und alle anderen, die von solchem stillen, wohltätigen Gang der Dinge träumten, hatte die Zeit keine Geduld. Sie bewegte sich in rapiden Strömungen. Sie schlug auf ihn ein wie mit Keulen. Luther schlug auf ihn ein, ohne die geringsten Rücksichten zu nehmen.

Nichts ist erstaunlicher in der Korrespondenz Luthers als sein Brief- oder »Noten«wechsel mit seinem Fürsten. Als selbständige Macht tritt der Geächtete und Gefangene auf der Wartburg seinem Beschützer gegenüber. Nie ist mit einem Worte davon die Rede, daß er doch Friedrich seine Lebensrettung verdankt. Im Gegenteil: Er wirft ihm das eher vor. Man hat ihn in Sicherheit gebracht: Er will gar keine Sicherheit. Man hält ihn hin, vermittelt, verweist auf den Reichstag, von dem Luther sich gar nichts verspricht, sucht Fäden zu knüpfen zu fragwürdigen Kirchenfürsten wie dem Mainzer oder dem Erzbischof von Trier. Und inzwischen läßt man alles treiben in der Sache, die Luther einzig wichtig ist: die Glaubensfrage.

In Wittenberg herrscht völlige Anarchie. Luther sind davon nur einige Nachrichten zugekommen in seiner Klausur, und anfangs hat er sie nicht einmal besonders ernst genommen. Die Klöster leeren sich, sein eigner Augustinerorden macht damit den Anfang, kaum noch ein Bruder bleibt im Schwarzen Kloster. Das Heiraten von Priestern und Mönchen beginnt; nun gut, er selber hat das Zölibat scharf verdammt. Die Messe wird verändert; er hat sie genügend kritisiert als Abgötterei. Was aber sollen die neuen und improvisierten Formen, die sie da in Wittenberg einführen wollen? Es ist nicht nur seine konservative Natur, die sich darüber empört, wenn sein Kollege Karlstadt und andere nun plötzlich den Laienkelch nach böhmischem Muster austeilen, die Hostie statt, wie gewohnt, vom Priester hoch über den Köpfen der Gemeinde erhoben, nunmehr jedem in die Hand geben lassen, damit er die Oblate anfassen und sich in den Mund stecken darf, was als eine Todsünde gegolten hatte. Luther erregt sich vielmehr darüber, daß gerade in diesem sinnfälligen Zugreifen der rein materielle Vorgang des Sakraments betont wird, den er ersetzen will durch eine mehr spirituelle Auffassung. Vor allem wünscht er keine Vergewaltigung der »Schwachen«, die noch am alten Ritus hängen. Unwichtig erscheinen ihm all diese Äußerlichkeiten. Auf die innere Wandlung kommt alles an: Das Wort ist nun da, es soll recht gepredigt werden, dann werden die Menschen sich wandeln, so wie er sich gewandelt hat, und damit werden auch ohne weiteres die alten Formen sich ändern. Er unterschätzt völlig die gewaltige Macht des Kultus, der Riten. Er überschätzt das Wort, dessen Kraft er an sich erfahren hat und dem er gleiche Wirkung auf die anderen Menschen zutraut. Er will, wie er es in der Vorrede seines Neuen Testamentes gesagt hat, »ermahnen, flehen, bitten«, nicht drohen, treiben, strafen. Er überschätzt auf das großartigste und gefährlichste die Menschen, mit denen er zu tun hat. Damit beginnt die Tragik seines Lebens.

Noch ist er ganz hochgemut. Im Dezember 1521 hatte er sich heimlich für einen kurzen Besuch nach Wittenberg begeben, auch dies eine rebellische Unternehmung, die bei Hofe große Mißstimmung verursachte, als man nachträglich davon hörte. Mit Melanchthon war zu sprechen, der unsicher geworden war bei den übermäßigen Beanspruchungen; er war Gelehrter, ein systematischer Kopf, der auch eben eine erste wohldurchdachte Zusammenfassung der neuen Lehren in seinen »Loci communes«, auf lateinisch, geschrieben hatte, zur Bewunderung Luthers; der Ältere erkannte darin völlig neidlos Gaben an, die ihm nicht verliehen waren. Aber Melanchthon war jung, noch ganz im Werden begriffen, sanft, nachgiebig, beeinflußbar; solange Luther neben ihm stand, war er völlig von dem Stärkeren beherrscht worden. Allein nun, fast ganz allein unter dem »kleinen Häuflein«, wird er ratlos. Wittenberg ist nicht mehr, was es war, als er seine ersten Vorlesungen hielt und eine Reform der klassischen Studien verkündete. Es ist zu einem Zentrum geworden, mit Sendboten aus allen Ländern,

Studenten aus Böhmen, Skandinavien, Polen, wilden Studenten vielfach, alle bewaffnet, alle bereit zu Demonstrationen und Aktionen gegen unbeliebte Lehrer, den Magistrat, wenn er eingreifen will, die Bürger, gegen Mönche und Priester. Noch andere Sendboten treffen aus dem unruhigen Zwickau ein, Handwerker, Tuchmacher, Weber, die das Wort Gottes auswendig wissen. Es sind Sinnierer, Grübler, hagere Menschen mit tiefliegenden Augen, die sich auf ihr inneres Licht berufen, auf ihre Visionen und Offenbarungen. Luther ist bei diesem Besuch noch sehr gelassen. Er führt sogar die angenehmsten Gespräche mit seinen Freunden und nimmt ihre Bedenken nicht allzu ernst. Aber immer neue Nachrichten erreichen ihn nach der Rückkehr auf die Wartburg. Er hört von den Austritten seiner alten Ordensbrüder in Erfurt, die dort Tumult hervorrufen, von Gerüchten über einen großen Volksaufstand.

Er schreibt, mitten unter der Arbeit an seiner Bibel, eine kurze Broschüre: »Treue Vermahnung sich zu hüten vor Aufruhr und Empörung«. In vielem ist das bereits die Quintessenz seiner politischen Ansichten, die nur sehr unpolitisch sind. Wie immer geht Luther von seinen persönlichen Erfahrungen aus: Das Wort hat durch ihn gewirkt, über alle Erwartungen hinaus, nur auf das Wort kommt es an, es wird siegen, nicht die Waffe. »Sieh mein Tun an! Hab ich nicht dem Papst, Bischöfen, Pfaffen und Mönchen allein mit dem Mund, ohn allen Schwertschlag, mehr Abbruch getan als bisher alle Kaiser und Könige mit all ihrer Gewalt?« Wenn das Wort Christi recht gepredigt wird, wenn jeder danach christlich lebt, dann wird die große Wandlung sich unverzüglich vollziehen. Er gibt dafür auch praktische Anweisungen: Kein Klosterleben mehr, die Mönche und Nonnen sollen ihre Konvente verlassen, man soll kein Geld mehr geben für Ablaß, Kerzen, Glockenweihen, »und laß uns das noch zwei Jahr treiben, so sollst Du wohl sehen, wo Papst, Bischof, Kardinal ... Kutten, Kappen, Regel, Statuten und das ganze Geschwürm und Gewürm päpstlichen Regiments bleiben«. Lehrt man das christliche Leben in Glauben und Liebe aber nicht, so werden tausend Aufstände nichts helfen.

Das ist eine sehr einfache Anweisung. Für ihn ist sie einfach, für das Volk nicht. Denn Luther spricht immer mißverständlich, sobald seine Worte das »äußere Leben« berühren. Man soll predigen, daß »Menschengesetz nichts ist«, sagt er in seiner Aufzählung von Maßnahmen, die nun zu ergreifen seien. Er meint das in bezug auf die von Menschen geschaffenen »Papstgesetze«, die sollen beseitigt werden. Das Volk verstand darunter auch andere Menschengesetze, die ihm noch empfindlicher auf dem Leibe lagen und drückten. »Regeln und Statuten« müssen fallen: Das Volk dachte dabei noch an andere Statuten als die des Kirchenrechtes. Kein Widerstand? Der Wittenberger Mönch hatte gerade mit einem Flammenzeichen gezeigt, daß Worte nicht genügten. Er hatte rebelliert, gegen die höchsten Autoritäten, den Papst, den Kaiser; er rebellierte auch gegen seinen eignen Fürsten. Wenn er sich nun auf die Schrift berief mit dem »seid untertan der Obrigkeit« des Paulus, so konnte das Volk schwerlich die Unterschiede machen, die ihm selbstverständlich schienen. Noch war auch der Papst und die Kirche »Obrigkeit« – wenn diese hinfällig sein sollte, war nicht recht einzusehen, weshalb die andere Obrigkeit weltlicher Instanz unantastbar wäre. Auch sie berief sich, wie der Papst, darauf, daß sie »von Gottes Gnaden« eingesetzt sei. Da lag in der Tat ein Widerspruch, der Luthers ganzes Leben verstören und tragisch machen mußte. Er drückte es mit der Vorstellung von den »zwei Reichen« aus: dem inneren Reich der Seele, des Glaubens, das für Luther einzig wichtig war, frei und keinem Eingriff von außen unterworfen, und dem »bloßen äußerlichen« Reich, das auch das Heilige Römische Reich oder das Kurfürstentum Sachsen oder eine Reichsstadt sein konnte, mit allen Unvollkommenheiten, die nun einmal dem irdischen Leben von Gott verordnet sind. Der ganz unbedingte und sichere Luther hat sich aus diesem Zwiespalt nie herausgefunden. Er blieb darin der Mönch. Er blieb auch in den Gedankengängen des alten Glaubens: Das Gottesreich, das erst im Jenseits seine Verwirklichung finden könnte, war unendlich höher und reiner als die immer sündhafte und mindere Welt des irdischen Reiches. Das irdische Reich war der Vernunft überlassen, und Luther folgte da den Lehren Ockhams; der Glaube hatte es nicht mit der Vernunft zu tun. »Im weltlichen Reich muß man aus der Vernunft handeln, denn Gott hat der Vernunft unterworfen solch zeitlich Regiment und leiblich Wesen«, so lehrte er später; die Schrift gibt nicht Anweisung, wie man Häuser bauen, heiraten, Kriege führen oder Schiffahrt treiben soll; dafür genügt das »natürlich Licht«. Das himmlische Licht aber ist ganz etwas anderes. Er geht dann so weit, daß er meint, Gott brauche gar keine wahren Christen für das weltliche Regiment; Gott erhält schließlich selbst das Reich der Türken; auch dort leben Christen, die sich ihr »inneres Reich« bewahren können.

Es ist bei allen Äußerungen Luthers zu diesen Fragen, die ja nicht zum Stillstand gekommen sind, sondern weiter brennende Probleme darstellen, zu bedenken, daß unsere Auffassungen vom Staat für ihn noch nicht existieren. Er kennt das Wort gar nicht noch den Begriff; das Land, in dem er lebt, ist kein Staat, sondern eine sehr lose »Herrschaft«, ererbt und geteilt; das Heilige Römische Reich ist ganz gewiß kein Staat. Wir werden darüber noch zu sprechen haben, wenn Luther immer stärker in die politische und soziale Realität seiner Zeit hineingezogen wird. Hier auf der Wartburg ist er noch der Mönch in der Zelle. Ein rebellischer Mönch allerdings: Er hat sich auf seinen Glauben berufen, sein inneres Licht, seine Auffassung der Bibel nach den Stellen, die ihm die wahren Hauptstücke erscheinen.

Damit war der Weg freigegeben. Auch andere lasen die Bibel, auch sie hatten ihre Erleuchtungen; sie wählten nur andere Stellen aus und prophezeiten nach ihrem Kopfe. Die »himmlischen Propheten« nannten sie sich selber und wurden auch von Luther so geheißen. Nirgends stand es für sie geschrieben, daß Gott nur Martin Luther berufen habe, sein Wort zu verkünden. Sie trauten sich das ebenfalls sehr wohl zu. Damit begann der schwerste Kampf seines Lebens, den er nicht gewinnen konnte. Er hatte in seinen großen Kampfschriften den Menschen mündig gesprochen. Die Unmündigen meldeten sich nun. Sie ergriffen das Wort mit großer Überzeugungskraft und fanden viele Anhänger. Melanchthon hörte ihnen zu und fand vieles an ihren Reden doch sehr zu bedenken. Professor Karlstadt, Luthers Doktorvater und bei der Leipziger Disputation noch als die führende wissenschaftliche Leuchte der Wittenberger Universität angesehen, wurde von der neuen Strömung ergriffen. Eine Art Primitivismus breitete sich aus: fort von den Büchern des Lehrbetriebs, den Scholastikern, den Kommentaren, zurück zu den einfachsten Urgründen, fort auch schließlich von der Bibel zur direkten, unmittelbaren Inspiration, und die sprach besser aus dem Munde der Ungelehrten als dem der beamteten Lehrer. Karlstadt ging in den Häusern umher und ließ sich von den Handwerkern und Bürgern die Schrift auslegen. Laienprediger traten an allen Orten auf. Die »Prädikanten« wurden sie genannt zum Unterschied von den Predigern, die auf ihr Amt berufen waren. Der Kampf zwischen Prädikanten und Predigern ist das Kennzeichen aller Auseinandersetzungen und Aufstände auf Jahrzehnte hinaus. Unter den Prädikanten waren auch ehemalige Studenten, frühere Mönche, im Bibelstudium erfahrene Männer wie Thomas Müntzer, soziale Agitatoren; Bibelsprüche und politische oder soziale Forderungen sind nicht zu trennen. »Auf Kindleintaufen, bei Gastereien, in Wirtschaften, in gemeinen Schenkhäusern... durch seine süßen, lieblichen, innerlichen, öffentlichen Predigten« habe einer der Zwickauer Propheten das Volk verführt, sagt ein Bericht über den Tuchmacher Storch, der in langem, faltenlosem, aschgrauem Gewand und breitem Hut umherzog. Er habe dem Pöbel geschmeichelt, man solle nun »die rote Blutfahne führen wider alle Obrigkeit, geistliche und weltliche, und das güldene Szepter in der Faust haben und tragen, vor denen man die Knie beugen, sich neigen und die Filze abziehen müsse«; so hätten diese Leute »das Feuer helfen anschüren und Pulver einstreuen, daß es in einem Hui ist aufgegangen, fortgeschritten und überhand genommen, nicht allein in Thüringen, sondern auch in Ober- und Niederdeutschland«. Nicht nur die einfältigen Leute hätten sie ergriffen, auch »sonderlich die Reichen in Städten und Dörfern«; heimlich bringen sie die Menschen »in ihren Bund und geistliche Gesellschaft«, halten in den Häusern ihre Konventikel und Bruderschaften und schreiben sie in ihre Register ein. Es ist eine Parteischrift, eine Denunziation, und es beginnen sich jetzt Parteien zu bilden, auf die man aber nur mit größter Mühe und unter energischen Vergewaltigungen der historischen Wirklichkeit die heutigen Vorstellungen von Partei anwenden kann. Nicht einmal die am stärksten bedrohten »Obrigkeiten« oder die Fürsten bilden eine Partei. Sie haben ihre Standes- und Klasseninteressen und finden sich zuweilen, sehr lokal, zu einem zeitweiligen Bündnis oder gemeinsamer Aktion zusammen; sehr viel öfter streiten sie sich untereinander und benutzen auch die Bauern und Plepejer, um einem gegnerischen Standesgenossen etwas am Zeuge zu flicken. Die Begriffe, die von der Hetzschrift gegen den Tuchmacher Storch verwendet werden, sind die Bezeichnungen der Zeit: »Bund« und »Konventikel«. Der Bund, der heimliche Zusammenschluß kleiner Kreise von »Auserwählten«, denen der Heilige Geist seine Offenbarungen mitteilt, entspricht schon am ehesten heutigen Ideen von Zellen und unterirdischen Propagandastützpunkten; Thomas Müntzer war der Meister in dieser Taktik, und bei ihm sind auch bereits politische und soziale Vorahnungen zu finden, die als Sozialismus interpretiert werden können. Die Konventikel sind etwas anderes: Sie haben nicht einmal die Andeutung eines »Programms«, sie sind die Nachfolger der waldensischen und hussitischen Ketzer und auch der »Stillen im Lande« aus der Nachfolge der deutschen Mystik. Sie wünschen keinerlei Kontakt mit der sündigen, verlorenen Welt, wollen ganz für sich sein; sie begrüßen es sogar als Zeichen der Erwähltheit, daß sie arm, verfolgt und verachtet sind. Wenn sie auch davon sprechen, daß alles den Brüdern und Schwestern des engen Kreises gemeinsam sein soll, so wollen sie ihre Armut teilen, die oft bitter genug ist. Die Wiedertaufe wird für sie der wichtigste Punkt ihrer sonst wenig genau formulierten Lehren, die wir zum Teil auch nur durch die Verleumdungen ihrer Gegner kennen. Die Taufe der Kinder bei der Geburt genügt ihnen nicht, da der Täufling unwissend ist. Man muß »optieren« für eine solche Gemeinschaft, erst dann wirkt die Taufe als Gnadenzeichen. Diese Wahl bedeutet unweigerlich Armut, Not, Widerstand gegen die Welt, die in allen Erscheinungen abgelehnt wird, als Obrigkeit aber auch in der Menge der Außenstehenden aller Schichten. Wir führen nur diese beiden Haupttypen an; es gab Zwischenstufen. Und selbst sehr stille und versteckte Konventikel konnten zuweilen ausbrechen in wilde Rebellion. Aus den Wiedertäufern kam dann auch der Versuch, in Münster ein Gottesreich aufzurichten hier auf Erden und nicht auf das Gottesgericht zu warten, das die meisten dieser Gruppen als nahe bevorstehend verkündeten.

All das war in den ersten Anfängen, als Luther auf der Wartburg von den Vorgängen in Wittenberg und Zwickau hörte. Die Haltung seines Kurfürsten erschien ihm zaghaft und verhängnisvoll. Luther hatte in seiner »treuen Vermahnung« die Fürsten daran erinnert, daß sie für Ordnung zu sorgen hätten. Das Kurfürstentum war in großer Unordnung. Friedrich hatte die größten Bedenken, irgendwie einzugreifen. Er respektierte die »alten Rechte«, die in buntester Vielfalt über seine verzettelten Lande ausgestreut waren. Er besaß übrigens auch nur ganz geringfügige Machtmittel: weder ein Heer noch eine Polizei noch einen größeren Beamtenapparat. Ein paar Räte am Hof, eine kleine Kanzlei, Amtleute hier und da im Lande, das war alles.

Schriftlich mußte alles erledigt werden. Nachdenklich und gewissenhaft hörte er auf jede Beschwerde und ließ sie möglichst lange liegen, ehe er sie beantwortete. In Glaubensfragen war er besonders vorsichtig und suchte alles abzuwägen. Selbst der scharfe Revolutionär Thomas Müntzer wandte sich an ihn und glaubte, ihn für seine Sache gewinnen zu können; im Bauernkrieg sahen noch die Aufständischen in ihm als einzigem Fürsten eine Hoffnung. Er ließ seinen Doktor Luther gewähren und nahm viel von ihm hin, was kein anderer Herrscher sich hätte gefallen lassen. Aber der Mann war ihm »viel zu kühn«, wie er schon in Worms gesagt hatte. Und so schrieb er im März 1522 an seinen Amtmann Oswald in Eisenach: Er solle doch ja dafür sorgen, daß Luther sich ruhig und still auf der Wartburg hielte.

Luther hat ihm in einem kurzen und fast übermütigen Brief angedroht, er habe nun genug gehört von dem Treiben in Wittenberg. Er spottet sogar mit einem Wink auf Friedrichs Reliquiensammlung: da habe der Fürst nun ein neues Heiltum, ohne alle Kosten, ein rechtes Kreuz mit Nägeln und Geißeln. Er schließt ziemlich respektlos ab: »Vor großer Eile hat die Feder müssen laufen; ich habe nicht mehr Zeit, will selbst, so Gott will, bald da sein. Eure fürstliche Gnaden nehme sich meiner nur nicht an.« Unverzüglich brach er auf, ohne eine Antwort abzuwarten. Das »seid untertan der Obrigkeit«, das er soeben gepredigt hatte, galt nicht für ihn und diesen Notstand. Das Schreiben an den Amtmann las er erst auf dem Wege. Er beantwortete es mit einem Brief, wie er wohl kaum je von einem Flüchtling an seinen einzigen Beschützer gerichtet worden ist. Was in Wittenberg geschehen ist, stelle eine Schmach für das Evangelium dar. »Alles, was bisher mir zuleide getan in dieser Sache, ist Scherz und nichts gewesen. Ich wollt's auch, wenn es hätte können sein, mit meinem Leben abgewandt haben. Denn es ist also gehandelt, daß wir's weder vor Gott noch vor der Welt verantworten können.« Er sei aber nun allzu lange demütig gewesen; er habe sich dem Kurfürsten zuliebe ein Jahr lang eingeschlossen auf der Wartburg halten lassen, nicht aus Ängstlichkeit. Jetzt ist es damit genug, er braucht keinen Schutz mehr. »Ich komme gen Wittenberg in gar viel einem höheren Schutz denn des Kurfürsten.« Er meint sogar, er wolle Friedrich »mehr schützen, denn Ihr mich schützen könnt«. Und noch schärfer: Weil er spürt, daß der Kurfürst noch schwach im Glauben ist, »kann ich keinerleiwege Eure fürstliche Gnaden für den Mann ansehen, der mich schützen oder retten könnte«. Zur Sache meint er, der Kurfürst sei genugsam entschuldigt: »So ich gefangen oder getötet würde« – er darf darauf hinweisen, daß Luther sich gegen seinen Befehl in Wittenberg eingefunden hat.

Im regnerischen Märzwetter 1522 war Luther aufgebrochen, noch in der Maske des Junkers. Die Reise stellte ein Wagnis dar, denn das Gebiet seines Feindes Herzog Georg konnte nicht ganz vermieden werden. Zwei junge Schweizer Studenten haben Luther in Jena in einem kleinen Gasthof »Zum Schwarzen Bären« getroffen, und einer von ihnen hat die Begegnung beschrieben. Ein Ritter sitzt am Tisch mit roter Kappe, die auf einer Seite weit herabhängt, in enganliegenden Hosen und dickem Wams, das Schwert an der Seite; wie der Reitknecht es ihn gelehrt, hat er die Hand nach adliger Manier auf den Schwertknauf gelegt. Vor ihm auf dem Tisch jedoch liegt ein kleines Büchlein. Die Studentlein, verregnet und die Stiefel schmutzig vom vielen Umherwandern im aufgeweichten Boden, drücken sich bescheiden auf eine Bank neben der Tür, aber der Junker bittet sie freundlich, an seinem Tische Platz zu nehmen. Er hat sie sogleich als Schweizer erkannt und fragt nun: Woher aus der Schweiz? – Aus Sankt Gallen. – Und wohin? – Nach Wittenberg. – Er nennt ihnen dort Landsleute, seinen Rechtsbeistand in Worms, Dr. Schurff und dessen Bruder. Sie wollen aber vor allem Dr. Luther sehen, ob der Junker wisse, wo er sei? – Nicht in Wittenberg, aber vielleicht werde er bald dorthin kommen. Der Junker verweist sie an Melanchthon, von dem sie Griechisch lernen könnten. Er spricht auch von Erasmus; sie verwundern sich immer mehr über den Ritter, der auch einige lateinische Worte einfließen läßt. Und dann fragt er: »Liebe, was hält man im Schweizerland von dem Luther?« Ach, mein Herr, antworten sie, die Meinungen sind geteilt: Einige können ihn nicht genug loben, andere verdammen ihn als unleidlichen Ketzer. Der zweite Geselle hat unterdessen, etwas zutraulicher geworden, einen verstohlenen Griff nach dem kleinen Büchlein auf dem Tisch getan und es aufgeschlagen: hebräische Buchstaben! Schnell legt er es wieder zurück und entschuldigt sich: »Ich wollt einen Finger von der Hand geben, wenn ich diese Sprache verstünde!« Der Ritter meint, mit Fleiß sei das wohl zu erlangen; in Wittenberg werde auch das Hebräische gelehrt.

Sie fragen den Wirt aus, wer der seltsame Junker denn wohl sei, und er deutet an, es könne wohl Luther selber sein. Sie verstehen den thüringischen Dialekt nicht recht und hören eher etwas wie »Hutten« heraus, und die Rittermaske täuscht sie nach wie vor. Beim Abend-

22 Luther als Junker Jörg

essen kommen noch einige reisende Kaufleute hinzu. Vom Reichstag zu Nürnberg wird gesprochen, und der Junker geht etwas aus sich heraus: Was werden die Herren dort schon ausrichten bei so schweren Zeiten! Nichts als Turniere, Schlittenfahrten, Hurerei und Gastmähler, »aber das sind unsere christlichen Fürsten!«

Am Morgen reitet der Junker davon; in Wittenberg erst treffen sie ihn wieder und wissen nun, daß er der Luther war. Die kleine Erzählung ist im Rückblick etwas arrangiert und in den Farben erhöht, aber sie wirkt glaubhaft in den Grundzügen. So halb gemütlich und treuherzig wird es zugegangen sein; anders lassen sich die Reisen des Geächteten nicht erklären. Die Gefahren, die ihm trotzdem drohten, werden damit nicht geringer.

Mit einem Trupp anderer Reiter, die des Weges kamen, zog Junker Jörg in Wittenberg ein. Es sah ungemütlich genug aus in Wittenberg. Die Gemeinde verstört, die Universität halb in Auflösung, viele Studenten waren von ihren besorgten Eltern abberufen worden. Karlstadt war zum Beherrscher der Hochschule und auch der Stadt geworden. Er hatte radikalere Ideen als Luther, zum Teil praktische und vernünftige, zum Teil wild primitivistische nach urchristlichen Vorstellungen. Nach dem Bildersturm, den er veranstaltet hatte, schuf er sogleich aus dem Vermögen aufgelöster Bruderschaften und Stiftungen einen »gemeinen Kasten«, eine Unterstützungskasse für die Armen, die auch kleinen Gewerbetreibenden billige Darlehen geben sollte; eine sehr sinnvolle Institution, die nur umsichtige Handhabung und eine resolute Hand erforderte. Die aber ging Karlstadt gänzlich ab. Der kleine, leidenschaftliche Mann war in leibhaftiger Konzentration ein Gefäß aller Gedanken, die umliefen: sozialer, religiöser, pädagogischer Art, alle durcheinanderwirbelnd; es kochte in ihm, aber alles wurde halbgar herausgeschleudert. Nichts ging ihm schnell genug, jede seiner vielen Ideen sollte sofort verwirklicht werden. Er hatte in der Bibel gelesen, daß Gott Adam aus dem Paradiese vertrieb, damit er im Schweiße seines Angesichts den Boden bebaue. So verkündete er nun seinen Studenten: Heraus aus dem Hörsaal, zurück aufs Land, nehmt den Karst, die Hacke in die Hand statt Eurer Lehrbücher! Der Ackersmann ist der wahre Stand, nicht der Gelehrte oder Theologe! Die übrigen Professoren, nicht ganz einverstanden mit dieser Lehre, hielten sich verzagt im Zimmer. Die Lateinschule wurde in eine Brotverteilungsstelle umgewandelt. Berichte gingen an den Hof. Der alte Kurfürst erklärte: »Das ist ein großer, wichtiger Handel, den ich als Laie nicht verstehe.«

Luther ging ans Werk. Seine ersten Handlungen waren bezeichnend: Die Junkermaske fiel, der Bart, die rote Kappe, das Wams. Er zog seine schwarze Augustinerkutte wieder an. Er wählte als Aufenthalt sein altes Augustinerkloster. Er stieg auf die Kanzel, denn zu seiner Gemeinde wollte er als ihr alter Prediger zunächst sprechen. Eine Woche lang predigte Luther, stark, eindringlich. Er donnerte nicht, er behandelte die Unruhestifter mit einer Nachsicht und Schonung, die sie ihrerseits ihm sicherlich nicht hätten angedeihen lassen. Nach wie vor vertraut er auf das Wort, und es erweist sich noch einmal als über alles Erwarten mächtig. Luthers unmittelbare Wirkung auf die Menschen hat sich nie größer gezeigt als in diesen paar Tagen in dem kleinen Wittenberg mit seinen dreitausend Menschen. Das war ein Umkreis, den er kannte, den er übersehen konnte. Ganz entschieden stellte er sich auf die Seite der »Schwachen«. Kein unnützer Zwang, keine Neuerungen, die verletzen oder empören! Keine Hast und Ungeduld! Wer das Abendmahl in alter Form nehmen will, soll das tun, wer den Kelch haben muß, möge ihn bekommen. Wem das vertraute Latein noch in den Ohren klingt, soll es hören. Keine Verfolgung von Andersdenkenden! An den Hof hatte er schon geschrieben, man solle von Gewaltmaßregeln gegen die Schwarmgeister absehen; Spalatin müsse auf den Fürsten einwirken; auf alle Fälle kein Blutvergießen!

Ganz anders haben andere Revolutionäre und Volksführer in solcher Situation gehandelt. Der große Hussitenführer Ziska, der radikal genug war, ließ die Über-Radikalen und Schwarmgeister im eigenen Lager ohne Bedenken zu Hunderten köpfen, als sie ihm Schwierigkeiten machten; wir brauchen nicht neuere Beispiele anzuführen. Luther ist hier noch ganz gelassen. Es ist ihm gleichgültig, daß manche über seine Maßnahmen murren und in ihnen einen Rückschritt sehen. Nachsichtig verfährt er mit Karlstadt, der von seinem Führerposten abtreten muß und ingrimmig auf seinem Zimmer über einigen Schriften gegen Luther brütet. Auch ein anderer schwieriger Geist, ein ehemaliger Ordensbruder Zwilling, aus Böhmen stammend und mit Begeisterung und viel Zulauf hussitische Lehren verkündend, wird von Luther freundlich zurechtgewiesen und fügt sich. Geduld verkündet Luther vor allem in seinen Predigten: »Liebe Freunde, es muß nicht ein jeglicher tun, was er Recht hat, sondern muß sehen, was seinem Bruder nützlich und förderlich ist. Also sollen wir mit unsern schwachen Brüdern umgehen, sollen mit ihnen Geduld haben, sie nicht greulich anschnauzen, sondern fein freundlich handeln und sie mit aller Sanftmut unterweisen.« So soll es auch mit dem Kultus gehalten werden; die Äußerlichkeiten bei der Messe, den Heiligenbildern möge man belassen, bis die Menschen sich genügend geändert haben; daß mit ihnen Mißbrauch getrieben wurde, sei bekannt. »Summa summarum: Predigen will ichs, sagen will ichs, schreiben will ichs, aber zwingen, dringen mit Gewalt will ich niemand.« Auch politisch mahnt er: Das Wort hat alles bisher bewirkt, »wenn ich hätte wollen mit Ungemach fahren, ich wollte Deutschland in ein großes Blutvergießen gebracht haben, ja, ich wollte zu Worms ein Spiel angerichtet haben, daß der Kaiser nicht wäre sicher gewesen. Aber was wäre es gewesen? Ein Narrenspiel wäre es gewesen und ein Verderbnis an Leib und Seele.«

Luther ging Schritt für Schritt vor, nicht aus Systematik, sondern aus Instinkt. Er ging rasch genug vor und hat nicht zu Unrecht grimmig darüber geklagt, daß viele, denen er die Bahn erst frei gemacht hatte, ihn nun zu langsam fanden und sich zutrauten, auf eigene Faust vorzuprellen. Hier im unruhigen Wittenberg machte er die erste Probe aufs Exempel, und sie gelang. Er dachte großzügig und wünschte keine Gewaltanwendung. Die Gewalt seiner Worte genügte. Eine Woche lang sprach er von der Kanzel, und die Stadt wurde ruhig. Die Studenten kehrten wieder in die Hörsäle zurück.

Luther wollte nichts von Gesetzen wissen, nicht einmal in der eigenen Sache der Verkündigung des Wortes. In unablässiger Gesetzgebung hatte die kirchliche Hierarchie ihr Gebäude aufgerichtet. Dagegen anzugehen, war seine erste Aufgabe gewesen. Er wünschte nun keine Wiederholung dieses Prozesses durch seine Anhänger. In einer der Predigten führt er das aus: Die Kirchenväter haben schon gestritten über Abschaffung alter Gesetze, »danach kamen die Päpste, die wollten auch etwas dazu tun und machten auch Gesetze, da wuchsen aus des einen Gesetzes Abtuung tausenderlei Gesetze, daß sie uns ganz mit Gesetz überschüttet haben, also wird es auch hier zugehen, daß ein Gesetz macht bald zwei, zwei machen drei und so fort«. Er führt den Streit zwischen Kaiser und Papst um die Frage der Abschaffung der Bilder an: »Wollten aus der Freiheit ein Müssen machen. Das kann Gott nit leiden...«

Ein schönes, und ein gefährliches Wort. Luther ist in diesen Wochen ein reiner Idealist und Utopist, so praktisch und wirkungsvoll er im kleinen Kreise zupacken kann. Er läßt beiseite, daß die meisten Menschen keine Freiheit wollen, sich selber zu entscheiden, sondern Gesetze, Führung, Weisung. Er übersieht auch, daß das Müssen noch über ihn kommen wird. Der Schweizer Student schildert ihn in seiner Erscheinung: den ziemlich stark gewordenen Mann, hoch aufgerichtet, das Haupt oft etwas zurückgeneigt und nach oben schauend wie ein Visionär, aber auch aus den scharfen braunen Augen die Menschen anblitzend, daß sie zusammenfahren. Sie fügen sich, nicht weil er ihnen freigibt, was sie tun sollen, sondern weil er sagt: So wird es gemacht. Der Magistrat, dankbar und erleichtert, läßt ihm eine neue Kutte anfertigen, da die alte allzu unansehnlich geworden ist. In den Rechnungsbüchern heißt es: »Zwei Schock, 39 Groschen, 6 Pfennige Doctor Martino verehrt, da er aus dem Gefängnis kam. An 8 dreiviertel Ellen zu einer Kappe, die Elle für 18 Groschen, bei Hans Modden genommen und Matthes Globig.«

Nur noch zwei Jahre, so glaubte Luther, würde er brauchen, wie er in seiner »treuen Vermahnung« gesagt hatte, so würde sich alles ganz selbstverständlich regeln und das Gewürm und Geschwürm verschwinden. Genau zwei Jahre verblieben ihm noch für diese gelassene und hoffnungsvolle Haltung.

Trügerischer Frühling

Wittenberg war nicht die Welt, Kursachsen nicht Deutschland. Und selbst in diesem kleinen Halb-Staat ohne feste staatliche Formen und Grenzen: welche Vielfalt noch immer an Bräuchen, Rechten, Institutionen! Unmittelbar unter Luthers Augen steht die Stiftskirche mit ihrer großen Reliquiensammlung und ihren Stiftsherren, die am alten Glauben im vollsten Umfang festhalten; der Kurfürst mahnt zuweilen, seine kostbaren Heiltümer müßten wenigstens an den Namenstagen der Heiligen ausgestellt werden, von denen seine Sammlung Teile oder »Partikel« enthält. In der Pfarrkirche predigt Luther, mit Schonung, seine neue Lehre. Zuweilen predigen andere weniger behutsam. Die Professoren der Universität sind keineswegs eine einheitliche Korporation, die Studenten aus vielen Ländern noch viel weniger. Und um die kleine Stadt herum in den Dörfern, den Marktflecken, in anderen sächsischen Städten herrscht die bunteste Unordnung für unsere Begriffe. Einige Klöster sind verlassen, andere bleiben bei der Regel; an vielen Stellen geht der alte Kultus weiter wie eh und je. Professor Karlstadt, der die geistliche Tracht abgelegt hat, zieht sich verbittert auf ein Dorf zurück, wo ihm etwas Grundbesitz gehört, und macht Ernst mit seiner Parole »zurück aufs Land«; er läßt sich von den Bauern »Nachbar Andres« nennen und trägt statt des schlichten Bürgerrocks nun den grauen Bauernkittel; ein früher Vorläufer des »Proletkultes«, auch darin, daß er nicht etwa den Karst in die Hand nimmt und seinen Boden bestellt, sondern eifrig weiter an seinen Broschüren schreibt. Thomas Müntzer, aus Zwickau verjagt, findet in dem kleinen Städtchen Allstedt in der thüringischen Goldenen Aue eine Zuflucht; er betreibt keinen spielerischen Proletkult, sondern eine sehr umfangreiche und erfolgreiche Agitation durch seine »Landläufer«. In der anderen Hälfte Sachsens entfaltet Herzog Georg mit seinem bis auf den Magen reichenden, riesigen und schon weiß werdenden Bart eine umfangreiche Tätigkeit der Verfolgung aller neuen Lehren; er denkt auch daran, seinem Vetter Friedrich im Auftrag des Reichsregiments ins Land zu fallen und ihm die Kurwürde zu entreißen. Auf so unsicherem Boden stand Luther und verkündete, daß allein das Wort siegen werde.

Es siegte nicht, aber es breitete sich auf ungeahnte Weise aus. Luther organisierte das nicht; er sandte keine »Landläufer« aus und verhielt sich sogar eher abwartend und oft mißtrauisch, auch schroff abweisend gegenüber den Menschen, die ihn aufsuchten, und er mochte Grund dazu haben. Spitzel, Aushorcher, Wirrköpfe drängten sich heran, jedes seiner Worte wurde berichtet, weitergetragen, verfälscht, verschärft, geglättet, zu ganz anderen Zwecken verwendet, als er es gemeint hatte. Weder aus Luthers noch seiner Gegner Schriften kann man die Aufregung und Verwirrung der Zeit im ganzen Umfang erkennen; wichtiger war, was die Zeitgenossen in einzelnen Sätzen, Schlagworten, Parolen daraus entnahmen. Die Predigt wurde das große Kampfmittel, und sie war nicht behagliche Sonntagsandacht, fromme Ermahnung, mit allenfalls einigen Ausblicken auf bewegende Zeitereignisse. Wir haben leider nur sehr wenige und meist für den

Druck umgearbeitete Zeugnisse über die Wut und Gewalt dieser Ansprachen, die von der Kanzel, unter der Dorflinde, auf den Marktplätzen, von der Friedhofsmauer herab, in Herbergen und Gasthöfen gehalten wurden. Wir können uns nur schwer in unsere Sprache übersetzen, was Bibelworte und Zitate bedeuteten, düstere Prophezeiungen vom bevorstehenden Untergang der Welt; erst die Atombombengefahr hat ähnliche apokalyptische Stimmungen wieder lebendig werden lassen und Laienprediger wie Fachleute aufgerufen. Die Bibel wurde für jeden Zweck, jede Lebenslage angeführt. Das Alte Testament erhielt dabei den Vorrang. Über urchristliche Zeiten hinaus wollte man zur Urzeit der jüdischen Patriarchen zurück. Solche Verweisungen auf die ursprüngliche von Gott gewollte Ordnung waren nichts Neues; die Weissagungen Daniels hatten stets die Gemüter erregt und waren dazu benutzt worden, sie aufzuregen. Jetzt aber wurden die alten Bibeltexte ausführlich bekannt. In Heften, Broschüren gingen sie in die Lande und speisten die Flugschriften, Dialoge, Aufrufe und Verkündungen vom Zorn Gottes und der Zeitwende.

Wittenberg war nicht die Welt, aber die Welt kam nun nach Wittenberg. Luther hätte nach heutigen Begriffen eine große Kanzlei, und eine umfangreiche Pressestelle benötigt, um alle Anfragen, Wünsche, Gutachten zu erledigen; nichts dergleichen war vorhanden, und über Mittel verfügte er überhaupt nicht. Nur ein kleiner Kreis von Mitarbeitern formte sich. Melanchthon erwies sich immer mehr als ein in vielem ebenbürtiger oder gar überlegener Genosse. Ihm war es vor allem zu verdanken, daß die Universität wieder aufblühte; seine pädagogische Begabung feierte da Triumphe; aus Studenten, die in Wittenberg gelernt hatten, rekrutierten sich die ersten Reformatoren in allen Gegenden bis über die Grenzen des Reiches hinaus. Noch andere stießen dazu. Justus Jonas, Bugenhagen und andere, die Luthers engeren Kreis bildeten, sind keine überragenden Gestalten, aber tüchtige Männer, fleißig, tatkräftig, und besaßen manche Eigenschaften, die Luther abgingen. Der Pommer Bugenhagen besonders wurde der erfolgreichste Organisator der neuen Lehre in ganz Norddeutschland und Dänemark; die Reformationsgeschichte in diesen Gebieten ist Bugenhagen-Geschichte. Ein früherer Prämonstratensermönch, der noch Luthers Schrift »Über die babylonische Gefangenschaft« wütend auf den Boden geworfen hatte, sie aber dann wieder aufhob, eifrig studierte und als eine Offenbarung empfand, er wurde einer der wichtigsten Mitarbeiter. Er verfuhr nicht immer zart und schonend; er war robust und hatte es mit robusten Gegnern zu tun. Der hochgewachsene Mann – und »stattliches« Aussehen spielte eine große Rolle, sowohl beim Kolleg wie bei der Predigt und erst recht bei Verhandlungen mit Magistraten oder Fürsten – verfügte über ein ausgezeichnetes Gedächtnis; er behielt auch Feinde sehr genau in Erinnerung. Er besaß solide humanistische Bildung und Geschichtskenntnis, noch etwas recht Ungewöhnliches; er hatte sich als Schulrektor ausgezeichnet, ehe er nach Wittenberg kam. Seine Predigt war kräftig und »dicht«, was Luther besonders an ihr lobte; das Wort »dicht« ist vielleicht die beste Kennzeichnung seines Wesens, dem alle Feinheiten, Sprünge oder Kompliziertheiten abgingen, wenn das für die Aufgaben, die er zu lösen hatte, ein Mangel ist. Luther meinte einmal, es müßte auch solche geben, die dem Teufel »starke Knochen« entgegenhalten und »gute Püffe« vertragen können, und unter diesen stand ihm Bugenhagen an erster Stelle. Der knochige Pommer bedeutete ihm aber noch mehr. Er wurde sein Beichtvater oder, besser, Partner bei der Beichte bis zu seinem Tode. In seinen vielen Anfechtungen und Niederbrüchen flüchtete er sich zu dem gelassenen Dr. Pomeranus. Bugenhagen kanzelte ihn energisch ab: Was sprichst Du da von Gottes Zorn, der Dich heimsucht? Gott ist allerdings zornig auf Dich, er spricht: »Was soll ich nur noch mit diesem Menschen anfangen? Ich habe ihm so viele ausgezeichnete Gaben verliehen, und dennoch will er an meiner Gnade verzweifeln!« Ein großer Trost sei ihm das gewesen, meinte Luther, eine Engelsstimme, die ihn noch lange im Herzen bewegte. Die Dankbarkeit für den kleinsten Zuspruch seit seinen Klostertagen ist einer seiner liebenswürdigsten Züge. Als Trostsprecher löste Bugenhagen Staupitz ab, den »Vater« Luthers in den Mönchsjahren. Es waren starke Kontraste: dort der vornehme Diplomat, der Mann der Vermittlung stiller Gedanken in der Nachfolge der Mystik, und hier der Bürgersohn, voll Energie und ohne viel Skrupel, glücklich und kleinbürgerlich verheiratet mit einer Magd des Juristen Dr. Schurff, der Mann einer neuen Zeit, in die Staupitz sich nicht finden konnte.

Luther hat Staupitz weiter verehrt, auch als der alte Mentor sich vorsichtig von seinem Schützling trennte. Staupitz hatte die völlige

Auflösung des von ihm geleiteten Ordens gar nicht abgewartet; er legte schon vorher sein Amt nieder und trat sogar aus dem Augustinerorden zu den Benediktinern über; in Salzburg fand er eine neue Stellung als Abt des Benediktinerklosters St. Peter. Er fügte sich. Luther hatte ihn vergeblich aufgefordert, er solle doch nun auch »das Kreuz auf sich nehmen«, aber auch schon deutlich den Unterschied ihrer Naturen gekennzeichnet: »Du bist zu demütig, ich bin zu stolz.« Die Sache sei zu ernst; er werde Staupitz nicht verurteilen wegen seines Schrittes, aber »ich werde nicht schweigen!« Als »Dein Sohn Martin« unterschreibt er, an »seinen Oberen im Herrn, meinen Vater und Lehrer« ist sein letzter Brief gerichtet. Seinem »besten Martin« antwortet der Abt und versichert ihm, daß er ihn noch immer auf das beständigste liebe, wie er mit einer Anspielung auf die Klage Davids um Jonathan sagt: »Es ist mir leid um dich, mein Bruder Jonathan; ich habe große Freude und Wonne an dir gehabt; deine Liebe ist mir sonderlicher gewesen denn Frauenliebe ist.« Und noch ein anderes Beispiel aus der Schrift, das Gleichnis vom Verlorenen Sohn, führt Staupitz an. Luther habe die Menschen von den leeren Hülsen der »Trebern«, die der Verlorene mit den Schweinen aß in seiner Armut, wieder auf die »Gefilde des Lebens geführt«. Man schulde ihm viel. Aber er mahnt: Luther solle doch die Herzen der einfachen Menschen nicht verstören! Er bittet ihn, »mein geliebter Freund«, an die »Kleinen« zu denken und ihre Gewissen nicht zu beunruhigen. Er betet für die »Neutralen«, die im ehrlichen Glauben verharren, Luther möge sie nicht verdammen! Denn schon sehe er, wie viele um der »Freiheit des Fleisches willen« das Evangelium mißbrauchen. Vielleicht, so meint er resigniert, sei sein Geist zu zögernd oder zaghaft, und deshalb müsse Luther es verstehen, wenn er sich in Schweigen hülle.

Damit endet diese Freundschaft in Schweigen und Stille, ohne Bruch; kurz darauf ist Staupitz gestorben. Die Brüder des Klosters verbrannten seine Bücher auf dem Hofe, aber sie hängten sein Bild in der langen Reihe der Äbte im Refektorium auf, das Porträt eines feinen, behutsamen, versonnenen Pädagogen, der in seinem allernächsten Umkreis Menschen zu führen verstand, dem aber die Fäden entglitten, wenn er sich Aufgaben größeren Stiles gegenüber sah. Keiner seiner Vermittlungsversuche konnte mehr zu einem Erfolg gedeihen; er war ein Mensch zwischen den Zeiten. Wie Erasmus – zu dessen Generation und Geisteshaltung er gehört, so wenig Staupitz ein Humanist war – fröstelte ihn, und seine Augen vertrugen nicht das grelle Licht, das nun hereinbrach. Das stille Gespräch unter dem Birnbaum, wie er es mit Luther geführt, war seine Stärke, nicht der Kampf.

Kampf aber war die Losung. Er begann an allen Enden, und ohne daß Luther und die »Wittenberger« dabei eine Hand zu rühren brauchten. Noch gab es keine festen Fronten, die überhaupt bis fast zu Luthers Tode viel unbestimmter waren, als es im Rückblick oft angenommen wird. Die Vorstellung von »echt katholischen« oder »überzeugt protestantischen« Vorkämpfern, von denen es einige wenige gab, läßt übersehen, daß die allermeisten Menschen noch keinerlei Entscheidung getroffen hatten, weder im Religiösen noch im Politischen. Spätere energische Verfechter der Reformation, auch unter den Fürsten, wie Landgraf Philipp von Hessen, standen zunächst auf Seiten der alten Autoritäten; zahlreiche Gelehrte, die im Kampf um Reuchlin zu den schärfsten Kritikern der Kirche gehört hatten, schlossen dann ihren Frieden mit Rom. In allen Revolutionen und großen Bewegungen wird fortwährend »verraten« oder von der geraden Linie »abgewichen«; der Prozeß setzt sich oft jahrzehntelang fort und geht in die Geschichtsschreibung der Parteien über, wo er wiederum von Zeit zu Zeit umgeschrieben werden muß. Ganz persönliche Gegensätze, der »Persönlichkeitskult« nach heutiger Terminologie, spielen stark hinein. Und all das Neben- und Durcheinander drängt sich in ganz wenige Jahre hinein; von 1520–1525 werden die Entscheidungen getroffen, die Europa auf Jahrhunderte hinaus gestalten. Die Vorstöße und Durchbrüche stehen für den Blick im Vordergrund, und sie haben etwas Atemberaubendes; die retardierenden Kräfte bleiben zunächst unsichtbarer. Die Trägheit ganz großer Massen, die nicht einmal »neutral« sein wollen, sondern ganz schlicht ungeschoren dahinleben wie eh und je, wird meist überhaupt nicht in Rechnung gestellt.

Zunächst ging es mit Riesenschritten voran mit Luthers Sache. Ein trügerischer Frühling brach aus. Überall regten sich die Geister. Die Humanisten hatten an den Universitäten und unter den Geistigen den Boden gelockert, sie waren die erste Welle gewesen; jetzt traten sie zurück, meist, wie Erasmus, enttäuscht, daß nun »ganz andere Kräfte und Kreise« zum Zuge kamen statt der stillen Gelehrten, die unter sich so scharf und geistreich gefochten hatten. Das starke Kampfmittel der Ironie war auf skeptisch-freie Köpfe berechnet, die über die ewige Torheit der Welt lächeln konnten. Sehr viel robustere Naturen schoben nun ihre breiten Schultern vor. Man wollte nicht lächeln, sondern laut lachen; es wurde nicht fein gestichelt, sondern mit dem Dreschflegel zugeschlagen. Das Publikum hatte sich verändert. Es gab bereits so etwas wie eine »öffentliche Meinung«, und nur mit den derbsten Mitteln war sie zu beeinflussen. Sankt Grobian wurde zum Heiligen des Jahrhunderts. Der Teufel erwies sich als die beliebteste aller Gestalten; Teufelsbücher waren das größte Geschäft der Buchhändler, oft ziemlich harmlose Teufel, der Hosenteufel, der Tanzteufel, der Huren-, der Sorgenteufel, der Weibsteufel, der melancholische, der grübelnde Teufel, aber auch ernstere wie der Junker-, Geiz- und Wucherteufel, bis schließlich ein Jodokus Hocker auf den abschließenden Gedanken kam, ein Büchlein zu schreiben: »Der Teufel selbst«. Satan selbst jedoch stand, für Luther wie seine Gegner, unweigerlich hinter jeder abweichenden Meinung. Er wird ziemlich ebenso oft genannt, wie man Gottes Namen anruft für die eigne Sache. Es gibt nur schwarz und weiß, heiß oder kalt, und »lau« ist für Luther der schwerste Vorwurf, den er machen kann. Der schwarzweiße Holzschnitt ergänzt diese Literatur auf das wirkungsvollste als Bildpropaganda für alle, die nicht lesen können.

Die Grobschlächtigkeit all dieser Erzeugnisse macht es uns etwas schwer, sie zu verdauen. Die Wiederholungen ermüden; es sind immer die gleichen Schlagworte und Bilder. Aber unleugbar war dies die einzige Zeit, da Deutschland eine wahrhaft volkstümliche, alle Schichten gleichmäßig ergreifende Literatur besaß. Wer die Verfasser waren, ist meist schwer zu ermitteln; man mußte anonym publizieren, wenn man nicht in den Kerker wandern oder Schlimmeres gewärtigen wollte. Der Bauer, der so oft zitiert wird, bedeutet nicht, daß der Bauer selber zu Worte kam, daß man ihn aber als den berufenen Sprecher der Nation ansah; Studenten, Literaten waren meist die Autoren, auch Stadtschreiber, Bürger, Prediger. Der »gemeine Mann« wird als derjenige angesehen, der besser weiß als »die da oben«, wo ihn der Schuh drückt. Der Schuhmacher Hans Sachs als die stärkste Begabung, die der Handwerkerstand je hervorgebracht hat, und ein

Volksdichter von hohen Gnaden, stellte sogleich seine rastlose Feder zur Verfügung. Sein Lied von Luther als der »Wittenbergisch Nachtigall, die man jetzt höret überall« kündete eine Morgenröte an nach der langen Zeit eines blassen Mondscheins; die »Nachtigall« wurde zum geflügelten Wort. Hans Sachs besaß eine umfangreiche Sammlung von Luthers Schriften und auch sonst eine erstaunlich gut bestellte Bibliothek für einen Handwerksmeister, der freilich kein Flickschuster war, sondern über einen sehr behaglichen Hausstand, eine ganze Schar von Gesellen und eine angesehene Stellung in der Stadt verfügte; er ist daher auch sehr darauf bedacht, daß die alte ständische Ordnung gewahrt bleibt. Aber für die neue Lehre setzt er sich in Gedichten und sehr lebendigen Prosadialogen mit Witz und Humor ein. Da disputiert er selber als Schuster mit einem reichen Chorherren und schlägt den geistlichen Herrn mit seinen wohlgewählten Zitaten aus Luther und der Bibel. Der Pfaffe weiß natürlich nur sehr ungefähr Bescheid; er kennt die Dekretalen der Päpste, er weiß, daß man Ketzer verbrennen soll, aber wenn der Schuster auf Schriftstellen zu sprechen kommt, beginnt er zu schwimmen. Die Apostel haben zu Jerusalem ein Konzil gehalten, meint der Schuster. So, sagt der Chorherr, haben sie das?

Schuster: Ja habt Ihr eine Bibel?

Chorherr: Ja, Köchin, bring das groß alt Buch heraus!

Köchin: Herr, ists das?

Chorherr: Ei nein, das ist das Dekretal! Verdirb mirs nicht!

Köchin: Herr, ists das?

Chorherr: Ja, kehr den Staub herab, daß Dich der Ritt wasch! Wohlan Meister Hans, wo steht's?

Der Schuster nennt die Stelle aus der Apostelgeschichte; der Chorherr meint unmutig: »Sucht selber, ich bin nicht viel darin umgegangen, ich weiß wohl Nützlicheres zu lesen.« Und überhaupt kollert er gegen die Laien, die sich nun so mausig machen: »Man soll Euch bald den Leimen klopfen, es hilft doch sonst nichts... Es wird mancher schweigen, der jetzund schreit!« Zu seiner Köchin aber, nachdem der Schuster gegangen, erklärt er entschieden, künftig werde nur noch Hans Zobel ein Auftrag gegeben: »Der ist ein guts einfeltiges Männlein, macht nit viel Wort mit der Heiligen Schrift und lutherischen Ketzerei.« Im übrigen solle sie nun das Mahl richten, Krammetsvögel

Disputation
zwischen einem Chorherren und Schuchmacher, darin das Wort Gottes und ein recht christlich Wesen verfochten wird

23 Hans Sachs: Dialog vom Chorherrn und Schuhmacher

auftragen, es wird »meines gnädigen Herrn Kaplan mit etlichen Herren kommen und ein Bankett halten. Trag die Bibel aus der Stuben hinaus und sieh, ob Stein und Würfel all im Brettspiel sein und daß wir ein frische Karten oder zwei haben ...«

Ein Bäuerlein klagt im Dialog »Neu Karsthans« dem Ritter Sickingen seine Not: »Junker, ich hab ein junges Pferdlein, ist ein sehr hübsches Tierlein und ist mir sehr lieb; darum oft, wenn ich das aus dem Stall gezogen, hab ich es gestreichelt und geliebelt, auch etwa auf sein Köpflein geküßt.« Das hat der Pfaffe sogleich als Sünde erklärt, als »Ketzerstück«, und mit zwanzig Gulden Strafe belegt; er habe sie nicht bezahlen können, auch die zwölf Gulden nicht, auf die der Geistliche schließlich herabging. Er habe sechs gegeben und um Gottes Willen gebeten, bis zur Erntezeit zu warten, »wenn ich ausgedroschen und etwas Frucht verkauft hätte; ist er gar nicht zu erweichen gewest, sondern hat mich am nächsten Sonntag in Bann verkünden lassen.« Vertrauensvoll wendet der Bauer sich nun an den großen Kondottiere, der Abhilfe verspricht, aber sich dann seinen größeren Plänen zuwenden muß. Der Dialog vom »Neuen Karsthans«, der diese Geschichte bringt, fügt etwas unvermittelt nach der treuherzigen Hoffnung auf den Ritter und seine Adelsgenossen noch dreißig Artikel hinzu, in denen schon der Feuerschein des Bauernkriegs vorleuchtet. Da heißen alle Pfaffen Schurken, kein Pfennig soll mehr gegeben werden für Stiftungen, Wallfahrten, Ablaß, die Anhänger des päpstlichen Hofes sind »unsinnige Hunde«, »in die zu schlagen, fangen, würgen und töten gezieme«. Vom Ohrenabschneiden, Augenausstechen ist die Rede, mitten unter milden frommen Artikeln. Sie wollen Pfarrer haben, die auch das Evangelium predigen und ehrbar leben. Die Götzenbilder müssen abgetan werden, seien sie von Stein, Holz, Gold oder Silber, Gott allein soll angebetet werden im Geist. Die »Stationierer«, die mit Reliquien handeln, möge man ihrer Pferde und Geldbeutel berauben, aber danach mit ihrem Heiltum des Weges fahren lassen. Wegen der Ohrenbeichte soll man Luther und andere Sachverständige um Gutachten angehen. Die Genossen sollen mit Leib und Gut für diese Artikel zusammenstehen, man »sucht nicht seine eigne Sach hierin, sondern die göttliche Wahrheit, Christenglauben und des gemeinen Vaterlands Wohlfahrt«.

Zur Mäßigung wird oft gemahnt. Naive Hoffnungen auf den Kaiser oder sonstige Einsicht der Oberen gehen immer wieder um. Der tatkräftige frühere Franziskanermönch Eberlin kann es sich nicht versagen, in seinen derb zupackenden Flugschriften einmal zu jammern: »Ach Gott, der Kaiser und sein Bruder sind jung, fromme Herren, vertrauen wohl und erkennen der Buben Falschheit noch nicht, aber bald wird Gott ihnen die Augen auftun!« Die unsterblichen Ausreden, daß nur einige »falsche Ratgeber« oder ein Beichtvater an allem Unheil schuld seien, haben zu allen Zeiten die Gemüter verwirrt. Ganz klar und eindeutig sind nur die unmittelbaren Angriffsziele: Kampf gegen die Hierarchie und ihre Positionen. Die Verteidiger des Alten haben es schwer. Sie klagen ebenso laut über die Verweltlichung des Klerus und andere Übelstände und hoffen auf einen guten Papst, der alles in Ordnung bringen werde.

Der Franziskaner Thomas Murner aus dem Elsaß war unter den sonst recht kümmerlichen Schildträgern des alten Glaubens der einzige, der mit volkstümlichem Schwung und Begabung seine Sache vortrug. Er wurde mit den üblichen Mitteln des Spiels mit seinem Namen verspottet als Kater und Katzenkopf, der nur »murr murr« miauen kann, und er gab den Hohn auf gleiche Weise zurück. Mit Satiren auf die Unsittlichkeit der Zeit hatte er begonnen und fröhlich alle Laster sämtlicher Stände durchgehechelt, die Pfaffen, Mönche, seine eignen Ordensgenossen nicht ausgenommen. Dann wandte er sich gegen Luther, den Zerstörer der Ordnung, die er soeben in fetten Farben als so unordentlich geschildert hatte. Sein Gedicht »Von dem großen Lutherischen Narren« fängt vorsichtig an und will Luther selber gar nicht beschwören. Nur die zahllose Menge der Nachläufer, in einem riesigen, aufgeblasenen Narren zusammengefaßt, soll verspottet werden. Rasch vergißt er den Vorsatz. Es wird ein Fastnachtsspiel: Luther selber tritt auf, sie disputieren, Luther rät zum Frieden und will Murner zum Zeichen der Versöhnung seine Tochter zur Ehe geben; das Stücklein war geschrieben, ehe Luther an Heirat dachte. Mit einem Ständchen begrüßt Murner die Braut, die Hochzeitsgesellschaft frißt eine mit viel Pfeffer bestreute Unterhose zum Festmahl, und das Paar schreitet in die Brautkammer. Da muß das verschleierte Mädchen aber sein Kopftuch ablegen, und es erweist sich, daß sie mit Erbgrind behaftet ist, drei Finger dick über der Stirn, die Haare sind zusammengebacken. Der Bräutigam prügelt die »Mönchshure«

hinaus, die leibhaftig demonstriert, woran die Lutheraner kranken: dem Erbgrind, der Sündenkrätze. Die leichtfertige Hochzeit zeigt, was aus der Ehe wird, wenn man sie nach Luthers Lehre ohne das geheiligte Sakrament vollzieht. Ohne das Sakrament der letzten Ölung muß Luther dann sterben, und so heißt es kurz und bündig: »Ins Scheißhaus mit dem Mann, / Der kein Sakrament will han!« Katzengeschrei begleitet die Höllenfahrt in den Abtritt. Der gleiche Murner schreibt die zartesten Gesänge zum Lobe Marias. Er findet bewegliche Worte für die Not der Bauern und weist mit spitzem Finger auf Luther als heimlichen Führer des »Bundschuhs« hin. Er nennt sich stolz auf den Titelblättern seiner Schriften den »hochgelehrten Dr. Murner«, er hat tatsächlich in Paris, Krakau, Prag, Freiburg studiert und ist von Kaiser Maximilian zum poeta laureatus ernannt worden; auf deutsch und ohne alle Bildungsfloskeln schreibt er kräftiger als die meisten Zeitgenossen. Als aufrechter Kämpe der Kirche und der Autoritäten könnte er auf einige Belohnung und Unterstützung hoffen, aber er wird nur ein heimatloser Verfolgter, der von Ort zu Ort umherirrt, überall von den Behörden ausgewiesen. Denn furchtbar greift die Ketzerei um sich. Wehmütig dichtet Murner:

»Der Hirt, der ist geschlagen.
Die Schäflein sein zerstreut,
Der Papst, der ist verjagen...«

Und als der Sturm gegen die Heiligenbilder begonnen hat, betet er:

»Ach, fromme Christen Gmeine,
Wöllt ihr der Heilgen nit:
Behaltet doch alleine
Mariam! ist mein Bitt.«

Der Bildersturm wird überall zum Sturmzeichen. Karlstadt hatte in Wittenberg damit begonnen; seine Schrift »Von Abtuung der Bilder« zeigt auf dem Titelblatt zwei nackte Gestalten, Adam und Eva, die mit ihren Händen das Gewölbe der neuen Zeit tragen. Es hat etwas Versöhnliches, daß es auch bei der Abschaffung des Bilderdienstes nicht ohne Bilderschmuck abgeht. Die Umrandungen und Initialen der Zeit stehen überhaupt oft im Widerspruch zum Text oder führen ihr Eigenleben mit unbefangen kobolzenden Putten, Jagdszenen, Satyrn und Nymphen zu grimmig theologischen Traktaten und mit üppigen Fruchtkränzen, auch wenn der Inhalt so unfruchtbar wie möglich ist. Wir fanden sogar in einem Druck von Luthers erbittertem Feinde, dem Dominikaner Prierias-Mazzolini, unter dem Buchstaben D ein freundlich kosendes Liebespaar auf der Rasenbank; andere Drucke haben etwa Mönche unter einem A oder K versteckt, die sich die Hosen herunterziehen und ihr Geschäft verrichten, obwohl das Buch ein Missale sein soll. Auch diese Seite des Zeitgeschmacks möge am Rande verzeichnet sein; sie bildet den Rahmen zu dem wüsten Streit um Dogmen.

Ernst genug war der Bilderstreit. Das Byzantinische Reich war darüber im 8. Jahrhundert fast zerbrochen, und die verhängnisvolle Trennung der Ostkirche von der Westkirche hatte damit ihren Anfang genommen.

Bibelauslegung war immer der große Streit. Im Alten Testament war Bilderdienst streng verdammt, vor Abgötterei wurde unablässig gewarnt. Die byzantinische Kirche hatte plastische Darstellungen von Anfang an nicht zugelassen und sich vielfach mit bloßen Symbolen, einem Fisch oder Buchstabenzeichen, begnügt; als bildliche Gestaltungen sich doch durchsetzten, wurde jedenfalls streng darauf geachtet, daß sie die Gottheit und die Heiligen in sehr hoheitsvoller Weise, allem Menschlichen entrückt, repräsentieren müßten: hoch in der Kirchenkuppel oder an den Wänden, in Mosaik mit Goldgrund, der die Ewigkeit anzudeuten hatte, mit unbewegtem Gesicht. »Starr«, wie man das später genannt hat, hieratisch blieb diese Kunst durch die Jahrhunderte. Ein byzantinischer Kaiser hat sehr bezeichnend, als er die Bilder doch wieder zuließ, verfügt, daß sie auf alle Fälle »hoch an der Wand« angebracht werden müßten. Alles Trauliche und Zutrauliche war verbannt, jedes Zugreifen »mit den Händen« erschien als Sakrileg. Der Kontrast zwischen dieser Auffassung und der Kunst, wie sie die westliche Welt entwickelt hat, kommt in der Äußerung eines russischen Priesters zum Ausdruck, der in Venedig ein Heiligenbild Tizians sah und sich entsetzte: »So darf man die Mutter Gottes doch nicht malen!«

So aber wurde sie gemalt im Westen. Der Russe hätte sich noch viel stärker entrüsten können, wenn er etwa die schöne Madonna von Melun des Jean Foucquet gesehen hätte, die, den Zeitgenossen wohlbekannt als die Geliebte des Königs, Agnes Sorel, ihren wohlgeformten Busen in nackter Pracht den Beschauern darbot. Wir erfreuen uns ästhetisch am Realismus oder Naturalismus der niederländischen und deutschen Maler und können uns nur schwer mit den Bilderstürmern befreunden, die so viel von dieser Herrlichkeit vernichteten. Aber für die historische Betrachtung darf die Ästhetik nicht maßgebend sein, die sich auch als sehr wandelbar erweist; vom Kult des »Gegenständlichen« kann sie in »Verehrung« oder sogar »Anbetung« des »Abstrakten« umschlagen. Abstraktion war der Gedanke, der hinter dem Kampf gegen die Bilder stand. Das Unbegreifliche sollte nicht greifbar dargestellt werden, wie die Maler das taten, so getreu, daß man herantreten und den Samt oder Atlas der Gewänder mit den Fingerspitzen fühlen konnte.

Unleugbar war eine Verweltlichung des Bilderkultes eingetreten. Der Stifter eines Bildes trat immer mehr hervor, breit, prachtvoll gekleidet bis zur Prahlerei. Er bestellte und bezahlte, und der Heilige oder die Madonna hatten ihn zu segnen; in dem berühmten Bild des Kanzlers Rolin, eines großen Finanzmanns und politischen Emporkömmlings, wird das von Jan van Eyck ganz drastisch dargestellt; es handelt sich nur noch um den Auftraggeber und sonst niemand. In der Madonna des Bürgermeisters Meyer von Holbein rückt die ganze zahlreiche Familie auf das engste an die Mutter Gottes heran, die im häuslichen Kreise erscheint und mit ihrem Mantel die Schultern des großen Ratsherren und seiner Frau bedeckt. Der Heiligenkult wird zur Privatandacht, wobei wir ganz unerörtert lassen, wieweit auch dabei wahre Frömmigkeit zu finden sei, die weder an Heiligenbildern noch an ihrer Ablehnung und in Hinwendung an das Unbegreifliche zu messen ist. Wir haben es mit mächtigen Strömungen zu tun, die immer wieder aufgetaucht sind, nicht nur im Bildersturm der Reformationszeit. Wir haben auch zu erklären, wie es möglich war, daß die Bilder so rasch verschwanden und daß sie an so vielen Orten den Gegenstand des rabiatesten Zornes und Unwillens bildeten.

Sie waren zu Gegenständen geworden. »Ölgötzen« wurden sie genannt von Luther und den Stürmern, die ganz ohne ihn und sogar gegen seinen Wunsch die Tafeln zertrümmerten. Ein Ölgötze ist, nach dem Sprichwortsammler Agricola, ein »Stock oder Holz«, mit Öl getränkt, um die Farbe zu erhalten, »ein Bildnis ohn Leben, ohn Seele«. Etymologisch ist diese Erklärung eines Zeitgenossen fragwürdig, aber sie stimmt im höheren Sinne. Der Geist, das Leben war aus den Gestalten gewichen, und vielleicht gerade, weil sie so »lebendig« und realistisch dargestellt wurden. Die Inflation an Heiligen und Heiligenbildern hatte einen Höhepunkt erreicht und begann bereits in das Stadium überzugehen, wo jeder Gläubige »seinen« Privatheiligen oder seinen persönlichen Schutzengel hatte. Die wundertätigen Bilder, im frühen Mittelalter selten und daher Ziel großer Wallfahrten – etwa nach dem sehr entfernten spanischen Compostella –, hatten sich vertausendfacht: Jede Stadt, fast jedes Dorf wollte »sein Heiltum« haben, und die Begründungen dafür waren den hohen Kirchenbehörden selber oft höchst bedenklich. Die Multiplikation oder Potenzierung der Gnaden wurde schlicht zum Geschäft und als solches, wie beim Ablaß, erkannt und kritisiert. Die Wallfahrten und ihre Gefahren waren das Thema aller Bußprediger seit langen Jahren. Eine Trennung der theologischen Unterscheidungen zwischen »Verehrung« und »Anbetung« wurde in der Praxis gar nicht mehr versucht. Der Heilige war nicht mehr »bloßer Fürsprecher«, wie er das nach der Theorie sein sollte. Das war der Punkt, wo Luther sich empörte, der selber noch bei seiner Bekehrung zum Mönch zur heiligen Anna gebetet hatte. Eine Spezialisierung war eingetreten, die für jeden vorkommenden Fall einen bestimmten Heiligen wie einen Spezialarzt heranzog: Die heilige Apollonia war für Zahnschmerzen zuständig, weil man ihr beim Martyrium die Zähne gezogen hatte; Rochus mit der Pestbeule für Pest und Hautkrankheiten; Antonius für die fallende Sucht. Sie halfen nicht oft, und dann ging man doch zum Bader oder Arzt. Die Anfänge aller neueren wissenschaftlichen Disziplinen zeichneten sich damals ab, noch mit viel Mystik und Aberglauben vermischt, aber deshalb nicht weniger ehrwürdig und schon in so großen Gestalten wie Paracelsus weit vorausweisend. Auch diese Strömung wirkte unbewußt mit. Als Aberglauben und Abgötterei aber empfand man die Bilder und die Bräuche, die sich an sie geheftet hatten. Das Wort sollte nun allein gelten, nicht das Bild. Die Bibel sollte den Weg weisen, nicht der Heiligenkalender oder das Passional. Die Bibel verbot den Bilderdienst.

Wir lassen einen Zeitgenossen erzählen, den Schweizer Studenten Kessler, der Luther auf dem Weg nach Wittenberg als Junker Jörg getroffen hatte. Er stammte aus Sankt Gallen, und dort hatte ein überaus gründlicher Bildersturm stattgefunden, inmitten einer Stätte höchster und altberühmter Kunstfertigkeit. Wie schon bei den Kämpfen der byzantinischen Kaiser mit den Mönchen, als den Hütern der Bilder und den Widersachern der Herrscher, handelte es sich dabei stets auch um politischen Streit. Der Magistrat der Stadt lag seit langem in Fehde mit dem Abt der großen und reichen Abtei, und das Kloster bildete mitten in der Stadt eine Enklave mit eignen Rechten. Der Abt fühlte sich noch als Reichsfürst und die Städter waren unabhängige Eidgenossen. Um die Sache noch komplizierter zu machen, gehörte dem Abt das weite Land um die Stadt bis hinab zum Bodensee, ein wahrhaft fürstlicher Besitz. Drei konzentrische Kreise also greifen ineinander: das Kloster in der Mitte, darum die Stadt, als äußerster Kreis das fürstäbtliche Gebiet. Die Städter sind für die neue Lehre, der Abt verteidigt seine Privilegien und den alten Glauben. Man verhandelt, das Volk droht und rottet sich zusammen, das Kloster soll die »unzähligen Götzen und den Opferdienst abschaffen«. Der Abt flüchtet auf sein Schloß am Bodensee. Der Magistrat sichert den verbliebenen Mönchen zu, daß ihnen kein Schaden an Leib und Gut widerfahren soll. Dann werden die Stadttore geschlossen. Der Bürgermeister begibt sich an der Spitze einer großen Volksmenge in die Kirche: »Nur das gegenwärtig Götzenwerk soll angegriffen, abgetan und verbrannt werden.« Niemand dürfe plündern. »Und siehe! Kaum hat er seinen Mund nach den letzten Worten beschlossen, fiel jedermann in die Götzen. Man riß sie von Altären, Wänden und Säulen. Die Altäre wurden zerschlagen, die Götzen mit den Äxten in Scheiter geschlagen oder mit Hämmern zerschmettert, du hättest gemeint, es geschehe eine Feldschlacht. Was war das für ein Getümmel! Was für ein Brechen, ein Tosen in dem hohen Gewölbe! Ja, in einer Stunde war nichts mehr ganz und unverändert an seinem Ort. Niemand war eine Last zu lupfen zu schwer, keiner scheute sich, in gefährliche Höhen nach den Götzen zu steigen, daß ich oft in meinem Herzen gedachte: O wie ein Wunder, wird am heutigen Tag in diesem Sturm niemand verletzt? Also fielen die schweren Götzenlasten von Stein und Holz samt ihren Gehäusen und Gefäßen vorn, hinten und zur Seite hernieder mit weitem Zerbersten. Wie köstliche, wie subtile Kunst und Arbeit ging zu Scheitern! Denn die Tafel im Chor hatte in zehn Jahren, vom Abt Franciscus bestellt, 1500 Gulden zu malen gekostet und dazu noch ebenso viel oder darüber für das Schnitzwerk.«

Ein großes Feuer beendet die Aktion, es »mochte einen wundern, wieviel Götzen doch zerbrochen und verbrannt: Ob ihrer doch mehr in dem heidnischen Pantheon zu Rom gewesen seien?« Der Bürgermeister, zusammen mit dem Altbürgermeister, dem Reichsvogt der Abtei, dem Baumeister des Stiftes, wachen darüber, daß nichts beiseite geschafft wird. Die Anzahl der abgebrochenen Altäre wird genau mit 33 bezeichnet. Am Sonntag ziehen die Prädikanten der Stadt in das Münster ein und predigen nach dem neuen Stil. Der Chronist fügt sein eignes Gebet hinzu: »Ich bitte Dich auch, mein Herr und gnädiger Vater, Du wollest nun fürder, wie wir lieblich mit unsern Händen unserer Hände Werk zerstört und ausgereutet, auch durch Deinen Heiligen Geist alle geistliche Abgötterei aus unsern Herzen ausreuten und vertilgen und Dir selbst in uns einen sauberen Tempel zubereiten und weihen durch Deinen geliebten eingeborenen Sohn Jesum Christum, unsern Herrn und einzigen Heiland. Amen.«

»Lieblich« würden wir dies Werk der Hände wohl kaum nennen wie der Chronist. Die »köstliche und subtile Kunst« steht uns näher. Es ist aber nicht ohne Bedeutung, daß der Preis für die Bildtafel, den der Schweizer mit Kummer anführt, geringer ist als der für den Rahmen, das Schnitzwerk, das »Gehäuse«. Das Gehäuse war wichtiger geworden als der Inhalt. Wir haben wenig Sympathien für die Zerstörer der Tafeln wie des Schnitzwerks. Wir können jedoch nicht nur mit den Augen des Freundes spätgotischer Malerei auf diesen Untergang blicken; auch die nächsten Jahrhunderte taten das nicht und zerstörten ohne jedes Bedenken das meiste, was verblieben war. Schon zur genau gleichen Zeit wie die Bilderstürmer ging Papst Hadrian zu Rom mit dem Gedanken um, die Decke der Sixtinischen Kapelle übertünchen zu lassen, weil die »heidnischen« Gestalten Michelangelos sein frommes Gefühl verletzten; nur sein früher Tod hat den Anschlag verhindert; sein Nachfolger ließ wenigstens das »Jüngste Gericht« übermalen, dessen nackte Figuren, »wie in einer Badestube«, ihm ungehörig erschienen.

Nicht überall ging es so nahezu ordnungsgemäß unter Vortritt der Behörden zu wie in Sankt Gallen; erbitterte Kämpfe spielten sich oft ab, den Autoritäten erschien es meist höchst gefährlich, daß der »Pöfel« mit Äxten und Hämmern in Aktion trat. Umsichtige Ratsherren plädierten auch dafür, die Götzenbilder, nachdem sie doch so viel Geld gekostet hatten, lieber in Gegenden zu verkaufen, wo sie noch Liebhaber finden würden. Aber unverkennbar kam eine starke Richtung zum Zuge, die in den Puritanern später ihre stärkste Ausprägung fand. »Puritanisch« war auch die energische Ablehnung von Luxus jeder Art, in der Kirche wie im weltlichen Leben, die Schließung der Bordelle, die meist einen der ersten Programmpunkte für die Stürmer und Neuerer bildete; puritanisch war die Ablehnung der allzu vielen Feiertage und die Forderung, daß die tägliche Arbeit geheiligt werden müsse. Der Bettel sollte abgeschafft werden; die großen Stiftungen waren dazu in Gemeindeverwaltung zu nehmen. Unterstützung sollte nicht willkürlich gegeben werden, sondern nach Verdienst und Würdigkeit und Nachprüfung der Verhältnisse; daß die Horden von Bettlern, die umherzogen und die Klöster belagerten, eine Landplage geworden waren, ist die Klage aller Chroniken. All diese Einzelaktionen rührten zugleich an soziale Probleme und bedeuteten schwere Vorstöße gegen den Aufbau der Kirche. Sie vollzogen sich nicht in geschlossener und systematischer Form, sondern in den verschiedensten Schattierungen, je nach den lokalen Zuständen. Ein einzelner Prädikant, wenn er zugelassen wurde, konnte in wenigen Wochen eine Umwälzung herbeiführen; an einem anderen Ort wurde er verjagt, ausgewiesen oder hingerichtet.

Das Köpfen, Ersäufen und Verbrennen begann früh und, nach Ansicht der Vertreter energischer Maßnahmen, zu spät. Es wirkte so gut wie gar nicht. Im Gegenteil: Die Märtyrer der neuen Lehre traten nun an die Stelle der alten Märtyrer aus der Heiligenlegende. Man hatte nicht umsonst von der Standhaftigkeit gelesen, mit der die Zeugen der Wahrheit alle Qualen auf sich genommen hatten. Die Brutalität der Strafen schreckte nicht. Man war sie von der weltlichen Gerichtsbarkeit her gewohnt, die immer zunehmend die blutrünstigsten Formen der Hinrichtung eingeführt hatte. Die Illustrationen der »Rechtsbücher« der Zeit mit ihren gradweisen Verstümmelungen und umherliegenden Gliedern sind das genaue Gegenstück zu den Heiligenbildern. Man könnte sogar sagen, daß die Legenden, die im Altertum meist unbekannte Formen der Hinrichtung breit ausgemalt schilderten, zur Verrohung der Gemüter beitrugen; sie gaben jedenfalls die Praxis der Gegenwart wieder. Die Tortur war das allgemein anerkannte Instrument der weltlichen Rechtspflege wie der Inquisition.

Wer unter Daumenschrauben, dem Ausrecken von Gliedern, Brennen mit Fackeln etwas bekannte, was man ihm vorlegte, dessen Geständnis galt als unwiderleglich; auch in diesem Punkte ist das Erbe des Mittelalters noch sehr lebendig und hat sich mit den Methoden der »Gehirnwäsche« womöglich verfeinert. Abgekommen ist lediglich die Öffentlichkeit von Marterszenen und Hinrichtungen. Die Menschen von damals hatten starke Nerven. Mit Kindern, Weibern und reichlichem Proviant zog man zu einer Exekution auf dem Rade, die lange dauerte. Zum Volksfest wurden die Verbrennungen in Spanien und in anderen Ländern. Der Hohn und Spott, mit dem man den Verurteilten behandelte, bildete einen wesentlichen Teil des Vergnügens. Die Haltung, mit der die Unglücklichen die Qualen hinnahmen, wurde aufmerksam beachtet und kritisiert, als handelte es sich um ein Gladiatorenschauspiel. Ein italienischer Humanist hat die Verbrennung des Hieronymus von Prag, des Gefährten des Jan Hus, mit eleganter Stilisierung beschrieben und bewundert, wie der Ketzer doch die stoische Würde eines antiken Helden bewahrt habe. Ein anderer Augenzeuge berichtet weniger literarisch, wie lange der große und kräftige Mann, der sehr viel stärker war als Hus, doch mit den Flammen kämpfen mußte und wie furchtbar er geschrien habe.

Solche Schreie werden immer überhört. Die Märtyrerberichte wissen nur vom standhaften Ausharren und unerschütterlicher Gewißheit. Die war nicht selten. Man ertrug eher eine Verbrennung oder Hinrichtung als die Qualen des Kerkers, der eine Folterkammer war und auch aufrechte Naturen zermürben konnte. Die kurze Notiz in den Lebensläufen, daß jemand nach ein oder zwei Jahren doch widerrufen habe oder »verstorben« sei, als er verstockt blieb, ist meist alles, was man für nötig fand, darüber mitzuteilen. Diese stillen Tragödien bilden den Hintergrund zu den lauten Ereignissen der Zeit. Aus vielen Einzelstimmen meist vergessener Namen setzt sich ein dumpfer Chor zusammen, den nur hört, wer Ohren dafür hat. Die Massenhaftigkeit ähnlicher Schicksale in unseren Tagen darf nicht dazu verführen, nachzurechnen, wie hoch wohl rein zahlenmäßig die Opfer zu bemessen seien, und Vergleiche zu ziehen. Viele haben geschrien. Mehr ist darüber nicht zu sagen.

Der Siegesjubel war stärker. Überall war die neue Lehre im Vordringen, auch in Ländern wie Bayern und Österreich, die später wieder die Stützen der alten Kirche wurden. Ranke hat noch diese Stimmung des Aufbruchs hoffnungsvoll beschrieben: »Es war keine Anstalt zu treffen, kein Plan zu verabreden, einer Mission bedurfte es nicht; wie über das geackerte Gefilde hin bei der ersten Gunst der Frühlingssonne die Saat allenthalben emporschießt, so drangen die neuen Überzeugungen, durch alles, was man erlebt und gehört hatte, vorbereitet, in dem gesamten Gebiete, wo man deutsch redete, fast ganz von selbst oder auf den leichtesten Anlaß zu Tage.«

Der Anlaß konnte sehr leicht, zuweilen geradezu banal und grotesk sein. Ein Wurstessen in Zürich, als Demonstration gegen die kirchlichen Fastengebote gedacht, bringt dort zu Ostern 1522 die Reformation in den ersten Anfängen in Gang. Der Buchdrucker und Verleger Froschauer hatte Freunde zum Mahl geladen, alle Teilnehmer aßen trotz des Fastenverbots »ein kleins stucki«, nur der ebenfalls anwesende Leutpriester vom Großen Münster, Ulrich Zwingli, enthielt sich der Sünde. Eine Untersuchung wird sogleich veranlaßt. Der geistliche Oberherr, der Bischof von Konstanz, schickt eigens Gesandte nach Zürich, was große Unruhe verursacht: Konstanz liegt im Reich, Zürich ist einer der vornehmsten Orte der Eidgenossenschaft und stolz auf seine Unabhängigkeit; wie in Sankt Gallen wirkt sich die aus alten Zeiten stammende Überlagerung der weltlichen durch kirchliche Grenzziehungen aus. Man empört sich: Was will der Bischof »dort drüben im Reich« hier in unsere Schweizer Angelegenheiten hineinreden? Aufgeregt heißt es, er wolle Zwingli verhaften und zum Ketzerprozeß fortschleppen lassen. Der Rat der Stadt entschied, daß der Drucker eine Geldbuße zahlen müsse; vergeblich wandte Froschauer ein, er habe sich durch den Fleischgenuß stärken müssen, um einen frommen Traktat noch rechtzeitig zu Ostern abzuliefern: »Ich muß Tag und Nacht, Feiertag und Werktag arbeiten, damit ich fertig werde.« Der fleißige und erfolgreiche Mann, der schon verschiedene Schriften Luthers gedruckt hatte, war vielen Bürgern sympathischer als die »faulen Pfaffen«, die nur ihre Gebühren einkassieren wollten und mit Strafen drohten. Noch mehr Zuspruch fand Zwingli, der nun eine Predigt veröffentlichte über die »Freiheit der Speisen«, die erste seiner reformatorischen Schriften: »Willst du fasten, so tue es, willst du gern das Fleisch nicht essen, so iß es nicht: Den Christenmenschen laß mir dabei frei!« Jeder solle nach seiner eignen Überzeugung handeln, nicht aber unter Zwang und Strafen. In Basel wurde ein Spanferkelessen zum Anlaß; Auflehnung gegen die Speiseverbote war vielfach das erste Zeichen zum Widerstand gegen die Kirchendisziplin. Die Anlässe mochten recht geringfügig sein; es stand viel dahinter, und der Funke fiel dabei immer in ein seit Jahrhunderten aufgehäuftes Brennmaterial.

Alle alten Beschwerden kamen nun zur Entscheidung, alle »alten Rechte« wurden in Frage gestellt, und es konnte ja auch sehr fraglich sein, woher sie stammten oder ob sie sich nicht überlebt hatten. Die Bischöfe und Äbte wiesen Urkunden vor, aber die Zeit war vorbei, wo das noch genügte. Die Räte und Syndizi prüften, sie konnten nun lesen und waren sogar den Klerikern oft an Wissen überlegen. Sie hatten bereits erfahren, daß eine so grundlegende Urkunde wie die der angeblichen Schenkung des ganzen Abendlandes an Papst Sylvester als Fälschung entlarvt war; sollten nicht auch andere Dokumente fragwürdig sein? Wieviele solcher Kloster- und Bischofsdokumente tatsächlich Fälschungen waren, ist nie ganz ermittelt worden; eine ganz stattliche Zahl ist festgestellt. Was man aber in vergangenen Jahrhunderten überhaupt als »Recht« ansah und welche Absichten Stifter gehabt hatten, als sie große Mengen Land der Kirche übergaben, das konnte niemand nach dem damaligen Stand des Wissens genauer ergründen. Man hielt sich an die gegenwärtigen Zustände. Zu frommen Zwecken, zur ewigen Sicherung des Seelenheiles der Stifter und ihrer Familien war geschenkt worden. Wenn die Bischöfe und Äbte davon nun ihren luxuriösen Hofhalt betrieben, die Seelenmessen gar nicht mehr gelesen wurden oder flüchtig von schlechtbezahlten Substituten abgetan, so schien das Recht der Stiftung hinfällig. Noch entschiedener wurde es angezweifelt, ob der steuerfreie Wirtschaftsbetrieb kirchlicher Institutionen, das Brauen, Mahlen, der Bier- und Weinschank, der Verkauf von Webereien, ein frommer Zweck sei. Um diese Fragen wurde überall noch mehr gestritten als um die Glaubensprobleme. Die Kirche war in hoffnungsloser Position.

Ein neuer Stand der Juristen und der historisch geschulten Experten war hochgekommen, mit denen sehr viel schwerer zu verhandeln war als mit Großen und Fürsten. Die Räte, Syndizi, Stadtschreiber bildeten überall, in den Reichsstädten wie an den Fürstenhöfen, die Anwälte und Vorkämpfer für die neue Bewegung, auch in den Ländern, deren

Herrscher sich auf der Seite der alten Kirche hielten. Sie ließen sich nicht mit vagen Berufungen auf die Tradition abspeisen, auf das »seit Menschengedenken«. Sie wiesen noch ältere Rechte nach oder zogen das Naturrecht heran; sie untersuchten genau, verhandelten zäh, während ihre Herren noch leicht durch eine Gnadenbezeugung abzulenken gewesen waren oder auch einfach beim Trunk und Turnier vergaßen, was sie fordern wollten. Sie waren vielfach unbestechlich, zum Unterschied von den früheren hochadligen Ratgebern, bürgerlich-hartköpfig und »kleinlich«, sie führten Buch und rechneten nach. Die einstmals alleinherrschende gewaltige Bürokratie der Kirche hatte es nun mit vielen ebenbürtigen Bürokratien zu tun, welche die Interessen ihrer Stadt, ihres Landes oder Volkes gegenüber einer internationalen Organisation vertraten. Der Appell an die »Einheit der Christenheit« verfing nicht mehr; er war zu oft mißbraucht worden zugunsten einheitlicher Finanzwirtschaft der Kurie. Die Klagen der päpstlichen Nuntien sind charakteristisch: Sie beschweren sich immer und vornehmlich über die bösen Räte, die an allem Unheil schuld seien; mit den Fürsten wäre viel eher zu reden. Ein einzelner Rat hat auch oft mehr bedeutet für den Fortschritt der neuen Sache als eine Zusammenkunft von großen Herren, die sich meist über Fragen des Rangs, Heiratsprojekte oder bis zu den Kreuzzügen zurückreichende Erbansprüche ihrer Ureltern zerstritten. Das »viehische Saufen«, Speien, Umhertorkeln dieser Herren, ihre maßlose Freßsucht, Spielsucht und Hurerei hat auch Luther immer wieder in Zorn gebracht; das Wort »wir trunknen Deutschen« kommt ihm alle Augenblicke in den Mund. Die italienischen Vertreter der Kirche, die spanischen des Kaisers waren schon durch ihre kühle, abstinente Haltung überlegen und erzielten nicht wenige ihrer Erfolge einfach damit, daß sie nüchtern blieben. Nur in den ebenso nüchternen Räten und Stadtsekretären fanden sie ihren Widerpart.

Luthers Lehre, daß »Menschensatzung« alles sei, was das Papsttum an Gesetzen im Lauf der Jahrhunderte aufgebracht habe, erwies sich als eines der wirksamsten Kampfmittel. Sie war schwer zu widerlegen, aus der Geschichte am wenigsten. Die Historiker, die nun auch neben den Juristen auftraten, standen fast durchweg auf der Seite des neuen Glaubens. Sie brachten immer neues Material herbei über die Kämpfe der Kaiser mit den Päpsten, den Streit der Konzile, die Päpste und

Gegenpäpste, die furchtbaren Anklagen über den Verfall des Klerus aus allen Jahrhunderten. Kirchengeschichte oder von Geistlichen geschriebene »Welthistorie« hatte bisher allein geherrscht; es begann Geschichtsschreibung der Laien, noch meist im alten Chronikstil, aber doch schon mit höheren Überblicken wie bei dem tüchtigen Bayern Aventin oder mit sehr selbständiger Anschauung und Kritik des Treibens der Menschen bei dem Einzelgänger Sebastian Franck, der ein Luther ebenbürtiges, kräftiges Deutsch schreibt. Franck möchte »einen Wald der schönsten gedächtniswürdigsten Histori in dies mein Germanien tragen« und beklagt, daß »die Deutschen eher von Indianern wissen zu sagen denn von Deutschen«, aber er ist kein enger Nationalist und läßt alle Nationen gelten. Die »vernünftig weltlich Weisheit, so auch ein Gab Gottes ist« soll zu Wort kommen; er urteilt nicht »was Recht oder Unrecht, göttlich oder unchristlich ist, sondern wie ein Historicus, Guts und Böses, wie es die Tat und Histori gibt. Ich bin hie ein Schreiber und kein Zensor fremder Tat oder Rede«, und vor allem möchte er »Haft, Satz, Inhalt, Kern und Bundriemen« aus der Vielfalt der Geschehnisse herausheben.

Was war nun der »Bundriemen«, der alle diese vielfältigen Erscheinungen zusammenhielt? Auch Sebastian Franck konnte es nicht sagen; er war Priester gewesen, Luther zog ihn an und stieß ihn wieder ab, er wurde statt Prediger Handwerker, Drucker, Literat, Bücherschreiber und sehr einsam grübelnder Mystiker, Schwarmgeist, oder wie man ihn nennen wollte und nennt; er gehört keiner Richtung an. Viele sind diesen Weg gegangen. Von Bünden war viel die Rede, von »Fünfzehn Bundsgenossen« schrieb Eberlin; eine Partei bildete sich nicht, keine feste Front entstand. Um so erstaunlicher ist diese Bewegung der ersten Jahre. Niemand stand »hinter« den Prädikanten und Predigern oder Schreibern von Flugschriften und Büchern, alles lag vor ihnen. Fassungslos verwunderten sich die Verteidiger der alten Lehre, daß sich die Ketzerei doch so »wie von selbst« ausbreitete. Die Ketzerschriften wurden gelesen, die Traktate der Abwehr blieben liegen. Die Prädikanten stießen überall vor und fanden unbewachtes Neuland. Das armselige Proletariat an halb oder ganz ungebildeten Priestern, das den breiten Unterbau der Kirche bildete, hatte wenig Lust, sich für seine Bischöfe nachdrücklich ins Zeug zu legen, und konnte sich auch mit leidlich überzeugenden Argumenten kaum wehren. Die Orden, die Hauptstütze der Kirche bei Predigt und Propaganda, lieferten die stärksten Vorkämpfer der neuen Lehre, neben vielen, die nur aus dem Kloster liefen, um zu heiraten oder ohne Zwang zu leben. Gerade die besseren und ernsteren Naturen jedoch wurden zu Rebellen und Revolutionären; sie verfügten über die Dialektik und Redetechnik, die sie in den Ordensschulen gelernt hatten, und außerdem über einen glühenden Eifer, für den in ihrem bisherigen Wirkungskreis kein Platz gewesen war. Der Augustinerorden löste sich so gut wie völlig auf, viele Prioren entsandten eigens ihre besten Brüder zum Studium nach Wittenberg; sogar in den von der Regierung Karls V. scharf bewachten Niederlanden bildeten die Augustinerkonvente die ersten Stützpunkte der neuen Lehre und stellten ihre ersten Blutzeugen. Aber auch aus anderen Orden, den Franziskanern, den Dominikanern, kam Zuzug. Es ging auch längst nicht mehr um Einzelfragen wie den Ablaß oder die Umgestaltung der Messe, auch nicht um die Suprematie des Papstes und nicht einmal, wie Luther glaubte, nur um das »klare, helle Wort«. Alle Fragen, Sehnsüchte, Hoffnungen und Probleme der Zeit waren in Bewegung geraten, alle Schichten wurden erfaßt. Alle Schichten, auch die untersten.

Zu Anfang des Jahres 1523 schrieb der Erzherzog Ferdinand, Statthalter seines Bruders Karl V., einen seiner Berichte in das weit entfernte Madrid, wo man Deutschland nur als einen Nebenschauplatz betrachtete. Darin hieß es: »Die Lehre Luthers ist im ganzen Reich so eingewurzelt, daß unter tausend Personen heute nicht eine davon ganz frei ist; schlimmer könnte es nicht kommen.« Und gegen Ende des Jahres noch verzagter: »Die lutherische Sekte herrscht in diesem ganzen Lande so sehr, daß die guten Christen sich fürchten, dagegen aufzutreten.«

Der junge Erzherzog übertrieb etwas, denn er brauchte Hilfe; er war stark bedrängt: durch seine eignen Untertanen in Österreich, die Fürsten des Reiches, das benachbarte Bayern; Türkengefahr drohte vom Balkan her, auf dem Sultan Soliman unaufhaltsam vorrückte. Keinerlei Hilfe kam. Kaiser Karl hatte größere Pläne. Wittenberg war nicht die Welt. Karl lag im Krieg mit Frankreich, das aufgeteilt werden sollte zwischen ihm und seinem englischen Verbündeten; er gedachte dabei Alt-Burgund zu gewinnen, das Traumland seines Lebens. Er war nicht Herrscher eines Weltreichs, das man sich lediglich auf der Karte ausmalen kann; er mußte selbst in Spanien noch mühsam um seine Stellung kämpfen, er besaß keine Armee und keine Einkünfte fester Art; seine wertvollsten Besitzungen waren bereits seit der Wahl an die Fugger verpfändet. Nur über die Kaiseridee, die keine Grenzen hatte, verfügte er unbeschränkt. Nach mittelalterlicher Tradition wollte er gemeinsam mit dem Papst das ganze Abendland regieren, dazu noch die Neue Welt, von der ihm mutige und rebellische Piraten wie Cortez und Pizarro große Stücke vor die Füße legten. Auf Glücksfälle, die er unweigerlich als Gottes Willen deutete, war er angewiesen. Ein Glücksfall war es, daß der ewig unzuverlässige Leo X. starb und daß Karls alter Lehrer Adrian Dedel Floriszoon aus Utrecht nun den Heiligen Stuhl bestieg. Er nannte sich Hadrian VI. Der erste Papst Hadrian hatte Karl den Großen zu Hilfe gerufen und mit seiner Hilfe der Langobardenherrschaft in Italien ein Ende gemacht; der neue Hadrian würde, so hoffte man in der Umgebung des Kaisers, mit dem neuen Weltherrscher ebenso zusammenwirken. Es waren nur die neuen Langobarden – oder Goten – in Deutschland niederzuwerfen, dann war die Glaubenseinheit wiederhergestellt und die Bahn frei für eine Universalmonarchie, der sich auch Frankreich, England und die anderen Staaten zu fügen hatten. Der Kanzler Gattinara war Architekt dieses imperialen Planes; er dachte auch daran, Papst zu werden, und hatte sich bereits den Kardinalstitel verschafft. Der noch jugendliche Karl, ein Dreiundzwanzigjähriger mit dem Gesicht eines Vierzigers, wuchs in seine Kaiserrolle hinein. Er begann zu arbeiten, nachdem er lange seine Zeit mit kostspieligen Hofzeremonien und Festlichkeiten oder auf der Jagd verzettelt hatte. Er lernte Spanisch, das nun seine Sprache wurde; »Gott spricht spanisch zu den Menschen«, pflegte er zu sagen. Er war langsam und brachte alles erst schriftlich zu Papier, ehe er damit vor seine Räte trat. Besorgt war seine Umgebung nur, daß er keinerlei Anstalten machte, sich zu einer Heirat zu entschließen, und sich auch zu keiner der fürstlichen Liebschaften verleiten ließ, die bei allen Königen als standesgemäß und erfreuliches Zeichen mannhafter Gesinnung galten. Streng, fast mönchisch war seine Haltung; pünktlich erfüllte er die kirchlichen Pflichten; sein Beichtvater hatte nur zu klagen über die unziemliche und gefährliche Freßsucht seines Beichtkindes, das stumm und gierig seine großen und schweren Mahlzeiten hinunterschlang und die Brocken mit kaltem Bier hinunterspülte. Die Ärzte, die früh Anzeichen der Gicht an ihm feststellten, waren besorgt. Niemand konnte ihn beeinflussen. Er hatte keinen einzigen Freund; nur die Mitglieder seiner Familie wurden von ihm in unendlicher Korrespondenz näher herangezogen, und auch sie mußten sich fügen und wurden bedenkenlos verbraucht oder wie die jüngeren Töchter ohne jede Rücksicht auf dem internationalen Schachbrett umhergeschoben. Die Kälte, die von ihm ausging, imponierte maßlos zu einer Zeit, da die meisten anderen Fürsten sich beim Trunk, im Gespräch, im Bett so behaglich mit ihrem Volk vermischten und gern seine Sprache sprachen, mit allen Flüchen, Obszönitäten und Derbheiten. Karl dachte im Grunde nur in einem Idiom, dem des Imperators. Ein Imperium lag vor ihm, zum Greifen nah, größer noch als das der römischen Kaiser. Gott hatte ihn berufen, es zu verwirklichen. Es mußte ihm ärgerlich und ein wenig grotesk erscheinen, daß sich in dem winzigen Wittenberg, in dem Halbstaat seines »guten Oheims« Friedrich, ein Mönch anmaßte, diese Weltpläne zu stören. Er fand es daher auch nicht für nötig, auf die Hilferufe seines Bruders näher einzugehen oder sich ernstlicher mit den Fragen zu beschäftigen, die ihm von dem provisorischen Reichsregiment vorgelegt wurden, das keine Regierung war, sondern nur eine Regierungskommission ohne Exekutivgewalt. Kleinlich und unbeträchtlich mußten dem Imperator diese Fragen erscheinen, und nur zu oft waren sie es auch. Er überließ sie seinem »deutschen Hofrat«, der als eine ganz untergeordnete Institution am Hofe geschaffen worden war. Nichts zeigt vielleicht so deutlich, wie wenig das Imperium sich um das »Reich« kümmerte: Zwei tatkräftige und ehrgeizige burgundische Große waren die Hauptratgeber, die mit Nachdruck die Interessen des Hauses Burgund-Habsburg betrieben; daneben fand sich noch ein Hohenzollernprinz ein, der sich eifrig nach einer großen spanischen Heirat umsah und sie auch glücklich zuwege brachte, sowie Karls Jugendgespiele, der Graf von Nassau, und schließlich ein kleiner deutscher Propst, Märklin, aus Waldkirchen, der die mündlichen Verhandlungen zu führen hatte, wahrscheinlich, weil er der einzige in diesem Rat war, der die deutsche Sprache fließend beherrschte. Die spätmittelalterliche feudale Unordnung war am Hofe Kaiser Karls noch weit übertroffen, zum mindesten, was die Interessen des Reiches anbelangte, dessen Titel er führte. Die Anarchie in den deutschen Landen, die das Vordringen der neuen Lehre erst möglich machte, fand ihr Widerspiel an höchster Stelle. In diesen Händen lagen die Geschicke Deutschlands und Luthers.

Das Schicksal der Kirche lag in den Händen eines dreiundsechzigjährigen Gelehrten, der sich nun, sehr zögernd, sehr langsam aufmachte, die weite Reise nach Italien anzutreten und den Heiligen Stuhl zu besteigen.

Ein Holländer als Papst

»Wir wissen, daß große Mißbräuche seit vielen Jahren um sich gegriffen haben am Heiligen Stuhle... es ist kein Wunder, daß die Krankheit vom Haupt in die Glieder, von den Päpsten zu den niederen Prälaten abgestiegen ist. Wir Prälaten und Geistlichen sind jeder seinen eignen Weg gegangen. Seit langer Zeit ist keiner gewesen, der etwas Gutes getan hätte, nicht ein einziger.« So verkündete der neue Papst Hadrian VI. Er sagte das nicht im kleineren Kreise, wie das schon vor ihm einmal von Papst Pius II. geschehen war. Der päpstliche Nuntius brachte dieses Sündenbekenntnis in aller Form auf dem deutschen Reichstag zu Nürnberg vor. Der Papst versprach eine umfassende Reform des römischen Hofes, von dem vielleicht alle Übel ausgegangen seien und sich weiter verbreitet hätten, und erkannte an, daß die ganze Welt eine Gesundung verlange. Schon auf der Reise nach Rom hatte Hadrian drohende Botschaften vorausgesandt: Er werde Schluß machen mit der üblichen Vergebung von Benefizien, den »Expectanzen« und anderen Geschenken, die als Gnadensegen bei jeder neuen Papstwahl über die Scharen von hungrigen und erwartungsvollen Anwärtern herabgingen.

Unerhört war ein solches Vorgehen. Wer war dieser Papst Hadrian, der obendrein unpassenderweise seinen eignen Namen für sein Pontifikat gewählt hatte, entgegen dem Brauch, sich sinnig einen Vorgänger als Paten zu nehmen? Ein »Olandese«, ein Niederländer, hieß es in Rom, und schon damit war das Urteil über ihn gesprochen, »fast ein Deutscher«, was nun ganz unmöglich gewesen wäre. Daß überhaupt nur ein Italiener als Anwärter auf die höchste Würde in Frage kommen könne, war seit Aufhebung der Gefangenschaft der Päpste in Avignon so gut wie ungeschriebenes Gesetz gewesen, und auch die Borgias hatte man nur als Halbitaliener akzeptiert. Hadrian ist der letzte gewesen, der die lückenlose Reihe der italienischen Päpste für ein kurzes Jahr unterbrochen hat. Wie war es überhaupt zu dieser Wahl eines Ausländers gekommen? Was hatten sich die Kardinäle gedacht, als sie einen dreiundsechzigjährigen Gelehrten dazu ausersahen, das so schwer mit den Wellen kämpfende Schiff Petri in den Hafen zu steuern? Darüber liefen verschiedene Versionen um. Geheim waren die Papstwahlen des 15. und 16. Jahrhunderts nur formell; die Kardinäle wurden allerdings im Vatikan zum Konklave eingeschlossen und hatten dort ihre eigens dafür aus Holz errichteten »Zellen« und ein sehr feierliches Protokoll. Aber die Gesandten der großen Mächte wußten ziemlich genau Bescheid; sie berichteten ausführlich ihren Herren über die Parteien und verzeichneten in kahlen Ziffern die Bestechungsgelder, die verlangt und gezahlt wurden, nebst den sehr viel wirkungsvolleren Versprechungen an Benefizien und Würden als wichtigstes Mittel zur Wahlbeeinflussung. Daß stärkster Druck von seiten des Kaisers, des französischen Königs, des englischen Königs ausgeübt wurde, verstand sich seit langem von selbst. Daneben spielten die inneritalienischen Konstellationen eine Hauptrolle. So auch hier. Eine direkte Fortführung der Herrschaft des Hauses Medici erschien vielen untunlich, obwohl Kardinal Medici, der Vetter des verstorbenen Leo, als langjähriger Staatssekretär der Kurie sehr erfahren in der Diplomatie, lange als aussichtsreichster Kandidat galt. Bei den elf Wahlgängen, die notwendig wurden, erreichte er zeitweilig fast sein Ziel; ein Jahr später wurde er als Klemens VII. der Nachfolger und Vollender der »Medici-Epoche« des Papsttums. Aber er hatte Feinde. Die französische Partei war stark. Wir müssen uns noch ein wenig im Kreis dieser Kardinäle umsehen, denn sie verkörperten schließlich in letzter Instanz die Hierarchie, und es geht nicht gut an, alles Licht auf die Träger der Tiara fallen zu lassen, die obendrein oft nur ganz wenige Jahre, zuweilen ein paar Monate, regierten. Auch diese rasche Folge von Wahlen war ein wohlbedachtes Moment in den Kalkulationen der Kardinäle, und nicht selten hatten sie einen schon fast Sterbenden auf den Thron erhoben oder sich, wie im Falle Leos X., durch den Hinweis auf den schlechten Gesundheitszustand des Kandidaten bestimmen lassen. Eine lange Regierungszeit galt von vornherein als unerwünscht oder als Unglück, wenn sie sich doch wider Erwarten ergab. Das Volk von Rom war sich darin mit den hohen Kirchenfürsten ganz einig und hat bei für seine Gefühle zu langen Pontifikaten, mochten sie noch so erfreulich sein, auf das rücksichtsloseste rebelliert. Woraus aber bestand der Kreis von 39 Kardinälen, die im sehr unfreundlichen Winterwetter der letzten Dezembertage 1521 sich in ihre Zelle begaben und alsbald über unerträgliche Kälte klagten?

Leo X. hatte mit einem Schlage 31 Kardinäle ernannt, aus Geldnot, wie allgemein bekannt war; eine halbe Million Dukaten war eingekommen zur Deckung der dringendsten Bedürfnisse des Hofhaltes. Es befanden sich auch einige Persönlichkeiten darunter, die man als würdig der hohen Stellung ansehen konnte; zwei oder drei davon lassen sich namhaft machen. Die andern bestanden aus zum Teil blutjungen Herrlein, deren Treiben das Vergnügen der lebenslustigen Gesellschaft Roms und des Volkes bildete, selbst halbe und ganze Kinder waren darunter, Fürstensöhne aus den Ländern, in denen die großen Erzbischofssitze erblich waren für die Söhne oder Bastardsöhne der Herrscherhäuser. Der Begriff »Säkularisierung«, der mit so großer Emphase als unerhörter Anschlag der weltlichen Mächte auf die Kirche angewendet wurde, war stillschweigend längst zur Übung geworden, wo die diplomatischen Erwägungen das als vorteilhaft erscheinen ließen. In Portugal hatte Papst Leo das neunjährige Söhnlein des Königs zum Kardinal erhoben, und vier der höchsten Bischofssitze kamen hinzu; das Königshaus verfügte dort schon nahezu unbeschränkt über das Kircheneinkommen. In Lothringen war der gleiche Prozeß im Gange, ein Knäblein Jean wurde da mit dem roten Hut bedacht, und der umsichtige herzogliche Vater sorgte dafür, daß einige der insgesamt zehn hohen Bischofsposten seines Sohnes, wie Verdun und Reims, an Neffen abgetreten wurden, die ebenso im frischesten Jünglingsalter standen. In Neapel besetzte das Haus Caraffa traditionell für hundert Jahre die höchste Kirchenstelle; die italienischen Kardinäle machten ebenfalls von der zwar nicht »kanonischen« aber zum Brauch gewordenen Praxis Gebrauch, ihren Neffen aus dem reichen Segen an großen Sitzen einiges abzutreten. Der Nepotismus, der Erbfluch des Papsttums, erstreckte sich keineswegs nur auf die Papstfamilien und deren legitime oder illegitime Sprößlinge.

Im Kardinalskollegium war daher immer eine starke Spannung zwischen den »jungen« und den »alten« Kardinälen, wobei unter den Alten immer auch einige der Papstnachkömmlinge zu finden waren. So galt hier bei der Wahl Hadrians zunächst der schon recht betagte Kardinal S. Giorgio als aussichtsvollster Kandidat, ein Riario, der als Großneffe des Papstes Sixtus Rovere bezeichnet wurde, in Wirklichkeit sein Enkel aus einer Sippe, deren ungemein pittoreskes Treiben sehr wohl mit dem der Borgia-Clans wetteifern kann.

Riario war unversehens am Tage vor seinem Feinde Leo verstorben. Die Wachskerzen für seine Leichenfeier mußten noch mit den schon halb heruntergebrannten Stümpfen für das feierliche Begängnis Leos dienen, was als unheilvolles Omen angesehen wurde. Die päpstliche Kasse war völlig leer. Leo hinterließ fast eine Million Dukaten Schulden. Mit Mühe borgten die Kämmerer einige tausend Dukaten vom großen Papstbankier Chigi, um wenigstens die Schweizer Wachen zu entlohnen. Man fürchtete die aus alter Tradition üblichen Aufstände des Mobs, der gewohnt war, bei Vakanz des Heiligen Stuhles die Paläste der Kardinäle oder auch des Papstes zu plündern. Die reicheren Kardinäle besoldeten ihre eignen Mannschaften; Riario hatte sich stets durch eine Truppe von 400 Schwerbewaffneten gegen Verhaftung zu sichern gewußt, und eine Reihe von weniger begüterten Kardinälen hatte unter seiner Protektion gestanden. Andere, wie Kardinal Colonna, ein Kondottiere eher als ein Kirchenfürst, verfügten über kleine Armeen und setzten sie mit Nachdruck ein; Colonna hatte das schon beim Aufstand gegen Julius II. getan und sollte das später mit großem Erfolg unter Klemens VII. fortsetzen. Um das Konklave herum standen an verschiedenen Stützpunkten diese Privat-Mannschaften in Bereitschaft; dazu kamen noch aus etwas weiterer Entfernung Drohungen, durch Soldtruppen des Kaisers eingreifen zu lassen.

Ein diplomatisch erfahrener Mann, der sich in den Winkelzügen der hohen Politik auskannte, war die gegebene Lösung. Kardinal Medici erhielt daher zeitweilig die meisten Stimmen, aber nicht genug; und eine ganze Reihe von Kandidaturen wurde erwogen, unter starker Einwirkung von außen her. Der Kardinal Farnese rückte nun auf. Die Banken, die hohe Wetten auf die Wahl auslegten, setzten stark auf ihn. Da trat Kardinal Egidio aus Viterbo auf, General des Augustinerordens, eine der zwei oder drei reformwilligen Persönlichkeiten des Gremiums. Mit schärfster Anklage zerpflückte er den Ruf dieses Kandidaten. Er brauchte den Kardinälen nicht zu erzählen, daß Farnese seinen roten Hut nur der Fürsprache seiner Schwester, der schönen Giulia, verdankte, die als Mätresse Alexander Borgias für das Wohl ihrer Familie zu sorgen hatte; bekannt war auch, daß nur Papst Alexander ihn aus dem Gefängnis gerettet hatte, in dem er wegen Münzfälschungen saß; das römische Volk nannte ihn wohlwollend-spaßend den »Unterrock-Kardinal«. Aber Egidio wies entschieden darauf hin, daß die Wahl eines Mannes von solcher Vergangenheit jede Aussicht auf Beilegung des Streites in der Christenheit zunichte machen müsse. Farnese mußte zurücktreten; er kam erst zwölf Jahre später zum Zuge.

Ob die Erschöpfung eine Rolle spielte nach so vielen vergeblichen Versuchen, ob die Dunkelheit – auch im Konklave fehlte es an Kerzen wegen des allgemeinen Geldmangels – oder starke Fürsprache von Parteigängern des Kaisers: Man wählte Hadrian, den Holländer und Sohn eines Schiffszimmermanns aus Utrecht. Gegen seine Person konnte niemand etwas einwenden. Er führte ein tadelloses Leben, war bekannt als wissenschaftliche Leuchte der gut rechtgläubigen Universität Löwen; als Großinquisitor in Spanien hatte er sich Verdienste im Kampf gegen die Ketzerei erworben; dem Erzieher Karls und dem Gouverneur des Kaisers in Spanien traute man Kenntnisse der großen Welt und der hohen Politik zu. Er war abwesend. Man teilte ihm die Erhebung nach Spanien mit und bat ihn, so bald als möglich sein Amt anzutreten.

Die Wahl eines Ausländers kam überraschend. Das Volk von Rom tobte: ein Holländer, ein Barbar, der kein Wort Italienisch verstand! Die Kardinäle selber wurden bald bedenklich, zumal als die ersten Botschaften des neuen Herrn eintrafen. Sie verteidigten sich: der Heilige Geist habe die Wahl inspiriert, anders sei sie nicht zu erklären. Guicciardini, der päpstliche Staatsmann und an Schärfe und Einsicht bedeutendste Geschichtsschreiber der Ereignisse seiner Zeit, meinte dazu: »Als ob der Heilige Geist, der die Menschen reinen Herzens liebt, sich wohl herablassen würde zu solchen Leuten, die von weltlichem Ehrgeiz, unglaublicher Habsucht und Gier nach Vergnügungen besessen sind, um es nicht schärfer zu sagen.«

In diesen Kreis trat nun Hadrian, mit besten Absichten und der ganzen Ahnungslosigkeit eines Stubengelehrten. Seine Tätigkeit in hohen Ämtern in Spanien war eine einzige Kette von Mißerfolgen gewesen. Er hatte so ziemlich bei jeder Gelegenheit versagt, teils weil er die sehr gewalttätigen spanischen Zustände nicht begriff, teils weil er ein Doktrinär und Theoretiker war, gewohnt an die scharfen dia-

24 Papst Hadrian VI.

lektischen Kategorien des Lehrsaales, die so wenig mit der Wirklichkeit übereinzustimmen brauchten wie die Vorstellungen seines Meisters Thomas von Aquino von der Allgewalt des Papstes. Er glaubte, daß er nur zu befehlen habe, so wie er seinen Schülern in Löwen vorgetragen hatte, was sie zu lesen und zu wissen hätten; wie Schulknaben behandelte er die Kardinäle, wie eine ungebärdige Klasse sah er das aufgeregte Deutschland an; als ein Sündenpfuhl, den er mit wenigen Erlassen in eine saubere Wohnstätte verwandeln würde, erschien ihm Rom, das er bis dahin nie gesehen hatte. Als der frühere Präzeptor trat er seinem ehemaligen Zögling Kaiser Karl gegenüber, der inzwischen zu einem Herren über große Reiche avanciert war, und dessen Räten, die in Hadrian nur die Kreatur ihrer Wahl und ihrer Pläne sahen.

Das halbe Jahr des Interregnums hatte den dünnen Firnis von glänzender »Renaissancekultur«, der für die Augen der Nachkommen das Rom jener Tage repräsentiert, an allen Kanten abplatzen lassen. Nur rücksichtslose Gewaltmenschen wie Julius II. bändigten dieses Volk. Zu einem ganz unverhältnismäßigen Ausmaß bestand es aus Bettlern aller Einkommensstufen, Spaßmachern, Anhängern der Kardinäle und Gewerbetreibenden, die vom Hof, den vielen Höfen, dem Pilger- und Fremdenverkehr lebten. Die Räuberbanden herrschten im weiteren Umkreis der Stadt fast unbeschränkt; in Rom selber waren sie stark vertreten. Man mietete einen Bravo wie einen Sänftenträger oder Maultiertreiber, und die zahllosen Asylrechte machten die Verfolgung von Mordtaten fast unmöglich. Jeder der Kardinäle beanspruchte für seinen Palast oder sein Territorium, das mehrere Gebäude, oft halbe Stadtviertel umfaßte, das Recht, Asyl zu gewähren, neben den Kirchen, die ebenfalls Schutz bieten konnten. Eine der ersten Maßnahmen, die Hadrian verkündete, war der sehr vernünftige Erlaß, den waffenfreudigen Kardinälen dieses Privileg zu entziehen. Schon das verursachte schwere Mißstimmung und wurde als ein höchst unangemessener Eingriff in geheiligte Rechte empfunden.

Ebenso dünn war die Decke des Glaubens, die sich so eindrucksvoll für den frommen Pilger ausspannte. Die Pest drohte, wie so oft. Das Volk versammelte sich nicht in den Kirchen. Es zog ins Kolosseum. Ein Zauberer – ein Grieche, wie gemunkelt wurde – schlachtete dort feierlich einen schwarzen Stier als Opfer für die dämonischen Mächte, die Rom bedrohten: ein Weiterleben des alten Mithraskultes. Zum Einzug des neuen Papstes, der sich alle antiken Triumphbogen mit Minerva- und Herkulesgestalten verbeten hatte, trat eine halb verwilderte Schar von nackten Kindern an, die sich blutig geißelten. Der Eintritt des Holländers wurde mit einem Geschrei begleitet, bei dem nur schwer zu unterscheiden war, ob es aus düsteren Weherufen oder Verwünschungen bestand. Angst hatte alle gepackt: vor der Pest, dem neuen Regime, vor den Türken, die soeben die letzte Bastion der

Johanniterritter, Rhodos, eroberten und drohten, sie würden sich sehr bald gegen Italien wenden, wie sie das schon einmal getan hatten.

Kreuzzug gegen die Türken war daher Hadrians vornehmste Sorge und Parole, nachdem er sich mühsam im Vatikan installiert hatte. Der Kreuzzug, der Kreuzzug! Das predigte er unermüdlich, auch seinem Zögling Karl, der dafür kein Ohr hatte; immer dringender und immer schärfer – bis zur Beleidigung – wurden die Worte des Papstes. Die Einheit von Kaiser und Papst stand auf sehr unsicheren Füßen. Noch weniger solide war die Herrschaft Hadrians in Rom begründet. Durch Egidio von Viterbo ließ er sich eine sorgfältige Denkschrift über die notwendigen Reformen vorlegen, und es hat etwas Aufregendes, wie die Gedanken des Augustinergenerals mit denen des Augustinermönches Martin übereinstimmen. Da wird die ungemessene Pfründenvergebung getadelt, die blutsaugerische Dataria der Kurie, das Ablaßwesen: »Ungemessene Vergebung erzeugt maßlose Lust zu sündigen«, meint Egidio. Es versteht sich nur für ihn von selber, daß Reform von oben her einsetzen muß. Hadrian machte Ernst, zunächst im eignen Leben. Ein kleines Studierzimmer in den Riesenräumen des Vatikans wird bezogen, eine alte flämische Dienerin besorgt die Küche, jeden Abend zieht der Papst, zum Gelächter der Römer, einen Dukaten aus der Tasche und überreicht ihn dem Haushofmeister: damit solle für den nächsten Tag der gesamte Haushalt des Palastes bestritten werden. Der Schwarm von Literaten, Gauklern, Musikanten und Spaßmachern wird verjagt und rächt sich sogleich durch Spottgedichte auf den »Geizkragen« aus dem Barbarenland; Hadrian droht, den Pasquino, an dem die Lästerverse angeheftet werden, in den Tiber werfen zu lassen. Der Belvedere mit den heidnischen Greueln an antiken Statuen wird geschlossen; Hadrian denkt daran, die Sixtinische Kapelle weiß tünchen zu lassen mitsamt der Decke Michelangelos. Er steht früh auf, betet, studiert, schreibt noch an einem wissenschaftlichen Traktat neben seinen Amtsgeschäften, die ihm über den Kopf wachsen. Er befiehlt Aufhebung des Ämterverkaufs, der sichersten und unmittelbarsten Einnahmequelle. Der Finanzminister macht darauf aufmerksam, daß die Schulden Leos zu bezahlen sind; die Zinsen wachsen ins Ungemessene, und im Umkreis der Kurie hielt sich kein Bankier an das kirchliche Wucherverbot; Leo hatte unbedenklich Zinssätze bis zu 25% im halben Jahr bewilligt. Er hatte über 1300 neue Ämter zu den schon bestehenden geschaffen, und die Anwärter hatten jeweils für ihre Ernennung zu zahlen. Hadrian will das abschaffen. Er wird mißtrauisch. Auf niemand kann er sich verlassen als auf ein paar Mitarbeiter, die er sich aus den Niederlanden mitgebracht hat und die kein Italienisch verstehen. Die Kardinäle spotten sogar über seine Aussprache des Lateinischen, die sie nicht verstehen und als »gotisch« empfinden. Der streng mönchische Hadrian, dessen faltiges Gesicht unter der eng anliegenden Kappe wie aus einem früheren Jahrhundert zu stammen scheint, fährt mit Kleider- und Frisurordnungen über die jungen Kardinäle her, die meist »in Zivil« gehen und den modischen, parfümierten und gepflegten Vollbart des freien Mannes tragen: Sie haben sich unverzüglich glatt zu rasieren. Er begreift nicht den Streit zwischen Frankreich und dem Kaiser, den beiden gläubigen Söhnen des rechten Glaubens. Den Bündnisvertrag Leos mit dem Kaiser, ohnehin nur mit vielen Vorbehalten geschlossen, will er aufheben: Koexistenz der beiden Herrscher soll an die Stelle treten. Die französische Partei mit Kardinal Soderini als geheimem Geschäftsträger Frankreichs opponiert und intrigiert auf das heftigste; als Hadrian aufgefangene, höchst kompromittierende Briefe in die Hände gespielt werden, läßt er Soderini verhaften und in der Engelsburg einkerkern, die schon so viele Kardinäle beherbergt hatte. König Franz, erbittert über diese Behandlung seines Vertrauensmannes, droht, und zwar mit Worten, die an die schlimmste Niederlage erinnern, die das Papsttum in seiner größten Zeit erlitten hatte: die Gefangennahme des Papstes Bonifaz durch französische Sendboten in Anagni. Mit gleichem Schicksal winkte König Franz. Hadrian erließ eine feierliche Verordnung, die dreijährigen Waffenstillstand befahl. Niemand kehrte sich daran. In Nordfrankreich zogen die verbündeten Kaiserlichen und Engländer durch die Landschaft und rächten sich durch Verwüstung der Dörfer und Flecken für ihre Unfähigkeit, die stark befestigten Städte anzugreifen. »Wenn wir noch Dorlans, Corbie, Ancre, Bray und Nachbargebiete ausgebrannt haben, was in etwa drei Wochen erledigt sein kann, sehe ich nicht, was wir dann noch tun können«, schrieb der englische Befehlshaber an Kardinal Wolsey. Der schlecht geplante Feldzug blieb im Regen stecken, der Nachschub aus den Niederlanden versagte, und die Verbündeten begannen wie üblich, sich gegenseitig zu beschuldigen. König Franz sperrte die Gelder für die

Kurie aus Frankreich. Hadrian klagte: »Ich will mich nicht gegen Frankreich erklären, weil an demselben Tage die Gelder von dort stocken würden, von denen mein Hof hauptsächlich lebt. Ich weiß auch aus guter Quelle, daß der König von Frankreich die Ketzerei Luthers begünstigen und die kirchlichen Angelegenheiten in seinem Lande neu ordnen würde.« Es ist einer der seltenen Fälle, in denen Hadrian den Namen Luthers erwähnt; in seinem umfangreichen Briefwechsel mit Kaiser Karl kommt er kaum vor. Er muß dann doch dem Druck des Kaisers nachgeben; der Waffenstillstandsplan wird stillschweigend fallengelassen, Hadrian schließt sich der großen Koalition an, die aus dem Kaiser, England, Venedig, Florenz, Genua, Siena, Lucca besteht und die Frankreich endgültig zerschlagen will. Mitten unter den Sorgen um dieses wider besseres Wissen abgeschlossene Bündnis, das ihn auf das Niveau seines Vorgängers Leo hinabsteigen ließ, ist Hadrian gestorben. Er hatte kaum ein halbes Jahr in Rom regiert. Ob er vergiftet wurde, wie das Volk vielfach glaubte, das seinem Arzt das Plakat »Dem Retter des Vaterlandes« an die Tür heftete, muß unentschieden bleiben wie in vielen solchen Fällen. Man begrub ihn in der deutschen Nationalkirche Santa Maria dell'Anima. Die Grabschrift lautete: »Wieviel kommt es doch darauf an, in welche Zeit auch des trefflichsten Mannes Wirken fällt!« Um den Sarkophag stehen die Statuen Giustizia, Prudenza, Forza und Temperanza, von denen la Forza ganz fehl am Platze ist und auch Prudenza nur mit erheblichem Wohlwollen gerechtfertigt erscheint.

Unklug und nach Ansicht seiner Parteigänger nahezu fahrlässig war auch das Sündenbekenntnis, das Hadrian seinem Legaten nach Deutschland mitgegeben hatte. Es vermochte, so wie die Dinge sich entwickelt hatten, kaum eine Wirkung zu tun und wurde auch in denkbar ungeschickter Form vorgebracht. Wir konnten von der Einheit der Kirche kein sehr überzeugendes Bild entwerfen; das Bild des Reiches, wie es sich auf diesen »Reichstage« genannten Versammlungen darbot, enthielt nicht einmal die Möglichkeit einer künftigen Zusammenfassung der Kräfte. Vielmehr war Spaltung, Aufteilung in Einzelstaaten schon längst weitgehend im Gange, ehe noch die Religionsfrage dazu kam und als willkommene Gelegenheit benutzt wurde, die Trennungen zu verschärfen. Man hatte, die langjährige Abwesenheit des Kaisers benutzend, den alten Plan einer Ständeregierung wieder aufgenommen und halb durchgeführt, wie alles in politischen Dingen mit Halbheit geschah. Die Kurfürsten wollten regieren, sie besetzten den hochtrabend Reichsregiment betitelten Ausschuß, der die Geschäfte führen sollte, aber aus Geldmangel nur zu Viertelsmaßnahmen kam. Ein großes Projekt war von den Räten der Fürsten ausgebrütet worden: Ein einheitliches Zollgebiet sollte geschaffen werden mit einem Reichszoll an den Grenzen, die bei dieser Gelegenheit eigentlich erst genauer festgelegt wurden und auch die Hälfte der Niederlande noch einbezogen. Die Städte und vor allem die großen Bankhäuser und Kaufmannsgesellschaften sahen darin eine schwere Bedrohung ihrer Interessen und brachten den Plan zu Fall. Die Fürsten hatten noch die Frage der großen Monopole aufs Tapet gebracht und durchgreifende Beschlüsse zur Einschränkung der Finanzmächte durchgesetzt; durch Appell an den Kaiser in Spanien wurde auch dieses Projekt hinfällig, das schon die Fugger, denen der Kaiser bis zur Grenze seiner Leistungsfähigkeit verschuldet war, nicht zulassen konnten. Ein weiterer Plan tauchte auf: Eine umfassende Judensteuer sollte das Reichsregiment finanzieren. Auch das scheiterte am Einspruch der Städte, die sich das Recht, die Juden ihres Gebietes zu besteuern, durch erhebliche Zahlungen von den Kaisern erkauft hatten. Die Fürsten, die sich in Rotation – alle Vierteljahre sollte ein anderer die Geschäfte führen – für das Reichsregiment zur Verfügung gestellt hatten, verloren die Lust. Das seit Jahrzehnten, besonders von Kurfürst Friedrich, betriebene stolze Reichsregiment löste sich ruhmlos auf. Es verblieb nur noch ein Rumpf, der sich aus der Reichsstadt Nürnberg in das kleine württembergische Eßlingen zurückzog.

Es verblieben die Reichstage genannten Zusammenkünfte, deren umfangreiche »Abschiede«, im schwersten Kanzleistil gehalten, treuherzig und verschlagen so ungenau wie möglich formuliert, noch den letzten Rest einer verbindlichen Gesetzgebung bildeten. Das als Reichsgesetz gedachte Wormser Edikt mit der Ächtung Luthers und seiner Anhänger wurde durch eine sehr vage, aber wirkungsvolle Formulierung praktisch außer Kraft gesetzt. Es hieß, man könne das Wormser Edikt nicht durchführen, weil das im Volke den Eindruck erwecken würde, »man wolle durch Tyrannei evangelische Wahrheit unterdrücken und unchristliche Mißbräuche aufrechterhalten«. Daraus könne nur »Widerstand gegen die Obrigkeit, Empörung und Abfall hervorgehen«. Damit war de facto Luther und den Reformatoren der Weg freigegeben, und so wurde es auch verstanden. Auf der Tagung, die diesen folgenschweren Beschluß faßte, in Nürnberg 1522, war der päpstliche Legat Chieregati mit dem Sündenbekenntnis Hadrians aufgetreten.

Wiederum zeigte sich, wie ganz ungenügend man in Rom doch über die deutschen Zustände informiert war. Der Legat erlebte schon bei seiner Ankunft die unangenehmsten Überraschungen. Von dem feierlichen Einzug, den noch Cajetan in Augsburg beansprucht und erhalten hatte, auf weißem Zelter mit Purpurzaumzeug und großer Begleitung, wollte der Magistrat nichts wissen, »die Zeitläufte seien nicht danach«, hieß es. In den Kirchen predigten Prädikanten die neue Lehre. Der Legat verlangte ihre Gefangennahme. Der Rat lehnte ab, das könne Empörung der Bevölkerung verursachen. Luthers Schriften lagen aus; der Magistrat gab einigen Ratsherren Auftrag, dafür zu sorgen, daß sie während der Anwesenheit des Legaten verschwänden, was ziemlich lässig durchgeführt wurde. Im Fürstenrat gab es darüber laute Auseinandersetzungen. Erzherzog Ferdinand, der gerade als Statthalter des Kaisers fungierte, betonte, er sei der Vertreter der Majestät. Der kursächsische Gesandte erwiderte: »Jawohl, aber neben dem Reichsregiment und nach der Ordnung des Reiches!« Man wußte, wie schwach die Stellung des jungen Herren war, der eben erst begann, Deutsch zu lernen und in seinen Erblanden durch seinen spanischen Vertrauten Salamanca regierte, was bereits nahe an den Rand des Bürgerkriegs geführt hatte.

Der Legat fand sich einem Kreis von langbärtigen Fürstengestalten gegenüber, und einigen sehr alerten jüngern Räten, die ihm samt und sonders »Lutheraner« zu sein schienen, auch wenn sie große Bischöfe vertraten. Mißtrauisch hörte man seine Ausführungen an: Das Wormser Edikt müsse erst mit aller Strenge durchgeführt werden, ehe man an die erwünschten Maßnahmen zur Reform gehen könne. Feierliche Worte auch darüber hatte Hadrian verkündet und an biblische Beispiele erinnert: Gott selber hatte die Irrlehrer Dathan und Abiram getötet, die frühen Kaiser die Ketzer Jovinian und Priscillus; Hus war von den Vorfahren der versammelten Herren verbrannt worden. Von Dathan und Abiram wollten die Herren nichts hören: Sie wünschten etwas darüber zu vernehmen, was jetzt in der Sache der hundert

»Gravamina« geschehen solle. Wenn die Beschwerden gegen den römischen Stuhl abgestellt seien, dann würde sich Luthers Anhang sehr rasch verlaufen. Das Sündenbekenntnis Hadrians nahm man zur Kenntnis. Es zeige nur, wie dringend notwendig die Reform sei. Damit müsse begonnen werden. Neu gegen früher war die sehr entschiedene Drohung: Falls keine Abstellung der Beschwerden erfolge, was man nicht hoffen wolle, und zwar in bestimmter Frist, so würden die deutschen Stände »für sich selbst auf Mittel sinnen, wie sie solcher Drangsal und Beschwerung von den Geistlichen abkommen und entladen werden können«. Das Konzil sei dafür die gegebene Lösung. Unverzüglich, innerhalb eines Jahres müsse es einberufen werden! Kaiser und Papst zusammen sollten es bestellen! Der Tagungsort müsse eine deutsche Stadt sein! Als wichtigster und unerhörter Punkt: Auch die Weltlichen sollten Sitz und Stimme haben neben den Prälaten! Und schließlich wurde Gedanken- und Diskussionsfreiheit verlangt: Kein Teilnehmer dürfe durch Verpflichtungen von vornherein gebunden sein. Jeder müsse frei sein, vorzutragen was in »göttlichen, evangelischen und anderen gemeinnützigen Sachen« zu tun sei.

Man könnte über diesem Vorschlag mit Bewunderung und Spekulationen darüber verweilen, was wohl geschehen wäre, wenn ein solcher Völkerbund oder ein Nationalkonzil zustande gekommen wäre, aber er ging spurlos unter und wurde nicht einmal in Ansätzen verwirklicht. Es erfolgte keine Abstellung der Beschwerden. Die Fürsten betrieben ihre Territorialpolitik; der Adel holte zum Pfaffenkrieg aus; die Bauernschaft begann bereits hier und da mit Aufständen. Die mächtigen und reichen Städte, die den Schlüssel in der Hand hatten, sperrten ihre Tore und widmeten sich intensiv dem Handel und den Interessen ihrer Kommune. Die Reichsritter brachen als erste los.

Sickingen und das Ende der Ritter

Luther vertraute auf das Wort, und es hatte sich als ungeahnt mächtig erwiesen. Die Ritter schlugen mit der Panzerhand an ihr »gutes Schwert«. Die Fürsten verließen sich auf ihre frommen Landsknechte und auf das Geld, mit dem sie ihre Mannschaften entlöhnen mußten. Der Führer des Kleinadels, Franz von Sickingen, stand zwischen ständischen Richtungen. Sein Blick war geradeaus auf ein Ziel gerichtet, das ihm erreichbar schien: Er wollte sich eine eigne Fürstenherrschaft begründen. Sickingen hatte noch größere Projekte. Von vielen Seiten flatterten ihm Hoffnungen, Wünsche und Zurufe ins Haus. Der »König am Rhein« wurde er zuweilen genannt, ehrfürchtig oder spöttisch. Die Hand auch nach der Krone auszustrecken, schien ihm nicht unmöglich. Ein deutscher König war zur Zeit gar nicht vorhanden. Der Kaiser weilte in Spanien und machte keine Anstalten, in absehbarer Frist zurückzukehren. Die Ritterschaft, verarmt, zurückgedrängt, fühlte sich noch immer als der große Stand, dem in der göttlichen Weltordnung die wichtigste Stellung zugewiesen sei. Sie wollte nun wieder zu Ehren kommen und eine neue – oder alte – Ordnung durchführen. Die Feinde waren die Pfaffen und die Fürsten, vielfach in Personalunion vereinigt, denn die Geistlichen hatten die reichsten Fürstentümer an sich gebracht. So hieß es in den Kampfschriften Ulrichs von Hutten. Sickingen war seinem Freund und dessen etwas unbestimmten Plänen nur vorsichtig gefolgt. Er hatte den ungestümen Genossen durch sein Zögern und seine Verhandlungen mit dem Kaiser oft enttäuscht. Er war Ritter, aber auch Unternehmer; er verschmähte keineswegs die »italienischen Praktiken«, die man mit Vorliebe den Welschen zuschrieb. Er hatte durch seine Mannschaften die Wahl Karls zum Kaiser gedeckt; als sein Feldhauptmann führte er den Feldzug gegen König Franz, dem er zuvor gedient hatte. Als Edelmann alten Stiles hatte er dem jungen Herrscher vor der Wahl 20000 Gulden geliehen, dringend benötigte Gelder, und zwar ohne Pfand oder Verbriefung, nur auf das Wort des »jungen edlen Blutes«. Die Bankherren waren darin vorsichtiger; sie ließen sich jeweils zur Sicherung Bergwerke und Güter überschreiben. Sickingen haßte auch sie, die »Finanzer«. Er hatte viele Feinde und viele, die mit ihm sympathisierten; gute Freunde besaß er nur sehr wenige.

Züge des alten Rittertums und ganz moderne Züge mischen sich in ihm und machen ihn zu einer repräsentativen Gestalt. Das Wort und vor allem das Wort Luthers verachtete er durchaus nicht; ob er tiefer in Luthers Gedanken eindrang, ist ebenso zweifelhaft wie bei seinem Freunde Hutten. Aber eine ganze lange Winterszeit, in der üblichen Pause zwischen Fehden und Feldzügen, setzte er sich auf seiner Ebernburg mit einigen Schülern Luthers hin, ließ sich vorlesen, dachte nach und entschied sich für die neue Lehre. Sie mag ihm als willkommene Unterstützung seiner großen Pläne erschienen sein, aber wir sehen nicht ein, weshalb man ihm weniger Glaubensüberzeugung zubilligen soll als seinen Gegnern, die sich vom alten Glauben Stärkung ihre Stellung versprachen. Er bot Luther Asyl an, als er hörte, daß der Mönch in Wittenberg nicht mehr bleiben könne. Seine Burg wurde zur »Herberge der Gerechtigkeit«, wie Hutten sie nannte, und eine ganze Reihe von verfolgten Prädikanten suchten dort Zuflucht, darunter die später so bedeutenden Männer wie der Elsässer Martin Butzer und der Schwabe Johannes Hüßgen, der sich etwas umständlich Oekolampadius nannte und dann der Reformator Basels wurde. Ein erster evangelischer Gottesdienst, mit Verlesung der Bibel in deutscher Sprache, wurde, noch vor Wittenberg, auf der Burg eingeführt. Die kühnsten Streitschriften Huttens wurden hier gedruckt. Es ergab sich, daß die Festung des kaiserlichen Rates und Feldhauptmanns Sickingen eine feste Burg der neuen Lehre darstellte. Die Pension, die er vom Kaiser bezog, sowie sein Kontrakt gingen weiter. Allerdings lief eigentlich nur der Kontrakt; Sickingen bekam kein Geld vom Kaiserhof ausgezahlt. Die Mannschaften, die er kommandierte, hatte er auf den Ruf seines Namens geworben und mit eignen Geldern und auf eignen Kredit entlöhnt. Auch diese Seite des Weltreichs Karls V. ist wert, verzeichnet zu werden, denn nicht nur im Falle Sickingens verfuhr der Kaiser so großzügig.

Sickingen konnte sich nicht beklagen; er hatte das Risiko des Unternehmers zu tragen. Er war modern wieder darin, daß er sich nicht nur auf die Ritterfaust verließ, sondern schon mit der neuen Waffe der Landsknechte arbeitete, ein Vorläufer der Kriegsobersten des Dreißigjährigen Krieges. Die Gelder für diese Art der Kriegführung hatte er sich durch umsichtige Verwaltung der vom Vater ererbten Güter beschafft, die in der Nähe von Kreuznach auf reichem Boden und in einem der besten Weingebiete Deutschlands lagen; auch Bergbau betrieb und förderte er. Sickingen war von vornherein etwas anderes als die Heckenreiter vom Schlage des Götz von Berlichingen, die mit ein paar Knechten einen kleinen, schlecht bewachten Zug von Kaufleuten abfingen. Seine Raubzüge – im Prinzip nichts Besseres – gingen immer etwas ins Größere und brachten auch erheblich höhere Beute ein. Die Stadt Worms wurde belagert, mit 7000 Mann, ihr Gebiet verwüstet, und die Reichsacht schreckte den Kondottiere nicht einen Augenblick; auf Anraten eines Standesgenossen wandte er sich gegen ein noch größeres Ziel: das Herzogtum Lothringen. Dabei erfreute er sich bereits der heimlichen Duldung des Kaisers Maximilian, der dem von ihm Geächteten englische Subsidiengelder zuschob. Diese Form der Kriegführung bei offiziell noch gewahrtem Frieden, durch Parteigänger, die man verleugnen oder auch fallen lassen konnte, war bei allen Mächten beliebt. Der Herzog, stark bedrängt, kaufte sich durch Jahrgelder los. König Franz, auf den tüchtigen Kriegsobersten aufmerksam geworden, empfing ihn gnädig in Amboise und kaufte ihn dem Kaiser ab, der ohnehin, wie sein Nachfolger, sehr schlecht oder gar nicht zahlte. Sickingen begann reich zu werden. Er führte weitere Feldzüge größeren Stiles, schloß seinen Frieden mit dem Kaiser und übernahm die Durchführung der Reichsexekution gegen Ulrich von Württemberg, wobei er die Gehälter für sich und seine Mannen dem Lande entnahm und seinen Gutsbesitz abrundete. Die mächtige Stadt Metz wurde angefallen und zahlte Lösegeld. Frankfurt wurde bedroht, auch an das reiche Erfurt dachte der weitschauende Unternehmer. Verhängnisvoll wurde für ihn nur ein Raubzug gegen den jungen Landgrafen Philipp von Hessen, der mit seiner Ritterschaft in Streit lag. Im Augenblick hatte Sickingen Erfolg, aber er schuf sich einen unversöhnlichen Feind für später, zunächst großen Ruf und Ruhm unter den Rittern, denn er sorgte dafür, daß nicht er allein bei dieser Kampagne profitierte.

Er galt nun als der Mann, auf den viele Hoffnungen sich konzentrierten. Landsknechtslieder besangen ihn, Flugschriften priesen den edlen Sickingen, von dem es hieß, daß er auch ein Herz für den gemeinen Mann habe. Bittschriften gingen auf seiner Ebernburg ein, und Sickingen griff zu, wo es ihm nützlich oder richtig schien. Auch dem von den Kölner Dominikanern bedrängten Reuchlin kam er auf

Huttens Betreiben zu Hilfe; die Drohungen des mächtigen Mannes genügten, um den Ketzerprozeß gegen den alten Gelehrten rasch zum Stillstand zu bringen; sogar Schadenersatz zahlten die Kölner, als Sickingen seine Faust schüttelte. Die Städte fürchteten ihn, die Bankleute. In einem der Dialoge, die zu seinen Gunsten gedruckt wurden, gibt er seine Ansicht bekannt, was er unter »Finanz« und »Finanzern« versteht: »Das heißen sie Finanz, wenn ein Herr etwan über alle sein Einkommen, Zins, Renten und Pfandrechte nicht ausreichen oder sonst nicht bezahlen kann: Wo dann Einer sonst Geld aufbringt, viel verheißt und wenig wiedergibt, das nennen sie Finanz.«

Die geistlichen Herren zitterten vor ihm, denn von seiner Burg gingen die Aufrufe Huttens zum blutigen Pfaffenkrieg aus. Gleichzeitig unterhielt Sickingen intime Beziehungen zum Erzbischof Albrecht von Mainz, der seinen anderen geistlichen Kollegen, vor allem dem benachbarten Trier, eine kräftige Lektion gönnte. Der Kaiser, so nahm Sickingen an, würde ebenfalls stillschweigend zusehen, wenn dieser Kurfürst-Erzbischof, bekannt als Parteigänger Frankreichs und mit hohen Summen vor der Kaiserwahl von König Franz bestochen, gedemütigt oder womöglich beseitigt würde. Mit einem Vorstoß gegen Trier sollte »dem Evangelium eine Öffnung« geschaffen werden, und in der Tat hätte es unübersehbare Folgen gehabt, wenn es Sickingen gelungen wäre, da am Rhein, in der »Pfaffengasse«, wie Maximilian die geistlichen Besitzungen dort genannt hatte, eine Bresche zu schlagen.

Dieser Plan wurde nicht geheimgehalten, sondern eifrig verbreitet. Sickingen versprach sich Zuzug aus allen Teilen der Ritterschaft bis weit nach Norddeutschland hinein. Seine Boten liefen durchs Land. In Landau war ein Rittertag zusammengetreten, und Sickingen wurde zum Hauptmann gewählt. Luther hatte kurz zuvor eine seiner wildesten Streitschriften publiziert, wider den »fälschlich so genannten geistlichen Stand des Papstes und der Bischöfe«, und den Bischöfen gedroht: »Wie Ihr mit mir fahret, so sollt Ihr Euren Willen nicht haben, bis daß Eure eisern Stirn und ehern Hals entweder mit Gnaden oder Ungnaden gebrochen werde.« Er erklärte alle, »die dazu tun, Leib, Gut und Ehre daran setzen, daß die Bistümer verstört und der Bischöfe Regiment vertilgt werde«, für liebe Kinder Gottes und rechte Christen. Es beginnt die Zeit seines Lebens, wo er in die Tagespolitik hineintritt oder hineingerissen wird. Er war dafür denkbar ungeeignet. Seine mönchische Erziehung hatte ihn außerhalb der Zeit leben lassen; noch auf der Wartburg war er in seiner Zelle ein Klausner gewesen, die Rückkehr nach Wittenberg und die Unruhen dort verstörten ihn bereits und ließen ihn zu Sanftmut und stiller Ergebung mahnen. Von der Wartburg her hatte er vor Aufruhr gewarnt und das »seid untertan der Obrigkeit« des Paulus als das entscheidende Wort Gottes verkündet. Er mag dunkle Ideen gehabt haben, daß »die Obrigkeit« doch am besten eine Reform durchführen, die Stifte und Bistümer beseitigen oder wenigstens ihre Rechte beschneiden sollte, und er hat auch solche Gedanken vorgetragen. Aber seine eignen Worte und auch sein Glauben an »Gottes Willen« rissen ihn fort. Was bisher geschehen, hatte Gottes Hand sichtbar für ihn gesegnet. Wenn ein Aufstand der Ritter eine neue Wendung herbeiführen würde, so war auch das Gottes Wille. Er hatte weder einen Überblick über die Kräfte, die sich da versammelten, noch über die Gegenmächte. Wenn er von den Bischöfen sprach, so war ihm darum zu tun, daß sein Evangelium von ihnen verfolgt wurde, statt daß sie es predigten. »Was ist ein Brunn ohne Wasser und Wolken ohne Regen, denn ein Bischof ohne Predigt. Er ist im Predigeramt und tut's nicht, gleich wie ein Brunn, der nichts gibt.« So vernachlässigen sie die Seelen, die ihnen anvertraut sind; rabiat ruft er aus: »Es wäre besser, daß alle Bischöfe ermordet, alle Stifte und Klöster ausgewurzelt würden, als daß eine Seele verderben sollte!« Vergeblich wird er dann protestieren, daß solche Sätze ganz anders gemeint gewesen seien. Die krassen Paradoxe, die zu seinem Wesen, seiner Schreibart gehören, konnten unmöglich vom Volke verstanden werden. Sie gehörten eigentlich – und auch da rächte sich seine Erziehung – in die Studierstube oder die theologisch-wissenschaftliche Diskussion; die Schule Ockhams hatte sich in noch kühneren dialektischen Paradoxen ergangen. Aber nun sprach und schrieb er für alle und mit einer Gewalt, die unerhört war.

Die Ritter waren, was ihr Verständnis anging, auch nur Volk. Was sie sonst als Stand bedeuteten, sollte sich sehr bald zeigen. Die Kriegstechnik war über sie hinweggegangen. Das geballte Vorstürmen einer gepanzerten Masse von Reitern, um ein Banner geschart, hatte sich schon beim Kampf Karls des Kühnen mit den Schweizern überlebt.

Die Infanterie trat in Aktion und die Artillerie. Daß die Ritter das nicht begriffen, ist weniger verwunderlich, wenn wir daran denken, daß die Vorstellung von solchen Attacken und der Glaube an die Kavallerie als schlachtentscheidende Waffe bis zum Ersten Weltkrieg die Gemüter beherrschte. Nur in Turnieren, dem Hauptvergnügen des Adels, konnte der Gepanzerte noch Ehre gewinnen; es war die Zeit der reichillustrierten Turnierbücher, die auch dem Standeshochmut reichlich Spielraum gaben. »Turnierfähig« zu sein war die entscheidende Adelsprobe, sie galt ebenso für die Zulassung zu den reichdotierten Plätzen bei den hohen Domstiften. Das Wirtschaftsleben war über die Ritter hinweggegangen; daher ihr Haß auf die Pfeffersäcke und Kaufleute, der ohnmächtige Neid auf die Bürger, die so viel behaglicher lebten als die Herren auf ihren sehr ungemütlichen Burgen und Raubnestern, die in Samt und Seide gingen und teure Delikatessen aus aller Welt fraßen, während eine Rittersfrau meist nicht sehr viel besser daran war als eine bessere Bäuerin. Einige wenige Kleinadlige hatten die Zeichen der Zeit erkannt und begaben sich an die Fürstenhöfe, um dort eine Stellung als Rat zu finden; dazu mußte man aber studieren, in Büchern sich umschauen, etwas Weltkenntnis erwerben. Der Landfrieden, immer wieder mit hohen Strafen verkündet, stand nur auf dem Papier. Die Entscheidungen des Reichskammergerichtes wurden verlacht. Vielmehr traten die Ritter in verschiedenen Landschaften zusammen zu feierlichen »Einungen« und Bünden, bei denen stark gezecht und große Pläne geschmiedet wurden. Sickingen, der bisher so erfolgreiche, galt als der gegebene Führer, als umsichtig, verschlagen, mit großen Verbindungen zum Kaiserhof, reich und sogar bei den verhaßten Geldherren mit Kreditfähigkeit gesegnet, die seinen Standesgenossen sonst gänzlich abging. Er hatte Mannschaften zur Verfügung, und auch das war wichtig, denn die Herren waren bereits so weit bekannt mit den Zeitläuften, daß sie das eigentliche Kämpfen doch lieber den »Knechten« überlassen wollten und sich die Stellung der Kommandeure vorbehielten. Ein ganz großer Raubzug sollte nun, unter Sickingens Leitung, gegen das reiche Trier geführt werden.

Hutten hatte während des Winters, der diesem Feldzug voranging, von der Ebernburg aus noch eine ganze Reihe von Manifesten ausgeschickt, um Bundesgenossen zu werben. Etwas spät dachte er dabei auch an die Städte mit ihren Krämerseelen: Sie müßten sich, so meinte er, mit den Reichsrittern zusammenschließen gegen die Hauptgefahr, die Fürsten. Ein Ritter Hartmut von Kronberg im Taunus, mit Sickingen verschwägert, schrieb ziemlich wirre Traktate, in denen er für Luther eintrat, den Kaiser anrief, auf den noch immer Hoffnungen gesetzt wurden, und ihn bat, doch dem Papst klarzumachen, daß er der Antichrist sei; er tat sich auch beim böhmischen Adel um und suchte ihn zum Bundesgenossen zu gewinnen. An Luther schrieb er einen langen Brief, der sogleich gedruckt wurde, und es ist begreiflich, daß der Geächtete sich über den Zuspruch freute und daraus eine etwas höhere Meinung von der Ritterschaft entnahm, als Huttens Schriften sie ihm zu repräsentieren schienen. Denn des Schloßherren Sendschreiben ist ein rührend-naives Zeugnis dafür, wie die neuen Gedanken aufgefaßt wurden und mit welcher Zutraulichkeit man sich an Luther persönlich wandte. Als seinen »allerliebsten Bruder« redet der Ritter ihn an, das Wort Vater möchte er Christus vorbehalten. Er bewundert Luthers Mut, und »habt damit sonder Zweifel vollbracht den Willen des himmlischen Vaters, dessen Ihr Euch billig erfreut«. Adel und Reichtümer seien nichts, man brauche als Kind Gottes nur den Glauben. Mit Kinderglauben vertraut Hartmut auch noch, »der gütig barmherzig Gott wölle unsern Oberen und uns allen seine Gnade geben«. Vom Pfaffenkrieg ist mit keinem Wort die Rede, nur vom »Elend, Jammer und greulichen Verfall ganzer deutscher Nation«, die auch Luther so bekümmerte. Nun aber habe er die Bibel ans Licht gebracht, dank der Druckerkunst, »in deutschen Landen zuerst erfunden«, und daraus könne der Ärmste wie der Reichste sein Heil verstehen, »in gutem, klarem Deutsch«. Die Druckerkunst sorgte aber auch dafür, daß dem Heftlein die selbstverfertigte »Bestallung« angehängt wurde, in der Ritter Hartmut sich den in seinem Sold stehenden Mannschaften und weiterhin »allen Kriegern der Welt« als Befehlshaber vorstellt. Als einer der ersten eilte er Sickingen mit einem kleinen Trupp zu Hilfe.

Obwohl Sickingens Sache so viele Sympathien hatte, trafen die Krieger aus aller Welt nicht ein. Der Feldzug war schlecht angelegt. Sickingen war kein Ziska, wie Hutten es ihm mit Hinweis auf den großen Hussitenführer vorgehalten hatte. Der war zwar auch ein Adliger gewesen, aber er hatte ein Volksheer hinter sich gehabt; er war außerdem ein Genie der Kriegführung, das die uralte Waffe der Wagenburg wieder mit großer Wirkung benutzte, und schließlich hielt er eiserne und blutige Disziplin unter seinen Scharen, wovon seine noch erhaltenen Kriegsartikel Zeuge sind. Keine dieser Eigenschaften war Sickingen gegeben, auch nicht der fanatische Glaube, den Ziska an die Spitze seiner Kriegsartikel stellte. Er vertraute eher auf die »Fortuna«, die Kriegsgöttin seiner Zeit, und die erwies sich immer als sehr launisch. In seinem Feldzug gegen Frankreich als kaiserlicher Feldhauptmann hatte Sickingen bereits Pech gehabt; das Wetter war schlecht, das immer bei mißlungenen Operationen verantwortlich gemacht wird; der Kaiserhof unterstützte ihn nicht und ließ die Zahlungen stocken; Sickingen hatte keine Lust, noch mehr Gelder aus eigner Tasche in das Unternehmen hineinzustecken, und ging zurück. Seine Mannschaften verliefen sich, und sein Ruf erlitt eine schwere Schlappe. Nicht zum wenigsten deshalb wollte er jetzt zu einem großen Schlag, auf eigne Kosten und in eigner Sache, ausholen. Die Aussichten schienen günstig. Hilfe war ihm von den Rittern am Rhein bis zur holländischen Grenze versprochen, in Westfalen, Braunschweig, von vielen einzelnen; der fränkische Adel tat sich zu einer Einung zusammen, die allerdings auf eigne Faust andere Pläne betrieb. Sickingen verhandelte mit Luthers Kurfürsten, der aber entschieden abwinkte. Er hoffte auf Zuzug aus Böhmen.

Was zusammenkam, war kein Ritterheer, sondern eine geworbene und von Sickingen bezahlte Mannschaft. Im August 1522 schickte er seinen Fehdebrief an den Kurfürst-Erzbischof von Trier; auch solche Raubzüge hatten ihre »Rechtsformen«, auf deren Innehaltung peinlich geachtet wurde. Manifeste ergingen an die Einwohner von Trier, sie sollten von dem »schweren antichristlichen Gesetz der Pfaffen« erlöst und der evangelischen Freiheit zugeführt werden. Der Reichsregiment genannte Ausschuß in Nürnberg mahnte zum Frieden. Sickingen erwiderte stolz, er gedächte eine neue Ordnung im Reich zu schaffen. Man drohe ihm mit dem Reichsgericht? Nun, er habe sein eignes Gericht um sich, bestehend aus Reisigen und Geschützen. Er deutete auch an, der Kaiser sei mit seinem Vorhaben einverstanden und habe nichts dagegen, wenn er dem Trierer, der von Frankreich so viele Sonnenkronen eingenommen, diese Treulosigkeit etwas eintränke. Mit raschem Handstreich gedachte er die Stadt Trier zu nehmen. Auch einige kleinere Fürstlichkeiten wollten mit von der Partie sein, ein Eitelfritz von Hohenzollern und ein Graf Fürstenberg; Albrecht von Mainz sorgte dafür, daß Sickingens Mannschaften sicher in seinem Territorium über den Rhein gehen und vorrücken konnten. Als Kreuzzug hatte Sickingen seine Unternehmung aufgezogen. Die Reiter trugen die Devise »Herr, Dein Wille geschehe!« auf ihren bunten Ärmeln, die Parole »Tod oder Sieg für das Evangelium« wurde ausgegeben. Der Feldherr mahnte, sie müßten Land und Leute schonen, die Rebstöcke der guten Weingegend in Ruhe lassen, die abzuhacken ein beliebtes Mittel der Kriegführung war. Anfangs wurde das leidlich befolgt; man begnügte sich damit, vor allem die Abteien und Klöster zu plündern. Vor Trier aber kam der Zug sogleich ins Stocken. Sickingen hatte seinen Gegner gefährlich unterschätzt. Der Erzbischof Richard von Greiffenklau war Altadliger wie er, ein Mann, der sich keineswegs nur auf Gebete und Bittprozessionen verstand. Mit der Fackel in der Hand stürmte er in das Kloster St. Maximin, das dem Gegner als Stützpunkt vor den Toren dienen konnte, und brannte es nieder; mit eiserner Hand hielt er alle Bewegungen in Schach, die sich zugunsten der Angreifer rühren wollten. Auch er hatte seine Soldtruppen, die auf den Mauern Wache hielten. Der Adel des Kurfürstentums, durch viele verwandtschaftliche Beziehungen mit dem Stift verbunden, dachte nicht daran, zu Sickingen zu stoßen. Eine Belagerung der großen und festen Stadt konnte mit den paar tausend Mann nicht durchgeführt werden. Die Disziplin unter der zusammengewürfelten Schar, nie sehr straff, ließ gänzlich nach; mit Ausrauben und Niederbrennen von Dörfern zogen sich die Mannschaften Sickingens, die nur noch Horden zu nennen waren, zurück. Viele verliefen sich bereits, denn statt Hilfe und Zuzug trafen üble Nachrichten ein.

Der Erzbischof war nicht nur bei der Verteidigung energisch gewesen. Er mobilisierte auch befreundete Fürsten. Der junge Landgraf von Hessen, der Sickingen seinen Raubzug nicht vergessen hatte, bot sich von selber als Bundesgenosse an. Der Pfalzgraf, früher der Gönner seines Ritters, trat hinzu; er hatte seit längerem gefunden, daß aus dem »Fränzchen ein Franz« geworden sei, aus dem Söhnlein seines früheren Hofmeisters ein Mann, der die Fürstenhöfe umstürzen und sich womöglich selber zum Kurfürsten machen wollte. Die Fürsten, zum Unterschied von Sickingen, der von dem Mißerfolg wie gelähmt war und auf seiner festen Burg in dumpfes Brüten versank, handelten rasch und umsichtig. Sie hatten ihre eignen Verbindungen, die viel besser funktionierten als die vagen Beziehungen des Angreifers. Befreundete und auch weniger befreundete Potentaten, alle einig darin, daß hier ein grundsätzliches Standesinteresse auf dem Spiel stand, griffen ein. Jeder Zuzug von Rittern oder Mannschaften wurde mit Drohungen

25 Franz von Sickingen

und Waffengewalt gesperrt. Aus Braunschweig war ein angeworbener Trupp von 1500 Mann für Sickingen unterwegs; der junge hessische Landgraf fing sie ab und nahm sie in seine eigenen Dienste; den Landsknechten war jede Fahne recht, wenn die Löhnung rechtzeitig bezahlt wurde. Mit vorzüglicher Taktik wandten sich die Fürsten nicht zunächst gegen Sickingen. Sie griffen seine überall verstreuten kleineren Anhänger an. Der treuherzige und unbedachte Hartmut von Kronberg mußte zuerst die Zeche für seinen Verwandten bezahlen. Er verlor Burg und Besitz und ging ins Elend, wie man damals die Fremde nannte, überall wo er des Weges kam, Niedergeschlagenheit verbreitend. Die Fürsten des kleinen Konsortiums fanden auch unter den Reichsstädten Helfer. Ein großes Burgenbrechen hob an. Viele alte Rechnungen wurden beglichen. Der Schwäbische Bund, die einzige politische Vereinigung im zersplitterten Reich, die einen gewissen Zusammenhalt besaß, über Geld und Mannschaften verfügte und einen sehr brutalen, sehr kriegstüchtigen Feldhauptmann, Georg von Truchseß, tat sich dabei hervor. Jede Verbindung und Zusammenrottung der Ritterschaft wurde verboten, und zum Unterschied von den hilflosen Mandaten des Reichsregiments stand bewaffnete Macht dahinter. Die Ritter fügten sich; von kühnen Taten auch nur einzelner ist nichts vermeldet. Auch von Sickingen und seinem Ende läßt sich wenig erzählen, was seinem großen Ruf als Heros der Nation entspräche, abgesehen davon, daß er unter den Trümmern seiner Burg tapfer starb und nicht flüchtete, wie die meisten seiner Standesgenossen.

Er war schwer geworden und schwerfällig; der erst Vierzigjährige hatte bereits die Züge eines alten Mannes, und sein Porträt aus dieser Zeit weist ein gedunsenes Gesicht auf statt der kühnen Formen früherer Jahre. Er litt an der Gicht; düstere Sterndeutungen plagten ihn, die in seiner Jugend ihm großen Aufstieg prophezeit hatten. Er soll auch Alchimie betrieben haben auf seiner Burg; ein »zweiter Faust«, der sich mit »mystischen Dingen« beschäftigte, wird als sein Schützling genannt. Nur politische Goldmacherei hat er auch in seinem letzten Winter versucht; mit Frankreich sollten Fäden angeknüpft werden, mit Böhmen, immer weiter und uferloser griffen seine Pläne aus, während in der Nähe alles zusammenbrach. Nicht einmal für das Nächstliegende, einen zuverlässigen Stützpunkt, hatte er mehr den richtigen Griff. Statt der sehr starken und berühmten Ebernburg, in der seine ganzen Schätze und seine besten Geschütze lagen, wählte er die Feste Landstuhl zum Aufenthalt. Da ließ er flüchtig und fast fahrig mit Ziegelwerk an den Türmen bauen, drei Reihen von dünnen Palisaden wurden um den Burghang gezogen, der obendrein durch einen nahe gelegenen Berg überhöht und von dort einzusehen war. Im Aprilwetter 1523 blickte er von seinem Turm aus nach der Hilfe aus Niederdeutschland oder Böhmen. Ein Trupp Reiter tauchte auf,

Sickingen grüßte hoffnungsvoll; sie banden ihre Pferde an die Bäume, bald kamen Wagenkolonnen mit Geschützen, die Bergkuppe wurde besetzt. Der junge Landgraf von Hessen, zwanzigjährig nun, in Landsknechtstracht mit zerschnittenen Pluderhosen, ließ es sich nicht nehmen, eine seiner Kartaunen selber auf die Burg zu richten. Die Geschütze führten noch Namen: der pfälzische Leu, die böse Else; Sickingen selber hatte in seiner Ebernburg die weitberühmte »Nachtigall« liegen, gegossen vom Meister Stefan in Frankfurt, mit der Inschrift »Lieblich und schön ist mein Gesang, / Wem ich sing, dem wird die Zeit lang«, ein Prachtstück, über 13 Schuh lang und 71 Zentner schwer, aber sie lag dort, ohne zum Schuß zu kommen. Die Wirkung jener gewaltigen Rohre mit den schön gravierten Inschriften wird in den zeitgenössischen Berichten immer etwas stark übertrieben; sie schossen meist nur runde Steinkugeln und in sehr langen Abständen. Die moralische Wirkung dürfte stärker als die Beschießung gewesen sein. Die Ritter hatten sich in ihren »uneinnehmbaren« Festen allzu lange Zeit sicher gefühlt. Sie kapitulierten meist nach wenigen Schüssen. Sickingen freilich wurde doch ein Opfer der neuen Waffe. Von dem überhöhten Geierfelsen aus, fuhr die Steinkugel einer gut gerichteten Feldschlange neben ihm in die Mauer, als er die Beschießung beobachten wollte; ein Balken zersplitterte und riß ihm die Seite auf. Er ließ sich in ein sicheres Gewölbe tragen und lauschte von da dem »unchristlichen Schießen«; er schrieb noch an einen Freund: »Wiewohl mich die Stein ein wenig geschlagen, schadt es mir doch nichts.« Dann begann der Brand in der Wunde. Er kapitulierte. Die Fürsten traten an das Lager des Sterbenden in seiner Kasematte. Sickingen zog vor seinem alten Lehnsherren und früheren Gönner, dem Pfalzgrafen, die Kappe, der Fürst wehrte wohlwollend ab. Der Landgraf war weniger rücksichtsvoll: »Warum hast du mein Land überzogen, als ich noch ein unmündiger Knabe war?« Der Erzbischof von Trier: »Franz, was kannst Du als Grund angeben, daß Du mich und meine armen Leute im Stift überfielest?« – »Darüber wäre viel zu reden, nichts ohn Ursache«, meinte Sickingen trotzig. Der Kaplan hob die Hostie hoch. Die Fürsten nahmen ihre Kopfbedeckung ab und sprachen ein Vaterunser, als der große Gegner verschied. Die Leiche wurde mit Mühe in eine Kiste gezwängt und den Berg hinabgetragen zur Aufbahrung in der Dorfkirche.

Die Fürsten säumten nicht lange. Die andern Burgen Sickingens wurden erobert, siebenundzwanzig an der Zahl; auf der Ebernburg – der festesten, die sich eine Weile hielt – lag große Beute. Drei Notare mußten die Schätze an kostbaren Gewändern, Tapeten, Munition, Geschützen, Waffen, Geld genau verzeichnen, damit kein Streit entstand. Der Landgraf erhielt die berühmte »Nachtigall«; das Silber allein wurde auf 10 000 Gulden geschätzt. Die Korrespondenz, eine schwerbeschlagene Kiste voll höchst kompromittierenden Materials für viele hohe Herren, wurde sichergestellt und offenbar zum großen Teil vernichtet. Auch Briefe Luthers wollte man gefunden haben, die ihn schwer belastet hätten; sie sind nicht erhalten.

Sickingens Ende bedeutete den Anfang der Fürstenherrschaft in ihrer entschiedeneren Form. Die kleine Koalition der drei Bundesgenossen erweiterte sich. Die Furcht vor dem Kleinadel, die nicht gering gewesen war, verflog. Die mythische Größe eines immer noch gewaltigen Ritterstandes hatte sich als eine Illusion erwiesen. Landsknechte und Kartaunen waren in wenigen Tagen mit dem »König am Rhein« fertig geworden. Das Burgenbrechen wurde nun im großen betrieben und weit über den Umkreis des Sickingen-Handels hinaus. Die Städte Nürnberg, Augsburg, beteiligten sich, vor allem mit ihrer vorzüglichen, bürgerlichen Artillerie. Die Zerstörung der Raubnester wurde sehr viel gründlicher als durch die Steinkugeln mit Sprengungen durchgeführt: mit Abtragen der Zinnen und Mauern durch die Bauern, die dazu zusammengetrieben wurden und bereitwillig halfen. Sie eigneten sich dabei Kenntnisse im Burgenbrechen an, die sie sehr bald in eigner Sache zu verwenden hofften. Landflüchtig irrten viele der stolzen Schloßherren umher. Wolf war einer der beliebtesten Namen für ihre Söhne gewesen, und man dachte dabei nicht an den heiligen Wolfgang. Im Dialog vom »Fuchs und Wolf« wird die Erziehung der Rittersprößlinge beschrieben: »Du weißt sehr wohl, wie uns Wölfe unsre Eltern von Jugend auf in allem Mutwillen erzogen haben, nie gewehrt, wir täten Freund oder Feind angreifen ... keinen aufrichtig geachtet, der sich solchen Zückens und Raufens nicht wollt unterziehen ... meinten alles, was wir im Feld sähen, wär uns ein zugeeigneter Raub.« Das Ende wird auch geschildert: Der Fuchs, von der sickingischen Partei, trifft sich wieder mit dem fränkischen Wolf: »Woher so dünnbauchig durch die Hecken?« Keine Herberge mehr, kein Unterhalt, verstohlen müssen sie durch die Büsche schleichen und wissen nicht wohin. Ein Herr von Absberg, der sich rechtzeitig aus seiner Burg geflüchtet hatte, ehe sie niedergebrannt wurde, trieb sich noch jahrelang auf den Landstraßen herum, begleitet von Gesellen, die das kleine Fritzlein hießen, das Brüderle, Reithänslein und Schafnickel, bis die Nürnberger ihn in einer Diebsherberge im Schlaf umbringen ließen.

Sickingens Schicksal hat lange die Phantasie beschäftigt; seine Gestalt tauchte im 19. Jahrhundert noch einmal auf, verklärt und mit neuen Hoffnungen umkleidet, als wieder eine Neuordnung des Reiches zur Debatte stand. Ferdinand Lassalle schrieb an Karl Marx, er sei wie besessen vom Leben und Wirken des merkwürdigen Mannes; er verfaßte sein Buchdrama in Jamben über Sickingen und seinen Kampf gegen die Fürsten: »Oh, gebt Euch nicht der Fürstentäuschung hin, / Der alten, ewig wiederkehrenden...« Er läßt da dem Ritter durch einen seiner Getreuen den Vorschlag machen, doch durch Anschluß an die Bauern, die kühnen Vorläufer des Sozialismus, seine Sache in letzter Stunde zu retten und zum Siege zu führen. Sickingen scheitert an seiner allzu großen »Klugheit« und an der historischen Dialektik Hegels, die Lassalles Denken beherrschte. Die Zeitgenossen sahen ihn meist kühler und realistischer an. Aber auch sie haben schon mit großer Furcht davon gesprochen, was wohl geschehen würde, wenn die Ritter sich mit den Bauern zusammentäten. Der bayrische Kanzler Leonhard von Eck faßte für seine Fürsten die Bedenken knapp zusammen: Wenn die Bauern aufstehen, dann werden sie die Bischöfe zum Frühstück verspeisen, die Fürsten zum Mittagsmahl, die Ritter mögen ihnen als Nachttrunk dienen.

Luther, inmitten dieser Ereignisse und Befürchtungen, schrieb eine neue Abhandlung: »Von weltlicher Obrigkeit, wie weit man ihr Gehorsam schuldig sei«. Im Winter 1522 verfaßte er diese Schrift, während Sickingen noch auf seiner Burg in dumpfem Brüten seine allzu klugen und phantastischen Pläne spann. Es ist eine Schrift für den Tag. Man kann sie nicht als Luthers Lehrmeinung und seine Ansichten »über den Staat« zitieren, wie es vielfach geschieht. Er hatte keine politisch festgefügte Meinung, und er kannte keinen Staat. Der Zeitpunkt ist wichtig, zu dem er schrieb, denn auch andere, die eher dazu berufen gewesen wären, hatten nicht die geringste klare Vorstellung vom

Staat oder darüber, was auch nur im Augenblick geschehen sollte. In Nürnberg tagte das Reichsregiment, das Sickingen geächtet hatte, aber bald zweifelhaft wurde, ob es gegen den Ritter auftreten sollte. Es wurde nun angerufen von vielen, die durch das Fürstenkonsortium der Drei schwer bedrängt wurden. Dem Erzbischof von Mainz gönnte man die schwere Geldbuße, die ihm die Fürsten für seine stillschweigende Unterstützung des Kondottiere abpreßten, aber andere wurden auch aus ganz abgelegenen Gründen überfallen. Die Fürsten kehrten sich ebensowenig an Weisungen der Reichsregierung wie Sickingen. Sie führten die Raubzüge nur auf etwas höherem Niveau weiter. Der Schwäbische Bund ging in eigner Sache vor. Diese beiden Sonderbünde besaßen schlagkräftige Heere und Waffen; das Reichsregiment konnte nur Mandate erlassen und war zudem in sich uneinig. Die ganze mühsam und lose aufgebaute ständische Regierung zerfiel. Die Städte hatten eine Gesandtschaft an den Kaiser geschickt, die zwei Monate für die Reise nach Spanien brauchte und wenig freundlich empfangen wurde. Ein Kommissar des Kaisers, einer der burgundischen Hochadligen, sollte nach Deutschland kommen und nach dem Rechten sehen. Das war die Staatsordnung, die Luther vor Augen hatte, wenn er sie überhaupt kannte oder begriff: ein Kaiser in Madrid, der durch einen Kommissar in Deutschland vertreten war, ein Reichsregiment, das sich auflöste, Landesfürsten, die sich in verschiedenen Konstellationen zusammenschlossen gegen das Reichsregiment oder gänzlich für sich blieben, Reichsstädte, die jede ihre eignen Handelsinteressen betrieben, Feldzüge von Landsknechtsheeren kreuz und quer durch die Lande und hinter dieser Anarchie das dumpfe Grollen der großen Bauernmassen, die bereits ihre Sensen geradeklopften und in Spieße umwandelten.

Niemand hatte damals eine Konzeption vom Staat und der Regierungsform in Deutschland; der Augustinermönch, der noch seine Kutte trug, konnte sie nicht gut besitzen. Er hielt eine Bußpredigt; das war die Form, die er kannte und beherrschte. Seiner unbändigen Natur gemäß hieb er nach allen Seiten um sich. Sein Evangelium war bedroht, das reine klare Wort Gottes. Gegen die Bischöfe hatte er zuerst gewettert, die es zu unterdrücken suchten und bis in den Halbstaat seines Kurfürsten hineingriffen mit ihren »alten Rechten« aus einer Zeit, da die Kurie die Grenzen über alle Ländergrenzen hinwegzog. Die Fürsten verfolgten das Evangelium, sein Feind Herzog Georg besonders im anderen Halbstaat Sachsen, dicht vor seiner Tür. Gegen sie erhob er nun die Hand. An den Bruder und Mitregenten seines Kurfürsten, den Herzog Johann, richtete er die Schrift, denn auch das kurfürstliche Halbsachsen war noch nicht einheitlich regiert; Friedrich der Weise zögerte und blieb beim alten Glauben; sein Bruder hatte sich Luther enger angeschlossen, hörte aber mit seiner recht schwerfälligen, dumpf nach Erleuchtungen ringenden Seele auch auf andere Propheten als Dr. Luther. Viele Propheten zogen umher. Das Wort war nur für Luther so klar und eindeutig, daß kein Zweifel blieb.

Seine Bibel war für ihn die Richtschnur. »Seid untertan der Obrigkeit« hieß es im Römerbrief des Paulus. Luther las das nicht mit historischen Augen als den wohlbedachten Rat des Missionars an seine Gemeinde, sich den Gesetzen des Römischen Reiches zu fügen, das allerdings ein Staat war mit einem gewaltigen Beamtenapparat, einer festen Rechtssprechung, die auch Paulus für sich in Anspruch nahm, wenn er sich darauf berief, daß er ein römischer Bürger sei und als solcher Schutz zu erwarten habe. Es war geschrieben an ein kleines Häuflein von Christen in der Weltstadt Rom. Für Luther war es Gottes Wort, Gottes Befehl, der für alle Zeiten und alle Zustände galt. Er übersetzte das griechische Wort »exusia« mit »Obrigkeit«, und das waren von den römischen Verhältnissen sehr verschiedene, sehr zahlreiche, oft sehr fragwürdige Obrigkeiten: Kaiser, Könige, Fürsten, Magistrate der selbständigen Städte, auch Kleinherren und Gutsbesitzer womöglich. Bach hat noch das Wort so verstanden und eine weltliche Kantate, »Mer han en neue Oberkeet«, für einen sächsischen Kammerherrn komponiert, dem die Untertanen seines Lehensgutes huldigen. Der alte Untertanengeist ist im 18. Jahrhundert noch der gleiche wie zu Luthers Zeit an vielen Orten: Der Herr ist gut, heißt es, aber der Verwalter, der »Schösser« plagt die armen Bauern: »Ach, Herr Schösser, geht nicht gar zu schlimm / Mit uns armen Bauersleuten üm, / Schont nur unsere Haut, / Freßt Ihr gleich das Kraut.« Dem Herrn wünscht man alles Gute: »Es nehme zehntausend Ducaten / Der Cammerherr alle Tag' ein«; auch die gnädige Frau ist gut und nicht ein bißchen stolz: »Und ist gleich unser eins ein arm und grobes Holz, / So redt sie doch mit uns daher, / Als wenn sie unsers gleichen wär.«

So demütig denkt Luther nicht von der Obrigkeit, die sich vom Kaiser über die Fürsten bis hinab zu den Junkern und Gutsherren erstreckt. Er spricht starke Worte zu ihnen: »Man wird nicht, man kann nicht, man will nicht Euer Tyrannei und Mutwillen auf die Länge leiden. Liebe Fürsten und Herren: Da wisset Euch nach zu richten, Gott wills nicht länger haben. Es ist jetzt nicht mehr eine Welt wie vorzeiten, da Ihr die Leute wie das Wild jagtet und triebet.« Die Bischöfe »sind weltliche Fürsten worden ... fein haben sie es umgekehrt: Innerlich sollten sie regieren durch Gottes Wort, so regieren sie auswendig Schlösser, Städte, Land und Leute und martern die Seelen mit unsäglicher Mörderei.« Ebenso die weltlichen Herren: »können nicht mehr denn schinden und schaben, einen Zoll auf den andern, eine Steuer auf die andre setzen, da einen Bären, hie einen Wolf herauslassen...« Solche Sätze wurden verstanden und aufgenommen. Kaum aber begriff das Volk Luthers entscheidende Grundthese von den zwei Reichen, die er hier schon vorlegte und unerschütterlich beibehielt. Obrigkeit muß sein, Gott hat sie angeordnet, aber sie hat es ausschließlich mit dem äußeren Leben zu tun. Sie soll dafür sorgen, daß Übeltäter bestraft werden, dazu ist ihr das Schwert gegeben. Tyrannei jedoch ist es, wenn sie sich auch Gewalt über die Seelen anmaßt. Über das Gewissen erstreckt sich ihre Befugnis nicht. Die Gewissen: das sind die Christen. Luther sieht sie im Grunde noch wie Paulus als eine kleine Gemeinde unter den Ungläubigen. »Die Welt und die Menge ist und bleibt Unchristen, ob sie gleich alle getauft und Christen heißen. Aber die Christen wohnen, wie man sagt, fern voneinander.« Luthers Bibellektüre gewinnt immer die Oberhand über die Gegenwart und ihre Probleme. Zum Dulden und Ausharren sind die Christen bestimmt. So hatte Paulus es verkündet, der seiner Gemeinde zugleich verhieß, daß sie nur noch eine kurze Frist zu harren brauchte, das neue Gottesreich werde sehr bald kommen. Solche Sätze Luthers wurden sehr viel weniger verstanden. Die Bauern fanden, sie hätten nun genug geduldet.

Luther überschätzt die Obrigkeit keineswegs. Daß Fürsten meist Schurken oder bestenfalls Narren seien, sagt er ihnen ins Gesicht. Ein wahrhaft christliches Regiment ist gar nicht zu erwarten. Ein ganzes Land unter dem Evangelium zu regieren, »das ist eben, als wenn ein Hirt in einen Stall zusammentäte Wölfe, Löwen, Adler, Schafe ... da weidet euch und seid fromm und friedsam untereinander, der Stall steht offen«. Die Schafe würden nicht lange leben.

»Darum muß man diese beiden Regimente mit Fleiß scheiden und beides bleiben lassen: eins, das fromm macht, das andre, das äußerlich Frieden schaffe und bösen Werken wehrt; keins ist ohne das andre genug in der Welt.« So konnte man noch in der Zelle denken oder in der Studierstube. Luther ist aber herausgetreten in die Welt und stößt an die Grenzen der Reiche, die er so mit Fleiß voneinander trennen will. Darf auch der wahre Christ das Schwert führen? Das war eine sehr brennende Frage, die bis heute nicht zur Ruhe gekommen ist. Er meint: »Schwert soll kein Christ für sich und seine Sache führen und anrufen, aber für einen andern mag und soll er's anführen und anrufen, damit der Bosheit gesteuert und Frömmigkeit geschützt werde.« Wer waren nun die andern? Bei wem die Bosheit? Er schreibt noch problematischer: »Fragst Du: Wie möchte ich denn nicht für mich selbst und meine Sache das Schwert brauchen, in der Meinung, daß ich nicht das meine suchte, sondern das Übel gestraft würde? Antwort: Solch Wunder ist nicht unmöglich, aber gar selten und gefährlich. Wo der Geist so reich ist, da mags wohl geschehen.« Es ist die gefährlichste Stelle der Schrift. Luther selber erschrickt förmlich und sucht in der Bibel nach Weisung. Nach der erlernten dialektischen Methode stellt er die widersprechenden Aussagen nebeneinander. Simson hat gesagt: »Ich habe ihnen (den Philistern) getan, wie sie mir getan haben.« – Salomo: »Sprich nicht, ich will das Böse vergelten!« Simson, so meint er, war von Gott beauftragt, die Kinder Israel zu erretten, und handelte demnach nicht in eigener Sache, sondern um andern zu dienen. »Aber dem Exempel wird niemand folgen, er sei denn ein rechter Christ und voll Geistes. Wo die Vernunft auch so tun will, wird sie wohl vorgeben, sie wolle nicht das ihre suchen, aber es wird von Grund falsch sein. Denn ohne Gnade ists nicht möglich. Darum werde zuvor wie Simson, so kannst Du auch tun wie Simson.« Unleugbar fühlte er sich als Simson, der mit Gottes Gnade die Säulen des Baalstempels zerbrach.

Aber er spricht auch mit der Stimme salomonischer Weisheit und hält seinem Herzog einen Fürstenspiegel vor. Beides ist in ihm vermischt und untrennbar in eine Form gedrückt, die den Menschen Luther ausmacht: der ungeschlachte Riese und der vorsichtige Ratgeber.

Vieles, wie stets bei ihm, ist eine Art Selbstgespräch. Dann erinnert er sich daran, daß er aufgefordert worden ist, sein Gutachten zu dringenden Problemen des Tages abzugeben. Noch hat er keine neue Kirche begründet, noch ist er selber als Ketzer geächtet, aber schon regen sich ketzerische Irrlehrer, die auch ihn und seine eben erst verkündete Lehre bedrohen. Luther spricht versöhnlich, wie auf seiner Kanzel bei der Rückkehr nach Wittenberg. Über die Seelen hat nur Gott zu richten. »Darum es umsonst und unmöglich ist, jemand zu gebieten oder zu zwingen mit Gewalt, so oder so zu glauben ... Wessen untersteht sich die unsinnige weltliche Gewalt, solch heimlich, geistig, verborgen Ding, wie der Glaube ist, zu richten und zu meistern?« Solcher Zwang führt nur zu Lüge und Verstellung, »denn wahr ist das Sprichwort: Gedanken sind zollfrei.« Er spricht in eigener Sache, aber nicht nur für sich, sondern auch für die anderen, die sich mit ketzerischen Ansichten hervorgetan haben: »Ketzerei kann man nimmermehr mit Gewalt wehren. Es gehört ein anderer Griff dazu und ist hier ein anderer Streit und Handel denn mit dem Schwert. Gottes Wort soll hier streiten, wenn das nichts ausrichtet, so wirds wohl unausgerichtet bleiben von weltlicher Gewalt, ob sie gleich die Welt mit Blut füllet. Ketzerei ist ein geistig Ding, das kann man mit keinem Eisen hauen, mit keinem Feuer verbrennen, mit keinem Wasser ertränken.«

Das hörten wieder viele gerne, die es Luther dann vorhielten, als er sehr viel weniger versöhnlich sprach. Noch weiter greift er um sich zu Tagesfragen. Die juristisch geschulten Räte waren eigentlich am sächsischen Hofe wie an anderen seine besten Befürworter und Anhänger. Er denkt nicht daran, sie zu schonen oder zu gewinnen. Gesetze und Rechte, geschweige denn die Juristen mit ihren Handbüchern, sind ihm immer verdächtig. Er spricht zum Herzog Johann, und er geht dabei aus vom Beispiel des Hausvaters und der Familie. So wie dieser für seinen Haushalt sorgt, soll der Fürst als guter Hausvater mit seinen Untertanen umgehen, »nicht also denken, Land und Leute sind mein, ich wills machen, wie mirs gefällt, sondern wie es ihnen nutz und gut ist«. Auf seine Räte, die »großen Hansen« soll er nur mit großer Behutsamkeit vertrauen und nicht den Eisenfressern folgen, »die ihn hetzen und reizen Krieg anzufangen« um eines Schlosses willen. Er soll strafen, aber mit Umsicht und Milde,

»daß er nicht einen Löffel aufhebe und zertritt dabei eine Schüssel«. Aus der natürlichen Vernunft soll er urteilen, und das gilt auch für das Verhalten der Menschen untereinander: »Wo Du aber die Liebe und das Naturrecht aus den Augen tust, wirst Du es nimmer so treffen, daß es Gott gefalle, und wenn Du auch alle Rechtsbücher und Juristen gefressen hättest. Sondern sie werden Dich nur irrer machen, je mehr Du ihnen nachdenkst. Ein recht gut Urteil, das muß und kann nicht aus Büchern gesprochen werden, sondern aus freiem Sinn.«

Eine Bußpredigt, ein Gutachten, eine Broschüre für den Tag ist diese Schrift. Sie erscheint in vielem so »naiv« wie die primitiveren Holzschnitte der Zeit, aber sie ist nicht naiver als so ziemlich alles, was es damals überhaupt gab an Gedanken über die Obrigkeit, die Autorität. Sie ging nicht hervor aus langem Nachdenken über das Wesen eines Staatswesens und hatte keine Vorbilder dafür. Sie beruhte nicht auf langjährigen Erfahrungen im politischen Dienst wie die ersten staatsmännischen Schriften der Italiener Machiavelli und Guicciardini. Auch diese stehen einsam in ihrer Zeit. Selbst in Frankreich, wo schon ein Staat sich bildete, oder in England konnte sich ein etwas höheres Denken über die weltliche Obrigkeit erst gegen Mitte und Ende des 16. Jahrhunderts entwickeln; in Deutschland hat das noch länger gebraucht. Nur eine Utopie – sehr bezeichnend auf einer Insel »Nirgendwo« angesiedelt, mitten im Meer – hat Thomas More zeichnen können, und sie war eine Dichtung, mit funkelnder Ironie geschrieben und auf abgrundtiefer Skepsis beruhend. More, als Anhänger des alten Glaubens, hat keinerlei Illusionen über die grundsätzliche Verderbtheit der Menschen hier auf Erden, nur im Jenseits sieht er das Heil. Luthers Traktat, der sonst nicht mit dem geistreichen Gedankenspiel des Humanisten More verglichen werden kann, ist auch eine Utopie mit den vielen, kleinen Inseln der wahren Christen im Meere der Ungläubigen. Aber er glaubt doch schon an das hier und heute. Eine Familie, in der es recht zugeht, vielleicht auch einmal eine Obrigkeit, die als guter Hausvater nach der natürlichen Vernunft regiert: Das gibt es, das kann es geben. Vielleicht schließt sich das zu einer größeren Gemeinschaft zusammen. Einen Staat vermag er nicht zu bauen. Seine Landsleute haben es samt und sonders nicht vermocht.

Im Winter 1522 schrieb er sein kleines Werklein. Im Frühjahr 1523 erschien es im Druck, während die Fürsten vor Landstuhl lagen und der flüchtig aufgemauerte Turm Sickingens einstürzte. Der Zusammenbruch der Ritterschaft war der erste schwere Schlag, der Luthers Sache traf. Er mochte sagen und schreiben, was er wollte: ihm legte man die Rebellion zur Last. Er hatte aufgerufen zum Sturm gegen die erste und höchste Obrigkeit, die Kirche. Er hatte den Fürsten gedroht. Sie nahmen nun ihre Sache in die Hand, die mit Luther wenig zu tun hatte. In knapper Formulierung hieß es schon: »Der Afterkaiser ist tot, bald wird es auch mit dem Afterpapst ein Ende haben.«

Zwielicht

Luther war kein Papst oder Gegenpapst. Man konnte ihn nicht einmal als den Führer einer Partei bezeichnen, obwohl alle Neuerer, mochten sie noch so verschiedene Ansichten haben, Anhänger der »lutherischen Sekte« genannt wurden, auch in Frankreich, Italien, England, Spanien. Er verwahrte sich dagegen: »Was ist Luther? Ist doch die Lehre nicht mein... Wie käme ich armer stinkender Madensack dazu, daß man die Kinder Christi sollte mit meinem heillosen Namen nennen? Nicht also, liebe Freunde, laßt uns tilgen die parteiischen Namen und Christen heißen, dessen Lehre wir haben.« Aber lutherisch war nun zur Ketzer-Bezeichnung geworden und an die Stelle der früheren ominösen Worte getreten, die »waldensisch, pikardisch, hussitisch, böhmisch« lauteten. Seine Anhänger waren verstreut, Prädikanten, einflußreiche Bürger und Magistrate in den Städten, einige Fürstlichkeiten, einfache Menschen, die seine Schriften lasen, Bauern, die nicht lesen konnten, aber einzelne Sätze daraus hörten. Sehr ungleiche Gedanken, religiöse, politische, soziale, wurden dem entnommen, was er sagte und schrieb.

Wenn wir die Stellung des Mannes, der nun weltberühmt geworden war und vor dem die Kanzleien zitterten, seiner Lebensführung nach in diesen Jahren beschreiben sollen, so war er ein durch Reichsedikt Geächteter, gegen den Willen seines Kurfürsten nach Wittenberg zurückgekehrt und dort bis auf weiteres unbehelligt gelassen. Er konnte predigen und schreiben. Seine Broschüren wurden gedruckt und nachgedruckt; Honorar erhielt und nahm er nicht dafür. Seine Einkünfte betrugen »neun alte Schock«, das Schock im Wert von 1 Gulden, genauer weniger 1 Groschen, also insgesamt nicht ganz neun Gulden. Er wohnte in einer Stube seines alten Augustinerklosters und schlief auf einer Strohmatratze mit einer Decke; sein Bett wurde, wie er später einmal nach seiner Verheiratung lachend erwähnte, ein ganzes Jahr lang nicht gemacht. Vorlesungen an der Universität durfte er vorläufig nicht halten, da dies dem Kurfürsten Schwierigkeiten machen konnte als demonstrative Mißachtung des Wormser Ediktes. Seine Briefe wurden durch Boten und »mit besonderer Gelegenheit« durch Freunde und Schüler befördert; sie konnten leicht abgefangen oder erbrochen werden, und nicht wenige von ihnen sind auch verschwunden; andere wurden gefälscht. Ab und zu ging ein kleines Geschenk ein, ein Fäßchen Bier oder Wein, ein Stück Wildbret. Er trug noch die Kutte, die ihm der Magistrat bei seiner Rückkehr nach Wittenberg bewilligt hatte.

Um ihn herum war der kleine Kreis von Mitarbeitern. Zahlreiche Flüchtlinge fanden sich ein, vertriebene Prediger, ehemalige Mönche, auch Nonnen. Eine kleine Schar von neun adligen Nonnen, aus dem Kloster Nimbschen geflüchtet, wurde zu Ostern 1523 durch Torgauer Bürger, die ihr geholfen hatten zu entkommen, vor Luthers Behausung vom Wagen abgesetzt und ihm übergeben. Eine Schwester seines »Vaters« Staupitz war darunter, nebst zwei Schwesterpaaren von Schönfeld und von Zeschau, eine vierundzwanzigjährige Katharina von Bora. Luther stand ziemlich ratlos vor den verängstigten Klosterfrauen, die noch den Habit ihres Ordens trugen und ohne irgendwelche Mittel waren. »Sie erbarmen mich sehr, sie sind ein jämmerliches Völklein«, schrieb er an Spalatin, den er sogleich um Hilfe anbetteln mußte, denn die adligen Familien wollten von diesen verlorenen Töchtern nichts wissen. Sie hatten ihren Kinderüberschuß ein für allemal in den Stiftungen ihrer Vorfahren untergebracht, dafür waren die Schenkungen gemacht worden; wenn die Mädchen nun davonliefen, so mochten sie sehen, wo sie blieben. Luther klagt über die grausamen Eltern und Verwandten. Er findet auch schon bittere Worte über seine Wittenberger: Am Wort Gottes haben sie nun Überfluß, aber als er vor kurzem für einen Armen zehn Gulden zusammenbringen wollte, da waren sie nicht zu finden. Er sucht nach

Leuten, die bereit wären, die Nonnen in ihr Haus aufzunehmen. In seinem Kloster kann er sie nicht gut behalten. Große Bereitwilligkeit zu solchem Liebesdienst besteht nicht gerade. Eine entlaufene Nonne ist noch immer etwas ziemlich Anrüchiges. Gelernt haben sie nichts als beten und singen, von der Hauswirtschaft verstehen sie nichts. Wahrscheinlich, so heißt es, wollen sie alle nur recht schnell heiraten. Luther bemüht sich darum, ihnen Ehemänner aufzutreiben, damit nicht größerer Skandal entsteht. Er korrespondiert, verhandelt, empfiehlt seine Schützlinge. Blühende Schönheiten dürften nicht darunter gewesen sein, denn solche behielten die Eltern sich zurück für eine gute Partie und steckten sie nicht ins Kloster. Luther muß nun neben dem Amt als Prediger und Schriftsteller in der Praxis, der Kleinpraxis, dem ganz bürgerlichen Leben mit Ehe, Unterhalt, Wohnung, Kleidung und allem was dazugehört, arbeiten. Es geht nicht mehr nur um die großen Entscheidungen: hier das Wort, der Glaube – dort die Gesetze der Kirche, der »Papst mit seinen Schuppen«, wie er es mit dem Bilde vom Drachen bezeichnet. Sein Leben bekommt damit einen kleinbürgerlichen Zug und wirkt enttäuschend für späte Betrachter, die unablässig den feurigen großen Revolutionär am Werke sehen möchten. Luther ist auch gar nicht mehr jung. Ein Vierziger war damals an der Grenze zum Alter; wenn er im bürgerlichen Leben stand, hatte er meist schon Enkelkinder. Luther sollte nun auch ein Weib nehmen und heiraten, rieten ihm viele seiner Freunde; andere, wie Melanchthon, rieten besorgt, einen solchen Schritt nicht zu tun. Er zögerte.

Furcht vor der Meinung der Welt, geschweige denn dem Geschrei seiner Gegner spielte dabei schwerlich eine Rolle. Ohnehin wurde er nach Kräften verleumdet, und die entlaufenen Nonnen waren dafür geradezu ein Gottesgeschenk. Daß der Apostat und seine Freunde mit ihnen Unzucht trieben, erschien allen selbstverständlich, die in den alten Kategorien der hemmungslos sündigen Menschennatur aufgewachsen und erzogen waren. Jeder Schritt, den er tat, wurde belauert, an Spitzeln war in Wittenberg kein Mangel. Außer ganz offenkundig bösartigen Pamphleten ist nichts zutage gekommen, was seinen Lebenswandel belasten könnte im Sinne der landläufigen Moral. Und dies, obwohl Luther in seiner Lebensführung immer von der größten Sorglosigkeit war, gutmütig, hilfsbereit, leicht zu täuschen von Leuten, die das nur ausnutzten und ihn oft in peinliche Situationen brachten. Das war auch der Grund, weshalb der vorsichtige Melanchthon mit Mißtrauen auf die adligen Jungfern und ihre Heiratspläne blickte und fürchtete, eine von ihnen könnte seinen Doktor Luther einfangen. Die flinkeste und tüchtigste von ihnen, das Fräulein Katharina von Bora, wurde von Luther bei seinem Freund und Gevatter Lukas Cranach untergebracht, der einen großen und sehr behäbigen Haushalt führte. Sie schien etwas hochmütig, wie Luther meinte, und sah sich unter den Studenten aus guter Familie um. Mit einem Sohn des großen Nürnberger Patrizierhauses der Baumgärtner, der in Wittenberg studierte, knüpfte sie eine Beziehung an, die Luther hoffnungsvoll nach Kräften protegierte.

Er selber dachte nicht an Heirat. Er wußte nicht einmal, ob er in Wittenberg bleiben könnte, denn wiederum war bei den Verhandlungen des Nürnberger Reichsregiments die Frage einer Reichsexekution gegen Kursachsen zur Sprache gekommen. Der sächsische Gesandte legte, wie schon früher, Friedrich dem Weisen nahe, den schwierigen Doktor in guter Form aus dem Lande zu schaffen, ehe größeres Unheil für das Herzogtum entstünde. Auch von einer nochmaligen Schutzhaft auf irgendeiner Burg scheint die Rede gewesen zu sein. »Glaube ja nicht, daß ich noch einmal in einen Winkel krieche«, schrieb Luther daraufhin an Spalatin zur Weitergabe an den Herzog. Seine Sprache den Großen gegenüber wird eher noch gröber und rücksichtsloser, je unsicherer es für ihn persönlich aussieht. An Herzog Georg von Sachsen, der Luthers Bibelübersetzung in seinem Lande verboten hatte, beginnt er einen Brief: »Aufhören zu toben und zu wüten wider Gott und seinen Christ, anstatt meines Dienstes zuvor, ungnädigster Fürst und Herr!« König Heinrich VIII. von England hatte gegen Luther seine Broschüre zur Verteidigung der Siebenzahl der Sakramente geschrieben – oder schreiben lassen – und sich darin auch nicht gerade einer zarten Sprache gegen den Ketzer bedient: »Der gierigste Wolf aus der Hölle hat ihn überrascht und verschlungen, und da liegt er nun im untersten Teil seines Bauches, halb lebendig, halb tot ... und aus dem schmutzigen Maul des Höllenwolfes rülpst er seine dreckigen Lästerungen ...« Luthers Antwort an »Heinz von England« war nicht sanfter: »Darf ein König von Engelland seine Lügen unverschämt ausspeien, so darf ich sie ihm fröhlich wieder in seinen Hals stoßen.« Es geht, so meint er, sehr einfach darum: Heinrich fragt, wie viele Jahrhunderte eine Lehre bei der Kirche im Gebrauch steht, er hingegen, ob sie in der Schrift begründet sei. Im übrigen habe er gar keine Zeit, sich damit länger zu befassen: »Es liegt mir die Bibel zu verdeutschen auf dem Hals, neben andern Geschäften, daß ich jetzt nicht länger in Heinzens Dreck mären kann.« Der feinsinnige Humanist Thomas More übernahm es, für den König zu antworten, und er schlug den gleichen Ton an. Er entrüstete sich, vom Hofe des recht lebenslustigen Heinrich her, über die »Bacchanale« und Feste in Wittenberg, die »Vielweiberei« dort, die »Hochzeiter erst in tiefster Schande versunken, dann ruiniert durch Krankheiten und Entbehrungen, schließlich zur Räuberei als Zuflucht greifend«.

Auch manche von Luthers Freunden waren immer beunruhigt über seine Grobheiten, zumal wenn sie an so hohe Häupter gerichtet waren. Wir können keine sehr wesentlichen Unterschiede zwischen dem eleganteren Latein und dem klotzigeren Deutsch Luthers entdecken. Wichtig ist an diesen Federgefechten nur, daß die Humanistenpartei, noch immer sehr einflußreich in hohen Stellen in allen Ländern, sich immer stärker von Luther abzuwenden begann, geführt von Erasmus, der auch seinerseits, in geschliffenerem Stil, die peinlichen Hinweise auf Krankheiten und Elend eines Gegners, wie Hutten, nicht unterlassen konnte. Ein ganz unverhältnismäßiger und ermüdender Teil der gesamten Literatur der Zeit ist angefüllt mit Beschimpfungen, Anwürfen, Verdächtigungen des Lebenswandels oder jenen Vergleichen mit der unschuldigen Tierwelt, die auch heute nicht aus dem Vokabular selbst großer Mächte verschwunden sind. Luther wurde zu immer hanebücheneren Wendungen verführt, je mehr er nur deutsch schrieb und sich direkt an die breiten Massen des Volkes wandte. Gerade das entfremdete ihn den Humanisten, die den Hochmut gegen das profane Volk ihrem Horaz entnommen hatten. Sie wollten sich nur im Kreise der Kenner streiten mit etwas ausgesuchteren Wendungen, die auch nur Pöbelei sind. Das Bild, das Plakat, die Karikatur verschmähten sie allerdings meist. Dafür wurden diese Mittel um so kräftiger in der populären Propaganda verwendet. Aus Lukas Cranachs Werkstatt ging in Holzschnitten ein »Passional« aus, das Szenen aus dem Dulderleben Christi dem prunkvollen Treiben am Hofe des Antichristes zu Rom gegenüberstellte; eine Mißgeburt in Mönchsgestalt wurde von beiden Seiten zu düsteren Deutungen benutzt und als »Papstesel« oder »Mönchskalb« berühmt; Luthers Gegner Cochläus publizierte einen »siebenköpfigen Luther«, der mit sieben verschiedenen Stimmen spricht, als Mönch, als Doktor, als Teufel, Bischof oder bäurischer Aufrührer mit dem Streitkolben über der Schulter. Alles wurde gedruckt, was nur Wirkung versprach, und die Verleger und Künstler waren nicht wählerisch oder hielten sich allzu genau an Parteirichtungen. Luthers Gevatter und Freund Cranach bediente unbekümmert Albrecht von Mainz oder Georg von Sachsen. Der Straßburger Verleger Grünenberger entschuldigte sich im Nachwort zu einer bösartigen Broschüre Murners gegen Luther vor seinen Mitbürgern: Man habe ihn ermahnt, dies Büchlein doch beiseite zu lassen, aber jeder werde verstehen, daß er sich seinen Lebensunterhalt mit seinen Verlagswerken gewinnen müsse. Er habe daher auch diesen Druck wie jeden anderen Auftrag übernommen.

Wer waren aber die Auftraggeber? Man sollte glauben, daß die Kirche als größte und finanzkräftigste Organisation zu ihnen gehört hätte, aber sie verließ sich auf Verhandlungen, Erlasse, Verbote, Briefe des Papstes an Fürstlichkeiten. Auch da fehlen nicht Wendungen wie die vom Mönch Luther, der »nur Wein und Rausch von sich speit«, wie in einem Breve des Papstes Hadrian an Friedrich von Sachsen. Sonst jammern die Parteigänger der Kurie ständig über Mangel an Unterstützung. Auch die Fugger, als die beherrschende Finanzmacht, würdigten die eifrig sich anbietenden Literaten nur selten. Sie ließen einmal ihren Schützling Dr. Eck zu einer Disputation in Bologna antreten und mit etwas gewundenen, aber zeitgemäßen Argumenten den Wucher verteidigen. Als Wucher war nach kanonischem Recht jedes Zinsnehmen bezeichnet. Eck befand sich durchaus im Einklang mit der volkswirtschaftlichen Entwicklung, die längst über das Zinsverbot hinweggegangen war. Aber er sprach nicht als vorausschauender Nationalökonom, sondern um die Praxis seiner Auftraggeber und der Kurie zu verteidigen, die ohne Skrupel für die Anleihen ihrer Bankiers die höchsten Zinssätze zahlte, während sie das grundsätzliche Zinsverbot aufrechterhielt. Eck wurde daher von Luthers Anhängern heftig angegriffen; diese Disputation in Bologna tauchte in allen Streitschriften auf.

Auch Luther mußte nun zu dieser Frage »Kaufhandlung und Wucher« das Wort ergreifen. Als Mönch verstand er davon nichts, und in der Bibel fand er nur wenig brauchbare Weisung. Er geht wie stets von seinem Erfahrungsumkreis aus. Man soll seinem Nächsten hilfreich unter die Arme greifen, wenn er in Not ist, und dafür keinen Lohn verlangen. So hielt er es mit seinen neun alten Schock und auch später, als er ein etwas höheres Gehalt bekam. Man soll umsonst geben oder allenfalls das Geliehene zurückerwarten, aber nicht noch etwas darüber. Er ist sich jedoch bewußt, daß die Welt da draußen anders verfährt. Er wendet sich auch hier an die wenigen, die »das Evangelium verstehen«. Selbst unter den Kaufleuten und Finanzern sollten doch einige sein, die auf ihn und das Wort hören. Der Hauptspruch aller Finanz ist: »Ich mag meine Ware so teuer geben, als ich kann ... was ist das anders gesagt als: Ich frage nichts nach meinem Nächsten?« Das ist nicht nur gegen das Gebot christlicher Liebe, sondern auch gegen das »natürliche Gesetz«. Es ist Ausnutzung der Not des Mitmenschen, »denn nicht die bloße Ware wird ihm verkauft, wie sie an sich selbst ist, sondern mit dem Zusatz und Anhang, daß er derselbigen benötigt ist«. Man soll nicht beliebig teuer verkaufen, sondern nach dem Prinzip des gerechten Preises, der Billigkeit; das war freilich nicht Luthers Idee, sondern bereits in scholastischen Untersuchungen schon seit langem diskutiert. Sein Traktat ist eine Predigt: »Du sollst vielmehr achthaben, daß Du Deinem Nächsten nicht Schaden tust, als wie Du gewinnest.« Er fragt sogleich: »Ja, wo sind solche Kaufleute?«

Er ist sich klar darüber, daß es schwer ist, den Preis einer Ware zu bestimmen, der von so vielen Faktoren abhängt: Transport, Schwankungen der Produktion, Unkosten des Handels. Billig und recht sei, »daß ein Kaufmann so viel gewinne, daß er seine Kosten bezahlt, seine Mühe, Arbeit und Gefahr«. Auch ein Ackerknecht muß Futter und Lohn von seiner Arbeit haben.

Sein Vorschlag ist nun: Die weltliche Obrigkeit sollte durch vernünftige und redliche Leute die Preise schätzen und festsetzen lassen, wie dies an verschiedenen Orten schon der Brauch. »Aber wir Deutschen haben mehr zu tun, zu trinken und tanzen als solches Regimentes Ordnung zu warten.« Daß auch die volkswirtschaftlich erleuchteten Regierungen späterer Jahrhunderte, gleich welcher Ideologie, nicht über den Gedanken behördlicher Preisordnung hinausgekommen sind, läßt Luthers Primitivität etwas weniger naiv erscheinen. Einen bestimmten Rat weiß er aber nicht zu geben als den, der Bibel zu folgen: Jeder Arbeiter ist seines Lohnes wert. Wie man sich den berechnen will, muß dem Gewissen überlassen bleiben.

Man hat ihm viel erzählt von den Schlichen und Tücken der Kaufleute und Finanzer; er spricht vom Thesaurieren, dem Anhäufen von Vorräten, den Monopolen, »das sind eigennützige Käufe, die in Landen und Städten gar nicht zu leiden sind, und Fürsten und Herren sollten solches wehren und strafen, wenn sie ihr Amt wollten wohl führen. Denn solche Kaufleute tun gerade, als wären die Kreaturen und Güter Gottes allein für sie geschaffen und gegeben und als möchten sie dieselben den andern nehmen und setzen nach ihrem Mutwillen.« Strenge Gesetze und Aufsicht allein können das verhindern. »Diese Leute sind nicht wert, daß sie Menschen heißen oder unter Leuten wohnen ... recht täte die weltliche Obrigkeit, daß sie solchen alles nähme, was sie hätten, und triebe sie zum Lande hinaus.« Solche Sätze Luthers fanden weithin Zustimmung nicht nur beim Volk. Wir sahen schon, wie die höchste Obrigkeit, der Kaiser, durch kurzes Mandat Schluß machte mit Gedanken dieser Art. Die Stände fügten sich.

Sein Glaube an das Eingreifen der Obrigkeit ist nicht blind. Die Monopole und großen Gesellschaften sind das Hauptübel, sie steigern die Preise, saugen alle Welt aus, alles Geld »muß in ihren Schlauch sinken und geschwemmt werden«. »Könige und Fürsten sollten hier drein sehen und nach strengem Recht solches wehren. Aber ich höre, sie haben Kopf und Teil daran. Und gehts nach dem Spruch Jesajas: Deine Fürsten sind der Diebe Gesellen worden. Dieweil lassen sie Diebe hängen, die einen Gulden oder halben gestohlen haben und hantieren mit denen, die alle Welt berauben und stehlen mehr denn alle andern, daß ja das Sprichwort wahr bleibe: Große Diebe hängen die kleinen Diebe.«

Es erscheint uns unbillig, wenn man von Luther grundlegende Einsichten und Lehren zur Nationalökonomie oder Geldtheorie erwartet, die es zu seiner Zeit als wissenschaftlich formulierte Disziplinen nicht gab. Er antwortet auf Fragen, die ihm von seinen Lesern und Beichtkindern gestellt worden sind, nach bestem Wissen und Gewissen. Er predigt Selbstlosigkeit und Nächstenliebe. Daß er dabei nicht mit dem Problem des gerechten Preises oder angemessenen Zinssatzes und

Lohnes fertig wird, kann ihm nur übelnehmen, wer glaubt, dafür bereits einige hundert Jahre später eine gültige Formel gefunden zu haben.

Noch weitere Probleme treten an ihn heran. Luther schreibt immer zu bestimmten Gelegenheiten, für den Tag, die Stunde. Er hat das Zölibat verdammt. Nun muß er sich zur Ehe äußern und nicht nur in grundsätzlichen Ausführungen über Adam und Eva. Noch gelten überall die in Jahrhunderten aufgebauten und aufgehäuften kanonischen Bestimmungen über Ehehindernisse. Sie sind zu einer juristischen Geheimlehre geworden. Nur mit teuren Dispensen kann man sich freikaufen oder muß mit empfindlichen Strafen büßen, wenn man unwissentlich gegen einen dieser Paragraphen verstoßen hat. Luther polemisiert und vereinfacht. Er veröffentlicht erst ein Plakat, welche Eheverbote seiner Ansicht nach noch zu beachten sind. Das genügt nicht. Er muß das ausführen. Zu Beginn seiner Schrift »Vom ehelichen Leben« sagt er gleich: »Wiewohl mir graut und ich nicht gern vom ehelichen Leben predige, darum, daß ich besorge, wo ichs einmal anrühre, wirds mir und andern viel zu schaffen geben...« Er hatte das ganz richtig geahnt, denn kaum eine seiner Schriften hat so viel erbitterte Auseinandersetzungen zur Folge gehabt. Um das Zölibat war gestritten worden durch die Jahrhunderte; es wird noch darum gekämpft. Die Ehe und die Verfügung über Ehefragen bildeten zwei der wesentlichsten Positionen der Kirche, die damit tief in das bürgerliche Leben eingriff. Luther stürmt zunächst gegen die »Papstgesetze« an, die zahllose Ehehindernisse festgelegt haben. Die Bibel ist auch da seine einzige Autorität. Sie hat Mann und Weib als Gottes Geschöpfe verkündet, die wachsen und sich vermehren sollen; damit entfällt das Zölibat. Die Keuschheitsgelübde sind »mit Spinnweben verfaßt, das heißt mit Menschengebot, danach mit viel eisernen Schlössern und Gittern verschlossen«. Das ist wider Gottes Willen und Werk. Man hat ihm aber auch vorgeworfen, er zerstöre die Ehe. Er wehrt sich entschieden dagegen. Der Papst vielmehr zerreiße die Ehe durch seine Bestimmungen über Ehehindernisse. Achtzehn davon zählt er auf, Verwandtschaftsgrade bis ins dritte und vierte Glied, auch Eheverbot für Paten bei Taufe und Firmung oder das Verbot, die Schwester einer verstorbenen Braut zu heiraten, und andere mehr. Seltsame Paragraphen waren zweifellos darunter. Für Luther war der

Hauptpunkt, daß man gegen Bezahlung Dispens erlangen konnte: »Ist aber Geld da, so ist Dirs erlaubt.« Daß die Verhandlungen über Dispense und die abgelegensten Paragraphen des kanonischen Rechtes bis in die Weltgeschichte hineinreichen und die Loslösung Englands von Rom herbeiführen würden, konnte er damals noch nicht ahnen. Um nichts anderes aber handelte es sich, als Heinrich VIII. versuchte, seine seit zwanzig Jahren ihm angetraute erste Gattin Katharina von Aragon loszuwerden und die zweite von insgesamt sechs, Anna Boleyn, zu ehelichen; als er diese unverzüglich beiseite schob, nachdem sie nicht den versprochenen Thronfolger, sondern nur ein Mädchen geboren hatte, mußte abermals ein Ehehindernis als Vorwand dienen, das Bündnis als unerlaubt zu erklären: Der König hatte vorher ein Verhältnis mit Annas Schwester gehabt. Das kanonische Eherecht und seine Handhabung in großen politischen Fragen bildet ein eignes Kapitel der Historie.

Im Augenblick hatte er es mit einfacheren Problemen zu tun, die aus dem Kreise seiner Beichtkinder an ihn herantraten. Nicht umsonst graute ihm davor, auf all diese Fragen Antwort geben zu müssen. Wie soll ein Ehemann sich verhalten, wenn ihm sein Weib die »ehelichen Pflichten« verweigert? Man müsse »frisch dreingreifen«, sagt er schon zu Beginn seines Traktates zu sich selber, und so packt er auch hier ohne allzu viele Bedenken zu: »Man findet wohl ein halsstarriges Weib, das seinen Kopf aufsetzt, und sollte der Mann zehn Mal in Unkeuschheit fallen, so fragt sie nichts danach. Hie ist Zeit, das der Mann sage: Willst Du nicht, so will eine andre, will Frau nicht, so komm die Magd.« Kaum ein anderes Wort Luthers ist so mit Behagen herausgegriffen und als seine Moral zitiert worden, schon von den Zeitgenossen. An Leichtfertigkeit denkt er dabei nicht. Er rät, der Mann solle zunächst mehrfach die Frau verwarnen, sie dann vor andere Leute zitieren, »daß man öffentlich ihre Halsstarrigkeit wisse und vor der Gemeinde strafe. Will sie dann nicht, so laß sie von Dir und laß Dir eine Esther geben und die Vasthi fahren, wie der König Assuerus tat«, in der Bibel.

Luther wird aber dieser Frage rasch überdrüssig und möchte »schweigen und liegen lassen die eheliche Pflicht«, von der so viel mit verfänglichen Worten gepredigt wird. Er will recht bald von etwas Höherem reden, denn der entlaufene Mönch stellt die Ehe sehr hoch.

Er wendet sich energisch gegen die Verlästerung des Weibes als eines nur eben notwendigen Übels, ein Lieblingsthema schon der heidnischen Poeten. Das seien unchristliche Gedanken, »ich halte auch, wenn die Weiber sollten Bücher schreiben, so würden sie von den Männern auch das gleiche schreiben«. Gott sagt zu Adam: »Es ist nicht gut, daß der Mensch allein sei, ich will ihm einen Gehilfen machen neben ihm. Da siehst Du, daß er das Weib gut und einen Gehilfen nennt.« Er malt die Ehe nicht als einen Lustgarten aus. Die Frau muß »das Kind wiegen, die Windeln waschen, Betten machen, Gestank riechen, Nachtwachen, seines Schreiens warten, seinen Grind und Blattern heilen«, der Mann »des Weibes warten, sie ernähren, arbeiten, hier Sorgen, da Sorgen...« Gerade diese geringen Werke habe man zu Gottes Wohlgefallen willig zu tun. Kindsnöte und frühes Sterben des Weibes bei der Geburt waren noch das fast unvermeidliche Schicksal der meisten Frauen. Man soll sagen: »Gedenk, liebe Greta, daß Du ein Weib bist, und dies Werk Gott an Dir gefällt, tröste Dich seines Willens fröhlich und laß ihm sein Recht an Dir ... Du stirbst eigentlich im edlen Werk und Gehorsam Gottes.« Noch mehr wäre zu sagen über die Ehe, die er selbst noch gar nicht kennt, und so meint er nur: »Ich will schweigen, was für Nutzen und Lust mehr drinnen sei, wenn ein solcher Stand wohl gerät, daß Mann und Weib sich liebhaben, eins sind, eins des andern wartet und was mehr gutes daran ist, damit mir nicht jemand das Maul stopfe und spreche, ich redete von dem, das ich nicht erfahren habe... Ich rede davon nach der Schrift, die mir gewisser ist denn alles Erfahren.«

Von den Sorgen seiner Pfarrkinder zu denen des Reichsregimentes in Nürnberg: Es gibt kein Problem, zu dem Luther sich nicht äußern muß. Bedroht und unscheinbar bis zur kleinstädtischen Ärmlichkeit ist seine Stellung in Wittenberg, aber sein Wort macht noch immer weitere Fortschritte und greift weit aus. Die frühe Reformationsgeschichte ist Lokalgeschichte und nur in den einzelnen Orten oder Ländern genauer zu verfolgen; der Vorgang ist überall sehr verschieden und zieht sich oft über viele Jahre hin. Sehr entscheidend macht sich dabei geltend, daß Luther keine festgefügte Lehre vorgelegt hat und selber noch ständig in der Entwicklung steht. Einzelne Punkte werden herausgegriffen, in einzelnen symbolischen Handlungen dokumentiert sich die Abwendung vom alten Glauben, zuweilen stürmisch mit Bilderbrechen und Ausräumen der Kirchen, zuweilen mit vorsichtigem oder auch behördlich verfügten Änderungen des Ritus. Vielfach gilt der »böhmische« Laienkelch, das Abendmahl in beiderlei Gestalt als das Zeichen zum Abfall. Mit höchstem Schrecken und Mißfallen müssen der Kaiser und sein Bruder Ferdinand vernehmen, daß sogar ihre Schwester, die Königin Isabella von Dänemark, den Kelch nimmt, daß eine weitere Schwester, die Königin Maria von Ungarn, der neuen Lehre zuneigt. In Schweden beginnt eine Reformation, eingeleitet durch die nationale Bewegung der Losreißung von der dänischen Oberherrschaft und Erhebung eines schwedischen Adligen Gustav Wasa zum Volkskönig. In Dänemark entsteht ein neuer Unruheherd und neue Gegnerschaft gegen die Weltmachtspläne des Kaisers, der auch Skandinavien in seine Kombinationen einbezogen hatte. Unlösbar sind politische und religiöse Fragen miteinander verquickt.

Die Zeitfragen traten also auch auf anderer Ebene als der seiner Pfarrkinder an Luther heran. In Wittenberg bei Melanchthon studiert zu haben, von Luther unterwiesen zu sein, wurde das große Diplom und die geistige Ausrüstung, mit der man in sein Land zurückkehrte und dort reformierte. Bibelübersetzung in die Landessprache und Predigt im heimischen Dialekt, selbst in bis dahin noch gar nicht zur Schriftsprache gewordenen Idiomen wie dem Alt-Pruzzischen im Ordensland Preußen, dem Wendischen in der Lausitz und dem Finnischen, wurden zum Kennzeichen der neuen Lehre; im übrigen wurde der Gottesdienst überall verschieden gehandhabt. Die kirchliche Hierarchie blieb etwa in Schweden mit Bischöfen und Erzbischof erhalten; die Einziehung und Verwendung von Kirchenbesitz, Klöstern, Stiften bot erst recht ein ganz buntes Bild auf lange hinaus. Der Däne Hans Tausen oder der sehr viel bedeutendere Olaus Petri aus Stockholm sind zwei Namen derer, die Luthers Gedanken weitertrugen und in ihrer Heimat für sie wirkten. Nur im Rückblick und mit sehr summarischer Vereinfachung kann man aber da eine protestantische Partei erblicken. Protestiert wird sicherlich, reformiert wird vielfach, aber ein engerer Zusammenhang all dieser Bewegungen kommt nicht zustande. Luther war kein Gesetzgeber und wollte keiner sein. Das war von vornherein die große Schwäche und zugleich die Stärke der Reformation.

Denn auch die Anhänger der alten Kirche waren sich keineswegs einig. Bischöfe sympathisierten mit den neuen Lehren, erzbischöfliche Kurfürsten suchten sich von Bindungen an Rom freizumachen oder gingen, wie Albrecht von Mainz, mit dem Gedanken um, ihre halbweltliche Herrschaft gänzlich zu säkularisieren. Der Großmeister des Deutschen Ordens in Preußen – einer immer noch mittelalterlichen Ordensherrschaft, von der schwer zu sagen ist, wieweit sie geistlich zu nennen wäre – verhandelte in Wittenberg mit Luther und tat dann als erster den großen Schritt, sein Gebiet in ein Herzogtum zu verwandeln. Er heiratete eine dänische Prinzessin und huldigte als Lehensmann dem streng altgläubigen König von Polen, dem diese Machterweiterung wichtiger war als kirchliche Bedenken. Auch da wirkten politische Gründe mit und Spannungen mit dem Kaiser, der bei seinen imperialen Sorgen und Plänen für diesen Außenposten des Heiligen Römischen Reiches nicht das geringste Interesse gezeigt hatte. Wittenberg und die kleine Stube Luthers, in der er seine Traktate verfaßt, wurden in der Tat ein Weltzentrum, und das bei aller Sorglosigkeit des Reformators, der nicht zufällig in seinen Schriften immer wieder Formeln verwendete wie »laß fahren dahin« oder »mag das nun gehen, wie es will« und »wir trunknen Deutschen wissens nicht besser«. »Das Wort muß uns doch bleiben« hieß das grundlegende Wort. Noch erwies sich das Wort als sehr mächtig.

Uneinig waren nicht nur die deutschen Großen und Kirchenfürsten. Um die Verwirrung aufs höchste zu steigern, entzweiten sich wieder Kaiser und Papst. Das Verhältnis der beiden Gewalten war nie sehr gut gewesen; im Grunde herrschte nur ein unsicherer Waffenstillstand, der jeden Augenblick gebrochen werden konnte. Von religiösen Fragen war nicht die Rede. Es ging um die Macht. Kaiser Karl hatte bereits mit seinem früheren Lehrer Hadrian schwere Enttäuschungen erlebt; er hoffte auf den neuen Papst Klemens VII., dessen Wahl er auf das nachdrücklichste betrieb und von dem er sich einen zuverlässigen Parteigänger versprach. Die Wahl war nur unter Schwierigkeiten zusammengekommen; die französische Partei war immer stark. Es siegte trotzdem der Vetter Leos, weil man seiner diplomatischen Gewandtheit vertraute. Er hatte bereits seit vielen Jahren als Staatssekretär die Geschäfte der Kurie geführt, und im gleichen Stile betrieb er sie weiter, als Geschäfte, Verhandlungen und Ausspielen einer Mächtegruppe gegen die andere. Er war fleißig und umsichtig, hielt pünktlich seine Audienzen ab, erfüllte – was Aufsehen erregte – seine kirchlichen Verpflichtungen mit Sorgfalt; gegen seinen Lebenswandel konnte niemand etwas einwenden, auch dies sehr ungewöhnlich für einen Renaissancepapst. Er war versiert in philosophischen und theologischen Fragen und wußte sogar in den technischen Künsten Bescheid. Klemens sah gut aus, mit einem länglichen schöngeschnittenen Gesicht, das sein Porträtist Sebastiano del Piombo wohl etwas stilisiert hat; er sprach vorzüglich über die schwierigsten Kombinationen des hohen Weltspiels und suchte es mit seinen schmalen Händen geschickt zu ordnen. Aber er war im Kern schwach und unsicher. Als Verhängnis hing schon über ihm der Makel seiner Geburt. Er war ein uneheliches Kind des im Dom zu Florenz ermordeten Bruders des Lorenzo Magnifico. Nach kanonischem Recht hätte er von allen höheren Kirchenposten ausgeschlossen sein müssen; sein Vetter Leo hatte darüber großzügig hinweggesehen. Nun er Papst geworden war, dachten andere weniger liberal. Die Furcht, daß seine Wahl angefochten werden könnte, womöglich durch ein Konzil, hat ihn nie mehr verlassen und wurde durch ständige Drohungen seiner jeweiligen Feinde genährt. Furchtsam war er überhaupt, und er hatte Grund dazu. Mit seinem guten Verstand wußte er besser als seine Umgebung, wie schwach es um die Macht des Papsttums stand und wie gefährlich die Weltmachtstellung des Kaisers ihm werden konnte. Daß Karl V. der treueste Sohn der Kirche war, eigentlich der einzige zuverlässige unter den Herrschern der Zeit, blieb für ihn außer Betracht. Er sah in dem Spanier nur den Herrscher über Neapel, der nun auch nach Oberitalien griff und damit den Kirchenstaat von beiden Seiten umklammern konnte, ein Alptraum des territorial denkenden Papsttums seit dem Mittelalter. Seine erste Aufgabe schien es ihm, das mit allen Künsten der Diplomatie zu verhindern. Frankreich bot sich dafür an. Im Hin- und Herspiel zwischen Frankreich und dem Kaiser hat er die Stellung des Papsttums verspielt. Daß dabei auch Deutschland zum größten Teil für die Kirche verloren ging, ergab sich nur als eine ziemlich nebensächliche Folge für ihn. Er wußte ebensowenig etwas von dem Lande jenseits der Alpen wie seine Umgebung. Er war Italiener, mit allem Stolz auf den geistigen Rang seines Volkes, seine Kunst, die er weiterhin förderte wie sein Vetter Leo, und vor allem auf die hohe Kunst des Manipulierens mit

Konzessionen, Einsprüchen, Drohungen und Nachgiebigkeiten. Als Schiedsrichter der Welt wollte er fungieren, nachdem, wie er wohl einsah, die Zeit des unbeschränkten Befehlens für das Papsttum vorbei war. Keine der großen Mächte hat ihm diese Rolle zugebilligt; von jeder wurde er wie mit Peitschenhieben in dem engen Kreise umhergetrieben, der ihm noch verblieben war, bis er am Ende symbolisch nur noch der Gefangene auf der Engelsburg war, dem Benvenuto Cellini die Steine aus seiner Tiara ausbrechen und das Gold einschmelzen mußte, während die Stadt und der Vatikan von den kaiserlichen Soldaten so gründlich geplündert wurden, wie es seit Alarichs Zeiten nicht geschehen war. Dieser »Sacco di Roma« von 1527 gilt mit Recht als das Ende der »Hochrenaissance« in jeder Beziehung, auch in der Kunst. Was danach folgte, bezeichnen wir jetzt als »Manierismus«. Ein Politiker des Manierismus war Klemens schon lange, ehe diese Katastrophe hereinbrach, in dem Sinne, daß er die »maniera«, den Stil seiner Diplomatie, höher stellte als den Inhalt. Damit geriet er zwischen die Realitäten, die ganz stillos und brutal mit ihm verfuhren.

Im Vergleich mit diesem hohen Spiel mutet das Treiben der deutschen Fürsten und Stände auf ihren Reichstagen ungeschlacht an, bunt wie eine Kirchweih, aber auch gefährlich entartend zu wüstem Streit wie bei den gleichzeitigen Bauernfesten. Die ständischen Unterschiede treten nur in feierlichen Titulaturen und kostbarer Kleidung zutage; sonst sind diese Fürsten und großen Herren nicht viel besser als ihre Ackerknechte in ihren Vergnügungen. Luther klagt nicht zufällig immer wieder über seine trunknen Landsleute und steht damit nicht allein. Wie viele »Einungen«, Absprachen und Bündnisse in den wichtigsten Fragen der Nation einfach daran gescheitert sind, daß die Teilnehmer gar nicht mehr wußten, wovon gesprochen wurde, vermeldet keine Historie und kein Reichstagsabschied. Man tritt zusammen, läuft wütend auseinander; oft wird stumpf und hartnäckig protestiert gegen die vernünftigsten Beschlüsse und Maßnahmen, denen man eben noch zugestimmt hatte. Dann legt es sich wie ein Katzenjammer über die hohen Versammlungen, und in trüber Stimmung reisen die Herren wieder ab, nachdem sie große Gelder verzehrt haben, worüber daheim bittere Klagen angestimmt werden, auch von den Landschaften, die dafür bezahlen sollen. Das Geld spielt immer eine entscheidende Rolle. Es ist knapp überall, beim Kaiser, den Fürsten, Grafen, Rittern. Nur die Städte sind reich und deshalb allgemein verhaßt und beneidet. Aber auch sie sind wie von einer Lähmung befallen in politischer Hinsicht. Alle ihre Energien sind dem Handel zugewandt, den Künsten und Kunsthandwerken, es ist eine große, blühende Zeit, die größte der Städtekultur; auch die religiösen Fragen des Tages werden mit einer Leidenschaft ergriffen wie nie zuvor. Die Prädikanten predigen und haben ungeahnten Zulauf. Jeder disputiert, die Meister, die Gesellen, die Frauen, die Dienstmägde. Jeder kennt im Für und Wider die Schlagworte und Argumente. Aber kaum je sehen wir in diesen blühenden Kommunen Männer, die begriffen, wieviel die Stunde geschlagen hatte, wie sehr alles darauf ankam, daß diese stärksten Kräfte der Nation sich zusammentun müßten, um dem hartnäckig vordringenden Partikularismus der Fürsten ein Gegengewicht zu schaffen. Da werden auch die klügsten und stolzesten Syndizi und Stadträte weich und schlaff; als der Weisheit höchster Schluß gilt es, den Kaiser in Madrid oder Burgos anzurufen, der ihre Beschwerden verwirft oder begünstigt, je nachdem sie soeben seinen hohen Plänen dienen können.

Noch ließe sich vielleicht der Bruch heilen, der sich erst ankündigt; noch könnten Reformen, energisch durchgeführt, die Gutwilligen der verschiedensten Richtungen vereinigen. Reform der Kirche, Reform des Reiches: ein nationales Konzil, in einer deutschen Stadt! In Nürnberg wird es beschlossen, in Speyer soll es zusammentreten. Es ist ein so gut wie einstimmiger Beschluß, auch die geistlichen Fürsten sind dabei, die ihre eignen Gravamina gegen Rom haben. Noch einmal gehen die Hoffnungen hoch. Wenn der Nuntius Einwände erhebt, kann man wieder einmal auf die gefährliche Gärung im Volke hinweisen; eine Durchführung des Wormser Ediktes würde »Aufruhr, Ungehorsam, Totschläge, Blutvergießen, ja allgemeines Verderben« herbeiführen. Als Kompromißformel für den inneren Gebrauch findet man die jeder beliebigen Auslegung offene Lösung, jeder Stand solle dem Edikt »soviel als möglich« Geltung verschaffen.

In diesem »soviel als möglich« liegt die ganze Politik der Reichstage beschlossen, und sie ist in Nürnberg nicht zum letzten Male angewandt worden. Ein Schreiben des Kaisers aus Madrid, überbracht von seinem Kommissar, Hannart, Vicomte de Lembeke, macht dem gewaltigen Reformplan rasch ein Ende. Das Nationalkonzil wird verboten und findet nicht statt. Das Reich wird gewissermaßen kommissarisch regiert. Auch das wäre zuviel gesagt; der Vicomte ist eher ein Beobachter, der dem entfernten Herrn in seinem burgundischen Französisch berichtet, was er leicht angewidert gesehen hat: »Jeder möchte die Reichsangelegenheiten nach seinem Geschmack geregelt sehen, alle fordern ein Regiment und Justiz, aber keiner will zulassen, daß sein Haus oder Gebiet davon berührt wird. Jeder will Herr sein...« Der sächsische Gesandte meint, es habe im Reich seit Hunderten von Jahren niemals wunderlicher gestanden als jetzt.

Dieser Reichstag und das auf einen Wink des Kaisers fallengelassene Nationalkonzil vom Jahre 1524 waren die Entscheidung auf lange hinaus. Noch werden kleinere und immer aussichtslosere Projekte diskutiert und ebenfalls wieder aufgegeben. Wenn der Kaiser nicht in seinem Reich erscheinen will, könnte man vielleicht einen deutschen König wählen. Wer aber sollte das sein? Sein Bruder Ferdinand macht sich dazu Hoffnungen. Er hat nun angefangen, etwas Deutsch zu lernen, aber er regiert in seinen österreichischen Erblanden durch einen Spanier Gabriel Salamanca und macht sich damit verhaßt; stürmische Landtage protestieren gegen den Ausländer, Aufstände drohen, und Geld hat der Erzherzog noch weniger als sein Bruder; die reichen Bergwerke sind längst in den Händen der Fugger. Ein Tiroler Chronist klagt bewegt, wie das Land doch von einem Fremden beherrscht werde gegen alle alten Freiheiten: »O Tirol! O Etschland! Inntal, Ihr mögt Euch nun nicht mehr Eurer Väter berühmen! Ach, wie sind wir doch so ganz verschreckt, verstummt, erschüttert und zitternd worden! Wohin ist doch Mut und Blut von uns verschwunden! Daß wir unangesehen aller Freiheit nun sollen eigen, arm, geschoren, ja gar verschnittene Schafe werden und dazu von einer fremden Nation! O Salamanca, Deinesgleichen lebt nicht! Du hast, was kein Herr von Österreich hier noch nie begehren durfte, Du regierst den Fürsten und die Untertanen, und niemand fragt Dich, wie und warum?« Salamanca regiert weiter, trotz allen Murrens und der Reden darüber, wie schamlos er sich bereichere; er verstand es geschickt, die Stände gegeneinander auszuspielen, den Adel gegen die Bischöfe, seinen jungen Erzherzog gegen alle andern; nur beim Kaiser fand er Widerstand, der die Königspläne seines Bruders mit höchstem Mißbehagen verfolgte. Daß Ferdinand auch seine Augen auf Kursachsen geworfen hatte, erschien dem Imperator noch bedenklicher, denn das würde dem jüngeren Bruder entschieden zuviel Macht in die Hände spielen. Dieser Eifersucht verdankte Luther es, daß er vorläufig unbehelligt blieb.

Er konnte von all diesen Intrigen kaum genauere Kenntnis haben, zu denen noch zahlreiche andere kamen. Auch Herzog Georg dachte daran, unter dem Mantel einer Reichsexekution seinem Vetter die Kurwürde abzunehmen. Auf die Königswürde aspirierten noch die Bayern und der Brandenburger. Der Kaiser profitierte von diesen sich überkreuzenden Projekten. Er wuchs in seine Herrscherrolle hinein, während die Fürsten ihm als immer kläglichere Kontrahenten erscheinen mußten. An Menschenverachtung hatte es ihm nie gefehlt; sie wurde nun zu einer Unnahbarkeit, die den Zeitgenossen unendlich imponierte und als das Zeichen wahrer Majestät galt. Seine Langsamkeit, sein Zögern sogar, über das seine nähere Umgebung und sogar sein Beichtvater immer wieder verzweifelten, erwiesen sich in vielen Fällen als Stärke. Er vergaß nichts, behielt unverrückbar sein Ziel im Auge, seine Dynastie groß zu machen über allen anderen. Sein oft willkürliches Vorgehen trug nur dazu bei, bei den unentschlossenen Fürstenseelen Furcht und Schrecken zu verbreiten. Er schrieb an den alten und schon schwer kränkelnden Kurfürsten Friedrich in fast zärtlichen Ausdrücken als seinen lieben Oheim, den er jetzt noch intimer seinen Vater nennen wolle. Dann fuhr ein empfindlicher Hieb hinterher: Die Heirat seiner Schwester mit dem sächsischen Kurprinzen, als Entgelt für die Hilfe bei der Kaiserwahl vereinbart, wurde brüsk widerrufen. Der alte Herr weinte fast über diese Kränkung und mußte sie hinnehmen. Die anderen Wahlhelfer wurden nicht besser behandelt; keiner erhielt die versprochenen Bestechungsgelder richtig ausgezahlt. Sie murrten und verhandelten mit Frankreich, das in Gelddingen großzügiger war. Durch die ganze Regierungszeit Karls ziehen sich diese Kombinationen, die mit nationalen Fragen und Interessen nichts zu tun haben und noch weniger mit den religiösen. Eine französische Partei steht gegen eine spanische; eine Reichspartei ist nicht vorhanden außer in feierlichen und wertlosen Beschlüssen und großen Worten. Der katholische Franz I., um diese Bezeichnungen vorwegnehmend einzuführen, unterstützt die deutschen Protestanten, wo ihm das zweckmäßig erscheint; die protestantischen Städte suchen Hilfe beim katholischen Kaiser, bei Gelegenheit; die Kurie nimmt sich Bundesgenossen, wo sie zu finden sind.

Zunächst bringt der päpstliche Nuntius Campeggi einen Sonderbund zustande. Er hat in Nürnberg mit sicherem Blick den Herren das Maß genommen. Nur ungern hatte er sich zu der Mission bestimmen lassen, und sein Vorgänger Aleander gab ihm nach seinen unangenehmen Erfahrungen in Worms eine ausführliche Instruktion mit, wie man die Deutschen derzeit behandeln müsse: Vorsicht, Behutsamkeit, kein Hochmut! Campeggi war über die Mahnungen und noch manches, was Aleander ihm mündlich erzählte, so erschrocken, daß er nur nach ausführlicher Sicherstellung von Pensionen für seine Kinder, falls ihm etwas zustoßen sollte, die Reise antrat. Er bekam auch bald Gelegenheit zu sehen, daß Aleander nicht übertrieben hatte. Nürnberg war ein veritables Ketzernest. Von den Kanzeln wurde gegen Rom gepredigt, im Augustinerkloster nahmen Tausende von Gläubigen das Abendmahl in beiderlei Gestalt, die Kaiserschwester Isabella, die auf der Burg wohnte, schloß sich an, Flugschriften wurden verteilt. In einer von ihnen hieß es, ein seltsames Tier sei aus Rom eingetroffen, die Deutschen zu beschauen, Karnüffel oder Katzenaal genannt, »reitet auf einem Esel, köstlich mit Gold beschlagen, hat einen braunen Rock an und eine Suppenschüssel auf dem Kopfe«. Von Mandaten des Rates, wie sie sein Vorgänger verlangt hatte, wurde gar nicht mehr gesprochen. Campeggi sah sich mit scharfen Augen um. Er erkannte besser als die früheren Legaten, daß mit allgemeinen Vorstellungen wie denen von Geistlichkeit und weltlichen Fürsten nicht weiterzukommen sei. Er ließ Positionen fallen, die doch nicht mehr zu verteidigen waren, und beschränkte sich auf das, was im Augenblick möglich war.

Der Nuntius präsidierte bei der Koalition, die in Regensburg zusammentrat, als Gegenschlag gegen die geplante und einberufene Nationalversammlung in Speyer. Den Kern bildeten Erzherzog Ferdinand und die bayrischen Herzöge Wilhelm und Ludwig, die damit ihre Zustimmung zu der Nationalversammlung widerriefen. Campeggi ließ es nicht bei bloßen Bündnisplänen bewenden. Die Kurie bot tatkräftige Unterstützung an. Die bayrischen Bischöfe mußten sich bequemen, ein Fünftel ihrer Einkünfte, die österreichischen ein Viertel, an die Landesherren abzuführen. Das war ein Schritt, der früher als unerträglicher Eingriff in die Rechte der Kirche angesehen worden wäre; er mußte widerwillig von den Bischöfen hingenommen werden. Die Kurie stellte sich entschieden auf die Seite der Fürsten. Die Befugnis, anstelle der Bischöfe die Klöster zu visitieren, wurde ihnen zugestanden, eine weitere erhebliche Stärkung der landesherrlichen Gewalt; die Universität Ingolstadt wurde der fürstlichen Autorität unterstellt; eine scharfe Verfolgung der Ketzerei eingeleitet. Andere süddeutschen Große traten bei, der Erzbischof von Salzburg erst, nachdem er sich eine beträchtliche Vergrößerung seiner Diözese in Rom ausgehandelt hatte. Es war noch keine Partei, aber der Beginn einer Partei, noch nicht die Spaltung Deutschlands in einen katholischen Süden und protestantischen Norden, aber der Anfang dazu. Auch einige Reformen wurden beschlossen. Eine gemischte geistlich-weltliche Kommission, wiederum ein im Vergleich zu früher unerhörter Schritt, wurde geschaffen. Überflüssige Festtage sollten abgeschafft werden. Man ging noch weiter in Richtung auf die von Luther eingeführten Neuerungen ein. Eine deutsche Bibelübersetzung sollte hergestellt werden, eine Gegenschrift zu Melanchthons Loci communes.

Der Nuntius Campeggi konnte einen großen diplomatischen Erfolg verzeichnen. Das gefürchtete Nationalkonzil war hinfällig geworden, noch ehe der Kaiser sein Veto einlegte. Ein fester Zusammenschluß von Ländern, deren Herrscher zur alten Kirche hielten, war geschaffen, während zur gleichen Zeit aus anderen Gegenden des Reiches Denkschriften für die Tagung in Speyer einliefen, voll kühner Reformvorschläge. Mit echter deutscher Gründlichkeit wurde dabei noch angeregt, erst einmal eine ausführliche Zusammenstellung aller bisherigen Akten über Beschwerden, Streitfälle und Reichstagsbeschlüsse vorzunehmen und zu publizieren. Vertreter der Städte hielten sogar eine Tagung ab und diskutierten darüber, welche Anträge sie bei der großen Nationalversammlung einbringen wollten. Als das Verbot des Kaisers eintraf, verzogen sie sich von Speyer nach Ulm und berieten über Gegenmaßnahmen gegen die Regensburger Koalition. Einige Grafen und Fürsten traten hinzu, als wichtigster der junge Landgraf von Hessen, der in einem Gespräch mit Melanchthon für die neue Lehre gewonnen worden war. Viel mehr als ein Gespräch wurde nicht geführt. Man dürfe sich in so gefährlichen Zeitläuften nicht abseits halten, hieß es.

Die Zeitläufte waren gefährlicher, als die beiden feindlichen und noch sehr losen Koalitionen ahnten. Oft genug war der vierte Stand bei Reichstagsverhandlungen als drohende Gefahr beschworen worden. Daß nun auch die Bauern, in keiner Ständeversammlung vertreten, mit der Waffe in der Hand aufstehen würden, hatte kaum jemand einkalkuliert. In den Streit um religiöse Überzeugungen, den Kampf um Reformen, Neuordnung der Herrschaftsbereiche, in die völlige Anarchie der politischen Verhältnisse brach etwas ein, für das man damals noch keinen Namen hatte: die soziale Frage. Als Stand war der Bauersmann zwar in der ständischen von Gott beschlossenen Weltordnung vorgesehen, als unterster, dienender, arbeitender, aber daß er auch Rechte beanspruchen könnte, womöglich Verbesserung seiner Lage, war auf keinem Reichstag je zur Sprache gekommen. Nur Flugschriften hatten zuweilen den »Karsthans« einmal auftreten lassen als Sprecher, mit der Hacke in der Hand.

Luther meldete sich wieder zu Wort, als er von den Nürnberger sich widersprechenden Beschlüssen und den Maßnahmen des Kaisers erfuhr. Er fühlte sich nicht ohne Grund persönlich bedroht: »Nun, meine lieben Fürsten und Herren, Ihr eilt sehr mit mir armem, einzelnen Menschen zum Tode, und wenn das geschehen ist, so werdet Ihr gewonnen haben. Wenn Ihr aber Ohren hättet zu hören, ich wollte Euch etwas Seltsames sagen. Wie, wenn des Luthers Leben so viel vor Gott gölte, daß, wo er nicht lebte, Euer keiner seines Lebens oder Herrschaft sicher wäre, und daß sein Tod Euer aller Unglück sein würde? Es ist nicht zu scherzen mit Gott. Fahrt nur frisch fort! Würgt und brennt! Ich will nicht weichen, so Gott will. Hie bin ich und bitt Euch gar freundlich, wenn Ihr mich getötet habt, daß Ihr mich ja nicht wieder aufweckt und noch einmal tötet. Gott hat mir, wie ich sehe, nicht mit vernünftigen Leuten zu schaffen gegeben, sondern deutsche Bestien sollen mich töten, bin ichs würdig, gerade als wenn mich Wölfe oder Säue zerrissen.« Er sei bereit zu sterben, aber bisher sei er trotz aller Edikte nun schon ins dritte Jahr am Leben geblieben. Er druckt die beiden sich aufhebenden Beschlüsse mit einigen Randbemerkungen ab. Dann droht er mit Gottes Gericht über die tollen und trunknen Fürsten: »Was wollt Ihr, lieben Herrn? Gott ist Euch zu klug; er hat Euch bald zu Narren gemacht. So ist er auch zu mächtig; er hat Euch bald umgebracht.« Er zitiert die Bibel: »Er stößt die Gewaltigen vom Stuhl, das gilt Euch, liebe Herren, jetzt auch, wenn Ihrs übersehen solltet.« Er selber übersieht – oder läßt absichtlich fort – den zweiten Teil des Bibelspruches, »er erhöht die Niedrigen«. Sein Zorn gilt ausschließlich den hohen Herren, die diese Beschlüsse gefaßt haben. Er schließt mit der Aufforderung, alle frommen Christen sollten sich über die »tollen, törichten, unsinnigen, wahnsinnigen Narren erbarmen« und mit ihm beten: »Gott erlöse uns von ihnen und gebe uns aus Gnaden andere Regenten. Amen.«

In seiner Weltunkenntnis hat er nicht die geringste Vorstellung, woher denn solche besseren Regenten kommen sollten, noch wie Gott die Länder denn von ihnen erlösen könnte. Er ist völlig beherrscht von dem apokalyptischen Gedanken eines Gottesgerichtes, das wie eine Sturmflut oder andere unerforschliche Schickung hereinbrechen werde. Menschenhände sollten damit nichts zu schaffen haben, sie dürften nur zum Beten gefaltet werden. Daß die Menschen aber seine Worte als Aufforderung zum Aufstand gegen tolle und wahnsinnige Herren verstehen mußten, zieht er nicht in Betracht. Er mahnt zum Gehorsam gegen eine Obrigkeit, die er als von Gott eingesetzt und, fast im gleichen Atem, als von Gott verlassen und seinem Zorn ausgeliefert hinstellt. Das Volk entnahm sich daraus die Parole, daß es Gottes Zorn nun in seine Hände nehmen müsse, ja dürfe, und sogar ausdrücklich dazu beauftragt sei.

In diesem Zwielicht trat Luther in die verhängnisvollste Krise seines Lebens ein. Er war unvorbereitet. Bisher hatte sich das Wort, sein Wort, das er als den göttlichen Willen auffaßte, als allen Mächten überlegen gezeigt. Die Herrschaft des Papstes in Deutschland lag halb in Trümmern; der Kaiser hatte ein ohnmächtiges Edikt erlassen. Jetzt stieß das Wort gegen harte Schranken. Luther begriff das nicht. Wenn er von blutigen Verfolgungen seiner Anhänger hörte, in den kaiserlichen Niederlanden, in Bayern oder Österreich, so schienen ihm solche Blutzeugen nur wie die alten Märtyrer der Legenden eine Gewähr dafür, daß die gute Sache sehr bald siegen müsse. Das Tempo seiner Vorstöße hatte ihm den Atem benommen. In drei Jahren war die Welt verwandelt worden. In weiteren zwei Jahren, so meinte er auf der Wartburg, würde es mit dem Papsttum endgültig zu Ende sein. Noch rascher, mit einem Schlage, konnte Gott, der so weit geholfen, auch die Fürsten hinwegräumen, die sich seinem Evangelium in den Weg stellten. Er dachte nicht in historischen oder politischen Vorstellungen, sondern in den Bildern der Bibel. Da waren den Propheten, die er gerade übersetzte, Sturmwinde verhießen, die Felsen zerbrachen, Erdbeben, Feuer. Die Könige und Herren ratschlagen miteinander wider Gottes Wort, aber »Du sollst sie mit einem eisernen Zepter zerschlagen, wie Töpfe sollst Du sie zerschmeißen«, hieß es in seinem Lieblingspsalm. »Der Himmel ist eisern, die Erde ehern«, so hatte er selber von der Wartburg her geschrieben. Seine Worte bekamen nun Hände und Füße. In einem Jahr wurde die Welt, seine Welt, abermals verwandelt. Wie geblendet ging er in die große Niederlage hinein, die das Ende seines unaufhaltsamen Vorstürmens bedeutete und den Zusammenbruch all der vielfältigen Hoffnungen, die sich um seinen Namen gesammelt hatten.

Die Schlacht von Pavia

Zu Beginn des Jahres 1525, das in Deutschland den großen Bauernkrieg sah, die Schicksalswende des Jahrhunderts, fand weit ab davon in Italien ein Ereignis statt, das nicht weniger in alle Verhältnisse der Zeit eingriff. Die Schlacht von Pavia am frühen Morgen des 24. Februar ist in Landsknechtsliedern verherrlicht worden, auf prachtvollen Wandteppichen und in hochgestimmten Berichten. Sie galt den Zeitgenossen als eine der großen Taten der Epoche. Alle Nationen, bis hinab zur Türkei, wurden von dieser Schlachtentscheidung berührt. In Frankreich bedeutete sie eine tiefgreifende Veränderung des gesamten Lebens. Als der Sieger wurde der Kaiser gefeiert, der, fern in Spanien und in tiefen Sorgen über das Mißlingen seiner Pläne, gerade an diesem Tage seinen Geburtstag beging. Mit einem Schlage hob dieser Erfolg seiner Söldner ihn auf die höchste Höhe seiner Laufbahn. Unumschränkt schien er nun über ein Weltimperium gebieten zu können. Für Deutschland hieß das die bevorstehende Vernichtung aller reformatorischen Bewegungen. Die Aufstände der Bauern wurden in der Tat blutig niedergeschlagen, wesentlich mit Hilfe der Landsknechte, die nach Pavia in die Heimat zurückgekehrt waren.

Die Landsknechte: von ihnen ist zu sprechen, denn sie führten die

Kriege, nicht die Völker. Das Zeitalter, das wir nach der Reformation benennen, ist die Zeit unaufhörlicher Kriege und Feldzüge, unterbrochen nur durch unehrliche Waffenstillstände und Friedensverträge, die sofort mißachtet werden. Die Kampagnen sind hier nicht zu schildern; kaum kannten sich die Teilnehmer darin aus, die oft mitten im Kampf die Partei wechselten oder nach Hause gingen, um bei nächster Gelegenheit gegen den Auftraggeber zu ziehen, dem sie zuvor gedient hatten. Es kann weder von großen nationalen Kriegen die Rede sein noch von Religionskriegen, obwohl nationale und religiöse Gegensätze und Stimmungen laut genug betont wurden und in einigen Ländern, wie Frankreich und Spanien, bereits das Bild zu beherrschen begannen.

Im übrigen fochten Söldner für Geld und Beute. Es gab zwar auch Aushebungen, Milizen, landsmannschaftliche, provinzielle, städtische Aufgebote, aber sie treten völlig zurück. Die »Knechte«, wie sie genannt wurden, kämpften für das Haus Burgund-Habsburg, das Haus Medici in Rom und andere Dynastien, falls diese die Gelder aufbringen konnten. Das Söldnerwesen steht in engstem Zusammenhang mit der aufkommenden Geldwirtschaft. Die großen Bankhäuser in Genua oder Augsburg hatten eine ausschlaggebende Bedeutung, denn nur in seltenen Fällen konnten die Fürsten ihre Kriege durch die stets widerwillig gewährten Steuern finanzieren. Die Feldzüge waren kurz oder sollten kurz sein; das Geld wurde von den Bankiers meist nur in Quartalswechseln gegeben, und auch Bewilligungen der verschiedenen Stände, falls sie zu erreichen waren, waren immer eng befristet. Daher die vielen halb abgebrochnen und erst nach einem Jahr wiederholten Kampagnen oder solche, bei denen sich die ungenügend entlöhnten Söldner in raubende Horden auflösten und unterschiedslos feindliches wie befreundetes Gebiet ihrer Auftraggeber verheerten.

Ohne Unterschied dienten die Knechte dem Papst, dem Kaiser, den Königen, je nach der jeweiligen Konstellation. Zwei Menschenreservoire standen vor allem zur Verfügung, die Schweizer und die Deutschen. Die Schweizer hatten sich durch die Siege ihrer Bauernheere über Österreich und Burgund ein halbes Jahrhundert lang den Ruhm erworben, die unwiderstehlichsten Kämpfer zu sein. Sie hatten den Sieg der Infanterie über die gepanzerten Ritterheere entschieden. Für einen kurzen Zeitraum war die Eidgenossenschaft von allen Seiten

26 Fahnenträger des Kantons Schwitz

umworben und nahezu eine Großmacht; große Politik wurde betrieben auf den Tagsatzungen der schlichten Bauern, die kühne und weit ausgreifende Pläne diskutierten und zeitweilig daran denken konnten, die halbe oder ganze Lombardei zu erobern. Der Papst, der Kaiser, Frankreich, deutsche Herzöge bezogen aus der Schweiz ihre Truppen. Die Frage der von Frankreich gewährten »Pensionen«, das heißt laufenden Bestechungen hat noch in die Schweizer Reformation sehr wesentlich hineingespielt, ebenso die der von der Kurie gezahlten Gelder; Ulrich Zwingli war in den Anfängen seiner Laufbahn ein päpstlicher Pensionär, als Parteigänger des Schweizer Kardinals Schiner, der mit großem Geschick die Interessen der Kurie bei seinen Landsleuten wahrnahm und dafür den roten Hut erhielt.

Gegen Anfang des Jahrhunderts waren aber die deutschen Landsknechte nachgerückt und machten den Schweizern Konkurrenz. Kaiser Maximilian wurde als ihr »Vater« gerühmt, obwohl er bei seiner ständigen Geldknappheit schlecht zahlte. Und so dienten die deutschen Landsknechte auch für Frankreich, England, in Italien, wo immer man Löhnung zahlte und Beute versprach. Die Versprechungen hoher Herren waren meist verdächtig und wurden oft nicht honoriert. Eher verließen sich die Knechte auf einen erprobten Führer, der in eigner Regie einen Kriegshaufen zusammenbrachte, bevorschußte und vermietete. Sickingen war ein solcher Kondottiere gewesen; Georg von Frundsberg wurde berühmt und lange in Liedern gefeiert; auch ein Schwabe Schertlin, der den Adel und reichen Grundbesitz aus seiner Kriegsbeute erwarb und bei einem Feldzug vom Kaiser mit dem bezeichnenden Titel »Großmarschall und Brandschatzmeister« geehrt wurde. Die deutschen Landsknechte bezeichneten sich als einen »Orden«, den Orden der frommen Landsknechte; sie fühlten sich als ein eigner Stand, mit eignem Ehrenkodex, eignen Sitten und Gebräuchen. Ihre Tracht war höchst malerisch und hat viele Künstler zu Darstellungen gereizt. Der Rock war zerschnitten, »zerhauen« wie in der Schlacht, die Hosen waren riesige Pluderhosen, was sich bei der Flucht wenig bewährte, vom Haupte wehten Büsche von Straußenfedern. Der Schweizer Söldner Urs Graf hat die besten Zeichnungen aus dieser bunten Welt geliefert; er signierte mit seiner Kennmarke, dem Dolch.

Die Buntheit des Kostüms und der Sitten hat den Landsknechten eine überraschend gute »Presse« verschafft und noch lange nachgewirkt bis zu Landsknechtsgesängen, die der dafür ganz ungeeignete Rainer Maria Rilke als junger Dichter anstimmte. Als eine der großen Landplagen der Zeit – zusammen mit den »Franzosen«, der Syphilis, aufgekommen – bezeichnet sie Sebastian Franck in seiner Deutschen Chronik, als ein leichtfertiges Volk, »dem wohl mit anderer Leute Unglück ist, das Unglück sucht und ungenötigt alle Land durchstreicht, Krieg sucht und um ein heillos Geld Weib, Kind, sein Vaterland,

Vater und Mutter verläßt ... aus keinem Gehorsam, sondern aus lauter Frevel, Blutdurst und Mutwillen ... und mit würgen, rauben, brennen, ja mit Witwen und Waisen verderben reich werden«. Reich wurden die wenigsten, von den Kriegsobersten abgesehen, die nicht nur stämmige Schlachthelden waren und mit der Pike in der Hand im vordersten Treffen standen, sondern als tüchtige Unternehmer auch wußten, wie man die Dienste der Banken für rechtzeitige Überweisung von Brandschatzungen und Beutegeldern benutzen konnte und seine Einnahmen in sicherem Grundbesitz anzulegen hatte. Die Knechte waren namenlos, hatten keinen Kredit, dienten von Tag zu Tag und wurden rücksichtslos entlassen. Der fahrende Landsknecht, der sich mit den Scharen von anderem fahrenden Volk vermischte, war eine stehende Figur aller Erzählungen, Schwänke und Chroniken. Hans Sachs hat – mit anderen Farben, als die Maler sie auftrugen – das Landsknechtsleben beschrieben, zu dem ihm in seiner Jugend die Freunde Lust machen wollten: »Da lag die blutig Rott / An der Erdt in dem Kot«, wie lebendig begraben, »ihre Kleider zerrissen, / Erfaulet und zerschlissen«, die Gesichter wetterfarben, hager, Läuse im nassen Kleid, sie schlingen halbgares Essen, die Ruhr geht durch das Lager, viele Krüppel wanken umher; wer flüchtet, wird von den Bauern erschlagen, jämmerlich ziehen die Überlebenden heim. Die Jungen hörten nicht auf solche Stimmen eines betagten, wohlhabenden Pfahlbürgers. An Rekruten fehlte es nie auf den Werbeplätzen. Die bunte Tracht lockte, das ungebundene Leben, der Tod »auf freier grüner Heide« schreckte nicht: »Da schlägt man mir den Pummerlein pum, / Der ist mir neunmal lieber, / Als aller Pfaffen Gebrumm.« Die Landsknechtslieder waren beliebt, ob sie nun von solchen stammten, die tatsächlich dabei gewesen waren, oder von federflinken Literaten. Das Kauderwelsch, das sich die Knechte auf ihren Zügen durch alle Länder aufgriffen, kommt dabei zum Ausdruck: »Wir zogen vor Friaul, / Da hätten wir allesamt voll Maul, / Stampedemi, / alla mi presente, all Vostra Signori!« Die Signori, denen man seine Dienste anbot, konnten italienische Republiken, deutsche Herren oder der immer am besten zahlende französische König sein.

Die »stampede«, aus dem Spanischen, die plötzliche Flucht und Panik, schleicht sich nicht zufällig in diese Verse ein, denn es wurde oft sehr plötzlich kehrt gemacht, wenn der erste mit großer Gewalt geführte Angriff der geballten Haufen mißlang. Auf der Flucht entstanden die größten Verluste; mitleidslos wurde da abgeschlachtet, und die Ziffern von Toten übersteigen noch fast die der blutigsten späteren Kriege. Die Schweizer hatten zuerst den Kampfstil eingeführt, den die Italiener erschreckt »mala guerra« nannten, den unbarmherzigen Krieg. Sie fochten sehr reell für ihre Löhnung und schonten sich nicht, wie das die Italiener aus den früheren Feldzügen der Kondottieri gewöhnt waren, bei denen man durch geschicktes Manövrieren seine kostbaren Mannschaften sorgsam zu Rate hielt und nur die Bauern, die Dörfer und kleinen Städte auf das rücksichtsloseste ausraubte. Die deutschen Landsknechte übernahmen die neue Kampfweise, und wenn sie mit den Schweizern, ihren Konkurrenten, zusammenstießen, so wurde sie mit besonderer Erbitterung gehandhabt. Falls man auf der gleichen Seite focht, setzte es schwere Raufereien im Lager, Zweikämpfe oder Schlägereien ganzer Rotten. Meuterei war überhaupt an der Tagesordnung, Streik bei Ausbleiben der Löhnung und des Proviantes. Nicht wenige Feldzüge blieben deshalb im aussichtsreichsten Stadium stecken. Der Kriegoberst hatte sich bei solchen Gelegenheiten mit Einsatz seiner ganzen Persönlichkeit und seines Kredites zu bewähren. Ein ganzer Stab von Stockmeistern und ihren Knechten stand ihm dabei zur Verfügung. Der Hurenweibel sorgte für Aufsicht über die zahlreichen Lagerhuren und Weiber, die mit den Kindern auf dem Arm und großen Ledertaschen zum Einsammeln der Beute den Zügen folgten. Das Raubgesindel des Trosses war von der Bevölkerung wie von den Verwundeten und Besiegten der unterliegenden Partei noch viel mehr gefürchtet als die kämpfende Truppe; es gab keinen Pardon. Die Bauern rächten sich für zahllose Quälereien, wo sie konnten. Ein Feldhauptmann mahnte vor dem Kampf: »Haltet euch gut; wenn ihr den Feind nicht schlagt, werdet ihr den Bauern nicht entkommen!« Die Verrohung dieser ganzen Kriegsführung hat in den Brutalitäten der Landsknechte gegen die geschlagenen Aufständischen des deutschen Bauernkriegs nur ihren Gipfel erreicht; sie war in langen Jahren eingeübt und praktiziert.

In der geschichtlichen Entwicklung des Heerwesens kommt den Landsknechten noch eine andere Stellung zu. Sie fochten in geschlossenen und wohleingeteilten Formationen; sie besaßen eine sehr ausgebildete militärische Hierarchie, vom Obersten als Regimentsführer über die Hauptleute als Führer der Fähnlein zu den Söldnern unter Feldwebeln und Rottenmeistern hinab. Der einfache Söldner diente mit dem langen Spieß und kurzem Schwert oder als Doppelsöldner, wenn er auf eigene Kosten eine Hakenbüchse beibrachte. Sie traten im taktischen Verband an, dem Gevierthaufen, dessen Lanzenwald auf allen zeitgenössischen Darstellungen die Zeichner zu kompakten Quadraten begeistert. Der Stoß dieser gedrängten Massen, verstärkt durch den Druck der hinteren Glieder, war von großer Gewalt, vorausgesetzt, daß das Terrain für diese Taktik günstig war und keine Artillerie oder gut befestigte Stellung gegenüberstand. Zunächst wurde der »verlorene Haufen« vorgeschickt, um eine Bresche zu schlagen, erst dann rückte der »helle« oder »Gewalthaufen« an, um den entscheidenden Stoß zu führen. Vor dem Gefecht knieten die frommen Landsknechte nieder und baten Gott um Segen für ihre Waffen. Einzelkämpfe oder Herausforderungen gingen gelegentlich voran. Ein alter Kriegskamerad spricht seinen früheren Genossen Frundsberg an: »Du alter Gesell, find ich Dich da, Du mußt von meiner Hand sterben!« Frundsberg antwortet: »Es soll *Dir* widerfahren, wills Gott!« Mächtiges Geschrei, Trommeln, bei den Schweizern das Blasen der Alphörner leitet den Zusammenstoß ein. Das »Dran, dran, dran!« der Landsknechte hat auch Thomas Müntzer in seinen Aufrufen an die Bauern und Bergleute als Parole verwendet. Heimgekehrte Landsknechte, die in geschlossenen Trupps unter ihren Hauptleuten und Obersten fochten, haben die losen und schlecht geführten Bauernheere geschlagen. Worum es dabei ging, war ihnen hier ebenso gleichgültig wie bei Pavia, wo auch deutsche Landsknechte auf beiden Seiten standen, Bauernsöhne gegen Bauernsöhne oder deutsche Bauern gegen Schweizer Älpler. Krieg war ein Handwerk wie jedes andere.

Kaiser Karl hatte mit wechselndem Erfolg Krieg gegen Frankreich geführt; sein letzter Vorstoß von Italien aus in die Provence war mißlungen, seine Truppen mußten zurückgehen und lösten sich, da sie nicht entlöhnt wurden, in der Lombardei zum großen Teil in plündernde Horden auf. König Franz war wieder vorgerückt und belagerte Pavia, das von spanischen und deutschen Truppen verteidigt wurde. Hilferufe des Kaisers an seinen Bruder Ferdinand hatten wenig Erfolg; der Erzherzog steckte ebenso in Schulden wie der Imperator. Er konnte nur den bewährten Kriegsobersten Frundsberg animieren, in eigner Regie Soldtruppen aufzubringen und nach Italien zu führen. Von Süden her rückte der Vizekönig von Neapel, Lannoy, heran und vereinigte sich mit Frundsberg. Auf kaiserlicher Seite standen Spanier, Deutsche, Neapolitaner, Norditaliener; König Franz verfügte über seine gepanzerten Ritter, die Blüte des französischen Adels, einen starken Verband von Schweizer Söldnern und 5000 deutsche Landsknechte. Die Führung war noch bunter gemischt: Im Lager des Kaisers befand sich, als Empörer gegen König Franz, der Konnetabel Bourbon, der mächtigste der französischen Großen, der italienische Marquis von Pescara, der Burgunder und frühere Turniergenosse Karls, Lannoy, als Vizekönig des spanischen Neapels; dazu kamen die deutschen Landsknechtsführer. Papst Klemens hatte seinen Legaten Aleander in das Lager des Königs entsandt, während er noch formell mit vielen Vorbehalten auf der Seite des Kaisers stand; er erwartete mit Sicherheit, daß die Franzosen siegen würden.

Die französischen Belagerer wurden eingeschlossen und ihrerseits von den Kaiserlichen belagert. Auf beiden Seiten fehlte es an Geld, und es bestand ständig die Gefahr, daß die Söldner abzogen.

Man lag sich sehr nahe gegenüber. Es war Winter, das Quartier schlecht, die Ernährung mangelhaft. Es wurde Februar, noch schlechteres Wetter und noch schlechtere Stimmung. Bei einem Kriegsrat im kaiserlichen Lager hieß es: Noch drei oder vier Tage können wir die Leute bei der Fahne halten, dann sind wir verloren. Frundsberg überredete seine Mannen, noch etwas auszuharren. Die Aussicht auf Beute lockte. König Franz und seine Ritter waren reich.

Man beschloß einen Nachtangriff. Die Hauptstellung der Franzosen war im Park von Mirabell, dem Tiergehege und Jagdgrund der Mailänder Herzöge. Eine starke Mauer zog sich um das ziemlich ausgedehnte Waldgebiet. Spanische Pioniere sollten eine Bresche schlagen; die Landsknechte gaben sich zu solchen Arbeiten nicht her. Die Pioniere hackten so leise wie möglich an der harten Mauer, an der die Franzosen kaum Posten ausgestellt hatten; es dauerte bis zum Morgengrauen, dann drangen die ersten Kaiserlichen durch die Lücke ein. Sie hatten sich, um im Halbdunkel kenntlich zu sein, mit weißen Hemden über den Harnischen bekleidet, Hemden aus Papier; die

Wäsche, die sie am Leibe trugen, dürfte etwas zu dunkel gewesen sein. Im Park zwischen Bäumen, Hundeställen für die Jagdhunde, Hütten für die Falknerei und auf ziemlich weichem, verregnetem Boden wurde die Schlacht ausgefochten. Es war neblig und die Verwirrung groß. Die Berichte darüber sind alle konfus. Für eine Weile sah der Kampf sehr günstig aus für König Franz mit seinen gepanzerten Rittern. Seine gut postierte Artillerie schoß mit großer Wirkung in die dichten Massen der Landsknechte hinein. Das war jedoch nicht ein ritterliches Turnier nach dem Herzen des Königs; er gönnte der verachteten Feuerwerkerwaffe nicht die Ehre des Sieges und ritt mit seinen Gepanzerten in die Schußlinie vor, die Geschütze mußten schweigen. Franz stürmte noch weiter vor, hielt ein mit seinen Genossen und ließ sich zum Sieg beglückwünschen. »Jetzt erst kann ich mich wahrhaft Herzog von Mailand nennen!« schrie er durch das Visier seinen Freunden zu. Die spanischen Truppen traten in Aktion, schon damals die beste Infanterie Europas, stark ausgerüstet mit Hakenbüchsen, geschult, um auch in kleinen Gruppen zu fechten. Die Arkebusiere schossen die Ritter zusammen zwischen den Bäumen und Rasenflächen des Parkes. Von einer wuchtigen Attacke war keine Rede mehr. Einzeln galoppierten die Reiter umher; wenn die Pferde stürzten – und die Hakenschützen wußten, daß sie zuerst auf die Gäule zielen mußten –, waren sie hilflos in ihren zentnerschweren Rüstungen und wurden abgeschlachtet, wofür jedem Arkebusier ein besonderer Halsabschneider und Plattensprenger beigegeben war. Ein italienischer Augenzeuge berichtet im hohen Stil: »Wie in heldenhaftem Rausch fand die französische Aristokratie einen freudigen Tod.« Sie fielen jedenfalls, einer nach dem andern.

Die Liste der großen Namen füllt viele Seiten. Ein Ritter, des Königs Stallmeister, reitet schon tot noch eine ganze Weile umher, der Helm ist ihm heruntergefallen, er hat ein Dutzend Kugeln im Leib, die gebrochenen Augen starren geradeaus, die Rüstung hält ihn aufrecht. Die spanischen Arkebusiere bekreuzigen sich und weichen zurück vor dem Spuk, bis das Pferd stürzt. Dieser Tote im Sattel ist das Symbol für die Schlacht, die das Ende der Ritterkämpfe und Turniergedanken bedeutet. Die Arkebusiere sind »die Moderne«. Auch der Gaul des Königs stürzt. Franz kann sich aufraffen, sein kostbarer Panzer, von ersten Waffenschmieden hergestellt, ist leichter als die schweren Harnische seiner Genossen. Die Spanier, die ihn nicht erkennen, wollen ihn abtun wie die andern, aber er hat Glück. Sie streiten sich sogleich um die prachtvolle Rüstung, und Lannoy kommt hinzu, der Vizekönig und Turniergefährte Karls. Er rettet ihn mit viel Mühe vor den raubgierigen Infanteristen, die den Vizekönig mit seinem Gefangenen verfolgen; er muß seine eignen Leute zu Hilfe rufen, und es setzt einige Tote, ehe er in Sicherheit kommt. Von feierlicher Übergabe des Degens, wie es dann in den Hofberichten heißt, ist keine Rede; der leicht verwundete Franz stützt sich beim Gehen auf sein Schwert, er ist halb nackt, »die langen Spitzen seiner eisernen Fußbekleidung schlitterten im Schlamm«, meldet ein realistischer Augenzeuge. So weit wie möglich nach hinten ins Quartier bringt Lannoy diese kostbarste Beute des Tages, denn nicht nur die spanischen Infanteristen, sondern auch die anderen Heerführer würden sich gern des Königs bemächtigen.

Die Garnison hatte inzwischen einen Ausfall gemacht. Die Schweizer, zu spät eingesetzt und von Frundsbergs Landsknechten erbittert angefallen, lösen sich auf und flüchten. Die schön gezeichneten, kompakten Gevierte auf den Holzschnitten der Zeit mit kerzengeradem Lanzenwald dürften auf dem unübersichtlichen Gelände kaum je in Erscheinung getreten sein. Um halb neun am Morgen, im immer noch ungewissen Licht, ist die Schlacht zu Ende; sie hat kaum mehr als eine Stunde gedauert. Das Morden und Beutemachen geht den ganzen Tag über weiter. Für hohe Herren, an ihrer prunkvollen Aufmachung kenntlich – einige haben die Farben ihrer Herzensdame um den Arm gewunden –, besteht Aussicht auf Rettung, wenn sie nicht im ersten Blutrausch des Kampfes niedergemacht worden sind. Sie können für Lösegeld verhandelt werden. Die Knechte werden von den Siegern erbarmungslos abgetan. Die Deutschen auf französischer Seite werden von Frundsbergs Landsknechten erschlagen. Die Schweizer suchen den Ticino zu durchschwimmen und ersaufen größtenteils in ihren schweren Wämsern und Pluderhosen; man will achttausend Leichen vor den nächsten Wehren angeschwemmt gesehen haben.

Am Abend und am nächsten Tage begann noch das Nachspiel: Verkauf der Leichen und Einwechseln der Beute. Händler, Geldwechsler, Kaufleute fanden sich immer mit überraschender Promptheit an Schlachtorten ein. Die Armeen hatten einen riesigen Troß, jeder Hochadlige führte seine Sekretäre mit, manche auch ihre Geliebten. Diener, Knappen und Vertraute feilschten mit den Soldaten um ihren Herzog oder Grafen, dessen Leichnam sie nach Hause zu bringen hatten zum Erbbegräbnis; die Händler zahlten auf Kredit eines hohen Hauses oder bürgten. Die Blüte des französischen Adels lag aufgereiht in großer Ordnung, oft jammervoll verstümmelt. Die erzielten Preise sind aufgeschrieben worden. Waren sie nicht hoch genug, so warf ein wütender Landsknecht »seine Leiche« lieber in den Fluß zu den Knechten und ging davon.

Der Held des großen Tages, König Franz, viel bewundert wegen seiner ritterlichen Haltung, wurde durch Lannoy unverzüglich in königliche Gewänder eingekleidet, die Respekt vor der Majestät einflößen sollten. Er erhielt festliche Bewirtung und Erlaubnis, seiner Mutter nach Frankreich die berühmt gewordenen Zeilen zu schreiben: »Madame, ich möchte Sie informieren, wie es mit meiner üblen Fortuna ausgegangen ist: Alles ist verloren außer der Ehre und dem Leben.« Beim Davonreiten nach der Festung Pizzighettone, wo Lannoy ihn vor den anderen Befehlshabern in Sicherheit brachte, scherzte er bereits und erzählte Jagdabenteuer. Das große Turnier hatte damit geendet, daß er aus dem Sattel geworfen wurde. Er gedachte sich sehr bald wieder zu erheben. Lannoy war voll Respekt und geheimer Sympathie. Unter hohen Herren gab es Feindschaften und Krieg, aber das berührte nicht die feste Bindung der Standesgemeinschaft. Er entführte seinen kostbaren Gefangenen aus der Festung, brachte ihn auf Schleichwegen nach Genua und von dort zu Schiff nach Spanien. Erst dort war die Beute den Anschlägen seiner Genossen in der Heerführung völlig entrückt.

Wie stand es aber mit dem siegreichen Heer? Es begann nun erst, trotz der Beute und der Lösegelder, die meist in wenigen Tagen verspielt, vertrunken und verhurt wurden, zu meutern. Kaiser Karl hielt in Madrid einen feierlichen Dankgottesdienst ab, und seine Demut dabei machte auf die ausländischen Gesandten tiefen Eindruck. Er dankte Gott, nicht aber seinen Feldherren und gar nicht seinen Soldaten. Wilde Szenen spielten sich im befreiten Pavia ab, als bekannt wurde, daß auch nach so herrlichem Siege nicht die geringste Löhnung gezahlt werden könne. Die Verteidiger der Festung waren fast anderthalb Jahre ohne Sold geblieben, die Landsknechte Frundsbergs seit vielen Monaten.

Sie traten in Formation, ohne Hauptleute, auf dem Platz vor dem Schlosse an, wo die Befehlshaber Quartier genommen hatten. Schüsse fielen gegen die Fenster. Vergeblich trat Frundsberg heraus, Wohlwollen ausstrahlend, aber ohne Geld versprechen zu können. Sie drohten, ihn zu erschlagen, und stürmten in die Korridore und Gänge hinein. Der Marquis von Pescara, berühmt als einer der tüchtigsten Heerführer, im Kampf vom Vortage schwer verwundet, versteckte sich in einem Schrank, der Vizekönig auf dem Dachboden. Sie wurden hervorgezerrt und hinuntergeschleppt auf den Platz zur Aburteilung. Es endete unblutig; besonnenere Elemente mischten sich ein und mahnten, durch Totschlag würde die Löhnung doch nicht herbeigebracht. Man solle besser akkordieren. Die Heerführer mußten auf eigne Rechnung Anweisungen ausschreiben. Der Marquis verpfändete seine Häuser in Mailand, der Vizekönig stellte Wechsel aus, die sogar honoriert wurden, prompter als die seines Kaisers.

An weitere Dienste war aber nicht zu denken. Viele Landsknechte machten sich auf den Weg nach Haus, in Trupps und Gruppen möglichst, aus Furcht vor der Rache der erbitterten Bauern. Andere blieben noch bei kaiserlichen Formationen, über die Lombardei verstreut und immer mehr zu räuberischen Horden entartend. Die Gefangenen, so viel davon verblieben, wurden kurzerhand freigelassen. Lösegeld war für Knechte nicht zu erzielen, übernehmen konnte man sie aus Geldmangel nicht, an Abtransport war nicht zu denken. Sie wanderten zurück. Viele starben auf dem Wege oder wurden erschlagen. Genug Entlassene kamen über die Berge und fanden neue Beschäftigung beim Niedermetzeln der deutschen Bauern. Frundsberg, unerschüttert in seinem Ruf, ließ sie dort zusammentrommeln.

Die Heerführer waren sofort nach dem Sieg untereinander zerfallen, und der Kaiser tat nichts dazu, sie zu versöhnen. Kalt und hochfahrend behandelte er den Marquis Pescara, den Konnetabel. Er sah in dem überraschenden Sieg Gottes Hand, die ihn gesegnet hatte. Die gute Sache hatte triumphiert, der gerechte Krieg war gewonnen. Anders stellte es sich Papst Klemens dar, dessen Legat auch unter den Gefangenen des Kaisers war. Er mußte sich zu Karl bekennen, für den Augenblick; er dachte nur noch daran, ihm nach Kräften Gegengewichte zu verschaffen. Frankreich durfte keinesfalls zu schwach werden.

Frankreich zeigte sich alsbald von seiner besten Seite als Nation. Weit entfernt, in Niedergeschlagenheit zu versinken, raffte es sich zusammen. Des Königs Mutter, Luise von Savoyen, nahm als Regentin die Zügel fest in die Hand. Sie galt als über die Maßen habgierig, aber sie zahlte, unerhört unter den Fürsten der Zeit, den abgerissen heimkehrenden Kriegern ihre Löhnung. Sie überwies den Schweizern große Summen an rückständigen Geldern, und sie konnte als einzige Herrscherin zahlen. Die Nation gab das Geld, was wiederum unter den damaligen Verhältnissen ein kaum glaubliches Wunder schien. Eine Art Parlament trat zusammen, sicherlich keine Volksvertretung nach späteren Begriffen, aber doch aktionsfähig. Die Stadt Paris legte Anleihen auf. Die Bürger zeichneten. Die französische Diplomatie arbeitete fieberhaft. Sie nahm Kontakt mit Heinrich VIII., der wie alle anderen hohen Potentaten erschreckt war über die plötzliche Übermacht des Kaisers. Das war die allgemeine Ansicht in Europa. Sie wurde verstärkt, als man hörte, welche Bedingungen der Sieger seinen Gefangenen zu stellen gedachte.

Karl, fünfundzwanzigjährig, war kein Träumer mehr, aber er hing an seinem Ahnenkult. Burgund, Altburgund sollte herausgegeben werden, das war die Kardinalforderung. Dann wurde man, seine sonst klugen Räte eingeschlossen, im Siegestaumel immer gieriger. Der ganze Katalog uralter Lehensrechte wurde wieder aufgerollt: Die Provence, einstmals Reichslehen, sollte an den Kaiser zurückfallen, vielleicht war der Renegat Bourbon damit als Vasall zu belehnen. Flandern, Artois, bisher Lehen der französischen Krone, sollten endgültig an Karl abgetreten werden; die Liste ist noch länger. Der Gefangene lehnte ab. Er war bereit, ein hohes Lösegeld zu zahlen, wie üblich für einen Ritter, auch seine Söhne als Geiseln zu stellen; Zerschlagung seines Reiches konnte er nicht bewilligen.

Die Verhandlungen gingen lange hin und her. Sie endeten mit einem Betrug, dem sogenannten Frieden von Madrid, der sehr feierlich mit allen kirchlichen Zeremonien beschworen wurde. Vorher hatte Franz insgeheim vor seinen Begleitern zu Protokoll gegeben, daß er nur unter Zwang einen Eid leiste, der damit ungültig sei. Der Kaiser hatte noch eine weitere Sicherung erdacht, die er für unfehlbar hielt: Franz sollte sein Ehrenwort als Ritter geben, den Vertrag zu halten; eine noch stärkere Bindung als der Schwur auf die Hostie. Franz zögerte vor diesem Schritt. Dann gab er auch das Ehrenwort. Zur weiteren Bindung und zugleich Versöhnung wurde ihm des Kaisers vor kurzem verwitwete Schwester Eleonore als Gattin zugeführt.

Er wurde entlassen. Lannoy begleitete ihn bis nach Paris. An der Grenze schon hatte Franz sich aufs Pferd geschwungen mit dem Jubelruf: »Jetzt bin ich wieder König!« Das Ehrenwort wurde mit einer Handbewegung beiseite geschoben, vom Eide war nur noch mit Hinweis auf den schriftlichen Vorbehalt die Rede. Nur die beiden Söhne, Knaben von acht und sieben Jahre, der älteste der künftige Henri II., hatten übergeben werden müssen. Sie blieben lange in Geiselhaft, ohne daß dies dem Kaiser das geringste nützen konnte.

König Franz aber war nach diesen Erlebnissen nicht mehr der fröhliche Kavalier. Wir glauben nicht, daß er allzu große Skrupel wegen des gebrochenen Eides gehabt hat; Papst Klemens beruhigte ihn darüber und hob mit apostolischer Vollmacht den Schwur auf. Das verfallene Ehrenwort mag dem König nähergegangen sein, aber Turnierideen und Rittergedanken waren ein für allemal verspielt. Er wurde hart, grausam, mißtrauisch, berechnend. König wollte er jetzt vor allem sein, im modernen Sinne. Es wurde Schluß gemacht mit der bis dahin geübten Liberalität gegenüber Freidenkern, Freunden neuer Lehren, überhaupt allen, die sich einem streng zentralistischen Regime in den Weg stellen konnten. Die Geschichte der Reformation, die in Frankreich bereits zahlreiche Anhänger gefunden hatte, ist eine andere nach Pavia. Für geistige Gefechte war ebensowenig Raum wie für Lanzenbrechen.

Der Kaiser blieb als einziger Repräsentant der alten ritterlichen Ideen übrig, mit dem leeren Ehrenwort in den Händen, seinem feudalen Traum vom alten Burgund und den uralten Lehensrechten. Er dachte sogar daran, König Franz zum persönlichen Zweikampf herauszufordern. Daraus wurde natürlich nichts. Düster und grübelnd mußte der Kaiser um sich schauen vom höchsten Gipfel seiner Erfolge. Er hatte nicht einmal das Geld, seine siegreichen Truppen zu entlöhnen und die Vorteile in Italien wahrzunehmen; sein Heer löste sich zum großen Teile auf. Die französische Diplomatie erzielte große Erfolge, und hinter ihr stand der Papst, der auf das umsichtigste daran ging, den Sieg seines derzeitigen Verbündeten Karl in eine Niederlage zu verwandeln. Von Luther und der Ausbreitung der Ketzerei in Deutschland war bei so hohen Plänen wenig die Rede, von einigen Ermahnungen abgesehen, die auch Verträgen der Routine gemäß angefügt wurden. Das ganze trübselige Intrigenspiel der hohen Mächte könnten wir beiseite lassen, wenn es nicht erst erklärte, wie es möglich war, daß der gebannte und geächtete Wittenberger Mönch mitten durch diese großen weltpolitischen Kombinationen hindurchschritt, als ob sie gar nicht vorhanden wären. Die großen Entscheidungen der Zeit vollziehen sich auf verschiedenen Ebenen.

Auf der Ebene seiner Kurialpolitik hatte Papst Klemens ein besonders listiges Spiel begonnen, um die Stellung des Kaisers in Italien zu unterminieren. Als die »Versuchung des Pescara« ist die Affäre in die Geschichte eingegangen und auch in die Literatur durch Conrad Ferdinand Meyers Novelle. Pescara, berühmt als einer der erfolgreichsten Heerführer, war schwer verbittert über die Behandlung, die er nach dem Siege erfuhr. Er war ein großer Herr im Königreich Neapel, verheiratet mit einer Frau aus dem hohen Hause der Colonna, der als Dichterin und Freundin Michelangelos bekannten Vittoria. Wie, wenn man ihm nahelegen würde, den undankbaren Kaiser zu verlassen? Als Lohn wurde mit der Krone Neapels gewinkt, über das der Papst als Lehen der Kirche verfügen zu können glaubte. Darüber wurde verhandelt, vorsichtig, unter dem Siegel mit schweren Eiden beschworenen Geheimnisses. Pescara lehnte nicht sofort ab. Er wünschte nur kirchliche Legitimierung des Handels von höchster Stelle. Klemens ließ sich kanonisch-juristisch beraten und konnte nicht viel mehr bieten als die etwas vage Formel: Gehorsam gegenüber dem Heiligen Vater hätte Vorrang vor dem Eid und Gehorsam dem Kaiser gegenüber. Das genügte Pescara nicht, der sehr auf seinen guten Namen und Ruf bedacht war. Er war krank, von seinen Wunden, von verletztem Ehrgeiz und Magengeschwüren. Er wußte, daß er nicht mehr lange zu leben hatte, und ahnte, daß auch dies in die Kalkulationen einbezogen sein mochte. Mit rascher Wendung setzte er den Unterhändler, der über diesen Treubruch entsetzt war, gefangen und berichtete über den ganzen Fall offen dem Kaiser – offen allerdings nur Karl gegenüber, denn er hatte geschworen, niemanden zu verraten. Er versicherte Karl seiner Zuverlässigkeit, fügte aber ernste Warnungen bei, die in Madrid sehr ungnädig aufgenommen wurden. Er mahnte zu raschem und großzügigem Frieden: »Die ganze Welt fürchtet Euch, niemand liebt Euch, Eure Armee ist zum Abscheu geworden, Ihr habt keinen Freund in Italien und diejenigen, die Euch dienen, sind müde und entmutigt.« Bald danach starb er. Die Beobachter des Kaisers, die ihm beigegeben waren, vermuteten Gift von seiten der Papstpartei. Die ganze Angelegenheit bleibt im Halbdunkel, in dem solche Intrigen auch geführt werden mußten. Nur der Dichter Meyer hat sie in das verklärende Licht der Poesie erhoben und den Marquis zum tragischen Helden des Pflichtgefühls gemacht, der sich nicht vom geraden Weg des Gehorsams verlocken läßt, nicht einmal durch die Aussicht, als Retter Italiens von der Fremdherrschaft glorreich dazustehen.

Gerade Wege ging damals niemand. Man entschuldigt diese Welt der gebrochenen Eide, des bedenkenlosen Handelns um Völker und Länderfetzen vielfach mit dem Begriff »Renaissance«, der durch die Kunst verschönt ist, oder deutet sie als »Machiavellismus«. Die Zeitgenossen wußten nichts von den Lehren des ehemaligen Sekretärs der Republik Florenz, der abgedankt auf seinem kleinen Landgut saß, über seine Hefte gebeugt. Wenn sie nach den Rezepten handelten, die er in seinem »Principe« einem kühnen Gewaltherrscher gab, so folgten sie dem Beispiel ihrer Ahnen, die das ganze Mittelalter hindurch »Machiavellismus« betrieben hatten. Daß man ohne Rücksicht auf »Treue, Barmherzigkeit, die Menschlichkeit, die Religion« vorgehen müsse, um seine Ziele zu erreichen, war seit je der Brauch gewesen. Einer der großen Kondottieri, Werner von Urslingen, hatte das zweihundert Jahre zuvor ehrlich und kühn als Wahlspruch in die Brustplatte seines Panzers gravieren lassen und vor sich her getragen: »Feind Gottes, des Mitleids und der Barmherzigkeit«. Neu war nur, daß solche Gedanken nun zum System erhoben, ausführlich begründet, in geschliffener Sprache niedergeschrieben und bald auch im Druck verbreitet wurden, ein »Fürstenspiegel« aus blankem Metall, der viel mehr Schüler fand als die frommen Reden der Beichtväter. Machiavelli wollte kein Heide sein, wie es ihm vorgeworfen wurde. Er bezog die Religion durchaus in seine Überlegungen ein: »Religion, Gesetze, Heerwesen«, in dieser Reihenfolge zählt er die Hauptstützen eines Staatswesens auf. Religion gehört zu den Mitteln der Staatskunst, die für Machiavelli eine Kunst ist. Nur der kann sie handhaben, der wie ein großer Bildhauer die »virtù«, die Kraft besitzt, rücksichtslos zuzuschlagen und aus dem stumpfen Stein das ihm vorschwebende Gebilde ins Licht zu heben. Seine Schrift war, wieder auf den gewundenen Wegen der Zeit, den Medici gewidmet, die soeben seine Vaterstadt Florenz erneut unterjocht und das Regiment der Popolaren, seiner früheren Dienstherren, beseitigt hatten. Gedanken an ein geeintes Italien bewegen ihn, ein großer Fürst sollte das Land einigen und die Fremden verjagen. Auf den waghalsigen Cesare Borgia hatte er einmal Hoffnungen gesetzt, aber der war bereits ruhmlos verschwunden. Daß Machiavelli in Leo, Klemens oder dem recht kümmerlichen Medici-Neffen, den der Papst nun in Florenz eingesetzt hatte, die Tatkraft eines solchen großen Herrschers gesehen hätte, ist sehr unwahrscheinlich. Tiefer Pessimismus erfüllt seine Aufzeichnungen. Er sieht die Zerrissenheit Italiens, die Feigheit. Er empfiehlt, belehrt durch die jüngsten Erfahrungen, Volksheere aufzustellen statt der stets unzuverlässigen Söldnertruppen. Er ruft nach Disziplin, mit der die Römer groß geworden waren, und führt die Siege an, die sie damit errungen hatten, über die Spanier, Gallier, Deutschen, Schweizer. Unverkennbar war das Beispiel für die Gegenwart gemeint. Die letzte Gelegenheit, die Freiheit zurückzugewinnen, war jammervoll verspielt worden von den uneinigen, mißtrauischen, überklugen Kommunen, Republiken, Herzogtümern, den kleinen Gewaltherrschern und der großen Kurie. Das spanische Jahrhundert brach für Italien an. Machiavellis Ideen bewegten sich wiederum auf einer anderen Ebene, dem Feld des freien Denkens, das die kühnsten Kombinationen erlaubt. Als praktische Anweisungen, wie sie dann vielfach verstanden wurden, blieben sie eine Art Sandkastenspiel, das einsame und traurige Vergnügen eines scharfen Geistes und leidenschaftlichen Patrioten, dem die Teilnahme an den Geschicken seines Landes versagt war.

Volksheere hatte er vorgeschlagen, die er sich als willkommenes Instrument in der Hand eines Führers von großer Tatkraft dachte. Disziplin forderte er; in Italien war sie nicht zu finden, wie er niedergeschlagen bekennen mußte. In Deutschland herrschte die gleiche Zerrissenheit und Uneinigkeit aufeinander eifersüchtiger Fürstentümer und Stadtrepubliken. In diesem Jahre von Pavia erhob sich nun das Volk. Die Bauern standen auf, die Handwerker und Lohnarbeiter in den Städten, ohne einen Führer.

Der große deutsche Bauernkrieg

»Als Adam grub und Eva spann, wo war denn da der Edelmann?« So hatte es durch die Jahrhunderte geheißen; in England bei den Aufständen zur Zeit Wyclifs und seiner »Armenpriester«. Die Untergrundbewegung der »Lollards«, jener, die nur von einer neuen, besseren Zeit der Gerechtigkeit für alle »murmelten«, bestand bis zur Zeit Luthers trotz aller Verfolgungen fort.

Bauern- und Volksaufstände, oft blutigster und furchtbarster Art, hatte es das ganze Mittelalter hindurch in allen Ländern gegeben. Sie waren immer niedergeworfen worden. Nur die Hussiten hatten sich für einige Jahrzehnte behaupten können und ganz Europa, vor allem aber Deutschland in Furcht und Schrecken versetzt, ehe sie den nationalen Selbstmord in der Schlacht von Lipan 1434 begingen, bei dem die radikale Richtung der Taboriten unterlag. Die enttäuschten Hoffnungen des tschechischen Volkes fanden seither nur noch Trost in der Sage von einer Höhle im Berge Blanik, in der die besiegten Helden der Auferstehung harren sollten, um hervorzubrechen und das einstige Reich der Größe wieder aufzurichten. Daß die Böhmen während der ganzen Kämpfe der Reformationszeit nicht hervorbrachen und entscheidend eingriffen, war eine der größten Enttäuschungen für alle Rebellen und Revolutionäre.

Die zweite große Enttäuschung waren die Schweizer, auf die noch sehr viel höhere Hoffnungen gesetzt wurden. Am Rande der Schweiz begannen die ersten Bauernaufstände, die auch vielfach in das Gebiet der Eidgenossenschaft hinüberspielten. Die Erwartung, daß die waffenstarken Bauern, die als Parteigänger Frankreichs oder des Papstes auf so vielen Schlachtfeldern in Italien sich großen Ruhm erworben hatten, zu Hilfe kommen würden, hat eine sehr beträchtliche Rolle gespielt. Die Schweizer Bauern kamen nicht; ein entscheidender Grund dafür war, daß die Schweizer Städte Deutschland vorgelagert waren, während die eigentlichen Bauernkantone in den Bergen zu den von der Reformation erfaßten Städten im Gegensatz standen und ihre Sonderpolitik betrieben, was dann zum innerschweizerischen Bürgerkrieg und zur Trennung in katholische und protestantische Gebiete führte.

Eine andere immer enttäuschte Hoffnung war der Glaube an einen großen Kaiser, König oder Führer, den auch die Bauern für unentbehrlich hielten. Woher er kommen sollte, ob aus der Höhle des Kyffhäusers wie Barbarossa, als kriegerischer Held oder Heiliger, blieb stets unklar. Ganz trübselige Herrscher, von denen man nichts Rechtes mehr wußte, wurden mit der Absicht angeblicher großer Reformpläne beehrt, der Schönling und stets wortbrüchige Kaiser Sigismund oder sogar Friedrich III. Viel stärker noch wirkten die ganz allgemein gefaßten Weissagungen vom Tausendjährigen Reich, die in verwirrten Zeiten nie versagen. Sie beriefen sich auf die Prophezeiungen der biblischen Propheten und hatten damit eine Autorität, die keine andere Parole besaß. Sie waren kurz und knapp. Der Ungelehrte konnte sie verstehen und weitergeben. »Die Letzten werden die Ersten sein!« Ein furchtbares Gottesgericht wird über Pfaffen, Kirche und alle Großen ergehen! Das war immer wieder verkündet worden, nicht zuletzt von Luther.

Das Wort Recht hatte damals noch hohen Klang. Gott als Richter, vor dem der Mensch sich erst zu rechtfertigen hat, war Luthers Grundidee. Das »alte Recht«, das die Herren immer wieder gebrochen haben und das wieder hergestellt werden müsse, war eine der Hauptparolen der Bauern oder das »göttliche Recht«, das noch länger in Verfall geraten war – seit den Zeiten, da Adam grub und Eva spann oder die ersten Christen in frommer Gemeinschaft sich zusammenschlossen, alle Habe miteinander teilten und niemand untertan waren als dem Wort der Verheißung eines neuen Lebens.

Die Prädikanten predigten. Wir können uns nicht gut gegenwärtig machen, wie leicht es ihnen gemacht war noch wie schwer sie es hatten. Grenzen und Grenzkontrollen gab es nicht, sie zogen umher von Land zu Land, ohne daß jemand sie anhalten konnte. Sie zogen zu Fuß und unter Entbehrungen, die heute kein Agitator auf sich nehmen würde. Widerstand der Obrigkeit fanden sie nur in den Städten mit ihren Ringmauern und Torwächtern; da wurden sie auch immer wieder ausgewiesen. Andererseits hatten sie dort in den stets im Kampf mit den privilegierten Schichten liegenden unteren Klassen ihre Helfer und Bundesgenossen. Ein weiteres Phänomen spielte seine Rolle: der Unbekannte, der von auswärts Kommende, der Mann, der mit gewaltiger Sprache alle aufrührt. Das Äußere war dabei keineswegs gleichgültig. Er war fast immer hager, abgezehrt, oft zerlumpt; der Eingesessene wohlgenährt. Das Wort vom feisten und von Behagen glänzenden Pfaffen oder Magistratsherren war die stehende Formel aller Streitschriften. Es war ein Kampf der Hageren und Hungrigen gegen die Dicken, und mächtiger Leibesumfang war damals, in einer Zeit des unmäßigen Essens und Trinkens, das nahezu unweigerliche Kennzeichen des Besitzenden.

Ob die Bauern nun tatsächlich verhungert und verelendet waren, darüber ist immer mit stets unzureichenden Begründungen gestritten worden. Das Ausmaß dessen, was an Entbehrungen und Arbeitsleistungen zumutbar, geschweige denn zu rechtfertigen wäre, ist in keiner sozialen Ordnung je genauer festgestellt worden außer in Forderungen, Programmen oder Verteidigungen eines gottgewollten Zustandes. Die Bilder und literarischen Zeugnisse der damaligen Zeit haben zur Verwirrung beigetragen. Sie stammen alle von bürgerlicher Seite; der Bauer war stumm, er konnte nicht schreiben. Der Bürgerhochmut stellte ihn in Schwänken und Karikaturen als den ewig fressenden Kunz mit seiner dicken Grete dar, viel zu üppig gekleidet, viel zu anspruchsvoll in jeder Beziehung, roh, dumm, tückisch, verschlagen. Wohlwollende sprachen in ernsteren Betrachtungen auch einmal davon, daß der Bauer doch der Nährstand sei, von dem alle lebten. Die Wirtschaftsgeschichte hat gewisse Zeiten festgestellt, da es ihm besser und schlechter ging; sie hat mit ungenügenden Daten und vor allem mit der beispiellosen Zersplitterung und Vielfalt der Verhältnisse zu kämpfen, die in Deutschland von Landschaft zu Landschaft die größten Verschiedenheiten und Abstufungen aufwiesen, von Gegenden mit noch recht freien und selbstbewußten »königlichen« Bauern bis zu solchen krassester Sklaverei. Daß die feudale Herrschaftsform jedoch unablässig alles abgebaut hatte, was noch von alten, immer weiter in mythische Vorzeit zurückgehenden Schutzrechten bestand, ist sicher. In den Beschwerdeschriften der Bauern, den einzigen Dokumenten, die wir von ihnen besitzen, wird das im einzelnen aufgeführt. Es ist ein endloser Katalog von kleinen Forderungen und Mißständen. Das »Schinden und Schaben« hieß es damals, auch bei Luther, das zähe und hartnäckige »Schaben« und Abtragen von »Rechten«, die ungerecht genug waren, aber immerhin als von altersher bestehend galten, zugunsten neuer und zusätzlicher Belastungen. Der Zehnte war eine Steuer, die auch von den Bauern häufig noch anerkannt wurde, der

»große« Zehnte von der Kornernte zu entrichten; dazu waren der »lebendige« Zehnte gekommen, Abgaben von Vieh, Füllen, Kälbern, Lämmern, dazu der kleine oder »tote« Zehnte mit Ablieferung von Heu, Hopfen, Sammeln von Erd- und Heidelbeeren, der immer weiter ausgedehnt wurde, bis eine Schloßherrin, die Gräfin von Lupfen, befahl, Schneckenhäuser zu sammeln, die sie zum Garnwinden benötigte. Mit der Erbitterung über diese Schneckenhäuserforderung beginnt der erste Bauernaufstand in Süddeutschland. Die Liste der Auflagen ist damit keineswegs erschöpft und würde mehrere Seiten füllen. Die Frondienste wurden ständig erhöht. Die empfindlichsten Eingriffe ins Leben einer Bauernfamilie bedeuteten die Leistungen beim Tod des Familienvaters; der Gutsherr beanspruchte dann das »Besthaupt«, die beste Kuh oder das beste Pferd, das notfalls mit Gewalt von den Knechten aus dem Stall geführt wurde und für arme Bauern den Ruin bedeuten konnte. Progressiv wurden auch die alten Rechte oder Bräuche abgebaut, wonach die Bauern fischen oder Krebse fangen, einen Hasen oder ein Stück Wild erlegen konnten. Um die Jagd- und Wildgerechtigkeit, die als ausschließliches Adelsprivileg angesehen wurde, ist mit am heftigsten gefochten worden, und dem Edelmann endlich einmal den Teich auszufischen, war eine der ersten Demonstrationen der Aufstände. Das Schlimmste jedoch dürfte die Rechtsunsicherheit gewesen sein, die den Bauern völlig ohne Verteidigung ließ. Das »alte Herkommen«, meist mündlich bekräftigt, wenn überhaupt je festgelegt, war überholt worden durch straffere Ausbeutung, die »Schösser« als Verwalter, die Vögte; die geistlichen Stifte und Abteien zeigten sich dabei am tüchtigsten und besaßen bereits etwas wie eine Beamtenschaft und bürokratische Apparatur, mit Akten, die der Bauer nicht lesen konnte und in die man unbekümmert stets neue Paragraphen eintrug, wobei man den Zinsbauern zum Leibeignen herabdrückte, den Leibeignen weiter belastete, Höfe einzog, das sogenannte Schirmgeld auf das Zwanzigfache erhöhte.

Rechtsunsicherheit sehen wir als eine Hauptursache der Aufstände an. Es ist bezeichnend, daß der Aufruhr auf die Landschaften beschränkt blieb – Schwaben und Franken besonders –, in denen sie, durch Zersplitterung des Besitzes, die Zusammendrängung von Zwergherrschaften und Sitzen des verarmenden Adels, am größten war. Norddeutschland mit größeren Gutsbesitzungen oder sonst geordneteren Besitzverhältnissen blieb unbeteiligt, obwohl es nicht leicht festzustellen wäre, daß die Bauern da besser lebten. Die größere oder geringere Verelendung ist überhaupt kein unbedingt gültiger Maßstab. Gerade der selbstbewußtere Unterdrückte, nicht der in völlig dumpfer Hoffnungslosigkeit lebende Helot, pflegt am ehesten zur Selbsthilfe zu greifen. Die Hauptgebiete des Aufstandes waren auch jene, in denen die großen Kriegsunternehmer ihre Mannschaften rekrutierten und ihre Werbeplätze hatten. Ehemalige Landsknechte bildeten den Kern der Bauernhaufen, und soweit militärische Erfolge errungen wurden, waren sie auf den Rat solcher erfahrenen Krieger zurückzuführen. Nach Landsknechtssitte traten die Bauern im Ring zusammen, bildeten einen »hellen« Haufen, und nach Landsknechtsbrauch jagten sie ihre Gefangenen durch die Spieße.

Ein ehemaliger Soldat war auch Joß Fritz gewesen, der schon zu Anfang des Jahrhunderts eine führende Rolle bei Aufständen im Breisgau gespielt hatte und immer wieder auftauchte, unermüdlich und nie ergriffen agitierend und organisierend. Bei ihm zeichnen sich schon die charakteristischen Grundzüge des revolutionären Führers ab: die Schaffung eines ganzen Stabes von Sendboten, wobei er auch die mächtigen Bettlergilden mit ihren malerischen »Königen« heranzieht; kluge Ausnutzung von Verbindungen zu Rittern, Bürgern, armen Geistlichen; geheime Kennzeichen und Versammlungsplätze; eine Fahne mit dem Zeichen des »Bundschuhs«, des groben Bauernschuhs aus einem Stück Leder, das durch einen Riemen zusammengebunden wurde und das Symbol für Armut und Einigkeit darstellte.

Die einzelnen Aufstände des Vorspiels, immer lokal begrenzt, immer kurzlebig, hatten jedenfalls die Folge, daß sich in Süddeutschland eine revolutionäre Tradition bildete. Die Parolen waren fast immer sehr einfach: Abschaffung der Lasten, kein Herr als der Kaiser, freie Weide, Wasser, Wald, das »göttliche Recht«. Die genaueren Einzelheiten der verschiedenen Programme sind stets unbestimmt und kaum zu erfassen, da die überlieferten Zeugnisse fast durchweg in Protokollen mit Aussagen der gefangenen und erbarmungslos der Tortur unterworfenen Rädelsführer bestehen oder in parteiischen bürgerlichen Chroniken von Stadtschreibern, die naturgemäß jede Mitschuld der häufig beteiligten Kommunen ableugnen und alles Unheil auf die Bauern schieben wollen. Die Beteiligung der Städte jedoch ist ein weiterer bedeutsamer Faktor. Städtische Aufstände, bei denen es um den Jahrhunderte alten Kampf zwischen den privilegierten »Geschlechtern« und den unteren Klassen ging, haben ebenso stark zur Erschütterung des ganzen losen Reichsgefüges beigetragen wie die Bauernrevolten. Dabei wirken sich nicht nur »horizontale« Zusammengehörigkeiten aus, Bündnis der städtischen Plebejer mit den Bauern, sondern auch »vertikale« Interessen. Die großbürgerlichen Magistrate verschmähen es durchaus nicht, mit den Bauern einmal zusammenzuhalten, wenn es gegen die verhaßte Oberherrschaft eines Bischofs geht, wie wir am Beispiel Erfurts sahen, das sich verschiedentlich wiederholt hat. Über alle Stände lagerte sich noch der Druck der aufkommenden Geld- und Kapitalwirtschaft. Kampf gegen den Wucher war eine Parole, der fast alle theoretisch zustimmten, ohne sagen zu können, wo der Wucher begann oder aufhörte oder wie die zunehmenden Bedürfnisse an Gütern aller Art gedeckt werden könnten.

Wirtschaftliche und soziale Nöte standen hinter den Aufständen des Bundschuhs, des »armen Konrads« in Württemberg. Ähnliche Revolten erschütterten auch andere Länder. In Ungarn kam es 1514 zu einem großen Bauernkrieg, der in Deutschland in »Neuen Zeitungen« weithin bekannt wurde und durch seinen furchtbaren Ausgang eine Zeitlang lähmend wirkte. Ein Kreuzfahrerheer war dort zusammengebracht worden, am Vorabend der Eroberung Ungarns durch die Türken, die bereits an der Donau standen. Der Kardinal und Primas Bakócz hatte mit besonderer Leichtfertigkeit das Unternehmen betrieben. Konstantinopel sollte erobert werden; man versprach den Teilnehmern nicht nur den üblichen Ablaß, sondern Grundbesitz im Türkenreich; viele Bauern verkauften Hab und Gut, Leibeigne, denen Freilassung zugesichert war, schlossen sich an, ein Heer von 50000 Mann bildete sich unter einem Siebenbürger Szekler György Dózsa. Der Kardinal fuhr nach Rom zur Papstwahl, bei der auch er sich als Kandidaten angemeldet hatte; er trat, Herr über 26 Präbenden, mit einem Pomp auf, der sogar das verwöhnte Rom erstaunte, und kehrte mit der Nachricht zurück, daß die Kurie sich inzwischen mit dem Sultan geeinigt hätte; der Kreuzzug sei nun überflüssig geworden. Die Kreuzfahrer rebellierten. Dózsa übernahm die Führung des Aufstandes. Eine Reihe von anfangs erfolgreichen Zügen begann. Adlige und Geistliche wurden erschlagen, Klöster verbrannt; für einen kurzen Augenblick schien es, als ob ganz Ungarn in die Hände der Aufständischen fallen würde, und man sprach bereits vom »König Dózsa«, der sich als tüchtiger Taktiker, aber schlechter Stratege bewährte. Er teilte sein Heer in fünf Haufen, die nach allen Richtungen vorstießen, in der Hoffnung, daß sich die Bauern überall anschließen würden. Sie wurden einzeln geschlagen, als letzter Dózsa. Der Sieger war sein Landsmann, der Woiwode von Siebenbürgen Zápolya, der dann, vom Adel gewählt und vom Sultan protegiert, König wurde und ein vielbegehrter Bundesgenosse aller Mächte, die gegen das Haus Habsburg konspirierten. Das Blutgericht über die Aufständischen übertraf noch die Grausamkeiten, die den deutschen Bauern bevorstanden. »König Dózsa« wurde auf einem glühend gemachten eisernen Thron geröstet; es hieß, daß man noch seine Anhänger gezwungen habe, die verbrannten Fleischreste zu fressen. Leibeigenschaft in der schärfsten Form wurde das Los der ungarischen Bauern für die nächsten Jahrhunderte.

In Kärnten und Krain gab es zur gleichen Zeit schwere Unruhen; in Spanien hatten die Comuneros die Herrschaft des jungen Königs Karl gefährlich bedroht; aus bürgerlichen Anfängen städtischer Opposition war auch da der vierte Stand für eine Weile zum Zuge gekommen, besonders in Valencia und auf den Balearen. Immer siegte der Adel mit seinen Mietstruppen; immer folgten erbarmungslose Abstrafung und erhöhte Unterdrückung auf lange Zeit hinaus. Das Bild ist überall das gleiche: anfängliche große Erfolge, die rasch zerblättern, einmal durch Mangel an Disziplin, dann durch Zuzug »unerwünschter Elemente«, die nur eben plündern wollen und bald abfallen, wenn es ernster wird, und schließlich infolge enttäuschter Hoffnungen auf die Hilfe breiter Massen aus anderen Landschaften. Das sollte auch das Schicksal des deutschen Bauernaufstandes werden.

Wir sehen das größte Verhängnis des Bauernkrieges in dem »Beinahe«, das ihn in die Nähe der anderen unvollendeten Schicksalswenden der deutschen Geschichte rückt. Beinahe hatten die deutschen Kaiser des Mittelalters gesiegt, beinahe hatte die Hanse eine große Zeit der Städte herbeigeführt, beinahe war es zu einer großen Reformation und Neuordnung des Reiches gekommen; wir wollen nicht noch die weiteren unvollendeten Siege, Kriege, Revolutionen aufzählen. Der Ausgang verleitet dann dazu, dem möglichen besseren Sieg nachzusinnen und nachzudichten. Die einfachste Erklärung für das Mißlingen bietet das Wort »Verrat« an, wobei jede Revolution von der nachfolgenden mit dem schlichten Wort belegt wird. Die Dichter haben noch zum Bauernkrieg ihren Beitrag geliefert; Goethe hat mit seinem »Götz von Berlichingen«, Gerhart Hauptmann mit seinem »Florian Geyer« die höchst fragwürdigen Ritter, die sich der Bewegung anschlossen, poetisch verklärt.

An malerischen Zügen fehlt es dem Geschehen sicherlich nicht. Aus weiter Entfernung kann man sich ebenso an ihnen unverbindlich delektieren wie an den phantasievollen Holzschnitten und Umrahmungen der grimmigsten Artikelbriefe und Traktate, die eine furchtbare Wirklichkeit und Not in sich schließen. Die Führergestalten, so weit wir sie aus den fast immer parteiischen Berichten erkennen können, sind tatsächlich eine bunte Gesellschaft. Bauern finden sich so gut wie nie darunter. Der Bauer war unartikuliert. Er konnte nicht schreiben und brauchte selbst für seine Beschwerden – das einzige, was von ihm erhalten geblieben ist – einen federkundigen Mann, um seine Kümmernisse zu Papier zu bringen, die immer »kleinlich« und bescheiden anmuten, während sie doch nur die schauderhafteste Bedrückung verhüllen. So wird ein ehemaliger Kanzler der Fürsten Hohenlohe, Wendelin Hipler, einer der einflußreichsten Anführer, der einzige auch, der – nach früheren Reformschriften – einen größeren Reformplan für die Zukunft entworfen hat. Der Bauer konnte nicht reden, nur allenfalls stöhnen und erbittert schreien. Redefertige Gastwirte, die gewohnt waren, unter ihren Gästen das Wort zu führen, übernahmen andere leitende Posten. Prediger und Pfarrer bildeten ein Hauptkontingent der Führerschaft. Als militärische Fachleute, der empfindlichste Mangel der Bewegung, zog man Landsknechtshauptleute oder recht unzuverlässige Ritter heran, wie den Götz von Berlichingen und den mutigen und energischen Florian Geyer mit seiner »schwarzen Schar«, der bald mit den großen und unentschlossenen Haupthaufen in Zwiespalt geriet. Weder von einer leidlich einheitlichen Führung noch von genügendem Kontakt zwischen den verschiedenen Aufstandsgebieten ist je etwas zu erkennen. Die große Bewegung zerfällt von vornherein in lokale Unternehmungen, die oft so weit auseinanderliegen, daß sie kaum durch Hörensagen etwas voneinander wissen. Einheitlich ist nur der wilde Grimm, der an allen Stellen die gleichen Parolen zünden läßt. Völlig uneinheitlich ist wiederum das Vorgehen. Bald wird in demütig formulierten Ausdrücken um Abstellung von besonders unerträglichen Lasten gebeten, unter der Versicherung, daß man den großen Zehnten nach wie vor treulich entrichten wolle; bald wird ganz radikal völlige Freiheit gefordert. Religiöse Parolen stehen oft an der Spitze: freie Pfarrerwahl, Predigt des reinen Evangeliums, erst dann folgen die wirtschaftlichen und sozialen Wünsche. Das »alte Recht« wird oft berufen, die »göttliche Gerechtigkeit«. Man appelliert an Landtage, Schiedsgerichte, an den Kaiser, der in Spanien weilt und erst von den Ereignissen erfährt, als der Kampf vorüber ist. In Verhandlungen mit den Obrigkeiten, den Äbten, Gutsbesitzern, Fürsten, Magistraten, wird vielfach die kostbarste Zeit versäumt; da tritt dann der Verrat in allen nur denkbaren Formen in Erscheinung: Bestechung von Hauptleuten, ängstlicher Abfall zeitweiliger Bundesgenossen oder krasser Opportunismus, der rechtzeitig die Seite der siegenden Partei ergreift, nachdem man eine ganze Weile »bäurisch« gewesen war, so lange die Sache der Bauern gut zu gehen schien. Daneben und dazwischen findet sich wildes Losschlagen auf die nächsten Ziele, die sich als erreichbar anbieten und leicht überwältigt werden, Klöster, Abteien, Adelssitze; die rasch errungenen Erfolge blenden den Blick und erzeugen Übermut und Sorglosigkeit; man glaubt, sogleich dann die stärksten Festungen anrennen zu können und scheitert dabei. Der größte und erfolgreichste Aufstand in Franken geht an dem gegen den Rat erfahrener Kriegsleute unternommenen Sturm auf die Feste Würzburg zugrunde. Wie bei allen Kriegen – auch der geschulten Soldmannschaften der Zeit – spielt die Panik immer wieder eine große Rolle, hier nur dadurch verschärft, daß den Bauernhaufen jede Gewöhnung an Disziplin abging; verhängnisvoll macht sich dabei noch geltend, daß man meist in nächster Nähe der Heimatdörfer kämpft und nach einem mißlungenen Vorstoß so bald wie möglich nach Hause will. Die Jahreszeiten sogar wirken sich aus: Die Aufstände beginnen im Frühjahr, und zur Erntezeit muß man daheim sein. Große Bauernhaufen bröckelten ab, als das Korn reif wurde; schon vorher hatten starke Aufgebote sich nur für eine Dienstzeit von wenigen Wochen verpflichten wollen. Nur die Landsknechte standen bei der Fahne in Permanenz, jedenfalls solange Löhnung gezahlt wurde und Beute zu machen war. Die Landsknechte der Fürsten entschieden das Ringen und brachten die blutige Ernte ein, die von den Zeitgenossen auf über 100000 erschlagene Bauern geschätzt wurde.

Die Hilflosigkeit und Verwirrung der Bauern ist eine Tatsache. Daß sie trotzdem, wenn auch nur für eine kurze Zeitspanne, eine so gewaltige Macht werden konnten, zeigt besser als alle Beschwerdeschriften

27 Bewaffnete Bauern, um 1525

und nachträglichen Untersuchungen über deren Berechtigung, wie morsch der Boden war, auf dem sich die Aufstände erhoben. Die anfängliche Ratlosigkeit der Obrigkeiten aller Art, ihre Feigheit und Ohnmacht, ist vielleicht das denkwürdigste Schauspiel bei der Auseinandersetzung; sie hat ihr Gegenstück nur in der Brutalität, mit der sie nach dem Siege, den ihre Söldner erfochten hatten, die Unterlegenen behandelten, und in der Bedenkenlosigkeit, mit der sie alle in der Not geschlossenen Verträge und Abmachungen brachen.

Im Herbst 1524 kam es zu ersten Aufständen noch sehr lokaler Art; der eigentliche große Aufruhr und Krieg umfaßt nicht viel mehr als die Monate vom Frühjahr bis zum Beginn des Sommers 1525, mit einem langen Nachspiel auf dem entlegeneren Schauplatz Salzburg, Tirol und Steiermark, wo bis in das Jahr 1526 hinein gekämpft wurde. Das zusammenhängende Hauptgebiet waren die Landschaften vom Bodensee und Schwarzwald bis nach Franken; nach Westen griff die Bewegung ins Elsaß über, nach Norden zu entwickelte sich in Thüringen ein eigener Aufstand. Damit sind nur geographische Umrisse der vier verschiedenen wichtigsten Zentren gezeichnet. Zur gleichen Zeit, und nur lose im Zusammenhang mit denen der Bauern, fanden städtische Erhebungen statt, so in Frankfurt, Mainz, Augsburg und an anderen Orten. Die einzelnen Kampfhandlungen bestanden vielfach im Zusammentritt einer Talgemeinschaft und Sturm auf die Klöster und Schlösser der Umgebung ohne weitere Fernziele, ja zuweilen auch mit Abwehr gegen die Bauernhaufen von »auswärts«, die größere Feldzüge unternahmen. Die Zahlen, die für die verschiedenen Heere oder »Haufen«, wie sie sich nannten, überliefert wurden, sind alle höchst fragwürdig und müssen, wie fast sämtliche alten Schlacht- und Kriegsziffern, stark reduziert werden. Imposant genug erschienen die Massen, vor allem, wenn sie sich, unter dem Einfluß altgedienter Landsknechte in ihren Reihen, in der üblichen Schlachtordnung aufstellten, mit dem »verlorenen Haufen« als Avantgarde oder Sturmtrupp und dem »hellen Haufen« als Hauptmacht. Bei den größeren Haufen wurde eine Kriegsordnung gemacht, »und setzten Hauptleute und Fähnrich und Weibel und alle anderen Ämter«, auch die wichtigen Brandmeister und Beutemeister. Die Besetzung dieser Stellen mit zuverlässigen Männern war schwierig und verursachte viel Streit, der nicht wenig zum Mißlingen der Sache beitrug; die Bewaffnung war meist ungenügend, die Ausrüstung mit Geschützen erst recht, zumal es an gelernten Artilleristen fehlte, die jedoch dem Gegner zur Verfügung standen. Die Nachrichten über die Wirkung einer Geschützsalve aus den Feldschlangen der Fürstenheere, die oft das Ende einer »Schlacht« bedeutete, ehe sie noch begonnen hatte, mögen uns etwas seltsam erscheinen angesichts der Steinkugeln und des Mangels an Treffsicherheit der oft nur mit starkem Leder bezogenen Rohre. Aber die neue Waffe hatte damals noch etwas Dämonisches und entschied auch beim Zusammenstoß geübter Soldknechte ein Treffen in wenigen Minuten. Daneben findet sich aber, wenn ein umsichtiger Führer zur Stelle ist, geschicktes Manövrieren mit befestigten Lagern und Verschanzungen an gut gewählter Stelle, viel Tapferkeit beim Drauflosstürmen oder dem Erklettern einer Burgmauer. Im ganzen jedoch kennen auch die Bauernheere nur die damalige Kriegstaktik: Man stellt sich zum Gefecht oder zur Schlacht; der Zusammenstoß gibt den Ausschlag. Damit waren die Bauern trotz ihrer zahlenmäßig großen Überlegenheit von vornherein den disziplinierten Gegnern unterlegen.

Der Gegner: das sind die Fürsten und ein Teil der großen Städte. Der Kleinadel war durch die Niederlage Sickingens größtenteils schon demoralisiert und wehrte sich nur ganz sporadisch; die Bauern hatten bereits mitgeholfen beim Burgenbrechen und setzten das nun im größten Umfang in eigner Regie fort. Nichts ist bezeichnender für den Verfall dieses Standes, der noch vor kurzem prahlerisch eine Neuordnung des Reiches unter seiner Führung proklamiert hatte, als die Widerstandslosigkeit, mit der er das Schleifen und Verbrennen seiner Burgen und Schlösser über sich ergehen ließ. Nicht wenige der Grafen und Herren bückten sich unter die Bauernfahne, ließen sich »Bruder Hohenlohe« oder »Löwenstein« nennen und leisteten bereitwillig jeden Eid, den sie alsbald zu brechen gedachten. Die Hoffnungen, auch diesen Stand für die gute Sache zu gewinnen, führten der Bewegung eine Menge ganz unzuverlässiger Bundesgenossen zu. Nicht wenige von ihnen glaubten auch anfangs, daß der Stoß sich nur gegen die geistlichen Besitzungen richten würde: »Dieweil es nur über Pfaffen und Klöster ging, da wars recht, da lachet alle Welt«, schreibt ein Chronist. Erst als die Burgen und Schlösser an die Reihe kamen und in Weinsberg ein Dutzend Adlige durch die Spieße gejagt wurden, begann ein Erwachen, das sich in blasse Furcht verkehrte. Das Volkslied sang:

> Die Herren sammleten sich und huben an zu tagen,
> Da sprachen die Bauern: Wir wollen die Herren zwacken.
> Die Herren zogen heim, ihnen fing an zu grausen.
> Da sprachen die Bauern: Die Herren wolln wir lausen.

Überwältigende Anfangssiege sind immer ein Verhängnis der deutschen Geschichte gewesen. In wenigen Frühjahrswochen hatten die verschiedenen Bauernhaufen weite Gebiete unterworfen und verheert, Hunderte von Klöstern verbrannt, Burgen gebrochen; kleine Städte schlossen sich ihnen an, andere verhandelten mit ihnen, Dutzende von Rittern zogen mit, um Beute zu machen, und erklärten später, wie der Götz mit der eisernen Hand und eisernen Stirn, sie seien dazu gezwungen worden. Ein Bauernhaufen war ein bunter Zug. Die Anführer trugen oft die zerhauene Landsknechtstracht, seidene Banner wehten, Trommler und Pfeifer gingen voran, ein großer Troß folgte mit Wagen für die Beute und Weibern, und am Rande der Gefechte lauerten die Geldwechsler und Händler. Die Nachrichten über Greueltaten der Bauernheere erlangten nur übermäßige und parteiische Bedeutung, weil sie nicht von »ordnungsmäßigen« Mannschaften, sondern vom »blinden Pöfel« ausgeführt wurden. Erbarmungsloses Niedermetzeln, Brennen, Sengen war allgemeiner Kriegsbrauch. Es scheint sogar, daß die meisten Bauernhaufen eher zurückhaltender als die Kriegsheere verfuhren, weil sie ungeübt waren in solchem Geschäft. Unleugbar verlumpten sie rasch. Das Beutemachen in den reichen Abteien und Klöstern verführte zu maßlosen Zechereien in den wohlbestellten Kellereien, nachdem man anfangs alles nur zerschlagen und verwüstet hatte. Die Profosse, die bestellt wurden, hatten keine Autorität; im Rat der Hauptleute herrschte ständig Mißtrauen und Zwist. Viele Haufen zogen auf eigne Faust umher. Einzeln wurden sie dann geschlagen.

Nur im Kerngebiet der Aufstände, in Süddeutschland, kam es zu einer losen Herrschaft über ein zusammenhängendes Gebiet und sogar der Errichtung einer Art Regierung, einer Bauernkanzlei in Heilbronn. Von Süddeutschland war auch schon zu Beginn des Jahres das am weitesten verbreitete Programm ausgegangen, die Beschwerdeschrift der »Zwölf Artikel«, das weltliche Gegenstück zu Luthers 95 Thesen und, wie diese, in kürzester Zeit in vielen Drucken verbreitet. Es gab viele solcher Artikelschriften, radikalere und gemäßigtere, aber diese Zwölf wurden, wie es im Titel hieß, die »gründlichen und rechten Hauptartikel«. Sie sind gemäßigt genug und eher eine Verteidigung als ein Angriff. Sie sollen eine Antwort sein an die Widersacher, die da sagen, man sehe nun die Früchte des Evangeliums: Ungehorsam, Gewalttätigkeiten, Verachtung jeder Autorität. Nein, wird dagegen erklärt, nicht das Evangelium sei die Ursache, sondern der Teufel, der das Wort Gottes unterdrückt. Erst dann folgen die Artikel mit den

Forderungen auf freie Pfarrerwahl, Abschaffung der ungerechten Belastungen, Aufhebung der Leibeigenschaft, die »zu erbarmen ist, angesehen daß uns Christus alle mit seinem kostbaren Blutvergießen erlöst und erkauft hat, den Hirten gleich als wohl den Höchsten, keinen ausgenommen«. Die immer wiederkehrende Beschwerde ist, daß »neue Ansätze« gemacht worden sind, mehr Frondienste verlangt werden, immer weiteres altes Gemeineigentum der Bauern von den Herren an sich gerissen wird. Das Manifest wirkt so bescheiden im ganzen, daß man daran gedacht hat, mehrere Verfasser zu vermuten, einen Geistlichen für den Rahmen, einen entschiedeneren Revolutionär für die Artikel. Aber solche Konstruktionen sind gar nicht nötig. Beides lag damals sehr wohl in einer Seele beisammen, die »radikale Forderung« wie auch die Berufung auf das Evangelium, durch das man sich belehren lassen wolle. Die Forderung nach dem freien Wort war die Forderung nach Freiheit von den Lasten. Im übrigen waren diese Zwölf Artikel die »Avantgarde«, sie gingen dem Sturm vorauf, zu einer Zeit, da man noch vielfach verhandeln zu können glaubte. Schärfere Artikel und Sendschreiben folgten, als die Bauernheere siegreich vorrückten. Einer der Drucke der Zwölf Artikel führte das Motto: »Wenn man das Jahr 1525 wird schreiben, werden nit so viel Sekten der Christen bleiben.« Ein anderes Manifest zeigt ein Rad auf dem Titelblatt mit der Umschrift: »Hie ist des Glücksrades Stund und Zeit, Gott weiß, wer der oberst bleibt.«

Das Glücksrad drehte sich mit furchtbarer Schnelligkeit. In den Monaten März und April konnte es so aussehen, als ob die Bauern ganz Süddeutschland überrennen würden. Reichsstädte schlossen sich ihnen an. Herren, Grafen, Fürsten nahmen den Federhut vor ihnen ab. Die größten Hoffnungen gingen um, in Thüringen verkündete Thomas Müntzer (auch Münzer), daß selbst das Ausland schon in Bewegung sei. Dann kam die Wende, vor allem durch die Rückkehr der Landsknechte aus Italien, die vom Kaiser nicht mehr entlöhnt wurden und neue Aufgaben suchten. Die Fürsten hatten sich von der ersten Lähmung erholt; die einzige Institution, die über einen gewissen Zusammenhalt verfügte, der Schwäbische Bund, griff ein. Er verfügte in seinem Feldhauptmann Georg Truchseß über einen rücksichtslosen Führer, der sich als »Bauernjörg« einen schauderhaften Ruhm erwarb.

Für einen Augenblick stand die Waage noch in der Schwebe. Der

»Bauernkanzler« Wendelin Hipler in Heilbronn mahnte vergeblich zur Zusammenfassung der verstreuten Haufen. Er wandte sich dagegen, daß die Bauern nach wenigen Wochen heimziehen und durch frische Mannschaften ersetzt werden wollten, die erst wieder einigermaßen im Waffenhandwerk geübt werden mußten. Vor allem wollte Hipler die Landsknechte für den Bund in Dienst nehmen. Sie boten sich an. Sie weigerten sich sogar, den Fürsten zu dienen, wenn es gegen ihre »Brüder ginge«. Zweifellos ist dies der für die Kampfhandlungen entscheidende Wendepunkt. Die Fürsten hatten keine Aufgebote, und wo sie solche zusammenriefen, versagten sie. Die Soldknechte waren ihre einzige Hoffnung. Der Kriegsrat der Bauern nahm Hiplers Vorschläge an; die Mehrheit des Haufens wies sie zurück. Man fürchtete, die Beute mit den Landsknechten teilen zu müssen. Man war verwöhnt durch die bisherigen Siege. Man vertraute den leichtfertig in Umlauf gebrachten Behauptungen, daß die ganze Welt schon in Brand stünde, daß Gott auch drei Bauern gegen hunderttausend Feinde siegen lassen würde. Das Ende ist überall das gleiche. Die mit dem etwas großen Namen »Schlachten« bezeichneten Kampforte wurden nur die Stätten, an denen Tausende von Bauern durch Hunderte von Landsknechten abgeschlachtet wurden. Erbitterter und tapferer Widerstand kleiner Gruppen führte zu erbarmungsloser Niedermetzelung. Die vielen Verrätereien, die naturgemäß zunahmen, als die Waage sich zu neigen begann, vervollständigen das Bild. Der Truchseß war ein geschulter und umsichtiger Truppenchef; er wußte auch geschickt zu verhandeln. Die Ritter, die sich – gezwungen oder beutefreudig – angeschlossen hatten, fielen als erste ab, mit Ausnahme des Florian Geyer, der erst flüchtig wurde, als seine »schwarze Schar« aufgerieben war; sein ritterlicher Schwager ließ ihn auf einem seiner Schlösser ermorden, als der Verfolgte dort Zuflucht suchte. Im März und April hatten die Bauern in Süddeutschland und Thüringen die Macht in der Hand; im Mai und Juni wurden sie in Württemberg, in Thüringen, im Elsaß, zuletzt in Franken geschlagen. Die Henker begannen ihr Werk. Die Verwüstungen der Landschaften durch die Soldtruppen übertrafen noch die Verheerungen durch die Bauernhaufen; sie wurden gründlicher und mit erprobter Technik durchgeführt. Die Brandschatzungen und Auflagen, die den Dörfern und kleineren Städten gemacht wurden, blieben dauernd erhalten; die Leibeigenschaft bestand bis ins 18. Jahrhundert.

Nur in einem Gebiet, den Alpenländern, gingen die Aufstände bis in das folgende Jahr 1526 hinein weiter. Nur dort kam es auch zu Erfolgen gegen die Soldtruppen. Es ist bezeichnend, daß die Bauern in Steiermark, Tirol, dem Salzburgischen, nicht zu den am schlimmsten Unterdrückten gehörten; die Tiroler Bauern waren sogar im Landtag vertreten. Sie verfügten über einen gewandten Führer, Michael Gaismair, der aus einer Bergmannsfamilie stammte, lange Jahre Sekretär beim Tiroler Landeshauptmann und beim Bischof von Brixen gewesen war und die Verhältnisse im Lande aus etwas größerer Übersicht genau kannte. Ein weiterer und sehr wichtiger Stand tritt bei diesen Aufständen zu den Bauern hinzu: die Bergarbeiter aus den damals reichsten Erzbaugebieten Europas. Sie waren durch ihre Arbeit an Disziplin gewöhnt, an engsten Zusammenhalt. Gaismair in seinem Entwurf einer »Landesordnung« schlug gänzliche Enteignung der von den Fuggern, Höchstettern und Paumgartnern bewirtschafteten Berg- und Hüttenbetriebe vor, ein erstes Projekt der Sozialisierung. Die Monopole haben ihre Rechte verwirkt. Sie haben »die ganze Welt mit ihrem unchristlichen Wucher beschwert und sich dadurch ihr fürstliches Vermögen aufgerichtet, was denn billigerweise gestraft und abgestellt werden sollte«. Auch sonst ist dieser Reformplan, dem schon 62 Artikel des Tiroler Landtages der Bauern und Bürger vorangingen, großzügiger gefaßt als die Beschwerdeartikel der schwäbischen Bauern. Allerdings ist nur an eine bäuerliche Ordnung im Land Tirol gedacht. Alle Ringmauern sollen fallen, es darf hinfort keine Städte, nur noch Dörfer geben, damit »eine ganze Gleichheit im Lande sei«. Hoffnungsvoll denkt er bereits an energische Fruchtbarmachung von Moorgebieten und Anbau von mehr Brotgetreide.

Die Fürsten, Erzherzog Ferdinand und der Erzbischof von Salzburg, blieben auch hier die Sieger, nach empfindlichen Niederlagen, bei denen die Bergknappen einen entscheidenden Anteil hatten. Das vergebliche Anrennen gegen die großen Festungsplätze Salzburg und Trient wurde wiederum zum Schicksal. Gaismair mußte mit dem Rest seiner Anhänger über die Grenzen flüchten. Von der Schweiz, von Italien aus, wo Venedig ihn in Dienste nahm, blieb er noch eine Bedrohung, bis er im Auftrag des Erzherzogs durch einen Bravo ermordet wurde.

Luther hat von diesen für ihn entlegenen Dingen keine Kenntnis erhalten. Für ihn war Thüringen in seiner nächsten Nähe der Hauptschauplatz; er hat selbst von den Aufständen in Schwaben und Franken kaum mehr erfahren als wilde Gerüchte über unerhörte Greueltaten der Bauern. Thüringen, die »Schwarmgeister« und Thomas Müntzer, das waren für ihn »der Bauernkrieg«.

Luther sah in Müntzer den Geist des Unheils, den Satan, der die Menschen verwirrt habe. Müntzer wiederum gab den Vorwurf zurück oder erhob seine Anklagen gegen Luther vielmehr zuerst, als gegen den Verderber, der den Fürsten schmeichele und die Sache des Evangeliums ihnen ausliefere. Das Volk, die Bauern waren für Müntzer die »Auserwählten« seiner Lehre; wie weit die Thüringer, die ihm folgten, einige tausend Menschen, seine apokalyptischen Sätze verstanden, wird sich kaum ergründen lassen. Es erscheint uns aber auch unnötig, ihm seine Fehler, Kurzsichtigkeiten und sein Versagen in entscheidenden Augenblicken nachzurechnen oder seine völlige Unfähigkeit als Führer einer militärischen Unternehmung. Er war ebensowenig ein Volksführer in der Aktion wie Luther ein Politiker. Er war Visionär, Rufer, Prophet, Agitator. Mit fünfunddreißig Jahren starb er unter dem Schwert des Henkers. Er gehört zu den Unvollendeten.

Sein Bild ist hin- und hergezerrt worden und hat die verschiedensten Deutungen erfahren, von Verketzerung bis zu hymnischer Lobpreisung. Die Nachrichten über sein Leben stammen zum großen Teil von Gegnern oder aus parteiischen Chroniken; dazu kommen noch Geständnisse auf der Folter. Müntzer stammte aus Stolberg im Harz, von nicht unbegüterten Eltern, studierte und begann früh ein Wanderleben, dessen Stationen nicht sicher sind; auf Empfehlung Luthers kam er nach Zwickau, wo er in Berührung mit den dortigen »Schwarmgeistern« geriet, dem Tuchmacher Storch und den »Zwickauer Propheten«, die Luther in Wittenberg aufsuchten und ihm die erste Unruhe über neue und radikale Lehren ins Haus brachten. Das Prinzip der »inneren Erleuchtung« wurde da verkündet, die Kindertaufe abgelehnt, die Bibel zugunsten des Geistes, der persönlichen Offenbarung zurückgestellt. Nur in Visionen sei Gott zu erleben. Hussitische Lehren aus dem nahen Böhmen, darunter die Parole vom mitleidlosen Kampf gegen alle »Gottlosen« und Andersdenkenden wirkten auf Müntzer ein; vom Abt Joachim der Hohenstaufenzeit, den er als einen seiner Lehrer pries, übernahm er die chiliastische Erwartung auf eine unmittelbar bevorstehende Endzeit, die das Tausendjährige Reich einleiten würde; auch Gedankengänge der deutschen Mystiker, besonders Taulers, haben ihn bewegt. Er wandte sich an die »Erniedrigten und Beleidigten«, die Armen, bei denen er auch Gehör fand. In

28 Thomas Müntzer

Zwickau predigte er vor den Tucharbeitern und Handwerkern, Unruhen entstanden, und er wurde ausgewiesen. Ausweisung wurde überall sein Los. Er war bitter, schon von Haus aus, er wurde nicht erst bitter. Das bittere Los, das »Kreuz« war seine Parole. Gegen nichts eiferte er so wie gegen den »honigsüßen Christus«, den bequemen Glauben, und in Luther sah er den Repräsentanten dieser Anschauung.

1523 taucht er als Prediger in der thüringischen kleinen Stadt Allstedt auf. Er gewinnt sich dort unter den fünfhundert Ackerbürgern und Handwerkern begeisterte Anhänger, auch den Pfarrer des Ortes, den Verwalter des Schlosses; er verheiratet sich mit einer ehemaligen Nonne und bekommt einen Sohn. Seine Predigten, von denen keine erhalten ist, finden weithin im Lande Anklang. Er gestaltet den Gottesdienst um, schafft, noch vor Luther, eine deutsche Messe, schreibt seine liturgischen Schriften, übersetzt lateinische Hymnen in kräftige Sprache und entwirft Gemeindeordnungen von sehr umsichtiger Art, mit Ermahnungen zu strenger Zucht. Aber er hat zugleich einen brennenden Willen, seine Gedanken weithin zu verbreiten; mit dem Worte Ehrgeiz, das sich auf jeden selbständigen und bedeutenden Geist anwenden läßt, ist wenig gesagt. Zweifellos aber glaubt Müntzer, so stark wie Luther, an die sofortige und universale Wirkung des Wortes. Prophetie ist nicht nur den Männern der Bibel gegeben, sondern kann sich stets erneuern, Gott redet auch heute mit seinen »Auserwählten«, mit denen er »wunderbare Dinge« tun wird. Müntzer gewinnt Vertraute, die als seine Sendboten ausgehen. Wie bei allen Untergrundbewegungen sind weder ihre Wanderungen noch ihr Einfluß genauer zu erfassen, da alles geheim vor sich gehen muß. Luther wird unruhig über den »Allstedter Geist«, der ihm eine Fortsetzung der Zwickauer »Himmlischen Propheten« erscheint. Er korrespondiert mit Müntzer, der sich zu rechtfertigen sucht und jeden Zusammenhang mit dem Tuchmacher Storch bestreitet. Luther warnt ihn, sich neue Feinde zu schaffen. Müntzer fühlt sich in seinem Allstedt bereits als selbständige Macht, den »Wittenbergern« ebenbürtig und geistig überlegen. Als sichtbare Aktion wird von den Allstedtern, nach dem Vorbild Karlstadts in Wittenberg, eine Kapelle mit einem wundertätigen Marienbild zerstört als »Haus des Teufels«; eine Untersuchung der Landesbehörden wird eingeleitet. All dies, ein Jahr vor Müntzers Tode, ist noch ein sehr lokales Treiben; ein kleiner Unruheherd in dem ohnehin von vielen Meinungen verstörten Lande. In Orlamünde hat Karlstadt seine Ansichten verbreitet, die vielfach denen Müntzers nahe stehen; die Orlamünder lehnen aber Zusammengehen mit den Allstedtern ab. In Eisenach verkündet ein Prediger Strauss die Wiedereinsetzung der mosaischen Gesetze; in Weimar schließt der Hofprediger Stein sich ihm an. Kurfürst Friedrich und sein Bruder und Mitregent Johann hören sich alle Ansichten an; Johann ist erheblich von den Gedanken des Hofpredigers bewegt. Die beiden Fürsten kommen nach Allstedt, um sich auch Müntzer anzuhören. Als Prophet tritt er den »tätigen, teuren Herzogen«, wie er sie nennt, gegenüber. Er legt die Weissagung Daniels aus, der dem König Nebukadnezar seinen Traum von den vier Weltreichen und dem ewigen Reiche Gottes zu deuten hatte. Es ist eine gelehrte Schrift, mit unzähligen Bibelzitaten, die den weitbelesenen Theologen anzeigen. Aus den Zitaten heraus bricht Müntzers wütender Haß auf die »Schriftgelehrten, die da gern geile Bißlein essen am Hofe«, die »gottlosen Heuchler und Schmeichler«. Er nennt Luthers Namen nicht, aber unverkennbar meint er ihn, wenn er vom »Bruder Mastschwein und Bruder Sanftleben« spricht, der die Geschichte und Visionen verwirft. Das Ende des fünften Reiches der Welt ist gekommen, »ach, liebe Herrn, wie hübsch wird der Herr da unter die alten Töpfe schmeißen mit einer eisernen Stange, Psalm 2. Darum, Ihr allerteuersten liebsten Regenten, lernt Euer Urteil recht aus dem Munde Gottes und laßt Euch von Euren heuchlerischen Pfaffen nicht verführen und mit gedichteter Geduld und Güte aufhalten! Denn der Stein, vom Berge gerissen, ist groß worden. Die armen Laien und Bauern sehen ihn viel schärfer an denn Ihr.«

Wir haben keine Nachrichten darüber, wie die teuren Regenten die Rede aufgenommen haben, noch wissen wir, ob sie so, wie Müntzer sie drucken ließ, gehalten wurde. Starke Worte waren die Herzöge gewohnt. Aber Luther ergrimmte nun. Er verfaßte ein Sendschreiben an die Herzöge »von dem aufrührerischen Geist«, der vergeblich umhergangen ist und sich jetzt in Allstedt ein »Nest gemacht und denkt unter unserm Frieden, Schirm und Schutz wider uns zu fechten«. Scharf wendet er sich gegen das Bilderstürmen und Verbrennen von Kirchen und Kapellen. Es müsse ernstlicher Befehl ergehen, das zu unterlassen. Er unterscheidet zwischen Predigt und Aktionen: »Man lasse sie nur getrost und frisch predigen, was sie können und wider wen sie wollen. Denn wie ich gesagt habe: Es müssen Sekten sein, und das Wort Gottes muß zu Felde liegen und kämpfen ... Ist ihr Geist recht, so wird er sich vor uns nicht fürchten und wohl bleiben. Ist unser recht, so wird er sich vor ihnen auch nicht, noch vor jemand fürchten. Man lasse die Geister aufeinander platzen und treffen ...«

Luther hatte Müntzer zu einem Religionsgespräch in Wittenberg aufgefordert; Müntzer lehnte ab. Nur vor einer ganz universalen Versammlung wolle er Rede stehen. Der Mitregent Johann lud ihn nach Weimar vor. Eine Art Verhör fand statt; er wurde nach seinem Geheimbund befragt. Seine Allstedter ließen ihn fallen. Er flüchtete und begab sich nach der freien Reichsstadt Mühlhausen, der nächsten Station. Dort war bereits eine städtische Erhebung im Gange, geführt von einem anderen Prediger, Heinrich Pfeiffer, der als Sprecher beim Kampf der Kleinbürger und Plebejer gegen den Rat auftrat. Müntzer verband sich mit ihm; beide wurden ausgewiesen und zogen in Süddeutschland umher. In Nürnberg ließ Müntzer seine Verteidigungsschrift gegen Luther drucken, die beschlagnahmt und zum größten Teil vernichtet wurde. Sie bezeichnete Luther schon im Titel als das »geistlose, sanftlebende Fleisch zu Wittenberg, welches mit verkehrter Weise durch den Diebstahl der Heiligen Schrift die erbärmliche Christenheit also ganz jämmerlich besudelt hat«. An persönlichen Angriffen sucht die Broschüre in dem darin nicht wählerischen 16. Jahrhundert ihresgleichen; Luther wird als Lügner, Stocknarr, tückischer Kolkrabe, gottloser Schelm, Vater Leisetritt, Basilisk, Erzheide, unverschämter Mönch, Erzbube bezeichnet, ein »giftiges Würmlein mit Deiner beschissenen Demut«, ein »Brandfuchs, der vorm Tage heiser bellt«. »Schlaf sanft, liebes Fleisch! Ich röche Dich lieber gebraten durch Gottes Grimm ...«

Im beginnenden Bauernkrieg in Süddeutschland hat Müntzer sich an verschiedenen Stellen betätigt und Einfluß geübt; als die Bauern sich auch in Thüringen erheben, trifft er wieder in Mühlhausen ein, wohin Heinrich Pfeiffer ebenfalls zurückgekehrt war. Der Rat wurde gestürzt, ein neuer »ewiger Rat« eingesetzt, dem Müntzer und Pfeiffer jedoch nicht angehörten. Die vier Wochen des April 1525 sind die Epoche der letzten und am berühmtesten gewordenen Agitation Müntzers. Luther und mit ihm viele Zeitgenossen hielten ihn für den »König und Imperator« von Mühlhausen und den Führer der ganzen Bewegung. Aber noch mehr als in Süddeutschland, wo immerhin größere Gebiete zeitweilig in die Hand der Bauernheere fielen, zersplitterte sich der Kampf in Thüringen in ganz kleine Aktionen. Die Bauern eines Gutsherrn traten gegen ihn an, eine Stadt empörte sich gegen ihren Rat, eine Grafschaft stand auf. Auch hier schlossen sich eine Reihe von Herren an, Grafen und Adlige. Das Beutemachen wurde ebenso zum Verhängnis wie in Schwaben und Franken. In den Zeitberichten ist von den Wagenzügen mit Speck, Kirchengut und Klosterwein die Rede, den Vorstößen in leicht zu plündernde Gegenden, der Unwilligkeit der einzelnen Haufen, sich anderen anzuschließen oder zu Hilfe zu kommen. Von einer einheitlichen Leitung ist nichts zu erkennen. Nur in Luthers Augen war Müntzer der »König und Imperator«. Er war Prediger und Agitator. Als solcher hat er eine fieberhafte Tätigkeit entfaltet. Er schrieb nach allen Seiten und ließ seine Flugblätter ausgehen. An seine Allstedter wandte er sich: »Das ganze deutsche, französische und welsche Land ist wach. Der Meister will ein Spiel machen, die Bösewichter müssen dran... Wenn Euer nur drei sind, die in Gott gelassen allein seinen Namen und Ehre suchen, werdet Ihr hunderttausend nicht fürchten. Nun dran, dran, dran! Es ist Zeit. Die Bösewichter sind verzagt wie die Hunde... Sie werden Euch so freundlich bitten, greinen, flehen wie die Kinder. Laßt Euch nicht erbarmen, wie Gott durch Moses befohlen hat... Laßt diesen Brief den Bergleuten werden... Dran, dran, dieweil das Feuer heiß ist! Laßt Euer Schwert nicht kalt werden! Lassets nicht lahm werden! Schmiedet Pinkepank auf dem Amboß Nimrods...«

Das »dran, dran!« war der Kriegsruf der Landsknechte beim Nahkampf. Er unterzeichnete als Thomas Müntzer »mit dem Hammer«, oder »mit dem Schwert Gideons«. Er schreibt an die Grafen von Mansfeld, an »Bruder Albrecht von Mansfeld«, der sich für Luthers Lehren entschieden hatte: »Hast Du in Deiner lutherischen Grütz und Deiner wittenbergischen Suppe nicht können finden, was Hesekiel in seinem 37. Kapitel weissagt? Auch hast Du in Deinem Martinischen Bauerndreck nicht können schmecken, wie derselbige Prophet weiter sagt, wie Gott alle Vögel des Himmels fordert, daß sie fressen das Fleisch der Fürsten und die unvernünftigen Tier sollen saufen das Blut der großen Hansen.« Der andere, katholische Bruder soll ebenfalls sich unterwerfen, sonst werde er verfolgt und ausgerottet werden. »Wir wollen Deine Antwort noch heut abend haben... Ich fahr daher.«

Das »Ich«, das er immer wieder verwendet, ist charakteristisch. Er sieht sich als den Beauftragten Gottes. In seine Hand ist das Schicksal der Bauern gegeben. Das stolze »Ich fahre daher« ist keine Bauernparole. Wenige hörten auch auf ihn, von einem winzigen Häuflein engster Anhänger abgesehen. Die Bergleute kamen nicht. Seine Sendbriefe an die benachbarten Städte wurden mit lahmen Ausreden beantwortet. Mühlhausen sogar, sein Hauptquartier, blieb recht unwillig; mit Pfeiffer hatte er sich bereits zerstritten. Nur eine kleine Schar von 300 Mann rückte aus, als ein großer Bauernhaufen, der sich in Frankenhausen am Kyffhäuser versammelt hatte, um Hilfe bat. Denn inzwischen hatte sich ein Fürstenkonsortium gebildet, das mit Truppen herannahte. Es bestand aus Luthers Feind, Herzog Georg von Sachsen, seinem Gönner Herzog Johann, dem Landgrafen von Hessen, der schon Sickingens Ritterrevolte niedergeworfen hatte, und den beiden Mansfelder Grafen. Die religiösen Überzeugungen, soweit sie überhaupt in Betracht kamen, waren geteilt; im Nahziel, die Bauern zu schlagen, war man einig. Daneben wollten auch die Fürsten Beute machen oder sich für ihre Mühewaltung entschädigen, wie sie es nannten; der Hesse hatte schon auf dem Hinzug das reiche Erzstift Fulda an sich genommen, die sächsischen Herzöge warfen ihre Augen auf die Reichsstadt Mühlhausen. Beim Auszug aus Mühlhausen ließ Müntzer ein blankes Schwert vorantragen, als Zeichen des mitleidslosen Kampfes gegen die Gottlosen, und ein großes Banner von 30 Ellen weißer Seide, bemalt mit einem Regenbogen, der den »neuen Bund« der Auserwählten symbolisierte. Sie führten auf Karren acht kleine Geschütze mit, für die aber kein Pulver vorhanden war. Müntzer begleitete den Zug als Prediger.

Der Bauernhaufen in Frankenhausen hatte sich in einem Lager verschanzt, einer Wagenburg nach hussitischem Vorbild. Er bestand aus 6000–8000 Mann; die Fürsten hatten etwa 3000 Reiter und Fußknechte zu ihrer Verfügung und Artillerie, für die das Pulver zur Stelle war. Verhandlungen wurden geführt; im Bauernlager scheint wenig Einigkeit geherrscht zu haben. Müntzer predigte entschlossenes Vorgehen. Er ließ durch seine Anhänger vier Emissäre der Fürsten, die ins Lager gekommen waren, hinrichten. Die Majorität des Haufens richtete aber noch am Tage des Zusammenstoßes ein Schreiben an die Fürsten: »Wir sind nicht hier, jemand was zu tun, Johannis zum andern, sondern von wegen göttlicher Gerechtigkeit, die zu erhalten. So sind wir auch nicht hier, Blut zu vergießen. Wollt Ihr das auch tun, so wollen wir Euch nichts tun. Danach hab sich ein jeder zu halten.« Die Fürsten antworteten mit der Forderung auf Auslieferung Müntzers und seines Anhangs. Die Bauern lehnten das ab. Es kam zu der als »Schlacht von Frankenhausen« bezeichneten Katastrophe vom 15. Mai 1525. Die fürstlichen Truppen hatten ihre Geschütze in eine überhöhte Stellung gebracht und schossen von da in das Lager hinein. Die ersten Einschläge führten schon zur Auflösung und Flucht; nur an wenigen Stellen wurde gekämpft. Frankenhausen fiel mit den hereinströmenden Flüchtenden in die Hand der Sieger, die in ihren Berichten von fünf Mann Verlust auf ihrer Seite und 5000 erschlagenen Bauern sprechen. Auch die Einwohner der Stadt wurden massakriert.

Mühlhausen ergab sich ebenfalls rasch. Die Bürger schickten ihre Frauen und Mädchen, mit Wermutkränzen auf dem Haupt, ins Lager, um vor den Siegern niederzuknien. Durch schwere Zahlungen kaufte die Stadt sich von der Plünderung los. Die Fürsten teilten sich in die Oberherrschaft und die Gelder. Die Blutgerichte begannen. Müntzer war bereits in Frankenhausen ergriffen worden, wo er sich in einem Bauernhaus versteckt hielt; Pfeiffer wurde ebenfalls eingebracht. Beide wurden schwer gefoltert und ihre Geständnisse aufgeschrieben. Dann wurden sie enthauptet und ihre Köpfe auf Pfählen vor der Stadt aufgesteckt.

Unter der Tortur erpreßte Geständnisse haben für unsere Begriffe nur höchst fragwürdige Bedeutung. Pfeiffer scheint sich dabei kurz und aufrecht gehalten zu haben. »Man habe gesehen, was er getan, es sei nichts zu leugnen«, erklärte er. Beichte und Absolution lehnte er ab. Der altgläubige Herzog Georg berichtet mit Enttäuschung, er sei »nicht in solcher Andacht« gewesen wie Müntzer, dem Gott seine Gnade verliehen, daß er seine Irrtümer bekannt »und allein der Einigkeit christlicher Kirchen begehrt und darum auch das heilig, hochwürdig Sakrament in einer Gestalt des Brots empfangen« habe. Das Reuebekenntnis Müntzers erschien den Zeitgenossen unvergleichlich bedeutsamer als die anderen Punkte, die er in verschiedenen Geständnissen zugab. Wir halten es für grob unbillig, mit einem schwer Gefolterten zu rechten, auch wenn er, wie Müntzer, bereitwillig die Namen seiner Anhänger preisgibt oder sagt, wo noch die Verzeichnisse der Mitglieder seines Bundes zu finden seien. Wahrscheinlich hat er, unter den Quälereien und vielleicht schon vorher gebrochen, alles nachgesprochen, was man ihm diktierte; schreiben konnte er schwerlich mehr, nachdem man ihn gründlichst mit Daumenschrauben behandelt hatte. So können wir auch seiner Aussage nicht allzuviel Gewicht beilegen: »Die Empörung habe er darum gemacht, daß die Christenheit solle ganz gleich werden und daß die Fürsten und Herren, die dem Evangelio nicht wollten beistehn, sollten vertrieben und totgeschlagen werden«, oder daß »alle Dinge gemeinsam sein sollen und sollte einem jeden nach seiner Notdurft ausgeteilt werden nach Gelegenheit«. Der »Kommunismus« Müntzers und vieler Gruppen der Wiedertäufer ist eigner Art; er beruft sich auf die Bibel, und er lebt und stirbt in der Erwartung, daß das Tausendjährige Reich unmittelbar bevorsteht. Von Gedanken einer umfassenden sozialen Neuordnung ist bei Müntzer kaum etwas zu finden, und mit keinem Wort hat er darüber etwas gesagt, wie er sich das Neue Reich vorstellt. Er fühlt sich als Prophet; er ist erfüllt von leidenschaftlicher Hoffnung auf die Armen und Bedrückten, die Gott auserwählt habe. Er denkt in universalen Kategorien, wie noch nach ihm viele: Die ganze Welt muß auf einmal aufstehen, mit einem Schlage wird sie die Wende herbeiführen. Darin kann man ihn als einen frühen Vorläufer der Weltrevolution ansehen. Der Mangel an »Augenmaß« ist ihm stets vorgeworfen worden; Müntzer kennt, wie jeder Prophet, kein Augenmaß. Sein Blick ist gen Himmel gerichtet. Von dort erwartet er den Donner, dem der Regenbogen folgen soll. Sein Ende ist vielleicht am erschütterndsten zusammengefaßt in den ersten Worten seines Abschiedsbriefes an seine Gemeinde zu Mühlhausen, der im übrigen ein diktiertes und aufgesetztes Heuchelschreiben seiner Gegner sein dürfte: »Heil und Seligkeit durch Angst, Tod und Hölle zuvor, liebe Brüder!«

Auf die Sieger und auf die Situation am Ort unmittelbar nach Müntzers Gefangennahme fällt noch ein kleines schmales Licht durch einen Brief des Mansfelder Rates Rühel an Luther. Da heißt es, man habe Müntzer auf eine Bank gesetzt. Die Herren traten heran und fragten ihn aus, jeder mit den kleinen Fragen, die ihm gerade am wichtigsten erschienen. Herzog Georg »ist neben ihm gesessen und mit ihm gesprochen, gefragt, was Ursache ihn bewegt, daß er die vier am vergangenen Sonnabend hatte köpfen lassen. Hat er gesagt: Lieber Bruder, ich sage Euer Liebden, daß ich solches nicht getan, sondern das göttliche Recht.« Ein anderer Herzog tritt herzu: »Höre, bist Du auch Fürstengenosse? Fürwahr, Du bist ein schöner Fürstengenoß, hast

Dein Regiment wohl angehoben. Wie kommst Du darauf, daß ein Fürst nicht mehr denn 8 Pferde, ein Graf 4 Pferde haben soll?« So hatte es tatsächlich in einem der Sendschreiben gestanden. Der junge Landgraf von Hessen hat sich »des Evangeliums nicht geschämt, sich mit Müntzern in einen heftigen Streit damit begeben. Müntzer hat das Alte Testament gebraucht, der Landgraf aber sich an das Neue gehalten, sein Neues Testament auch bei sich gehabt und daraus die Sprüche wider Müntzern gelesen.« Diese Bank, auf der die Fürsten mit dem Gefangenen sitzen und über das Köpfen, die acht oder vier Pferde und die Unterschiede zwischen alttestamentarischen Prophetien und dem Gebot des Paulus »seid untertan der Obrigkeit« disputieren, hat nahezu etwas Treuherziges. Im Hintergrund steht der Henker.

Der gleiche Brief des Rates Rühel, der mit Luther verschwägert war, spricht noch eine ernste Warnung nach Wittenberg hin aus: »Es sei, wie ihm wolle, so ist es doch vielen Euch Günstigen seltsam, daß von Euch das Würgen ohn Barmherzigkeit zugelassen, und daß daraus Märtyrer werden können.« Man sage auch vielfach, Luther fürchte für seine eigne Haut.

Der Wink bezog sich auf Luthers rasende Schrift »Wider die räuberischen und mörderischen Rotten der Bauern«. Sie war gerade erschienen, da der Kampf in Thüringen sich bereits entschieden hatte. Die wilden Aufforderungen, man solle »zuschmeißen, würgen und stechen«, oder »es ist des Schwerts und Zorns Zeit hie und nicht der Gnaden Zeit«, waren im Grunde überholt; die Fürsten brauchten ohnehin nicht Luthers Ermunterung. Luther antwortet seinem Schwager ganz unnachgiebig: »Sie hören nicht das Wort und sind unsinnig, so müssen sie die Büchse hören und geschieht ihnen recht. Bitten sollen wir für sie, daß sie gehorchen. Wo nicht, so gilts hie nicht viel Erbarmen. Lasse nur die Büchsen unter sie sausen, sie machens sonst tausendmal ärger... Wer den Müntzer gesehen hat, der kann sagen, er habe den Teufel leibhaftig gesehen in seinem höchsten Grimm.«

Es ist die Zeit des Zorns, apokalyptischer Erwartungen. Luther glaubt wie Müntzer, daß das Ende bevorsteht. Sein Toben ist damit nicht zu entschuldigen. Es hat ihn nicht nur die Sympathien der Bauern und weiter Schichten gekostet, sondern auch zahlreicher Anhänger in bürgerlichen Kreisen. Das Jahr 1525 ist für seine Sache die große Wende. Er ist von da ab nicht mehr der Held der ganzen Nation, auf den alle ihre Hoffnungen setzen, sondern nur noch das Haupt einer Partei. Und selbst als solches wird er von anderen Parteihäuptern im eignen Lager zunehmend in Frage gestellt und bedrängt. Aber von allen Vorwürfen, die Müntzer gegen ihn erhoben hat, war der, er sei ein »Leisetreter« und »Bruder Sanftleben«, sicherlich der unsinnigste. Er fürchtete auch nicht »um seine Haut«. Mangel an Mut kann man ihm schwerlich je vorwerfen. Im Gegenteil: Er stürmt immer darauf los, ohne jedes Bedenken und ohne Rücksicht auf die Folgen. Damit hatte er seinen Durchbruch erzielt. Er war stolz darauf und betonte immer wieder, daß er und er allein es doch gewesen sei, der sich gegen Papst, Kaiser und Reich erhoben hatte, als alle anderen nur »murmelten« und heimlich diskutierten. Sein Wort, und nur sein Wort, hatte gesiegt. Es hätte weiter gesiegt, so glaubte er, ohne die »Faust«, die Waffen, in zwei oder drei Jahren, wenn nicht Tollköpfige, Wahnwitzige dazwischen gekommen wären. Er hatte das nicht nur erst jetzt beim Bauernaufstand vertreten. Er hatte schon Sickingen und Hutten und ihrer Ritterrevolte gegenüber gemahnt, den Appell an das Schwert beiseite zu lassen. Er hielt nichts von den Plänen für eine Adelsdemokratie. Er hielt nichts von den Gedanken einer Bauernherrschaft. Es mag dabei unbewußt sein bäuerlicher Instinkt mitgespielt haben, ein tiefes Mißtrauen gegen »unreife Bewegungen«, die nur zum Unheil führen könnten. Historisch gesehen hatte er damit recht. Friedrich Engels hat in seiner Schrift über den Bauernkrieg, die kurz nach der mißglückten Revolution von 1848 erschien, bei aller Sympathie für die Gestalten der einzigen großen Massenerhebung der deutschen Geschichte doch feststellen müssen, wie »die lokale und provinzielle Zersplitterung und die daraus hervorgehende lokale und provinzielle Borniertheit die ganze Bewegung ruinierte«; er hat auch zu Thomas Müntzers Scheitern ganz konsequent das »zu früh« im Sinne der materialistischen Geschichtsauffassung erkannt: »Nicht nur die damalige Bewegung, auch sein ganzes Jahrhundert war nicht reif für die Durchführung der Ideen, die er selbst erst dunkel zu ahnen begonnen hatte.«

Solche Einsichten lagen Luther fern. Er urteilte überhaupt nicht aus Einsicht, sondern nur aus Aufregung. Er sah lediglich, daß sein Evangelium gefährdet war durch »Schwarmgeister«, und dies in dem Augenblick, da es gerade zu siegen schien ohne einen Schwertschlag. Unermüdlich war er umhergereist, um dagegen anzukämpfen, gegen den alten Freund Karlstadt und andere, unter denen Müntzer ihm nur der gefährlichste schien. Er hatte dabei bereits seine ersten bitteren Erfahrungen machen müssen: Man fluchte ihm in Karlstadts Orlamünde, in einem anderen Ort legte man ihm ein verstümmeltes Kruzifix auf die Kanzel; mißtrauische Blicke oder dumpfes Schweigen hatten ihn empfangen. Der Vormarsch seiner Reformation war bereits in eine Krise geraten, ehe der Bauernkrieg begann. Mit zornigen Auslassungen hatte er sich gegen die »himmlischen Propheten« gewehrt, mit wildem Trotz. Er hatte die Zeremonien für überflüssig erklärt; nun, da daraus ein Gebot gemacht werden sollte, sperrte er sich: er habe auch ursprünglich vorgehabt, sie aufzuheben, jetzt wolle ers nicht tun »zu Trotz und wider noch eine Weile dem Schwärmergeist« – nicht »um ein Haarbreit« will er dem weichen. In gleicher Unnachgiebigkeit war er den Bauern gegenübergetreten, als sie ihm ihre »Zwölf Artikel« vorlegten, mit seiner »Ermahnung zum Frieden«, die von keiner Seite verstanden werden konnte. Den Fürsten und Herrn war da grimmig gedroht, es sei nun genug mit dem »Schinden und Schatzen«, der gemeine Mann »kann noch mag das nicht länger ertragen, das Schwert ist Euch auf dem Hals!« – den Bauern aber wurde das Wort vorgehalten »wer das Schwert nimmt, der soll durch das Schwert umkommen« und empfohlen, sich auch ungerechter Obrigkeit zu fügen. Auf die Artikel war er nur zum Teil eingegangen und hatte zu einigen gemeint, er müsse sie den Rechtssachverständigen überlassen, »denn mir als einem Evangelisten gebührt nicht, darin zu urteilen. Ich soll die Gewissen unterrichten.« Ein Ausschuß solle die Sache friedlich beilegen. »Ich habs Euch ja gesagt, daß Ihr zu beiden Teilen unrecht habt und unrecht fechtet.« Luthers Tragik war es, daß er nicht mehr ein bloßer Evangelist und Gewissensrat sein konnte, sondern als Sprecher des Volkes aufgefordert wurde, sich zu einer dringenden Notlage zu äußern, zu schreiendem Unrecht, dem weder durch Gebet noch Kommissionssitzungen abzuhelfen war.

Um die Sache noch schlimmer zu machen, erschien dieses Sendschreiben im Druck erst, als der Krieg schon fast vorüber war, zusammen mit der tobenden Aufforderung, die Bauern als Räuber zu behandeln: »Steche, schlage, würge hier, wer da kann! ... Dünkt das jemand zu hart, der denke, daß Aufruhr unerträglich ist und alle Stunde der Welt Zerstörung zu erwarten sei.« Selbst seine Freunde waren verwirrt und wußten nicht, was sie zu diesem Nebeneinander sagen sollten. Den Bauern mußte der Vorschlag zu Verhandlungen wie Hohn erscheinen, nachdem sie sich auf Gnade und Ungnade ergeben hatten und erleben mußten, wie die Gnade der Sieger aussah. Die Fürsten behielten die scharfen Vorwürfe im Gedächtnis, die er ihnen gemacht hatte. Eine noch wirrer gehaltene Schrift schickte Luther im Juli hinterher, um sich zu rechtfertigen. Da meint er, nach seiner Lehre von den zwei Reichen, das weltliche Reich sei das Reich des »Zornes und Ernstes«, sein Handwerkszeug »ist nicht ein Rosenkranz oder ein Blümlein von der Liebe, sondern ein bloßes Schwert«. Zugleich aber wettert er auch über »die Junkerlein, die über die Maßen grausam fahren mit den armen Leuten« nach dem Siege. Er hat gehört, einer vom Adel habe im eroberten Mühlhausen die Witwe Thomas Müntzers schänden wollen, und entrüstet sich über solche »ritterliche, adlige Tat«; die Bibel nenne solche Leute Bestien. Er verteilt seinen Tadel ganz paritätisch, er habe schon vorhergesagt: »Würden die Bauern Herren, so würde der Teufel Abt werden; würden aber solche Tyrannen Herrn, so würde seine Mutter Äbtissin«, und fügt hinzu: »Wohlan, sie werden ihren Lohn auch haben, ohn daß es schade wäre, daß sie sollten von den Bauern ermordet werden ... in der Hölle wird ihr Lohn sein ewiglich, so sie nicht Buße tun.«

Es sind Briefe, an einem Tag hastig heruntergeschrieben für den Tag, keine politischen Abhandlungen oder Entwürfe für eine gerechte Gesellschaftsordnung, von der Luther gar keine Vorstellung hatte. Sie sind allenfalls zu verstehen als Zeugnisse eines unbändigen, ja maßlosen Temperamentes, das einen Siegeslauf ohnegleichen hinter sich hat und nun plötzlich gehemmt wird. Von allen Seiten brechen über ihn die Schwierigkeiten herein, die er den Teufel nennt. Für die übrige Welt war jedoch Luther vom Satan besessen, er galt als der Anstifter des Krieges mit seinen Lehren. Er war nochmals bedroht, wie nur je zuvor, und auch das mag seine Aufregung erklären, wenn es sie auch nicht rechtfertigt. Die siegreichen Fürsten dachten nun allen Ernstes daran, das Wormser Edikt zu vollstrecken; nur die Eifersucht unter den verschiedenen Anwärtern verhinderte es, daß Kursachsen besetzt wurde. Mitten in den Wirren des Krieges war der alte Friedrich der Weise gestorben, der bis zum Tode, vorsichtig, nicht gerade fest, seine Hand über Luther gehalten hatte. Aber er war in seiner patriarchalischen Art weise und milde. Seinem Bruder und Mitregenten, der robuster war und sich auch an dem Zug nach Frankenhausen beteiligte, schrieb er noch im April, als das Fürstenkonsortium gegen den Aufstand sich zu bilden begann: »So ist das ein großer Handel, daß man mit Gewalt handeln soll. Vielleicht hat man den armen Leuten zu solchem Aufruhr Ursache gegeben und besonders durch Verbot des Wortes Gottes. So werden die Armen in vielen Wegen von uns weltlichen und geistlichen Obrigkeiten beschwert. Gott wende seinen Zorn von uns. Will es Gott also haben, so wird es also hinausgehen, daß der gemeine Mann regieren soll.« Drei Wochen danach starb er; auf dem Sterbebette nahm er das Abendmahl in beiderlei Gestalt, auch in dieser Gewissensfrage hatte er eine Entscheidung bis zum letzten Augenblick hinausgeschoben.

Sein Bruder, der nun an seine Stelle rückte, Herzog Johann, war zum Unterschied von Friedrich mit seiner immerhin beträchtlichen, wenn auch stets etwas schlaffen Umsicht ein beschränkter Kopf. Große Reichsreformpläne, wie der Alte sie sein Leben lang betrieben hatte, lagen ihm gänzlich fern. Es ging ihm ausschließlich um kursächsische Landespolitik ohne jeden höheren Ehrgeiz. Ängstlich hielt er sich sogar von Kombinationen mit anderen Fürsten zurück, die ihm hätten nützlich sein können. Seine etwas ehrgeizigeren Räte hatten es schwer, ihn für irgendwelche Bündnisse zu gewinnen. Er wollte nur »Landesvater« sein, und als solcher hielt er an seinem Dr. Luther fest, und dies sehr viel mehr als sein Bruder. Er ließ Luther häufig an seinen Hof kommen, wechselte Briefe mit ihm und schrieb sich mit eigner Hand den »kleinen Katechismus« ab, der etwa seinen geistigen Horizont umschrieb. Die Reformation, ein Feuersturm und Weltbrand in den Anfängen, scheint im Schatten dieses blutigen Revolutionsjahres 1525 eine Kleinstaat- und Kleinstadt-Angelegenheit zu werden, und Züge davon hat sie ständig beibehalten.

Luther, der sehr wohl spürte, wie sich jetzt alles von ihm zurückzog, wie kühl es um ihn wurde, faßte noch einmal einen kühnen Entschluß. Er heiratete.

III. TEIL

Der Wittenberger Reformator

Die Frau Doktorin

In den Wochen nach der Niederschlagung des Bauernaufstandes in Thüringen schloß Luther seine Ehe mit Katharina von Bora. Seit langem war von ihm dieser Schritt, den so viele seiner früheren Ordensgenossen getan hatten, erwartet worden. Länger als alle anderen behielt er seine Kutte als Tracht bei. Erst im Dezember 1524 legte er den Habit ab, sieben Jahre nach seinen Thesen. In zahlreichen Schriften war durch ihn das Zölibat verdammt und die Ehe gepriesen worden. Er selber blieb Mönch, wenn auch ohne Regel. Mit gespannten Augenlidern wurde jeder seiner Schritte kontrolliert, und man suchte durchaus einen »Sündenfall« herauszufinden. Seine kräftige Gestalt und vollblütige Natur schienen ihn geradezu dafür zu prädestinieren. Hatte er nicht geschrieben: »Wachset und mehret Euch, das ist nicht ein Gebot, sondern mehr als ein Gebot, nämlich ein göttlich Werk, das nicht bei uns steht zu verhindern oder zuzulassen, sondern es ist ebenso not, als daß ich ein Mannsbild sei, und nötiger denn essen und trinken, schlafen und wachen. Es ist eine eingepflanzte Natur und Art, ebenso wohl als die Gliedmaßen, die dazu gehören.« Oder gegen die Keuschheitsgelübde, gegen die sich Mönche und Nonnen vergeblich auflehnen: Sie verachten nur Gottes Gebot, »hindern sie es aber, so sei Du gewiß, daß sie nicht rein bleiben und mit stummen Sünden oder Hurerei sich besudeln müssen«. Medizinische Gründe hatte er zitiert: »Daher auch die Ärzte nicht übel reden, wenn sie sprechen: Wo man mit Gewalt dieser Natur Werk anhält, da muß es in das Fleisch und Blut schlagen und Gift werden.« Konnte Dr. Luther da unangefochten bleiben?

Er hatte seine anderen Anfechtungen, die ihn heimsuchten, wenn er zu viel gegessen, zu hastig getrunken hatte, wie er das häufig tat, als eine sehr ungesunde Diät, mit der er seine Schwermutsanfälle bekämpfen wollte. Wir erklären seine schweren geistigen Gleichgewichtsstörungen nicht nur damit, aber zweifellos hat seine sehr ungeregelte Lebensführung dabei entscheidend mitgewirkt. Er schlief schlecht und auf einem schlechten Lager, das niemand in Ordnung hielt. Und schließlich arbeitete er unermüdlich, besinnungslos, ohne jede Rücksicht auf seinen Körper, nur innehaltend, wenn die Nieren oder sein früh erworbenes Steinleiden eine Pause unbedingt nötig machten. Die Krankengeschichte Luthers füllt ein starkes Dossier; die Zähigkeit seiner Natur ist immer wieder mit den verschiedensten Leiden fertig geworden und hat ihn trotz aller Strapazen, Wut- und Erschöpfungsparoxysmen das für damals hohe Alter von über 62 Jahren erreichen lassen. Daß er zweiundvierzig Jahre alt wurde, ehe er seine Ehe schloß, und daß bis dahin nichts irgend Zuverlässiges über einen »Sündenfall« bekannt geworden ist, wird nur dem merkwürdig erscheinen, der die Lebensgeschichten anderer vergleichbarer genialer Persönlichkeiten nicht kennt.

Seine Ehe hat aber schon zu seiner Zeit ganz ungeheuer aufreizend gewirkt. Der entlaufene Mönch und die entlaufene Nonne! Das war die Formel. Sie wurde mit Entrüstung und Behagen angewandt. Unter den Studenten gingen Verse um, und einer von ihnen, ein gewisser Simon Lemnius, schrieb, als er von der Universität durch Luthers Betreiben relegiert wurde wegen seiner bösartigen Epigramme auf bekannte Persönlichkeiten, seine »Pornomachomachia«, den »Mönchshurenkrieg«, eine frühe pornographische Übung. Lessing hat in seinen jugendlich kriegerischen »Rettungen« verkannter und verschollener Größen auch diesen Mann und sein Werklein zu verteidigen gesucht: »Ein beleidigter Mensch ist ein Mensch, und ein beleidigter Poete ist es doppelt. Rache ist süß.« Nichts als ein Racheakt war das Machwerk, das im 19. Jahrhundert als begehrtes Eroticum in Privatdrucken zirkulierte, und nach Humanistenart das Verbum futuere in allen Abwandlungen vorführte. Wir zitieren Lessings Wiedergabe der Handlung: »Anfangs sucht sich Luther von seiner Käthe, die er schon im Kloster unter Versprechung der Ehe soll gebraucht haben, auf alle mögliche Art los zu machen. Doch da er eben am eifrigsten daran arbeitet und schon im Begriff ist, eine andre zu heiraten, kömmt ihm seine alte Liebste aus dem Kloster über den Hals und weiß ihn so feste zu fassen, daß er sie notwendig zur Frau nehmen muß. Als seine Freunde Jonas und Spalatin dieses sehen, wollen sie ihn in der Schande nicht alleine stecken lassen, sondern nehmen ein jeder eine von den geistlichen Nymphen, welche Käthe aus ihrem Kloster mitgebracht hatte. Doch alle dreie finden ihre Männer hernach ziemlich ohnmächtig, so daß sie sich notwendig auf auswärtige Kost befleißigen müssen«, wofür verschiedene Wittenberger Studenten herangezogen werden.

Wir führen das mäßige Machwerk nicht aus den Gründen an, die Lessing bewogen, sondern weil es etwa das Niveau zeigt, auf dem die Sache in Wittenberg besprochen wurde. Lemnius hatte sich fleißig umgehört, und es stimmte sogar, daß Luther zunächst an eine andere Ehe gedacht hatte. Es stimmte auch, daß man – wie in dem Pamphlet erwähnt wurde – ihm den Zeitpunkt der Eheschließung besonders übelnahm: »Noch rauchen überall die zerstörten Dörfer, Tausende von Bauern werden in Ketten abgeführt, die Flüsse sind rot von vergossenem Blut.« Aber nichts und gar nichts läßt auf »Bacchanale« schließen. Es hat fast etwas Erheiterndes, wie die Zeitgenossen sich über Wittenberg entrüsten. Selbst der große Erasmus weiß nichts Besseres, als in seiner Korrespondenz nach allen Himmelsrichtungen zu verbreiten, die Braut erwarte schon in wenigen Wochen ein Kind, und deshalb habe die Ehe schleunigst geschlossen werden müssen, was er dann widerrufen muß, als der Knabe erst nach ganz ordnungsgemäßer Frist ein Jahr später geboren wird. Auch der Freund Melanchthon schlägt klagende Töne an zu einem Nürnberger Freund: Luther habe ihn und andere gar nicht zugezogen, er hätte ihm entschieden abgeraten, in so schwerer Zeit diesen Schritt zu tun. »Aber der Mann ist ja so leicht zu behandeln! Die Nonnen, die sich auf alle Künste verstehen, haben ihn an die Leine gelegt. Schon der Umgang mit den Nonnen, so edeldenkend und großmütig Luther ist, hat ihn verweichlicht; seine Natur fing wohl auch Feuer. Und so scheint er hereingefallen zu sein und diesen sehr unzeitigen Wechsel seines Lebens vorgenommen zu haben.«

Es wäre wohl kaum etwas dabei gewesen, wenn Luther einen »Fehltritt« begangen hätte wie Zwingli, der das ganz unumwunden eingestand; grotesk waren die Vorwürfe, die von Bischofssitzen und aus Rom her erhoben wurden, wo es von Bastarden und Mätressen wimmelte. Und auch die Beschuldigung, Luther habe sein Gelübde gebrochen, kam etwas spät; er hatte die Mönchsgebote schon sehr viel früher und sehr viel entschiedener mißachtet. Aber es liegt eine unfreiwillige Anerkennung des Sachverhaltes in dieser Aufregung: Erst mit diesem Schritt schien Luther seine Rebellion gegen die Kirche zu krönen. Erst damit brach er die letzten Brücken ab. Das Zölibat, mochte es noch so sehr in der Praxis mißachtet werden, war noch immer eine der wichtigsten Positionen der römischen Kirche. Um das Zölibat, oder seine Aufhebung, ist als einen der Hauptpunkte im Streit gefochten worden bis über Luthers Tod hinaus; an dieser Frage vor allem sind die Unionsverhandlungen gescheitert, obwohl selbst der strenggläubige Kaiser oder sein Bruder Ferdinand für die Aufhebung eintraten.

Und so sah Luther seinen Entschluß vor allem an: Trotz, Aufbegehren, Protest, das war seine Stimmung. Trotzig sind die Worte, mit denen er seine Absicht Freunden mitteilt. »Ich hoffe, die Engel werden lachen und alle Dämonen weinen«, schreibt er an Spalatin, »den Lästerern habe ich das Maul gestopft durch meine Ehe mit Katharina von Bora.« Dieser Schritt war seine letzte große Protesthandlung. Er bedeutete zugleich schon eine Resignation. Sein Eingreifen in die Welthändel hatte in einer Katastrophe geendet, wie Luther deutlich spürte. Er mochte noch weiter gegen die verstockten und aufrührerischen Bauern wüten, die Sieger zur Milde mahnen oder auch dazu, das ihnen anvertraute Schwert rüstig zu führen – er wußte und hörte es von allen Seiten, daß es mit seiner Popularität vorbei war. Nicht nur die Bauern mißtrauten ihm; auch die Humanisten wandten sich ab. Die Fürsten und Großen blieben sehr zurückhaltend; sie hatten ihm die scharfen Worte nicht vergessen, die er ihnen gesagt hatte. Die Rolle des großen Propheten, auf den fast ganz Deutschland mit unbegrenzten Hoffnungen gelauscht hatte, war ausgespielt. Es gab nun viele Propheten, und sie fanden ihre Anhänger; manche hatten eine so überzeugte und opferwillige Gefolgschaft, wie er sie sich gewünscht hätte. In vielem mußte er ganz von vorn anfangen, im kleinen und kleinsten Kreise. Die Familie war für sein bäurisches Denken die Kernzelle der Weltordnung, von da ging alles aus; der »Staat«, den er nicht kannte und begriff, war nur eine größere Familie, mit dem »Landesvater« an der Spitze, der wie ein guter Hausherr seine Leute und sein Gesinde mit Ermahnungen, Strafen und – wenn möglich – auch liebevoller Fürsorge regieren müsse. Seine Eheschließung war in diesem Sinne fast so etwas wie ein politischer Akt, obwohl Luther das schwerlich bewußt so gedacht hat. Er faßte sie als eine Verpflichtung auf, die seine Lehre ihm auferlegt hatte. Es ging nicht an, daß er die Ehe als gottgewollt verkündete für andere und sich selber zurückhielt; er selber mußte nun das Beispiel geben. Und von diesem kleinen Familienkreis aus, der sich rasch vergrößerte, hat er in seinen noch verbleibenden Jahren versucht, nach dem großen Schiffbruch eine kleine Welt aufzubauen.

Es ist eine Kleinwelt, ein Bürgerhaus, in den Mauern des alten Klosters, am Stadtgraben der Kleinstadt Wittenberg, die zwar nun weltberühmt geworden ist durch ihn, aber immer noch ein recht jämmerliches Nest mit dünnem Bier und magerem Klatsch, wie er sich auch bei Luthers Verheiratung bis in den Kreis der intimsten Freunde und Mitarbeiter hinein gerührt hatte. Romantisch ist an dieser Ehe nichts, abgesehen vielleicht von der Geschichte der Entführung der neun Nönnlein aus dem Kloster. Ganz unromantisch ist Katharina von Bora, eine ungemein tüchtige, »helle Sächsin« mit bald berühmt werdender Mundfertigkeit, die auch ihrem Doktor gegenüber standhält und weithin bespöttelt wird. Von ihr ist noch etwas mehr zu sagen, als was die Scholaren und Kostgänger bei Tisch aufschrieben, die nicht immer mit ihren Rechnungen für Kost und Logis einverstanden waren. Die Frauen großer Männer haben es nie leicht gehabt, weder im Leben noch bei der Nachwelt. Unweigerlich werden sie verketzert, wenn sie nicht mit allen Schwierigkeiten eines genialen Mannes fertig werden, oder es wird versucht, sie irgendwie dem Heros anzugleichen und eine sonst unerklärlich scheinende Beziehung doch leidlich plausibel zu machen; im Falle Goethes und seiner Christiane Vulpius hat das zu den wunderlichsten und ängstlichsten Bemühungen geführt, eine schlichte und derbe Wirklichkeit ins »Höhere« zu erheben. All das ist bei Luther und seiner Katharina nicht nötig. Derb und schlicht genug geht es zu. Ein Idyll ist dieses Pfarrhaus nicht, und übrigens waren auch seine Nachfolger selten so idyllisch, wie sie oft gemalt und bedichtet worden sind. Ideale Vorstellungen, wie sie das 19. Jahrhundert kultivierte, über Abgründen von Haß, Zank und seelischen wie körperlichen Krankheiten, sind weder auf Luthers Ehe noch überhaupt seine Zeit anzuwenden. Die Stellung der Frau, des Weibes, war eine ganz andere als in späteren Jahrhunderten. Die Frau war so gut wie rechtlos; sie hatte jedoch, wenn sie das Zeug dazu besaß, eine Stellung als Herrin des Hauses, um die sie manche emanzipierte spätere Schwester beneiden könnte.

Eine solche Herrin, ganz offiziell von Luther »domina« genannt, wie vormals die Äbtissin ihres Klosters bezeichnet wurde, war die Frau Doktorin. Sie herrschte über das Haus, ihren Mann, was von diesem mit Ergebenheit hingenommen wurde, denn Luther war völlig unfähig, auch nur den kleinsten Haushalt zu organisieren. Sie brachte Ordnung in sein Leben, und zuweilen seufzte er darüber. Sein Augustinerkloster wurde eine Pension, eine Herberge, in der auch Fürstlichkeiten abstiegen, ein großer Wirtschaftsbetrieb mit Viehzucht, Pachtland, später einem kleinen Gut, mit zwanzig, dreißig Personen an Gästen, Scholaren, Gesinde, Kindern, auch Kindern von Verwandten, mit eignem Brauhaus, eigner Viehzucht, Vorratsräumen, Keller, Schuppen, Garten. Die juristisch ziemlich rechtlose Hausfrau war, nicht nur im Falle der Frau Käthe, zu jener Zeit eine Unternehmerin, die Leiterin eines »Betriebes«, der sich selbst zu versorgen hatte. Von ihrer Tüchtigkeit hing das Leben der kleinen Gemeinschaft ab; eine gute Frau war ein Segen, eine schlechte ein furchtbares Unglück, zumal nur der Tod ein Ende des Jammers bedeuten konnte, den zahllose Lieder und Gedichte oder böse Schwänke ausmalten. Wo aber hatte die Nonne all diese Künste nur gelernt, die sie sehr viel besser verstand als die »Nonnenkünste«, vor denen Melanchthon ängstlich warnte?

Katharina von Bora stammte aus einem armen sächsischen Adelsgeschlecht im »Meißnischen«, dem Landesteil, der zu Luthers Zeit dem Herzog Georg gehörte. Der Name ist slawisch, die Stammdörfer hießen Deutschen-Bora und Wendisch-Bora; das Gesicht Katharinas mit den hohen Backenknochen und ziemlich schräg stehenden schmalen Augen deutet auf einen starken Einschlag aus dem Wendischen hin, wenn wir dem Porträt des Lukas Cranach trauen sollen, der allerdings diesen Typus in seinen späteren Bildern auch sonst bevorzugte. Eine Schönheit war das Mädchen nicht: ein länglicher Kopf, hohe Stirn, lange Nase und starkes Kinn, darüber ein sehr fein geschnittener Mund; arm war sie auch, und so brachte die Familie sie schon als Kind im Kloster unter, wo noch andere Verwandte ein Unterkommen gefunden hatten. Das Zisterzienserkloster Nimbschen bei Grimma, etwa 30 km südöstlich von Leipzig, war für solche adligen Töchter bestimmt und besaß genügend Grundbesitz, um auch Mädchen ohne das sonst übliche »Leibgedinge« aufzunehmen. Von den Eltern wissen wir nichts; der Vater scheint früh gestorben zu sein; drei Brüder werden erwähnt, die sich in kleinen Stellungen bei Hofe behelfen mußten und um die Schwester erst kümmerten, als sie Frau Doktor Luther geworden war. Die vierzig Nonnen wurden in strenger Klausur gehalten. Der Nonnenchor in der Kirche war vergittert; es gab eine Besuchsstube, in der – nur in Gegenwart der Äbtissin – ein Verwandter vorsprechen und ebenfalls durch ein Gitterfenster einige Worte mit der Klosterfrau wechseln konnte. Die Domina regierte die kleine Republik; streng oder milde. Die Regel jedenfalls war streng, und die Hausordnung verbot Freundschaften unter den Nonnen; auch Hunde waren vom Besuch der Klausur ausgeschlossen. Schweigen sollte herrschen, wie in Luthers Kloster zu Erfurt; mit gesenktem Haupt sollten die Nonnen gehen, langsamen Schrittes. Die Tagesordnung war durch die Gebete und Gesänge bestimmt. Immerhin hat Katharina lesen und schreiben gelernt und auch einiges Latein, das schon durch die lateinische Liturgie gegeben war. Man kann sich dieses Leben ganz beliebig ausmalen, je nach Neigung: als still-fröhlich und gottergeben oder auch als widerwillig ertragenes Gefängnis; bei stumpferen Naturen vielleicht auch als Zufriedenheit darüber, daß man gut und ohne alle Sorgen untergebracht war und jedenfalls besser lebte als eine arme Rittersfrau, die jedes Jahr ein Kind bekam und sich plagen mußte mit einem meist betrunkenen Mann, bis sie fast unweigerlich bei einem der vielen Kindbetten zu sterben und einer Nachfolgerin Platz zu machen hatte. Es ist auch möglich, daß die Nonnen trotz Regel und Verbot sehr eifrig untereinander schwatzten; die »Nonnenneugier« war sprichwörtlich. Das Volkslied sprach nicht wenigen der Eingeschlossenen aus der Seele, wenn es sang: »Gott geb ihm ein verdorben Jahr, Der mich macht zu einer Nonnen.«

Ob nun ein solches Lied in die vergitterte Klausur eingedrungen war oder eine der Schriften Luthers: Neun der Mädchen, zwei Schwesternpaare darunter, beschlossen auszubrechen. Die Sache war nicht ganz einfach und ungefährlich, auf Entführung einer Nonne stand Todesstrafe. Herzog Georg hielt strenge Aufsicht in seinem Halbstaat.

Die Flucht ist später etwas legendär ausgeschmückt worden; es wurde erzählt, die Nonnen hätten eine Lehmwand durchbrechen müssen, um ins Freie zu kommen. Jedenfalls hatten sie Helfer von außerhalb. Drei Bürger aus Torgau und der dortige Pfarrer, Gabriel Zwilling, sorgten dafür, daß ein Wagen beschafft wurde mit großer Plandecke zum Schutz gegen neugierige Blicke. Erst mit der Ankunft in Torgau waren sie aus dem »herzoglichen« Sachsen und der Gefahr, eingefangen zu werden, heraus; nach einigen weiteren Tagereisen trafen sie in Wittenberg ein und wurden vor Luthers Kloster abgesetzt. Die Unterbringung bei Bürgern der Stadt machte Schwierigkeiten; noch schwieriger war es, für die Mädchen eine Tätigkeit zu finden. Daß die meisten von ihnen möglichst bald heiraten wollten, war schon deshalb natürlich, weil es sonst keinen Beruf für ein unverheiratetes Mädchen gab. Luther pries seine Schützlinge, schwerlich sehr zutreffend, als »schöne Mädchen« an; sie waren auch meist nicht mehr jung für damalige Begriffe, wo 15 oder 16 Jahre als das beste Alter für die Ehe galten. Katharina von Bora war mit vierundzwanzig fast über das Heiratsalter hinaus, aber sie scheint fest entschlossen gewesen zu sein, nicht als alte Jungfer ihr Leben zu beschließen. Ihre Beziehung zu dem Nürnberger Patriziersohn Baumgärtner beschäftigte sie während des ersten Jahres intensiv, und Luther war sehr erfreut über diese Aussichten. Der Vater rief den Jüngling nach Nürnberg zurück; er hatte offenbar von dem Handel gehört und legte sogleich einen Riegel vor. Er hatte bereits eine sehr vermögende und auch sonst angemessene Braut in petto, und die wurde geheiratet. Vergeblich schrieb Luther an den Sohn, wenn er seine Katharina von Bora nehmen wolle, so müsse er sich beeilen, damit sie nicht an einen anderen käme, »der zur Hand ist. Sie hat aber ihre Liebe zu Dir noch nicht überwunden. Ich würde mich sicherlich über Eure Verbindung freuen.« Es blieb bei den Beschlüssen des Patrizier-Vaters.

Der andere Kandidat, den Luther zur Hand hatte, war ein Pfarrer Glatz in Orlamünde, aber den wollte Katharina durchaus nicht. Sie erklärte ziemlich resolut, sie würde sehr gern heiraten, und wenn Nikolaus von Amsdorf oder Dr. Luther sie nehmen wollten, so wäre sie dazu bereit. Amsdorf, Luthers Freund und Kollege als Universitätslehrer, hatte andere Pläne, und auch Luther erzählte später, er habe zunächst eine der beiden Schwestern von Schönfeld im Auge gehabt.

Scherzend schreibt er an Spalatin über diesen kleinen Kreis seiner Schützlinge und das Ehegerede: Es sei allerdings verwunderlich, daß er sich noch nicht entschlossen habe, »wenn Du aber wünschest, daß ich ein Beispiel geben soll, so hast Du es hier in aller Stärke. Denn ich habe zugleich drei Weiber und liebe sie so sehr, daß ich zwei davon bereits verloren habe, die sich andere Ehemänner genommen haben. Nur die dritte halte ich eben noch am linken Arm« ... eine etwas verfängliche Anspielung auf die Ehe zur linken Hand. Dem Fräulein Ave von Schönfeld dauerte die Unentschiedenheit zu lange, und sie schloß mit einem tüchtigen Mediziner ab; ihre Schwester tat sich ebenso anderweitig um. Katharina von Bora blieb beharrlich. Sie wurde Käthe Luther und das beste Weib, das der schwierige Mann sich hätte wünschen können, wenn er mit großer Umsicht zu Wege gegangen wäre.

Sie wurde aber auch Gegenstand unermüdlicher Lästerei, bis ins 17. und 18. Jahrhundert hinein, mit dicken romanhaft aufgeputzten Biographien, im buntesten Barockstil, einem »Lucifer Wittenbergensis« vor allem, in dem der »Morgenstern«, wie Luther seine Käthe genannt hatte, zu einer nymphomanischen Megäre wird, die mit allen Studenten buhlt, und mit gelehrten Gegenschriften, die alle eingestreuten Zitate aus Luthers Briefen und Werken sorgfältig widerlegen. Das lange Nachleben der moralischen Entrüstung zeigt nur, wie stark gerade dieser Schritt Luthers die Gemüter aufgeregt hat, mehr noch als andere, die sehr viel entscheidender waren. Man glaubte, ihn da beim Menschlichen packen und ertappen zu können und seinen ganzen Kampf zu diskreditieren: Siehe da, vom Glauben spricht er, von sola fide, und im Grunde geht es ihm nur um Befriedigung der niedrigsten fleischlichen Lüste! Wir halten es für unnötig, uns darüber weiter auszulassen; wie es zu seiner Zeit mit der Moral in Klöstern, auf Bischofssitzen oder in Rom aussah, haben wir schon gesagt. Es will uns eher scheinen, als ob Luther mit dieser Eheschließung in ein derbes, hausväterliches Bürgerleben einzog, und er ist denn auch als ein Repräsentant der »gesunden Philisterhaftigkeit unserer deutschen Natur« gepriesen worden. Das scheint uns nun wiederum zu einfach gesehen. Gesund im landläufigen Sinne war sein Leben bis dahin gewiß nicht gewesen und wurde es auch nicht in der noch verbleibenden Spanne, die trotz aller Fürsorge der Frau Käthe in körperlich ständig absteigender Linie verlief, mit immer häufigeren Krankheiten, Zusammenbrüchen und »Anfechtungen«, bei unverminderter, wenn nicht erhöhter Arbeitsleistung. Daß für den über Vierzigjährigen nun ein klein wenig Ordnung und Behagen in sein Leben gebracht wurde, sollte man ihm gönnen; bescheiden genug sah es immer noch aus. Wir möchten aber noch einen wesentlichen Punkt hervorheben. Luther war von Natur ein geselliger Mensch. Für die Einsamkeit war er nicht gemacht; sie quälte ihn schon im Kloster, und nicht zufällig schloß er sich schon da, wo irgend es sich ergab, mit kindlicher Zuneigung an, so an seinen Vater Staupitz; mit Jubel hatte er den jungen Melanchthon begrüßt und jeden aus dem »kleinen Häuflein« in Wittenberg, der sich leidlich mit ihm verstand, was nicht leicht war. Etwas pastoral, aber mit tieferer Bedeutung hat er das einmal in seinen Tischreden ausgeführt: »Es geschehen viel mehr und größere Sünden, wenn die Leute allein sind, als wenn sie sich zu anderer Leute Gesellschaft halten. Da Eva im Paradies allein war, hat sie der Teufel betrogen... Christus hat versprochen: Wo zwei oder drei versammelt wären in Seinem Namen, da wollte Er mitten unter ihnen sein. Der Teufel hat Christum in der Einsamkeit versucht. David fiel in Ehebruch und Mord, da er einsam und müßig war. Und auch ich habe erfahren, daß ich niemals öfter in Sünden falle, als wenn ich allein bin. Gott hat den Menschen zur Geselligkeit, nicht zu Einsamkeit geschaffen. Ein Beweis ist, daß Er ihn in zwei Geschlechtern, Männlein und Weiblein, geschaffen...«

Es gibt das einsame Genie, das menschenverachtende, und es kann große Taten vollbringen, selten ohne schwere Schädigung seiner Natur; oft muß die konsequente Einsamkeit mit dem Leben bezahlt werden. Es gibt das gesellige Genie, und Luther gehörte ganz entschieden zu diesem Typus. Sehr folgerichtig führte ihn das zur Ehe, die nicht nur Trotz und Auflehnung gegen die »Papstgesetze« war. Um diese Ehe baute er, im kleinen Kreise, seinen Freundes- und Schülerkreis auf, als den weiteren Ring der Geselligkeit, des Wirkens unter den Menschen. Darüber hinaus zu gelangen, war ihm nicht mehr gegeben.

Nach der Sitte der Zeit trat er am 13. Juni 1525 des Abends mit seiner Braut vor einige Freunde als Zeugen. Der Pommer Bugenhagen segnete das Paar ein, das vor den Zeugen das Beilager abhielt, wie Jonas am nächsten Tage berichtete: »Luther hat Katharina von Bora zur Frau genommen. Gestern war ich zugegen und sah das Paar auf dem Brautlager liegen. Ich konnte mich nicht enthalten bei diesem

Schauspiel Tränen zu vergießen.« Die Braut brachte nichts mit in die Ehe, Luther sprach davon, daß er zwei silberne Ehrenbecher als »Mahlschatz« vorweisen könne. Vierzehn Tage später gab er aber ein einigermaßen festliches Hochzeitsmahl, zu dem er weithin einlud, vor allem seine Eltern. Die Versöhnung mit dem Vater, der nun erst seinen Martin voll anerkannte, war ein sehr wesentliches Moment: »Da nahm mich mein Vater zu Gnaden an, und wurde wieder lieber Sohn.« Die Briefe, die Luther nach allen Seiten schrieb, um die Lebensmittel für die Feier zusammenzubetteln, sind noch wie ein letzter Nachklang der Bettelmönchszeit. Der Hofmarschall Hans von Dolzig wird gebeten, »wo es nicht beschwerlich ist, wollet mich treulich beraten mit einem Wildbret und selbst dabei sein und helfen, das Siegel aufdrucken mit Freuden, und was dazu gehöret«. Der Magistrat der Stadt stiftet eine Tonne Einbecker Bier, das erheblich stärker war als das dünne Wittenberger. Die Universität überreichte einen silbernen Deckelbecher. Das seltsamste Geschenk waren zwanzig Gulden, übersandt von niemand anderem als dem Erzbischof Albrecht von Mainz, und darüber kam es fast zu einem ersten Zwist bei dem jungen Ehepaar. Luther wünschte, daß das Geld unverzüglich zurückgehen müsse, als von seinem ersten Gegner und dem »Nimrod und Giganten von Babylonien« stammend. Die tüchtige Frau Katharina fand jedoch, daß jeder Gulden dringend benötigt sei in dem noch sehr kahlen Haushalt, und sorgte dafür, daß die Gabe stillschweigend erhalten blieb. Das Geschenk ist damit zu erklären, daß der immer schwankende Kirchenfürst gerade wieder daran dachte, dem Beispiel seines Vetters, des Hochmeisters des Deutschen Ordens, zu folgen, selber ein Weib zu nehmen und sein Erzbistum in ein weltliches Herzogtum umzuwandeln. Das erwies sich als allzu bedenklich, und so behielt Albrecht offiziell sein Zölibat und inoffiziell seine recht anspruchsvollen Konkubinen bei. Die beiden Welten stehen auch in dieser Episode noch einmal gegenüber.

Anspruchsvoll war Frau Käthe nicht, aber sie sorgte nun entschieden und mit Umsicht dafür, daß ein Haushalt eingerichtet wurde. Das Augustinerkloster, nie ganz fertig gebaut mit den immer zögernd vom Hof gewährten Zuwendungen einiger Fuhren mit Ziegelsteinen, war ein langgestrecktes Gebäude mit engen Mönchszellen und einigen größeren Räumen für die Versammlungen der Ordensbrüder, einem kleinen Turm an der Südseite, in dessen Turmstübchen Luther sein

»Turmerlebnis« des Durchbruchs zu seiner Rechtfertigungslehre gehabt hatte, und einem kleinen Brauhaus. Der frühere Friedhof schloß sich auf der einen Seite an mit der kleinen Kapelle für die Andachten, auf der anderen Seite grenzte das Gebäude an den Stadtgraben. In einer der Zellen hatte Luther gewohnt oder besser gehaust: »Ehe ich heiratete, hat mir ein ganzes Jahr hindurch niemand das Bett zurechtgemacht, in dem das Stroh von meinem Schweiß faulte. Ich war müde und arbeitete mich den Tag ab und fiel so ins Bett, wußte nichts darum.« Frau Käthe bekam zu tun. Kurfürst Johann schenkte das Gebäude, in dem nur noch Luther und der letzte Prior wohnten, seinem Doktor, und ganz allmählich verwandelte es sich in das zum Schluß recht stattliche Lutherhaus. Frau Käthe sorgte dafür, daß eine Badestube eingerichtet wurde; das sechzehnte Jahrhundert war darin fortschrittlicher als die Folgezeit; sie ließ unterkellern, um die Feuchtigkeit vom nahen Stadtgraben zu bannen; der Friedhof wurde in einen Garten mit Gemüsezucht verwandelt, Ställe für Schweinezucht kamen hinzu, Pachtland vor den Toren; später übernahm sie von einem ihrer ziemlich untüchtigen Brüder ein kleines Familien-Restgut Zühlsdorf und brachte es in die Höhe. Luther schrieb dann an sie als an seine »gnädige Jungfer Katharin Lutherin von Bora und Zulsdorf, meinem Liebchen« oder auch spöttisch an die »Predigerin, Bräuerin, Gärtnerin und was sie mehr sein kann«, denn auch die Braugerechtigkeit des Klosters hatte sie übernommen und ausgenutzt.

Die erste Zeit der Ehe war nicht ganz leicht für den an Einsamkeit gewöhnten Mönch. Sein Freund Melanchthon wollte festgestellt haben, Luther sei recht niedergeschlagen. Er selber hat es sinnfälliger beschrieben: »Im ersten Jahre des Ehestandes hat einer seltsame Gedanken. Wenn er bei Tisch sitzt, denkt er: Sieh, vorher warst du allein, jetzt selbander. Im Bett, wenn er erwacht, sieht er ein paar Zöpfe, die er früher nicht sah.« Die Redesucht der Frau, die so lange hatte schweigen müssen, fiel ihm anfangs auf die Nerven: »Im ersten Jahr saß meine Käthe bei mir, wenn ich studierte, und wenn sie nicht wußte, was sie reden sollte, fing sie an und fragte mich: Herr Doktor, ist der Hochmeister in Preußen des Markgrafen (von Brandenburg) Bruder?« Sie redete ihn nach der Sitte der Zeit mit dem Titel an, aber sie ließ es sich auch nicht nehmen, ihn vor den Schülern und Freunden zur Ordnung zu rufen, wenn er sich für den Geschmack des ehemaligen Edelfräuleins zu bäurisch ausdrückte mit jenen hanebüchenen Bildern und Worten, die alle aufnotiert wurden und den Schrecken späterer feinfühliger Leser bildeten. Zum Lesen hatte sie nicht viel Zeit; sie stand um vier Uhr früh auf, um mit ihrer Wirtschaft fertig zu werden. Sechs Kinder kamen in regelmäßiger Reihenfolge, von denen zwei Mädchen früh starben.

Ein neuer Lebenskreis tut sich auf. Im Kloster hatte Luther zeitlos gelebt; jetzt steht er im Ablauf der Generationen um ihn her. Der Mönch hatte es mit den abstrakten, grundsätzlichen Fragen zu tun; der Hausvater mit denen der Gegenwart und nächsten Zukunft. Das wirkt sich denn auch auf seine Lehre und Arbeit aus. Der »kleine Katechismus«, aus dem Erleben der Familie entstanden, für die Familien anderer um ihn her bestimmt, wird das einflußreichste Werk seiner späteren Jahre. Im Schlußwort seiner Auslegung der zehn Gebote spricht er davon, daß an den Alten, den Menschen seiner Generation, eigentlich Hopfen und Malz verloren sei: »Man ziehe denn die Leute auf, die nach uns kommen sollen und unser Amt und Werk antreten.« Das vierte Gebot, du sollst Vater und Mutter ehren, das sein Vater Hans ihm vorgehalten hatte, als er ins Kloster eintrat, ist ihm nun eines der wichtigsten: »Denn Gott hat diesen Stand oben an gesetzt, ja an seine Statt auf Erden gestellt.« Zucht und Gehorsam in der Familie, und von da aus geht es weiter: »Denn aus der Eltern Obrigkeit fließet und breitet sich aus alle andere.« Gehorsam also auch »weltlicher Obrigkeit, welche alle in den Vaterstand gehört, und am allerweitesten um sich greift. Denn hier ist nicht ein einzelner Vater, sondern soviel mal Vater als er Landsassen, Bürger oder Untertanen hat. Deshalb sind sie zu achten und zu ehren.« Wie weit die »Obrigkeit« allerdings um sich greifen und wie wenig sie für »Schutz und Sicherheit« sorgen würde, das war in Luthers Denken noch nicht einbezogen. Er sieht das Verhältnis ganz patriarchalisch an, und die Familie mit Haus und Hof ist für ihn noch durchaus eine »Burg«, in der der Hausvater herrscht. Unleugbar aber nimmt die höchst verhängnisvolle Ergebenheit der Obrigkeit gegenüber ihren Anfang in dieser Haltung, die zum Kennzeichen für die Protestanten wurde, und in besonderem Ausmaß denen der Richtung Luthers. Ein Widerstandsrecht gegen tyrannische Obrigkeit, wie die Calvinisten es anerkannten und übten, wird von Luther entschieden verworfen. Man hat sich zu fügen.

In seinem kleinen Reich jedenfalls macht er Ernst mit seinen Vorschriften. Hausandachten werden abgehalten im früheren Refektorium, es wird eifrig gebetet, die Bibel gelesen und ausgelegt. Wenn er mit Käthe nicht zufrieden ist, so weil sie nicht genug die Bibel liest. »Sie fuhrwerkt, bestellt das Feld, weidet und kauft Vieh, braut usw. Dazwischen ist sie auch daran gegangen, die Bibel zu lesen, und ich habe ihr fünfzig Gulden versprochen, wenn sie vor Ostern zu Ende käme. Ist großer Ernst da! Schon ist sie beim 5. Buch Mosis«, heißt es

29 Kinderstube, um 1540

in einem Briefe an den Freund Jonas, mit dessen Frau, auch einer früheren Adligen mit vielen Kindern, Frau Käthe besondere Freundschaft hält. Die vielen Kinder, die vielen Ehen! Jonas heiratet dreimal, ein anderer Freund und Verwandter, Ambrosius Reuter, hat ebenfalls drei Frauen, hintereinander, nicht zur gleichen Zeit, wie die auswärtigen Lästerer über das Treiben in Wittenberg meinen, und 23 Kinder, von denen nur zwölf ihn überleben. Es wird unaufhörlich geboren und gestorben. Auch Luthers Schwestern sterben früh, sie waren im heimatlichen Mansfeld verheiratet, und die Kinder werden von Frau Käthe aufgenommen, fünf allein von der Schwester Kaufmann, sechs andere dazu, also elf, mit den eignen hat sie sechzehn Luthersprößlinge um sich, und keineswegs tun sie alle gut.

Womit konnte die tüchtige Frau diesen Haushalt überhaupt bestreiten? Nur kurz war ihre Lehrzeit in den zwei Jahren vor der Ehe gewesen; im großen Haus des Lukas Cranach und seiner Frau Barbara scheint sie geholfen und sich umgeschaut zu haben. Da waren ein Dutzend Malergesellen, ein ziemlich unruhiges Völklein, das sich mit den Studenten zuweilen blutig prügelte; Cranach hatte neben seiner Werkstatt eine Druckerei, die wie eine Vervielfältigungsanstalt Hunderte von Lutherporträts in Stich oder Holzschnitt in alle Länder versandte; der Meister besaß außerdem als ergiebigste Einnahmequelle die Apotheke des Ortes, und eine der Nonnen aus Nimbschen heiratete den Provisor; ein Weinschank war angeschlossen. Der Maler gehörte zu den drei reichsten Leuten von Wittenberg; ein anderer war der Drucker Lufft. Dr. Luther bezog nur sein Gehalt von anfangs neun alten Schock, das bei seiner Verheiratung auf hundert Gulden erhöht und später verdoppelt wurde. Er nahm kein Honorar für seine Bücher und auch kein Kolleggeld von den Studenten. Er schenkte unaufhörlich, wenn Flüchtlinge oder Bedürftige ihn ansprachen. »Liebe Käthe«, schreibt er einmal, »haben wir nimmer Geld, so müssen die Becher heran. Man muß geben, will man anders etwas haben.« Noch zwei Jahre nach der Hochzeit hat er 100 Gulden Schulden. Gelegentlich versucht er, eine Bilanz aufzumachen: »Nota. Wunderliche Rechnung gehalten zwischen Doctor Martin und Käthen, Anno 1535/6. Das waren zwei halbe Jahr.« Von der Petersilie bis zum geschlachteten Ochsen wird alles aufgestellt; sie haben 8 Schweine und zwei Muttersauen, 5 Kühe, 9 Kälber, eine Ziege. Aber er kommt nicht weit. Er zählt seinen Jahresverbrauch an Semmeln zusammen und stöhnt, als die Summe 30 Groschen und 4 Pfennige ausmacht, das sei zu viel: »Ich mag nimmer rechnen, es macht einen gar verdrossen, es will zu hoch steigen. Ich hätte nicht gemeint, daß auf einen Menschen so viel gehen sollte! ... Rate: Wo kommt dies Geld her? Sollte das nicht stinken und Schulden machen?« Zwischen die Ziffern schreibt er einen Stoßseufzer in Versen: »Ich armer Mann, so halt ich Haus! / Wo ich mein Geld soll geben aus, / Da dürft ichs wohl am sichren Ort, / Und fehlt mirs allweg hier und dort.« Der »sichre Ort« ist die Schublade, in der das bare Geld, immer knapp, aufbewahrt und rasch fortgegeben wird; dann müssen wieder die Silberbecher an die Reihe kommen. Als sein Famulus Rischmann fortgeht, schreibt er von der Reise an Frau Käthe, sie solle ja für eine ordentliche Abschiedsgabe sorgen, in diesem Falle sei sie gut angewandt zum Unterschied von anderen, »da alles verloren gewesen ist. So greif Dich nun hier an! Ich weiß wohl, daß wenig da ist, aber ich gäbe ihm gerne 10 Gulden, wenn ich sie hätte. Aber unter fünf Gulden sollst Du ihm nicht geben, weil er nicht gekleidet ist. Laß Du ja nicht fehlen, so lange noch ein Becher da ist; denke, wo Du es kriegest. Gott wird wohl anderes geben, das weiß ich.«

Zu den sechzehn Kindern kommen die Studenten, die Frau Käthe als Kostgänger ins Haus nimmt; sie hat auch nach Luthers Tode zum großen Teil davon gelebt. Sie wohnen in den früheren Mönchszellen. Noch andere Pensionäre finden sich ein. Im Haus des Dr. Luther sich aufzuhalten, gilt als große Ehre, und mit Gasthöfen war das kleine Wittenberg schlecht bestellt. Eine Fürstlichkeit, die dort Aufenthalt sucht, wird von Wohlmeinenden gewarnt: »Im Hause des Doktors wohnt eine wunderlich gemischte Schar aus jungen Leuten, Studenten, jungen Mädchen, Witwen, alten Frauen und Kindern, weshalb große Unruhe im Hause ist, derentwegen viele Leute Luthern bedauern.«

Nicht einmal in seinem Studierzimmer herrscht Ruhe, geschweige Ordnung. Alle Tische und die Fensterbänke, Stühle, Schemel sind belegt mit Briefen, Büchern, Anfragen von Magistraten und Gemeinden, Bittschriften, Druckfahnen, Streitschriften und Traktaten. In Nürnberg, so schreibt er an seinen früheren Ordensbruder Link, hat der löbliche Magistrat dafür eine ganze Kanzlei. Die Kinder kommen herein und spielen, das Hänschen vor allem: »Wenn ich sitze und schreibe, so singt er mir ein Liedlein daher, und wenn ers zu laut will machen, so fahre ich ihn ein wenig an; so singet er gleichwohl fort, aber er machts heimlicher und mit etwas Sorgen und Scheu.« Mozart, auch ein »geselliges Genie«, hat unter ähnlichen Umständen gearbeitet und sogar gewünscht, daß Menschen um ihn seien, wenn er schrieb; das »Zu-Papier-Bringen« war für ihn nur Kopistenarbeit dessen, was er im Kopfe bereits längst komponiert hatte. Auch Luther schrieb eigentlich nur ab, was bei ihm seit langem feststand; er wiederholte sich unbekümmert, zog breite Nutzanwendungen, fuhr wütend darauf los, wenn ein »kräftiger Zorn« auf einen Gegner ihn erfrischte, oder wurde wieder fröhlich beim Anblick seines singenden Söhnleins. Man muß sich dieses Ambiente vor Augen halten bei der Betrachtung seiner Schriften, die größtenteils Improvisationen sind, aus dem Augenblick geboren und für den Tag bestimmt. Er selber hat sie nicht anders angesehen und von vielen gewünscht, daß sie vergessen würden; seine Bibelübersetzung, seine Hauspostille, die er als sein bestes Werk ansah, und sein Katechismus waren dabei nicht einbezogen.

Für den Tag und die Stunde, die Abendstunde, waren auch die Gespräche bestimmt, die er mit guten Freunden und bei Tische hielt. Sie sind als Luthers »Tischgespräche« berühmt geworden, und schon zu seinen Lebzeiten wurde alles aufgeschrieben und zum Druck bestimmt, was der große Mann an schweren Brocken oder kleinen Brosamen fallen ließ. Die Scholaren hatten vielfach ihr Notizbuch neben der Schüssel mit Frau Käthes Hausmannskost liegen. Sie schrieben mit Abkürzungen und vielen Hörfehlern, in buntem Gemenge von Latein und Deutsch, so wie Luther sprach oder wie sie es eben verstanden. Wenn allzu viel geredet wurde, griff die Frau Doktorin ein: »Warum eßt Ihr nicht und redet unaufhörlich?« Sie warf auch einen etwas unfreundlichen Blick auf die immer dicker werdenden Hefte; sie wußte, daß die Scholaren damit zum Verleger eilen und sich Geld machen würden. Der letzte Amanuensis, Goldschmied, der sich Aurifaber nannte, hat einen schweren Folioband gleich nach Luthers Tode herausgebracht, mit oft sehr fragwürdigen Zusätzen eigner Faktur. Aurifaber war einer der ewig krakeelenden Theologen der folgenden Generation; er handelte mit Luther-Reliquien und Lutherworten und liebte es, »mit der Sauglocke zu läuten«. Niemand fand damals etwas daran; es war der Ton des grobianischen Zeitalters in allen Ländern; Rabelais ist das bekannteste Beispiel, und selbst der sehr viel vornehmere Montaigne ist ganz ungemein direkt und deutlich in seinen Ausdrücken. Erst als die ganze Literatur des 16. Jahrhunderts vergessen oder zum akademischen Studium wurde und Luthers Werke, einschließlich dieser Tischreden, verblieben, begann man Anstoß zu nehmen, daß auch er so »mit der Sauglocke« geläutet habe. Pikanterien jedoch oder Obszönitäten finden sich bei Luther nicht. Er ist ungeschlacht. Er liebt die Bilder, die zu psychoanalytischer Deutung und tiefgreifender Analbetrachtung sich offen darbieten. Wir lassen es auf sich beruhen, ob man auch damit zu gewissen Erkenntnissen gelangen kann, die den Anschluß an nunmehr fast kanonisch gewordene Denkformen der Psychologie möglich machen.

Sehr viel problematischer ist, daß seine Aussagen über seine Entwicklung und seine Erlebnisse dabei so unverhältnismäßig große Bedeutung erlangt haben. Luther interpretiert sich naturgemäß im Lichte seiner späteren Lehren und Anschauungen, und was er etwa über sein Klosterleben sagt, ist mit einem Scheffel Salz zu nehmen. Was die Derbheiten angeht, so ist zu berücksichtigen, daß wir von keinem anderen Großen so fast wie »auf Band« genommene unmittelbare Äußerungen besitzen. Goethe etwa, der andere berühmte »Tischredner«, hatte den Vorteil, daß sein getreuer Eckermann mit seinen Notizen sehr umsichtig lange Jahre wartete und aus ihnen ein wohlbedachtes Kunstwerk im Goethestil schuf; von dem, was der Olympier an Luther ebenbürtigen handfesten Worten in passender Stimmung zu verwenden wußte, sind nur kleine Bruchstücke erhalten; das meiste wurde vernichtet oder sekretiert. Vom Grafen Tolstoi erzählt Maxim Gorki in seiner Erinnerungsskizze, daß er die massivsten Ausdrücke der darin besonders saftigen russischen Volkssprache wählte, wenn er von Sexualibus sprach, so daß selbst der anwesende Tschechow, als Arzt sicherlich nicht allzu prüde, verlegen an seinem Bärtchen drehte.

Wir verspüren keine Verlegenheit bei Luthers Sätzen. Wir sehen aber auch keinen Grund, an den Worten allzu sehr zu drehen und zu deuteln, zumal sie so fragwürdig überliefert sind, daß es ungemein schwierig ist, zu entscheiden, was denn Luthers eigne Worte gewesen sein mögen. Sehr vieles ist überhaupt nur Tagesgerede, »neue Zeitung« zu einer Zeit, da Nachrichten noch in Briefen oder mündlich, oft als Gerücht, zirkulieren. So sehen wir den Doktor am Tisch präsidieren. Er schätzt den weiten Kreis, aber wenn er noch in seine Mönchsgewohnheit zurückfällt und zu schweigen beliebt, sind alle still oder flüstern nur. Dann schaut Luther sich um: »Nun, Ihr Herren, was gibts Neues?« Jeder bringt bei, was er gehört oder gelesen hat, und vom Doktor wird erwartet, daß er daraus die Lehre und das Exempel statuiert. Das tut er denn auch gründlich, oft breit und ermüdend, dann mit der schlagkräftigen Knappheit, die ihm gegeben ist. Wir erfahren nicht allzu viel über die großen Zeitereignisse, und gerade diese Tischreden zeigen, in welcher provinziellen Isolierung Luther doch lebte, obwohl so viele Fäden aus aller Welt in seinen Händen zusammenliefen. Wenn von Rom die Rede ist, so fallen meist nur die bekannten Schimpfworte; selbst die Päpste seiner eignen Lebenszeit kann er kaum auseinanderhalten. Luthers Ansichten über die verschiedenen Nationen erheben sich nicht über die üblichen Vorurteile: Die Franzosen sind sinnlich, die Spanier gewalttätig und übertreffen die Italiener und Franzosen noch in allen Schlechtigkeiten. Er sieht eine gewisse Gerechtigkeit darin, daß sie nun die Italiener mit größter Brutalität unterworfen halten und unter ihnen hausen »wie der Storch unter den Fröschen«. Auch über ihre unnatürlichen Laster ergeht er sich, ihre Päderastie und die »widernatürlichen« Arten des Beischlafs; die Knabenliebe nennt er »italienische Hochzeit« und meint dazu: »Gott behüte uns vor diesem Teufel! Denn in keiner deutschen Muttersprache wußte man, Gottseidank, etwas von diesem Laster.« Seine lieben Deutschen werden aber keinesfalls verschont. Die »trunknen, vollen« Deutschen, die »blinden und tollen«, das sind fast stehende Formeln für ihn.

Wenn man ihm jede Mahlzeit und jeden Schoppen nachrechnete in der unablässigen Beobachtung seines Lebens, so sagte er gelassen: »Darf unser Herrgott gute, große Hechte, auch guten Rheinwein schaffen, so darf ich wohl auch essen und trinken.« Das mißgünstige Gerede der ganz Strengen, die fanden, er müsse als »niedriger und zerschlagener Christ« leben, hörte trotzdem nicht auf. »Bin eine Weil Wittenberger Student gewesen«, schrieb ein Schulmeister in Rothenburg. »Will aber nicht von dem goldnen Fingerring, der viel Leut ärgert, noch von dem hübschen Gemach sagen, das über dem Wasser steht, darin man trank und mit andern Doctoribus und Herrn fröhlich war, wiewohl ich über dies letzte oft mit meinen Schulgesellen geklagt, und mir die Sache nicht gefiel, daß man so viel notwendiger Sachen ungeachtet beim Bierchen mochte sitzen.« Wir lassen ihn dort bei einer Kanne Bier oder Wein im Kreis von Freunden sitzen und die »notwendigen Sachen« vergessen, die nur zu oft höchst unnötig waren.

Bewundernswert bei diesen Gesprächen ist Luthers gutes Gedächtnis. Was er gelesen hat, das behält er, vor allem natürlich, soweit es sich auf seine Lehre und seine Lieblingsgedanken bezieht. Vom Zölibat und seiner Tyrannei ist die Rede, da zitiert er alle Kirchenväter, Augustin, der noch fast als Greis unter Pollutionen zu leiden gehabt habe,

»Hieronymus in Wallungen schlug sein Herz mit Steinen, er konnte aber die Jungfrau aus dem Herzen nicht schlagen. Franziskus macht Schneeballen. Benedictus legt sich in die Dornen. Bernhardus hat seinen Körper so kasteit, daß es greulich von ihm stank... Es sind so hohe Leute drin gewest als wir sind. Petrus hatte seine Schwiegermutter, ich habe meine Frau. Ebenso Jakobus, der Bruder des Herrn, alle Apostel waren verheiratet außer Johannes.« Er zitiert den Virgil, den er mit ins Kloster nahm, so gut wie seine Bibel. Von der weiten Welt ist kaum je die Rede; Amerika scheint gar nicht zu existieren; weder seine naturwissenschaftlichen noch seine historischen Kenntnisse sind irgend nennenswert. Er bedauert es aber ständig, daß er so wenig Geschichte gelernt hat, und beglückwünscht die Jüngeren, daß sie nun so viel besser daran sind. Überhaupt spricht er oft von seiner Vergangenheit wie aus weiter Ferne: Ihr wißt ja gar nicht mehr, wie es damals war! Wie wir uns haben plagen müssen »unter dem Papsttum«; Ihr könnt nun vorwärts schauen.

Viel Aberglauben taucht auf: Hexen, die Bugenhagens Butterfaß verzaubern; der Teufel ist stets gegenwärtig; nur die Astrologie, die Melanchthon eifrig kultiviert, macht er als bloßes blindes »Würfelspiel« lächerlich. Er erzählt alte Mönchsschwänke, die er im Erfurter Kloster gehört hat, wo nicht nur geschwiegen wurde, wie die Regel es befahl, tischt Sprichwortweisheiten auf, Bauernregeln, seine Ansichten über Kindererziehung, die wesentlich milder sind als die seines Vaters, und äußert sich über die Weiber und seine Frau Käthe, die dabeisitzt und ihn zuweilen korrigiert oder ihm widerspricht. Unweigerlich fallen da, im obligaten Stil der Zeit, auch Seufzer ein: »Wenn ich noch einmal freien sollte, wollte ich mir ein gehorsam Weib aus einem Stein hauen; sonst hab ich verzweifelt an aller Weiber Gehorsam.« Oder noch bedrängter: »Ich muß Geduld haben mit dem Papste, ich muß Geduld haben mit den Schwärmern, ich muß Geduld haben mit den Scharrhansen (den Junkern), ich muß Geduld haben mit dem Gesinde, ich muß Geduld haben mit Katharina von Bora, und der Geduld ist so viel, daß mein Leben nichts sein will als Geduld.« Daneben steht, und bei Luther steht immer vieles unmittelbar nebeneinander, höchstes Lob: »Es ist keine lieblichere Verbindung als die einer guten Ehe und keine bitterere Trennung als die einer guten Ehe.« Ein Mitarbeiter Luthers, der sich mit ihm zerstritten hatte, schrieb in sein

Buch: »Da hat die Frau Käthe, die Regentin im Himmel und auf Erden, Juno, die Gattin und Schwester des Jupiter, die den Mann regiert, wohin sie will, ein Mal ein gutes Wort von mir geredet.« Aber es ist schwer zu sehen, wie dieser ganze Komplex von Hauswirtschaft, Schulden, verpfändeten Silberbechern, Kindern, Gästen, Scholaren, Besuchern mitsamt einem Mann von der sehr komplexen Natur Luthers ohne eine feste und tüchtige Hand zu leiten gewesen wäre. Die Klagen der Wittenberger über Frau Käthes Anforderungen sind nichts anderes als die ewige deutsche Kleinstadtmisere, die einen großen Mann möglichst umsonst haben möchte.

Nach dem Tode ihres Mannes hat Frau Käthe, wie schon erwähnt, bis an ihr Ende von ihren Kostgängern ihren Lebensunterhalt bestreiten müssen. Ihr Doktor, so sehr er sie liebte und sie versorgen wollte, hatte in seinem unverbesserlichen Eigensinn und seiner Abneigung gegen alle Juristen ein Testament gemacht, das nach den Landesgesetzen nicht gültig war. Er wollte seine Käthe zur Alleinerbin einsetzen und für die Kinder keine Vormünder bestellen, die seiner Ansicht nach nur Streit und Schwierigkeiten verursachen würden. Das harte Recht des Sachsenspiegels, das die Kinder und Erbfolger mit aller Macht begünstigte, sah für eine Witwe nicht mehr vor, als daß sie »einen Stuhl und einen Rocken« zu beanspruchen habe. Durch Machtspruch des Kurfürsten wurde diese äußerste Konsequenz von der Frau Doktorin abgewandt, und sie erhielt auch ein Darlehen. Die Pensionen aber blieben oft aus, zum Teil durch Kriegsereignisse der Folgezeit; die Pensionäre mußten wieder an die Stelle treten. Wenn die Ehe Luthers mit seiner Käthe als die Begründung des evangelischen Pfarrhauses und Vorbild für das Familienleben gepriesen wird, so wäre auch daran zu erinnern, daß das Schicksal der evangelischen Pastorenwitwe durch die Jahrhunderte hin schwerlich zu den Ruhmestaten der deutschen »Obrigkeiten« gehört, die Luther so viel verdankten.

Ein Idyll war das unablässig umgebaute Augustinerkloster nicht, am wenigsten zu Luthers Lebzeiten. Behagen fehlte nicht, die Freude an den Kindern, Geselligkeit, »gute Freunde, getreue Nachbarn und desgleichen«. Aber die Krankheiten brachten immer wieder schwere Einbrüche. Luthers »pathologische« Züge sind für die erste Hälfte seines Lebens oft übertrieben zur Erklärung seines Wesens herangezogen worden. Für die zweite Hälfte können sie nicht leicht zu hoch angesetzt werden. Die Hausfrau eines größeren »Betriebes« hatte sich auch als Ärztin und Veterinärin zu betätigen. Bei den Hausmitteln, die Frau Käthe anwandte, wurde kein großer Unterschied zwischen Mensch und Tier gemacht. Die »Dreckapotheke« stand noch in hohen Ehren. Unsere neuesten Methoden der Medizin haben die geheimen Tugenden von Schimmelpilzen wieder ans Licht gebracht, aber es ist doch sehr fraglich, ob Frau Käthes Mittel die richtigen waren. Luther wundert sich, »daß Gott so hohe Arznei in den Dreck gesteckt hat: Schweinemist stillt das Blut, Pferdemist in Wein ist gut gegen den Husten, Menschenkot gegen Körperwunden«. Unmutig schreibt er an Käthe ein andermal: »Dein Mist hilft mir auch nicht!« Die Ärzte, die zugezogen werden, können auch nicht viel bessern. Luther ist ein schwieriger und eigenwilliger Patient. Er verordnet sich selber einen starken Trunk Rotwein gegen Gichtanfälle oder behauptet ein andermal, durch große Mengen Wasser sich geholfen zu haben; er spottet über die Ärzte, die ihm Klistiere geben, sie »spielten nur mit dem Patienten wie mit einem Kinde«, während sie es untereinander besser wissen. Der Teufel ist auch hier der eigentliche Plagegeist; er hat es auf den Kopf abgesehen, die körperlichen Leiden sind zu ertragen. Kopfschmerzen, Ohrensausen, das ihn wochenlang lähmt, starke Anfälle von Steinleiden, bei denen er sich vor Schmerz auf dem Boden wälzt und zu sterben meint; es ist ein langer Katalog. Ausdrücklich protestiert er aber dagegen, daß Überarbeitung daran schuld sein könne. Satan ist es, der ihn versucht. Nur seine Bibel hilft und tröstet. Auch König David konnte als alter Mann nicht mehr warm werden, und selbst das Mädchen Abisag von Sunem half nichts, »weil er so erschöpft war durch die Anfechtungen seines Denkens: Die haben ihn so zerrissen«. Gegen die Kopfschmerzen wendet er den Spruch aus dem Johannesevangelium an: »Ihr müßt von neuem geboren werden ... Das ist das best, das ich hab.«

Er fühlt sich darin ganz sicher, auch bei großen Epidemien, der Pest, die nicht nachläßt oder dem »englischen Schweiß«, der als neue Seuche umgeht. Während viele aus Wittenberg flüchten, bleibt er bei solchen Gelegenheiten standhaft am Ort mitsamt seiner Käthe und den Kindern. Er ist überzeugt, daß die Menschen zum großen Teil nur aus Furcht krank werden, ähnlich darin dem alten Goethe, der auch der Ansicht war, der Cholera-Epidemie am besten durch Gleichmut zu begegnen.

Leicht kann es Frau Käthe bei all solchen Gelegenheiten nicht gehabt haben. Ihr Ende fällt wieder mit einer Pestepidemie zusammen; sie flüchtet mit den noch verbliebenen Kindern nach Torgau und stürzt dabei mit dem Wagen; eine Lungenentzündung ist der Abschluß eines langen und tätigen Lebens. Das Tun war ihre Stärke. Von ihren Worten ist nur überliefert, was den eifrigen Aufschreibern Gelegenheit gibt, die überlegene Weisheit des Doktors zu notieren; ihre Briefe hat man mit ganz wenigen Ausnahmen nicht für wert befunden aufzubewahren. Luther hält sie einmal, wie schon oft, zur fleißigeren Bibellektüre, besonders des Psalters an. Sie meint, sie habe nun genug gelesen: »Wollte Gott, ich lebte danach!« Luther seufzt und hebt eine erbauliche Betrachtung darüber an, daß so die Trägheit und Verachtung des Wortes beginne. Wir sind im Zweifel, ob Frau Käthe den genaueren Sinn der Rechtfertigungslehre oder des Gedankens vom alleingültigen Schriftprinzip erfaßt hatte. Das »danach leben« war ihre Aufgabe. Damit hat die entsprungene Nonne auf ihre Weise ihr Leben gerechtfertigt. Wir möchten sogar sagen, daß die vielen kleinen, oft schweren Schritte zusammen einen bewundernswert geraden Weg ausmachen.

Vom unfreien Willen

Frau Käthe, so erzählte Luther, habe ihn bestimmt, seine Schrift gegen Erasmus zu schreiben und herauszugeben, das Buch »De servo arbitrio«, »Vom unfreien Willen«. Das Werk erschien zu Ende des Bauernkriegs- und Schicksalsjahres 1525. Es trägt die Spuren der Erlebnisse jener Zeit. Es ist Luthers letzte bedeutende Abhandlung, schon dem bloßen Umfang nach und in der Sprache, einem sorgfältig redigierten Latein, das dem eines großen Gegners würdig sein sollte. Es ist wohlgegliedert und sticht scharf ab vom sonstigen Poltern und Wüten in Broschüren und »Sendbriefen«, zumal in diesem Jahre hemmungsloser Ausbrüche gegen den »blinden Eigenwillen« der Bauern. Das gleiche Thema wird auch hier aufgenommen, aber auf sehr viel höherer

Ebene, grundsätzlich, mit äußerster Konsequenz. Vom Haß ist die Rede, sogar vom Haß Gottes gegen die Menschen, vom menschlichen Willen, der wie ein Lasttier zwischen Gott und Teufel steht; von jedem der beiden kann er bestiegen und »besessen« oder »geritten« werden, er muß gehorchen. Gott und Teufel streiten sich; wenn nicht der Stärkere obsiegt, so bleibt das Opfer der Sünde und ewig vorbestimmtem Verderben überlassen. So sieht es mit dem »freien Willen« des Menschen aus, der eben versucht hatte, sich aufzulehnen gegen die göttliche Weltordnung.

Eine Tragödie war es, daß die beiden vornehmsten Streiter für eine Neuordnung menschlichen Denkens und des Lebens in dieser Welt, des Glaubens wie der Kirche, Luther und Erasmus, gezwungen wurden, sich feindlich gegenüberzutreten. Für Erasmus allerdings bedeutet das Wort »tragisch«, das er so häufig anwendet, meist etwas weniger Hohes: Tumult, Unruhe, fast mit dem Nebenklang des Überflüssigen und den stillen Gelehrten Belästigenden. Sein Ideal des versöhnlichen, über den Parteien stehenden Geistes wurde damit bedroht. Es war in vielem ein Kontrast der Temperamente. Luther erschien ihm sympathisch in seinen Anfängen, schon durch seinen Lebenswandel, als ein Mann, der nichts für sich beanspruchte, bescheiden lebte und nur berechtigterweise die Mißstände kritisierte, die auch er, Erasmus, und zwar noch viel schärfer, gerügt hatte. Aber dann hatte Luther losgeschlagen, hart, »grob«, wie Erasmus meinte, und sich – unverzeihliches Vergehen – an die breiten Massen, an das Volk gewandt. Die hohen, schwierigen Fragen, die Mysterien, die nur den Eingeweihten vorbehalten bleiben müssen, hatte er in die Arena der Öffentlichkeit gezerrt, wo sie nun von immer weniger Qualifizierten ergriffen und weiter zerfetzt wurden. Daraus konnte nur Unheil entstehen. Statt freundlicher Belehrung wilde Parolen, statt eines Rates erleuchteter Geister rabiate Parteien, die sich erbarmungslos verdammten und mit allen Mitteln zu vernichten suchten, und damit den Untergang der »schönen Wissenschaften« herbeiführten, die er, Erasmus, soeben auf einen Gipfel geführt hatte wie nie zuvor.

Erasmus war zum Ratgeber von Königen und Päpsten geworden, zu einer Autorität, auf die »ganz Europa« die Augen richtete; es ist begreiflich, daß er dabei seinen Einfluß überschätzte und übersah, wie sehr man ihn doch für ganz andere Zwecke benutzen wollte. Er hatte seine Freunde und Gönner in höheren Regionen: den Kaiser, die Männer in dessen Umgebung, Staatssekretäre wie den Alfonso Valdes mit seinem ganzen Kreis von spanischen Erasmianern, die englischen Humanisten um Thomas More; er bezog eine Pension von Heinrich VIII., die Päpste legten den größten Wert auf seinen Namen, Hadrian als früherer Landsmann hatte versucht, ihn nach Rom zu ziehen. Selbst im unmittelbaren Freundeskreis Luthers war Melanchthon sein Schüler, Bewunderer, geheimer Anhänger. Aber Erasmus wünschte durchaus nicht, Partei zu nehmen. Er war »ein Mensch für sich«, homo per se, und dies nicht nur aus Ängstlichkeit, wie Hutten und viele ihm vorwarfen. Er war allerdings zart, schon körperlich das Gegenstück zu Luther, stets fröstelnd, dann wieder geplagt durch die allzu heftige Hitze der großen Schweizer Kachelöfen; zwischen Frost und Hitze suchte er sich mühsam eine gemäßigte Temperatur zu bewahren.

Aber nun, da der Kampf sich unheilbar verschärfte, wurde der Druck auf seine Höhenstellung immer stärker. Partei mußte genommen werden. Er wehrte sich lange, und dann gab er nach. Luther, und nur er, war an dieser Entwicklung schuld. Gegen ihn mußte nun der Fürst der Geister seine Stimme erheben. Die Stimmen des Papstes, des Kaisers hatten nicht genügt. In der so unvergleichlichen Stellung, die Erasmus sich errungen hatte, lag eine hohe Anerkennung darin, daß man immer wieder an ihn, als gleichsam höchste Instanz, appellierte. Er fühlte sich fast als ein Konzil in einer Person und übersah dabei, daß man seinen großen Namen nur als willkommene Hilfe heranziehen wollte. Vom freien Willen, den er in seiner Schrift verteidigte, war im Grunde nicht die Rede. Er wurde vorgeschoben. Unwillig, unfrei ging er ans Werk, »unter dem Druck der Umstände«.

Aber Erasmus war auch ein großer und scharfer Geist. Er schrieb nicht darauf los, wie Luther das nur zu oft tat. Er besaß ein untrügliches Fingerspitzengefühl für Größenordnungen und feinste Unterschiede. Er wußte, daß nichts damit getan war, wenn er Luther in irgendeiner dogmatischen Nebenfrage ins Unrecht setzte; er hatte auch Rücksicht zu nehmen auf seine eigene Vergangenheit und konnte nicht gut widerrufen, was er selber über den Verfall der Kirche gesagt hatte. Mit sicherem Blick erspähte er die empfindlichste Stelle, die Frage des Glaubens, der Entscheidung über Gut und Böse, ein Grundproblem aller Theologie und Philosophie: Freiheit oder Unfreiheit des menschlichen Willens. Damit wurde die Frage nach der Größe Gottes gestellt und nach der Größe des Menschen. Erasmus vertrat die gesamte Position seiner humanistischen Weltanschauung, die davon ausging, daß der Mensch sich bilden, erziehen, zur Persönlichkeit formen könne; als Pädagoge hatte er seine wirkungsvollsten Werke geschrieben, »Handbücher« für besseren Unterricht der Kinder, bessere Gestaltung der Ehe, bessere christliche Gesinnung.

Erasmus wird aber in dieser Schrift wieder der Gefangene, der nicht aus freiem Willen argumentiert, sondern in Anerkennung der Autorität der Kirche und der Tradition. Er verwendet nicht eigene Beweise. Er beruft sich auf die Stellen der Bibel und der Kirchenväter, die seine These stützen; er läßt diejenigen beiseite, die sie in Frage stellen könnten. Erasmus gerät in seiner Hilfestellung für die kirchliche Tradition auf gefährlichen Boden. Denn gerade den freien Willen hatte die Kirche schon im Konzil zu Ephesus 431 auf das entschiedenste verdammt, mit Berufung auf den Namen des Pelagius, der von da ab zum Prinzip der Verdammung wurde. Jedes Bekenntnis zum freien Willen des Menschen galt als Beeinträchtigung der Größe und Allmacht Gottes und als bedenkliche In-Frage-Stellung der Heilsverwaltung der Kirche. Die Scholastik hatte verschiedene Lösungen des unbequemen Problems versucht; Thomas von Aquino wollte noch einen kleinen, schwierig nach aristotelischer Methode zu definierenden Spielraum für die Willensfreiheit aussparen; der Nominalismus hob das auf und stellte Gott und Mensch wieder in aller »unbegreiflichen« Weite einander gegenüber. Der Streit ist nie ganz ausgetragen worden. Erasmus ist, um in der mittelalterlichen, für seine Zeit noch geltenden Terminologie zu sprechen, ausgesprochener »Semipelagianer«, so weit solche Halbheiten ausgesprochen sein können.

Er spricht, seiner Natur gemäß, nichts ganz deutlich aus. Er läßt vieles offen. Aufrichtig bekennt er, daß er eigentlich Skeptiker sei, aber sich als gehorsamer Christ der Schrift und ihrer Auslegung durch die kirchliche Autorität unterwerfe. Er meint behutsam, er habe »keine Freude an festen Behauptungen« und neige oft zum Zweifel. Die Schrift sei oft geheimnisvoll und keineswegs so klar und eindeutig, wie Luther es wahr haben wolle. Daher müssen die Beauftragten der Kirche die Deutung übernehmen. Das gefährlichste sei, dunkle Fragen der Menge bekannt zu geben; das ist im Grunde sein Kardinalpunkt. Er lenkt schließlich in das vielfach vorgebrachte Argument ein: Gott könne doch unmöglich durch all die Jahrhunderte die Kirche haben irren lassen, bis Luther kam und die Wahrheit aufdeckte. Er schließt sich der Meinung der Lehrer an, die »einiges dem freien Willen anheimstellen, aber einen großen Teil der Gnade Gottes«.

Luther hatte schon früh, fast vom ersten Augenblick an, als er mit den Schriften des Erasmus bekannt wurde, seine Vorbehalte gegen ihn gehabt. Er stellte sie zurück; es wäre auch unsinnig gewesen, sich mit dem Fürsten der Humanistenwelt zu verfeinden, solange die junge Bewegung ihm so begeistert zujubelte. Luther schlug noch im Frühjahr 1524, wenige Monate, ehe die Schrift des Erasmus erschien, einen Waffenstillstand vor, freilich bei allen respektvollen Wendungen vor dem Älteren mit sehr stolzen und verletzenden Worten. »Denn wir sehen, der Herr hat Euch nicht solche Tapferkeit oder standhaften Sinn verliehen«, der römischen Kirche »frei und getrost« entgegenzugehen. »Wir maßen uns nicht an, von Euch etwas zu verlangen, was über Eure Kräfte und Gaben geht...« »So bitte ich, daß Du nur einen Zuschauer unserer Tragödie abgibst.« Er endet mit dem Seufzer: »Es ist genug gebissen, wir müssen nun dafür sorgen, daß wir uns nicht gegenseitig auffressen. Das wäre ein jammervolles Schauspiel...«

Das Schauspiel wurde gespielt. Es verwandelte sich von der Tragödie fast in eine ironische Komödie. Luther in seiner Antwort vertrat mit äußerster Konsequenz die Lehre der Kirche, nicht nur seine Lehre; Erasmus vertrat den ketzerischen Pelagianismus, Auffassungen, die ihm zu anderer Zeit schwere Verfolgungen eingetragen hätten. Seine Schrift ist von strenggläubigen Katholiken mit unverhohlener Ablehnung und schärfster Kritik beurteilt worden als nicht nur völlig ungenügend, sondern sogar schädlich. Das geschah freilich erst später, als man den großen Namen nicht mehr brauchte und die meisten seiner Werke auf den Index setzte. Im Augenblick wurde sie begeistert begrüßt, aus keinem anderen Grunde, als weil nun endlich der Geistesfürst und Herrscher über weite Provinzen des literarischen Europas eindeutig auf die Seite der Autorität getreten war. Erasmus schickte seiner Abhandlung noch einen weiteren dickleibigen Traktat nach und sprach darin die Worte, die am deutlichsten seine skeptische Haltung charakterisieren: »Von der katholischen Kirche bin ich nie abgefallen. Ich weiß, daß es in dieser Kirche, die Ihr (die Lutheraner) die pfäffische nennt, viele gibt, die mir mißfallen, aber solche sehe ich auch in Eurer Kirche. Man trägt die Übel leichter, an die man gewohnt ist. Darum ertrage ich diese Kirche, bis ich eine bessere sehen werde, und sie ist wohl genötigt, auch mich zu ertragen, bis ich selber besser geworden bin. Und der fährt nicht unglücklich, der zwischen zwei verschiedenen Übeln den Mittelkurs hält.« Der Mittelkurs zwischen den beiden Übeln verwies sowohl die römische wie die lutherische Kirche in die Rolle der Scylla und Charybdis; zwischen ihnen steuerte der listenreiche Odysseus hinaus ins freie Meer.

Luther greift denn auch mit sicherer Hand seinen Gegner an dieser Stelle an, nachdem er ihm das Kompliment gemacht hat, Erasmus habe als einziger seiner Gegner den »Nerv der ganzen Sache« erfaßt und sei ihm »an die Gurgel gefahren«. Luther traf mit Hieb auf Hieb den Skeptiker, der nichts fest behaupten will und doch urteilt; Erasmus vollführt einen Eiertanz oder sucht sich zwischen Gläsern durchzuwinden, »ohne eines anzurühren«. »Der Heilige Geist ist kein Skeptiker!« Es gibt kein Christentum ohne sichere Wahrheit. Er verweist Erasmus zu den griechischen Spöttern, einem Lukian und den Epikuräern; dort hätte sich tatsächlich der Verfasser des »Lobes der Torheit« eher wohlgefühlt als in der Welt furchtbar strenger Entscheidungen und absoluter Unfreiheit des Menschen vor Gott.

Diese Welt baut Luther nun vor ihm auf, und es ist seine Stärke wie in allen seinen Schriften, daß sie unmittelbar aus seinem Erleben stammt, während Erasmus sich auf Autoritäten beruft, an die er selber nur halb oder gar nicht glaubt. Am meisten erregt Luther, daß Christus bei Erasmus so vernachlässigt wird: »Glauben wir, daß Christus uns durch sein Blut erlöst hat, so müssen wir bekennen, daß der *ganze* Mensch verloren war, sonst lassen wir Christus überflüssig werden oder bloß zum Erlöser des geringsten Teiles an uns; das wäre Gotteslästerung.« Es geht ihm immer um den ganzen Menschen. Er will sich weder von der totalen Sündhaftigkeit des Menschen etwas abhandeln lassen noch von der absoluten Gnade Gottes, die vermindert würde, wenn der Mensch sich anmaßen wollte, seine selbständigen kleinen Anstrengungen als Beitrag angerechnet zu sehen. Das ist alles vom Übel. Das Übel, das Böse herrscht in der Welt. Es ist eine gnadenlose Welt, und deshalb braucht sie die Gnade als einzige Hoffnung. Luther selber war nicht selten verzweifelt: »Daß Gott so grausam scheint, hat mich mehr als einmal an den Rand der Verzweiflung gebracht, so daß ich nie geboren zu sein wünschte, bis ich wußte, wie heilsam solche Verzweiflung sei und wie nahe dabei schon Gott mit seiner Gnade steht.« So soll der Mensch sich fühlen: verdammt und erlöst. Die Entscheidung liegt nicht in seiner Hand, sondern in der Gottes. Der angebliche freie Wille des Menschen ist ein »Gefangener, ein Unterworfener, ein Sklave, untertan dem Willen Gottes oder dem Willen Satans«. Totaler Glaube wird gefordert. Man kann von da aus leicht Verbindungslinien zum totalitären politischen Glaubenssystem ziehen. Wie sieht es aber mit dem beschränkten »freien Willen« aus, den Erasmus gelten lassen möchte? Auch er soll »unterworfen« sein der höheren Autorität der Kirche, die zu entscheiden hat, welchen Spielraum sie ihm gewähren will. Luther spottet: »Was ist Dein ›unfähiger‹ Wille anderes als überhaupt kein Wille?« Man kann auch von hier aus seine Gedanken auf spätere Autoritäten lenken. Luther ironisiert noch wirkungsvoller: »Richtiger sollte man Deinen ›freien Willen‹ einen konvertierbaren oder wankelmütigen nennen.« Es handelt sich bei dieser Diskussion zwischen Erasmus und Luther nicht nur um Kirchenfragen, sondern ewige Probleme, und das macht sie so erregend.

Bei aller Schärfe wird die Debatte auf hohem Niveau geführt. Man merkt es Luther an, und er sagt es ausdrücklich, daß es ihm geradezu wohltut, einmal mit einem Gegner höchsten Ranges die Klinge zu kreuzen statt der vielen kleinen Kläffer, für die er nur einen unbehauenen Knüppel gebrauchte und die ihm auch so langweilig geworden waren, daß er meist gar nicht mehr antwortete. Er verwendet die Formen antiker Rhetorik, der scholastischen Disputation, und zeigt noch einmal, daß er auch da nicht wenig gelernt hat. Er benutzt die knappen Fragen und Antworten, die nur im Lateinischen so schlagend zu fassen sind. Aber durch diese Decke hindurch bricht immer wieder die Lava. Paracelsus, als Zeitgenosse ähnlichen Temperamentes, hat das einmal epigrammatisch mit den Worten charakterisiert: Wer seinen Glauben auf das Papsttum setze, der ruhe auf Samt; wer an Luther glaube, auf einem Vulkan.

Selten jedoch hat er seine eruptive Natur so gebändigt wie hier. Tiefe Resignation liegt als Schatten über dem Buche. Er hat Furchtbares, Unerklärliches sehen müssen. Das reine, klare Wort, dem er vertraute, hatte sich als machtlos erwiesen, und all seine leidenschaftlichen Beteuerungen Erasmus gegenüber helfen ihm nichts, auch wenn er ausruft, man dürfe nicht eine einzige Stelle der Schrift »dunkel« nennen. Dunkel aber sind die Wege Gottes, wie sie sich in dem Geschehen um ihn her abzeichnen. Sein Glaube darf darüber nicht ins Wanken geraten: »Dies ist vielmehr der höchste Grad des Glaubens, daß wir Gott als gütig anerkennen, der so wenige Menschen zum Heil führt, so viele verdammt.« Er selber bezeichnet das als ein Paradox. Er bejaht das Paradox, aus der Zwiespältigkeit seiner eigenen Natur und seiner Erfahrung heraus, seinem ständigen Kampf mit der Vernunft, die zum Schweigen gebracht werden muß vor der unbegreiflichen Majestät Gottes; er sieht diesen Zwiespalt auch im Weltgeschehen widergespiegelt. Da Gottes Allmacht und Allwirksamkeit nicht angezweifelt werden kann, erklärt er sich diesen Widerspruch damit, daß es einen geheimen, uns verborgenen Ratschluß Gottes gebe, dem wir nicht nachforschen sollen noch können. Es verbleibt nur der Glaube, daß Gott doch alles vorgesehen und verordnet hat in Ewigkeit. Man kann nur mit Paulus ausrufen: »O Mensch, wer bist du, daß du mit Gott rechten willst?« Es bleibt das Gebet: Dein Wille geschehe, wie im Himmel also auch auf Erden.

Luther hat niemals mehr mit solcher Konzentration und auf so hoher Ebene gesprochen; er hat auch keinen Gegner mehr gefunden, der ihm wie Erasmus solchen Respekt abnötigte. In seinen folgenden Werken ist vom verborgenen Willen Gottes oder der Prädestination nicht mehr so deutlich die Rede; er mahnt eher, die »Geheimnisse« auf sich beruhen zu lassen. In seinen Predigten und Anweisungen zur Predigt legte er Wert darauf, sich an die in der Bibel geoffenbarte Weisung Gottes zu halten; die Menschen könnten sonst durch die Gedanken vom unbegreiflichen Ratschluß Gottes irregeführt und mutlos werden. Die Prädestinationslehre blieb Calvin überlassen. Am Problem der Freiheit oder Unfreiheit des Willens wird noch gearbeitet.

Resignation liegt unverkennbar über der Stimmung, in der dieses Werk geschrieben ist, Resignation, aber nicht Aufgeben des Kampfes. Nichts reizt ihn so zum Widerspruch wie der Wunsch des Erasmus nach »Frieden und Ruhe«. Das sind die Wünsche »des Fleisches« – sollen sie wichtiger sein als Glaube, Gewissen, das Heil, das Wort Gottes, die Glorie Christi? »Ich werde sie bekennen und verteidigen bis zum Tode, auch wenn die ganze Welt darüber in Streit und Tumult geraten, ja zum Chaos und zu Nichts werden müßte.« Das Wort Christi, er sei nicht gekommen, den Frieden zu bringen, sondern das Schwert, das er in Worms vor dem Kaiser zitiert hatte, wird nochmals angeführt. Aber der Raum um ihn ist nun enger geworden. Damals sprach er zu »Kaiser und Reich«, der ganzen Nation. Jetzt muß er sich bescheiden. Aus der Katastrophe des Bauernkrieges ist ihm nicht viel mehr verblieben als der kleine Halbstaat Kursachsen mit seinem fast sechzigjährigen Herzog Johann, von dessen Willen und Wohlwollen es abhängt, ob er überhaupt noch lehren und wirken kann. Der Gedanke der allgemeinen Priesterschaft hat sich ihm bereits als problematisch erwiesen, die freie Pfarrerwahl durch die Gemeinde nicht weniger, da so viele »Phantasten«, wie er sie nennt, mit wilden Lehren sich der Sache bemächtigt haben. Eine Kirche wäre nun aufzurichten, eine Institution zu schaffen. Die bisherige Organisation war unter seinen Schlägen zusammengebrochen. Eine neue mußte an die Stelle treten. Die Bischöfe, formell noch überall – auch im Kurstaat Sachsen – im Amt, hatten sich als Feinde des neuen Glaubens gezeigt. Es war die Frage, wer ihre Funktionen übernehmen sollte. Luther tat den schicksalsvollen Schritt, die »Obrigkeiten« damit zu betrauen. Die Obrigkeiten, die Landesfürsten und in den Reichsstädten die Magistrate, hatten sich für ihn bereits im Kriege als die Stützen der Ordnung bewährt. Sie wurden nun mit dieser Aufgabe »belehnt« und ergriffen sie um so bereitwilliger, als sie langgehegten Wünschen und schon seit langem geübter Praxis entgegenkam. Die Kirche hatte sich zwar immer dagegen verwahrt, aber doch nur mit sehr mattem Erfolg. Sie war nun auch in den katholischen Ländern gar nicht mehr in der Lage, Einspruch zu erheben, und bewilligte etwa den Bayernherzögen Forderungen auf Beteiligung am Kircheneinkommen, die früher mit dem Bann beantwortet worden wären. Die große Säkularisation begann. Man hat in dem Greifen der protestantischen Fürsten und Städte nach Kirchengut eine Haupterklärung für die weite Ausbreitung der Reformationsbewegung sehen wollen, und zweifellos hat das beträchtlich mitgewirkt. Aber die ganze Unterscheidung zwischen »geistlichen« und »weltlichen« Besitzungen war zur Farce geworden. Die »geistlichen« Fürsten waren Landesherren, sie entstammten durchweg der gleichen Hochadelsschicht wie ihre »weltlichen« Nachbarn. Der Hochmeister des Deutschen Ordens, Albrecht von Brandenburg, der als erster den Schritt tat, ein weltlicher Herzog zu werden, hat schöne Bekenntnisschriften und Gebete verfaßt, aber den Ausschlag für sein kühnes Unternehmen dürfte doch die politische Lage gegeben haben. Sein Vetter Albrecht von Mainz, der mit den gleichen Gedanken umging, ist das Gegenbeispiel; religiöse Skrupel plagten ihn schwerlich, und er gab seinen Plan auch wieder auf, als die Durchführung zu gefährlich wurde. Die vielen Schwankungen anderer Fürsten ergeben das gleiche Bild. Man führt die Reformation ein, wenn das Vorteile verspricht; man verschafft sich andere Vorteile, wenn sich das durch Anlehnung an die Kirche oder den Kaiser als ratsamer erweist. Es versteht sich, daß die Landes- und Lokalgeschichte dann jeweils ihren Herren mit dem Titel »der Bekenner« ehrt und seine besondere Frömmigkeit preist. Die älteren Bezeichnungen, die einen Fürsten eher den »Beherzten« oder einen »Alkibiades« nannten, scheinen uns zutreffender.

Luthers Schicksal wurde es, daß er nun auf seinen Kurfürsten Johann angewiesen blieb. Der gehörte allerdings nicht zu den Schwankenden und erhielt den Ehrennamen der »Beständige«. Aber Luthers Reformation wurde sächsische Landesgeschichte. Damit ist natürlich seine Bedeutung und Wirkung in keiner Weise erschöpft; sie ging weit darüber hinaus. Seine Kirche jedoch, die er aufbaute, wurde eine kursächsische Landeskirche und das Modell für die anderen protestantischen Landeskirchen. Der Landesvater trat, an des Bischofs Stelle, an die Spitze. Seufzend mußte Luther sich dieser Entwicklung fügen. Er hatte bis dahin dem Hof wie eine gleichberechtigte Macht gegenübergestanden, eher fast als eine überlegene Großmacht, wie seine Briefe an Kurfürst Friedrich zeigten. Er hatte sich stets vorbehalten, fortzugehen, »irgendwohin unter dem Himmel«, und das war bei ihm keine leere Phrase gewesen. Jetzt blieb ihm keine Wahl mehr. Er wurde ein »Untertan des unfreien Willens«, in der Sprache seines Buches. Daß er trotzdem kein bloßer »Fürstenknecht« wurde, wie ihm oft genug nachgesagt worden ist, schon von Thomas Müntzer, ist aus seinen Briefen und Aussprüchen genügend zu belegen. Er duckte sich nicht; das Sichducken bis zur Knechtsseligkeit kam überhaupt erst in den folgenden deutschen Jahrhunderten auf. Trotz, nicht nur bei Martin Luther, war eine sehr hervorstechende Eigenschaft der Männer des 16. Jahrhunderts, bewundernswert, wenn es sich um die Charaktere und Gestalten handelt, verhängnisvoll in der Politik und vor allem in der Theologie. Trotz- und Streittheologen in allen Lagern treten gegeneinander an. Charakterköpfe sind die meisten, mit harten, eckigen Gesichtern, holzharte Gestalten, die endlose Strapazen aushalten. Nicht alle sind sympathisch. Manche muten wie theologische Landsknechte an; auch ihr geistiges Gewand ist »zerhauen« und zerrissen wie das der Soldaten, ihre Rauflust kennt keine Grenzen. Andere sind stille, zähe, beharrliche Naturen, die wortlos jeden Spott ertragen, in franziskanischer Armut dahinwandern und sich nur durch Blicke und Gesten mit den Gesinnungsgenossen verständigen, wie das schon im Bauernkrieg die Sendboten der Revolution getan hatten.

Auf Ruhe aber kam es nun an, wenn eine Kirche aufgebaut werden sollte. Luther war eine sehr zusammengesetzte Natur, ungeduldig und behutsam zugleich, Feuergeist und Revolutionär, dem es nicht darauf ankam, auch das »Chaos« anzurufen, und konservativ in dem Sinne, daß er bewahren oder langsam, allmählich reformieren wollte. Er schlug rücksichtslos zu und wollte die »Schwachen« schonen. Er war einfach in seinen Grundideen, die er sich früh aus seinen Erlebnissen geformt hatte, und die Einfachheit seiner Hauptgedanken hatte ihnen die große Wirkung verschafft: allein der Glaube, keine Werke; allein die Gnade, ohne Mittler. Nun geriet er in die nicht so einfachen Fragen des Kultus, in denen es mit »nur« und »allein« nicht getan war. Kein Mittler? Sollte jeder predigen dürfen? So hielten es die Schwärmer. Keine Werke? Das fanden manche sehr bequem. Viele, besonders die schwer enttäuschten und verbitterten Bauern, wollten nun überhaupt nichts mehr hören vom Evangelium, das ihnen keine Last abgenommen, sondern nur neue gebracht hatte. Über Gelder, Bezahlungen, Amtseinsetzungen, Verwaltung von Klostergütern und Stiftungen, Unterricht, Gestaltung des Gottesdienstes sollten Verfügungen getroffen werden. Er wollte so lange wie möglich keine überflüssigen Änderungen vornehmen, es der Zeit überlassen, bis sich die neuen Gedanken auch im Kultus durchsetzen würden. An dieser Zeit, der notwendigsten aller Voraussetzungen für ein solches »Wachsenlassen«, fehlte es aber. Etwas anderes ging noch ab in dem Ländchen, in das er gestellt war. Sachsen war Kolonialland, mit vielfach gemischter Bevölkerung, wenigen und kleinen Städten, einem starken Einschlag von Wenden, die noch mehr als die anderen Bauern sich als

Heloten fühlten, und das nicht ohne Grund. Weder ein tatkräftiges Bürgertum, wie Zwingli es vorfand, noch selbstbewußte Bauern, die zusammentraten, Rat hielten, Recht sprachen und alte Formen des Gemeinschaftslebens bewahrt hatten, konnte er in seinem Umkreis erblicken. Etwas Gedrücktes, Dumpfes, eine Mischung von Unterwürfigkeit mit Mißtrauen und Haß lag über diesem Lande um Wittenberg, das dem Süddeutschen Melanchthon zuerst wie eine Gegend der Verbannung erschienen war. Melanchthon wurde, wie in vielem, Luthers Hauptmitarbeiter bei den neuen Aufgaben, und es war abermals ein Verhängnis, daß er, der Freund des Erasmus, der Universitätsmann, der Meister systematischer Zusammenfassungen, dem Volk sehr viel fremder gegenüberstand als Luther und sich noch stärker an die Obrigkeit anlehnte. Luther hatte getobt gegen die Bauern; Melanchthon komponierte ein ausführliches Gutachten, und dies erst nach dem Siege der Herren, in dem er alle Forderungen der Bauern mit Bibelworten ablehnte und sich zur Frage der Leibeigenschaft, die er für ganz entschieden gottgegeben ansah, bis zu dem Satz verstieg: »Ja, es wäre von Nöten, daß ein solch wild, ungezogen Volk wie die Deutschen sind, noch weniger Freiheit hätte, dann es hat.« Unter seinen Vorschlägen für Zucht und Ordnung befand sich nur einer auf einem Gebiet, das er allerdings beherrschte, und auf dem er in die Zukunft wirken sollte: Schulen müssen eingerichtet werden. Die Obrigkeit soll dafür sorgen und ebenso für rechte Predigt und Kirchenordnung.

Melanchthon übernahm es, die praktischen Schritte einzuleiten, die jetzt zu treffen waren. Zunächst mußten Visitationen vorgenommen werden, um überhaupt einen Überblick zu erhalten, wie es im Lande aussah. Kursachsen war nicht protestantisch oder lutherisch geworden durch die Anwesenheit Luthers und Melanchthons in Wittenberg. Klöster bestanden noch, manche halb, manche ganz verlassen. Stifte, Chorherren, Prediger gab es, die bald im neuen, bald im alten Stil ihren Gottesdienst abhielten oder gar nicht, wie seit langem gewohnt. Manche polterten nur gegen die Mönche oder gegen Rom; einige betrieben eine Gastwirtschaft. Die ganze Armseligkeit des geistlichen Proletariates, das durch jahrzehntelange Vernachlässigung entstanden war, kam bei den Rundreisen der Visitatoren zutage, aber auch die Stimmung der Bauern: »Wie sie das Papsttum verachtet haben, so verachten sie jetzt uns«, schrieb Luther an Spalatin. Melanchthon setzte die Vorschriften auf und wies die Pfarrer an, wie sie dem »gemeinen, groben Mann« predigen und den Gottesdienst handhaben sollten. Er stellte dabei das »Gesetz«, das mosaische Gesetz des Alten Testamentes, in den Vordergrund und betonte Buße, Glauben und gute Werke. Das Evangelium, das für Luther an erster Stelle und »allein« gestanden hatte, könne erst begriffen werden, wenn zuvor der Mensch seine Sündhaftigkeit erkannt und bekämpft habe. Gehorsam also, Gebet. Von »andern Sachen, von denen der arme Pöbel nicht viel versteht« schweigt der Pfarrer besser.

Der Weg zum Obrigkeitsstaat deutet sich an. Es wäre aber ungerecht, wenn wir, die wir dem allmächtigen Staat in allen Staatsformen noch ganz anders unterworfen sind, uns überheben wollten. Wie es mit der Obrigkeit damals stand, sieht man aus dem Briefwechsel Luthers mit seinem Fürsten und den Räten des Hofes. Kurfürst Johann, weit entfernt nun, wie es im summarischen Rückblick scheint, mit gieriger Hand alles Kirchengut »an sich zu reißen«, tut eigentlich gar nichts, er wartet ab, wie sein Bruder immer getan hat, nur ohne dessen heimliche List und patriarchalische Autorität. Luther muß ihm zureden, ihn antreiben, doch endlich etwas energischer seine Pflichten als Landesvater wahrzunehmen, und er macht sich dabei ziemlich unbeliebt bei Hofe. Die Universität, das Lieblingskind des alten Herrn, wird vernachlässigt. Luther muß petitionieren. Für Schulen und Pfarren geschieht nichts. Herrenloses Klostergut wollen die »großen Hansen«, die Adligen sich einverleiben. »Es sind Klöster, Stifte, Lehen und Spenden und des Dings genug, wo nur Eurer kurfürstl. Gnaden sich drein begibt, die zu besehen, rechten und ordnen.« Sie sollten der Universität und dem Unterhalt der Pfarrer zugute kommen. Wo das nicht ausreicht, müßten die Gemeinden durch die Regierung angehalten werden, ihre Prediger anständig zu besolden. Auch das »weltliche Regiment« müßte visitiert werden, »denn es ist große Klage allenthalben über schlechtes Regiment, in Städten und auf dem Lande«. Darein zu sehen gebührt dem Herzog »als einem Haupt und Landesfürsten«. Luther muß der Regierung erst auseinandersetzen, daß sie eine Regierung sei und gewisse Aufgaben zu erfüllen habe. Der Weg zum Obrigkeitsstaat ist zwar beschritten, aber der Herrscher ist noch ein recht bescheidener Machthaber, im Falle des Kurfürsten Johann ein beschränkter Kopf mit freundlichen Gesichtszügen, die sich von denen seiner Landbevölkerung kaum unterscheiden Er läßt die Dinge treiben, er grübelt auch, hört jeden an, seinen Dr. Luther wie dessen Gegner, er ist der »Beständige« nur darin, daß er entschieden bei der neuen Lehre verharrt. Aber selbst die kleinsten Einwände verwirren ihn leicht. Schon haben sich Stimmen erhoben, die Luther beschuldigen, er sei nicht lutherisch genug und lenke zurück zur alten Kirche. Der Kurfürst ist davon betroffen und läßt Luther wissen, ihm sei zu Ohren gekommen, »als sollten die Papisten etwas Frohlockung haben«. Luther weist das mit einer Handbewegung ab: »Daß die Widersacher möchten rühmen, wir kröchen wieder zurück, ist nicht groß zu achten; es wird wohl still werden.«

Eine ganz kleine Welt, ein ganz kleines Land, das dabei in der Musterkarte des Heiligen Römischen Reiches noch das größte und mächtigste deutsche Fürstentum abgeben soll. Die Visitationen werden vorgenommen, und dabei schalten sich die Beamten und Räte ein und leiten auf die künftige Entwicklung hin, die sie besser verstanden haben als ihr Fürst. Luther wollte ihn ursprünglich nur als »Notbischof« heranziehen für eine einmalige Gelegenheit; es wird daraus eine Institution. Schritt um Schritt muß er zurückweichen. Man kann nicht alles auf einmal anstellen, meint er resigniert in einem Brief an den Kurfürsten, und vorschreiben, »wie es gehen soll. Es ist nichts damit getan als der Samen geworfen; wenns nun aufgeht, wird sich Unkraut so viel finden, daß des Jätens genug sein wird.«

Das ist im Grunde die Formel für den Rest seines Lebens. Ordnung des Gottesdienstes, ein Taufbüchlein, ein Traubüchlein, Deutsche Messe, der kleine Katechismus für die Familie, der große Katechismus für die Pfarrer, Vollendung seiner großen Kirchenpostille und vor allem der Abschluß seiner Bibelübersetzung sind das Aussäen; der nie endende Kampf mit den »Schwärmern«, den Protestanten innerhalb der protestantischen Bewegung, der »Linken«, wie man sie mit heutiger Terminologie genannt hat, der »Rechten« obendrein, die den »echten Luther« gegen den verwässerten Luther vertreten will, ist das Jäten. Aus der deutschen Messe und den Bemühungen, die lateinische Liturgie zu ersetzen, entspringt noch Luthers stärkste Leistung seiner späteren Jahre: das Kirchenlied, der Gemeindegesang.

Von allen Künsten war die Musik die einzige, die ihm etwas sagte. Er hatte kein Auge für Malerei oder Baukunst; fast wie ein Barbar, ein »Gote«, betrachtete er den gotischen Dom zu Köln; eine Kirche sollte für ihn eine schlichte Predigthalle sein, in der nichts vom Wort ablenken dürfe. In der Schloßkirche zu Torgau, der Residenz seiner Herzöge, die in seinen letzten Lebensjahren entstand und von ihm als erste »protestantische« Kirche eingeweiht wurde, ist das zum Ausdruck gebracht worden. Da gibt es nur noch einen Predigtsaal, keinen abgesonderten Altarraum.

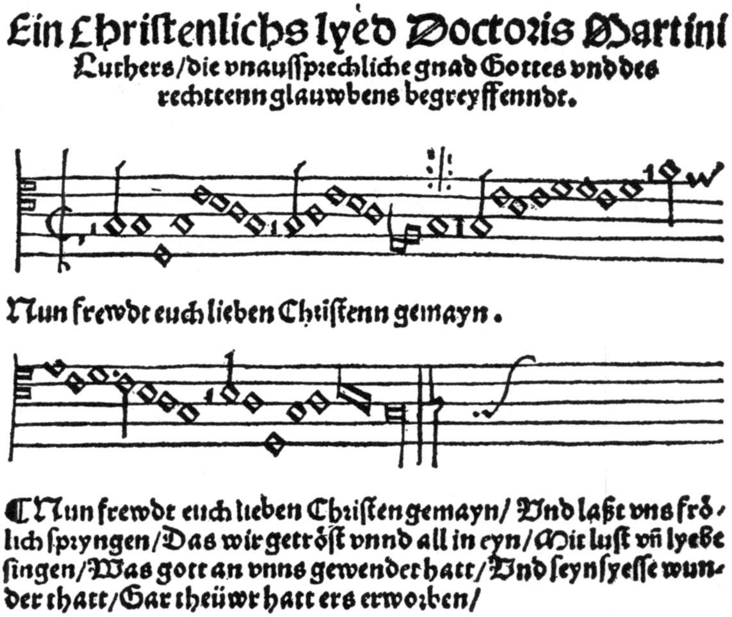

30 Aus dem ersten Wittenbergischen evangelischen Gesangbüchlein, 1524

Die Wendung zur Musik hin, die mit Luther für die Deutschen einsetzt, hat noch ihre besondere Bedeutung. Die Malerwerkstätten, die Heiligenbilder hergestellt hatten, fanden kein Brot mehr und lösten sich auf, das Bauen an den großen, nie ganz fertiggestellten Kathedralen begann zu stocken, aber sonst entfaltete sich noch ein ganz überaus reiches künstlerisches Treiben, das bis in die trockenen Traktate und ihre Rahmen, bis in die bunten Bemalungen der Hausfronten hinein, das ganze Leben umfaßte. Sicherlich haben die verschiedenen reformatorischen Bewegungen in verschiedener Schärfe – am stärksten bei den Sekten – in ihrem Bereich dem ein Ende gemacht. Aber die mit Luther beginnende »Flucht in die Musik« hatte noch andere Gründe, und daß gerade die Deutschen sich ihr so hingaben, ist mit den protestantischen Lehrmeinungen nicht erklärt. Die Musik ist die freieste aller Künste, ohne jede Bindung an das Konkrete, sie ist »abstrakt, ungegenständlich«, ein heute wieder sehr aktuell gewordener Begriff. Sie kann frei phantasieren und sich strengen Kompositionsgesetzen unterwerfen, beides sogar zugleich. Sie ist »anonym« und spottet jeder Namengebung. Sie ist international und unparteiisch; Bach benutzte die katholische Messe, und heute werden seine Werke von den entschlossensten Atheisten als ihren Anschauungen durchaus entsprechend gedeutet. Sie appelliert, mehr als alle anderen Künste, an Grund- und Urformen des Gefühls, des Gestaltungs- und Formwillens, ja der Ideenwelt. Schopenhauer wollte in ihrer Losgelöstheit von allem Irdischen die platonischen Ideen widergespiegelt sehen; Plato meinte schon, daß die musikalischen Bewegungen den Bewegungen der Seele analog seien.

Luther sah in ihr Trost bei Trübsinn und Anfechtungen, und das wurde die Aufgabe der Musik auf Jahrhunderte hinaus: Trost, Erhebung und ein höheres Reich jenseits der meist trübseligen und erbärmlichen Wirklichkeit. Sie entsprach der Welt, die er in seinem Buch vom unfreien Willen aufgezeichnet hatte. Sie war den »Geheimnissen«, dem Unerforschlichen, an das besser nicht mit dem Finger oder auch dem Wort zu rühren wäre, näher als alle andere Kunst. Musik war für Luther keineswegs nur das Lied oder der Gemeindegesang. Er kannte die kunstvollen Arbeiten der großen Meister seiner Zeit. Ludwig Senfl, der Münchener Hofkapellmeister, obwohl Katholik, war sein Lieblingskomponist, und er schätzte ihn gerade wegen seines geistvollen Satzes. Er klagt über den Tod der großen Komponisten, des Josquin, des Pierre de la Rue, des Heinrich Finck, und meint, die Welt sei solcher »gelehrter Leute nimmer wert«, wobei unter gelehrt der kunstvolle Satz verstanden ist. Er schreibt einmal zur von ihm bewunderten kontrapunktischen Musik der großen Niederländer: »Wo die natürliche Musica durch die Kunst geschärft und poliert wird, da sieht und schauet man erst zum Teil (denn gänzlich kanns nicht begriffen und verstanden werden) mit großer

Verwunderung die große und vollkommene Weisheit Gottes in seinem wundersamen Werk der Musica, in welchem vor allem das seltsam und wohl zu verwundern ist, daß einer eine schlichte Weise oder Tenor (wie es die Musici heißen) her singet, neben welcher drei, vier oder fünf andere Stimmen auch gesungen werden, die um solche schlichte Weise oder Tenor gleichsam mit Jauchzen ringsumher um solchen Tenor spielen und springen und mit mancherlei Art und Klang dieselbige Weise wunderbarlich zieren und schmücken und gleichwie einen himmlischen Tanzreigen führen. Also, daß diejenigen, so solches ein wenig verstehen und dadurch bewegt werden, sich des heftig verwundern müssen und meinen, daß nichts Seltsameres in der Welt sei denn ein solcher Gesang mit viel Stimmen geschmücket.« Motetten werden in seinem Haus aufgeführt, und aus der Motette ging die Kantate hervor. Drei- und vierstimmig wurde auch das Gesellschaftslied der Zeit gesungen.

Der Musiker in Luther sträubte sich daher dagegen, die Musik aus dem Gottesdienst zu verbannen, obwohl er anfangs nahe daran gewesen war und die »Radikalen« ihm die Beibehaltung von Musik ständig übelnahmen. Apologetisch muß er sich noch in der Vorrede zu dem Choralstimmenbuch seines Freundes Walther 1524 verteidigen: »Ich bin nicht der Meinung, daß durchs Evangelium alle Künste sollten zu Boden geschlagen werden und vergehen, sondern ich wollt alle Künste, sonderlich die Musica, gerne sehen im Dienste des, der sie geben und geschaffen hat.«

Bei der Frage der Beibehaltung der Kirchenmusik ging er, wie in anderen Dingen des Kultus, behutsam vor. Das deutsche Lied hatte schon eine lange Geschichte. Luther konnte große Reichtümer benutzen, und er selbst tat viel dazu. Die Einzelheiten seiner Beiträge sind umstritten, wie nun fast alles, was in seine Nähe gelangt, aber niemand hat bestreiten können, daß er außer ein großer Übersetzer und sprachgewaltiger Streitschriftenverfasser auch ein Dichter war. Er dichtete um, lateinische Hymnen, Psalmen, liturgische Gesänge, und er dichtete neue, eigene Texte. Es ist völlig unbeträchtlich, welche Zeilen von ihm und welche von andern stammen. Die Lutherlieder sind von Luther; sie tragen seinen Stempel und haben fast weiter und stärker gewirkt als seine Bibel.

Die ersten Anfänge waren so zufällig, wenn es darin Zufälle gibt, wie vieles bei ihm: Er fragt im Kreise bei Freunden umher, wer denn für die deutsche Messe deutsche Kirchengesänge beitragen könne. Als nichts Rechtes zusammenkommt, setzt er sich selber an seinen Schreibtisch. Nie ist wohl weniger aus »poetischer« Absicht gedichtet worden. »Gebrauchslyrik« sind seine Lieder, für den Gebrauch seiner Gemeinde. Ein kleines Liederheftlein erscheint, ohne Luthers Zutun, in Erfurt, eine ganz flüchtig zusammengestellte Buchhändlerspekulation mit Psalmenparaphrasen, darunter solchen Luthers, und anderen Liedern. Luther hatte in der Bibel übersetzt »Aus der Tiefe rufe ich zu dir«, hier wird daraus der Choral »Aus tiefer Not schrei ich zu dir«. Auch andere Liederdichter beteiligen sich, andere Drucker, denn Nachdrucke waren erlaubt und lukrativ. Melodien sind immer beigegeben. Luther richtet sich in Wittenberg eine kleine Kantorei ein. Er zieht den tüchtigen Sänger und späteren Chormeister Johann Walther aus der Residenz Torgau und noch einen weiteren guten Musiker Rupff heran. Der Leipziger Kantor Georg Rhaw, der bei der Disputation mit Eck seine kunstvolle zwölfstimmige Messe komponiert hatte, dann als Flüchtling nach Wittenberg gekommen war und dort eine Notendruckerei errichtet hatte, stand als Verleger zur Verfügung. In der Werkstatt Lukas Cranachs wurden die Typen geschnitten, die schwungvollen Rahmen für die Titel mit kobolzenden Engeln. Ein erstes »protestantisches Gesangbuch« erschien 1524. Und von da ab geht ein breiter Strom aus, der erst im 18. Jahrhundert endet. Von Luther selber stammen etwa 30 Lieder; genau sind sie nicht abzugrenzen. Das erste Liederbuch, ein winziges Heftlein, brachte 26 Stücke; das Leipziger große Gesangbuch, das Bach benutzte, war auf acht Bände mit fünftausend Nummern angewachsen; kein Strom mehr, sondern ein riesiger Teich mit vielen seichten Stellen. Die deutsche Dichtung wurde auf fast zwei Jahrhunderte hinaus vorwiegend geistliche Dichtung, die Musik zum Trost in sehr trostbedürftigen Zeiten.

Was nun auch an Melodien von Luther stammt, darüber wird abermals gestritten. Bei der Arbeit an seinem ersten Gesangbuch tat er sich mit den beiden Fachmusikern zusammen, die beiden saßen am Tisch mit der Feder und dem Notenpapier, und er ging im Zimmer auf und ab. Er summte oder probierte auch auf der Querpfeife, wie man angenommen hat, die alten Melodien, die er noch aus seiner Chorknaben- und Studentenzeit in der Erinnerung hatte, geistliche, weltliche Weisen ohne Unterschied, uralte gregorianische und neue Gassenhauer oder Bergmannsreihen. Die Musik ist wertfrei. Einem Notenkopf sieht niemand an, ob er einmal das Federbarett eines Spielmanns oder die Kappe eines Mönchs getragen hat. Die ältesten Kirchenmelodien bereits waren oft sehr weltlicher oder auch heidnischer Herkunft; die Zeit nur hatte sie mit sakraler Würde bekleidet. Luthers größtes und berühmtestes Lied, »Ein feste Burg ist unser Gott«, ist bei historisch-chemischer Analyse in Teile zerlegt worden, die aus »gregorianischen Reminiszenzen« stammen, wobei Papst Gregor, um 600, wiederum eine ganz mythische Größe ist, und noch ungewisser, aus welchen Quellen der Musik seine Zeit schöpfte. Die Melodie, die Luther schuf, war etwas Neues. Auch sie ist dem Wandel unterlegen; der Lutherchoral bei Bach hat die ursprünglich viel ungebundenere, rhythmisch freiere Fassung dem veränderten musikalischen Zeitgefühl entsprechend abgeändert in die viel kürzeren, gleichmäßig abgeteilten Takte, die wir seitdem kennen. Erst damit hat das Lied den marschartigen, entschlossen-grimmigen Charakter einer protestantischen Marseillaise erhalten, der so gut zum Text zu passen scheint. Wenn man Luther und seine Freunde das Lied musizieren hören könnte, würde es unseren Ohren höchstwahrscheinlich sehr fremd klingen, »unbestimmt« und viel zu getragen, eher traurig als hochgemut. Daß es trotzdem zum Kampf- und Trotzlied der frühen Protestanten wurde, steht auf einem anderen Notenblatt. Gesungen wurden Luthers und der anderen Mitarbeiter Lieder sehr bald nicht nur in der Kirche, für die sie bestimmt waren. Mit Singen wurden Kirchenstürme eingeleitet, ein Lied, das heimlich und dann immer lauter gesummt, schließlich geschrien wurde, war das Kennzeichen für Aufstandsbewegungen. Auch hier ist nochmals der Unterschied von »weltlich« und »geistlich«, wie bei der Herkunft der Melodien, verwischt oder geradezu vertauscht.

Luthers Absichten waren streng. Er wollte den profanen Gesang gänzlich ausschalten. Wie kommt es doch nur, meinte er, daß man im Weltlichen »so manch feines Poem und so manch schönes Carmen hat, und im Geistlichen haben wir so faul, kalt Ding?« Unleugbar tat er sein Feuer hinein, woher auch die Melodien und Texte stammen mochten. »Der Teufel braucht nicht alle schönen Weisen für sich zu haben«, hieß es. Er nahm sie ihm fort. Das Weihnachtslied »Vom

Himmel hoch, da komm ich her« stammte von einem Spielmann, der »Ich komm aus fremden Landen her« sang und einem Fräulein Rätsel aufgab.

Luther traf den Ton des Volkes, seine Musiker ebenfalls, die vielen Liederdichter, die sich anschlossen, hatten meist nur mit einem einzigen Liede Glück. Die Auswahl blieb dem Volk und der Zeit überlassen. Eine Volksabstimmung, die sich über Jahrhunderte hinzog, wurde vorgenommen. Wenn Luther dabei doch von allen die meisten Stimmen erhielt, so war das nicht nur darauf zurückzuführen, daß seine Weisen und Texte seinen Namen trugen. Es ist ein einzigartiger Vorgang, daß ein genialer Mensch ohne seinen Willen, aus rein didaktischen Erwägungen heraus, zu einem Dichter und Musiker wird, der das geistige Leben seines Volkes stärker bestimmt hat als je wieder einer, die größten nicht ausgenommen, die ein ganz unvergleichlich reicheres Werk hinterließen. Man kann es bedauern, und darüber ist vielfach geklagt worden, daß so viel Buntheit und Vielfalt verschwand und daß nun auf so lange hinaus nur geklagt, geseufzt, zum Schluß weinerlich gejammert wurde. Dafür jedoch Luther verantwortlich zu machen, wäre kurzsichtig. Sein Ton ist eminent männlich. Er kennt den »Schrei aus tiefer Not«, aber nicht das Winseln. Er ist knapp und nicht redselig wie die Folgenden und auch gar nicht gefühlsselig oder »gemütvoll«, was zu einer deutschen Tugend erhoben wurde, bis Goethe unmutig meinte, er wünschte, das Wort Gemüt sollte auf einige Jahrzehnte verboten werden. Er ist ganz und gar unpersönlich in seiner Dichtung, er will zu allen sprechen und in ihrem Namen. Er faßt sich kurz. Mit dem Augenblick, wo die Aufgabe, diesen Gemeindegesang einzuführen, ihm beendet erscheint, hört er auf zu dichten, von unwesentlichen Nachzüglern abgesehen.

In seinem Entwurf zu einer »Deutschen Messe« von 1526 spricht er seine didaktischen Absichten und den Zusammenhang, in den er auch diese Arbeit stellen will, deutlich aus. An die Jugend wendet er sich vor allem; die Alten sind ihm recht fragwürdig geworden, »die lasse man fahren«. Um des jungen Volkes willen »muß man lesen, singen, predigen, schreiben und dichten, und wo es hilfreich und förderlich dazu wäre, wollte ich lassen mit allen Glocken läuten und mit allen Orgeln pfeifen und alles klingen lassen, was klingen könnte«.

Die Lehren vom unfreien Willen und der Prädestination haben sehr verschiedene Auswirkungen hervorgebracht. Sie können verzagt machen; sie können stärken. Gerade die unabhängigen und mächtigen Naturen haben sie als Aufforderung empfunden, sich zu bewähren und alle Kräfte anzuspannen, sehr viel mehr, als die versöhnlichere Lehre des Erasmus das je vermochte. Der Gedanke vom unfreien Willen kann ganz außerordentliche Willenskräfte auslösen. Es fragt sich immer, welchem Gebiet des menschlichen Lebens sie sich zuwenden. Für Luther ging es nur und immer nur um die Glaubensfrage; alles andere, mochte es die Politik oder das Soziale sein, trat daneben gänzlich zurück. Daß er dennoch die Musik, die Dichtung einbeziehen konnte, wenn auch fast unbewußt und absichtslos, war eines der Geheimnisse, die auf das Verborgene deuten und denen man nicht nachfragen soll, wie er in seiner Abhandlung gemeint hatte.

Sacco di Roma

In Kursachsen versuchte Luther, eine neue Kirche aufzubauen, mit Visitationen, Umgestaltung des Kultus auf vorsichtige Weise, Gemeindeordnungen und Musik. Er brauchte Zeit dazu, und diese Zeit stand nicht zur Verfügung. Kursachsen war nicht die Welt; nicht einmal Deutschland war die Welt. Die großen Mächte, die über das Schicksal Europas entschieden, waren der Kaiser und König von Spanien, waren Frankreich und das Papsttum. Alle drei stritten sich untereinander, um Italien und Deutschland; sie stritten nicht um religiöse Fragen. Sie führten ihre Kriege mit deutschen Landsknechten, Schweizer Soldtruppen, französischen Aufgeboten, mit Geldern der Augsburger, Genueser und römischen Bankiers.

Der ständige Krieg des Kaisers mit Frankreich berührte die Deutschen nur wenig; er fand am Rande des Reiches statt, und nicht wenige Fürsten sympathisierten mit König Franz. Die Kämpfe in Italien und die dortigen Frontstellungen, ob mit oder gegen den Papst als einen der Partner der verschiedenen Koalitionen, ließen sie ziemlich kalt. Der Krieg schwelte auch meist nur, flackerte auf und erlosch bald wieder. Zuweilen aber schoß eine Stichflamme hoch mit ungeahnter Gewalt und beleuchtete unbarmherzig die halbdunkle Szenerie des

Welttheaters bis in alle Winkel. Die Eroberung und Plünderung der Ewigen Stadt, der »Sacco di Roma« von 1527 durch die Truppen Kaiser Karls, die Gefangennahme des Papstes durch den treuesten Sohn der Kirche, eine Episode nur in der Weltgeschichte, hat die Zeitgenossen tiefer erschüttert als die meisten anderen Ereignisse. Ein Gottesgericht! so hieß es, auch bei den engsten Mitarbeitern der Kurie. Was in Deutschland vorging, hatte man in Rom bis dahin meist aus gelassener Distanz betrachtet, als vorübergehende Unruhen, die mit geschickter Hand beseitigt werden würden. Das Leben in Rom hatten sie weder berührt noch im geringsten verändert. Erst nach diesem Schlag, der bis in die Engelsburg hineingriff, trat einige Besinnung ein. Erst diese Heimsuchung brachte in der Kirche die Kräfte, die eingesehen hatten, daß es im alten Stile nicht weitergehen konnte, zu einigem Einfluß. Es dauerte noch lange, ehe sie sich durchsetzen konnten.

Man verglich die furchtbare Brandschatzung mit der Eroberung durch Alarich und seine Goten. Rom war oft erobert und verheert worden, aber das hatte man vergessen. Kaum dachte jemand noch daran, wie selten die Päpste sich in der Heiligen Stadt sicher gefühlt hatten, wie oft sie es vorzogen, an besser geschützten Orten zu residieren, wie lange sie überhaupt, ganz abwesend, in Avignon geweilt hatten. Als sie nach langer Gefangenschaft dort, hundert Jahre vor dem »Sacco«, wieder in die Stadt einzogen, war sie kaum mehr als ein Ruinenfeld gewesen. Die Wölfe liefen durch die Straßen mit den halbverfallenen Kirchen und dürftigen Siedlungen am Tiberufer. In diesem Jahrhundert aber hatte Rom sich angefüllt mit großen Schätzen an Kunst und Kostbarkeiten. Paläste und Festungsbauten waren entstanden, ein Bankenviertel; Architekten, Maler, Bildhauer, Goldschmiede bekamen zu tun. Die Bezeichnung Renaissance war damals nur den Gelehrten und Künstlern ein Begriff. Aber das »stolze Rom« war in der ganzen Welt ein Wort, das großen Klang, sehr verschiedenen Klang hatte. Noch immer zogen die Pilgerscharen, wie der Mönch Luther auf seiner Romfahrt, zu den sieben Pilgerkirchen. Die Gesandten der großen Mächte stiegen in dem berühmten Gasthof »Zur Kuh« oder in den anderen Hotels ab, die Alexander Borgias tüchtige Witwe Vanozza eingerichtet hatte. Noch immer flossen die großen Abgaben aus allen Ländern, auch aus Deutschland, in die Kassen der Dataria. Gewisse Schwierigkeiten hatten sich in den letzten Jahren ergeben, bei den Goten jenseits der Alpen vor allem, aber das nahm man nicht allzu ernst. Fröhlichkeit war der Hauptzug des römischen Lebens, eine derbe Lust am Dasein in all seinen Äußerungen. Die Maler malten luftige und heitere Ranken an die Decken der Paläste. Der Festkalender füllte das ganze Jahr bis zum Rande aus. Unsicher war die Stadt seit Jahrzehnten; man hatte sich daran gewöhnt. Benvenuto Cellini hat die täglichen Morde beschrieben und verzeichnet, wie er sich mit wohlgezielten Dolchstößen beteiligte: »Die Klinge traf zwischen Hals und Nacken und drang so tief in die Knochen hinein, daß ich sie mit aller Gewalt nicht herausziehen konnte.« Zwischen solchen Taten, auch einem nächtlichen Liebeszauber im Kolosseum, bei dem ein Nekromant ihm seine entlaufene Geliebte wieder herbeischaffen soll, arbeitet der Goldschmied an Monstranzen und Kelchen für die Kardinäle, die ihren Benvenuto vor Verhaftung schützen, wenn er wieder einmal jemand umgebracht hat; auch der Papst verzeiht gnädigst und absolviert ihn. Der Meister soll ihm den Stempel schneiden für eine goldne Doppelmünze: auf der Vorderseite Christus mit gebundenen Händen, auf der Rückseite Papst und Kaiser, die ein eben wankendes Kreuz gemeinsam wieder aufrichten, mit der Umschrift »Ein Geist, ein Glaube war in ihnen«, eine hochnötige Erinnerung an große Ideale; im Augenblick war Krieg zwischen den beiden Mächten.

Ein großer Papstsegen wurde in der Karwoche 1527 von Klemens VII. vor zehntausend Gläubigen auf dem Platz vor der Peterskirche erteilt. Ein halbnackter Mann kletterte auf die Bildsäule des heiligen Paulus und schrie zum Papst hinüber: »Sodomitischer Bastard! Durch Deine Sünden wird Rom zerstört werden. Bereue und bekehre Dich! Wenn Du mir nicht glaubst: in vierzehn Tagen wirst Du es erfahren!« Vorläufig wurde der Tollkühne, ein Bußprediger aus Siena, eingekerkert.

Papst Klemens glaubte noch immer, die Fäden seines Marionettentheaters in der Hand zu haben. Das Spiel war lange Zeit gut gegangen. Unverzüglich nach dem gewaltigen Sieg des Kaisers bei Pavia hatte er begonnen, eine neue Liga gegen den Imperator zusammenzubringen, diesmal die »heiligste« genannt, obwohl sie nicht dem Kampf gegen die Türken oder Ketzer galt, sondern dem Krieg des allerchristlichsten Königs von Frankreich gegen den allerkatholischsten König von Spanien. Der Medici-Papst hatte dabei vor allem seine kleineren dynastischen Ziele im Auge; in seinen Sendschreiben und Verhandlungen werden Orte genannt, die seinem Hause wichtig waren, Städte wie Reggio oder Rubiera – auch dem eifrigen Italienreisenden kaum bekannt – neben den berühmteren Parma, Piacenza, Ferrara. Der Name Luthers kommt nicht vor. Die Liga hatte gute Aussichten gehabt. Venedig war mit im Bunde, England als vorläufig stiller Partner. Der Kaiser war nach seinem großen Siege in eine Lähmung verfallen, wie sie ihn immer nach überraschenden Erfolgen überkam. Er dachte nicht, wie die Italiener, an das Glücksrad der Fortuna; er vertraute auf Gott, seinen höchst persönlichen Gott, der die Geschicke des Hauses Burgund lenkte. Das Haus Burgund aber mußte auch in seiner Nachfolge gesichert werden. Der bereits seit seiner Kindheit zehnmal Verlobte war von seinen spanischen Untertanen dringend gemahnt worden, endlich zu heiraten, und zwar in nächster Nähe, nicht im fernen Ausland. Die letzte Verlobung mit der englischen Mary wurde aufgehoben, was schwere politische Konsequenzen hatte, und die portugiesische Isabella geehelicht, die eine Mitgift von einer Million Dukaten mitbrachte. Das Geld wurde überaus benötigt, denn der Herrscher über ein Weltreich war ständig ohne Mittel und konnte nicht einmal seine siegreichen Truppen in Italien bezahlen. Die Armee dort hatte sich größtenteils aufgelöst.

Die Finanzgebarung des Imperators ist der Schlüssel für seine großen Mißerfolge und Rückschläge. Das Weltreich war im Grunde stets am Rande des Bankerotts. Wohin die Goldschätze aus Mexiko und Peru verschwanden, ist nie recht aufgeklärt worden; jedenfalls gelangte immer nur wenig in die Kassen des Kaisers. Hohe Beträge gingen durch mitleidslose Konfiskationen und Strafen für alle ein, die sich an den Aufständen der Comuneros beteiligt hatten; auch diese Gelder versickerten. Die Mitgift der Isabella wurde in großen Festlichkeiten vertan. Die Bergwerke waren an die Fugger verpfändet, ebenso die Einnahmen der drei großen Ritterorden mit ihrem enormen Grundbesitz, die Hauptquelle der Finanzwirtschaft Spaniens. Mit größter Mühe nur und in endlosen Verhandlungen können die Finanzminister Karls den spanischen Ständen Steuerbewilligungen abringen; die Deutschen zahlen so gut wie nichts für ihren Kaiser; die Erblande in Burgund werden durch die Statthalterin nach Möglichkeit ausgepreßt, wehren sich aber auch nach Kräften. Der absolute Herrscher, der absolut über die Einkünfte seiner Länder gebietet, ist erst eine viel spätere Erscheinung. Kaiser Karl lebt noch ganz wie sein ritterlicher Großvater Maximilian von geborgtem Geld großer Bankiers, von der Hand in den Mund, von einem Wechsel zum andern. Wenn die Zahlungen ausbleiben, streiken seine Truppen, und die kaiserlichen Unternehmungen bleiben stecken. Eine solche Meuterei führte zur Plünderung Roms.

Seine Botschafter in Rom hatten bis zum letzten Augenblick versucht, Papst Klemens zum Frieden zu bestimmen. Hohe Angebote waren gemacht worden. »Wird es Krieg geben?« fragte der Botschafter Karls. »Ihr werdet es erfahren, wenn die Trompeten ertönen!« war die Antwort. Ein nochmaliger Versuch, ihn zur Nachgiebigkeit zu bewegen, wird mit Lachen beantwortet. Der Botschafter setzt beim Hinausreiten aus dem Vatikan seinen Narren hinter sich aufs Roß, der dem römischen Volk Grimassen schneidet. Man soll nicht glauben, daß Spanien das Säbelrasseln des Papstes ernst nimmt.

Die Kriegslage war ernst genug. Der Kaiser schreibt, wie vor Pavia, wieder dringende Briefe an seinen Bruder Ferdinand. Die Deutschen sollen Landsknechte aufbringen. Der Erzherzog verpfändet seine Juwelen und schickt das Geld an Frundsberg, auf dem wieder alle Hoffnungen ruhen. Der Kondottiere, schon schwer und apoplektisch geworden, geht etwas bedenklich an diesen neuen Auftrag. Er muß, um leidliche Mannschaften aufzubringen, seinen eignen Kredit stark anspannen. In Bozen und Meran sind die Werbeplätze. 12000 Fußknechte kommen unter bewährten Hauptleuten zusammen. Seine Schwäger, die Grafen Lodron, führen ihn über die Berge, da die Pässe von der Liga besetzt sind; das Geschütz muß zurückbleiben. »Das Gebirg war so hoch, daß einem mußte grausen, wenn er in das Tal sah. Es mußte auch der von Frundsberg hinauf zu Fuß steigen, doch haben zuweilen die Knechte lange Spieße wie Geländer neben ihm gehalten. Er hat einem starken Knecht in das Koller gegriffen, der ihn gezogen, und einer hinter ihm hat geschoben, denn er war stark von Leib.« So erzählt sein Sekretär und Biograph. Mühsam ist der weitere Feldzug im Winter bei Regen. Sie vereinigen sich erst nach schweren Kämpfen mit den Spaniern, die aus Mailand herangezogen sind. Die Stimmung ist schlecht. Die Löhnung bleibt ständig aus.

Erfreuliche Nachrichten treffen nur aus Rom ein. Dort hat der Kardinal Pompeo Colonna, vom kaiserlichen Botschafter Moncada insgeheim ermuntert, einen kräftigen Vorstoß unternommen. Was an diesem Kardinal geistlich zu nennen wäre, abgesehen vom Titel, ist nicht leicht zu erkennen; er war berühmt als tüchtiger Liebhaber und Heerführer, vor allem aber verfügte er aus den großen Besitzungen seiner Familie über einen starken Anhang von waffenfähigen Leuten. Schon einmal hatte er unter Julius II. das Kapitol gestürmt und die Republik ausrufen lassen. Jetzt wiederholt er den Angriff, mit besserem Erfolg. Seine Truppen dringen in das kaum bewachte Rom ein. Papst Klemens muß in die Engelsburg flüchten. Die Colonnesen plündern gründlich und machen große Beute in den Palästen, im Vatikan, in den Kirchen. Das ist der erste, der kleinere »Sacco«, und er verfehlt nicht seinen Eindruck auf die Landsknechte Frundsbergs. Er erweckt grimmigen Neid. Die Parole »Nach Rom, nach Rom!« geht im Lager um. An und für sich war das kein Kriegsziel, wenn überhaupt bestimmte Ziele ins Auge gefaßt waren. Der Kaiser gab keine Direktiven, er ließ seine Truppen ohne Geld und klare Weisungen. Die Liga sollte abgewehrt, der Papst bedrängt werden; wie das zu geschehen hätte, mußte den Kommandeuren im Felde überlassen bleiben.

Noch einmal wird der Papst gerettet; er schließt durch den kaiserlichen Botschafter Moncada einen Waffenstillstand mit seinem Kardinal ab, schwört, er werde sich von der heiligsten Liga abwenden, und erteilt Colonna und seinen Leuten vollen Pardon. Die Colonnesen ziehen ab auf ihre Burgen und Güter in den Bergen. Kaum hat sich Klemens wieder im ausgeraubten Vatikan etabliert, läßt er päpstliche Truppen sammeln mit den Geldern, die in der Engelsburg unversehrt geblieben waren, und überfällt die Colonnas. Der Raub in Rom wird durch Raub in den Burgen gerächt, die Dörfer werden verbrannt, der Kardinal feierlich verflucht und gebannt. Colonna verliert keineswegs den Mut, denn inzwischen ist der Vizekönig von Neapel, Lannoy, mit einer starken spanischen Macht in Gaeta gelandet und zieht heran. Seine Truppen erleiden von den päpstlichen einige Schlappen; er unterhandelt mit Klemens, und der eben treubrüchige Papst schließt einen neuen Waffenstillstand ab, in dem es heißt, daß die Kaiserlichen nach der Lombardei zurückgezogen werden sollen. Da aber greift eine andere Macht ein. Die Landsknechte Frundsbergs und die Spanier in Norditalien, halb verhungert, durchnäßt, stark bedroht im Rücken durch das Heer der Liga, beschließen nun, nach vorn auszubrechen und sich in Rom bezahlt zu machen. Sie meutern, und diesmal lassen sie sich nicht wie nach Pavia beschwichtigen. Frundsberg hat ihnen auch nichts zu bieten; sie wissen, daß er ohnehin schwer verschuldet ist. Der andere Heerführer, der Konnetabel Bourbon, ist ein Mann ohne Land und Besitz, sein Ruf durch seine bisherigen Mißerfolge gegen Frankreich stark lädiert. Eine entschiedene Kommandogewalt besteht gar nicht. Wutschreie über das neue Paktieren des Vizekönigs mit dem Papst heizen die Stimmung an. Frundsberg, vertrauend auf seine mächtige Stimme und seinen alten Ruf als »Vater« seiner Leute, läßt sie unter Trommelschlag im Ring antreten und spricht bewegende Worte, er werde dafür sorgen, daß sie bezahlt würden. Sie brüllen ihn an, drohen, ihn und die anderen Hauptleute niederzustechen. Sprachlos sinkt der schwere Mann auf eine Trommel. Es heißt, er habe einen Schlaganfall erlitten. Frundsberg läßt sich nach Ferrara tragen und legt sich dort ins Bett; er hat seine Leute nicht wiedergesehen. Bourbon, in sein ausgeplündertes Zelt zurückgekehrt, übernahm die Führung. Er hatte nichts zu kommandieren. Der Herr, dem die Söldner nun gehorchten, war das Heer selber.

Bisher war unsicher, mit widerspruchsvollen Zielen, ohne jeden Feldzugsplan manövriert worden. Das Heer hatte jetzt ein Ziel: Rom, und verfolgte es mit einer Energie, die sonst selten bei den Kampagnen zutage trat. Man ließ die Städte beiseite, plünderte nur kleine Orte, schickte die Artillerie zurück nach Ferrara, watete im Regen durch die Flüsse und ließ sich durch nichts mehr aufhalten. Anfang Mai 1527 standen die Horden vor der Stadt auf den Bergen: verwildert, beutegierig, alte, kriegserprobte Söldner meist, durch die Strapazen der vergangenen Monate abgehärtet.

Am Morgen des 6. Mai legten sie die Sturmleitern an die Mauern um das vatikanische Viertel, behelfsmäßiges, rasch aus den Zäunen der Gärten mit Weidenruten zusammengebundenes Sturmgerät. Ein Nebel, so heißt es, behinderte die Verteidiger und vor allem die vorzüglichen Geschütze auf der Engelsburg; Benvenuto Cellini nur will mit seiner unfehlbaren Büchse mit eigner Hand den Anführer Bourbon abgeschossen haben, was als großer Sieg von den Verteidigern bejubelt wurde. Dichter Nebel lag auch über den Augen des Papstes. Er flüchtete aus dem Vatikan in die Engelsburg, die uneinnehmbare Zitadelle. Noch wurde verhandelt, während ein Teil der Knechte bereits zu morden und zu plündern begann. Einige Formationen hielten zusammen. Ihre Hauptleute forderten zur Engelsburg hinauf Übergabe der Viertel diesseits des Tiber und 300 000 Dukaten. Der Papst lehnte ab. Wie furchtsame Leute häufig, wurde er rabiat, sobald er die gewaltigen Mauern der Burg um sich fühlte. Er ließ schießen.

Dann begann der eigentliche Kampf. Die Brücken über den Tiber mußten gestürmt werden, die Knechte gingen noch immer in gewisser Ordnung vor. Gegen Abend war ganz Rom in ihrer Hand. Sie traten in Formationen zusammen, die Spanier auf der Piazza Navona, die Deutschen auf dem Campo de Fiori. Sie dürften sich unsicher gefühlt haben in den engen Straßen der für ihre Begriffe riesigen Stadt, vor den großen Palästen der Kardinäle und Großen, die sich vielfach mit ihren Privattruppen und Gefolgsleuten verschanzt hatten. Das Geschrei, der Troß habe zu plündern begonnen, brachte die Auflösung. Die Knechte wollten nicht zurückstehen oder sich womöglich die beste Beute entgehen lassen. Der große »Sacco« hob an, noch in der Nacht, mit Türeinschlagen, Morden, Vergewaltigungen und allem Zubehör.

Das besondere Kennzeichen dieses »Sacco« war die Dauer und Gründlichkeit des Raubens und Mordens. Daß eine eroberte Stadt den Mannschaften zur Plünderung überlassen wurde, war üblich. Meist gebot die Führung dann nach einigen Tagen Einhalt. In Rom waren die Horden völlig sich selber überlassen, von irgendwelcher Disziplin war nicht die Rede. Sie plünderten nicht ein paar Tage, eine Woche, sondern fast ein halbes Jahr, mit Pausen, in denen die Söldner sich in die Umgebung zurückziehen mußten, weil alle Vorräte aufgezehrt oder vernichtet worden waren. Die Engelsburg, in die Klemens sich mit einem Teil seiner Kardinäle zurückgezogen hatte, wurde nur mit einigen Laufgräben umschlossen und lässig belagert; die Geschütze von den Mauern schossen mit guter Wirkung. An einigen Stellen betrieben die Hauptleute, denen die Mannschaften noch gehorchten, die Brandschatzung etwas umsichtiger. Sie ließen die festungsartigen Paläste einschließen und verhandelten systematisch über hohe Lösegelder. Sie sorgten dafür, daß im Bankenviertel wenigstens das Haus der Fugger unbehelligt blieb, das ihnen große Beutesummen nach Augsburg überwies. Sonst wurden keine Unterschiede gemacht zwischen Kardinälen oder Aristokraten, Kirchenbesitz oder bürgerlichen Reichtümern. Der Bußprediger aus Siena wurde aus dem Gefängnis geholt und im Triumph umhergeführt. Die Söldner bewirteten ihn mit Essen; der mutige Mann dankte nicht, sondern schrie sie an wie den Papst: »Raubt nur, nehmt nur, was ihr findet, ihr müßt das alles wieder ausspeien! Kriegsbeute geht dahin wie geistliches Gut!«

Er hatte richtig prophezeit. Wenig oder nichts blieb in den Händen der Knechte. Auf dem Campo de Fiori waren große Spieltische aufgestellt, am Rande des Platzes lungerten die Wechsler und Aufkäufer, die einen goldnen Kelch oder ein kostbares Brokatgewand in bare Münze umtauschten. Getrunken wurde unmäßig, die Vorräte an Lebensmitteln waren nach wenigen Tagen aufgezehrt oder größtenteils verdorben, auf die Straße geworfen, verbrannt. Angriffe auf die Engelsburg unterblieben. Stattdessen zogen die deutschen Landsknechte in Kostümen in der Stadt umher, als Kardinäle verkleidet, »haben also ihr Kurzweil und Affenspiel getrieben. Wilhelm von Sandizell ist oftmals mit seiner Rotte als ein römischer Papst mit drei Kronen vor die Engelsburg gekommen, da haben die anderen Knechte in den Kardinalsröcken ihrem Papst Reverenz getan, ihre langen Röcke vorne mit den Händen aufgehoben, den hinteren Schwanz auf der Erde nachschleifen lassen, sich mit Haupt und Schultern tief gebeugt, niedergekniet, Füße und Hände geküßt. Alsdann hat der vermeinte Papst mit einem Glas voll Wein den Segen gemacht und dem Papst Klemens einen Trunk gebracht. Die angeblichen Kardinäle haben jeder ein Glas voll Wein ausgetrunken und dem Papst Bescheid getan. Dabei geschrien: Sie wollten jetzt recht fromme Päpste und Kardinäle machen, die dem Kaiser gehorsam sind und nicht wie die vorigen widerspenstig, Krieg und Blutvergießen anrichten. Zuletzt haben sie laut vor der Engelsburg geschrien: Wir wollen den Luther zum Papst machen! Wem solches gefalle, der soll eine Hand aufheben. Sie haben darauf all ihre Hände aufgehoben und geschrien: Luther Papst!«

Schlägereien zwischen den Spaniern und Deutschen, beiden zusammen mit den Italienern, waren an der Tagesordnung. Hilflose Befehle ergingen von den Hauptleuten. St. Peter wurde ausgeraubt, wie schon von den Colonnesen. Der Landsknechtführer Schertlin nahm sich den kostbaren Strick des Judas mit, den Luther auf seiner Romfahrt gesehen hatte, und brachte ihn sicher heim nach Augsburg; ein anderer Landsknecht befestigte die Spitze der Heiligen Lanze an seinem Spieß.

Die Spanier beteiligten sich nicht an solchen Sakrilegien. Dafür erwarben sie sich den Ruf, die ausgesuchtesten Martern zu verwenden, um versteckte Schätze ans Licht zu bringen; die verschiedenen Methoden, durch Rösten der Fußsohlen, Aufhängen an den Genitalien sind ziemlich ausführlich verzeichnet worden, auch die Vergewaltigungen: »Die Hispanier haben in Sonderheit großen Frevel und Mutwillen getrieben mit Weib und Töchtern im Angesicht der Männer und Väter, Jammer und Not waren groß und das Kriegsvolk ungeschickt und mutwillig«, sagt ein deutscher Gewährsmann, der behauptet, seine Landsleute hätten keine »grausamen und unnatürlichen« Handlungen verrichtet. Die Neapolitaner werden von italienischen Zeitgenossen als die bösartigsten Plünderer geschildert; wahrscheinlich wußten sie am besten in Rom Bescheid. Wir glauben nicht, daß die beteiligten Nationen sich gegenseitig etwas vorzuwerfen haben.

Die Toten blieben in den Straßen liegen. Es war Sommer. Die Stadt begann zu stinken. Das Wasser wurde knapp; Rom war noch nicht die Stadt der großen Barockfontänen. Das römische Fieber, die berüchtigte Terzana, ohnehin allen Fremden gefährlich, verband sich mit den faulenden Leichen zu einer Epidemie, die den Namen Pest führte. Das Sterben hob an unter den Siegern, und wiederum konnten die Bußprediger von einem Gottesgericht sprechen wie bei der Plünderung. Die Musterungen, die von den Hauptleuten abgehalten wurden, ergaben bereits einen beträchtlichen Abgang an Mannschaften. Das Geschrei nach der ausstehenden Löhnung erscholl von neuem. Meutereien, schwere Drohungen gegen die Hauptleute blieben die Losung auf Monate hinaus. Dem »Sacco« folgte noch ein halbes Jahr der Verwüstung, unterbrochen durch Streifzüge in die Umgebung und Plünderung anderer Städte.

In der Engelsburg herrschte kaum bessere Disziplin als unter den Scharen der Kaiserlichen. Die Kardinäle, die sich mit Klemens in das Kastell hatten flüchten können, stritten untereinander oder mit dem Papst, wie sie es seit je getan. Cellini erzählt, wie er auf der höchsten Zinne der Festung eine Feldschlange richtet. Er hat Bedenken, sie abzufeuern, weil die Schanzkörbe dabei herunterfliegen könnten auf die darunterliegende Terrasse, wo gerade zwei Kardinäle in erbittertem Gespräch stehen. »Schieß zu, schieß zu!« befiehlt ihm der Haushofmeister des Papstes neben ihm, das Geschütz geht los, und der Schanzkorb fällt zwischen die beiden Kirchenfürsten, die eben vor Zorn zitternd ein wenig auseinandergetreten sind. Der Haushofmeister raunt ihm zu: »Wollte Gott, du hättest die beiden Schurken erschlagen! Der eine ist schuld an unserem großen Unheil, von dem andern haben wir vielleicht noch Schlimmeres zu erwarten.« Der »arme Papst, in Verzweiflung, sich von innen und außen verraten zu sehen«, wie Cellini meint, läßt durch den Goldschmied die Juwelen aus der dreifachen Krone brechen und in die Falten seines Gewandes einnähen; das Gold wird eingeschmolzen. Das Papsttum besteht zu dieser Zeit nur noch aus dem verängstigten und ratlosen Klemens und einem Begleiter, den er vom Stallknecht zum Vertrauten gemacht hat und dem er den anderen Teil der Juwelen unter den Kleidern versteckt. Weder auf die Kardinäle ist Verlaß noch die wenigen Mannschaften noch das Heer der heiligsten Liga unter dem Herzog von Urbino, das auf den Höhen vor Rom in vorsichtiger Distanz lagert. Es macht nicht den geringsten Versuch, einzugreifen und die aufgelösten Scharen der Kaiserlichen zu vernichten. Alte Sünden rächen sich; der Herzog hat nicht vergessen, wie ihm früher von den Päpsten mitgespielt worden ist. Die schlimmste Nachricht wird Klemens aus Florenz überbracht. Das Volk hat sich dort erhoben und wieder die Republik ausgerufen, seinen Statthalter verjagt, das Bildnis des Papstes mit Jubel auf der Straße in Scheiter zerhackt. Seine eigne nächste Verwandte, die einzige legitim geborene Medici, Clarice, verheiratet mit Filippo Strozzi, hat ihn öffentlich als Bastard verhöhnt, der nicht würdig sei, Papst zu sein oder als ein echter Medici zu gelten. Es schien aus zu sein mit der Papstherrschaft und dem Glanz des Hauses Medici, und es ist fraglich, was davon für Klemens empfindlicher war.

In den Händen des Kaisers lag einzig die Entscheidung, und er konnte von Glück sagen, daß der große Sacco ihm ersparte, die Verantwortung für eine Ermordung des Heiligen Vaters durch seine Mannschaften tragen zu müssen, ob diese nun deutsche Landsknechte, spanische Söldner streng katholischer Observanz oder nicht so strenggläubige Neapolitaner und Colonnesen waren. Lässig genug hatte er sein hohes Spiel betrieben, mit widerspruchsvollen Anordnungen und wechselnden Ankündigungen. Noch vor dem Sturm auf Rom hatte er eine scharf drohende Publikation ausgehen lassen, verfaßt von seinem Staatssekretär Alfonso de Valdes, eine Art »Weißbuch« mit dem Notenwechsel zwischen Papst Klemens und dem Kaiser. Seit den Tagen des Hohenstaufen Friedrich II. war so nicht mit der Kurie gesprochen worden. Neu aber war der Ton, geschliffenes, ironisches Humanistenlatein, die Wendung an ein europäisches Publikum. Luthers Schriften waren die Stimme eines einsamen »vermessenen Mönches« gewesen; hier sprach der Herr eines Weltreiches, ein Kaiser, an dessen Glaubensfestigkeit niemand zu zweifeln gewagt hatte. Nie zuvor war ein Papst so von oben herab behandelt worden: »Hier hast Du, bester Leser, die Briefe des Klemens«, so hieß es; man möge sich sein Urteil daraus bilden. Man wird »mit Bewunderung, mit Empörung, auch lachend, öfter noch mit Seufzen«, seine Lehren daraus zu ziehen haben. Der ganze Sündenkatalog der päpstlichen Intrigen wird aufgerollt, aus weltpolitischer Kenntnis der Geschäfte, nicht in allgemeinen Anklagen wie Luther sie vorgebracht hatte: die Machinationen Leos X., die Versuche, den Pescara zum Abfall vom Kaiser zu bewegen, das wilde Schleudern von Bannflüchen. Kein Hirte sei ein solcher Papst, sondern ein Wolf, der in die Herde einbricht. Und was sind seine Ziele? Um Besitztümer wie Reggio und Rubiera geht es ihm im Grunde; »sollte man es glauben, daß der Stellvertreter Christi hier auf Erden auch nur einen Tropfen Christenblut vergießt um solcher irdischen Güter willen? Ist das nicht der Lehre des Evangeliums reichlich fremd?« Nicht dafür ist ihm der Heilige Stuhl anvertraut. Über den Kopf des Papstes hinweg wendet der Kaiser sich an die Kardinäle. Sie sollen das Konzil zustande bringen, damit nicht der »christlichen Republik« unwiderbringlicher Schaden geschieht. Die Fürsten sollen einen »universalen Konvent« herbeiführen. Wenn der Papst sich weigert, »werden Wir kraft Unserer kaiserlichen Würde« das notwendige Heilmittel anwenden. Als »Verteidigung des göttlichen Karl« wird diese Schrift in verschiedenen Drucken verbreitet: In Antwerpen, in Mainz erscheinen Ausgaben, sogar in Rom taucht das Büchlein auf, die stärkste und bedeutendste aller Streitschriften der Zeit. Sie zeigt, auf wie verschiedenen Ebenen die Angriffe gegen das Papsttum geführt wurden.

Denn jetzt nach der Eroberung Roms stand der Kaiser auf der Höhe seiner Macht. Er konnte das Konzil einberufen lassen durch die Kardinäle, den »Wolf« Klemens zur Abdankung zwingen oder absetzen lassen, wie das in Konstanz mit einem oder drei Vorgängern geschehen war. Kühle Diplomaten und Staatsmänner glaubten, daß nun der große Augenblick gekommen sei, und machten präzise Vorschläge. Karls Vertreter, der Neffe seines Kanzlers Gattinara, schrieb aus dem geplünderten Rom: »Wir erwarten die schleunigen Anordnungen Eurer Majestät über die Regierung Roms: Soll in dieser Stadt noch irgendeine Art Apostolischer Stuhl bleiben oder nicht?« Sein Feldherr Leyva in Mailand, noch immer ohne Löhnung für seine Mannschaften, mahnte: »Nicht alle Tage tut Gott ein Wunder!« Sein Gesandter in Genua trat für Abschaffung des Kirchenstaates ein, das Papsttum müsse auf seine geistlichen Pflichten beschränkt werden. Moncada, nach den Erfahrungen, die er bei seinen Verhandlungen mit der Kurie gemacht hatte, schlug das gleiche vor: Der Papst sei der schlimmste Feind, er habe alles Unheil der Christenheit verschuldet. Der Kaiser müsse ihm die Möglichkeit nehmen, weiter Schaden zu stiften: Schluß daher mit der weltlichen Herrschaft der Kirche. Alfonso de Valdes ging in seinen Hoffnungen noch weiter: Alle Kriege der Christenheit untereinander könnten nun ein Ende finden. Damit wäre der Weg frei für das große gemeinsame Ziel: Kreuzzug gegen die Türken, Eroberung von Konstantinopel, Wiedergewinnung des Heiligen Grabes, und so könnte, »wie von vielen prophezeit, unter diesem christlichen Herrscher, dem Kaiser, die ganze Welt unseren heiligen katholischen Glauben empfangen. Die Worte des Heilands würden erfüllt werden: Es wird eine Herde und ein Hirte sein.« Der Philosoph und Humanist Vives schreibt an seinen Freund Erasmus über den Gedanken eines Friedenskaisers und Schiedsrichters der Welt: »Christus hat unserer Zeit eine wunderbare Gelegenheit gegeben, dies Ideal zu verwirklichen, dank der großen Siege des Kaisers und der Gefangenschaft des Papstes.«

Der Kaiser ist ratlos und unentschlossen. Auf die ersten Nachrichten aus Rom hin fährt er fort mit Jagd- und Festvergnügungen. Als er dabei betroffene Gesichter zu sehen bekommt, ordnet er wegen der begangenen Untaten und Totschläge Hoftrauer an. Der Franziskanergeneral Quinones tritt vor ihn hin und sagt ihm ins Gesicht: Wenn er seine Pflichten dem Papst gegenüber nicht erfülle, werde man ihn nur noch Luthers »capitano« nennen. Karl hat Instruktionen gegeben, Klemens als Gefangenen nach Spanien zu schaffen, und widerruft sie. Die erste und wichtigste Fürsorge für die Erhaltung einer schlagkräftigen Truppe vernachlässigt der Kaiser bis zur Nonchalance. Er denkt nur an Verhandlungen und Abkommen. Ein Kompromiß wird durch neue Unterhändler geschlossen: Der Papst soll »frei« sein, unbehindert in seiner Amtsführung, aber im übrigen weiterhin Gefangener in der Engelsburg. Als Sicherheiten für sein Wohlverhalten soll er Ostia und andere feste Plätze des Kirchenstaates den kaiserlichen Truppen übergeben und die rückständigen Löhnungen bezahlen. Eine Wache von 200 ausgesuchten Landsknechten zieht im Kastell auf. Die übrigen Scharen plündern weiter und streifen in der Umgebung Roms umher, unter neuen Meutereien und Bedrohungen ihrer Hauptleute. Schritt um Schritt steigt der Kaiser von der eben erreichten Höhe herab. Die großen Pläne der Ratgeber verfliegen in wenigen Monaten. Der Papst zahlt nur einige Abstandssummen und flüchtet durch Bestechung der Wachmannschaften aus der Gefangenschaft in der Engelsburg nach Orvieto, wo er sich sicher fühlt auf der hochgelegenen Burg, mit den Truppen seiner Liga in der Nähe.

In Orvieto ist Klemens verhältnismäßig frei, aber verfängt sich, diesmal ohne sein Zutun, in einem neuen Netz: Die Gesandten des englischen Königs suchen ihn auf. Heinrich VIII. will sich nun entschieden von seiner Frau Katharina trennen und Anna Boleyn heiraten, die ihm Hoffnung gemacht hat auf einen männlichen Erben. Der König, unverbrüchlich am kanonischen Recht festhaltend, braucht dazu den Dispens des Papstes, der die zwanzigjährige Ehe für ungültig erklären soll. Katharina ist aber die Tante des Kaisers, der solche Diffamierung seiner Verwandten höchst ungnädig aufnehmen würde. Klemens windet sich unter den Forderungen von beiden Seiten. Er ahnt noch nicht, daß diese Frage die Loslösung Englands von der römischen Kirche sein wird. Er ist zu allen erdenklichen Ausweglösungen bereit, auch Bigamie wird erwogen; der König, so meint Klemens, solle nur einstweilen die Hofdame heiraten, der Papst werde dann etwaige Nachkommen legitimieren. Einen offiziellen Dispens kann er nicht geben, nachdem sein Vorgänger Julius II. die erste Ehe durch einen Dispens ermöglicht hatte: Die unselige Katharina war ein halbes Jahr mit Heinrichs Bruder vermählt gewesen, der jung starb und die Witwe angeblich jungfräulich hinterlassen hatte. Wegen »nicht vollzogener Ehe« war seinerzeit die ansonst nach kanonischem Recht unzulässige Wiederverheiratung mit dem Bruder des Verstorbenen – eine Stelle des Alten Testamentes galt dafür als Autorität – genehmigt worden.

Wenn Klemens jetzt eine feierliche Maßnahme seines Vorgängers aufhob, so mußte er das Ansehen päpstlicher Unfehlbarkeit, das ohnehin erschüttert war, auf das schwerste gefährden. Andererseits brauchte er England gerade dringend als Bundesgenossen gegen den Kaiser. Kardinal Wolsey spielte seinerseits ein hohes Spiel und hoffte, eine dauernde Feindschaft zwischen England und dem Kaiser zu stiften; auch er stand auf dem Gipfel seiner Karriere, unmittelbar vor dem Sturz, der erfolgte, als er die gewünschte Ehetrennung nicht zustande brachte.

Nochmals drehte sich das Glücksrad und gleich in zweimaliger rascher Wendung. Frankreich griff ein. Ein französisches Heer stieß mitten durch das verwirrte Italien und die verstreuten kaiserlichen Positionen bis gegen Neapel vor. Die verwilderten Söldner Karls mußten aus Rom abziehen, um wenigstens diesen südlichen Stützpunkt zu verteidigen. In den Kanzleien der Liga wurden schon ebenso großartige Pläne gemacht wie kurz zuvor von den Ratgebern Karls. Wolsey schlug vor, die deutschen Fürsten zu mobilisieren und den Kaiser absetzen zu lassen; Venedig besetzte die Häfen in Apulien. Der Kaiser verfiel in seiner Ratlosigkeit auf nichts anderes, als den treubrüchigen König Franz nun in aller Form zum Zweikampf herauszufordern; die Farce wurde damit beschlossen, daß die Wappenherolde sich nicht über einen geziemenden Kampfplatz einigen konnten, wie verkündet wurde. Es fällt schwer, das ganze Treiben der großen Mächte und Herren mit ihren Ehehändeln, Duellforderungen, gegenseitigen Absetzungsplänen und Wiederverbindungen und kleinlichstem Gefeilsche um Mitgiften oder italienische Länderfetzen mit dem gebührenden historischen Ernst zu betrachten, der dadurch gefordert wird, daß in diesem Wirrwarr die Grundlagen für ein künftiges Europa gelegt wurden und das Schicksal der Reformation sich entschied.

Nur sein unwahrscheinliches Glück befreit den Kaiser aus der schon fast tödlichen Verstrickung. Eine schwere Lagerseuche vernichtet das Heer der Franzosen vor Neapel bis auf wenige Reste. Karl ist wiederum Sieger, ohne etwas getan zu haben, als abzuwarten. Papst Klemens hat sich wenigstens so weit von dem Unternehmen, das er insgeheim mit größten Hoffnungen begrüßt hatte, zurückgehalten, daß er erklären kann, er wäre neutral geblieben. In allgemeiner Erschöpfung an militärischen entscheidenden Schlägen und an größeren Ideen kommt es zu einem der vielen unehrlichen Friedensschlüsse der Zeit. Im Sommer 1529 werden zu Barcelona die Bedingungen festgelegt, die keine Partei zu halten gesonnen ist. Der Papst überläßt dem Kaiser die Herrschaft in Oberitalien und Neapel-Sizilien. Als Entgelt wird ihm Waffenhilfe zur Niederringung der Republikaner in Florenz zugesagt. Frankreich einigt sich mit Karl; die fürstlichen Frauen, die Statthalterin Margarete der Niederlande und die Königinmutter Luise von Frankreich, zeichnen verantwortlich für den »Damenfrieden von Cambrai«, der den gebrochenen Vertrag von Madrid ersetzen und einen neuen Bruch wenigstens für einige Jahre hinausschieben soll. König Franz hat auch hier, wie in Madrid, seine Vorbehalte und Proteste sogleich angemeldet; nur vorläufig verzichtet er auf seine Rechte in Italien. Zur Erbauung der europäischen Öffentlichkeit wird verkündet, daß alle Vertragschließenden sich darin einig seien, nun energisch gegen die Ketzerei vorzugehen, die während der jahrelangen Streitigkeiten der hohen katholischen Häupter so große Fortschritte gemacht hatte.

Um den Bund zu besiegeln und endlich im von seinen unbezahlten Truppen eroberten Italien nach dem Rechten zu sehen, entschließt sich Karl, persönlich dort zu erscheinen. Nach Rom wagt er sich nicht. In Bologna trifft er mit Klemens zusammen. Kaiser und Papst wohnen Wand an Wand in zwei aneinanderstoßenden Häusern, getrennt nur durch eine Tür, für die Karl wie Klemens allein die Schlüssel haben. Wir wissen nicht genauer, was sie miteinander gesprochen haben, nur, daß Karl nach seiner Gewohnheit einen Merkzettel in der Hand behielt und ständig konsultierte. Klemens brauchte keine Gedächtnishilfe. Seine Ziele waren nun eindeutig, von Befreiung Italiens konnte nicht mehr die Rede sein; sein ganzer Ehrgeiz konzentrierte sich darauf, Florenz von der republikanischen Herrschaft zu befreien und das Haus Medici dort wiedereinzusetzen. Einen legitimen Kandidaten dafür hatte er nicht zur Hand, nur zwei recht fragwürdige Bastarde, Alessandro und Ippolito Medici. Den Ippolito, älter und als etwas tüchtiger angesehen, räumte der Papst dadurch aus dem Wege, daß er ihn, sehr gegen den Willen des ehrgeizigen Jünglings, zwangsweise zum Kardinal ernannte. In der bunten Reihe der damaligen Kardinäle finden wir damit auch einen Träger des roten Hutes, der zur Strafe mit dem hohen Titel bedacht wird. Der Kaiser ist mit allem einverstan-

31 Landsknechte auf dem Marsch

den; er verheiratet den Alessandro noch mit seiner eigenen unehelichen Tochter aus der Lagerliebschaft mit einem flämischen Bürgermädchen, ernennt den Schwiegersohn zum Herzog und läßt durch seine Söldner Florenz für ihn erobern. Die Landsknechte, die Klemens hatten hängen wollen, werden dazu, soweit sie noch am Leben sind, aus Rom herangeführt. Michelangelo als überzeugter Republikaner hatte vergeblich versucht, seine Vaterstadt verteidigen zu helfen, und in San Miniato moderne Bastionen angelegt. Nach einigen Monaten tapferer

Gegenwehr muß die Stadt kapitulieren. Alessandro zieht ein und eröffnet ein Schreckensregiment, das erst einige Jahre später endet, als ein anderer Vetter ihn ermordet.

Michelangelo, der sich eine Zeitlang hat versteckt halten müssen, arbeitet während dieser Jahre an dem geplanten riesenhaften Grabmonument des Hauses Medici, »mehr aus Furcht vor Papst Klemens denn aus Liebe für die Medici«, wie sein Schüler und Biograph Condivi sagt. Nur zwei Statuen von unbedeutenden Vertretern des Hauses werden fertig, die Gedanken des Papstes, der die Tugenden seines Hauses als Figuren vor den Sarkophagen aufgestellt wünschte, bleiben unberücksichtigt. Michelangelo schafft statt dessen seine nicht ganz vollendeten gewaltigen Marmorphantasien, die als »Tag und Nacht, Morgen- und Abenddämmerung« bezeichnet werden und alle Proportionen des engbrüstigen Raumes in der Neuen Sakristei von San Lorenzo sprengen. Sie sind schon von den Zeitgenossen umrätselt worden. Die »Nacht« ist vielleicht am ehesten zu deuten als Hinweis auf das Dunkel, das über Italien und die Vaterstadt des Meisters hereingebrochen war, wenn wir die allegorischen Vorstellungen jener Tage gelten lassen wollen.

Eine leere Allegorie war auch die festliche Vereinigung von Kaiser und Papst, die mit allem Aufgebot an Pomp, Aufmärschen und Kostümen in Bologna gefeiert wurde. Die letzte Kaiserkrönung der deutschen Geschichte durch den Papst wurde vorgenommen. Es war nur eine halbe Krönung nach den traditionellen Anschauungen, die gebieterisch Rom als Krönungsort verlangten, weniger als eine halbe Krönung für die Deutschen. Weder die Kurfürsten noch die Ritter waren vertreten, nur einige deutsche Landsknechte, befehligt von dem Spanier Leyva. Sonst war der Kaiser von seinen spanischen Großen oder Italienern umgeben, die anstelle der Kurfürsten Szepter, Schwert und Krone vorantrugen. Dahinter schritten Herolde der verschiedenen spanischen Provinzen, und das war keine leere Allegorie mehr. Der Papst setzte Karl die Krone Karls des Großen aufs Haupt; der Kaiser leistete den Schwur, daß er die Kirche und alle ihre Besitzungen und Rechte verteidigen werde. Der französische Gesandte berichtete nach Paris, er habe deutlich wahrgenommen, wie sich das Gewand des Papstes bei der Zeremonie in schweren Seufzern hob. Deutlicher fügte er hinzu, Klemens habe ihm in geheimer Audienz erklärt, er wisse recht gut, daß er betrogen werden solle, aber er müsse tun, als bemerkte er das nicht. Der Kaiser schrieb an seinen Bruder Ferdinand im gleichen Sinne.

Der Papst kehrte in sein gründlich verwüstetes Rom zurück, das noch Jahrzehnte brauchte, bis es sich von dem großen »Sacco« erholt hatte. Der Kaiser zog mit seinem spanischen Gefolge nach Deutschland. Er hatte einen neuen Reichstag einberufen, nach Augsburg, das ihm auch wichtig war als Sitz seiner Hauptgeldgeber. Er führte ein ziemlich jämmerliches Protestschreiben der deutschen Kurfürsten mit sich, die klagten, daß sie weder bei der Krönung noch den Verträgen mit den italienischen Mächten zu Rate gezogen worden seien. In seiner Begleitung befand sich der päpstliche Legat Campeggi mit einem Gutachten, das genauere Vorschläge über die Behandlung der protestantischen Ketzer enthielt: erst Versuche zu gütlicher Übereinkunft, danach Feuer und Schwert oder, sachlicher, Einziehung der Lehen und Güter der Widerspenstigen sowie Einführung einer Inquisition nach spanischem Vorbild. Das Ausschreiben des Kaisers für den Reichstag lautete anders. Es war in den verbindlichsten Formen gehalten. Alle Zwietracht solle beseitigt werden, vergangene Irrungen wolle man dem Heiland überlassen. Der Kaiser wünsche »eines jeden Ansichten und Meinungen in Liebe anzuhören«.

Die Protestanten

Fast zehn Jahre lang war der Kaiser Deutschland ferngeblieben. In diesen Jahren waren aus den losen Anhängern des Wittenberger Mönches, der »lutherischen Sekte«, die Protestanten geworden, noch keine festgefügte Partei oder Machtgruppe, aber doch schon eine starke Kraft, mit der zu rechnen war. Ihre Grenzen blieben lange ganz unbestimmt. Religiöse Bindungen überschnitten sich mit machtpolitischen Plänen, Wünschen, Ansprüchen. Große Landschaften hielten sich noch neutral und abwartend. Fast allgemein hoffte man auf eine leidlich befriedigende Lösung, eine Einigung, ein Konzil oder eine Nationalversammlung. Noch immer war der Gedanke nicht erstorben, daß der Kaiser vielleicht, wenn er endlich in Person sich zeigen würde, Ordnung schaffen könnte. Das Auftreten des Herrschers in eigener Gestalt bedeutete damals, nicht nur in Deutschland, sehr viel. Auch die spanischen Untertanen Karls hatten sich, nach den höchst bedrohlichen Aufständen der Comuneros, erst beruhigt und gefügt, als er sich entschloß, unter ihnen zu weilen und an Ort und Stelle die Regierung zu führen. Die starke Stellung der deutschen Landesfürsten beruhte darauf, daß sie anwesend waren und in ihrem Umkreis wirken konnten. Die Stärke Frankreichs und Englands lag darin, daß sie eine Hauptstadt und einen König hatten, und – in den Personen von Franz I. und Heinrich VIII. – Herrscher, die mit all ihren Fehlern und problematischen Zügen, zum Teil gerade deshalb, ihr Volk repräsentierten. Die Deutschen hatten nur einen »Römischen Kaiser«, einen Herren, der französisch, seit einiger Zeit auch spanisch, sprach, einen italienischen Kanzler hatte, burgundische, spanische Sekretäre und Ratgeber und in einem Winkel seines Staatsrates auch einen Propst Märklin als Referenten für deutsche Angelegenheiten. Deutschland war zehn Jahre lang kommissarisch regiert worden, im Grunde gar nicht.

Die vielen Reichstage, immer in den alten süddeutschen Kaiserstädten abgehalten, in Worms, Speyer, Augsburg, Nürnberg, mit großen Banketten, Jagden, Turnieren und kleinen Bescheiden, die dann obendrein nicht durchgeführt wurden, hatten widerspruchsvolle Entscheidungen getroffen. Von den vielen und hochwichtigen Resolutionen des am Ende beschlußunfähigen Reichstages zu Worms 1521 war nur noch das Wormser Edikt des Kaisers verblieben, das Luther und seine Anhänger ächtete und in großen Teilen des Reiches ebenfalls nicht beachtet wurde. Der Kaiser allerdings behielt es in seiner zähen Weise sehr wohl im Gedächtnis und erinnerte immer wieder daran: das Edikt, das Edikt! Wie es in die Tat umgesetzt werden sollte, kümmerte ihn nicht. In seiner ganzen riesenhaften Korrespondenz – denn er schrieb unaufhörlich und suchte immer erst auf dem Papier seine Gedanken zu klären und zu festigen – wird man kaum ein Wort finden, das auch nur ein oberflächliches Interesse an dem Lande bekundete, dessen Krone er trug; wir lassen Dinge des Gemütes oder Gefühls ganz beiseite, die bei einem Imperator nicht gut eine Rolle spielen können. Er verachtete die deutschen Fürsten gründlich und hielt sie, wie später Friedrich der Große, für »Kroppzeug«. Sie waren bestechlich und trotzig zugleich.

Um Geld schien es ihnen immer und ausschließlich zu gehen, für ihre eigenen Zwecke. Nie war Geld zu beschaffen für die großen imperialen Pläne des Hauses Burgund-Habsburg, nicht einmal für den Türkenkrieg, der um so dringender wurde, als die Ungläubigen nun die österreichischen Erblande bedrohten. Vor Wien hatten sie schon gestanden und in der Steiermark, in Kärnten ihre Raubzüge gemacht, Ungarn lag ihnen offen. Die Türkenfrage war seine Hauptsorge. Sie sollte auf dem kommenden Reichstag in erster Linie besprochen werden. Die religiösen Probleme mußten schon deshalb behoben werden, weil ohne allgemeine Teilnahme aller Stände ein erfolgreicher Feldzug gegen den Sultan nicht zu führen war.

Wer waren die Protestanten, die ihm gegenübertraten? Protestiert worden war immer, Reformation war eine ständige Forderung gewesen. An großen Projekten hatte es auf keinem Reichstag gefehlt. Wir sahen, wie in Speyer 1524 eine große Nationalversammlung stattfinden sollte, mit so weitgehenden Absichten, daß Ranke noch meinte, es habe »niemals eine großartigere Aussicht für die Einheit der Nation und die Fortentwicklung der Deutschen gegeben«; die religiösen Fragen sollten an Hand von Universitätsgutachten gelöst werden. Wir erwähnten, wie durch briefliche Order aus Madrid die Tagung verboten wurde und die kühnen Reformer sich fügten. Der gleiche Vorgang wiederholte sich noch öfters. Die verschiedenen Aufstände änderten das Bild; Sickingens Erhebung wirkte als erster Schreckschuß, der Bauernkrieg als ernsteste Warnung. Von da ab hieß es nur noch: keine Neuerungen, auf keinem Gebiete. Die anfängliche Majorität derer, die für eine Reformation eintraten, schmolz von Jahr zu Jahr zusammen. Mit jeder Auslegung offener Kompromißformeln behaupteten sie sich mühsam. Auf dem Reichstag zu Speyer 1526 wurde die Formel geprägt, jeder Stand »möge sich so verhalten, wie er es gegen Gott und den Kaiser verantworten könne«. Das war im Grunde schon das Prinzip, nach dem sich die nächsten Jahrhunderte einrichteten. Auf dem nächsten Reichstag 1529, wieder zu Speyer, war die Majorität der altgläubigen Kräfte bereits so stark, daß man eine ganz durchgreifende Reaktion beschließen konnte: Wiederherstellung der alten Glaubens- und Besitzverhältnisse in allen Ländern des Reiches, Aufhebung der vagen Toleranzbeschlüsse. Nur ein kleiner Teil der Fürsten und Städte wandte dagegen ein, daß man nicht einen feierlich und einstimmig gebilligten Beschluß wenige Jahre danach wieder aufheben könne. Sie wurden überstimmt. Sie setzten nachträglich einen Protest auf. Danach wurden sie die »Protestanten« genannt.

Die Anfänge einer Bewegung, Partei und später Machtgruppe von welthistorischer Bedeutung waren äußerst bescheiden. Nur einer von den sieben Kurfürsten, der sächsische, war dabei, von den Fürsten lediglich der Landgraf Philipp von Hessen sowie einige kleinere Herren; die Hauptstütze bildeten die Städte, in denen auch die Reformation bereits am weitesten vorgeschritten war. Selbst bei ihnen gab es noch Unentschiedene: Köln und Frankfurt traten dem Protest zuerst bei und zogen ihre Unterschrift dann zurück. Vierzehn andere blieben standhaft, darunter als wichtigste Nürnberg und Straßburg. Im ganzen waren diese Protestanten nicht mehr als eine Splittergruppe, parlamentarisch gesprochen, ein kleines Häuflein einem großen Haufen gegenüber.

Aber die Stimmenverhältnisse bei den Reichstagsverhandlungen geben nur ein Bild der Oberfläche. Die Bewegung hatte bereits viel weitere Gebiete erfaßt und kehrte sich so wenig an die Reichstage, wie die Fürsten es taten. Die Reformationsgeschichte ist Landes- und Ortsgeschichte, und die Entwicklung vollzieht sich so verschiedenartig und in so langen Zeiträumen, daß man sie nur mit starker Vergewaltigung auf die übersichtlichen und »großen Linien« bringen kann, die von historischer Betrachtung gewünscht werden. Das Licht fällt meist auf die verschiedenen Bündnisbestrebungen und Koalitionen: In Regensburg hatten sich die katholischen Kräfte zuerst zusammengeschlossen, die protestantischen folgten zögernd mit Tagungen in Gotha und Torgau, nachdem die Städte auf eigene Faust vorangegangen waren. Das »auf eigne Faust« ist das Kennzeichen, nicht viel anders als beim Vorgehen der einzelnen Bauernhaufen im Bauernkrieg. Wie dort sind radikalere und gemäßigtere Elemente am Werk, solche, die für rasches und entschiedenes Vorgehen eintreten, und andere, die zögern. Die Persönlichkeiten der Führer sind, wiederum wie im Bauernkrieg, von ausschlaggebender Bedeutung. Dabei kommt noch der Unterschied der Generationen ins Spiel. Die älteren Fürsten, wie Kurfürst Johann von Sachsen, sind nach wie vor bedächtig, langsam und ganz in ihre Lokalpolitik eingesponnen. Der junge und feurig-unruhige Landgraf Philipp von Hessen übernimmt die Rolle eines Chefs der protestantischen

Partei, unbeschadet der nur kleinen Hausmacht, die ihm zur Verfügung steht. Er wird die treibende Kraft bei allen Vorstößen, Bündnisverhandlungen; rastlos zieht er umher, verhandelt, konspiriert, schmiedet umfassende Pläne, die sogar bis weit über das Reich hinausgehen und in die große europäische Politik eingreifen. Er hat als fast noch ein Knabe mitgeholfen, Sickingen niederzuwerfen, dann die thüringischen Bauern; er versteht sich auf die Behandlung seiner Standesgenossen, in Beratungen, bei denen stark gezecht, gedroht, versprochen und rasch kombiniert werden muß, wenn die recht schwerfälligen Genossen mißtrauisch werden und abspringen wollen. Er ist klein, drahtig, ein völlig anderer Typus als die unförmigen Sachsen, die in dem nun heranwachsenden Kurprinzen Johann Friedrich noch einen wahren Koloß an Leibesumfang in den Reihen ihres Hauses stellen.

Die katholische Partei hat ihre eigenen Hemmungen und Schwierigkeiten. Bayern mit einem ebenfalls sehr rührigen und ganz zeitgemäß »machiavellistisch« denkenden Kanzler Eck, einem Namensvetter des weiterhin rastlos tätigen Luthergegners Dr. Eck in Ingolstadt, tut sich durch besonders ehrgeizige Sonderpläne hervor. Die neue Lehre zwar wird in den bayerischen Landen am entschiedensten unterdrückt, aber die andere Lehre, daß ausschließlich das Haus Habsburg zur Herrschaft über das Reich berufen sein solle, findet in Bayern keinerlei Anklang. Ferdinand von Österreich möchte deutscher König werden, da sein Bruder, der Kaiser, doch ständig abwesend sei. Die Wittelsbacher finden, daß sie sehr wohl aus dem Holze geschnitzt seien, aus dem deutsche Könige gemacht würden. So zieht sich mitten durch das katholische Lager ein weites Netz von Querverbindungen und Intrigen, das diese Koalition bis zum Zerreißen anspannt. Neben der Front gegen die Protestanten besteht eine Front gegen das Haus Habsburg. Mit Frankreich wird dabei ausführlich verhandelt. Auch die Kurie beteiligt sich. Man wünscht in Rom ebensowenig einen Habsburger als König, wie man Karl als Kaiser gewollt hatte. Und das Haus Habsburg erscheint um so bedrohlicher, als es wieder einmal sein schon sprichwörtliches Glück gehabt hatte: Dem Erzherzog Ferdinand, der bis dahin recht unsicher auf seinen österreichischen Erblanden gesessen hatte, von Aufständen und widerspenstigen Landtagen bedroht, waren gleich zwei Königskronen buchstäblich in den Schoß gefallen. Die Türken hatten 1526 mit einem gewaltigen Vorstoß

Ungarn überrannt. In der Schlacht bei Mohacz war der junge Jagellonenkönig Ludwig gefallen, der auch noch zu seiner ungarischen Krone die Böhmens besaß; nach einem der Erbverträge, die das sehr folgereiche Hausmittel der Dynastie Habsburg bildeten, konnte Ferdinand an seine Stelle treten und damit die jahrhundertelange Herrschaft der Habsburger über Osteuropa eröffnen. Auf der Karte sieht das schon damals in seinen ersten Anfängen imposant aus; in Wirklichkeit war es zunächst eine sehr lose und ungewisse Herrschaft. Die ungarischen Magnaten wählten den Siebenbürger Zapolya zum König, der sich der Protektion des Sultans erfreute; es gab also zwei ungarische Könige, von denen Ferdinand sich nur am Nordrande Ungarns behaupten konnte. Die Böhmen, um deren Krone sich viele Herren bewarben, die Bayern an erster Stelle, entschlossen sich nach manchem Hin und Her für Ferdinand. Die Völker, um die es sich handelte, hatten mit all diesen Kapitulationen nichts zu tun; Magnaten, Adelscliquen in beiden Ländern betrieben die Sache, und sie hielten auch auf lange hinaus das Heft in der Hand. Aus diesem sich unablässig überkreuzenden Spiel ist es auch zu erklären, daß die altgläubige Partei trotz ihrer zahlenmäßig erdrückenden Überlegenheit nur zu einem Lavieren kam. Sie hätte nach ihrer »Papierform« die Protestanten einfach fortfegen können, zumal diese noch untereinander gespalten waren.

Die Katholiken waren uneinig aus politischen Gründen, die Protestanten zerfielen im Streit über Glaubensprobleme. Nuntius Aleander hatte aus Worms 1521 nach Rom berichtet, daß »neun Zehntel aller Deutschen das Feldgeschrei Luther« anstimmten. Aber der Jubel, der Luther bei seinem ersten Auftreten begrüßt hatte, war verhallt. Andere Führer waren aufgetaucht. Die »Schwarmgeister« hatten sich erhoben und bildeten, verfolgt, vertrieben, erschlagen, hingerichtet, eine ständige Bedrohung und eine ständige Hoffnung für die Unterdrückten. Sie waren und sind zahlenmäßig nicht zu erfassen und auch nicht ungefähr zu schätzen, denn sie lebten »untergrund«, in stillem, hartnäckigem Widerstand. Luther sah in ihnen den »Müntzerischen Geist«, aber es ist fraglich, wie viel von Müntzers Gedanken bei diesen Gruppen fortlebte. Sie lehnten jede staatliche Autorität ab, jede Waffengewalt, jeden Eid, jede Zeremonie, jedes Sakrament, auch die Berufung auf die Schrift als letzte Instanz; ihr Leitstern war der Geist, die unmittelbare Inspiration, der direkte Verkehr des Auserwählten mit

Gott. Darin waren sie radikale Individualisten, so eng sie sich in ihren Konventikeln aneinanderschlossen und bereit waren, den letzten Bissen Brot miteinander zu teilen. An ganz individuellen Merkmalen sind sie auch nur zu erkennen; einzelne Propheten bezeichnen den Weg, der ein Leidensweg war, nach ihnen benannten sich die Gefolgschaften, nach einem Melchior Hofmann die Melchioriten, nach einem Jakob Hutter die Hutterer, nach Menno Simons die Mennoniten, nach dem Schlesier Kaspar Schwenkfeld die Schwenkfeldianer. Luther und seine Zeitgenossen machten keine Unterschiede und hatten auch nicht die Geduld, zwischen militanten und friedfertigen Gruppen Grenzen zu ziehen: Die Wiedertäufer nannten sie alle oder die »Sakramentierer« wegen ihrer abweichenden Anschauungen über die Sakramente der Taufe und des Abendmahls.

Von ganz besonders verhängnisvollen Folgen wurde es nun, daß Luther auch Zwingli und seine Anhänger ohne weiteres unter die »Schwarmgeister« und Sakramentierer rechnete und ihnen gegenüber die gleiche schroffe Haltung einnahm. Daß Zwingli das Gegenteil eines Schwärmers war, vielmehr ein Mann, der ganz anders als Luther sich in den Dingen dieser Welt auskannte, ein Politiker von Graden, daß er selber in seinem Bereich die Wiedertäufer mit allen Mitteln unterdrückte, blieb für Luther außer Betracht. Wir werden darüber noch im Zusammenhang zu sprechen haben. Dieser Streit der beiden stärksten Persönlichkeiten des protestantischen Lagers wurde mit den dogmatischen Differenzen, die in dem »Abendmahlsstreit« kulminierten, auch zum politischen Schicksal der Bewegung. Zwingli hatte weit über Zürich und die Schweizer Städte hinaus Anhänger gefunden. Die süddeutschen Kommunen sympathisierten sehr viel mehr mit ihm als mit Luther im fernen Sachsen und seinem schwerfällig-engherzigen Kurfürsten. Die Verbindung zwischen dem Reich und der Eidgenossenschaft war noch keineswegs ganz abgerissen, zahlreiche Reichsstädte erwogen sogar den Gedanken, sich in den Bund der Eidgenossen aufnehmen zu lassen, einige schlossen ausdrückliche, wenn auch nur lose Verträge darüber ab. Eine »Großschweiz«, die bis nach Franken und Schwaben oder ins Allgäu hinein reichen würde, war kein bloßer Traum. Landgraf Philipp von Hessen protegierte dies Projekt eifrig unter seinen vielen Großraumplänen; er ließ sich selber als Bundesgenossen in das Züricher Burgrecht aufnehmen. Das war nicht nur eine Frage der Glaubensüberzeugungen. Die Schweiz galt noch immer als die potentiell stärkste Militärkraft Europas, und ihr Hinzutreten zum Lager der Protestanten hätte dieses mit einem Schlage mächtiger gemacht als die gesamte katholische Koalition. Vergeblich bemühte

32 Ulrich Zwingli

Philipp sich, Luther und Zwingli zu versöhnen mit einem dreitägigen Marburger Religionsgespräch, das ebenso ergebnislos verlief wie alle Disputationen der Zeit.

So sah das wahrhaft verzweifelt verworrene Feld aus, auf dem sich die beiden nicht umsonst »Lager« genannten Parteien gegenüberstanden, als Kaiser Karl nun endlich in Person heranrückte. Man zog zu den Reichstagen nicht nur mit Delegationen. Nach altgermanischem Brauch war es bei all solchen Zusammenkünften üblich, stark bewaffnet und mit erheblicher Reitermacht anzutreten. Auch die großen und kostspieligen Gastereien waren wichtig; beim Trunk und schweren Essen wurden häufig die Nebengespräche geführt, die wichtiger waren als die umständlichen Erklärungen im Plenum. Neuerdings, seit sich die konfessionellen Fragen verschärft hatten, waren symbolische Aktionen hinzugekommen. Die Katholiken legten Wert auf feierliche Hochämter und Messen und suchten ihre Gegner zur Teilnahme zu zwingen; die Protestanten erwiderten damit, daß sie ihre Prädikanten im neuen Stil predigen ließen.

Der Kaiser erschien dieses Mal, nach so vielen Bedrängnissen, als ein sehr mächtiger Herr. Spanien war zum Gehorsam gebracht, das bei seinem letzten Auftreten zu Worms nahezu verloren schien. Italien war unterworfen, Frankreich in Schach gehalten, der Papst empfindlich gedemütigt durch die Gefangennahme und Plünderung seiner Hauptstadt. Karl hatte wieder Kredit wie seit langem nicht, und das Haus Fugger und seine anderen Geldgeber glaubten sich zu sehr hohen Zahlungen verpflichten zu können. Das Auftreten eines Kaisers in eigner Person bedeutete einen Regen an Geldgeschenken und Gnadenerweisungen. Aus Bologna kommend, hatte er zunächst in Innsbruck haltgemacht und die Stimmung vorgefühlt. Der venezianische Gesandte verzeichnete mit italienisch genauer Buchführung, daß Seine Majestät bereits 270000 Taler gespendet habe. Sogleich fanden sich Bittsteller und reuige Sünder ein. König Christian von Dänemark, der aus seinem Lande verjagt, in Wittenberg sich zu Luther bekannt hatte, warf sich seinem Schwager Karl zu Füßen und erklärte, er sei zum alten Glauben zurückgekehrt. Ein Schreiben des Bruders Ferdinand ging ein, der erklärte, er habe inzwischen mit dem Kurfüsten von Sachsen verhandelt, allerdings nur, um ihn hinzuhalten; es gebe viele Anlässe, den Hauptrebellen »zu züchtigen, so oft es Euch gefällt – rechtliche Gründe, bei denen Ihr nicht der Religion zu gedenken braucht«. Der Kaiser zögerte wie immer. Die Ansichten seiner Ratgeber waren geteilt. Noch stand Kanzler Gattinara neben ihm, schon schwer kränkelnd, aber immer noch einflußreich; er hatte die Kriegsmachinationen des Papstes nicht vergessen und war überzeugt, daß sie bei nächster Gelegenheit wieder aufgenommen werden würden. Er stand der

Politik der Kurie mit der ganzen Unabhängigkeit des Italieners und Trägers des roten Hutes gegenüber und hatte sich in Bologna zu Klemens sehr energisch geäußert; Melanchthon, der davon erfuhr, setzte große Hoffnungen auf ihn. Gattinara starb in Innsbruck, ehe die große Kavalkade nach Augsburg einzog. Karl, ein Dreißiger nun, gereift, auch früh gealtert, mit dem Gesicht eines Fünfzigers, hat von da ab keinen Kanzler gleichen Einflusses mehr neben sich geduldet. Er war zum Alleinherrscher geworden und zeigte das schon bei dieser Gelegenheit mit aller Deutlichkeit.

Das Zeremoniell war nach burgundischer Tradition dafür der Ausdruck, und er nahm es so ernst wie die religiösen Fragen. Das Auftreten des päpstlichen Legaten Campeggi war vor allem zu regeln. Die versammelten Fürsten, zahlreicher erschienen denn je, stiegen beim Einritt des Kaisers von den Pferden. Auch er und sein Bruder Ferdinand saßen ab. Der Legat, hoch über den Fürstlichkeiten auf seinem Maultier verharrend, erteilte die Benediktion. Der Kaiser, König Ferdinand und die meisten der Fürsten knieten dabei nieder. Kurfürst Johann und einige der anderen protestantischen Fürsten blieben stehen.

Dann folgte der große Einzug, mit aller Pracht, die ein festfrohes Zeitalter liebte. Zuerst kamen zwei Fähnlein rasch angeworbener Landsknechte als Wache des Kaisers; eine ganze Reihe altgedienter Söldner darunter, die in Italien für ihn gefochten und den Papst in der Engelsburg bedroht hatten; man sah dabei auch solche, die, von der Beute reich geworden, in goldgestickten Wämsern und aus allen Nähten platzender Seide dahermarschierten. Danach kamen die Aufgebote der Kurfürsten, jedes in eigner Farbe, die Sachsen in braunen Lederkollern. Der Kaiser ritt unter einem dreifarbigen Baldachin, streng spanisch gekleidet. Kenner des Protokolls wußten, daß noch ärgerliche Verhandlungen vorangegangen waren: Karl wünschte durchaus, daß der päpstliche Nuntius neben ihm ziehen sollte. Die geistlichen Kurfürsten, in solchen Fragen »Protestanten«, erhoben aber den Einwand, daß dies gegen allen Brauch sei. Der Kaiser gab nach. Ferdinand und der Legat ritten außerhalb des Baldachins dahin. Die ganze Kavalkade marschierte zum Dom. Ein Tedeum wurde abgehalten. Die Fürsten begleiteten den Kaiser in sein Quartier, die bischöfliche Residenz.

Dort kam es sogleich, noch außerhalb der Tagesordnung, zu einer ersten ernsteren Auseinandersetzung. Der Kaiser ließ die führenden protestantischen Fürsten in ein Zimmer rufen. Sein Bruder, der nun bereits einigermaßen Deutsch gelernt hatte, forderte die Fürsten auf, das Predigen ihrer Geistlichen in den Augsburger Kirchen fortan einzustellen. Die älteren Herren schwiegen erschreckt. Landgraf Philipp von Hessen nur erklärte, diese Forderung müsse abgelehnt werden. In den Predigten werde lediglich das reine Wort Gottes verkündet. Der Kaiser, bereits sehr gereizt, wiederholte den Befehl. Aber nun schlossen sich auch die anderen Fürsten an. Erstaunt blickte Karl auf. Was wollte der betagte Hohenzoller Markgraf Georg von Ansbach, der sich vor ihm aufbaute, etwas stammelte und dabei die Hand an den Hals legte? Ferdinand übersetzte: »Er meint, er sei bereit, auf der Stelle niederzuknien und sich durch den Henker den Hals abschlagen zu lassen, ehe er von seinem Evangelium läßt!« Karl wünschte keine aufgeregte Szene. Hoheitsvoll ließ er sich dazu herab, die einzigen halb deutschen, halb flämischen Worte zu sprechen, die aus seiner Regierungszeit überliefert sind: »Löver Fürst, niet Kop ab, niet Kop ab!« Das alte Rezept aller Reichstagsverhandlungen wurde wieder angewandt: Bedenkzeit, neue Beratungen. Der Kaiser hatte noch eine neue Forderung, die Fürsten müßten sämtlich an der Fronleichnamsprozession teilnehmen, die für den nächsten Tag angesetzt war. Auch dieser Termin war mit Bedacht gewählt worden für den Einzug. Es war die Generalprobe. Die protestantischen Fürsten blieben hartnäckig. Aus Ergebenheit gegenüber ihrem kaiserlichen Herrn, so erklärten sie, wären sie bereit gewesen, bei der Prozession mitzuziehen; da die Sache nun zu einer Glaubensfrage gemacht würde, müßten sie Abstand nehmen. Ein Kompromiß wurde in der Frage der Predigten geschlossen: Die Protestanten gaben nach, der Kaiser versprach, daß auf seiner Seite ebenfalls Stillschweigen herrschen sollte; es dürfe nur der Text ohne Auslegung verlesen werden. Der Reichstag zu Augsburg begann als der Reichstag der Kompromisse.

Das gilt auch für das Hauptstück, das welthistorische Bedeutung erlangen sollte, die sogenannte »Augsburgische Konfession«, die Bekenntnisurkunde der Protestanten für die nächsten Jahrhunderte. Sie war keineswegs als ein solches grundlegendes Dokument angelegt; eine Verteidigungsschrift, eine »Apologie« hieß sie ursprünglich, dem Kaiser vorgelegt zur Information. Man hoffte noch, daß er bei besserer

Einsicht als Schiedsrichter über den Parteien eine Einigung zustande bringen könnte. Das Zutrauen zu der obersten aller weltlichen Obrigkeiten war immer noch unbegrenzt. Auch Luther blickte erwartungsvoll auf seinen Kaiser und erst recht Melanchthon, dem die Rolle als Hauptsprecher und Verfasser der Verteidigungsschrift zugefallen war. Die Fürsten blickten auf den blassen, sehr vornehmen, in Haltung und Sprache ihnen so weit entrückten Herrn, der kaum ein Wort sagte, sich mit knappen Bewegungen an seine Ratgeber und Referenten wandte und bereits von der Gicht geplagt war, die er sich durch seine – merkwürdig der Luthers so ähnliche – unsinnige Diät mit hastigem und massivem Essen und Trinken zugezogen hatte. Schweigend, düster, unnahbar saß er da in seiner schwarzen spanischen Kleidung. Schweigend aß er seine unmäßigen Portionen in sich hinein, die sowohl seine Ärzte wie seine Beichtväter ihm immer wieder vorwarfen. Nur die Musik schien eine der wenigen Erholungen für ihn zu sein, seine ganz vorzügliche Kapelle, die aus den besten Musikern Europas bestand und die feinsten und schwierigsten Sätze der großen niederländischen Meister vortrug.

Das Dokument, das dem Kaiser vorgelegt wurde, war von Melanchthon verfaßt. Luther hatte man auf den Reichstag, als Geächteten nach dem Wormser Edikt, nicht mitbringen können; er weilte während der Zeit auf der Veste Coburg, der am südlichsten gelegenen Besitzung seines Fürsten. Er griff von dort aus mit Mahnungen und Ratschlägen verschiedener Art ein. Im Grunde hatte er weitgehend resigniert und es dem Freunde überlassen, die Verteidigungsschrift aufzusetzen. Melanchthon wurde zunehmend der Sprecher der Protestanten. Er war ausgesprochener Vertreter des Unionsgedankens. Seine Schrift sollte nachweisen, daß die lutherische Lehre durchaus die alte, rechte Lehre der lateinischen Kirche sei. Nur Mißbräuche wären abzustellen, über die man allenfalls verschiedener Meinung sein könne, die aber nicht zu den entscheidenden Glaubensfragen gehörten. Die heiklen und großen Probleme, über die der Kampf entbrannt war, wurden nach Möglichkeit fortgelassen: die Stellung des Papstes, des Priesters als Mittler, die Autorität der Bischöfe, jene Frage, die am unmittelbarsten in die Lebensverhältnisse der Länder eingriff. Melanchthon stand damit nicht allein. Luther hatte seinen gemessenen Anteil. Auch er dachte an Wiederzulassung der bischöflichen Autorität und führte das in einer Broschüre an die versammelten Teilnehmer des Reichstages aus. Er donnerte zwischendurch auch oder rief seinem Kurfürsten zu, er solle doch schleunigst heimziehen. Dann setzte er wieder Hoffnungen auf den Kaiser, von dem er noch nach Abschluß des Reichstages ahnungslos meinte, er habe sich »aller Welt Gunst und Liebe erworben«, die reine Lehre nicht verdammen wollen und »wie ein Fels« dagestanden. Seine Ratgeber nur hätten Unheil verschuldet. Das war schlechthin einfältig, und zwischendurch entfährt Luther auch einmal ein entwaffnendes »Ach Gott, ich bin in solchen Dingen ein Kind!« – den Dingen dieser Welt. Er konnte sich ohne einen Kaiser die Weltordnung nicht vorstellen. In einer seiner Schriften nach dem Bauernkrieg hatte er aus Zorn über jeden Aufruhr erklärt: »Wie man einem aufrührerischen Bauern den Kopf abschlägt, so soll man einem aufrührerischen Edelmann, Grafen, Fürsten auch den Kopf abschlagen, einem wie dem andern, so geschieht niemand Unrecht...« – eine gefährliche These, wenn sie auf seinen Kurfürsten angewendet wurde. Dann hatte er wieder gemeint: »Wir lehren, was wir wollen, so tut die Welt gleichwohl, was sie will« oder, noch düsterer: »Gott hat uns in die Welt geworfen unter des Teufels Herrschaft, also daß wir hier kein Paradies haben, sondern alles Unglücks sollen gewarten alle Stunde.« Kein Widerstand also, sondern Ergebung und Gebet. Aus dieser Grundanschauung hatte er sich auch entschieden gegen alle protestantischen Bündnisse ausgesprochen. Landgraf Philipp war ihm »viel zu kühn«, wie weiland Kurfürst Friedrich über den jüngeren Luther in Worms gesagt hatte. Er mißtraute den Plänen des Hessen, die ihm alle nach Pulver rochen, und daß Philipp noch Zwingli heranziehen wollte, verschärfte seine Abneigung. Melanchthon sekundierte ihm dabei. Der erste Entwurf seiner »Augsburger Konfession« legte ebensoviel Wert darauf, sich von Zwingli und seinen Anhängern unter den süddeutschen Städten deutlich abzusetzen wie sich den Katholiken zu nähern.

Wenn je Kompromißbereitschaft einen bereits unheilbar gewordenen Bruch noch heilen könnte, so wäre in Augsburg die Gelegenheit gegeben gewesen. Symbolisch zeichnet sich die Situation in den führenden Geistern der Zeit ab: Luther auf der Veste Coburg mit widerspruchsvollen Mahnungen aus der Ferne eingreifend, Erasmus, den der Kaiser dringend aufgefordert hatte, doch mit seinem weisen Rat teilzunehmen, ängstlich fernbleibend in seinem neuen Refugium Freiburg und nur mit vorsichtigen Briefen vor unübersehbaren Konsequenzen und dem stets launischen Kriegsglück warnend; in der Mitte stand Melanchthon vor Kaiser und Reich, so wie er geistig zwischen Luther und Erasmus die Mitte hielt. Er war bereit, nachzugeben bis zu dem Punkt, wo man unter den Protestanten zu argwöhnen begann, er werde von den Papisten bestochen. Das mag auch versucht worden sein nach üblicher Taktik. Aber der kleine, zarte und fast krankhaft schwächlich aussehende Magister war in diesem Punkte gänzlich unangreifbar. So wenig wie Luther hat er je Geld genommen oder sich durch hohe Würdenangebote verführen lassen. In anderer, weniger materieller Weise allerdings konnte er beeinflußt werden. In Gesprächen mit dem geistvollen Staatssekretär Alfonso de Valdes, dem spanischen Erasmianer, der die Kampfschriften gegen Papst Klemens verfaßt hatte, fand er sich einer verwandten Seele gegenüber. Von der Majestät des Kaisers ließ er sich in seiner neuerworbenen Verehrung der Obrigkeit tief beeindrucken. Er einigte sich sogar mit dem grimmigsten aller Gegner, dem unermüdlichen Dr. Eck, der als Gutachter herbeigeeilt war, über die Artikel 1, 3, 7, 9 und noch sieben andere seines Entwurfes, und selbst Luther erklärte von seiner Burg her, daß all diese Punkte nicht entscheidend seien: Es blieb eine Frage, in der sie nicht nachgaben und nicht nachgeben konnten. Das Wort, das Evangelium, die freie Predigt, darum ging es. Sie war überall bereits im Gange, nicht immer, sogar selten auf dogmatisch gleicher Grundlage, zuweilen vermengt mit üblen Angriffen auf Feinde oder Brüder, aber sie war da. Sie war der neue Glaube. Er berief sich auf das freie Wort des Evangeliums. Das war die einzige und hinter allen inneren Gegensätzen stehende Macht der Protestanten. Sie war viel stärker als die dogmatischen Streitigkeiten. Sie war auch stärker als die Stimme der Autorität, und sie legte dafür sogleich eine Probe ab.

Die äußeren Vorgänge waren: Verlesung von Melanchthons Schrift – und die Protestanten buchten es bereits als einen großen Erfolg, daß ihnen das überhaupt gestattet wurde –, dann Ausarbeitung einer Widerlegung durch die katholischen Theologen, Annahme dieser Entgegnung durch die Reichstagsmajorität und daraufhin Erklärung des Kaisers, die Protestanten hätten sich nunmehr zu fügen, er werde sonst als Schutzherr der Kirche gegen sie einschreiten. Nochmalige

33 Philipp Melanchthon

»Widerlegung der Widerlegung« durch Melanchthon und schließlich Auseinandergehen ohne Einigung. Die Protestanten blieben bei ihrem Protest, fünf Fürsten und vierzehn Städte, darunter Straßburg, Frankfurt, Nürnberg und schließlich, zum Entsetzen des Kaisers, auch Augsburg, die Stadt der Tagung, der Sitz seiner großen Geldgeber. Die Spaltung Deutschlands wurde in Augsburg entschieden. Die Fürsten und Delegierten der Protestanten reisten ab; man wagte sie nicht aufzuhalten.

Der Kaiser hatte das Original der »Augsburgischen Konfession« an sich genommen; es ist verschwunden. Er hatte sogleich verboten, daß der Text gedruckt würde. Trotzdem erschien noch während des Reichstags eine Ausgabe, die auch von den Protestanten als unzuverlässig bezeichnet wurde. Melanchthon gab nach der Rückkehr eine »authentische« Fassung, mit verschiedenen Änderungen, in Wittenberg heraus. Er hat dieses Verfahren noch weiter fortgesetzt durch viele Jahre hindurch, mit ständig neuen Versionen. Nach seinem Tode erhob sich bitterer dogmatischer Zwist über die Frage, welches die wahre Augsburger Konfession sei. Es ist vielleicht ein einzigartiger Vorgang, daß ein solch grundlegendes Bekenntnis von derartiger Ungewißheit umlagert ist. Aber Melanchthons Gabe der übersichtlichen Zusammenfassung hatte trotzdem einen Text geschaffen, der für eine geraume Zeit genügte und den streitenden Richtungen eine Plattform bot, auf der sie sich sammeln konnten.

Die hochfahrenden Worte der Majorität blieben auf dem Papier wie alle Reichstagsbeschlüsse. Auch hinter den Ankündigungen des Kaisers stand fast nichts. Er verfügte über keine Armee, und selbst die katholischen Kräfte waren unzuverlässig. Überwältigende Macht des Kaisers, die mit einem Sieg über die Protestanten gegeben sein würde? Das wollten sie nicht, die Bayern am wenigsten und auch nicht die Kurie, immer beängstigt durch die allzu große Stellung des Kaisers. Man verfiel auf eine ungemein bezeichnende Lösung: Das Reichsgericht sollte mit Prozessen gegen die Protestanten vorgehen. Das Reichsgericht, ohnmächtig seit seiner Begründung, besetzt mit Richtern, denen nur unregelmäßig die Gehälter bezahlt, mit Akten, die von Ort zu Ort geschleppt wurden – es war im Grunde eine Ausrede und Verlegenheit. Trotzdem hatte dieser Schritt tiefere Bedeutung. Von den hohen Glaubensfragen, um die man angeblich gerungen hatte, geriet man auf das Gebiet der Beschlagnahme von Gütern, Besitzungen, Steuereinnahmen und anderen weltlichen Rechten. Handgreiflich wurde damit demonstriert, um welche Dinge es eigentlich ging, und das Reichsgericht selber hat mit aller nur wünschenswerten Klarheit bei den folgenden Streitigkeiten erklärt, es handele sich nicht um religiöse Fragen, sondern um Rechts- und Eigentumsprobleme.

Der Kaiser hielt als etwas höhere Zukunftshoffnung nur das ewig verschobene Konzil in Aussicht und versprach, den Papst zu veranlassen, es nun endlich auszuschreiben. Er hatte sein Gewissen mit den Gutachten der Fachtheologen beruhigt. Der Fachmann, hier der theologische Experte, tritt bei diesem Reichstag zum ersten Male in voller Majestät in Erscheinung, und das verhängnisvollste ist, daß er nicht über ein »Spezialgebiet« entscheiden soll, sondern über die brennendsten Fragen des Tages, die eben mit dem gesamten hierarchischen Aufbau der Kirche unlösbar verknüpft waren. Der Kaiser las weder die Schrift Melanchthons noch die Entgegnungen seiner Fachtheologen. König Heinrich VIII. von England meinte im Gespräch mit einem dänischen Gesandten mit der ganzen Überlegenheit des Laientheologen, der er sein wollte: Karl hätte in Augsburg in den wenigen Punkten nachgeben sollen, die noch umstritten waren. »Der Kaiser ist ungebildet, er versteht kein Latein. Mich und den König von Frankreich hätte man zu Schiedsrichtern bestellen sollen! Wir hätten die angesehensten Gelehrten Europas berufen, wir hätten die Sache bald zur Entscheidung gebracht.« Und zur Königswahl erklärte er: »Warum wählen die Fürsten nicht einen andern, etwa den Herzog von Bayern, der sich ganz gut dafür eignen würde? Sie sollten sich nicht vom Kaiser betrügen lassen, so wie er den Papst betrogen hat.« Unparteiisch sprach König Heinz da kaum, aber doch mit vernichtender Kritik an den Repräsentanten des Reiches, und abschließend sagte er noch: Es wäre eigentlich eine Schande für den Kaiser, wenn er Deutschland verlassen müßte, ohne den Streit beigelegt zu haben.

Nur in einem Punkt behielt er unrecht: Die Kurfürsten, die Ferdinand zum König wählten, wurden vom Kaiser nicht betrogen. Sie wurden bezahlt wie bei der Kaiserwahl, mit barem Geld oder Gebietszuwachs. Ferdinand wurde deutscher König, zu seinen Titeln als König von Böhmen und Ungarn. Der dreifach Gekrönte mußte allerdings seinem kaiserlichen Bruder sehr bald kummervoll vermelden, er sei den Deutschen nicht mehr als irgendein anderer Reichsfürst: »Als König gehorchen sie mir nicht.«

Beim Ungehorsam blieb es nicht. Die Drohungen auf dem Reichstag hatten gewirkt. Die Protestanten, Fürsten und Städte, traten zusammen zum »Bund von Schmalkalden«. Die kleine Grenzstadt des Landgrafen Philipp in einem engen Talkessel am Südwesthang des Thüringer Waldes wurde in wenigen Jahren zu einem Begriff. Auch ausländische Mächte lernten, das etwas schwierige Wort zu buchstabieren. Philipp war die treibende Kraft, Kursachsen ließ sich mit einiger Mühe zum Beitritt gewinnen, das Bündnis vergrößerte sich ständig. Die Bedenken Luthers und Melanchthons gegen alle »aufrührerischen« Bündnisse wurden durch Gutachten der sächsischen Juristen beiseite geschoben. Die Auffassung des römischen Rechtes siegte über die Bibelauslegung der Theologen. Man wies ihnen nach, daß »Obrigkeit« unter den gegenwärtigen Umständen etwas anderes sei als zur Zeit des Paulus. Der Kaiser des Heiligen Römischen Reiches sei ein Wahlkaiser, die Fürsten hingegen seien erbliche Herrscher, das Reich keine Monarchie, sondern eine Aristokratie: »Die Stände regieren mit dem Kaiser, und der Kaiser ist kein Monarch.« Gerade das wollte Karl freilich sein, aber gerade eine solche Stellung hatten die deutschen Fürsten ihrem Oberhaupt nie zugebilligt. Die Theologen mußten sich mit der etwas verlegenen Erklärung zurückziehen: »Wir haben das nicht gewußt.« Obrigkeit wurden damit für sie die Landesfürsten und Magistrate der Städte. Die Städte hatten noch einmal eine große Chance gehabt. Sie blieben zwischen ihren Mauern, mit ihrer vorzüglichen Artillerie, ihren großartigen Kunsthandwerkern und Künstlern, ihren Astronomen und Geographen, die auf ihren Karten die Handelswege in alle Welt hinaus aufzeichneten. Die politischen Pfade ihrer Leiter reichten nicht weit über die nächste Umgebung hinaus, wenn es um große Entscheidungen ging.

Immerhin kam es nun doch zum Bund von Schmalkalden, der Fürsten und Stadtrepubliken umfaßte. Man setzte sogar eine Art Verfassung auf. Die Beiträge wurden genau festgesetzt, eine militärische Organisation beschlossen, beides Dinge, die das Reich nie befriedigend lösen konnte. Eine Kanzlei, eine halbe Regierung wurde geschaffen. Frankreich, England, Dänemark interessierten sich lebhaft für die neue Machtgruppe, Gesandtschaften gingen aus und kamen zurück. Es war ein Schutz- und Trutzbündnis; Sachsen vertrat den Schutz, die Defensive, Landgraf Philipp den Trutz, die Offensive. Damit trat die Halbheit wieder in ihre Rechte, das dominierende Prinzip aller Institutionen der Zeit. Schon über den Oberbefehl konnte der Bund sich nicht einigen; er wurde geteilt zwischen dem Kurfürsten Johann und Philipp. Der Bund trat zunächst für sechs Jahre zusammen, und auch das wurde schon als eine überraschend lange Frist betrachtet; man prolongierte den Wechsel auf die Zukunft dann, und für anderthalb

Jahrzehnte, von 1530 bis 1545, haben die Schmalkaldener das Bild beherrscht, der weitaus längste Zeitraum, den im 16. Jahrhundert je ein Bündnis zusammenhielt. Immer mehr Fürsten und Kommunen schlossen sich an, selbst das erzkatholische Bayern trat bei. Die religiösen Fragen, so wichtig man sie nahm im ersten Entwurf, mußten Platz

34 Kurfürst Johann Friedrich von Sachsen

geben vor dem Bedürfnis, eine Front gegen die habsburgische Erbmonarchie zu bilden. Zunehmend behielten die Politiker die Oberhand über die Theologen, und das wurde denn auch das Kennzeichen dieser zweiten Epoche der Reformationszeit. Das Schicksal der neuen Bewegung in Deutschland hing nicht mehr von Luther ab. Es wurde entschieden durch Fürsten, den Landgrafen Philipp und später durch den in vieler Beziehung dem Hessen so ähnlichen jungen Moritz von Sachsen, beide »gute Protestanten«, die sich keine übermäßigen Skrupel darüber machten, auch mit dem Kaiser und der »gut katholischen« Partei zusammenzugehen, wenn das ihren persönlichen Hausmachtplänen diente.

Das gleiche gilt für die andere Seite. Der Kaiser verfolgte seine imperialen Pläne, die wiederum der Glorie des Hauses Burgund-Habsburg in allererster Linie dienen sollten. Wie in Worms bei seinem ersten Besuch im Reich, verlor er nach Augsburg sehr rasch die Lust an den unübersichtlichen und unlösbar verworrenen deutschen Verhältnissen. Sein Einigungsversuch war gescheitert; sein Gewissen hatte er mit dem Ruf nach einem Konzil beruhigt. Er vollzog eine erste Abdankung nach der Wahl seines Bruders zum König. Er übergab Ferdinand die Reichsgewalt in aller Form und behielt sich nur einige Rechte vor, als wichtigstes die Entscheidung über die Monopole, von denen seine Finanzen abhingen. Fast zehn Jahre war er ferngeblieben, weitere zehn Jahre der Abwesenheit folgten.

Die Theologen mußten zurücktreten in die zweite Linie, was nicht bedeutete, daß ihre Gedanken einflußlos wurden. Im Gegenteil: die religiösen Parolen erhielten erst jetzt ihre unheilvolle Wirkung als Aushängeschild und Vorwand für ganz andersgeartete Machtbestrebungen. Selbst das Papsttum mußte von seiner Stellung als weltbeherrschende Macht abtreten, wenn den Päpsten das auch lange nicht zum Bewußtsein kommen wollte.

Luthers ihm noch verbleibende Lebenszeit fällt genau zusammen mit der Lebensdauer des Schmalkaldischen Bundes. Es sind die Jahre von 1530 bis 1546, die Zeit der Resignation. Die Monate, die er noch auf der Veste Coburg verleben konnte, während des Reichstages zu Augsburg, in halber Gefangenschaft wie seinerzeit auf der Wartburg, waren die letzten seiner Freiheit.

Die zweite Reformation

Fast ein halbes Jahr, vom April bis Anfang Oktober 1530, weilte Luther auf der Veste Coburg. Als den getreuen Eckart, der von seinem Turm aus die Geschicke seines Landes lenkte und zum Rechten sah, wenn die andern versagen wollten, hat man ihn dort angesehen. Wohl sandte er seine feurigen Sendschreiben und Mahnungen aus; aber unverkennbar, trotz aller starken Worte, war er nicht mehr der alte. Er klagt unablässig über Ohrensausen, Kopfschmerzen, sein Steinleiden, und es versteht sich von selbst, daß der Teufel es ist, der ihn plagt. Des Abends sieht er eine feurige Schlange vom Turm herabkriechen und in Windungen hinter dem Wald verschwinden. Er ist einsam auf seiner Burg und beginnt die Einsamkeit in weitem Kreise um sich zu spüren. Gustav Freytag hat die tragische Stimmung der letzten Jahre Luthers nachfühlend gekennzeichnet: »Wer vom Schicksal erkoren wird, das Größte neu zu schaffen, der schlägt zugleich einen Teil seines eignen Lebens in Trümmer. Je gewissenhafter er ist, desto tiefer fühlt er den Schnitt, den er in die Ordnung der Welt gemacht, in seinem Innern. Das ist der heimliche Schmerz, ja die Reue jedes großen geschichtlichen Gedankens.«

Die Zeit auf der Veste Coburg ist aber auch die letzte Zeit seiner sprachlichen Schöpferkraft. Es ist, als ob alle Saiten seines Wesens noch einmal anklingen: Zorn und Trotz in fast vermessenen Worten: »Wenn wir fallen, so fällt Christus mit uns«, oder seine unerschütterliche Zuversicht: Er hat ein Wunder erlebt, »da ich zum Fenster hinaus sah die Sterne am Himmel und das ganze schöne Gewölbe Gottes und sah doch nirgends keine Pfeiler, darauf der Meister solche Gewölbe gesetzt hätte; noch fiel der Himmel nicht ein, und stehet auch solche Gewölbe noch fest. Nun sind etliche, die suchen solche Pfeiler und wollten sie gern greifen und fühlen. Weil sie denn das nicht vermögen, zappeln und zittern sie, als werde der Himmel gewißlich einfallen, aus keiner andern Ursache, als daß sie die Pfeiler nicht greifen noch sehen...« Sein Humor, der ihm fast abhanden gekommen war, bricht noch einmal durch. Er sieht in den Krähen und anderen Vögeln vor seinem Fenster die zusammengeeilten Theologen: »Ich meine, da sei ein Gekecke von vier Uhr morgens an den ganzen Tag über, unermüdlich, unablässig«, ein ganzer Kongreß der

»Sophisten«, die ihre Weisheit anbringen wollen – eine Nachtigall hat sich noch nicht gemeldet. Er schreibt einen Kinderbrief an das Söhnlein Hänschen mit Bildern eines paradiesischen Gartens, Kindern im güldenen Röcklein, die auch schöne kleine Pferdlein mit güldenen Zäumen und silbernen Sätteln haben. Er verfaßt einen Sermon für die Schulen der jungen Generation, beginnt den Äsop zu verdeutschen, komponiert einen vierstimmigen Satz und schreibt einen schönen Brief an den großen Musiker Senfl in München; unermüdlich arbeitet er weiter an der vollständigen Bibelübertragung.

Aber andere sind nun an der Reihe, jüngere oder solche, die sich in der Welt besser auskennen, wie der Schweizer Zwingli oder der Elsässer Bucer, der ihn aufsucht und zur Versöhnlichkeit den Süddeutschen und Schweizern gegenüber zu bewegen sucht – ohne Erfolg – und respektvoll-bekümmert gestehen muß, man könne ihn durch Widerspruch nur noch hartnäckiger machen: »Also hat ihn uns Gott geschenkt, also müssen wir sein gebrauchen.«

Der Streit Luthers mit den Schweizern ist die große Wende in der reformatorischen Bewegung, und sie ist nicht nur durch den Unterschied der Generationen zu erklären. Zwingli ist fast genau sein Altersgenosse; er stammt auch aus dem gleichen bäuerlichen Umkreis, und daß er wie Luther einen harten Bauernkopf besaß, hat nicht wenig dazu beigetragen, daß sie sich nicht verstanden. Aber dann trat mit Calvin und seiner Genfer Schöpfung eine ganz neue Altersklasse in die Entwicklung ein und zugleich eine ganz andere Welt als die Luthers: romanische, französische, juristisch geschulte Präzision, schärfstes, unerbittliches Denken und Formulieren und zugleich die Gabe, organisieren zu können, eine »Institution« zu schaffen, wie schon der Titel seiner grundlegenden Schrift lautet. Wir können diesen Vorgang, der weit über Luthers Leben hinausreicht, nicht verfolgen. Zwingli aber steht mitten auf Luthers Lebensweg. Er steht ihm gegenüber, nicht an seiner Seite.

Luther erscheint als die reichere Natur, schon durch sein sprachliches Werk, seine Bibelübersetzung, die Lieder, seine großen frühen Streitschriften. Auch Zwingli verfügt über eine sehr bildkräftige Sprache, obwohl er meist lateinisch schreibt, auch er hat ein ergreifendes Pestlied gedichtet, aber es wäre schwer, Werke von ihm zu nennen, die auch nur annähernd so weit und so lange gewirkt hätten wie die

Der Psalter.

I.

Ol dem der nicht wandelt im rat der Gottlosen/noch trit auff den weg der sünder/Noch sitzt da die Spötter sitzen.

(Spötter) Die es fur eitel narheit halten/was Gott redet vnd thut.

Sondern hat lust zum Gesetz des HERRN/Vnd redet von seinem Gesetze tag vnd nacht.

Der ist wie ein bawm gepflantzet an den wasserbechen/der seine frucht bringet zu seiner zeit/Vnd seine bletter verwelcken nicht/vnd was er machet/das gerett wol.

Aber so sind die Gottlosen nicht/Sondern wie sprew/die der wind verstrewet.

Darumb bleiben die Gottlosen nicht im b gerichte/noch die sunder jnn der Gemeine der gerechten.

b (Gerichte) Das ist/sie werden weder ampt haben/noch sonst jnn der Christen gemeine bleiben/ja sie verweben sich selb/wie die sprew vom korn

Denn der HERR kennet den weg der gerechten/Aber der gotlosen weg vergehet.

II.

WArumb toben die Heiden/Vnd die leute reden so vergeblich?

Die Könige im lande lehnen sich auff/vnd die Herrn ratschlahen miteinander/Wider den HERRN vnd seinen gesalbeten.

Lasset vns zureissen jre bande/vnd von vns werffen jre seile.

Aber der im Himel wonet/lachet jr/Vnd der HERR spottet jr.

Er wird einest mit jnen reden jnn seinem zorn/Vnd mit seinem grim wird er sie schrecken.

Aber ich

35 Aus der Gesamtausgabe der Lutherbibel, 1534

Luthers. Luther war zuerst auf dem Plan, und Zwingli hat das stets anerkannt; Luther hatte den großen Durchbruch erzielt, der Weltgeschichte machte. Zwingli hat die Schweiz reformiert, die halbe Schweiz; er hat noch sehr viel weiter gewirkt, auf Calvin, die Niederlande, England. Das stillere, unterirdische Wirken, wie es auch bei den Täufern zu verzeichnen ist, wird meist unterschätzt zugunsten der besser faßbaren, »ragenden Gestalten«, zu denen Zwingli nicht gehört. Er hat nichts von dem lodernden Feuergeist, auch nichts von der Maßlosigkeit Luthers, die den Wittenberger Mönch schon bei seinem ersten Auftreten zu einem Abgott für viele machten und zu einem Schreckgespenst für andere. Er wirkt nüchtern dagegen, umsichtig, sehr viel weniger widerspruchsvoll. Von religiösen Kämpfen, die bis an den Rand der Selbstvernichtung führen, von ständigen Anfechtungen, Niederbrüchen und leidenschaftlichem Sichwiederaufrichten ist von ihm nichts berichtet. Er geht zielbewußt seine Bahn, er entwickelt sich folgerichtig; er ist kein »Vulkan«, wie Paracelsus das von Luther gesagt hatte. Er ist nicht, wie Luther, »geworfen« in eine Welt voll Teufel; der Teufel spielt für ihn nie eine so ausschlaggebende Rolle wie für den Wittenberger. Er ist überhaupt nicht irgendwohin gestellt worden wie Luther in die sächsische Heide und Sandwüste. Zwingli geht aus von seiner Heimat und ist stets in ihrem engeren Umkreis geblieben. Er ist Schweizer, Toggenburger von Haus aus, von einer kleinen Gemeinde Wildhaus hoch in den Bergen, oberhalb der Grenze, wo Obstbäume noch gedeihen; seine Familie war angesehen, der Vater Ammann für die ganze Talgemeinschaft, nicht unwohlhabend, ein Mann mit vielen Söhnen, von denen drei für den geistlichen Stand bestimmt wurden. Luther wächst geschichtslos auf, als Kind und im Kloster. Für Zwingli war die Schweizer Geschichte eine einzige Folge von stolzen Siegen: Mit dem Tell begann sie, dem »gotteskräftigen Held und ersten Anheber eidgenössischer Freiheit«, der den Landvogt Geßler mit seiner Armbrust vom Pferde schoß; sie erzählte von den siegreichen Schlachten der Bauernheere gegen die österreichischen und burgundischen Ritter, aus der eigenen Lebenszeit Zwinglis vom Triumph über Kaiser Maximilian, der die Loslösung vom Reich anerkannte. Er selber hat dann als Feldprediger die Feldzüge in der Lombardei mitgemacht, das kurze Schwert an der Seite. Als »Reisläufer Gottes, seines Hauptmanns« hat er sich, mit einem etwas gewagten Gleichnis, gerne bezeichnet, denn dem Kampf gegen das Reislaufen galt seine erste politische Tätigkeit. Entscheidend aber für ihn wurde es, daß er diesen ganz anderen Ausgangspunkt hatte als Luther: eine starke, wenn auch mit vielen inneren Spannungen geladene Eidgenossenschaft, die in ständigem Aufstieg soeben den Höhepunkt ihrer Macht und Geltung erreicht hatte, und innerhalb dieses Bundes eine festgefügte Stadtrepublik Zürich, die nicht ein halbes Kolonialdorf war wie Wittenberg. Um Zwingli herum war bereits, ehe er seine Arbeit als Reformator begann, eine Gemeinde, während Luther kaum je etwas anderes gehabt hat als Zuhörer und im weiteren Kreise darüber hinaus Leser seiner Schriften. Auf dieser Gemeinde beruhte Zwinglis Werk.

Luther ist nur und ausschließlich der religiöse Kämpfer. Zwingli beginnt als Politiker und ist das geblieben bis zum Ende. Auch seine Reform soll dem politischen Leben dienen: Eine christliche Gesellschaftsordnung ist zu schaffen. Die Obrigkeit ist dabei für ihn kein Kaiser oder sonstiger Potentat, sondern der Rat der Republik Zürich, ihn und das Volk des kleinen Stadtstaates gilt es zu gewinnen, mit ihnen zusammen ist die neue Lehre durchzuführen. Von Luthers »zwei Reichen« kann dabei keine Rede sein und erst recht nicht, daß man das weltliche Regiment auch dann anzuerkennen habe, wenn es feindlich oder schlecht ist. In solchem Falle setzt man sich energisch zur Wehr, und die Schweizer waren dabei gut gefahren in den letzten drei Jahrhunderten. Sie sind gefürchtet worden und begehrt. Von allen Seiten sucht man ihre Dienste an Mannschaften; große und mächtige Städte bewerben sich um Aufnahme in den Bund, Könige und Päpste schicken ihre Gesandtschaften zu den Tagsatzungen. Die Schweiz ist zu Zwinglis Zeit nicht im geringsten das Land peinlichster Neutralität, vielmehr auf das stärkste in alle europäischen Händel verwickelt. Zwingli ist keineswegs nur ein Züricher Lokalpolitiker. Seine Gedanken schweifen weit darüber hinaus, viel zu weit, wie sich zeigte. Der umsichtige, nüchterne Mann, dem man »Bauernschlauheit« nachsagte, verfängt sich in Plänen für eine recht diktatorisch von seinem Zürich regierte Großrepublik Schweiz, die ein noch umfassenderes politisches Gebilde bis weit nach Deutschland hineinführen und die im Bund mit anderen europäischen Mächten eine überragende Stellung einnehmen sollte. Das war seinen Landsleuten zuviel, auch den Zürichern, die ihm die Gefolgschaft versagten. Er fiel im Bürgerkrieg.

Der weltfremde und unpolitische Luther mit seiner Resignation befand sich weit mehr im Einklang mit dem Gang der Geschichte, so wenig er das wußte oder gestaltend überschaute. Aber Zwinglis Eingreifen in die »Dinge dieser Welt« hing auch eng mit seinen religiösen Anschauungen, seinem Weltbild zusammen. Erzogen in den Gedankengängen des Humanismus, dachte er universalistisch. Er war stark geprägt von antiken, altrömischen Vorstellungen, und wenn er in seiner Schrift »Von der Vorsehung« diese beschreiben soll, so sieht er in ihr die »ewige und unveränderliche Regierung und Administration aller Dinge«, mit einer Formel, die auch ein alter Römer hätte verwenden können. Die Bibel ist auch für ihn der Ausgangspunkt, aber Gott hat sich nicht nur in ihr manifestiert. Zwingli möchte Sokrates und Seneca oder Cicero nicht missen, schon in ihnen hat sich die göttliche Weisheit offenbart. Das Naturgesetz der Römer und Griechen stammt bereits von Gott. Gott ist eine kontinuierliche, tätige Kraft, sein beständiges Wirken ist die Natur. Aus der Bibel aber entnimmt er seinen Begriff der Kirche, und er sieht ganz entschieden die Gemeinde als die Kirche an, nicht die große Institution und Hierarchie der römischen Ekklesia. Aus der Gemeinde baut er seine Reformation auf. Er schafft sie um zu einem christlichen, nach seinen Ideen geformten Staatswesen. Die späteren großen Staatsmänner der protestantischen Welt, auch ihre Diktatoren wie Cromwell, sind Schüler Zwinglis, nicht Luthers.

Fast mühelos, verglichen mit den Kämpfen des Wittenberger Mönches, vollzieht Zwingli seinen Aufstieg. Er hat studiert, in Basel, Wien, ohne große Auseinandersetzungen mit der Scholastik oder den Kommentatoren, er bleibt sogar, wieder im Gegensatz zu Luther, ganz getrost auf dem »alten Lehrweg« und bei Aristoteles; er wird ein fröhlicher junger Humanist und schließt sich Erasmus an; man verschafft ihm recht angenehme Pfründe, und er wird bekannt als Prediger in Glarus und Einsiedeln. Der höchst ehrgeizige und tätige Kardinal Schiner, der für den Papst die Gestellung von Schweizer Mannschaften betreibt, interessiert sich für den begabten jungen Landsmann, als Protegé Schiners steigt Zwingli weiter auf, und man denkt sogar daran, ihn in diplomatischen Missionen in Italien zu verwenden. Vom Papst erhält er für eine ganze Reihe von Jahren eine ständige Pension, und damit gerät er in den innerschweizerischen Konflikt über die Jahrgelder und Bestechungen, die das ganze Bild der eidgenössischen Politik beherrschen. Von allen Seiten wird gezahlt, an allen Fronten müssen die Schweizer kämpfen, und wie die Landsknechte treffen sie dabei zuweilen aufeinander. Zwinglis erste literarische Schrift gilt diesem Problem, nicht einer religiösen Frage. Er beschreibt die Schweiz als einen prachtvoll ausgemalten Stier, der von listigen Katzen, den Franzosen, verführt wird, von treuen Hunden gewarnt, sich in die fremden Händel hineinziehen zu lassen. Er hält noch als getreuer Parteimann zu seinem Kardinal Schiner, der dagegen ist, daß die Franzosen werben, während er mit aller Energie die Werbungen für den Papst betreibt. Aber Zwingli ist bereits an dem ganzen System der Soldzahlungen und Pensionen irre geworden, das aus der Schweiz ein Land von »Pensionären« gemacht hat. Dem Kardinal Schiner selber haben sie in seiner Heimat Wallis, seinem Bischofssitz Sitten, darüber schärfste Opposition gemacht; er hat schließlich die Schweiz räumen müssen und erst als Ratgeber des Kaisers einen neuen Wirkungskreis für seine erheblichen Talente zur weltgeschichtlichen Intrige gefunden. Er hat sich bitter über die »gröbi und unstüme« seiner Landsleute beklagt, die schon seit Jahrhunderten ihre Bischöfe und Herren überfallen, erwürgt und aus dem Fenster geworfen hätten.

In diese Welt der erbitterten Auseinandersetzungen trat Zwingli ein, als er auf den angesehenen Posten als Leutpriester am Münster zu Zürich berufen wurde, dem »Vorort« der dreizehn »Orte«, die den Bund bildeten. Die Reformation hat die immer vorhandenen großen Spannungen, besonders zwischen den städtischen und den ländlichen oder »Waldkantonen« nur mit neuer Schärfe zum Ausbruch gebracht. Die Eigenart und der Eigensinn der verschiedenen Gebiete fanden willkommene Nahrung. Die neue Möglichkeit der Verbreitung von Ansichten durch den Druck sorgte dafür, daß das Feuer nie ausging. Die ganze hochstehende Kunstfertigkeit des Landes arbeitet dafür; es ist eine große Zeit der Schweizer Kunst, sie hat nie wieder eine solche Fülle auf so hohem Niveau gekannt. Gedichte, packende Satiren, Fastnachtsspiele, Dramen und mimische Aufführungen kamen hinzu; das Schweizer Drama der Reformationszeit ist bei weitem das lebendigste der Zeit. Es ist eine totale Mobilisierung des Volksgeistes in all seinen Schattierungen, vom Gröbsten bis zum Feinsten. Uralte Züge kommen herauf, noch aus der Heidenzeit stammend, wenn im Wallis einem Gegner das »wüste Gesicht« gezeigt wird mit gräßlicher Fratze aus

Baumwurzeln, und das bedeutet, daß der Betroffene verfemt, sein Haus geplündert, seine Familie von Haus und Hof vertrieben wird.

Die Schweiz ist damals kein Land von ruhig-behäbigen »Pensionären«, denn auch um diese Gelder wird mit dem Spieß gefochten, nicht nur mit Broschüren. Zwingli allerdings geht anfangs nicht mit Ungestüm oder Grobheit vor, sondern bedächtig. Lange hält er sich noch von Luther fern und besteht darauf, daß er sein eigenes Evangelium verkündet habe, ehe er eine Zeile des Wittenbergers zu Gesicht bekam. Er beginnt ganz methodisch damit, daß er statt der vorgeschriebenen ausgewählten Abschnitte der Bibel ein ganzes Evangelium in seiner Predigt behandelt. Er spricht eigentlich nicht gut, seine Stimme trägt nicht weit, und viele müssen in der Kirche nah heranrücken, um ihn zu hören. Aber die Intensität seines Wesens stößt durch und gewinnt ihm die Gemeinde, die wichtigsten Ratsherren, die Stadt. Das erstaunlichste ist vielleicht die Duldung, die Zwinglis Reformation von seiten der Kurie erfährt, die Rücksicht nehmen muß auf die Schweizer als ihr wichtigstes Rekrutierungsgebiet. »Wir wurden«, so sagt Zwingli, »nicht abgefallen, abtrünnig gescholten, sondern mit hohen Titeln gepriesen.«

Abtrünnig jedoch war er längst geworden. In Disputationen wurde nach der Sitte der Zeit zuerst gefochten. Der Bürgermeister von Zürich verfügte, daß hinfort das reine Evangelium gepredigt werde und nichts anderes. Die Stadt riß sich von der bischöflichen Oberhoheit los und damit von der gesamten Hierarchie der Kirche. Sehr viel radikaler und sehr viel rascher als in Luthers Wittenberg führt Zwingli seine Umgestaltung durch. Mit dem kleinen Streit über die Fastengebote, beim Wurstessen im Hause des Druckers Froschauer, hob es an, wie bereits erwähnt, die Beseitigung der Klöster und Stifte folgte; der Magistrat übernahm die Güter und Einnahmen zum allgemeinen Nutzen: Armenpflege, Besoldung der Schullehrer, Gründung einer ersten evangelischen theologischen Fakultät. Mit Schweizer Gründlichkeit wurde das alles vorgenommen; gründlich beseitigte man die Bilder, nicht in wildem Sturm wie in Thüringen, sondern auf Anordnung der Obrigkeit. Die Orgeln wurden verbannt; Zwingli, obwohl ein ebenso guter Musiker und Musikfreund wie Luther, wünschte nichts in der Kirche, was die Andacht unterbrechen könnte. »Und in dreizehn Tagen waren alle Kirchen in der Stadt geräumt«, verzeichnet der Chronist Bullinger die

Aktion, die an anderen Orten der Schweiz sehr viel gewalttätiger vor sich ging. Die wichtigste Neuerung wurde das Eherecht, ehemals das Privileg der geistlichen Gerichtsbarkeit und Gegenstand vielen Streites um Gebühren und Dispense. Ein Chorgericht von vier Laien und zwei Pfarrern trat an die Stelle; Ehescheidung und Recht auf Wiederverheiratung wurden eingeführt, ein Eheregister geführt, Vorbild für viele Städte, auch im Reich.

Zwingli begnügt sich nicht damit. Das Ehegericht wird zum Sittengericht und kontrolliert die gesamte Bürgerschaft. Es unterhält Spitzel. Die Hausbesitzer werden verantwortlich gemacht für den Lebenswandel ihrer Leute und Mieter. Man beobachtet die Liebespaare im Torweg, die Gastwirte, die Dienstboten. Schon spätes Nachhausekommen eines Ehemannes wird dem Gericht gemeldet. Zwinglis Zürich wird, lange vor Calvins Genf, die erste streng »puritanische« Stadt. An die Spitze dieses Gemeinwesens tritt, ohne ausdrückliches Amt, aber als Führer, Zwingli, der Prediger, Staatsmann und Prophet.

Wie bei allen radikalen Bewegungen herrscht äußerste Strenge und Unduldsamkeit gegenüber den »Deviationisten«, die von der radikalen Linie abweichen und, in Zwinglis Falle die Täufer, noch entschiedener vorgehen wollen. Der Toleranzgedanke war dem 16. Jahrhundert, von ganz einzelnen mutigen Männern abgesehen, die dafür furchtbar verfolgt wurden, so gut wie unbekannt. Zwingli schlug die Wiedertäufer erbarmungslos nieder mit dem Schwert. Es wurde sein Schicksal, daß Luther ihn nun mit den »Schwarmgeistern« und Wiedertäufern ohne weiteres zusammenwarf, die Zwingli doch kaum weniger haßte als der Wittenberger.

Die Taufe – und darum ging es für Zwingli – war für ihn vor allem eine Gemeindesache: Die Eltern und Paten sollten verpflichtet und gebunden werden, den Täufling im Sinne der christlichen Gemeinschaft zu erziehen. Das Abendmahl ordnete er ebenfalls im Sinne des Gemeinschaftsgedankens: Die Teilnehmer saßen, wohlgeordnet, die Frauen links, die Männer rechts in der Kirche, Gemeindediener gingen umher und boten das Brot in hölzernen Schüsseln dar, jeder brach einen Bissen ab, der Wein wurde in hölzernen Bechern gereicht, man aß und trank gemeinsam »zum Gedächtnis« an das erste Abendmahl.

Ehe Zwingli aber darüber mit Luther aneinandergeriet, trat seine reformierte Stadt Zürich in die stärksten innerschweizerischen Gegensätze ein. Er fand Sympathien und Nachfolge in den Stadtkantonen der Nordschweiz, in Basel und Bern, und schärfste Opposition in den »alten Orten« der Innerschweiz. Der Bund hatte eine große Probe zu bestehen, und er bestand sie schlecht. In genauer Parallele zu den Ereignissen im Reich benutzte die Majorität der katholischen Orte eine Tagsatzung, um Zürich und Zwinglis Werk, aufgrund des Wormser Ediktes, für gebannt zu erklären. Damit war der Bund als Zusammenschluß freier und selbständiger Genossen gesprengt. Daß man dafür noch ein besonderes Reichsgesetz übernahm, während die Schweiz sonst sich ausdrücklich als unabhängig von der Reichsgesetzgebung bekannt hatte, mußte an den Rand des Bürgerkrieges führen. Beide Parteien suchten nach Bundesgenossen im Ausland. Beide waren ziemlich gleich stark und konnten, allein auf sich gestellt, nicht hoffen zu siegen. Die katholischen Urkantone wandten sich an Österreich und setzten sich damit dem Odium aus, den alten Erbfeind ins Land zu rufen; Zwingli nahm Fühlung mit den großen Reichsstädten, Straßburg, Mühlhausen, er knüpfte Verbindungen mit Hessen an. Aus dem süddeutschen Raum waren der Eidgenossenschaft noch um die Jahrhundertwende starke Kräfte zugeflossen; Basel und Schaffhausen waren erst damals dem Bund beigetreten, und schon das hatte schwere Unruhe bei den Waldkantonen hervorgerufen, die ohnehin den immer reicher und mächtiger werdenden Städten mißtrauten. Noch weiterer Zuzug solcher Kommunen, so glaubten sie, würde sie zu einer bedeutungslosen Minorität herabdrücken. Die Pläne Zwinglis gingen in der Tat darauf hinaus, Zürich und Bern, die beiden stärksten Städte, zur Führung zu berufen. Er begann ein hohes Spiel mit gesamteuropäischer Politik. Frankreich sollte den Kaiser aus der westlichen Flanke her in Schach halten, der Ungarnkönig Zapolya seinen Konkurrenzkönig Ferdinand von Osten her. Zwingli konnte sich Hoffnungen machen, Frankreich für die neue Lehre zu gewinnen. König Franz hatte dem Papst ganz herzhaft mit dem Abfall gedroht; er hielt diese Waffe ständig in Bereitschaft und erlaubte den Anhängern der neuen Lehre zu diesem Zwecke einigen Spielraum. Seine Schwester Margarethe von Navarra durfte in ihrer kleinen Residenz einen ganzen Musenhof von Reformierten oder Halbreformierten versammeln. Zwingli richtete eine ausführliche »Exposition des Glaubens« an König Franz, sehr humanistisch gefärbt und mit einer »Tafelrunde« im Himmel, in der

der »allerfrommste König«, auf das friedlichste vereint, alle Heiligen und Weisen seit Beginn der Welt wiedertreffen kann, neben den Aposteln und der Mutter Gottes auch Herkules, Sokrates, Scipio und die königlichen Vorfahren, Ludwig den Frommen und andere Monarchen des Hauses. Es ist durchaus denkbar, daß er damit ungefähr den Himmel schilderte, der Franz vor Augen schwebte, wenn er seine Gedanken nach oben richtete: Der König tat das jedoch nur selten, und dieser Versuch, ihn zu gewinnen, blieb eine Chimäre.

Der Kern dieser Großraumplanung, die schließlich von der Nordseeküste bis nach Venedig und im Osten nach Siebenbürgen reichen sollte, war schwach, und nicht einmal eine Einigung der Schweizer und süddeutschen »Zwinglianer« mit Luther kam zustande. Landgraf Philipp bemühte sich unablässig darum. Er berief die beiden Parteien nach Marburg zu einem Religionsgespräch, einer der unzähligen Disputationen der Zeit und in vieler Beziehung der schicksalsreichsten. Der Streit um das Abendmahl stand zwischen den beiden Gruppen. Es fällt uns heute schwer, ihn nachzuvollziehen. Er erscheint wie ein Streit um Worte. Aber nachdem Luther das Wort zur höchsten Autorität erhoben hatte, war ein Wort oder ein Satz kein bloßes Wort mehr. Wenn er in seiner Bibel die Worte fand »Dies ist mein Leib«, so bedeutete das für ihn mehr als eine Frage der Interpretation, um so entschiedener, als er sich in den Jahren nach der Rückkehr von der Wartburg ständig angegriffen fühlte. Er hatte die Frage des Abendmahls in seinem ersten kühnen Vorstürmen so gut wie völlig beiseite gelassen. Nun aber war sie aufgeworfen worden von den Schwarmgeistern, von Karlstadt und Zwingli. Er mußte haltmachen und sich zur Wehr setzen, und dabei wurde er ständig zurückgeführt auf seine Vergangenheit. Grob gesprochen wurde er immer mehr »katholisch«, und das warfen die Schweizer ihm denn auch vor. Uns will es scheinen, daß er immer viel »katholischer« geblieben war, als es der ihm aufgezwungene Kampf mit Rom erwarten ließ. Zwingli war darin der weitaus energischere Ketzer, obwohl man ihm nicht mit dem Scheiterhaufen drohte. Das unheilvollste an diesem Streit war jedoch, daß damit alle uralten Kontroversen der frühesten Konzilszeiten wieder aufgerührt wurden. Und da lag auch im Grunde schon das Problem: Die frühe Christenheit hatte bereits in ihrer dogmatischen Definierfreude, die ihr aus der antiken Schulung zugekommen war, versagt vor der unlösbaren Aufgabe, Mysterien für alle befriedigend in den dafür stets unzulänglichen Worten zu fassen. Die Trinität, drei Personen in einer Einheit, und dann die zwei Naturen Christi, Gottheit und Mensch in einer Person: Sogleich begann der Streit, der große Gruppen abspaltete, ja zeitweilig die Kirche gänzlich trennte. Zwingli wie Luther standen beide noch auf der Grundlage der Konzilsbeschlüsse von Nicäa mit den dort verkündeten Symbolen. Diese anzutasten blieb erst einer weiteren Entwicklung vorbehalten, die allerdings schon ihre ersten Vorläufer noch in Luthers Lebenszeit hinein entsandte. Aber die Gemeinsamkeit der Anerkennung der Symbole bei Luther und Zwingli hinderte nicht, daß sie sie verschieden auffaßten und auslegten. Zwingli schied die beiden Naturen Christi voneinander, seiner humanistischen Schulung entsprechend: Die Gottheit darf nicht in das irdische Leben hineingezogen werden, das wäre eine Profanierung. Christus hat als Mensch gelitten, denn die Gottheit wäre ihrer Definition nach unfähig zu leiden. Das empfindet Luther schon als Lästerung: Wie, leugnest Du damit den Opfertod Gottes, die Erlösung? Auch die leibliche Gegenwart Christi in Brot und Wein beim Abendmahl erscheint Zwingli als eine Vergröberung und Bindung an das Sinnliche. Die Einsetzungsworte »dies ist mein Leib« seien zu übersetzen oder aufzufassen als »dies bedeutet mein Leib«. Für Luther ist das Sakrileg. Von einem Mysterium, einem Wunder ist die Rede. Und dichterisch gibt er Gleichnisse für andere Wunder: »Wenn ein Spiegel in tausend Stücke gebrochen würde, dennoch bliebe in einem jeden Stücke dasselbige ganze Bild, das zuvor im ganzen Spiegel allein erschien.« Christus ist allgegenwärtig. Weshalb soll er nicht im Brot und Wein gegenwärtig sein? Zwingli verwendet das Argument, Christus werde doch im Himmel gedacht, sitzend zur Rechten Gottes; er könne nicht zur gleichen Zeit im Brot und Wein sein. Luther spottet: Das sei doch ein »rechter Gaukelhimmel, darin ein güldener Stuhl steht und Christus neben dem Vater sitzt in einer Chorkappe und güldnen Krone«.

Schwer begreifbar ist uns heute die Rücksichtslosigkeit, mit der man dem Gegner von vornherein jeden guten Glauben absprach. Für Luther ist Zwingli schlechthin vom Teufel gesandt. Die Abendmahlsfeier der Schweizer ist für ihn »ein Bauchdienst und ein Gefresse wie in den Tavernen oder auf der Kirchweih«. Die Schweizer erwidern mit »Fleischfresser!«. Im ganzen verhalten sie sich gemäßigter, während

Luther noch hemmungsloser gegen sie tobt als gegen den Papst. Es ist für ihn ein persönlicher Kampf. In sich selber hat er den Streit mit seinem Verstand ausfechten müssen, dem Teufel, der ihn mit seinen listigen und für die Vernunft einleuchtenden Argumenten zu verwirren sucht. Er hat ihn mit der Keule niedergeschlagen. Nun erhebt er wieder sein Haupt, viele Häupter, Zwingli ist nur eines davon. Er wittert in Zwingli den Vernünftler, den Rationalisten.

Wir können auch die rein menschlichen kleinen Züge nicht ganz außer Betracht lassen. Man ist sich gegenseitig einfach unsympathisch. Zwingli ist mit hellem und freudigem Mut zu der Tagung gekommen, das kurze Schwert an der Seite; alles geht im Augenblick vortrefflich, seine Anhängerschaft, den Landgrafen eingeschlossen, ist weitaus größer und stärker als die der Wittenberger. Luther ist düster, schon physisch krank, verstört durch den Abfall so vieler, auf die er gezählt hat. Er versteht bereits rein sprachlich die Schweizer nicht, ihren »filzigen, zottichten« Dialekt, wie er sagt mit einer deutlichen Anspielung auf das Gewand, in dem der Gottseibeiuns aufzutreten pflegt. Er hat sich kaum eingehender mit Zwinglis Schriften befaßt, wohl aber vernommen, welche Neuerungen in Zürich eingeführt worden sind. Das republikanische Wesen der Schweizer ist ihm verdächtig; er ist patriarchalischer Monarchist und wünscht keine Abstimmungen in Volksversammlungen.

So wird das große dreitägige Gespräch in den ersten Oktobertagen 1529 ein Fiasko. Wir besitzen kein Protokoll, das Luther ausdrücklich abgelehnt hatte, nur spätere Berichte von Teilnehmern. Der berühmte und zuverlässig überlieferte Zug ist, daß Luther mit seinem Sinn für drastisch-symbolische Handlungen auf den Tisch, vor dem er saß, mit Kreide seinen Hauptsatz geschrieben hatte: »Dies ist mein Leib.« Er deckte die Samtdecke darüber, und hob sie dann auf dem Höhepunkt der Debatte auf und wies darauf: Das Wort, das Wort, da steht es, es ist nichts daran zu deuteln! Sonst hatte die Verhandlung wenig Höhepunkte. Man tastete sich gründlich ab, und jeder blieb bei seiner mitgebrachten Ansicht. Man schrie sich auch an. Wenn von der Allgegenwart Gottes die Rede war, so dröhnte Luther zornig: »Gott kann viel mehr als alle unsere Gedanken, man muß dem Worte Gottes weichen! Ein Knecht grübelt nicht über den Willen seines Herrn, man muß die Augen schließen!« Und noch grimmiger fügt er in seiner stets zum

Paradoxen greifenden Art hinzu: »Und wenn Gott mir gebieten würde, Mist zu essen, so würde ich es tun!« Zwingli, gar nicht gesonnen, seine Augen zu schließen, erwidert: »So etwas befiehlt Gott nicht, er ist wahrhaftig und das Licht, er führt nicht in Finsternis!« Man solle nicht so an der Menschheit und dem Fleische Christi hängen, meint er: Erhebt den Geist aufwärts, zur geistigen Gottheit! »Ich weiß von keinem Gott, als der Mensch geworden ist«, gibt Luther zurück, »und will auch keinen andern haben.« Die versöhnlichen und gerührten Worte, die auch einmal gesprochen werden, fallen unter den Tisch, auf dem mit Kreide das Wort geschrieben steht. Die Schlußformel Luthers lautet: »So reimt sich unser Geist und Euer Geist nicht zusammen.« Der Humanist stand dem Mönch gegenüber, der »Idealist« dem »Realisten«, für den das Wirkliche das Unbegreifliche der »realen Gegenwart« des Leibes Christi in Brot und Wein darstellte.

Unwirklich waren denn auch die großen Pläne des Landgrafen, vergeblich seine Versuche, doch in letzter Stunde noch einen losen Kompromiß zu erzielen. Eine symbolische Handlung sollte der Abschied sein: Die Zwinglianer wollten gemeinsam mit den Lutheranern das Abendmahl einnehmen. Es wurde ihnen rundweg abgeschlagen, und diese Verweigerung hat sich noch 1929 bei der Vierhundertjahrfeier an gleicher Stelle in Marburg wiederholt.

Man ging auseinander. Der Landgraf vermochte nur eine abschließende Formulierung durchzusetzen, die wie bei den Reichstagsbeschlüssen die Auslegung offen ließ: »Sofern eines jeden Gewissen es immer leiden kann.« Jede der beiden Parteien fühlte sich als Sieger. Die Spaltung der Protestanten wurde, noch ehe der Reichstag von Augsburg die politische Spaltung verewigte, zur Tatsache. Luther setzte den als »Unionsartikeln« gedachten Marburger Beschlüssen sogleich nach der Heimkehr sein eignes »Bekenntnis« entgegen. Die Schweiz schied aus. In ihr vollendete sich nun das Schicksal Zwinglis.

Der Bürgerkrieg begann, der zwei Jahre zuvor eben noch vermieden worden war, obwohl die Parteien sich schon in Waffen gegenüberstanden. Zwingli hatte damals nur ungern und gezwungen nachgegeben. Er war nicht gegen den Krieg, nicht einmal gegen einen Präventivkrieg, wenn er für die »gerechte Sache« des Evangeliums geführt wurde. Er betrieb ihn nun mit aller Kraft und mit völliger Überschätzung der Kräfte, die ihm zur Verfügung standen. Ein eigentümlicher Bruch im Wesen des bis dahin so umsichtigen Mannes zeichnet sich ab: Bei der ersten Mobilmachung von 1529 hatte er schon frühzeitig genaue Feldzugspläne entworfen, bis in die Einzelheiten des

36 Landgraf Philipp der Großmütige von Hessen

Kriegsdienstes, der Bewaffnung mit Handbüchsen, der Signale alles geregelt. Jetzt, 1531, ließ er das alles außer acht. Er bewegte sich nur mehr in großen politischen Kombinationen, und sie zeigten sich alle als unzuverlässig. Von all den erhofften Verbündeten kamen nur unverbindliche Worte, aus Dänemark, Paris, Venedig; nicht einmal die Schweizer reformierten Städte hielten energisch zu ihm. Sein Plan, eine neue Schweiz zu schaffen, mit Zürich und Bern als den »Säulen und Grundfesten«, und die katholischen Kantone zu zwingen und zu unterdrücken, ja sogar »auszureuten«, fand nur wenig Anklang; eine Lebensmittelblockade der fünf Altkantone versagte, wie stets solche Maßnahmen. Zwingli überspannte auch seine Stellung in der Stadt. Ein »geheimer Rat« war schon seit längerem geschaffen worden, jetzt hieß es, daß Zwingli und seine engeren Genossen die »heimlicheren der Geheimen« seien. Die Strenge seines Regimentes wuchs: Kirchenzwang wurde verfügt, die Sittenpolizei griff immer empfindlicher ein: »Furcht und Mißtrauen ist überall, in den Familien und den Behörden, jedermann hat Angst, an die Kanzel zu kommen«, beschrieb ein Ratsherr die Situation. Karrieremacher besetzten die Stellen, auch beim Militär. Die katholischen fünf Orte stießen geschlossen vor, mit erprobten Mannschaften und Hauptleuten. Die Züricher rückten, zu spät, mit einer fast kläglichen Truppe aus, »so lang als die Stadt Zürich gestanden, ist man nie so schlecht und elendiglich mit der Stadt Banner ausgezogen«, meldet der Chronist. Sie stießen etwa 2000 Mann hoch auf die Gegner mit rund 8000 Mann und wurden vernichtend geschlagen. Zwingli war unter den neun Prädikanten aus der Stadt, die dabei fielen. Die Leiche wurde durch ein Kriegsgericht feierlich verurteilt, gevierteilt zu werden – die Strafe für einen Hochverräter –, und wurde verbrannt – die Strafe für den Ketzer. Noch empfindlicher als diese Niederlage auf dem Feld von Kappel wurde eine zweite, bei der auch die inzwischen zu Hilfe geeilten Berner mitbetroffen wurden. Disziplinlosigkeit wird dafür verantwortlich gemacht, die Stärke der beiden Parteien war diesmal gleich. Es ist des Nachdenkens wert, daß die strenge, zum Schluß diktatorische Zucht, die Zwingli eingeführt hatte, die Feuerprobe so schlecht bestand. Im zweiten Landfrieden von Kappel mußte Zürich auf alle Großmachtspläne verzichten. Die auswärtigen Bündnisse wurden aufgehoben, das Pergament, das den Pakt mit Philipp von Hessen verzeichnete, zerschnitten. Die süddeutschen Städte traten zurück ins Reich. Die Schweizer Reformation, die damit nicht beendet war, wurde hinfort eine innerschweizerische Angelegenheit. Sie hatte sich auf der Basis der Parität mit den katholischen Kantonen einzurichten.

Weit über die Schweiz hinaus wirkte aber diese erste militärische Katastrophe der Protestanten als ein erster Sieg dessen, was dann im Rückblick die Gegenreformation genannt wurde. Luther fand seine Ansichten über Krieg und Widerstand bestätigt. »Ein Gottesgericht!«, so legte er den Tod aus. Starr bei seiner Ansicht verharrend, daß Zwingli zu den Schwärmern und Sakramentierern gehöre, zählt er ihn unter die »Stifter von Sekten« mit Thomas Müntzer, Balthasar Hubmair, dem Wiedertäufer Hut und anderen. Und mit äußerster Betonung seiner Lehre vom Leidenmüssen und Nichtwiderstandleisten: in der Bibel heißt es, der Knecht Gottes werde »wie ein Lamm zur Schlachtbank geführt«. »Zwingli wollte ein Kriegsheld sein«, ein »Gigant«. Luther bezweifelt, ob er selig werden und in den Himmel kommen könne. Sein Himmel sah keine Schwertträger vor.

Zwingli hatte ein Jenseits vor König Franz geschildert, das auch antike Helden einbezog, und mit seinem Tod auf dem Schlachtfelde hat er diese Geistes-Wahlverwandtschaft bekräftigt. Damit ist nur eine Seite seines Wesens gekennzeichnet. Er kannte ebenso das Gebet um Hilfe von oben, die Ergebung, die er in seinem Pestlied mit dem Gleichnis ausdrückt, er sei nur ein irdnes Gefäß, ein Hafen in der Hand Gottes: »Mach mich ganz, oder zerbrich mich!« Es wurde sein Los, zerbrochen zu werden.

Der Triumph seiner Gegner, auch der Luthers, war kurzlebig. Aber der Tod des einzigen unter den führenden Protestanten, der eine etwas größere Konzeption auf dem politischen Felde hatte, war eine viel schlimmere Katastrophe als die doch recht unbedeutende Niederlage bei Kappel. Das Ausscheiden der Schweiz war mehr als der Abschied von einem waffentüchtigen Bundesgenossen. Es bedeutete zugleich den Niedergang der Städte als der bisherigen Kerntruppe der Reformation. Das wurde auf lange Zeit den Beteiligten nicht bewußt; noch fühlten sich so mächtige Kommunen wie Straßburg, Nürnberg, Augsburg, Ulm als den Fürsten ebenbürtig, wie sie es auch ihrer Macht nach hätten sein können. Im Bund mit Zürich, Bern, Basel wären sie unwiderstehlich gewesen. Jetzt wurden sie unsicher. Sie schlossen sich Sachsen und den Fürsten an, die ihre kleinstaatliche Politik betrieben. In Wittenberg sah man mit Befriedigung, daß nun die »lutherische Sache« siegen würde, und auf dem Gebiet der Glaubensfragen und dogmatischen Formulierungen stimmte das. Aber immer mehr wurden die Dinge des Glaubens nur noch ein Vorwand für höchst eigennützige und kleinliche Territorialpläne. Ein Handeln und Schachern hebt an, bei dem es sehr bald zu den peinlichsten Frontwendungen kommt, die von der Lokalgeschichte recht mühsam gerechtfertigt werden müssen. Das Heroenzeitalter der Reformation ist vorbei. Luther tritt ständig mehr zurück. Er ist noch immer der große alte Mann, aber eben der alte. Schon regen sich überall die Stimmen, die sich auf den jungen, den »echten« Luther berufen, und sie haben gar nicht immer unrecht; der Vorgang ist in der protestantischen Kirche nie mehr zum Stillstand gekommen. Er wird eingeschneit mit Anfragen, Briefen, Bitten um Gutachten, mit den winzigsten und oft törichtesten Problemen bedrängt; er antwortet, so gut es geht, und es geht ihm immer mühsamer vonstatten. Seine Arbeitskraft ist bewundernswert bis zum Schluß, aber er verschwendet sie an Dinge, die andere ebensogut oder besser machen könnten; eine große Kanzlei, ein Büro würde das heute übernehmen. Etwas der Art bildet sich auch in sehr unvollkommener Form, aber es sind kleine Leute, die sich untereinander zanken oder mit anderen außerhalb streiten. Die dogmatischen Kontroversen, die im Abendmahlsstreit gegipfelt hatten, gehen weiter, und damit gewinnen die Obrigkeiten, ob Fürsten oder Magistrate, immer mehr die Oberhand. Sie müssen eingreifen und leidlich Ordnung schaffen, wenn die Prediger sich von den Kanzeln her unaufhörlich als Satansboten und Söhne Belials beschimpfen. Eine ganze Generation von Theologen wächst heran, die von Luther nicht viel mehr als die saugrobe Tonart gelernt hat. Er selber, der große Alte, wird ständig gereizter, erlebt immer öfter Zusammenbrüche teils physischer, teils geistiger Natur, verdüstert sich und sieht das Weltende gekommen, das ihm anfangs nur als Durchgangstor zu einer neuen, besseren Zeit gegolten hatte. Der Aufbau seiner Kirche geht langsam vorwärts. »Säkularisierung« war eine einfache Parole gewesen. Welche weltlichen Mächte sollten aber nun die Rechte und Werte übernehmen? Die Fürsten? Der Adel? Die Magistrate? Auch da hob ein unendliches Feilschen an, das in vielen Gegenden alle vorhandenen Kräfte auf Jahrzehnte hinaus absorbierte; die Urkundenbücher legen davon Zeugnis ab. Dieser innere Kampf, verschärft durch die unvorstellbare Zersplitterung allen Besitzes im Reich, hat vielleicht die Protestanten noch stärker gelähmt als die Uneinigkeit ihrer Führer, die freilich auch zum größten Teil durch Streit um Landstücke, den Fetzen eines ehemaligen Bistums, eine Abtei, eine Klosterwiese bestimmt war. All das waren für Luther die Dinge dieser Welt, in der Satan unweigerlich der Fürst ist. Er verstand sie nicht, er wollte sie nicht verstehen, und er wurde unablässig mit ihnen behelligt. Er hatte die Sache seiner Kirche nun einmal den Obrigkeiten in die Hand gegeben. Die Hand griff immer weiter aus. Die Räte und Syndici, die Juristen beherrschten die Szene; er mißtraute ihnen gründlichst, bis noch in die Abfassung seines Testamentes hinein, aber er war ihnen ausgeliefert. Das Schicksal der Reformation wird von den Fürsten und ihren Ratgebern entschieden.

Der altgewordene Kurfürst Johann stirbt, und sein Sohn Johann Friedrich tritt an seine Stelle als Herrscher über den Halbstaat Kursachsen. Nur im Leibesumfang übertrifft der neue Herr den alten beträchtlich und im maßlosen Zechen. Er ist mißtrauisch, kleinlich, jähzornig, eigensinnig und verdirbt es immer wieder mit allen Kontrahenten. Luther und seine Lehre sind für ihn bereits ein fester Besitz seines Hauses, er ist stolz darauf, auch darauf, daß die Wittenberger Lehre nun so weithin als die wahre anerkannt wird. Er fühlt sich, als Vertreter der nächsten Generation bereits, so sicher, daß er unbeschadet seiner protestantischen Einstellung auch Verbindungen zum König Ferdinand, zum Kaiser, zu anderen katholischen Fürsten pflegen kann, wenn das in seine kursächsischen Pläne paßt. Und wie er denken die meisten auf beiden Seiten. Die großen Ideen von einer umfassenden Reform nicht nur der Kirche, sondern des ganzen Reiches verflüchtigen sich. Man richtet sich ein und sucht seinen Besitzstand zu wahren. Auch Luther macht diesen Prozeß mit. Er ist resigniert geworden bis fast zur Zaghaftigkeit und warnt vor allen »Experimenten« mit Ausgreifen in Gebiete, die noch anderer »Obrigkeit« unterstehen.

Auf der anderen Seite, bei den Katholiken, herrscht die gleiche Müdigkeit. Die große machtpolitische Auseinandersetzung hat noch gar nicht im vollen Ernst stattgefunden zwischen den Parteien; nur der Bauernkrieg war eine soziale Entscheidung gewesen, und das hatte sich auf beide Seiten ausgewirkt. Den übergroßen Sieg, den man dabei errungen hatte, wollte niemand aufs Spiel setzen; als latente Furcht, daß es »noch einmal losgehen könnte«, wirkte das als Bindemittel über alle konfessionellen Schranken hinaus. Es kam zu dem Nürnberger Religionsfrieden von 1532, der den Protestanten freie Religionsausübung zusicherte. Das Konzil, als ewige Hoffnung, wurde wieder einmal als Termin für diese Zwischenlösung gefordert. Der Kaiser mußte seine Zustimmung geben, denn das Haus Habsburg war erneut von zwei Seiten bedroht: im Westen durch Frankreich, im Osten durch die Türken, die Verbündeten des allerchristlichsten Königs Franz. Teilnahme am Türkenfeldzug war der Preis für Duldung, den Karl von den Protestanten forderte, und sie bewilligten ihn.

Die Türkengefahr war eine der großen Drohungen, die zeitweilig alle anderen Überlegungen überschattete; Türkenfurcht beherrschte die Gemüter wie nur die Ankündigung des Letzten Gerichtes, und sie war kein leerer Wahn. In Sultan Suleiman besaß das Osmanische Reich einen Herrscher, der es auf den höchsten Gipfel seiner Macht geführt hatte, in Organisation – Kamuni, den Gesetzgeber, nannten ihn seine Geschichtsschreiber – wie in militärischer Schlagkraft. Er verfügte über die einzige stehende Armee der damaligen Welt, die stärksten Flotten, eine ausgezeichnete Diplomatie, und sein Reich war zusammengehalten durch einen einheitlichen Glauben; er selber schrieb sich achtmal mit eigner Hand den Koran ab. Wenn man es recht besieht, so war Suleiman der einzige wirkliche Imperator der Zeit, und als solcher fühlte er sich. Es schien ihm keineswegs unmöglich, auch Europa zu seinen Füßen zu sehen, zumal er sehr genau davon unterrichtet wurde, wie gespalten und miteinander verfeindet die europäischen Völker waren. Er hatte bisher nur starke Vorstöße gemacht, in die Alpenländer, bis nach Wien. Nun rückte er mit einer fabulösen Heermacht heran. Eine Krone für die abendländischen Besitzungen hatte er sich von venezianischen Goldschmieden anfertigen lassen. Der Balkan, Ungarn waren schon in seiner Hand. Das Geheimnis seiner Eroberungen war vor allem, daß er beharrlich und unablässig vorrückte, ständig an den Grenzen nagte, die Gegner nie völlig zur Ruhe kommen ließ, die sich immer nur einmal für einen kurzen Feldzug von wenigen Wochen aufraffen konnten und dann wieder nach Hause gingen, wenn die Soldgelder erschöpft waren. Solche Sorgen hatte Suleiman nicht. Er brauchte weder Rücksicht zu nehmen auf Bewilligungen mißmutiger Stände noch die Wechsel von Bankherren. Für den Kaiser verlief auch dieser Feldzug, der größte, den er bisher unternommen hatte, nach dem üblichen Muster: ein gewaltiger Aufmarsch, an dem sich die Protestanten stark beteiligten, große Truppenschauen, Deutsche, Spanier, Italiener, Landsknechte und städtische Mannschaften, Scharmützel gegen die Türken, die bis in die Alpenländer eingedrungen waren, nachdem sie kostbare Zeit in Ungarn bei Belagerungen verschwendet hatten. An den Grenzen Österreichs machten die deutschen Mannschaften halt. Sie erklärten, sie seien nicht dazu ausgezogen, Ungarn für Ferdinand zurückzuerobern, und zogen heim. Man könnte sie eines schmählichen Verrates an der großen Sache beschuldigen, wenn sie nicht das Beispiel vor Augen gehabt hätten, daß niemand die gemeinsame Sache mehr wirklich ernst nahm. In der Tat ging es Ferdinand um seine Hausmacht, dem Kaiser um die Größe der Dynastie Burgund und dem König von Frankreich darum, im Verein mit dem Sultan die Habsburger niederzuringen oder wenigstens soviel als möglich zu schwächen. Die Weltpolitik war ein getreues Spiegelbild der Politik der deutschen Kleinstaaten.

Trotzdem hatte die Parole »Kampf den Ungläubigen« noch immer etwas von ihrem alten Schimmer behalten. Der Kaiser wußte das recht wohl und hoffte, diese Stimmungen seinen imperialen Plänen zunutze zu machen. Aber wie fast stets verzettelte er seine Kräfte auch da. Statt an der einzigen entscheidenden Front auf dem Balkan versuchte er isolierte Vorstöße an der nordafrikanischen Küste, wo ein Parteigänger des Sultans, der griechische Renegat Chaireddin Barbarossa sich eine Herrschaft begründet hatte und die Mittelmeerküsten mit seinen Korsarenschiffen unsicher machte. Tunis wird 1535 erobert, und Karl läßt sich überschwenglich als Held der Christenheit feiern; er zieht durch ganz Italien, wo ihm antike Triumphbogen errichtet werden, von denen einer die Inschrift trägt: »Vom Aufgang der Sonne bis zu ihrem Niedergang«, woraus dann das bekannte Wort geprägt wurde, er habe über ein Reich geherrscht, in dem die Sonne nicht unterging. Der Vorstoß war nur eine Episode, ein zweiter auf Algier im Jahre 1541 mißglückte kläglich; Türkenzüge und Türkenhilfe blieben ständig auf dem Programm, ohne jedes andere Resultat, als daß das Osmanische Reich sich Ungarn endgültig für die nächsten 150 Jahre eingliederte und ganz Nordafrika in den Händen seiner Satelliten verblieb.

Die gleiche Unfähigkeit, einen Lieblingsgedanken folgerichtig zur Durchführung zu bringen, tritt auch bei Karls unablässig vorgetragenem Wunsch nach dem großen Konzil zutage. Er wird bald als Druckmittel dem Papst gegenüber benutzt, als Hoffnung den Protestanten vorgehalten, bald ehrlich im Wunsch nach einer Union debattiert. Nie aber kann Karl sich entschließen, trotz aller Erfahrungen, die er mit fünf Päpsten gemacht hat, den einzigen Schritt zu tun, der Erfolg versprechen würde und den ihm der engere Kreis seiner Ratgeber oft genug vorgeschlagen hat: die Kurie zu zwingen. Er hat gar nicht selten die stärksten Worte gegen die Päpste gesprochen, geklagt, protestiert, noch als das Konzil dann endlich, zu spät, zusammentrat; er hat seine ganze Regierungszeit hindurch Krieg führen müssen mit Rom, als heißen Krieg und kalten Krieg, der nie abriß. Den Respekt, die Ehrfurcht vor der Institution als solcher, unbeschadet ihrer jeweiligen Träger, hat er nie gewagt aufzugeben. An ihm hat sich diese Lehre vom Amt, das über dem zeitweiligen Inhaber steht, weltgeschichtlich bewährt. Ob das zum Wohle auch nur der römischen Kirche war, erscheint uns eine weit offene Frage.

Die Haltung des Kaisers in dieser Kardinalfrage bestimmt die Ereignisse für den Rest seiner Lebenszeit. Dem Nürnberger »Religionsfrieden«, wie die temporäre Abmachung etwas hochtrabend genannt wurde, folgen weitere Verhandlungen, Religionsgespräche, Hinhalte- und Aufschiebe-Tagungen, zum Teil so kurzfristig limitiert wie die Bewilligungen für Feldzüge oder die Wechsel der Bankherren. Die Theologen haben dabei das Wort; es sieht immer wieder einmal fast so aus, als ob doch eine Einigung möglich wäre. Sie scheitert unweigerlich daran, daß die Protestanten eine Unterwerfung unter die Autorität des Papstes oder des vom Papst geleiteten Konzils ablehnen. Sie fordern ein freies Konzil, bei dem sie nicht als angeklagte Partei, sondern als gleichberechtigte Partner erscheinen können. Der Kaiser schwankt zuweilen, unter dem Druck der ständigen Gegnerschaft der Kurie, die hartnäckig seinen Feind Frankreich unterstützt, er droht auch einmal, ein Nationalkonzil einzuberufen. Weiter geht er nicht. Er protestiert, als der neue Papst Paul III. Farnese endlich und tatsächlich das langersehnte Konzil ausschreibt; er wendet sich dagegen, daß es in Italien, in Mantua, stattfinden soll, es wird auf sein Drängen 1544 nach Trient einberufen mit einer Tagesordnung, die den Wünschen des Kaisers entschieden widerspricht, nach Bologna verlegt und nach zehn Sitzungen vertagt für zehn Jahre. Es ist 1562 wieder zusammengetreten und hat für die Lehrmeinungen der katholischen Kirche Geschichte gemacht auf drei Jahrhunderte hinaus. Kaiser Karl hat das nicht mehr erlebt. Sein Wunsch nach einer durchgreifenden Reform des gesamten Kirchenwesens ist unbeachtet geblieben bis zu seiner Abdankung. Die Protestanten haben nicht mehr teilgenommen. Die Kirchenspaltung war verewigt.

Auch Luther hat das nicht mehr erlebt, und er hat die Konzilspläne auf das heftigste verdammt. Das Jahrzehnt von 1535 bis 1545 wurde trotz aller Gegensätze unter den Protestanten eine Glanzzeit ihrer Bewegung, wenn man auf die äußere Ausdehnung sieht; es ist sonst kaum glanzvoll. Das Kennzeichen ist die Abhängigkeit der Glaubensbewegung von der rein politischen Konstellation und den Machtfragen. Der Schmalkaldische Bund bildet den Kern der Expansion, einen sehr wenig festen Kern. Ältere, noch kirchentreue Fürsten sterben, wie Georg von Sachsen-Meißen und der Markgraf von Brandenburg; ihre Länder werden reformiert. Landgraf Philipp erobert Württemberg und gibt es dem Herzog Ulrich zurück, auch dieses Land wird dem neuen Glauben zugeführt. Noch größere Möglichkeiten zeichnen sich ab, die fast ganz Deutschland der Reformation zuführen würden: Der Erzbischof von Köln, Hermann von Wied, will sein weitgespanntes Gebiet reformieren, im Einverständnis mit den weltlichen Ständen. Sogar Mainz, das Erzkanzlertum und größte der geistlichen Kurfürstentümer, ist bereit zu folgen. Die Pfalz will sich anschließen. Ohne Eingreifen von außen her wäre eine so gut wie vollständige Reformation mit ziemlicher Sicherheit erfolgt. Dieses »außen« jedoch war der Kaiser, der zu seinem letzten und längsten Aufenthalt im Reich herbeieilte und das Blatt völlig wendete, bis wiederum nach wenigen Jahren die Reformation im »Schmalkaldischen Krieg« von 1546/7 zerschmettert schien und zeitweilig ihr Schicksal am Widerstand einer einzigen Stadt, Magdeburg, zu hängen drohte. Nochmals ein Umschlag: Die Waage neigt sich durch den kühnen Verrat eines einzigen Fürsten, des jungen Moritz von Sachsen, der zunächst den Kaiser unterstützt hatte und ihn nun zwingt, alle Eroberungen wieder aufzugeben. Das Gleichgewicht wird wieder hergestellt und bleibt im großen und ganzen für die Jahrhunderte erhalten. Der Norden protestantisch, mit starken Enklaven im Süden, der Süden katholisch, so gestaltet sich das Bild der Weltkarte bis weit über Deutschland hinaus.

Wir haben vorgreifen müssen. Die Schatten des Kommenden fallen bereits über Luther in seinen letzten Jahren. Das Wort, dem er so unendlich vertraut hatte, erwies sich nur noch als wirksam im kleinsten Kreise; da allerdings mit großer und stiller Kraft. Aber Luther ist düster geworden, mißtrauisch, gereizt. Seine vielen Krankheiten spiegeln oft nur seinen Geisteszustand wieder. Er sieht überall nur Abfall, Verrat am reinen Wort. Seine Lehre vom allgemeinen Priestertum aller Gläubigen ist längst enger geworden und umgewandelt in die Lehre von der unsichtbaren Kirche, deren sichtbare Repräsentanten nur kleine Häuflein sein können.

Das Wort Verrat könnte allerdings als Überschrift über den Ereignissen dieser Jahrzehnte stehen. Es heißt in der Politik »Staatsräson« und wird zum Glaubensverrat, wenn Staatsinteressen den Vorrang beanspruchen. Frankreich verbündet sich mit dem Sultan, der Papst ist als stiller Partner beteiligt, der Kaiser kämpft gegen die Kurie, protestantische Fürsten unterstützen ihn, der fest entschlossen ist, die Ketzerei endgültig auszurotten. Die geistlichen Fürsten spielen je nach der Zeitlage mit Übertritt oder »Festbleiben« beim alten Glauben, wobei »fest« ein viel zu gewichtiger Ausdruck ist. In Luthers Umgebung gibt es bereits »Martinianer« und »Philippianer«, die zu Melanchthon halten. Beide zusammen halten fest an der Verdammung der Zwinglianer. Die Männer, die zu vermitteln suchen, wie der unermüdliche Bucer, der sehr weithin angesehen ist bis nach England hin, wo er schließlich auch seine Tage beschließt, werden beargwöhnt und verfemt von rechts und links. Eine »Linke« stellen noch die Gruppen der Täufer dar, jedenfalls in ihrem militanten Flügel.

Als Nachspiel zum Bauernkrieg, und mit ebenso verhängnisvollen Folgen, bricht aus diesen Kreisen noch einmal eine Stichflamme auf und beleuchtet die Wirrnis der Zeit. Das »neue Jerusalem« und den Anbruch des Tausendjährigen Reiches haben die Täufer verkündet, vor allem der Kürschner Melchior Hoffmann, der weithin Anhänger besaß, bis in die Niederlande hinein. Er hatte Straßburg als Sitz des Neuen Reiches ausgerufen, wurde dort aber gefangengesetzt. Aus seinen holländischen Gefolgsleuten rekrutierten sich die Propheten, die ins benachbarte Westfalen zogen. In Münster, wo bereits starke religiöse und soziale Spannungen herrschten, fanden sie einen Stützpunkt. Lutheraner stritten dort mit dem Bischof, die niederen Klassen

Newe zeyttung. Wie die
Statt Münster eroberet vnnd
gewunnen worden ist/am Freytag nach Sant
Johannes des Teüffers tag / den fünff
vnd zwayntzigsten Junÿ/des tau
sent fünff hundert vnd fünff
vnd dreissigsten jar.

37 Eroberung Münsters, 1535

mit den Patriziern des Rates; die Predigt der Täufer wandelte die schwerblütige westfälische Bevölkerung in eine fanatisch gläubige, rabiat radikale Masse um, die blindlings den Führern und ihren Weissagungen vom unmittelbaren Bevorstehen der Weltwende glaubte und 1534/5 ein Wiedertäuferreich in Münster aufrichtete, das den Zeitgenossen als Inbegriff der Verruchtheit und teuflischen Laster erschien. Die Berichte stammen alle von Feinden und sind oft bösartig gefärbt. Aber unverkennbar tobte sich ein Massenwahn aus, mit Verzückungen hysterischer Weiber und unsinnigen Hoffnungen auf das Eingreifen von Gesinnungsgenossen von außen her. Gütergemeinschaft wird verkündet, wie bei vielen Täufergemeinschaften. Mehrehe, auch Ehezwang, und die angeblichen schamlosen Orgien der Täufer haben die Phantasie maßlos aufgeregt bis zu den Behauptungen, daß auch elfjährige Mädchen zur Teilnahme gezwungen worden seien. Sehr rasch entwickelte sich strengste Diktatur der Propheten, nach Sitte der Zeit als »Königtum« mit Hofstaat und einer Leibgarde. Der erste Führer Jan Matthys fiel bei einem Ausfall gegen die Belagerungstruppen des Bischofs; seine Geschlechtsteile wurden von den Landsknechten an die Stadttore genagelt. Der Gastwirt und Schneider Jan Beukelszoon aus Leiden übernahm die Herrschaft als »König von Zion« mit rücksichtslosen Hinrichtungen, einer sehr umsichtig und geschickt geführten Verteidigung und großen Volksfesten, bei denen das alte Spiel vom reichen Mann und dem armen Lazarus aufgeführt wurde, und der Armselige, dem die Rolle des Reichen zudiktiert worden war, zum Schluß leibhaftig aufgehängt wurde. Eine ganze Fürstenkoalition erst brach den Widerstand nach langer Belagerung und zahlreichen Meutereien unter den Landsknechten. Es folgten, wie im Bauernkrieg, die Folterungen der Gefangenen und die Hinrichtung des Königs Jan von Leiden und seiner Anhänger; die verstümmelten Leichen hingen einige Jahrhunderte lang in Gitterkörben am Turm der Lambertikirche.

Das Täufertum wurde damit in Deutschland so gut wie völlig vernichtet. In Holland fand es in dem Friesen Menno Simons einen neuen Organisator, der die Gemeinden in stille und sehr friedfertige Gruppen umwandelte und schließlich auch die Duldung der Obrigkeit herbeiführen konnte, als die Generalstaaten sich ihre Unabhängigkeit erkämpft hatten. Der Mennonitenprediger Cornelis Anslo, den Rembrandt gemalt hat, unterscheidet sich äußerlich in nichts von den Bürgern der Stadt Amsterdam; die Lehre allerdings blieb streng bei der Verwerfung jeden Eides oder Kriegsdienstes und führte Grundgedanken der Täufer in Hinwendung auf praktisches Christentum und engsten Zusammenhalt der Gemeinschaft fort.

Das Fanal von Münster hatte jedoch weit über Deutschland hinaus gewirkt. König Franz sah in ihm eine Warnung, und seine Verfolgungen aller Neuerer begannen von da ab in allem Ernst und mit aller Furchtbarkeit. Der langsame Feuertod für Ketzer, durch Aufziehen an eigens konstruierten Galgen und vielfaches Hinuntertauchen in die Flammen, wurde in Paris vor der Majestät und dem Volk feierlich zelebriert. Die Verrohung der schon seit langem höchst brutalen Zeit nahm zu; zu den Hinrichtungen und Verbrennungen kam als übliche Praxis die Austreibung ganzer Bevölkerungsschichten. Die Epoche der Wanderungen begann, und die Vertriebenen haben in der Folgezeit ihren sehr wesentlichen Beitrag zur geistigen Entwicklung gestellt.

Vertriebene und Gejagte waren auch die selbständigen Geister, die sich immer mehr zurückzogen und Einzelgänger wurden wie Sebastian Franck, der sprach- und geisteskräftigste dieser »Sektierer« nach Luthers Meinung, der am Ende die Welt nur noch als ein Gaukelspiel ansehen kann: »Wir sind alle Gelächter, Fabel und Fastnachtsspiel vor Gott.«

Das Fastnachtsspiel wird auch vor der Welthistorie aufgeführt. Mitten unter die großen ideengeschichtlichen Auseinandersetzungen drängen sich die bunten Gestalten mit Narrenkappe und Ehe- oder Liebesstreit. Heinrich VIII. mit seiner recht verschlagenen und zielbewußten Anna Boleyn tritt auf, und England wird zwar nicht gerade protestantisch, aber doch eine Macht, die sich von Rom trennt. Luther muß auch zu dieser Affäre als Gutachter seine Meinung abgeben, und er nimmt – politisch höchst unklug – entschieden Partei für die alte Königin Katharina. Landgraf Philipp von Hessen wird von einer ebenso energischen jungen Dame und ihrer noch tatkräftigeren Mutter zu einer Bigamie verführt, und Luther muß seinen Segen dazu geben. Er läßt sich vorspiegeln, der sehr lebenslustige Fürst, von dessen amourösen Abenteuern und bedenkenlosem Würfelspiel alle Reichstagsteilnehmer zu erzählen wußten, habe schwere Gewissensbisse. Philipp machte geltend, er könne seiner Gemahlin nicht beiwohnen, die krank und zum ehelichen Verkehr untauglich sei; Unzucht wolle er nicht treiben, Ehescheidung sei unmöglich, und so könne ihn nur eine zweite Ehe in solcher Not der Seele retten. Die Ehefrau sei obendrein einverstanden. Philipp verschwieg dem Reformator den ausdrücklichen Revers, den er seiner Gattin ausgestellt hatte, wonach er ihr neben vermögensrechtlicher Sicherstellung auch gelobte, sich ihr »mit Freundlichkeit, Beischlafen und allem sich zwischen Eheleuten gebührenden freundlichen Wesen nicht minder, sondern mehr denn vorhin zu erzeigen«. Luther gab unter dem Siegel des Beichtgeheimnisses seine Zustimmung zu einer Doppelehe. Die Sache blieb kein Geheimnis. Sie wurde zu einem öffentlichen Skandal und zur schwersten moralischen Belastung für die Protestanten. Schlimmer noch: Sie trieb den Landgrafen aus dem mühsam von ihm zusammengehaltenen Schmalkaldener Bündnis hinaus. Er verlangte von Luther, daß sein Schritt ausdrücklich und biblisch legitimiert würde, was der Reformator denn doch ablehnte. Luther glaubte, durch eine »gute, starke Lüge« ließe sich die unbequeme Geschichte erledigen: Der Landgraf sollte die neue Gattin eine Weile versteckt halten, bis Gras über die Aufregung gewachsen sei. Inzwischen aber nahte der Kaiser heran. Der Landgraf wurde ängstlich. Bigamie war ein Kapitalverbrechen nach der auch in seinen Landen eingeführten Kriminalordnung Karls V. Um seinen Hals zu retten, wie er erklärte, steckte Philipp ihn in die Schlingen der kaiserlichen Politik, die den Strick fest anzog. Amnestie wurde ihm zugesichert unter der Bedingung, daß er im Schmalkaldischen Bund hinfort die Interessen des Kaisers wahrnehmen müsse und dafür zu sorgen habe, daß der Bund keine ausländischen Verbindungen mehr betreiben dürfe.

Die an und für sich recht belanglose Affäre, die in so vielen Doppelehen, Nebenehen oder wohlwollend übersehenen Haremsgewohnheiten großer Potentaten, mit oder ohne Dispens der Päpste, ihre Vorspiele gehabt hatte und noch viel Nachfolge fand bis ins 18. Jahrhundert, wurde zum Verhängnis für die protestantische Partei. Die aussichtsvollen Beziehungen des Bundes zu Dänemark, Schweden, Frankreich wurden abgebrochen, der Herzog von Kleve ohne Hilfe gelassen, als er mit dem Kaiser in Krieg geriet, und von dieser Flanke her rollte Karl die gesamte, zeitweilig so übermächtig dastehende protestantische Front auf. Das Fräulein Margarethe von der Sale, das Philipp zu seinen neun Kindern aus der ersten Ehe noch acht weitere schenkte, wurde zur Urheberin einer blutigen »Haupt- und Staatsaktion«.

Wenn wir den Fall etwas weniger feierlich betrachten, so wirft er vor allem ein Licht auf das gesamte Fürstenpersonal, das dem Kaiser nun gegenübertrat, als er sich endlich entschloß, in Person einmal gründlicher in Deutschland nach dem Rechten zu sehen. Philipp von Hessen ragt aus der Masse seiner Bundesgenossen nur deshalb hervor, weil er geistig um einen halben Kopf größer war als die anderen. Er überschätzte seine Statur. Die Jagd war für den Hessen, wie für fast alle seine Standesgenossen, die Hauptleidenschaft. Sie gab diesen Kleinfürsten immer die recht billigen und täuschenden Triumphe, sich als Sieger zu fühlen über eine ganze Treibjagdstrecke von Wildschweinen oder Rehen; Philipp verzeichnet stolz einmal eintausend erlegte Sauen und Bachen. Das behutsamere Jagen auf dem Anstand, das sorgfältige Zielnehmen über Korn und Kimme war nicht seine Sache. Er las viel in seiner deutschen Bibel und disputierte gern, oft nicht so übel, mit seinen Theologen. Dann kamen seine Hunde herein, die er über alles liebte, und er sprach mit ihnen, wie ihm einer der Geistlichen einmal pikiert vorwarf, noch lieber in der Hundesprache; er meinte, er verstünde sie besser als das Griechisch und Hebräisch der Schriftgelehrten, das er der von ihm begründeten Universität Marburg überließ. Er ließ sich auf gewagte Kombinationen ein und wurde übertölpelt, so bei der Ehegeschichte durch die ehrgeizige Mutter seiner Margarethe. Er ließ sich vom Kaiser überspielen nach der Niederlage der Protestanten im Schmalkaldischen Kriege und stellte sich vertrauensvoll zu gnädiger Verzeihung; mit langen Jahren der Gefängnishaft und des Umhergeschlepptwerdens von Kerker zu Kerker büßte er seine Torheit, bis das Eingreifen des Nachfolgers seiner Politik rücksichtsloser Wendungen, des Herzogs Moritz von Sachsen, ihn befreite und den alten, vielgeprüften Landgrafen für seine Untertanen zu einer ehrwürdigen Gestalt machte. Er hat liebenswürdige Züge; seine ständigen Versuche nach Ausgleich unter den streitenden Theologen, seine Duldung sogar von Täufern, Sektierern, von Flüchtlingen, die anderswo keinen Schutz fanden, heben ihn wohltuend heraus unter den starrsinnig Unbedingten. Das große Format, das gefordert wurde in den entscheidenden Jahren, besaß er nicht.

Der Kaiser besaß es. Als er 1543 in Deutschland eintraf, das ihn so lange nicht gesehen hatte, machte sich das schon im äußeren Eindruck sogleich geltend. »Alles war kaiserlich, Reden und Handlungen, Blick und Haltung, selbst die Freigebigkeit.« Er erschien diesmal an der Spitze von 8000 spanischen Soldaten, der besten und gefürchtetsten Mannschaft der Welt. »Viel könnte er ausrichten«, so meinte der unablässig umherreisende Bucer bekümmert, »wenn er ein deutscher Kaiser sein wollte.« Das allerdings lag Karl fern. Er war Imperator, und das Reich sollte lediglich seinem Imperium dienen. Er nahm den Fürsten Maß, die er bisher nur aus Berichten kannte und nun rasch richtig einschätzte. Sein Vorgehen, bis dahin oft sehr erratisch, bekommt etwas unheimlich Konsequentes. Mit dem Landgrafen bricht er dem Schmalkaldener Bündnis das Rückgrat, von Kleve und Geldern aus beseitigt er die drohende Reformation im Erzstift Köln und Mainz; die protestantischen Fürsten helfen ihm in Blindheit und Ergebenheit, die Flankenbedrohung durch Frankreich zu beseitigen; mit dem Sultan schließt er Waffenstillstand und gibt Ungarn unbedenklich preis. Auf den Reichstagen verspricht er Religionsfrieden, und es kommt zu Unionsverhandlungen und erneuten Hoffnungen auf ein Konzil. Erst dann, nach allen Seiten abgesichert, bricht er los, um die Ketzerei endgültig niederzuwerfen, im Todesjahr Luthers. Der Meisterstreich der kaiserlichen Politik wird die Gewinnung des jungen Herzogs Moritz von Sachsen, der noch unbedenklicher als Philipp von Hessen sein protestantisches Land in die Waagschale wirft, um die Kurwürde von seinem Vetter im anderen Halbstaat Sachsen zu gewinnen. Einsam, im grauen Panzer, wie Tizian ihn gemalt hat, reitet Karl nach dem vernichtenden Sieg über die Schmalkaldener über die Heide von Mühlberg, auf der die Reformation begraben zu liegen scheint.

Aber wieder, wie stets in seinem Leben, vermag er den unerhörten Erfolg nicht auszubauen und zu erhalten. Der gleiche Moritz, der seine Glaubensgenossen verraten hat, verrät nun auch den Kaiser. Der nie ganz erloschene Krieg mit Frankreich lebt nochmals auf. Die von Karl nie aufgegebenen Hausmachtspläne, jetzt darin dokumentiert, daß er seinen spanischen Sohn Philipp zum Nachfolger als Kaiser durchsetzen will, bringen alle deutschen Fürsten und auch seinen eigenen Bruder Ferdinand in Harnisch. Sein letzter Feldzug gegen Frankreich bleibt vor Metz im Winterwetter stecken. Das Konzil, eines der großen Ziele seiner Politik, ist festgefahren. Er dankt ab. In der schönen Villa gegenüber dem Kloster von Yuste nahe Madrid verlebt er seine letzten beiden Jahre. Er läßt sich von seinem italienischen Mechaniker Torriano die unzähligen Uhren seiner Sammlung abstimmen. Er stirbt 1556, zehn Jahre nach Luther, an den er noch in seiner letzten Zeit gedacht hat, mit Bedauern, daß er ihn seinerzeit nicht verbrannt habe. Denn selbst im strenggläubigen Spanien, unter den Augen der schärfsten aller Inquisitionen, haben sich Ketzerherde gezeigt. Das Unheil ist nicht auszurotten. Die Inquisition verhaftet sogleich nach Karls Tode den Mechaniker Torriano als Zauberer und Hexenmeister. Sie verhaftet auch den Erzbischof von Toledo, Carranza, der dem Kaiser den letzten Segen erteilt hat. Es hieß, er habe dem Sterbenden das Kruzifix vorgehalten mit den Worten: »Siehe hier Ihn, der für uns alle Schuld bezahlt hat«, was der Großinquisitor als Anklang an lutherische Lehren von der Rechtfertigung deutete. Die beiden großen Gegner, die dem ganzen Zeitalter das Gepräge gaben, wären damit noch auf eine recht merkwürdige Weise über alle Grenzen hinweg vereint. Leider dürften auch noch ganz andere, sehr weltliche Gesichtspunkte mitgesprochen haben. Der Erzbischof wurde siebzehn Jahre in Gefangenschaft gehalten; während dieser Zeit behielt die königliche Kammer die Einkünfte des Sitzes von Toledo ein, in Höhe von zwei Millionen Dukaten, trotz ständiger Proteste der Kurie. Sie brauchte jede Revenue, denn Karl hinterließ sein Reich in völligem Staatsbankrott.

Wir wollen uns nicht über den Bankrott seiner politischen Lebensarbeit auslassen. Ehrwürdig ist er zum Schluß, schon durch seine Haltung bei Mißgeschick, und zweifellos ragt er weit hinaus über die Könige und Kleinfürsten seiner Epoche, auch über die Päpste, die ihm das Leben verbittert und seine Bemühungen um eine Reform an »Haupt und Gliedern« zunichte gemacht haben. Daß er sie ehrlich gewollt hat, innerhalb der Grenzen, die seinem Denken gezogen waren, dürfte sicher sein. Die Uhr war aber vorgerückt zu der Stunde, wo die Nationen sich selbständig machten. Weder ein Weltimperium war noch möglich, noch ein Reich, das Spanien und Deutschland zugleich umfaßte. Mit seinem Tode fand das Zeitalter seinen Abschluß, das man etwas summarisch als Übergang vom Mittelalter zur Neuzeit bezeichnen kann. Sein Erbe wurde geteilt. Auch das Erbe seines großen Gegenspielers Luther wurde geteilt, aber es blieb lebendig selbst in seinen vielen Provinzen, als Mahnung, Forderung und Aufgabe.

Lebensabend

Luther hatte schon auf der Veste Coburg, noch nicht ein Fünfziger, gemeint: »Es wills nicht mehr tun, die Jahre treten herzu. Mein Caput ist ein Kapitel worden und wird bald nur noch ein Paragraph sein.« Er schreibt und arbeitet weiter, aber meist sind es nur noch Anmerkungen und Paragraphen zu einem Text, den andere gemacht haben. Die Tragik des »großen Alten« ist keinem Großen erspart geblieben. In seinem Falle war das Los besonders schwer, weil so ungemessene Hoffnungen und ein Siegeslauf von ungeahnter Gewalt vorangegangen waren. Das »beinahe«, das wir als das Verhängnis der deutschen Geschichte sahen, hat sich auch an ihm vollzogen. »Nur noch zwei Jahre«, so glaubte er noch auf der Wartburg, dann sei es aus mit dem Papsttum, der Möncherei und allem, was dem reinen Evangelium im Wege stand. Er hatte nie rechnen gelernt, weder mit Zahlen noch mit den Menschen und den Größenordnungen der Mächte, die das Leben und die Welt bestimmen. Zunehmend sieht er sie dann dem »Fürsten dieser Welt«, dem Teufel, verfallen. Nicht alle Äußerungen, die er darüber getan hat, sind wörtlich und unbedingt zu nehmen. Seine Fröhlichkeit bricht immer einmal wieder durch. Man gönnt ihm sein behagliches Haus, sein Familienleben, den breiten Tisch mit vielen Scholaren, die jedes Wort aufschreiben; es sind weise und kluge Worte darunter, neben vielem Poltern und unheiligem Triumphieren beim Tod von Gegnern und Feinden. Aber das war es eigentlich nicht gewesen, was er im Auge gehabt hatte, als er vorstürmte und die »drei Mauern« einstieß. Er hat seinen Freundeskreis um sich, er ist weltberühmt, und aus allen Ländern kommen die Besucher. Ein päpstlicher Legat läßt sich bei ihm melden während der Unionsverhandlungen, und Luther tritt ihm schön gekleidet, mit Pelz und Ehrenkette, in straffer Haltung, entgegen; der Mann soll nicht glauben, daß es mit Dr. Luther schon zu Ende ginge, er will dem Papst noch lange schwer zu schaffen machen. Aber selbst der engste Freundeskreis wird ergriffen von den unablässigen dogmatischen Streitigkeiten. Immer wieder fällt jemand ab. Melanchthon selber hält nur mühsam bei ihm aus und klagt heimlich über Vergewaltigung. Am erschütterndsten ist vielleicht ein Gespräch, das Luther einmal führt, als sein Unmut über die matten und verstockten Seelen, die nicht hören wollen oder jedem Rattenfänger zulaufen, am höchsten gestiegen ist. In drei Wochen, so meint er grimmig, wollte er ganz Wittenberg und was darum liegt, wieder in die alte Kirche zurückführen, wenn ihn die Lust dazu ankäme.

Die Möglichkeit dazu bestand. Die verschiedenen Unionsverhandlungen haben immer wieder bis nahe an den Rand einer Einigung geführt. Melanchthon galt allgemein als der Mann der Versöhnung und war, nicht nur in Augsburg, zu größten Konzessionen bereit. Sein Ruhm überstrahlte zeitweilig den Luthers. König Franz wollte ihn nach Paris berufen, und nur das Ausreiseverbot des Kurfürsten machte diese Mission zunichte. In England bemühte man sich um ihn. Der unermüdlich tätige Bucer spielte eine ähnliche Rolle bei den mühsamen Versuchen, wenigstens unter den Protestanten eine leidliche Verständigung anzubahnen. Auch sie scheiterte größtenteils am hartnäckigen Widerstand Luthers. Unleugbar war er starr und unduldsam geworden. Vom fröhlichen »Aufeinanderplatzen« der Meinungen, wie er es anfangs den »Schwärmern« gegenüber verkündet hatte, war keine Rede mehr. Auch er tritt nun für Zwang ein, für Ausweisungen. Er hat allerdings niemals jemand verbrennen lassen, wie das Calvin im Falle des Leugners der Trinität, Servet, noch tat oder wie das in immer größerem Ausmaß in den altgläubigen Ländern geübt wurde, mit stillschweigenden Vernichtungen ganzer Bevölkerungen im Sinne des heutigen Begriffs »Genocide«. In der Provence ließ der französische König die letzten Reste der Waldenser, arbeitsame, stille Menschen, die in den Waldtälern eine Zuflucht gefunden hatten, zu einigen Tausenden ausrotten bis auf winzige Reste; die wenigen Überlebenden flüchteten noch höher hinauf in die Berge, und einige Familien haben sich bis heute erhalten, die letzten Reste der ersten großen Volks- und Ketzerbewegung des Mittelalters.

Luther kann noch gelassen und großzügig sein, wenn es sich um Dinge handelt, die er als äußerlich und unwichtig ansieht. Bei der Reformation in Brandenburg wünscht der Kurfürst Joachim II., ein sehr prachtliebender Herr, den größten Teil des alten Zeremonienwesens zu erhalten, die Prozessionen besonders, und ein besorgter Propst schreibt aufgeregt darüber an Luther, der mit Scherz und Spott antwortet: Der Kurfürst möge nur wie David vor der Bundeslade springen und tanzen, wenn ihm das beliebe, darauf komme es nicht an. Aber völlig unbeugsam ist er in den Fragen, die sich für ihn zu Kern-

und Kardinalfragen entwickelt haben, wie die Deutungsversuche der Abendmahlshandlung. Darüber zerbrachen dann auch die schwachen Brücken, die Bucer zu den Schweizern schlagen wollte. »Der Leib Christi wird mit dem Brot gegessen und mit den Zähnen zerbissen«, so gab Luther zornig seine Ansicht Melanchthon zu einer der Besprechungen mit, und der Magister trug widerwillig diese Formel als »Überbringer einer ihm fremden Meinung« vor. Neue Vermittlungsvorschläge wurden unternommen; man griff auf alte scholastische Erklärungen zurück, es wurde die Formel herangezogen, daß Christus »in, mit und unter dem Brot und Wein« gegenwärtig sei. Luther stimmte zu oder lehnte weitere Fassungen ab; eine »Wittenberger Konkordienformel« wurde geschaffen, die wenigstens die süddeutschen Städte zum Anschluß bewog, aber Streit blieb auf lange hinaus die Losung und ist eigentlich nie ganz zur Ruhe gekommen. Melanchthon hat noch in seinen letzten Zeilen vor dem Sterben davon gesprochen, daß er nun endlich der »Tobsucht der Theologen« entrückt sein werde, die nach dem Tode seines Freundes mit verdoppelter Wut über ihn herfielen und ihn – nicht ganz zu Unrecht – verdächtigten, er sei ein »heimlicher Calvinist«. Luther konnte einen neuen Glauben schaffen, so hat Ignaz von Döllinger, der große katholische und später altkatholische Kirchenhistoriker es ausgedrückt, aber nicht eine neue Kirche. Wir lassen es offen, ob das ein Mangel sein muß; jedenfalls war es in seiner Natur begründet. Trotz, Zorn, unbedenkliches Vorstürmen und die Leidenschaftlichkeit seines Glaubens hatten ihn zu seinem Durchbruch geführt; ohne diese Eigenschaften wäre er ein Wittenberger Professor geworden, dessen wohlgemeinte Besserungsvorschläge unter den Aktenstößen der Reformanträge von zwei Jahrhunderten begraben worden wären.

Wenn Luther an seinem Lebensabend um sich schaute, so konnte er eigentlich zufrieden sein; ein anderer hätte vielleicht sogar triumphiert. Die neue Lehre war überall im Vordringen, in den verschiedensten Formen und Abwandlungen, und hatte gute Aussichten, ganz Deutschland zu erfassen, den skandinavischen Norden, England; in Frankreich waren starke Gruppen im Entstehen, selbst in Italien hatten sich Zentren gebildet in Venedig, in Neapel, wo sich um den Bruder Juan des kaiserlichen Staatssekretärs Alfonso de Valdes ein hochkultivierter Kreis sammelte, dem Vittoria Colonna und Julia Gonzaga angehörten.

Bayern und Österreich, Polen waren erfaßt. Die weltbeherrschende Rolle der Kurie wie der großen Orden schien ein für allemal ausgespielt. Von den Kräften der alten Kirche, die sich zum Gegenstoß sammelten, hat Luther kaum mehr Kenntnis erhalten können. Die ersten Versuche durch Papst Paul III., nun doch endlich ein großes Konzil einzuberufen, mußten ihm lediglich als Rückzugsmanöver erscheinen, was sie auch größtenteils waren. Denn an die immer wieder geforderte Reform »an Haupt und Gliedern« war dabei nicht gedacht. Die Kurie blieb, was sie war; der neue Papst, ein Farnese, entstammte noch dem Personal um Alexander Borgia, der ihn als Bruder seiner Geliebten Giulia zum Kardinal ernannt hatte. Nepotismus größten Stiles blieb ebenso an der Tagesordnung wie zäher Kampf gegen den Kaiser; für den Papstsohn Pier Luigi Farnese mußte ein Herzogtum Parma-Piacenza geschaffen werden, das nur ein Ende fand, als der Papstsprößling und Führer der antikaiserlichen Partei in Italien im Auftrag Karls ermordet wurde. Von den wenigen für eine Reform eintretenden Kardinälen, die Paul dem Konsistorium neben seinen Verwandten und Günstlingen hinzufügte, hat Luther kaum ernstlicher Notiz genommen. Sie setzten sich auch nicht durch. Es waren einige bedeutende Persönlichkeiten darunter wie der Engländer Pole, aus englischem Königsgeschlecht, oder der Venezianer Contarini, aus ältestem Adel der Republik, einem Hause, das ursprünglich aus Deutschland an die Adria gekommen war und schon in den ersten Kreuzzügen berühmte Führer gestellt hatte. Als Legat beim Reichstag zu Regensburg 1541 einigte er sich mit den protestantischen Theologen über wichtigste Punkte, vor allem in Luthers Kernstück der Rechtfertigungslehre, aber er fand damit nicht die Billigung Roms, und seine Schrift zu dieser Frage wurde später auf den Index gesetzt. Der Bußprediger Ochino, zeitweilig Beichtvater Pauls III., dann weithin einflußreich als wandernder Apostel einer strengeren Franziskanerlehre, näherte sich dem Standpunkt Luthers so weit, daß er schließlich flüchten mußte und ein Exilleben mit vielen Stationen in der Fremde beschloß. Ein anderer, der Legat Vergerio, endete als Protestant in Tübingen. Die Fronten waren noch vielfach offen.

Luther jedoch hatte seine Grenzen gezogen, und mit seinem Instinkt, darin den hoffnungsvollen Vermittlern überlegen, spürte er auch, daß eine Einigung nicht mehr möglich war. Tiefer noch ging seine Resignation über die Wirkungen des Wortes auf die Menschen. Immer stärker werden seine Klagen, daß sie sich doch so gar nicht ändern wollen, auch jetzt nicht, da sie das Evangelium in der Hand haben, an dem er noch unermüdlich bessert und weiterarbeitet bis zu seinem Tode. Die Wittenberger Studenten? Zuchtlos, sittenlos wie je, ungehorsam; der Magistrat unwillig einzugreifen. Er denkt sogar allen Ernstes daran, aus Wittenberg fortzugehen, ungewiß wohin, und nur mit Mühe überreden die Freunde ihn zum Bleiben. Mit dem Hof und den Räten des Kurfürsten steht er sich schlecht, mit den Juristen führt er erbitterte Fehden. Es ist vielfach der alte und kranke Mann, der da spricht; die Menschen waren nicht schlechter als früher, und sein Murren über die Jugend bekommt oft etwas Grämliches. Aber auch da hatte er dem Gefühl nach recht: Die große Wende, die er erhofft, ja, sich mit Sicherheit versprochen hatte, war ausgeblieben. Alles war ins Stocken geraten, die große Reichsreform kläglich versandet, seine Reformation selber, bei aller Ausdehnung nicht das, was er erwartet hatte. Die Menschen taten nicht mit, die einzelnen Menschen, von denen er gewünscht und schließlich ungeduldig gefordert hatte, daß sie sein Erlebnis der Gnade, der Umkehr, der Buße im Sinne des »metanoeite« als einer grundlegenden Wesensänderung nacherleben sollten. Sie blieben beim alten Wesen, beim alten Adam. Nichts war völlig ausgetragen worden nach dem ersten Feuersturm, den er entfesselt hatte, weder im Politischen noch im Sozialen noch im Glauben; der Brand schwelte nur noch und wurde vielfach schon unterdrückt. Eine dumpfe Luft legte sich über das Land und blieb dumpf auf lange Jahrzehnte hinaus. Immer öfter bewegen ihn nur noch apokalyptische Gedanken an Weltende. Sein Ruf nach Gebet als einzigem Trost bekommt vielfach etwas Verzweifeltes. Er versteigt sich bis zu Prophezeiungen, daß der Türke erst kommen müsse, da die Leute nicht hören wollen.

Er arbeitet weiter und schreibt, nun fast nur noch auf deutsch, und seine Worte werden immer maßloser. Je mehr er seine Sache bedrängt fühlt, seine lutherische Sache, um so gröber schlägt er um sich. An die Gelehrten wendet er sich nicht mehr seit seiner Schrift vom »unfreien Willen«, er hält sie für hoffnungslos. Populär will er sein und glaubt das Volk nur mit den massivsten Mitteln ansprechen zu können. Der Grobianismus ist ein Zeichen der Zeit, und man kann viele Parallelen zu Luthers Methode, auch aus anderen Ländern, anführen. Aber er

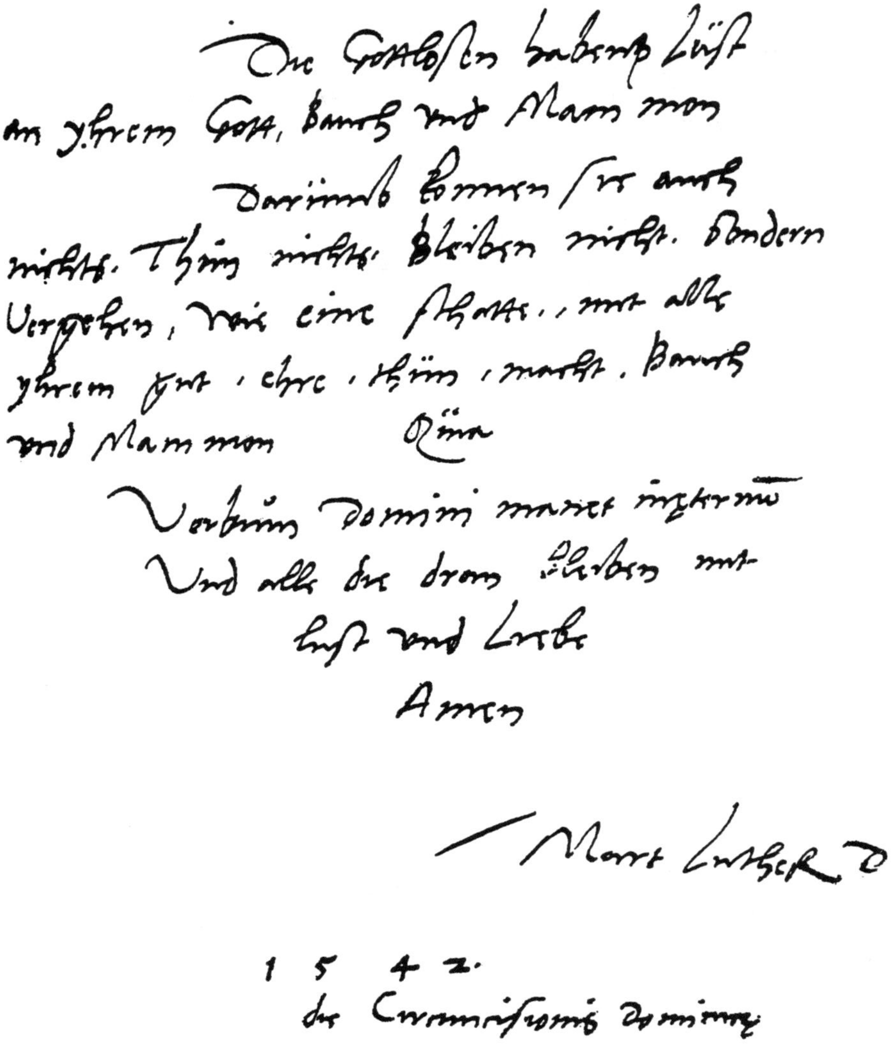

Die Gottlosen habens lust
an yhrem Gott, Bauch vnd Mammon
Darumb komen sie auch
nichts. Thun nichts. Bleiben nichts. Sondern
vergehen, wie eine schatten, mit alle
yhrem gut, ehre, thun, macht, Bauch
vnd Mammon Roma
Verbum domini manet in eternum
Vnd alle die dran bleiben mit
lust vnd Liebe
Amen

Mart Luther D

1542.
die Circumcisionis domini

38 Die Handschrift Martin Luthers im Jahr 1542

übertrifft alle an Ungeschlachtheit, zuweilen mit Zügen von grobianischem Humor, so wenn er den altgläubigen Herzog Heinrich von Braunschweig als »Hans Worst« karikiert und auf die Angriffe des fürstlichen Gegners – der auch mit der »Sauglocke« läutete – erklärt, solches Toben seiner Widersacher »tut mir nur wohl in der Kniekehle«. Er wird zum Demagogen, ein Zug, der früh in ihm angelegt und durch tiefere und echte Leidenschaft überdeckt worden war. Seine letzte Schrift gegen Rom »Von dem Papsttum vom Teufel gestiftet« besteht nur noch aus monotonen Beschimpfungen, die etwas Rabiates haben, als ahnte er die großen Gegenkräfte, die sich bereits im Schoße der alten Kirche rühren, so wenig er sie erfassen konnte. Dämonen und Teufelsspuk sieht er an allen Enden am Werke. Er glaubt die unsinnigsten Gerüchte. Aus Mähren hat man ihm berichtet, die Juden, zahlreich dort, machten Versuche, die Christen zu ihrem Glauben zu bekehren; von allen Verleumdungen, die man vorgebracht hat, vielleicht die unwahrhaftigste, denn Mission unter den »Nicht-Auserwählten« war dem jüdischen Denken stets gänzlich fremd. Sogleich aber tobt er darauf los, als ob größte Gefahr bestünde. Vergessen ist seine versöhnliche Haltung, die er schon im Reuchlin-Streit bekundet hatte, in seiner Auslegung des »Magnifikat« und in seiner früheren Schrift, daß Jesus Christus ein geborener Jude gewesen; vergessen, daß er damals die Sache ausschließlich Gottes Wirken anheimgestellt sehen wollte, der zu gegebener Zeit vielleicht die Juden erleuchten und bekehren werde. Jetzt soll der Landesherr eingreifen und sie rücksichtslos vertreiben. Alle alten und neuen Vorwürfe bringt er zusammen, die pseudoreligiösen, daß die Juden Christus lästerten, wie die materiellen vom Wucher oder das dunkle Raunen, daß sie auch ihre ärztliche Kunst zum geheimen Schaden der Christen mißbrauchten. Er glaubt sogar im Gespräch das Gerücht, der kaiserliche Feldherr Freiherr von Katzian, der mit seiner Armee von den Türken kläglich geschlagen worden ist, müsse ein geborener Jude sein; anders sei die vernichtende Niederlage nicht zu erklären. Nur zu deutlich erinnert diese Version an ähnlichen Dämonenglauben der jüngsten Zeit, in der man denn auch Luthers Pamphlet »Von den Jüden und ihren Lügen« und seine andere Schrift vom »Schem Hamphoras« sich mit Behagen zunutze gemacht hat.

Seine Anhänger treten an ihn heran: Eine Gesamtausgabe seiner weit verstreuten Schriften müsse nun herausgegeben werden. Vieles davon war bereits vergessen und untergegangen; er selber besaß so manches davon gar nicht mehr in der Unordnung seiner Schreibstube. Vieles sah er selber nun als unwichtig an, Tagesliteratur, die besser dem Tage überlassen bliebe, und das gilt auch nicht nur für die eben genannten Produkte. Aber er war nun zur Autorität geworden, mit allen Folgen. Eine erste Sammlung in starken Foliobänden begann zu erscheinen; sie enthielt bezeichnenderweise die lateinisch geschriebenen Werke für das internationale Publikum der gelehrten Welt, mit einer Vorrede des Reformators, in der er sich schon wie aus weiter Ferne historisch betrachtet.

Als Schriftsteller hat er vor allem gewirkt. Er verteidigt einmal, in seiner Schrift über die Notwendigkeit, Schulen zu halten und das junge Geschlecht heranzubilden, seine Aufgabe als »Schreiber« und »Lehrer« sehr nachdrücklich gegen alle, die meinen, Arbeit sei nur, im Harnisch zu reiten und Wind und Wetter zu bestehen, das Schreiberamt »sei ein leicht, gering Amt«. Gewiß, die Feder sei ein leichtes Handwerkszeug, man brauche dazu nur einen Gänsekiel, den man überall umsonst auflesen könne. »Aber es muß gleichwohl das beste Stück (als der Kopf) und das edelste Glied (als die Zunge) und das höchste Werk (als die Rede), so am Menschenleibe sind, hier herhalten und am meisten arbeiten, da sonst bei anderen entweder die Faust, Fuß, Rücken oder dergleichen Glied allein arbeiten; und können sie daneben fröhlich singen und frei scherzen, was ein Schreiber wohl lassen muß. Drei Finger tun's, sagt man vom Schreiber, aber ganz Leib und Seel arbeiten dran.«

Das letzte Kapitel ist abgeschlossen, der letzte Paragraph naht, die letzte Unruhe, die oft schon Sterbende ergreift. Er ist krank, und die Ärzte können ihm nicht helfen mit den Öffnungen von Adern an dem übermäßig schwer gewordenen Leib, die nur offene Wunden hinterlassen, ihren Klistieren oder der Dreckapotheke, die nicht nur Frau Käthe empfiehlt. Er ist ein schlechter Patient und bricht immer wieder aus: aus Eisenach schreibt er an seine Käthe, »daß wir hier Gottlob frisch und gesund sind, fressen wie die Böhmen (doch nicht sehr), saufen wie die Deutschen (doch nicht viel),« als Aufbegehren ihren Sorgen zum Trotz, die er auch als mangelndes Gottvertrauen schilt. Noch immer fährt er umher in dem schweren, plumpen Rollwäglein, das den kranken Leib furchtbar erschüttern muß auf den schauderhaften Thüringer Wegen, die auch zu Goethes Zeit noch nicht besser geworden waren. Wittenberg ist ihm nur noch eine Last. Symbolisch fühlt er sich eingeengt und bedroht auch in seinem breiten und behaglichen Lutherhaus. Sein Kurfürst Johann Friedrich läßt bauen, nicht aber Schulen oder Vorlesungsräume für die weltberühmte Universität. Wittenberg soll eine große, unüberwindliche Festung werden; das ist wichtiger als die »feste Burg«, die Luther im Sinne hatte. Das alte Kloster steht unmittelbar am Stadtgraben. Das Schanzen an den neuen Bastionen rückt immer näher heran. Luther sieht schon sein Turmstübchen bedroht mit seinem kleinen Arbeitsraum, »aus dem ich doch das Papsttum gestürmt«. Er weiß nicht, daß dieses ganze kostspielige und höchst moderne Festungswerk bereits ein Jahr nach seinem Tode intakt in die Hände des Kaisers fallen wird und daß man den schwerfälligen, jähzornigen und so törichten Johann Friedrich für einige Jahre der Gefangenschaft abführen wird mitsamt dem uralten Gevatter Lukas Cranach, der sich sehr großherzig erboten hat, das Unglück seines Herren zu teilen. Aber Luther vernimmt das Picken der Schaufeln, das ihm unheilvoll klingt. Er hört das Rollen der Wagen mit Pulver und Munition. Er mißtraut aufs höchste und, wie sich zeigen sollte, mit Recht dem Rüsten auf allen Seiten, den Koalitionen, deren innerliche Brüchigkeit er vielleicht besser erkennt als die klugen Räte.

Er will heim. In Wittenberg hat er sich nie ganz zu Hause gefühlt. Die Seßhaftigkeit seines Lebens in der kleinen Provinzstadt kann leicht darüber täuschen, daß er im Grunde ein Pilger und Wanderer geblieben ist, auch in seinem Glauben, seiner Lehre. Er macht sich noch einmal auf in die Landschaft seiner Geburt. Als ein »Mansfelder« fühlt er sich kurz vor dem Tode, der ihm willkommen ist. Die gräfliche Familie streitet sich wieder einmal, wie seit vielen Jahrzehnten, um das Erbe. Er begrüßt die Gelegenheit, daß man ihn als Schiedsrichter anruft, und läßt sich durch keine Mahnungen abhalten, im stürmischen Winterwetter die Reise zu unternehmen. Die Saale ist hoch angeschwollen und das Übersetzen auf der Fähre ein Wagnis. Er drängt vorwärts und spottet in seinem Bericht nach Hause, die »Wiedertäuferin« habe ihn umsonst bedroht mit ihren Wasserwogen. Die Ausgleichsbesprechungen mit den Vertretern der »vorderortischen« und »hinterortischen« Grafenlinien gehen nur mühsam vonstatten; erst als Luther mit der Abreise droht, kommt es zu einem Friedensschluß, der so wenig hält wie alle Friedensschlüsse jener Zeit. Luther hat nur noch die Genugtuung, daß die junge Generation der beiden Häuser sich zu einem Fest zusammenfindet. Das Geklingel der großen Schlittenfahrt, mit der sie die Feier beschließen, ist für ihn das letzte fröhliche Geläut, das er hört. Auf die Jugend, die Kommenden, hat er seit langem alle Hoffnungen gesetzt. An den Alten ist Hopfen und Malz verloren. Sie sind verbraucht. Er selber ist verbraucht. Wenn er noch nach Wittenberg heimkäme, so meint er, so werde er »den Maden einen feisten Doktor« überliefern. Es kommt nicht dazu. In seiner Geburtsstadt muß er sich zu Bett legen. Ärzte, auch der Leibarzt seines Kurfürsten, eilen herbei und quälen den hilflos gewordenen, aufgeschwollenen Leib.

Seine letzten Zeilen sind ein Zettel, auf dem er, der nie seine Zeit und seine Kräfte zu Rate gezogen hat, nachsinnt. Aus Schulerinnerungen und Gedanken an seinen Ursprung aus einer Bauernfamilie meint er: Die Gedichte Virgils vom Landbau könne niemand verstehen, der nicht fünf Jahre ein Ackersmann gewesen, den Cicero niemand, er habe denn fünfundzwanzig Jahre sich in einem großen Gemeinwesen bewegt. »Die Heilige Schrift meine niemand genugsam verschmeckt zu haben, er habe denn hundert Jahre lang mit Propheten und Aposteln die Gemeinde regiert.« Diese hundert Jahre waren ihm nicht vergönnt, und so schließt er mit den Worten: »Wir sind Bettler, das ist wahr.«

In der Nacht vom 17. zum 18. Februar 1546 stirbt er. Der alte Studiengenosse Justus Jonas ist neben ihm und ein Ortspfarrer. Sie beten für ihn, und er spricht mühsam mit und läßt Christus sein »Seelichen« befohlen sein, wie er immer sehr vorsichtig und bescheiden seine Seele nennt. Gegen Morgen ist der Todeskampf zu Ende. Vier Tage später trifft der große Leichenzug in Wittenberg ein. In der Schloßkirche, von der seine Laufbahn als Rebell und Reformator ausgegangen war, wird er unter der Kanzel begraben. Melanchthon hält ihm die Leichenrede als dem »Wagenlenker Israels« und dem Propheten, dem nicht »menschlicher Scharfsinn« die Lehre von der Vergebung entdeckt habe, sondern Gottes Offenbarung. Er spricht ahnungsvoll düstere Worte von schweren Heimsuchungen, die kommen werden. Ein Jahr später stehen die spanischen Truppen des Kaisers in Wittenberg. Die großen Bastionen, die bis an das Lutherhaus herangerückt waren, sind ohne einen Schuß gefallen. Der Kaiser, entgegen dem Rat der Unbedingten, befiehlt, das Grab unangetastet zu lassen. Der Kampf geht weiter.

Er ist noch nicht beendet. Die Geschichte der Auswirkungen Luthers auf die Welt ist die politische Geschichte, die Geistes-, auch die Sprachgeschichte der folgenden Jahrhunderte. Wir haben versucht, das Leben eines Menschen zu schildern und das Bild der Zeit zu zeichnen, in die er geworfen war.

Zeittafel

1378 bis 1417 Spaltung des Abendlandes (das große Schisma) durch Gegenpäpste in Avignon und Rom; beendet

1414 bis 1417 durch Konzil zu Konstanz mit Wahl eines neuen Papstes Martin V. Verbrennung des Jan Hus und Verdammung von John Wyclif (gest. 1384).

1419 bis 1436 Hussitenkriege.

1431 bis 1449 Konzil zu Basel. Anerkennung der böhm. Sonderkirche durch »Prager Kompaktaten«.

1438 Pragmatische Sanktion von Bourges (die »gallikanischen Freiheiten«).

1453 Eroberung Konstantinopels durch die Türken.

1471 Sixtus IV. Papst. Familien- und Territorialpolitik der Renaissance-Päpste eingeleitet.

1477 Tod Karls des Kühnen von Burgund. Heirat Maximilians von Habsburg mit der Erbin; Anfang der Kriege zwischen Habsburg und Frankreich.

1483 10. 11. Geburt Martin Luthers zu Eisleben. Seit 1484 in Mansfeld.

1492 Kolumbus entdeckt Westindien.

1494 Vorstoß Karl VIII. von Frankreich durch Italien, der die europ. Kriege um Italien einleitet.

1498 Savonarola in Florenz als Ketzer verbrannt.

1499 Loslösung der Schweiz vom Reich, nach Krieg mit Maximilian.

1501 bis 1505 Luther Student in Erfurt, nach Schulzeit in Mansfeld, Magdeburg, Eisenach. 17. 7. 1505 Eintritt ins Kloster. 1507 Priesterweihe, 1510/11 Romreise, dann Dozent in Wittenberg. 1512 Dr. theol. Beginn großer Vorlesungen. Distriktsvikar des Ordens.

1506 bis 1512 Kriege Papst Julius II.

1514 Bauernaufstand des »armen Konrad« in Württemberg; Aufstand in Ungarn.

1515 Die »Dunkelmännerbriefe« im Streit um Joh. Reuchlin (gest. 1522).

1516 Das griechische Neue Testament durch Erasmus von Rotterdam. Luther publiziert *Ein Theologia Deutsch*.

1517 Die *95 Thesen* im Streit um den Ablaß.

1518 Okt./Nov. Luther vor Cajetan in Augsburg. Philipp Melanchthon (1497–1560) nach Wittenberg berufen.
1519 Wahl Karls V. zum Kaiser. Juli Leipziger Disputation. Mission des Karl von Miltitz.
1520 Bannbulle gegen Luther. Schriften *An den Adel*, *Von der babylon. Gefangenschaft*, *Von der Freiheit eines Christenmenschen*. 10. 12. Verbrennung der Bannbulle und des kanonischen Rechtes.
1521 Reichstag zu Worms, Edikt über Reichsacht. Luther auf der Wartburg. – 1. Krieg Karls V. mit Franz I. (bis 1526). Der Kaiser in Spanien bis 1529.
1522 Unruhen in Wittenberg. Rückkehr Luthers. *Das neue Testament Deutsch* im September.
1523 Zusammenbruch des Ritteraufstandes unter Sickingen. Tod Ulrich von Huttens. Reichstag zu Nürnberg. Weite Ausbreitung der Lehren Luthers.
1524 Nationalkonzil vom Reichstag beschlossen, durch den Kaiser untersagt. Zusammenschluß katholischer Fürsten zu Regensburg.
1525 Schlacht von Pavia. Deutscher Bauernkrieg. Ende Thomas Müntzers bei Frankenhausen. Schriften Luthers gegen die Bauern. Heirat Luthers. Schrift *Vom unfreien Willen*.
1526 Liga des Papstes mit Frankreich gegen Karl V. Sieg der Türken bei Mohacz über die Ungarn, Tod des Königs Ludwig II. Ferdinand von Österreich als Erbe.
1527 Sacco di Roma durch Truppen Karls V.. Beginn von Kirchenvisitationen in Kursachsen. 2. Krieg Karls V. mit Frankreich (bis 1529).
1528 Innerdeutsche Wirren; Streit zwischen Wittenberger und Schweizer Theologen.
1529 Reichstag zu Speyer, Aufhebung der Toleranzbeschlüsse, dagegen Protest der Protestanten. Gespräch zu Marburg zwischen Zwingli und Luther. *Großer* und *Kleiner Katechismus*.
1530 Reichstag Augsburg. Augsburgische Konfession. Luther auf der Veste Coburg.
1531 Schmalkaldischer Bund (bis 1546). Schweizer Bürgerkrieg, Tod Zwinglis bei Kappel.
1532 Reichstag zu Regensburg und »Nürnberger Anstand« über Religionsfrieden. Türkenkrieg bis zur Grenze Ungarns. Der Kaiser bis 1540 wieder im Ausland.
1534 Württemberg protestantisch. Wiedertäuferreich zu Münster (1535 vernichtet). Loslösung Englands von Rom (Suprematsakte). Vollständige *Bibel* Luthers in deutscher Sprache.
1536 Dänemark protestantisch. Wittenberger Konkordienformel. 3. Krieg (bis 1538) Karls V. mit Frankreich.
1537 Konzilsverhandlungen. Schmalkaldener Artikel Luthers.
1539 Brandenburg und Herzogtum Sachsen protestantisch.

1540 Doppelehe Philipps v. Hessen. Religionsgespräche in Worms und Regensburg. Der Jesuitenorden des Ignatius v. Loyola durch Papst Paul III. bestätigt.

1541 Reichstag zu Regensburg. Ungarn türkische Provinz. Johann Calvin (1509–1564) errichtet seine Kirchenrepublik in Genf.

1542 Reformation in Köln. 4. Krieg Karls V. (bis 1544) gegen Frankreich.

1543/4 Reichstage zu Nürnberg und Speyer. Waffenhilfe der Protestanten gegen Frankreich. Friede von Crépy nach Niederlage Franz I.

1545 Konzil nach Trient einberufen (abgeschlossen 1563).

1546 18. 2. Tod Luthers zu Eisleben. Beginn des Schmalkaldischen Krieges.

1547 Niederlage der Protestanten. Köln wieder katholisch. Reichstag zu Augsburg mit »Interimslösung«.

1552 Abfall der Fürsten vom Kaiser unter Führung Moritz' v. Sachsen, Bündnis mit Frankreich.

1555 Reichstag zu Augsburg, der den Landesherren die Entscheidung über die Konfession ihres Gebietes zusichert.

1556 Abdankung Karls V. nach Scheitern seines 5. Krieges gegen Frankreich. Nachfolger sein Bruder Ferdinand I., 1558 Kaiser.

Herrscher in Europa

Rom (Päpste)
Sixtus IV. Rovere 1471–84
Innozenz VIII. 1484–92
Alexander VI. Borgia 1492–1503
Julius II. Rovere 1503–13
Leo X. Medici 1513–21
Hadrian VI. 1522–23
Klemens VII. Medici 1523–34
Paul III. Farnese 1534–49

Spanien
Isabella v. Kastilien 1474–1504
Ferdinand v. Aragon 1479–1516
Karl I. (V.) 1516–56

Frankreich
Karl VIII. 1483–98
Ludwig XII. 1498–1515
Franz I. 1515–47

Polen
König Sigismund I. 1506–48

England
Heinrich VII. Tudor 1485–1509
Heinrich VIII. 1509–47

Skandinavien
Dänemark:
Christian II. 1513–23
Friedrich I. 1523–33
Christian III. 1534–59
Schweden:
Gustav I. Wasa 1521–60

Russland
Iwan III. 1462–1505
Wassilij III. 1505–1533
Iwan IV. »der Schreckliche« 1533–84

Osmanisches Reich (Sultane)
Bajazet II. 1481–1512
Selim I. 1512–20
Soliman (Suleiman) II. 1520–66

Herrscher in Deutschland

Deutschland (Heil. Röm. Reich)
Friedrich III. 1440–93
Maximilian I. 1493–1519
Karl V. 1519–56 (geb. 1500, 1516 König v. Spanien, gest. 1558)
Ferdinand I. 1556–64 (s. 1531 dt. König)

Sachsen
Kurfürstentum:
Friedrich d. Weise 1486–1525
Johann 1525–32
Joh. Friedrich 1532–47
Herzogtum:
Georg d. Bärtige 1500–39
Heinrich 1539–41
Moritz 1541–53 (s. 1548 Kurf.)

Mark Brandenburg
Joachim I. 1499–1535
Joachim II. 1535–71

Preussen
Albrecht v. Brandenburg 1513–25 als Hochmeister des Deutschen Ordens, 1525–68 als Herzog

Hessen
Landgraf Philipp 1518–67

Kurfürstentum Mainz
Erzb. Albrecht v. Brandenburg 1514–45

Kurfürstentum Trier
Erzb. Richard v. Greiffenklau 1511–31

Kurfürstentum Köln
Erzb. Hermann v. Wied 1515–46

Haus Fugger
Jakob d. Reiche 1511–26
Anton Fugger 1525–60

Bibliographische Hinweise

A. LUTHER

Die Werke. Mein Handexemplar ist die *Bonner Studienausgabe*, 1912 ff., jetzt Berlin 1963, 8 Bde, mit den Texten in den Originalfassungen, auch Briefe und Tagebücher in Auswahl umfassend. Die damals erschienenen 4 Bände der eigentlichen Werke und der Neudruck der September-Bibel von 1522 im Furche-Verlag 1918 haben mich seit meinen Studienjahren begleitet, wo ich Ernst Troeltsch und Max Weber hören konnte. Im übrigen benutzte ich die kritische Weimarer Ausgabe, jetzt im Neudruck erscheinend und auf ca. 110 Bände berechnet. Der ausführliche Apparat ersetzt vielfach eine umfassende Luther-Biographie. Der Briefwechsel ist von Enders herausgegeben, 1884–1907. Über Werk- und Einzelausgaben in neuer sprachlicher Fassung sowie überhaupt einen großen Teil der jüngsten Literatur unterrichtet das handliche systematische Verzeichnis der Fachverleger *Das evangelische Schrifttum*, 1966. Genauere Berichte bringt laufend das Luther-Jahrbuch.

Bibliographien. G. Wolf *Quellenkunde der deutschen Reformationsgeschichte*, 3 Bde, 1915 ff.; K. Schottenloher *Bibliographie zur deutschen Geschichte im Zeitalter der Glaubensspaltung*, 7 Bde, 1956/61; K. Aland *Hilfsbuch zum Lutherstudium*, 1957; Der *Short Title Catalogue of books printed in the German-speaking countries 1455–1600* des British Museum, 1962, die zur Zeit beste Übersicht über die Gesamtliteratur des Zeitalters, diente mir als Führer zu den Originalausgaben, die ich vielfach eingesehen habe. J. Benzing hat die zu Luthers Lebenszeit erschienenen Ausgaben seiner Werke zusammengestellt (*Bibliographia Aureliana*, X, 1963 ff.) und auch andere Autoren bibliographisch erfaßt, so Hutten 1956, Reuchlin 1963 u. a.

Von den größeren Nachschlagewerken benutzte ich die *Religion in Geschichte und Gegenwart*, 3. Aufl. 1957 ff.; die *Herzog'sche Realenzyklopädie*, 3. Aufl. 1896 ff.; das *Evangelische Kirchenlexikon*, 1956 ff.; das *Lexikon für Theologie und Kirche*, 2. Aufl. 1957 ff.; das *Dictionnaire de théologie catholique* von Mangenot, 1899 ff.; *The Catholic Encyclopedia*, New York 1907/14.

GESAMTDARSTELLUNGEN UND BIOGRAPHIEN. Von Zeitgenossen: der Luther-Gegner J. Cochlaeus (Dobneck) *Commentaria de actis et scriptis Lutheri*, Mainz 1549, deutsch 1580; Ad. Herte dazu in einer großen Monographie *Das katholische Lutherbild im Banne der Luther-Kommentare des Cochlaeus*, 1943; der Lutherschüler J. Mathesius schrieb eine *Historia* vom Leben Luthers, Nürnberg 1566 und gab Mitteilungen in seinen Predigten (herausgegeben von G. Loesche, Prag 1906); der sächsische Hofarzt M. Ratzeberger erzählte, nicht immer zuverlässig, in seinen *Erinnerungen*, herausggb. von C. Neudecker, 1850.

Julius Koestlins zweibändiges Werk *Martin Luther. Sein Leben und seine Schriften*, 1875, 5. Aufl. von Kawerau 1903, ist die noch in der wissenschaftlichen Literatur zitierte protestantische Gesamtdarstellung. Th. Kolde *Martin Luther*, 2 Bde, 1884/93, ist trocken und gediegen. A. Hausrath *Luthers Leben*, 2 Bde, 3. Aufl. 1913, war von einem Fachtheologen verfaßt, aber für ein breiteres Publikum bestimmt und lebendig gehalten. A. E. Berger, Literarhistoriker, schrieb *Luther in kulturhistorischer Darstellung*, 4 Bde, 1895/1921; er gab in der Sammlung *Deutsche Literatur in Entwicklungsreihen*, 1930/42, sieben Auswahlbände der Schriften, Dramen und Gedichte der Reformationszeit heraus. Eine neue kritische Biographie wurde von O. Scheel begonnen; es erschienen die zwei Bände *Vom Katholizismus zur Reformation* (bis zur Klosterzeit reichend), 3. Aufl. 1921/30, ergänzt durch die wertvollen *Dokumente zu Luthers Entwicklung bis 1519*, 2. Aufl. 1929; H. Boehmer *Luther im Lichte der neueren Forschung*, 5. Aufl. 1918, und *Der junge Luther*, 5. Aufl. herausgegeben von H. Bornkamm 1962. In der angelsächsischen Welt haben die Amerikaner die Führung: Roland H. Bainton *Here I Stand*, New York 1950; E. G. Schwiebert *Luther and his Times*, St. Louis 1950; R. H. Fife *The Revolt of Martin Luther*, New York 1957. Über den gleichen Zeitraum E. Gordon Rupp *Luther's Progress to the Diet of Worms*, London 1951; James MacKinnon über den Gesamtkomplex *Luther and the Reformation*, London 1925 ff.. Aus der französischen Literatur ragt Lucien Febvre *Un Destin, Martin Luther*, Paris 1952, hervor als Studie eines souveränen Enzyklopädisten; auch seine übrigen Werke, bes. *Au cœur religieux du XVIe siècle*, 1957, waren mir wichtig und zudem stilistisch ein Genuß. H. Strohl (Straßburg) hat bedeutende Beiträge zu Luthers Frühentwicklung veröffentlicht: *L'évolution religieuse de Luther* (bis 1515), 1922, *L'épanouissement de la pensée religieuse de Luther* (1515/20), 1924, und *Luther, sa vie et sa pensée*, Paris 1953; Abbé L. Christiani *Luther tel qu'il fût*, 1963, vom katholischen Standpunkt, mit Einführung von Daniel-Rops (Henri Petiot), dessen elegant geschriebene große Kirchengeschichte ich in den zwei Bänden *L'Eglise de la Renaissance et de la Réforme*, 1964, neben den Kirchengeschichten der Fachtheologen konsultierte. E. Buonaiuti *Lutero e la Riforma*, 1926, und der *Lutero* des aus Waldenser Familie stammenden Giovanni Miegge, 1946, waren mir die interessantesten italienischen Beiträge.

H. Denifle O. P. *Luther und Luthertum*, fortgesetzt von seinem Ordensbruder A. M. Weiss, 2. Aufl. 1904/06, machte, wie im Text erwähnt, Epoche.

Hartmann Grisar SJ *Luther,* 3 gewichtige Bände, noch ergänzt durch 6 Hefte *Luther-Studien,* 1921 ff., ist das Hauptwerk auf katholischer Seite, mehr eine nahezu erschöpfende Materialsammlung als eine Biographie. An beide Werke schlossen sich lange Kontroversen an; ich erwähne davon nur den früheren Dominikaner A. V. Müller *Luthers theologische Quellen,* 1912. Ein durchaus neues, um Verständnis bemühtes Bild Luthers wie der gesamten Zeit für die katholische Welt zeichnete Joseph Lortz in seinem zweibändigen Werk *Die Reformation in Deutschland,* 5. Aufl. 1962. John M. Todd *Martin Luther, a Biographical Study,* London 1964, versucht ebenfalls eine Deutung im Sinne der ökumenischen Bewegung. Siehe ferner H. Lilje *Luther, Anbruch und Krise der Neuzeit,* 1946; H. Bornkamm *Luthers geistige Welt,* 1947; F. Lau *Luther,* 1959. Bildbiographien von O. Thulin, 1958, und H. Lilje, 1964.

Von Nicht-Theologen möchte ich keineswegs Gustav Freytags Porträt *Dr. Luther,* 3. Aufl. 1884, vergessen, das übrigens auf gründlichster Kenntnis der Lutherzeit beruht; Freytags eigene imposante Flugschriftensammlung (katalogisiert von Hohenemser, 1925) diente auch als Quelle für seine *Bilder aus der deutschen Vergangenheit.* Ricarda Huch *Luthers Glaube,* 1916, war die höchst persönliche Auseinandersetzung einer Dichterin mit Luther. Jacques Maritain in *Trois Réformateurs,* Paris 1925, stellt Luther als »Vater des Subjektivismus« an den Anfang des Unheils, das über Descartes zu Rousseau führt. Gerhard Ritters große Studie erschien zuerst als *Luther, Gestalt und Symbol,* 1925, dann 1936 als *Luther der Deutsche,* zuletzt, 6. Aufl. 1959, *Luther, Gestalt und Tat.*

Psychologen und Psychiater: Erik Homburger Erikson *Young Man Luther,* New York 1958, »A Study in Psychoanalysis and History«. Der dänische Psychiater Paul J. Reiter *Martin Luthers Umwelt, Charakter und Psychose,* 2 Bde, Kopenhagen 1937. Über Luthers Krankheiten: W. Ebstein, 1908; Frh. von Nothafft, 1929. F. S. Keil, der auch über Luthers Eltern schrieb, hat schon 1764 einen umfangreichen Quartband über *des heiligen Mannes... medizinalische Leibesbeschaffenheit, Anfechtungen und Gemütsbeschaffenheiten* zusammengestellt. – Einzelnes, soweit nicht zu den Kapiteln unten erwähnt: J. Luther *Legenden um Luther,* 1933. Ein Luther-Wörterbuch, ebenso dringend benötigt wie das nun begonnene Goethe-Wörterbuch, fehlt; ein Versuch von P. Dietz, 1870, blieb stecken. A. Götze kurzes *Frühneuhochdeutsches Glossar,* Bonn 1912; O. Francke *Grundzüge der Schriftsprache Luthers,* 1913/22; P. Meinhold über *Luthers Sprachphilosophie,* 1958; H. Bornkamm über *Luther als Schriftsteller,* 1965.

NACHLEBEN. H. Bornkamm *Luther im Spiegel der deutschen Geistesgeschichte,* 1955; E. W. Zeeden *Martin Luther und die Reformation im Urteil des deutschen Luthertums,* 2 Bde, 1950/2, und W. v. Löwenich *Luther und der Neuprotestantismus,* 1963, führen hinüber zu den Darstellungen zur Theologie Luthers. Karl Holl mit Reden und Aufsätzen (*Gesammelte Aufsätze* I und III, 5. Aufl. 1927) hat am stärksten gewirkt und auch das Kapitel »Luther und die Schwärmer«, besonders Thomas Müntzer, neu beleuchtet. R. A. Garrish *Grace and Reason, a Study in the Theology of Luther*, Oxford 1962, ist ein Beitrag zu der vieldiskutierten Frühentwicklung.

B. DIE ZEIT UND IHRE GESCHICHTE

Eine eigene »Reformationsgeschichte« beginnt mit dem riesigen Barockwerk *Commentarius historicus et apologeticus de Lutheranismo* des Freiherrn Veit L. v. Seckendorf, 1692; trotz seiner wunderlichen Anlage – als Antwort auf den Jesuiten und Hofhistoriographen Ludwigs XIV., Maimbourg – ist es imposant durch die Fülle des Materials. Rankes *Deutsche Geschichte im Zeitalter der Reformation* von 1839 (Akademieausgabe, 6 Bde, 1925), ein klassisches Werk, ist auch sprachlich schön und von einer Weite des Überblicks, wie sie selten wieder erreicht wurde. F. v. Bezold folgte mit *Geschichte der deutschen Reformation*, 1890, und behandelte mit einer für jene Zeit seltenen Unabhängigkeit auch soziale Probleme. J. Janssens *Geschichte des deutschen Volkes seit dem Ausgang des Mittelalters*, 1877 ff., später von seinem Schüler Pastor herausgegebenen in 10 Bänden, 1898 ff., brachte viel für die beginnende Kontroverse bei, aber auch reiche kulturgeschichtliche Einzelheiten; Pastor veröffentlichte noch zehn Ergänzungsbände (darunter F. Lauchert über *Italienischen Gegner Luthers*, 1912, und von Nik. Paulus, dem unermüdlichsten aller Apologeten *Die deutschen Dominikaner im Kampf gegen Luther*, 1903). Karl Brandi *Deutsche Reformation und Gegenreformation*, 2 Bde, 1927, und Paul Joachimsen *Das Zeitalter der religiösen Umwälzungen*, 1930. P. Imbart de la Tour *Les Origines de la réforme*, 4 Bde, Paris 1907/14, bietet kein Werk des französischen Esprit, ist aber sehr ausführlich. E. G. Leonard im 1. Band seiner *Histoire générale du Protestantisme*, Paris 1961, gibt eine übersichtliche Darstellung; die englische Ausgabe 1965 enthält eine sehr detaillierte Bibliographie. Die *New Cambridge History*, Bd. 1, 2, die Zeit von 1493 bis 1559 umfassend, besteht, wie Weltgeschichten jetzt meist, aus Einzelbeiträgen von Spezialisten bekannten Rufes. Owen Chadwick *The Reformation*, 1964, spricht als anglikanischer Theologe. Ich benutzte noch Harold J. Grimm *The Reformation Era*, New York 1954, und Hajo Holborn mit gleichem Titel, New York 1959. G. Ritters Beitrag zur Propyläen-Weltgeschichte, 1941, *Die Neugestaltung Europas im 16. Jahrhundert* wurde 1950 neu herausgegeben. Ferner Ricarda Huch *Das Zeitalter der Glaubensspaltung*, 1937, und W. E. Peuckert *Die große Wende, das apokalyptische Säkulum und Luther*, 1948.

Die Papstgeschichte. Ranke *Die römischen Päpste in den letzten vier Jahrhunderten*, 10. Aufl. 1900. Das Hauptwerk ist L. v. Pastors *Geschichte der Päpste seit dem Ausgang des Mittelalters*, 1886 ff., oft aufgelegt. Der anglikanische Bischof M. Creighton *History of the Papacy during the Period of the Reformation*, 6 Bde, 2. Aufl. 1897. Neuere katholische Darstellung F. X. Seppelt - G. Schwaiger *Geschichte der Päpste* Bd. 4, 1957. Die zu Luthers Zeiten verbreitete Papstgeschichte von Platina (Sacchi) sah ich in Ausgaben von 1529 und deutsch von C. Hedio 1546. Unentbehrlich waren mir die Zeitgenossen, die noch mit voller Unbefangenheit sprechen: die Diarien von päpstlichen Kämmerern wie Paris de Grassis, Burkhard, die venezianischen Gesandtschaftsberichte oder das unendliche Tagebuch des M. Sanuto, das in 58 Bänden bis 1903 herausgegeben wurde. F. Guicciardini in seiner *Historia d'Italia* äußert sich mit großer Gelassenheit über die Päpste, denen er dient; mein Handexemplar ist die Ausgabe Venedig 1568; noch deutlicher wird er in seinen nachgelassenen Schriften, Bari 1933 und 1935, *Scritti politici* und *autobiografici*. Paolo Giovio ist bereits so etwas wie ein früher Reporter in seinen Lebensbeschreibungen berühmter Männer *Vitae virorum illustrium*, 1549–57, dt. 1582; er ist bestechlich und unzuverlässig, doch kaum mehr als die Großen; Gesamtausgabe Basel 1578. Über die Kardinäle und ihren »Pluralismus« sind die Daten genau verzeichnet bei C. Eubel *Hierarchia Catholica*, Bd. II, III, 1901/23. Eine eigentliche Geschichte des Kardinalates fehlt, wie schon J. Haller in seinem großen Werk *Das Papsttum, Idee und Wirklichkeit* beklagt hat; 5 Bde (bis 1334 reichend), 1965 aus dem Nachlaß herausgegeben. Die Finanzgeschichte der Kurie, für die Epoche in Avignon gründlich behandelt, muß für die Reformationszeit noch geschrieben werden, obwohl die Werke über die Fugger, die ich weiter unten zitiere, schon vorgearbeitet haben.

Zur Vorgeschichte der Reformation. Wyclif (Wiclif): Biographie von H. B. Workman, 2 Bde, Oxford 1926; Loserth *Hus und Wiclif*, 2. Aufl. 1925; M. Spinka *Hus and the Czech Reform*, Chicago 1941, und *Johannes Hus at the Council of Constance*, New York 1965 (mit Benutzung der grundlegenden neueren tschechischen Forschungen); U. v. Richentals *Chronik des Konzils*, Stuttgart Litt. Ver. 1882; F. G. Heyman *John Ziska and the Hussite Revolution*, Princeton 1955, fortgeführt mit Biographie des Georg Podiebrad, 1964. – Zur Konziliartheorie: Brian Tierney *Foundations of the Conciliar Theory*, Cambridge 1955; W. Andreas *Deutschland vor der Reformation*, 6. Aufl. 1959; J. Huizinga *Herbst des Mittelalters*, 1928, und Aufsätze in seinen *Verzamelde Werken;* J. Hashagen *Staat und Kirche vor der Reformation*, 1931; A. Dempf *Sacrum Imperium, Geschichts- und Staatsphilosophie des Mittelalters und der politischen Renaissance*, 1929.

Sozial- und Wirtschaftsgeschichte. E. Troeltsch *Die Soziallehren der christlichen Kirchen*, 1912; Henri Hauser *Les débuts du capitalisme*, Paris 1931; H. Barge *Luther und der Frühkapitalismus*, 1951; Roy Pascal *The Social Basis of the German Reformation*, London 1933; Fritz Rörig *Mittelalterliche Weltwirtschaft*, 1933. – Die Fugger: A. Schulte *Die Fugger in Rom*, 2 Bde, 1904, grundlegend für den Ablaßhandel; Götz Freiherr v. Pölnitz *Jakob Fugger*, 1951, und *Anton Fugger*, 1963, je 2 Bde; Léon Schick *Un grand homme d'affaires au début du 16e siècle, Jakob Fugger*, Paris 1957, aus der Erfahrung eines heutigen Geschäftsmannes geschrieben.

C. QUELLEN

Die Reichstagsakten, »jüngere Reihe«, 1893 ff.

Flugschriften: O. Schade *Satiren und Pasquille der Reformationszeit*, 3 Bde, 1855/8; O. Clemen *Flugschriften der ersten Jahre der Reformationszeit*. 4 Bde, 1906/13.
Eine Thèse (1942) der Sorbonne von M. Gravier *Luther et l'opinion publique*, bespricht ca. 400 Broschüren aus den Jahren 1520/30. K. Schottenloher *Flugblatt und Zeitung*, 1922; Übersicht eines großen Kenners, mit reichhaltiger Bibliographie. Einzelblätter und Plakate, ein wichtiges Propagandamittel, von Max Geisberg herausgegeben, 1923 ff., in *Der deutsche Einblattholzschnitt*, dazu ein Bilderkatalog in 1. Band 1930. Die Briefe zitiere ich bei den einzelnen Persönlichkeiten. Es gab bereits Persönlichkeiten, die eine Art Presseagentur unterhielten und weithin ihre »neue Zeitungen« versandten: so des Nürnberger Syndikus Chr. Scheurl's *Briefbuch*, herausgegeben von F. v. Soden, 2 Bde, 1867 ff.. Für die internationale Welt spielte der italienische Aristokrat Patrus Martyr aus Anghiera die gleiche Rolle, sein *Opus epistolarum*, Alcala 1530, Amsterdam 1670.

Die Chroniken deutscher Städte sind umfassend herausgegeben worden; sie sind teils in amtlichem Auftrag verfaßt vom Stadtschreiber, teils auch privater Natur, oft kritisch, ja revolutionär, wie die des Augsburger Malers Georg Preu von 1512–37 (*Chronik der schwäbischen Städte* Bd. 6). Die Schweizer haben einige der besten Chroniken geschrieben: so Pellicanus (Kürsner), herausgegeben von Riggenbach, 1877, und als *Hauschronik* von Th. Vulpius, 1892, Joh. Kessler aus St. Gallen in seinen *Sabbata*, herausgegeben von Egli, 1902. Johann Oldecop, herausgegeben von Euling, 1891, hörte bei Luther und wurde dann Luthergegner. Das bunteste Sittenbild entwirft die *Chronik* der Herrn von Zimmern 1538–1594, 1963 in neuer Ausgabe in 6 Bänden. Götz von Berlichingen ist durch Goethe berühmt geworden, herausgegeben von Pistorius, 1731; der Landsknechtsführer S. Schertlin, herausgegeben von Schönhut, 1858, gibt Einblicke in das Leben der Soldknechte; Thomas Platter, herausgegeben von Boos, 1878, schildert das Elend des armen Schülers und die Anfänge der Schweizer Reformation; Lucas Rem, Patriziersohn, das Kaufmannsleben, herausgegeben von B. Greiff, 1861. Von den gedruckten Chroniken, die meist die heimische Stadt oder Landschaft feiern, ist die deutsche Chronik von Sebastian Franck, 1538, sprachlich die schönste und geistig die unabhängigste. Die Kommentare des J. Sleidanus (Philippson), 1555, deutsch 1557, stehen schon an der Grenze zur Geschichtsschreibung. Goethe hat einmal hineingeschaut und dazu bemerkt: »Trauriger Anblick einer grenzenlosen Verwirrung. Irrtum kämpft mit Irrtum, Eigennutz mit Eigennutz, das Wahre hie und da nur aufseufzend.«

Die Dichtung ist so gut wie durchweg »engagiert« und gehört sehr wesentlich zur Zeitgeschichte. Die historischen Volkslieder hat R. v. Liliencron, 1865 ff., gesammelt, auch eine Anthologie *Deutsches Leben im Volkslied um 1530* herausgegeben (1884). Viele »Balladen« oder Lieder sind gereimte Zeitungen, die Dramen großenteils Kampfliteratur. Derek van Abbé *Drama in Renaissance Germany and Switzerland*, Melbourne University 1961, gibt eine gute Übersicht. Die *Geschichte der deutschen Literatur von 1480–1600*, Berlin (Ost) 1961, eines Autorenkollektivs unternimmt einen »ersten Versuch eines marxistischen Gesamtüberblicks über die deutsche Literatur der behandelten Zeit«; sie bringt ausführliche Literaturangaben. Der *Grundriß zur Geschichte der deutschen Dichtung* von Goedeke, Bd. II in 2. Aufl. 1885, ist nicht neu bearbeitet worden und bildet seit über 80 Jahren die einzige gründliche Gesamtübersicht über die Werke dieses Zeitraums.

D. ZU EINZELNEN KAPITELN

Kindheit. C. Spangenberg *Mansfeldische Chronica*, 1572. K. Krumhaar *Die Grafschaft Mansfeld im Reformationszeitalter*, 1855, *Die Grafen von Mansfeld und ihre Besitzungen*, 1872; G. Agricola *Vom Bergwerk*, Basel 1557; F. Paulsen, *Geschichte des gelehrten Unterrichts*, 3. Aufl. 1919 ff..

Student in Erfurt. W. Kampschulte *Die Universität Erfurt in ihrem Verhältnis zur Reformation*, 2 Bde, 1858/60; G. Oergel *Vom jungen Luther*, 1899; Th. Neubauer *Luthers Frühzeit*, 1917; F. Benary *Geschichte der Stadt und Universität Erfurt am Ausgang des Mittelalters*, 1919; P. K. Kalkoff *Humanismus und Reformation in Erfurt*, 1926; Eur. Cordus *Epigrammata* (1520), herausgegeben von K. Krause, 1892, von diesem auch *Hel. Eobanus Hessus*, 2 Bde, 1879; F. Zarncke *Die Universitäten im Mittelalter*, 1857; Georg Kaufmann *Geschichte der deutschen Universitäten*, 2 Bde, 1888 ff., und umfassend H. Rashdall *The Universities of Europe in the Middle Ages*, 2. Aufl. Oxford 1936.

Der Mönch. Th. Kolde *Die deutsche Augustiner-Kongregation und J. von Staupitz*, 1879; K. Benrath *Luther im Kloster*, 1905; H. Lietzmann *Geschichte der alten Kirche* Bd. 4, 1944; K. Heussi *Der Ursprung des Mönchtums*, 1936. Die *Vitae Patrum*, vielfach gedruckt schon im 15. Jahrhundert; Auswahl von Helen Waddell *The Desert Fathers*, London 1936; J. Bühler *Klosterleben im deutschen Mittelalter*, 1921 (ausgewählte Quellenstücke); B. Lohse *Mönchtum und Reformation*, 1962.

Klosterleben. Ich zitiere noch aus G. Steinhausen *Deutsche Privatbriefe des Mittelalters*, Bd. 2, Geistliche und Bürger, 1907, und der *Legenda aurea* des J. de Voragine, herausgegeben von Graesse, 1846.

Kampf mit den Kommentaren. Zur Scholastik: die Übersicht meines akademischen Lehrers Clemens Baeumker *Die europäische Philosophie des Mittelalters in Die Kultur der Gegenwart*, 2. Aufl. 1928, erscheint mir immer noch eine der besten Einführungen. Inzwischen ist viel dazugekommen. M. Grabmann *Geschichte der Scholastischen Methode*, 1909/11, wurde ergänzt durch seine gesammelten Abhandlungen *Mittelalterliches Geistesleben*, 3 Bde, 1956; E. Gilson *L'esprit de la philosophie médiévale*, 2 Bde, 1932, vertritt den Standpunkt des Neuthomismus; Gordon Leff *Medieval Thought, St. Augustine to Ockham*, London 1962, ist eine besonnene Studie; Gerh. Ritter *Via antiqua und via moderna*, 2. Aufl. 1963, führt seine Studien zur Spätscholastik 1921/22 weiter. – Für Ockham: L. Baudry *Guillaume d'Occam, sa vie, ses œuvres, ses idées*, Paris 1949; Heiko A. Obermann *The Harvest of Medieval Theology*, Harvard 1963, versucht eine neue Deutung der bisher recht abschätzig behandelten Spätscholastik, besonders G. Biels, den er auch neu herausgegeben hat. – Über Luthers Lehrer: N. Paulus *Barth. Arnoldi von Usingen, 1893;* G. Plitt *J. Trutfetter*, 1875.

Nach Wittenberg. Staupitz: A. Jeremias *J. von Staupitz*, mit Auswahl seiner Schriften, 1926; E. Wolf *Staupitz und Luther*, 1927. – Wittenberg: O. Oppermann *Das sächsische Amt Wittenberg im Anfang des 16. Jahrhunderts*, 1897; W. Friedensburg *Geschichte der Universität Wittenberg*, 1917; O. Thulin *Lutherstadt Wittenberg*, 5. Aufl. 1964. – Die sächsischen Herzöge: Kurfürst Friedrich der Weise: G. Spalatin, herausgegeben von C. G. Neudecker, 1851; Kolde, 1881; P. Kirn, *Friedrich der Weise und die Kirche*, 1926; Corn. Gurlitt *Die Kunst unter Friedrich dem Weisen*, 1897, und R. Bruck zum gleichen Thema, 1903. Sein Bruder Johann: J. Becker, 1890; der Sohn Johann Friedrich: G. Mentz, 3 Teile, 1903/8. – Lukas Cranach: Ch. Schuchardt *Leben und Werke*, 3 Bde, 1851/71; C. Glaser, 1923. Das von Cranach illustrierte *Heiltumsbuch der Stiftskirche von 1509*, in Faksimile 1884; das *Hallesche Heiltum des Erzbischofs Albrecht von Mainz*, herausgegeben von Halm, 1931.

Romfahrt. A. Hausrath, 1894; H. Böhmer, 1914; Pastor *Die Stadt Rom zu Ende der Renaissance*, 1925; *Die Skizzenbücher von M. v. Heemskerck*, herausgegeben von Chr. Hülsen, 2 Bde, 1913/16; Die Veduten von *Aegidius Sadeler Vestigi delle Antichità di Roma*, Prag 1596. – Zu Julius II.: M. Brosch.: *Papst Julius II.*, 1878, neben den genannten Papstgeschichten.

Erste bedenkliche Kollegs. J. Ficker *Luthers Vorlesung über den Römerbrief*, 1908; P. Althaus *Der Brief an die Römer, im Neuen Göttinger Bibelwerk*, 9. Aufl. 1959, mit ausführlichem Kommentar; Erich Vogelsang *Die Anfänge von Luthers Christologie*, 1929; K. A. Meissinger *Luthers Exegese in der Frühzeit*, 1910; Emanuel Hirsch *Luthers Vorlesung über den Hebräerbrief*, 1929.

REBELL UND REFORMATOR. Reuchlin: L. Geiger, Biographie 1871 und *Briefwechsel* 1876. *Festschriften der Stadt Pforzheim* 1922 und 1955. – Zur Kabbala: G. Scholem *Die jüdische Mystik*, 1962. *DieDunkelmännerbriefe*, herausgegeben von A. Bömer, 2 Bde, 1924. – Über die Kölner: N. Paulus in *Die deutschen Dominikaner im Kampf gegen Luther*, 1903. – Zu den Humanisten· G. Ellinger *Geschichte der neulateinischen Literatur*, 3 Bde, 1929–33. Friedrich Heer hat den Humanismus als *Die dritte Kraft* zwischen den Fronten des konfessionellen Zeitalters gedeutet, Frankfurt 1960. – Die Mystik; ich erwähne nur unmittelbar zu meiner Darstellung Gehörendes: W. Uhl *Der Franckforter*, Bonn 1912; F. Vetter *Die Predigten Taulers*, 1911 (*Deutsche Texte des Mittelalters*, Bd. 11). Die von Luther benutzte Ausgabe der *Sermones*, Augsburg 1508 (British Museum). Ad. Spamer *Texte aus der deutschen Mystik, 1912;* Albert Hyma *History of the Devotio Moderna*, New York 1925.

DIE 95 THESEN. W. Köhler, *Dokumente zum Ablaßstreit*, 1902; E. Iserloh *Luthers Thesenanschlag, Tatsache oder Legende?*, 1962, erweitert als *Luther zwischen Reform und Reformation*, 1967; J. Luther *Vorbereitung und Verbreitung von Martin Luthers 95 Thesen*, 1933; N. Paulus, *J. Tetzel*, 1899. – Der Ablaß: N. Paulus *Geschichte des Ablasses im Mittelalter*, 3 Bde, 1922/3; Th. Brieger *Das Wesen des Ablasses am Ausgang des Mittelalters*, 1897; H. Ch. Lea *A History of Auricular Confession and Indulgencies in the Latin Church*, 3 vols, 1896; P. Brezzi *Storia degli anni santi*, Milano 1949.

HEILIGES RÖMISCHES REICH. K. Zeumer *Heiliges Römisches Reich Deutscher Nation*, 1910; A. Dempf *Sacrum Imperium* siehe oben; James Bryce *Holy Roman Empire*, 1864, oft aufgelegt. – Albrecht von Mainz: Biographie von J. H. Hennes, 1858; die Geschäfte in Rom bei A. Schulte *Die Fugger in Rom*, 1904. – Neues Geschichtsbild der Humanisten: P. Joachimsen *Geschichtsauffassung und Geschichtsschreibung in Deutschland unter dem Einfluß des Humanismus*, 1910. – Maximilian I.: Ulmann, 2 Bde, 1884/91. R. Buchner, 1959 (Sammlung *Persönlichkeit und Geschichte*, Bd. 14). Urkunden zur Geschichte Maximilian I.: Stuttgarter Lit. Verein Bd. 10, 1843. – Die Städte: Bernd Moeller *Reichsstädte und Reformation*, 1962. *Die sogenannte Reformation Kaiser Siegmunds*, Monumenta Germaniae historica, 1966.

AUGUSTINER UND DOMINIKANER. Zum Ketzerprozeß gibt es zahlreiche Einzeluntersuchungen, meist nicht ganz schlüssig; sehr eingehend Kalkoff in neun *Beiträgen zur Zeitschrift für Kirchengeschichte*, 1904/1927. – Joh. Eck: Th. Wiedemann, 1865; J. Greving, 1905 und 1908. Sechs Werke Ecks neugedruckt im *Corpus Catholicorum*, das seit 1919 die katholischen Autoren der Zeit mit sorgfältigen Einführungen herausgibt. *Eckius dedolatus*, herausgegeben von S. Szamatolski, 1892. – Mazzolini: F. Lauchert *Italienische Gegner Luthers*, 1912; eine lateinische Dissertation über ihn, Münster 1892 von F. Michalski.

Verhör vor dem Kardinal. Cajetan: J. F. Groner *Kardinal Cajetan*, Löwen 1951; Gedenkartikel verschiedener Autoren in Revue Thomiste, n. s. XXVII; seine Schrift über die Papstgewalt *Corpus Catholicorum* 10, 1925; F. Roth *Augsburgs Reformationsgeschichte*, 1881.

Miltitz-Intermezzo. J. K. Seidemann *K. von Miltitz*, 1844. H. A. Creutzberg *Über den jungen Miltitz*, 1907; P. Kalkoff *Die Miltitziade*, 1911. – Karl V.: Karl Brandi *Karl V.*, 1937, ein Quellenband 1941; Brandis Lehrer H. Baumgarten *Geschichte Karls V.* (nur bis 1539 reichend), 3 Bde, 1885/9, ist ausführlicher über die diplomatischen Verhandlungen; Royall Tyler *The Emperor Charles V.*, London 1956, bringt in ausgewählten Kapiteln wertvolle Ergänzungen. – Zu den Finanzen: E. J. Hamilton *American Treasure and the Price Revolution in Spain*, Havard 1934, und R. Carande *Los Banqueros de Carlos Quinto*, Madrid 1944 ff.. Die Memoiren Karls ed. Morel-Fatio, Paris 1913. – Die Kapelle: H. Angles *La música en la Corte de Carlos V*, 2 Bde, Barcelona 1965. – Zur Kaiserwahl: B. Weicker *Historische Studien* XXII, 1901.

Streitgespräch in Leipzig. Antichrist und Joachim de Fiore: Eine ganze Joachim-Literatur ist letzthin entstanden; *Bibliografia Giochimita* von F. Russo, Florenz 1954. Ich begnügte mich mit H. Grundmanns *Studien über Joachim von Floris*, 1927; E. Benz *Ecclesia spiritualis, Kirchenidee und Geschichtstheologie der franziskanischen Reformation*, 1934; Roland Bainton in *Studies on the Reformation*, 1965, bespricht das auf Luther gedeutete Büchlein von 1527. – Karlstadt: H. Barge, 2 Bde, 1905; Karl Müller *Luther und Karlstadt*, 1907; E. Hertsch *Karlstadt und seine Bedeutung für das Luthertum*, 1932. – J. K. Seidemann *Die Leipziger Disputation*, 1843. *Der authentische Text*, herausgegeben von O. Seitz, 1903. – Herzog Georg: O. Vossler in *Geist und Geschichte*, Gesammelte Aufsätze 1964. Über Pelagius haben sich die Theologen größtenteils ausgeschwiegen; ein Altphilologe hat sich seiner angenommen: John Fergusson *Pelagius*, Cambridge 1956.

Drei grosse Schriften. W. Köhler *Die Quellen zu Luthers Schrift An den christlichen Adel*, 1895; E. Kohlmeyer über die Entstehung, 1922. – Konstantinische Schenkung: J. Haller in Bd. I seiner *Geschichte des Papsttums* beschreibt die Hintergründe. – Melanchthon: K. Hartfeld *Melanchthon als Praeceptor Germaniae*, 1889; G. Ellinger *Philipp Melanchthon*, 1902; Clyde Manschreck *Melanchthon the Quiet Reformer*, New York 1958; R. Stupperich *Der unbekannte Melanchthon*, 1961.

Ulrich von Hutten. *Werke*, herausgegeben von E. Böcking, 1858 ff., *Deutsche Schriften*, von S. Szamatolski, 1891; Biographie von D. F. Strauss, 2 Bde, 2. Aufl. 1871; P. Kalkoff *Hutten und die Reformation*, 1920, und *Huttens Vagantenzeit und Untergang*, 1925, sehr kritisch über Hutten; dagegen F. Walser *Die politische Entwicklung Huttens,* 1928; Hajo Holborn *Ulrich von Hutten,* 1929; H. Grimm Monographie des jungen Hutten, 1938.

DIE BANNBULLE. Zur Frage der Ketzerei und Inquisition: H. Ch. Lea *History of the Inquisition,* 3 Bde, 1888 und oft aufgelegt, fortgeführt noch durch 4 Bände über die spanische Inquisition, 1906/7; J. Guiraud *Histoire de l'Inquisition au Moyen-Age,* Paris 1935; *Bibliographie* der Werke über die Inquisition von E. van der Vekené, 1964; zur Lutherzeit hinführend G. Leff *Heresy in the Later Middle Ages,* Oxford 1926; H. Flatten *Der Häresieverdacht im kanonischen Recht,* Amsterdam 1963. – Über die Verbrennung der Bannbulle: J. Luther & M. Perlbach *Abhandlungen der Preußischen Akademie,* 1907; H. Grisar *Historisches Jahrbuch der Görres-Gesellschaft* 42, 1922.

VORLADUNG VOR KAISER UND REICH. H. v. Schubert über die Vorgeschichte in *Abhandlungen der Heidelberger Akademie,* 1912. – Aleander: J. Paquier *L'Humanisme et la Réforme, J. Aléandre,* Paris 1900; Th. Brieger *Aleander und Luther,* 1884; P. Kalkoff *Die Depeschen des Nuntius Aleander,* 2. Aufl. 1897, *Aleander gegen Luther,* 1908, und *Erasmus, Luther und Friedrich der Weise,* 1919; *Journal autobiographique,* herausgegeben von H. Omont, Paris 1896. – Erasmus: J. Huizinga, deutsch von Kaegi, 1928; Stefan Zweig *Triumph und Tragik des Erasmus,* 1934; das Briefwerk herausgegeben von P. S. & H. M. Allen, Oxford 1906 ff. Auswahl in Übersetzung von W. Köhler, 1938; R. H. Murray *Erasmus and Luther,* London 1920; J. B. Pineau *Erasme, sa pensée religieuse,* Paris 1924, und *Erasme et la papauté* (über den Julius exclusus), 1924.

REICHSTAG ZU WORMS UND FOLGENDE KAPITEL. *Reichstagsakten* unter Karl V., Bd. 2, herausgegeben von A. Wrede, 1896; P. Kalkoff *Der Wormser Reichstag,* 1922, und Briefe, Depeschen etc. über Luther, in Übersetzung, 1898; E. Walder *Kaiser, Reich und Reformation 1517/25,* 1944; P. Kalkoff Die Entstehung *des Wormser Edikts,* 1913.

DIE DEUTSCHE BIBEL. W. Walther *Die deutschen Bibelübersetzungen des Mittelalters,* 1889 ff., und *Luthers deutsche Bibel,* 1917; ausführliche Erläuterungen in Abteilung III der *Weimarer Ausgabe,* 12 Bde; H. Volz *Bibel und Bibeldruck in Deutschland im 15./16. Jahrhundert,* 1960, und *100 Jahre Wittenberger Bibeldruck,* 1954; W. Mejer *Der Buchdrucker H. Lufft,* 1923.

UNRUHEN IN WITTENBERG. Nikolaus Müller *Die Wittenberger Bewegung,* 1911; K. Holl *Luther und die Schwärmer* in *Gesammelte Aufsätze,* Bd. 1, 1927. – Die Täuferbewegung in allgemeinen Übersichten: G. Williams *The Radical Reformation,* Philadelphia 1964; eine Anthologie, herausgegeben von H. Fast *Der linke Flügel der Reformation,* 1962; Roland H. Bainton in *Studies on the Reformation*, 1965. – Ausgaben von Schriften der früher vernachlässigten H. Denck, B. Hubmaier und Monographien erscheinen nun zahlreich; H. J. Hillebrand *Bibliographie des Täufertums*, 1962. – G. Zschäbitz *Zur mitteldeutschen Täuferbewegung*, 1958, unternimmt eine marxistische Deutung.

TRÜGERISCHER FRÜHLING. Bugenhagen: Beiträge zu seinem 400. Todestag, herausgegeben von W. Rautenberg, 1958. – J. Jonas: Hasse *Jonas' Leben*, 1862, sein Briefwechsel herausgegeben von Kawerau, 1884/5. – Th. Murner: Gesammelte Werke, hgb. von F. Schultz, 1918/31, Biographie von Th. von Liebenau, 1913. – Bildersturm: E. J. Martin *A History of the Iconoclastic Controversy* (in Byzanz), London 1930. Ich zitiere aus Kesslers *Sabbata*, herausgegeben von Egli, 1902. – Sebastian Franck: auch von ihm wird nun eine Gesamtausgabe in Angriff genommen; seine *Paradoxa*, in neudeutscher Fassung, herausgegeben von Ziegler, 1909; Dilthey in *Weltanschauung und Analyse des Menschen seit Renaissance und Reformation*, Gesammelte Schriften II, 1921; W. E. Peuckert *Sebastian Franck*, 1943.

EIN HOLLÄNDER ALS PAPST. G. Pasolini *Adriano VI.*, Rom 1913; E. Hocks *Der letzte deutsche Papst Adrian VI.*, 1939. – Die Korrespondenz mit Karl V. herausgegeben von Gachard, Brüssel 1865.

SICKINGEN. H. Ulmann *F. von Sickingen*, 1872. – *Die Flersheimer Chronik*, herausgegeben von Waltz, 1874. – J. Becker *Sickingen und Luther*, 1890. – Caspar Sturm (der Reichsherold, der Luther nach Worms abgeholt hatte) *Wie die drey kriegsfürsten Frantzen von Sickingen überzogen*, 1523 (im British Museum); F. Lassalles Drama, 1859. – Zu »Von weltlicher Obrigkeit«: J. W. Allen *A History of Political Thought in the 16th Century*, London 1960; P. Meinhold *Römer 13, Obrigkeit, Widerstand, Revolution, Krieg*, 1960; *G. Törnwall Geistliches und weltliches Regiment bei Luther*, 2. Aufl. 1947; H. R. Gerstenkorn *Weltlich und Regiment zwischen Gottesreich und Teufelsmacht. Die staatstheoretischen Auffassungen Luthers*, 1956. – Über die Diskussion des Problems in der protestantischen Theologie der letzten Zeit: Heinz Zahrnt *Die Sache mit Gott*, 1966. Ich habe im Text schon gesagt, daß man von »Staatstheorie« bei Luther wie seinen deutschen Zeitgenossen nicht gut sprechen kann; erst Werke des 17. Jahrhunderts kommen dafür in Frage, wie die *Dissertatio de Ratione Status in Imperio Nostro* des Hipp. a Lapide (Bogislav Chemnitz) von 1647.

ZWIELICHT. Zu Heinrich VIII.: E. Doernberg *Henry VIII and Luther*, London 1961. – Zum Wucher- und Zinsproblem: A. M. Knoll *Der Zins in der Scholastik*, 1933; P. Cleary *Church and Usury*, 1914; Jos. Höffner *Wirtschaftsethik und Monopole im 15./16. Jahrhundert*, 1941. – Ausbreitung: E. H. Dunkley *The Reformation in Denmark*, London 1949; H. Holmquist *Die schwedische Reformation*, 1925; G. Schwaiger *Die Reformation in den nor-*

dischen Ländern, 1962; W. Hubatsch *Albrecht von Brandenburg, Deutsch – ordensmeister und Herzog in Preußen,* 1960; A. Richter *Der Reichstag zu Nürnberg 1524,* 1888; E. V. Cardinal *Lorenzo Campeggio,* Boston 1935.

Die Schlacht von Pavia. Die Landsknechte: Adam Reissner *Historia der Herren Georg und Kaspar von Freundsberg,* 1572; Leonard Fronspergers *Kriegsbuch,* 3 Teile, 1573; H. Delbrück *Geschichte der Kriegskunst,* Bd. III, 2. Aufl. 1920; E. v. Frauenholz *Das Heerwesen in der Zeit des freien Söldnertums,* 2 Bde, 1936/7 (mit ausführlichen Quellenbelegen); Max Jähns *Die Schlacht von Pavia,* Gesammelte Aufsätze, 1903; Jean Giono *Le désastre de Pavie,* Paris 1963, mit Einleitung von G. Walter über die Situation Frankreichs vor und nach der Schlacht. – Franz I.: Ch. Terrasse *Franz I.,* 2 Bde., Paris 1943/8; Mignet *La Rivalité de Franz I. et Charles V.,* Paris 1875; M. Göhring *Weg und Sieg der modernen Staatsidee in Frankreich,* 2. Aufl., 1947; G. Duchamel *La capitivité de Franz I,* Paris 1958; Frundsbergs Bericht *Newe zeytung wie es für Pavia in der Schlacht ergangen ist,* 1525 (im British Museum). – Pescara: J. Igel *Die Versuchung des Pescara,* Diss. Tübingen 1911, und De Levas ausführliche *Storia documentata di Carlo V. in correlazione all'Italia,* 5 Bde, 1863/94, die auch sonst wichtig ist für die Zeitgeschichte. – C. F. Meyers Novelle *Die Versuchung des Pescara,* 1888.

Bauernkrieg. Rosenkranz *Der Bundschuh, die Erhebungen des südwestdeutschen Bauernstandes 1493–1517,* 2 Bde, 1927. – Ungarn: St. Taurinus *Cruciatorum* (der »Kreuziger«, wie sie in den deutschen Berichten auch genannt wurden) *servile bellum,* Wien 1519, abgedruckt in *Monumenta Ungarica,* Wien 1809; Wilh. Zimmermann *Allgemeine Geschichte des großen Bauernkriegs,* 3 Bde, 1841/3, noch immer die ausführlichste Darstellung. Aus ihm entnahm Fried. Engels die Tatsachen für seine Schrift *Der deutsche Bauernkrieg,* 1850 (Neudruck 1959). Es folgten umfangreiche Akten- und Urkundenpublikationen von Schreiber, Baumann, Böhmer, Barge; von Merx, Franz und Fuchs für Mitteldeutschland, 1923/42; eine instruktive Auswahl von O. H. Brandt, 1925. – Eine neue Darstellung unternahm G. Franz 1934 (mit Widmung an den nationalsozialistischen Bauerntag), jetzt in Neuauflage mit Quellenband, 1963. – Paul Althaus im *Luther-Jahrbuch,* VII, 1925, suchte *Luthers Haltung im Bauernkrieg* zu deuten. – Th. Müntzer: O. H. Brandt hat 1932 die *Dokumente und Schriften* zusammengestellt; Biographie von J. K. Seidemann, 1842; K. Holl in *Gesammelte Aufsätze,* Bd. I, 1927. – A. Lohmann *Zur geistigen Entwicklung Thomas Müntzers,* 1931; P. Wappler *Thomas Müntzer in Zwickau,* 1965. – Die Debatte wird weitergeführt von C. Hinrich *Luther und Müntzer,* 1952, und W. Elliger, 1960; auf marxistischer Seite hatte Ernst Bloch sie eingeleitet mit *Thomas Müntzer als Theologe der Revolution,* 1921; M. M. Smirin *Die Volksreformation des Thomas Müntzer und der große Bauernkrieg* (aus dem Russischen), 1952. Ich habe mich vor allem an die Werke Müntzers und seinen *Briefwechsel,* herausgegeben von Boehmer und Kirn,

1931, gehalten. – Über die eigentlichen Kampfhandlungen des Krieges gibt es, soweit ich sah, keine leidlich gründliche Studie.

Die Frau Doktorin. Biographie der K. v. Bora von A. Thoma, 1910, E. Kroker, 5. Aufl. 1959. – Lessing: in seinen *Schrifften*, Bd. II, 1753, über Lemnius; dessen Pamphlet neugedruckt mit anderen Werken von G. Vorberg, 1919; Der *Lucifer Wittenbergensis* von Eusebius Engelhard (recte Kuenen), 2 Bde, Landshut 1747, dagegen der Lutherherausgeber Walch mit *Wahrhaftige Geschichte der Cath. v. Bora*, 1751.

Vom unfreien Willen. Erasmus *De libero arbitrio*, herausgegeben von J. v. Walter, 1910. R. Will *La liberté chrétienne*, Straßburg 1922; H. J. Iwand in *Gesammelte Aufsätze*, 1959, Einführung in Luthers Schrift. Eine Diskussion im größeren Rahmen über das Problem im Werk meines Jugendfreundes Otto Veit *Soziologie der Freiheit*, 1957. – Zur Musik: H. J. Moser in Bd. 35 der Weimarer Ausgabe, sowie *Die evangelische Kirchenmusik*, 1954; F. Blume *Geschichte der evangelischen Kirchenmusik*, 1965; A. Schweitzer *J. S. Bach*, 1952; Ph. Wackernagel *Das deutsche Kirchenlied*, 1863 ff.. Die frühesten Gesangbücher hat der Bärenreiter-Verlag, Kassel, seit 1929 in vorzüglichen Faksimileausgaben herausgegeben, das Erfurter 1524, Deutsche Messe 1526, u. a.

Sacco di Roma. C. Milanesi *Il sacco di Roma*, 1867 (die zeitgenössischen Berichte); H. Schulz *Der Sacco*, 1894; Ant. Rodriguez Villa *Memorias para la historia del saqueo di Roma*, Madrid 1875; J. E. Longhurst *Alfonso de Valdes and the Sack of Rome*, Albuquerque 1952; *Pro divio Carolo quinto*, Mainz 1527, u. s. l. 1587 (British Museum).

Die Protestanten. C. E. Förstemann *Urkundenbuch zum Reichstag von Augsburg*, 2 Bde, 1833/5; *Die Bekenntnisschriften der evangelisch-lutherischen Kirche*, 5. Aufl. 1964; O. Winckelmann *Der Schmalkaldische Bund*, 1892; K. Köhler *Luther und die Juristen*, 1873.

Die zweite Reformation. Zwingli: W. Köhler *Huldrych Zwingli*, 2. Aufl. 1954, und *Zwingli und Luther*, 2 Bde, 1924, 1953; O. Farner *H. Zwingli*, 1949 ff.; *Festschrift* zum Gedächtnis 1919. – Philipp von Hessen: Chr. v. Rommel *Philipp der Großmütige*, 3 Bde, 1830; *Festschrift*, Marburg 1904, herausgegeben von J. R. Dietrich; Rockwell *Die Doppelehe Philipps von Hessen*, 1904. – Türkengefahr: S. A. Fischer-Gelati *The Turkish Impact on the German Reformation*, Cambridge, Mass. 1949; A. v. Druffel *Karl V. und die Kurie*, 1877. – Münster: C. A. Cornelius *Geschichte des münsterschen Aufruhrs*, 1855 ff.; Berichte und Akten, herausgegeben von K. Löffler, 1923.

Lebensabend. R. Stupperich *Der Humanismus und die Wiedervereinigung der Konfessionen*, 1936; F. W. Kantzenbach *Das Ringen um die Einheit der*

Kirche im Jahrhundert der Reformation, 1957; Hubert Jedin *Das Konzil von Trient*, 1950 ff., in Band I umfassende Vorgeschichte. – Paul III: W. Friedensburg *Karl V. und Papst Paul III.*, 1932. – Dämonenglaube: E. Klingner *Luther und der deutsche Volksaberglaube*. – Die Juden: R. Lewin *Luthers Stellung zu den Juden*, 1911; Otto Veit in *Christlich-jüdische Koexistenz*, 1965. – Gerh. Ritter über die *Weltwirkung der Reformation*, 1959, und H. Schöffler *Wirkungen der Reformation*, 1960. – Italien: B. Nicolini *Ideali e Passioni nell'Italia religiosa del Cinquecento*, 1962; D. Cantimori *Eretici Italiani del sec. XVI in Europa*, Rom 1937. – Chr. Schubart *Die Berichte über Luthers Tod und Begräbnis*, 1917.

Verzeichnis der Abbildungen

Tafeln

Textabbildungen

Autor und Verlag danken folgenden Personen und Institutionen für die Beschaffung und Überlassung von Bildvorlagen:
Alinari, Florenz; Archiv der Stadt Augsburg; Bayerische Staatsbibliothek, München; Klaus-Günther Beyer, Weimar; Herzog von Buccleuch, Drumlanrig Castle; Deutsches Museum, München; Furche-Verlag, Hamburg; Bildarchiv Handke, Berlin; Lutherhalle, Wittenberg; Dr. Werner Pleister, München; Staatliche Graphische Sammlung, München; Ullstein-Bilderdienst, Berlin

Register

Richard Friedenthal

Europa zur Zeit der Reformation

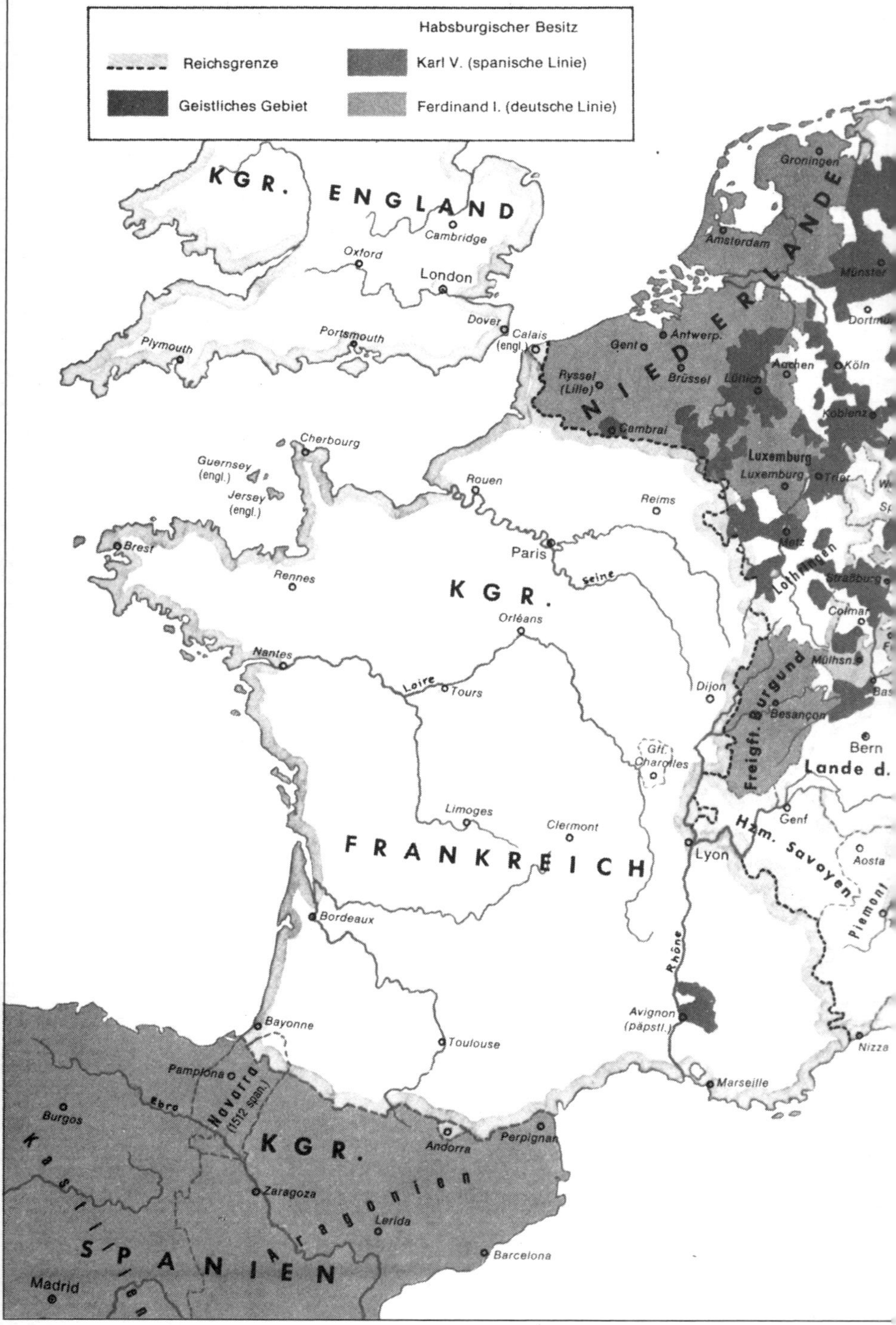